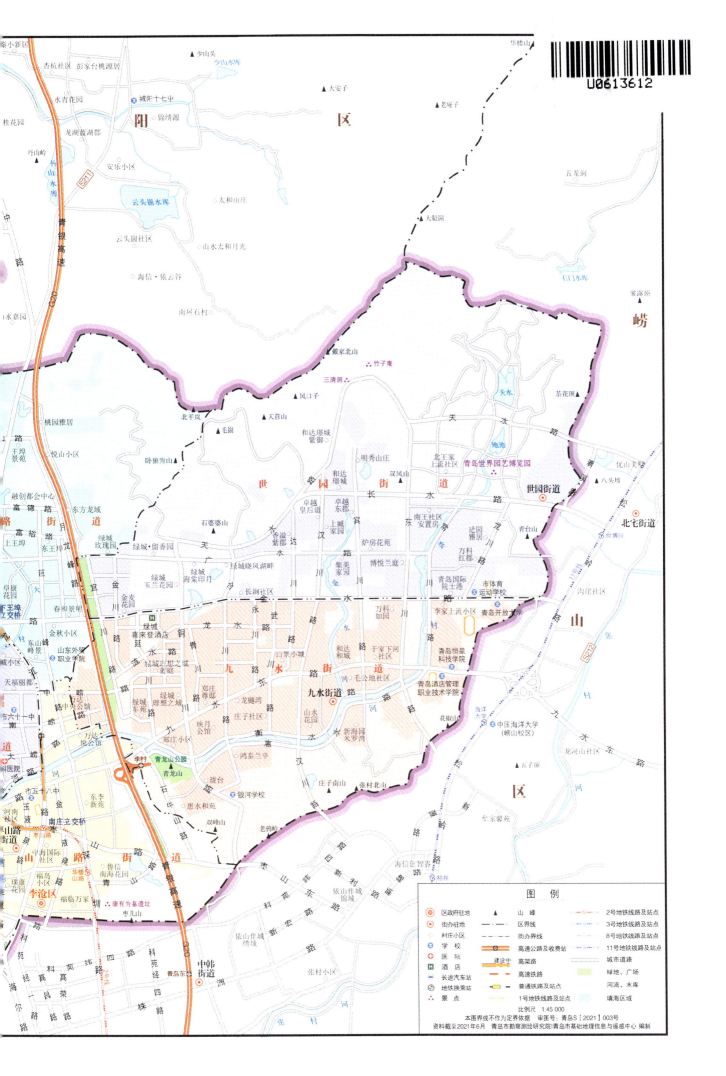

李沧年鉴 2023

LICANG YEARBOOK

中国共产党青岛市李沧区委员会　主办

中共青岛市李沧区委党史研究中心
（青岛市李沧区地方史志研究中心）　编

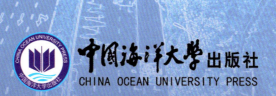

中国海洋大学出版社
CHINA OCEAN UNIVERSITY PRESS

·青岛·

图书在版编目（CIP）数据

李沧年鉴 . 2023 / 中共青岛市李沧区委党史研究中
心 (青岛市李沧区地方史志研究中心) 编 . -- 青岛 : 中
国海洋大学出版社 , 2023.11
　　ISBN 978-7-5670-3698-7

Ⅰ . ①李… Ⅱ . ①中… Ⅲ . ①区 (城市) – 青岛 –
2023 – 年鉴 Ⅳ . ① Z525.24

中国国家版本馆 CIP 数据核字 (2023) 第 220204 号

出版发行	中国海洋大学出版社
社　　　址	青岛市香港东路 23 号　　邮政编码　266071
出 版 人	刘文菁
网　　　址	http://pub.ouc.edu.cn
订购电话	0532-82032573 (传真)
责任编辑	董　超
照　　　排	中闻集团青岛印务有限公司
印　　　制	中闻集团青岛印务有限公司
版　　　次	2023 年 11 月第 1 版
印　　　次	2023 年 11 月第 1 次印刷
成品尺寸	210 mm × 285 mm
印　　　张	26
印　　　数	1~1300
字　　　数	608 千
定　　　价	200.00 元

团结担当 实干争先
为加快打造全市新旧动能转换示范区
而不懈奋斗

今后五年，全区的奋斗目标是：全市新旧动能转换示范区建设迈出坚实步伐，"动能强劲、活力迸发、高效便捷、美丽宜居"成为李沧区的鲜明特征，"开放、包容、公平、幸福"成为李沧区的新名片。

2022年2月17日—19日，中国共产党青岛市李沧区第七次代表大会举行。（区委宣传部供图）

数读李沧（2022）

- 行政区域面积
  99.10 平方千米

- 规模以上工业累计完成总产值
  403.87亿元

- 年末常住人口
  76.14万人

- 社会消费品零售总额
  441.1亿元

- 地区生产总值
  612.61亿元

- 绿化覆盖面积
  4448.47公顷

- 第二产业增加值
  177.52亿元

- 区图书馆藏书
  66.55万册

- 第三产业增加值
  435.09亿元

- 卫生机构（含诊所）
  573处

- 二、三产业结构占比
  29:71

- 教育部门办初中学校在校学生
  12607人

- 登记在册市场主体
  16.05万户

- 教育部门办小学在校学生
  45837人

- 一般公共预算收入
  64.98亿元

- 城镇居民人均可支配收入
  66507元

提升发展质效

- 经济运行稳中有进
- 招商引资成效显现
- 产业结构加速调整
- 创新驱动能力增强

　　2022年，海卓动力（青岛）能源科技有限公司入选科技部"氢进万家"示范工程，实现氢燃料电池一级零件100% 国产化。图为该公司的数字化生产车间。（区发展改革局供图）

　　2022年，青岛绿帆再生建材有限公司获批建设青岛市科技惠民示范专项项目。图为该公司的生产车间。（区科技局供图）

2022年，青岛方天科技股份有限公司等5家企业获评山东省"专精特新"中小企业。图为青岛方天科技股份有限公司工作人员研讨智慧解决方案。（区工业和信息化局供图）

2022年，李沧区数字经济蓬勃发展，众淼创新科技（青岛）股份有限公司获评省级数字经济重点项目。（区工业和信息化局供图）

2022年，李沧区商贸服务业提质升级，引进宜得利家居全省首店。（区商务局供图）

2022年，李沧区金水洲际酒店群整体开业运营。（青岛金水集团有限公司供图）

　　2022年，青岛百发海水淡化有限公司二期工程、乐圆新能源科技有限公司等一批新兴产业项目落地李沧区并建成投产。图为扩建后的海水淡化车间。（区发展改革局供图）

　　2022年9月8日，中化·云谷项目建设全力推进。（丁之摄影）

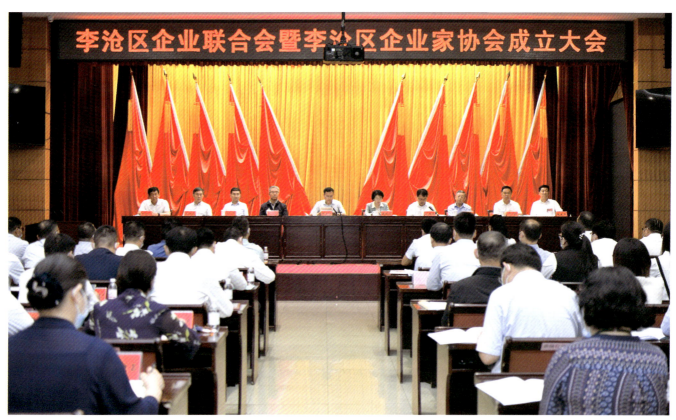

2022年6月11日，李沧区企业联合会和企业家协会成立，吸纳135家优秀企业及其企业家入会。（区工业和信息化局供稿）

2022年6月20日，青岛泰德汽车轴承股份有限公司在北京证券交易所成功上市，该公司成为李沧区首家在北交所上市的企业。（区发展改革局供图）

提升城市形象

- 功能品质日渐优化
- 城市管理日趋精细
- 生态环境日益改善

2022年9月8日，青钢片区加紧施工。（丁之摄影）

2022年12月，碱厂片区加快推进配套道路建设。（区城市更新和城市建设指挥部办公室供图）

2022年12月14日，铁路青岛北站及周边区域创新创业活力区项目加紧推进。（区城市更新和城市建设指挥部办公室供图）

2022年，李沧区新旧动能转换产业示范片区整装待发。（丁之摄影）

2022年5月18日，青岛市助力城市更新查违治乱动员大会在李沧区举行。（丁之摄影）

2022年，唐河路—安顺路打通工程加快建设。图为9月8日李村河—太原路段施工现场。（丁之摄影）

2022年，李沧区6个老旧小区、71个楼座改造提升工程完工，惠及居民2700户。图为改造后的东南新苑小区。（区城市建设管理局供图）

2022年，李沧区加快停车设施建设，新增停车泊位5346个、共享停车泊位1.4万个。图为维客星城共享停车场。（区城市建设管理局供图）

2022年，李沧区老虎山公园整治提升工程获国家优质工程奖和全市山头公园整治一等奖。（丁之摄影）

2022年，李沧区"国家生态文明建设示范区创建"通过省级审核。图为李村河生态公园一角。（丁之摄影）

提升民生福祉

- 兜底保障更加健全
- 民生服务拓面提质
- 文化事业蓬勃发展
- 社会治理扎实有效

2022年，李沧区获评山东省未成年人保护试点区。图为李沧区金川路幼儿园的孩子在做游戏。（张鹰摄影）

2022年，李沧区新建、改扩建学校、幼儿园10所，新增学位1.1万个。图为青岛实验初中李沧分校北校区。（区教体局供图）

2022年，李沧区抓实党建引领基层治理，开展"我为群众办实事"活动。图为社区党员为居民理发。（张鹰摄影）

2022年6月2日，李沧区"我们的节日·端午"专场文艺演出暨"李沧有礼"非遗手造市集活动举行。图为居民在选购五彩线。（区文化馆供图）

2022年，李沧区建成省市级智慧社区36个。图为南岭社区人脸识别系统。（区大数据局供稿）

2022年，李沧区新增国医馆、国药坊和基层特色专科45个，实现社区卫生服务中心中医药服务全覆盖。（区卫生健康局供图）

2022年，李沧区3所基层老年学校获评首批山东省基层老年教育示范校。图为区老年大学沧口街道分校举行庆"七一"活动。（区委老干部局供图）

2022年，李沧区上流佳苑社区获评全国先进基层群众性自治组织。图为社区居民在"幸福街"拍照。（区委宣传部供图）

2022年10月19日，居民在2022年度青岛市十佳口袋公园之一的侯家庄口袋公园健身。（张鹰摄影）

2022年，李沧区高标准推进公共文化阵地建设，李沧区工人文化宫竣工启用。（区总工会供图）

编辑说明

一、《李沧年鉴》是中国共产党青岛市李沧区委员会主办、中共青岛市李沧区委党史研究中心（青岛市李沧区地方史志研究中心）编写、中国海洋大学出版社出版发行的综合性年刊。2010 年创刊，每年出版一卷。旨在逐年记述、反映上一年度李沧区的基本情况，为各级领导实施科学决策提供资料支持，为国内外广大读者了解、认识、研究李沧区提供信息服务。

二、《李沧年鉴》的编纂坚持以马克思列宁主义、毛泽东思想、邓小平理论、"三个代表"重要思想、科学发展观、习近平新时代中国特色社会主义思想为指导，围绕区委、区政府中心工作，全面客观地反映经济社会发展中取得的成绩和存在的问题，体现时代特征、地方特色和年度特点。

三、《李沧年鉴 2023》记述地域范围以 2022 年李沧区行政区划为界；记述时间起讫于 2022 年 1 月 1 日至 2022 年 12 月 31 日（部分内容适当上溯下延）。

四、《李沧年鉴 2023》为本年鉴总第十四卷。全书正文总量 60.8 万字。分设 17 个栏目：1. 特载；2. 专记；3. 李沧概况；4.2022 年李沧区大事记；5. 政治；6. 经济管理与服务；7. 工业；8. 现代服务业；9. 金融业；10. 国内贸易·开放型经济；11. 城市建设与管理；12. 交通；13. 社会事业；14. 街道概况；15. 人物；16. 统计资料；17. 附录。收录的"一级文献"为保持原貌，不做编辑规范方面的处理。

五、《李沧年鉴 2023》收录图片 185 幅、表格 46 张；前环衬页插附李沧区地图；卷首设有"团结担当 实干争先 为加快打造全市新旧动能转换示范区而不懈奋斗""提升发展质效""提升城市形象""提升民生福祉"四大卷首专题图片专栏。

六、《李沧年鉴 2023》由全区各部门、单位及驻区有关单位撰稿，并经各部门、单位审核，中共青岛市李沧区委党史研究中心（青岛市李沧区地方史志研究中心）组织编纂，中国共产党青岛市李沧区委员会审定。主要统计数据以李沧区统计局资料为准，统计资料数据均使用法定计量单位。记述货币名称时，人民币用"元"，其他货币采用通用名称。条目末尾署撰稿单位或撰稿人名字，连续多个条目由同一单位或同一撰稿人撰稿时通常仅在最后一个条目末尾署名。

七、《李沧年鉴 2023》配备双重检索系统，卷首刊有中文目录，卷末配有主题索引，索引范围涵盖条目、图片和表格中具有独立意义的内容主题。

目　录

特　载

专　记

李沧概况

2022 年李沧区大事记

政　治

中国共产党青岛市李沧区委员会

青岛市李沧区人民代表大会及其常务委员会

青岛市李沧区人民政府

中国人民政治协商会议青岛市李沧区委员会

中共青岛市李沧区纪律检查委员会李沧区监察委员会

民主党派

群众团体

工 业

现代服务业

金 融 业

国内贸易·开放型经济

城市建设与管理

交 通

社会事业

街道概况

人　物

统计资料

附　录

机构设置

索　引

特　　载

中共青岛市李沧区委书记张友玉
在中共青岛市李沧区第七届委员会
第三次全体会议上的讲话

（2022 年 11 月 18 日）

这次全会深入学习贯彻党的二十大和二十届一中全会精神，学习贯彻省委、市委全会精神，听取了区委常委会工作报告，审议通过了 2 份文件，圆满完成了各项议程。必将激励全区广大党员干部群众把思想和行动统一到党的二十大精神上来，把智慧和力量凝聚到落实党的二十大确定的各项任务上来，奋力谱写新时代中国特色社会主义现代化李沧建设新篇章。

一、全面准确学习领会党的二十大精神

学习领会党的二十大精神，要深入理解内涵、精准把握外延，重点抓好以下 9 个方面。

一要深刻领会党的二十大的主题。 党的二十大主题，明确宣示了我们党在新征程上举什么旗、走什么路、以什么样的精神状态、朝着什么样的目标继续前进的重大问题。我们要深刻感悟大会主题所体现的党的政治立场和指导思想、党的初心使命和目标任务、党的政治本色和精神风貌，牢记"三个务必"，团结一心、拼搏实干，推动全市新旧动能转换示范区建设取得更为明显的实质性进展。

二要深刻领会过去 5 年的工作和新时代 10 年的伟大变革。 党的二十大凝练总结了党的十九大以来 5 年的工作，高度评价了党的十八大召开 10 年来经历的

3 件大事、16 个方面的历史性成就和历史性变革。我们要深刻领悟"两个确立"的决定性意义，进一步增强"四个意识"、坚定"四个自信"、做到"两个维护"，坚定不移在思想上政治上行动上同以习近平同志为核心的党中央保持高度一致。

三要深刻领会开辟马克思主义中国化时代化新境界。 党的二十大鲜明提出，中国共产党为什么能，中国特色社会主义为什么好，归根到底是马克思主义行，是中国化时代化的马克思主义行。我们要深刻领会习近平新时代中国特色社会主义思想的道理学理哲理，做到知其言更知其义、知其然更知其所以然，自觉

用以改进方法、推动工作。

四要深刻领会新时代新征程中国共产党的使命任务。党的二十大明确了从现在起我们党的中心任务，对全面建成社会主义现代化强国两步走战略安排进行了宏观展望，部署了未来5年的战略任务和重大举措。我们要牢记"5个必由之路"，激发"拼出来、干出来、奋斗出来"的精神状态，以更加昂扬的姿态奋斗新时代、奋进新征程、担当新使命。

五要深刻领会中国式现代化的中国特色和本质要求。党的二十大提出了"5个方面中国特色""9个方面本质要求""5个重大原则"，这是对中国式现代化的科学概括和系统阐释，把我们党对中国式现代化的认识提升到了新高度，为开创人类文明新形态提供了新路径。我们要深刻领会中国式现代化的中国特色、本质要求，深刻理解全面建设社会主义现代化国家战略布局的科学性和必然性，不断增强以中国式现代化全面推进中华民族伟大复兴的自觉性和坚定性。

六要深刻领会社会主义经济建设、政治建设、文化建设、社会建设、生态文明建设等方面的重大部署。党的二十大对统筹推进"五位一体"总体布局进行了全面部署，这是相互联系、相互促进、不可分割的有机整体，共同构成中国特色社会主义事业总体布局，为建设富强民主文明和谐美丽的社会主义现代化强国提供了科学指南。我们要把党的二十大关于经济建设、政治建设、文化建设、社会建设、生态文明建设等方面的重大部署转化为具体工作任务，一步一个脚印付诸于行动、见之于成效。

七要深刻领会教育科技人才、法治建设、国家安全等方面的重大部署。党的二十大把握国内外发展大势，在党和国家事业发展布局中，突出教育科技人才支撑、法治保障、国家安全工作，充分体现了我们党抓关键、补短板、防风险的战略考量。我们要加快建设教育强区，着力把李沧建成人才集聚之地，努力建设更高水平的法治李沧、平安李沧。

八要深刻领会国防和军队建设、港澳台工作、外交工作等方面的重大部署。党的二十大对国防和军队现代化、坚持和完善"一国两制"、推动构建人类命运共同体提出了新的要求，为我们更好应对外部形势变化、做好相关工作指明了前进方向。我们要认真贯彻落实党中央决策部署，在全力服务国防和军队现代化建设、健全完善新时代港澳台海外统战工作机制、全面提升服务国家外交大局水平等方面不断取得新进展新成效。

九要深刻领会坚持党的全面领导和全面从严治党的重大部署。党的二十大科学分析党的建设面临的形势和任务，强调党面临的"四大考验""四大危险"将长期存在，对"坚定不移全面从严治党，深入推进新时代党的建设新的伟大工程"做出一系列新部署、提出一系列新要求。我们要保持全面从严治党、勇于自我革命的坚定执着，始终牢记"两个永远在路上"，深入推进新时代党的建设新的伟大工程，以党的自我革命引领社会革命。

二、以实干实绩推动党的二十大精神落地落实

我们要按照党中央总体部署和省委、市委工作安排，把党的二十大的战略部署转化为工作思路、工作举措和具体行动，坚决把党的二十大描绘的新蓝图变为实景图。

第一，要在举旗帜、讲政治上抓落实求突破。"两个确立"是在推进新时代中国特色社会主义伟大实践中形成的。我们要始终把坚定拥护"两个确立"作为最高政治原则和根本政治规矩，将"两个确立"作为战胜一切艰难险阻、应对一切不确定性的最大确定性、最大底气、最大保证。

一要在思想上同心同向。时刻牢记习近平总书记、党中央是新时代新征程上最可靠、最坚强的主心骨，任何时候、任何情况下，都要忠诚核心、拥戴核心、维护核心、捍卫核心。牢牢把握习近平新时代中国特色社会主义思想的世界观和方法论，坚持好、运用好贯穿其中的立场观点

方法,自觉做习近平新时代中国特色社会主义思想的坚定信仰者和忠实实践者。

二要在政治上坚定坚决。严守党的政治纪律和政治规矩,增强政治判断力、政治领悟力、政治执行力,在重大问题上,做到头脑特别清醒、眼睛特别明亮、行动特别坚决。严防"七个有之",坚决做到"五个必须",严格落实"五个决不允许",始终做政治上的"明白人"。

三要在行动上紧跟紧随。将习近平总书记对山东、对青岛工作的重要指示要求,作为我们做好一切工作的总遵循、总定位、总航标。坚决拥护以习近平同志为核心的新一届中央领导机构,不折不扣贯彻执行党中央各项决策部署,做到党中央提倡的坚决响应、党中央决定的坚决执行、党中央禁止的坚决不做。

第二,要在强实体、夯根基上抓落实求突破。党的二十大报告指出,发展是党执政兴国的第一要务。我们要坚持把发展经济的着力点放在实体经济上,深入开展实体经济振兴三年行动,厚植李沧高质量发展新优势。

一要抓好项目强支撑。树牢"大抓项目、抓大项目"导向。要加快项目招引,瞄准世界500强、中国500强、优秀上市企业和行业龙头企业,拓展招商渠道、创新招商模式,把GDP贡献率和税收贡献度作为重要评价标准,全力引进一批过30亿元

和过50亿元的大项目好项目,力争在招引过百亿元项目上实现突破。要加快项目推进,加强向上沟通争取力度,切实提高项目契合度、精准度和成熟度,确保北汽地块、联东U谷等项目进入省、市重点项目大盘子。创新实施"一个项目、一名领导、一套班子、一抓到底"工作机制,实现青岛北站TOD、楼山片区和重大招商项目落地开工、投产运营。要完善要素保障,加大土地收储报批力度,加快土地规划调整,简化项目审批流程,积极争取政府专项债等资金支持,全力扫除项目推进中的一切障碍。

二要壮大产业增动能。聚焦全市24条重点产业链和全区"3+2+4"现代产业体系,充分发挥产业支撑高质量发展的重要作用。要建强产业园区,坚持"以亩产论英雄",抢抓十大新兴产业园区发展机遇,推动园区集约式、聚合式、突破式发展。加快建设新旧动能转换产业示范片区、南渠产业园等智能制造产业园区,实现粤浦科技、京城机电等一批优质项目竣工投产。全力打造中化云谷、人民金服等数字经济园区,打造未来数字产业的"青岛硅谷"。要做强产业链条,持续延链补链强链,精准分级分类培育,形成既有"高原"又有"高峰"的产业发展格局。建成并启用齐鲁医院中子医学中心,引进落地辅大医学中心和延世大学医院,全力打造生物医药

产业集群。推进乐圆新能源、海卓科技达产增效,实现新能源新材料产业集聚式发展。发挥好兴华基金头雁效应,推动现代金融产业快速起势。

三要促进消费激活力。坚持推进传统消费升级和新兴消费扩容,切实增强消费对经济发展的基础性作用。要完善消费政策,研究出台精准有效的促消费方案,加大汽车、家电、商超消费券发放力度,全力提振消费市场。要创新消费业态,加快推动李村商圈提档升级、信联天地招商入驻,加快发展首店经济、即时零售、网红经济等新消费业态,积极拓展沉浸式、体验式、互动式消费场景。要升级消费模式,加快线上与线下消费有机融合,创新在线文娱、智慧旅游、智慧医疗等消费模式,积极引导"直播带货""线上购物"规范发展。

四要服务企业稳信心。市场的活力来自企业,企业的活力来自企业家。要落实更为精准的企业扶持政策,始终把企业作为李沧发展的宝贵财富,全面落实减税降费、政府采购、财政奖补等一系列政策,不断提高政策的便利性和实效性。持续深化企业服务专员制度,深度对接企业需求,打通服务企业的"最后一公里"。要营造更加优质的企业家成长环境,聚焦"办事方便、法治公平、成本竞争力强、宜居宜业"目标,持续推进"放管服"改革,切实

图1　铁路青岛北站及周边区域城市设计效果图

（市自然资源和规划局李沧分局供图）

增强企业家的获得感和满意度。要大力弘扬企业家精神，建立民营企业和民营企业家表彰制度，大力营造尊重企业家、关爱企业家的浓厚氛围。

第三，要在优功能、提品质上抓落实求突破。 党的二十大报告指出，人民城市人民建、人民城市为人民。我们要树牢经营城市理念，扎实推进城市更新和城市建设三年攻坚行动，打造宜居宜业宜游高品质湾区城市。

一要抬高工作标准。发挥好"白菜心"的区位优势，打造让本地人自豪、外地人向往的魅力城区。要高水平规划，统筹考虑土地集约利用、产业空间拓展、城市功能完善等目标，科学合理做好青岛北站TOD、楼山片区、世博园片区的方案设计，确保以高水平规划引领高品质建设。要高质量实施，坚持"多留妙笔、不留败笔"，强化工程建设质量监管，按照商品房标准推进戴家等项目安置房建设，确保群众住得放心、生活舒心。

二要把稳工作节奏。以满足群众对美好生活的向往为目标，让群众成为城市更新建设最大受益者。要稳扎稳打，坚持既尽力而为、又量力而行，成熟一个启动一个、启动一个干成一个，科学制定十梅庵、东南渠等旧村改造计划，公开透明、依法有序推进剩余城中村清零。要全力推进，坚持倒排工期、挂图作战，加快打通唐山路快速路等一批重点道路，全力推进3条地铁线征迁工程，加快构建"主干完善、次支贯通"的交通结构。

三要做实工作内容。坚持以争创全国文明典范城市为抓手，提升城区形象、完善城区功能。既要抓好"面子"，加快改造老旧小区，狠抓拆违治乱，加快解决地面破损、管网老化、设施陈旧等问题，打造一批山头公园、口袋公园、城市绿道，让市容市貌更干净、更整洁、更有序。又要抓好"里子"，把城市更新建设和重点产业发展结合起来，加快导入新技术、新产业、新业态、新模式。把城市更新建设和群众生活改善结合起来，高标准建设教育、医疗、养老等公共服务设施，持续提升居民幸福感和满意度。

第四，要在防风险、守底线上抓落实求突破。 党的二十大报告指出，加强干部斗争精神和斗争本领养成，着力增强防风险、迎挑战、抗打压能力。我们要健全安全体系、增强安全能力，着力实现高质量发展和高水平安全良性互动。

一要科学精准抓好疫情防控。把高效统筹疫情防控和经济社会发展的要求落到实处。要严格落实政策，坚持人民至上、生命至上，坚定不移落实"外防输入、内防反弹"总策略，坚定不移贯彻"动态清零"总方针，严格落实中央"20条措施"和省委"5+1""4+3"工作部署、"四个三"要求。要抓实常态化防控，在核酸检测、人员流动、医疗服务、疫苗接种等方面采取更为精准的措施，扎实做好突发疫情处置工作，坚决筑牢疫情防控屏障。

二要持续防范化解金融风

险。牢牢守住不发生区域性系统性金融风险的底线。要抓实债务化解，建立健全国企债务风险管控长效机制，"一企一策"完善债务化解方案。加大与市属国企在土地整理、园区建设、项目招引等方面的合作力度，提升资产有效利用率。要打击非法集资，落实处非专班排查机制，推动监测预警常态化，切实守住守好群众的"钱袋子"。

三要维护社会大局和谐稳定。保持"时时放心不下"的责任感。坚持"事要解决"，持续强力推进"治重化积"，确保上级交办的信访积案如期化解。紧盯生产安全，贯彻落实安全生产十五条硬措施和"八抓20项"创新举措，紧盯重点行业领域，严防各类生产安全事故发生。深化平安建设，发挥好区街两级矛盾纠纷多元化解中心作用，常态化推进扫黑除恶斗争，推动"平安李沧"建设迈向更高水平。

第五，要在增福祉、解民忧上抓落实求突破。党的二十大报告指出，为民造福是立党为公、执政为民的本质要求。我们要牢固树立以人民为中心的发展思想，扎实推进共同富裕，不断增进民生福祉。

一要落实就业优先战略。坚持就业是最基本的民生，全面提升高质量就业水平。要实施扩容提质行动，拓宽市场化就业渠道，完善高校毕业生、农民工、退役军人等重点群体就业支持体系。要提升劳动者技能素质，大力弘扬工匠精神，加大职业技能培训供给，壮大高技能人才队伍。要落实创业扶持政策，推动创业资源开放共享，发挥好创业孵化平台示范引领作用，培育鼓励创业、宽容失败的创业文化。

二要筑牢民生保障底线。坚持在发展中保障和改善民生，多措并举做实兜底工作。要健全社会保障体系，发挥好公益性岗位托底保障功能，加强基础性、普惠性、兜底性民生保障，努力打造具有李沧特色的公益性岗位管理服务新模式。要完善养老服务体系，加快完善养老服务设施，积极争创养老服务体系创新示范区。要关爱保护未成年人，构建儿童关爱保护服务网络，全面提升未成年人关爱服务水平，持续深化"全国未成年人保护示范区"建设。

三要提高公共服务水平。健全基本公共服务体系，切实增强均衡性和可及性。要坚持教育优先发展，深入实施优质教育资源倍增计划，建成并启用枣山中学等6所学校幼儿园，打造更多"家门口的好学校"。要推动医疗资源扩容，推进城市紧密型医联体建设，加快布局公立社区卫生服务中心，确保市八医东院区建成并启用。

第六，要在强党建、带队伍上抓落实求突破。党的二十大报告指出，党的自我革命永远在路上，决不能有松劲歇脚、疲劳厌战的情绪。我们要时刻保持"赶考"的清醒和坚定，以永远在路上的坚韧和执著把全面从严治党推向纵深。

一要突出抓好政治建设。始终把党的政治建设放在首要位置。要筑牢理想信念，自觉强化理论武装，压实意识形态工作责任制，不断坚定中国特色社会主义共同理想。要强化政治能力，始终牢记"国之大者"，在辨别政治是非、保持政治定力、驾驭政治局面、防范政治风险上率先垂范，永葆共产党人政治本色。要加强党的政治领导，发挥区委把方向、管大局、作决策、保落实的功能，支持人大、政府、政协和"一委两院"依法履行职能。

二要建强基层战斗堡垒。全面提升组织力、凝聚力、战斗力。要坚持大抓基层，持续整顿软弱涣散基层党组织，统筹推进"四个闪耀"系列行动，不断推动基层党组织全面进步、全面过硬。要坚持党建引领，用好"李即办"社会治理综合服务平台，不断提升基层治理精准化、精细化水平。要坚持服务大局，充分发挥基层党组织和党员"两个作用"，在推进招商引资、城市更新等重点工作中显身手、建新功。

三要加强干部队伍建设。牢固树立正确选人用人导向。聚焦"选优"，坚持"重实绩、重公论、重品行、重能力"，加快锻造"实干家"干部队伍。聚焦"用好"，全面落实"任职承诺、履职践诺"制度，及时"叫醒""叫停"不胜任干部，推动形成能者上、庸者下、劣者汰的良好局面。聚焦"培强"，深入实施"李遇青年"计划，着力锻造"凡事讲政治、谋事为群众、干事重实效、成事争一流"的作风能力。

四要着力正风肃纪反腐。坚持严的主基调不动摇，以钉钉子精神纠"四风"树新风。要加强日常监督管理，精准运用"四种形态"，持续加固中央八项规定精神堤坝。要坚持"三不腐"一体推进，全面加强新时代廉洁文化建设，专项整治民生领域突出问题，巩固提升风清气正的政治生态。

三、以更加饱满的精气神干事创业

党的二十大报告指出，全面建设社会主义现代化国家，是一项伟大而艰巨的事业。全区党员干部要崇尚实干、不务虚功，以更加饱满的精气神推动各项工作不断取得新突破。

一要拉高标杆。谋其上者取其中，谋其中者取其下。要找准坐标，坚持在全市全省发展大局中审视自己、谋划工作，借鉴优秀经验，积极主动作为，寻求发展突破。要鼓足干劲、事争一流、唯旗是夺，找差距、理思路、定措施，形成争名次、争先进、争荣誉的浓厚氛围。要跟踪问效，持续用好督导、考核、激励、问责等手段，强化制度落实，推动各项工作纵向有进步、横向有进位。

二要提升能力。通过实打实的工作成效让领导认可、群众满意。要加强学习，努力解决"本领恐慌"的问题，补齐"能力不足"的短板。要钻研业务，把研究事、琢磨事当成一种习惯，刨根问底、深挖根源，确保跟得上时代步伐、能适应事业需要。要学以致用，坚持知行合一，注重实践锻炼，持续推动工作落实见效。

三要勇于攻坚。有多大担当才能干多大事业，尽多大责任才能有多大成就。要迎难而上、主动出击，找准工作中的难点、痛点、堵点，打破思维定式和路径依赖，以"万事有解"的思维干出新气象、新面貌。要以上率下、示范引领，领导干部要带头攻坚，敢于担当、敢于决策、敢于拍板，身先士卒解决突出问题。要加强沟通、团结协作，牢固树立"一盘棋"思想，既各司其职、又密切配合，努力把失去的时间抢回来、把落下的任务补起来、把发展的节奏提上来。

四要亲民爱民。我们一切工作的出发点和落脚点都是让群众过上好日子。要站稳群众立场，时刻把群众放在心中最高位置，始终和群众坐在一条板凳上。要深入基层一线，进社区、走企业、访群众，面对面倾听群众的意见诉求，让群众话有处说、理有处讲、难有人帮。要紧盯急难愁盼，实施更多有温度的举措，落实更多暖民心的行动，努力让群众有更多获得感、幸福感、安全感。

同志们，新征程是充满光荣和梦想的远征。让我们更加紧密地团结在以习近平同志为核心的党中央周围，认真学习宣传贯彻党的二十大精神和习近平新时代中国特色社会主义思想，牢记空谈误国、实干兴邦，自信自强、苦干实干，加快打造全市新旧动能转换示范区，为全面建设社会主义现代化国家、全面推进中华民族伟大复兴作出新的更大贡献！

（区委办公室供稿）

政府工作报告
——2023 年 1 月 5 日在青岛市李沧区第七届人民代表大会第二次会议上

青岛市李沧区人民政府区长　魏瑞雪

各位代表：

现在，我代表李沧区人民政府，向大会报告工作，请予审议，并请各位政协委员和其他列席人员提出意见。

一、2022 年工作回顾

2022 年是新一届政府履职的开局之年，也是李沧区奋发有为、全面发展的重要一年。在市委、市政府和区委的坚强领导下，在区人大、区政协以及社会各界的监督支持下，区政府紧紧依靠全区人民，以习近平新时代中国特色社会主义思想为指导，全面贯彻党的十九大、十九届历次全会精神和党的二十大、二十届一中全会精神，高效统筹疫情防控和经济社会发展，统筹发展和安全，团结担当、实干争先，全市新旧动能转换示范区建设迈出坚实步伐。

一年来，我们同心勠力抓项目、夯实基础促提升，实体经济发展蓄势谋远、稳步前行。开展实体经济振兴发展三年行动，出台先进制造业、企业上市等一揽子扶持政策，"3+2+4"现代产业集群加速崛起。占地 3500 亩（1 亩 =666.67 平方米，下同）的新旧动能转换产业示范片区整装待发，为京城机电等一批智能制造项目落地提供空间载体。投资 102 亿元的人民金服青岛中心和中化云谷项目聚力打造数字经济园区。投资 30 亿元的联东 U 谷青岛中心项目开工建设，打造 10 万平方米高端智能制造产业园。总面积 155.7 万平方米的医养健康产业园、海洋经济板块等 4 个产业园区主体完工。百发海水淡化二期、乐圆新能源等一批新兴产业项目落地建成。泰德股份成功登陆北交所，成为北交所开市后全市首家上市企业。新增"四上"企业 204 家，增长 175.7%。新登记市场主体 2.8 万户，增长 46.5%，经济活力持续增强。

一年来，我们齐心协力拓空间、全域统筹优布局，城市更新建设乘势而上、蝶变跃升。97 个更新项目全面开工，一项项群众期盼的民生工程、民心工程全速推进。安顺路打通工程打响全市三年攻坚行动第一枪，年内实现从项目征迁到主线通车，主城区再添一条南北交通大动脉。三大低效片区破局起势，超 300 万平方米的开发工程同时在建。全市首个地铁 TOD 项目落地青岛北站，东西广场及地下空间项目开工建设。完成楼山片区土地整理 2962 亩，建设配套项目 10 个，发展环境显著提升。世博园实施升级改造，景区年客流量超过百万，成为省级文明旅游示范单位。9 座山头公园全面整治提升，老虎山公园获得国家优质工程奖和全市山头公园整治评比一等奖。戴家旧村实现全市首个城中村整村拆除，长涧社区提前完成拆迁任务，李沧东部 25 个城中村成为城市记忆。

一年来，我们凝心聚力振士气、团结奋进勇争先，作风能力提升起势聚能、见行见效。全区上下紧紧锚定"走在前、开新局"，大力弘扬"严真细实快"工作作风，干事创业的精气神明显提振，攻坚克难的战斗力显著提升，在疫情防控、招商引资、城市更新建设等各条战线上奋力跑出了李沧"加速度"。扎实开展"作风能力提升年"活动，实施"大调研""大治理""大提升"等行动 8 个，吸收好建议好点子 106 个，完成"事要解决"实事项目 128 项，崇尚实干、注重实绩、不务虚功蔚然成风。

一年来，我们主要做了以下工作。

（一）加快动能转换，着力提升发展质效

经济运行稳中有进。抢抓新一轮政策窗口期，争取政府专项债券、政策性开发性金融工具等资金 13.4 亿元，办理留抵退税 27.7 亿元，拨付产业发展资金 2.1 亿元，切实做到助企纾困、赋能增效。完善企业服务专员制度，"一对一"帮助企业解决问题 520 项。成立区企业联合会和企业家协会，吸纳 135 家优秀企业及其企业家入会。将消费作为拉动增长的重要引擎，发放消费券 5.2 万张、带动消费 2.6 亿元。持续扩大有效投资，15 个省、市重点项目完成投资计划的 163.1%，民间投资增长 44.7%。助力外贸企业稳订单、拓市场，货物进出口总额增长 30% 左右。扎实推进国企改革三年行动，将区属国企优化调整为 6 家，运营效率进一步提高。全区生产总值、社会消费品零售总额、一般公

共预算收入保持稳定增长。

招商引资成效显现。聚焦全市实体经济 24 条重点产业链，组建 10 支定向招商攻坚团队，出台招商引资奖励办法，成立专业化国有招商公司，"全员招商、全域招商"氛围更加浓厚。信联天地、生命药洲等园区楼宇招商加快推进，签约引进中化海洋科技、正华供应链等一批优质项目，集聚黔贵路桥等企业总部 5 个，高效利用载体 30 万平方米。出让土地 1122.8 亩，新增产业发展空间 55.8 万平方米。落地过亿元项目 149 个、增长 273%，总投资额达到 448.6 亿元。储备金丰公社等过亿元项目 83 个，计划总投资 760.9 亿元。

产业结构加速调整。氢能产业优势凸显，氢能与储能产业园入驻企业 18 家，海卓科技入选科技部"氢进万家"示范工程，实现氢燃料电池一级零件 100% 国产化。数字经济蓬勃发展，众森创科获评省级数字经济重点项目，国际特别创新区获评省级示范数字经济园区，主营业务收入达到 131 亿元。生物医药产业加快集聚，生命药洲入驻企业 51 家，实现主营业务收入 55 亿元，卓云海智估值达到 10 亿元。商贸服务业提质升级，成立区商圈服务领导小组，引进宜得利家居全省"首店"，金水洲际酒店群整体开业运营。金融业稳步发展，兴华

基金管理规模突破 60 亿元，金融业增加值占生产总值比重达到 7%。

创新驱动能力增强。大力实施"沃土计划"，申报高新技术企业 187 家，科技型中小企业入库 445 家。海研电子获评国家级专精特新"小巨人"企业，方天科技等 5 家企业获评省专精特新称号。中特科技获评省制造业单项冠军企业。恒星新媒体及应用电子技术孵化器获评国家级科技企业孵化器，新增金海牛等国家级众创空间 2 家。凤麟核团队与齐鲁医院共建中子医疗中心，中子科学与技术省重点实验室获批建设。新增新能源汽车设计与智能控制等市重点实验室 5 家。开展"李遇人才"计划，持续优化"引育留用"服务环境，引进硕博、高级职称等各类人才 1.1 万人。

（二）注重内外兼修，着力提升城市形象

功能品质日渐优化。坚持城市更新规划先行，青岛北站及周边区域、楼山河北片区、金水路北片区控规获批，区域控规实现全覆盖。在全市率先完成地铁三期工程拆迁任务，保障了地铁 2 号线东延段、7 号线、15 号线的 10 个站点全面施工建设。迎真宫路、秀山路等 8 条未贯通道路全面通车，新增通车里程 10.3 千米，路网体系更加完善。加快停车设施建设，

新增停车泊位 5346 个、共享停车泊位 1.4 万个。建筹保障性租赁住房、公租房 1025 套。推进既有住宅加装电梯 97 部，新增集中供热 42 万平方米。6 个老旧小区、71 个楼座改造提升工程全面完工，惠及居民 2700 户。

城市管理日趋精细。开展经营性自建房安全整治"百日攻坚"，排查整改隐患 67 处。免费更换燃气波纹管 26.5 万条，安装排水窨井防坠网 2672 处。新增智慧化垃圾分类收集点 15 处，完成撤桶并点 660 个，创建垃圾分类示范小区 21 个。24 小时开放公厕增至 81 座。拆违攻坚稳步推进，拆除甘泉路市场、李家庵市场周边等违建 73.4 万平方米，全市拆违治乱动员大会在我区召开。开展渣土车违法运输专项整治，查处无证运输、洒漏等行为 206 起。创新"非现场执法"工作模式，清理整治露天烧烤、占路经营等 11.5 万处，获评全省新型智慧城市优秀案例。

生态环境日益改善。深入开展中央、省环保督察交办信访事项"回头看"，反馈问题全部完成整改销号。PM 2.5、PM 10 分别改善 9.4%、10.5%，空气质量连续 3 年达到国家二级标准。推进智慧化河湖建设，国控断面水质达到地表Ⅲ类标准，李村河获评省级美丽幸福示范河湖。完成土壤修复 1569 亩，全省首创"异地修复＋分段评

图 2　2022 年，李村河获评省级美丽幸福示范河湖。

（区城市建设管理局供图）

估"污染地块修复模式，缩短工期 10 个月。加大环境违法处置力度，查处违法行为 16 起，行政处罚 77 万元。打造口袋公园 4 个，建成林荫绿道 14.3 千米，推窗见绿、出门入园逐步成为现实。国家生态文明建设示范区创建通过省级审核。

（三）坚持人民至上，着力提升民生福祉

兜底保障更加健全。坚持以群众需求为导向，总投资 18.4 亿元的 17 件区办实事全面完成，民生支出占一般公共预算支出比重达到 76.6%。全力稳就业、保就业，新增城镇就业 2.8 万人，政策性扶持创业 3567 人。为大龄失业人员、零就业家庭等创设公益性岗位 2725 个。打造全国首个退役军人安全教育培训服务基地。发放低保、特困等

各类民生资金 5927.2 万元，惠及 30.5 万人次。为计生特殊家庭购买医疗住院陪护保险，累计赔付 331 人次。加大残疾人关爱力度，实施托养服务 601 人次。持续开展"有梦有为"未成年人关爱行动，获评山东省未成年人保护试点区。统筹东西部协作和省内帮扶协作，助力对口地区乡村振兴。

民生服务拓面提质。推进基础教育优质资源倍增，新建改扩建青岛实验初中李沧分校等学校幼儿园 10 所，新增学位 1.1 万个。青岛五十八中附属初中落户李沧。全区教育教学质量持续提升，普高录取率大幅提高，代表青岛市争创全国首批义务教育优质均衡发展区。大力发展普惠型养老服务，建成居家养老服务站 20 处。3 所基

层老年学校获评首批山东省基层老年教育示范校。免费为老年人查体 7.3 万人,实施白内障复明困难救助 1570 例。开展全国首批儿童青少年近视防控服务认证试点。加快紧密型医联体建设,获批国家公立医院改革与高质量发展示范项目。建成全市首家基层中医药适宜技术培训推广中心,新增国医馆、国药坊和基层特色专科 45 个,实现社区卫生服务中心中医药服务全覆盖。

文化事业蓬勃发展。深化拓展新时代文明实践,开展理论宣讲、志愿服务活动 1.1 万场次。高质量开展全国文明典范城市创建。组织"喜迎二十大"群文大舞台、国学经典等文化活动 930 场。举办"青岛有李"文化创想节,国家地理经典影像大展全省首展在我区进行。打造"五四青年艺术家计划"等文艺精品 11 件。高标准推进公共文化阵地建设,李沧区工人文化宫竣工启用,全市首家省级标准城市书房对外开放。融源文化艺术街区获评青岛市文化创意产业园区。完成大枣园牌坊修缮一期工程。山东琴书国家级非物质文化遗产项目传承基地落户李沧。新建儿童乐园 4 处、健身路径 10 条,举办第二届社区运动会等群众性体育活动百余场。

社会治理扎实有效。抓好常态化疫情防控工作,科学精准应对多轮疫情冲击,确保了全区正常生产生活秩序。持续深化"三放两化"社区治理模式,成功创建全省基层治理实验区,九水街道获评全省基层治理实验点,上流佳苑社区获评全国先进基层群众性自治组织。完成食用农产品快检 20.1 万批次,食品定性定量检测 3050 批次。推行法律援助"点援制",办理法律援助案件 1682 件,挽回经济损失 1100 万元。常态化开展扫黑除恶斗争,打掉涉黑组织 1 个、涉恶团伙 7 个,打击处理 78 人。安全生产执法检查 890 家次,立案处罚 219 起。组织应急演练 740 次,森林防火、防汛防雪、防灾减灾等各项工作扎实开展。

（四）崇尚实干实绩,着力提升履职水平

政治建设不断加强。把习近平新时代中国特色社会主义思想作为一切工作的根本遵循和行动指南,持续在学懂、弄通、做实上下功夫,把学习宣传贯彻党的二十大精神作为首要政治任务,以实际行动坚定拥护"两个确立"、坚决做到"两个维护"。自觉服从区委领导,始终做到同向发力、同频共振、同步前行,确保各项决策部署不折不扣落实到位。

法治建设全面深化。依法全面履行政府职能,严格执行区人大及其常委会决议决定,主动接受人大法律监督和政协民主监督。建立人大代表、政协委员常态化联系对接机制,高质量办理人大代表建议 123 件、政协提案 138 件。制定七届人民政府工作规则,规范重大行政决策程序,完善法治政府建设意见,做到用制度管权、管事、管人。主动公开政务信息 2.1 万条,办理依申请公开 183 件,政策发布解读回应机制不断完善。

效能建设稳步提升。深化"放管服"改革,154 项行政许可事项全部纳入清单管理。开展全流程数字化审批服务试点,企业提交材料减少 70%。推进全区 11 个街道便民服务中心标准化、规范化建设,在全市率先实现"跨层级一窗受理"全域通办。完成城市云脑底座框架搭建,建成省市级智慧社区 36 个。通过行风在线、问政青岛、政务服务便民热线等平台,积极回应群众关切问题 20.6 万个,问题解决率、满意率均位居全市前列。

廉政建设持续推进。严格落实中央八项规定及其实施细则精神,锲而不舍纠"四风"树新风。坚决落实过"紧日子"要求,"五项经费"下降 27.2%。充分发挥审计常态化"经济体检"作用,开展财政审计、领导干部经济责任审计等审计项目 32 个。认真落实政府系统全面从严治党主体责任,纵深推进党风廉政建设和反腐败斗争，强化公共资源、工程建设等重点领域廉政风险防控，营造风清气正的政治生态。

同时，共青团、妇联、文联、科协、工商联、红十字、慈善、民族宗教、港澳台侨、统计、档案、人防、国防动员、双拥共建等工作均取得新成效。

各位代表！经过一年的负重拼搏、笃定前行，李沧区经济社会发展焕发出了新的生机和活力。每一份成绩的取得，都来之不易，这是市委、市政府和区委正确领导的结果，是区人大、区政协和社会各界监督支持的结果，是全区上下齐心协力、团结奋进的结果。在此，我代表区政府，向全区人民，向人大代表和政协委员，向民主党派、工商联和人民团体，向社会各界人士和离退休老同志，向驻区单位、部队和武警官兵，向所有关心、支持李沧发展的朋友们，致以崇高的敬意和衷心的感谢！

总结成绩的同时，我们还清醒地看到，在前进的道路上，仍面临不少困难和问题。主要表现在：新兴产业集聚度不够，引领发展的优质龙头企业不多；低效片区开发利用任务艰巨，城市精细化管理存在薄弱环节；财政收支压力较大，优质公共服务供给不够充分；政府系统部分干部抓发展的专业能力不足，自身建设仍需进一步加强。对这些问题，我们将高度重视，

在今后工作中认真加以解决，努力让人民群众感受到实实在在的变化。

二、2023 年工作安排

2023 年是全面贯彻落实党的二十大精神的开局之年，是实施"十四五"规划承上启下的关键之年，更是习近平总书记视察上流佳苑社区五周年，做好各项工作，意义重大而深远。

2023 年政府工作的总体思路是：以习近平新时代中国特色社会主义思想为指导，全面贯彻党的二十大精神，深入贯彻落实习近平总书记对山东、对青岛工作的重要指示要求，锚定"走在前、开新局"，坚持稳中求进工作总基调，完整、准确、全面贯彻新发展理念，主动服务和融入新发展格局，更好统筹疫情防控和经济社会发展，更好统筹发展和安全，全面深化改革开放，大力提振市场信心，充分挖掘内需潜力，突出做好稳增长、稳就业、稳物价工作，扎实推动绿色低碳高质量发展，持续抓好产业发展、科技创新、营商环境、城区品质"四个重点"，加快实施发展兴区、产业立区、改革活区、生态靓区、惠民富区、综治安区"六大行动"，不断开创全市新旧动能转换示范区建设新局面。

综合考虑各种因素，2023

年全区经济社会发展的主要预期目标是：区内生产总值增长6%左右，区级一般公共预算收入增长7%左右，固定资产投资增长6%左右，社会消费品零售总额增长5%左右，完成节能减排降碳任务和环境质量改善目标。我们将认真做好以下工作：

（一）加快动能转换、推动产业跃升，在振兴实体经济上实现新突破

坚持绿色低碳高质量发展，大力推动传统产业升级和新兴产业导入，打造具有核心竞争力的"3+2+4"现代产业集群。

持之以恒抓产业。推动新能源新材料产业加快发展，建强氢能关键技术及配套产业链，推动研发、制造、应用一体融合发展。成立数字经济产业联盟，支持天成数字港等项目加快发展，培育新锐互联网企业15 家，核心产业增加值增速达到10%以上。推动智能制造产业升级扩容，打造"智改数转"标杆企业 2 家，加快推动国工新钻、中子治疗装备研发等项目建设运营。加速形成生物医药产业集群，加强九维医学、奥瑞森、福瑞达医药等服务平台建设，支持华润医药、九州通、漱玉康杰等医药物流企业做大做强，打造区域医药物流中心。推动金融业发展壮大，实现东营银行、渤海银行等 6 家银行支行正式开业，金融业增加值增速达到 6%以上。

图3 2022年6月，海牛创客空间、院士港加速众创空间获评"国家级众创空间"。图为海牛创客空间所在的青岛金海牛能源环境产业园。

（张鹰摄影）

全力以赴抓项目。将项目建设作为推动发展的主抓手，做好全生命周期服务管理，加快推动总投资949.6亿元的103个省市区重点项目、绿色低碳高质量发展项目建设。实施重点项目攻坚行动，确保高端制造产业园、世园综合服务中心等项目竣工运营，加快中化云谷、粤浦创智谷等项目施工进度，推动中交海洋商服、北汽商业地块等项目开工建设。抢抓政策机遇期，用好政府专项债券、EPC+F等工具，持续拓宽项目融资渠道。强化要素跟着项目走保障机制，助力企业"拿地即开工"。

一以贯之抓招商。持续推进"全员招商、全域招商"，紧盯500强企业、优秀上市企业、行业龙头企业，实施招大引强攻坚行动，力争全年引进过百亿元项目2个以上、过30亿元项目5个以上。强化招商公司和招商团队作用，努力提升专业化、市场化水平，打造招商引资主力军。创新招商方式，大力开展驻外招商、产业链招商、资本招商、以商招商，持续扩充在谈优质项目总量。完善招商项目全链条服务机制，不断提高项目履约率、落地率。加大"出海"招商工作力度，持续优化外资结构，全年引进外商投资企业20家，实际利用外资比上年增长10%以上。

（二）转变发展方式、增强内生动力，在激发经济活力上实现新突破

发挥区域比较优势，促进各类要素合理流动和高效集聚，推动经济实现质的有效提升和量的合理增长。

持续强化科技创新。开展育苗倍增行动，培育一批专精特新、单项冠军、新经济新锐企业，推动"四新"经济规模持续壮大、企业集群化发展。实施企业梯次培育计划，科技型中小企业达到500家，高新技术企业突破460家。强化企业科技创新主体地位，规上工业企业研发机构覆盖率提升10个百分点以上。加强产学研深度融合，支持企业与高校科研院所共研共建，技术合同成交额增长20%以上。推动创新链、产业链、资金链与人才链深度融合，引进各类人才1万人以上。加快推进青年发展友好型城区建设，努力营造尊重、包容、宽松的创新创业环境。

持续激发消费潜能。把恢复和扩大消费摆在优先位置，推进传统消费升级和新兴消费扩容，开展精准有效促消费活动，打响"旅游青岛·消费李沧"品牌。推动李村商圈提档升级，加快智慧化数字化改造，加大夜景灯光秀等设施投入，引进P-BOX商业街区等重点项目，持续提升商圈整体实力。鼓励各类商户运用直播、短视频开展营销，支持电商企业开设线下体验店，不断丰富线上线下融合消费场景。推动信联天地蔚央地商街开业运营，加快永旺梦乐城、王府井喜悦中心等区域性商业综合体规划建设。依托龙大鲜生等平台企业，提升社区商业便利化、品质化水平，打造覆盖全域的 15 分钟便民消费圈。

持续优化营商环境。深化"放管服"改革，推动更多群众、企业高频办理事项实现"一件事一次办"。创新推行个体工商户"标准化"登记，新增市场主体 2.7 万户以上。推动国企改革走深走实，健全风险管控长效机制，做大做强企业主业，不断提高核心竞争力。鼓励支持民营企业发展壮大，用活用好减税降费、贴息贷款等惠企政策，定期组织政银企对话，不断提振企业发展信心。深化市场准入负面清单制度，增强公平竞争审查制度刚性约束，营造竞争有序的市场环境。加大知识产权保护力度，实施守信联合激励和失信联合惩戒，依法保护各类市场主体产权和合法权益。完善企业服务专员制度，切实强化服务效能，着力营造重商、亲商、安商、富商的浓厚氛围。

（三）立足产城协同、拓展发展空间，在推动城市更新上实现新突破

深入实施全域发展战略，谋定大规划、落地大项目、推动大发展，加快打造区域增长极。

推动低效片区高效成势。坚持规划引领，突出配套先行，

注重政策集成，高标准、高效率、高质量推动三大低效片区开发建设。加快青岛北站 TOD 综合开发，推进东西广场及地下空间主体施工，建设北站西片区文化艺术滨海公园，活化利用国棉六厂老厂区，打造青岛创新创业活力区。实施楼山片区综合路网规划，配套建设市政道路 12 条，逐步形成内畅外联的区域交通体系。推动青钢遗址公园、碱厂工业遗存文化中心、九年制学校等配套项目建设，不断提升区域吸引力。进行世博园片区土地适度开发，在引进优质文旅项目上实现突破，打造生态旅游目的地。

推动重点片区破题起势。加快城市发展步伐，谋划 4 个重点片区更新改造，实现区域互通、连点成片、组团发展。高标准规划新旧动能转换产业示范片区，进一步优化瑞金路两侧城市设计和产业规划设计，加快智能制造和医疗器械企业引进落地，推动金水特色产业园、京城机电等项目开工建设，打造现代都市产业园区示范样板。加快 6.4 平方千米的十梅庵片区更新开发，与有实力的央企国企合作，探索实施多级联动、全产业导入、共同经营的大片区更新方案，先行启动十梅庵、东南渠旧村改造。有序推动九水路产业核心区、刘家下河片区等区域更新提升，不断释放城市发展新空间。

推动建成片区塑成优势。实施楼宇经济成长计划，更新、整合、盘活存量楼宇载体，不断增强发展质效。坚持产业、税收、就业"三个导向"，加快引进产业类项目的区域总部、生产型企业的研发机构和结算中心、服务实体经济的金融科创类企业总部，形成功能完备、带动力强的总部经济集聚区。坚持"一园一特色""一楼一产业"，优化各园区定位，合理布局产业链上下游企业，培育壮大人力资源共享产业园等一批富有区域影响力的特色楼宇。聘请国内外顶尖专业化园区运营机构，提供优质的金融、法律等增值服务，增强入驻企业能级，突破地下空间利用，全方位提升载体资源的利用效率和国际化水平。

（四）完善城市功能、提升城市颜值，在城市建设管理上实现新突破

坚持前瞻思维、系统谋划，全力打造宜居、韧性、智慧的高品质城区。

提升城区功能品质。大力推进公园城市建设，启动双峰山公园改造，新增大枣园等城市公园 4 个、口袋公园 8 个，建设林荫绿道 16 千米，城区绿化覆盖率提升至 45.3%。推进长涧安置房开工建设，完成戴家安置房主体施工。实现青银高速段 3 千米电力架空线下地。完善城区路网体系，推进唐山

路快速路、重庆路快速路等市级重大项目建设，加快8条市政道路施工，实现枣园路等5条道路通车。持续实施停车设施智能化、机械式改造，建设停车泊位不少于4000个，设置充电桩820个，有效缓解停车难题。

加强城市精细管理。常态化长效化推进全国文明典范城市创建，深入开展"十乱"现象整治，消除一批城市管理死角，创建30个环境秩序示范楼院。高质量推进11个片区老旧小区改造提升，惠及居民4300户。持续推进既有住宅加装电梯工作。实施自建房全面排查整治，形成自建房专项整治长效管控机制。提高主次干道保洁标准，不断完善生活垃圾分类收集和分类运输体系。深入推进违建治理，拆除存量违建不少于30万平方米，实现新生违建动态清零。持续提升市容秩序管理水平，开展商圈周边、农贸市场等重点区域专项整治，打造更加整洁有序的城市环境。

强化智慧城市建设。系统推进城市数字化转型，高水平建设数字李沧，让居民生活更便捷、城市运行更高效。深化数字政府建设，开展政府机关自建系统整合，提升政务运行数字化、智能化水平。加强跨层级、跨领域业务系统互联互通，努力让群众和企业实现"登录一张网，办成所有事"。推广电

子证照证明使用，加快建设"无证明城市"。不断完善数字基础设施，持续推进5G基站深度覆盖。优化数字社会环境，新增数字文化场馆、数字旅游、数字交通等11个智慧城市应用场景，加快数字服务适老化和无障碍改造，推进33个智慧社区建设。

改善生态环境质量。牢固树立并践行绿水青山就是金山银山理念，持续推动新一轮"四减四增"行动，深入打好蓝天、碧水、净土保卫战，争创国家生态文明建设示范区。加强污染物协同控制，强化移动源污染管控，空气质量保持国家二级标准。统筹水资源、水环境、水生态治理，高标准开展李村河流域综合治理，推进大村河省级美丽幸福示范河湖创建。实施娄山河污水处理厂提标扩建。加强土壤污染源头防控，开展土壤专项执法、疑似污染地块排查，推进629.4亩土地土壤污染治理与修复。

（五）聚力民生改善、增进民生福祉，在提升幸福指数上实现新突破

始终坚持在发展中保障和改善民生，办好15件区办实事，持续满足人民对美好生活的向往。

不断强化兜底保障。健全就业促进机制，深度挖掘城镇公益性岗位，新增城镇就业2.2万人，开展补贴性职业技能培

训3000人次。实施创业孵化平台质效提升行动，打造"创业有李"一站式创业服务品牌，扶持创业2800人以上。创建退役军人就业创业工作室12个。健全分层分类的社会救助体系，持续做好困难群众基本生活保障。完善残疾人社会保障制度和关爱服务体系，持续实施残疾儿童少年康复训练救助。建立健全生育支持政策体系，建成一批婴幼儿照护服务示范单位，新增3岁以下婴幼儿托位440个，持续降低在李沧创业就业年轻人养育成本。

不断优化民生服务。坚持教育优先发展，建成并启用重庆中路学校等4所学校、2所幼儿园。推动学前教育联盟办园全覆盖，争创全国学前教育普及普惠区。扎实推进小学集团化办学和初中强校提质工程，不断提升居民对教育工作的满意度和获得感。推动居家社区养老、为老助餐等服务标准化、连锁化、产业化发展。积极发展老年教育，推动实现老有所学、老有所为。深化"三高共管、六病同防"医防融合分级诊疗试点，实现基层公立医疗机构全覆盖。开展中医药共享药房、特色街区、医养结合示范基地建设，加快形成中医药特色优势。推动优质医疗资源扩容和区域均衡布局，启动区中心医院迁建工作，协助推进市八医东院区启用。推动标杆型便民

服务中心建设，持续提升基层便民服务水平。

不断繁荣文化事业。深入开展社会主义核心价值观宣传教育，倡树新时代美德健康生活方式，全面提高社会文明程度。建强用好区级融媒体中心，提升全媒体传播影响力。抓住山东旅游发展大会举办契机，挖掘青钢工业遗存、够级文化节等旅游价值，打造城市文旅IP。创新实施文化惠民工程，举办文化活动不少于800场次。精心创作文艺作品100件，讲好李沧故事，展现李沧风貌。深挖李沧手造资源，举办"山东手造 李沧有礼"系列文创活动，不断加强非遗保护与传承。开展"体育大篷车进社区"等全民健身活动100场次，建设体育公园1处、健身路径10条，打造全民健身8分钟服务圈。

不断创新社会治理。做好新阶段疫情防控工作，着力保健康、防重症，确保顺利渡过流行期。完善共建共治共享的社会治理体系，启用李沧区社会治理指挥中心和综合服务信息化平台。探索建立化解信访矛盾新模式，确保初次信访一次性化解率达到95%以上。持续加强"八五"普法，打造"司法行政资源地图"平台，为群众提供便捷高效法律服务。深化"食安李沧"建设，完成食用农产品快检20万批次、食品定性定量检测3000批次。开展

药品安全专项整治行动，保障群众用药安全。推动常态化扫黑除恶斗争向纵深发展，深挖彻查黑恶势力"关系网""保护伞"。扎实推进第五次全国经济普查。持续抓好安全生产，深入推进全民安全教育培训，提升居民安全素养。全面做好森林防火、防汛防雪、防灾减灾等各项工作。

推动工会、妇联、文联、科协、工商联、红十字、慈善、民族宗教、港澳台侨、档案、人防、国防动员、双拥共建、东西协作等工作再上新台阶。

三、建设人民满意的服务型政府

深入学习宣传贯彻党的二十大精神，持续加强自身建设，不断提升政府治理效能和服务水平，坚决做到为人民服务、对人民负责、受人民监督。

强化政治建设，永葆对党忠心。深学笃用习近平新时代中国特色社会主义思想，弘扬伟大建党精神，坚定拥护"两个确立"、坚决做到"两个维护"，始终在思想上政治上行动上同以习近平同志为核心的党中央保持高度一致。全面落实意识形态工作责任制。严格遵守党的政治纪律和政治规矩，不折不扣贯彻落实中央和省、市、区委各项决策部署，确保政令畅通、令行禁止。

严格依法行政，常怀敬畏

戒心。始终把法治思维和法治方式贯穿到政府工作各领域，严格落实重大行政决策制度，不断提高科学、民主、依法决策水平。坚持全过程人民民主，主动接受人大法律监督、政协民主监督、社会舆论监督，广泛听取民主党派、工商联和无党派人士意见建议，认真办理人大代表建议和政协提案。强化行政执法监督机制和能力建设，全面推进严格规范公正文明执法。持续深化政务公开，畅通政民互动渠道，不断提高政府工作透明度。

坚持躬身为民，树牢实干决心。走好新时代党的群众路线，把民之所望变为政之所向。突出实干实绩导向，强化"项目化、清单化、责任化"工作机制，确保定一项、干一项、成一项。增强执行能力，完善交办事项"马上就办"机制，以"有解思维"加力破解发展中的矛盾问题。坚持拉高标杆、对标先进，不断提升政府系统工作人员专业能力和专业素养，推动各项工作全面提标、提质、提速、提效。

弘扬清风正气，守好廉政公心。牢记打铁必须自身硬，坚决贯彻全面从严治党部署要求，认真落实主体责任，扎实推进政府系统党风廉政建设和反腐败斗争。严格落实中央八项规定及其实施细则精神，驰而不息纠治"四风"，坚决杜绝

形象工程、政绩工程。强化财政预算绩效管理，坚持过"紧日子"，严控"三公"经费和日常公用经费支出，持续推进节约型机关建设。紧盯重大政策落实、财政资金管理使用、工程项目建设等重点领域，加大审计监督力度，确保权力规范运行。

各位代表！星光不负赶路人，时代属于奋斗者。让我们更加紧密地团结在以习近平同志为核心的党中央周围，以习近平新时代中国特色社会主义思想为指导，在市委、市政府和区委的坚强领导下，坚定信心、同心同德、埋头苦干、奋勇前进，加快打造全市新旧动能转换示范区，共同谱写新时代社会主义现代化李沧建设新篇章！

（区政府办公室供稿）

名词解释

"四上"企业　规模以上工业企业、资质等级建筑业企业和全部房地产开发经营业企业、限额以上批零住餐企业、规模以上服务业企业。

TOD　以公共交通为导向的开发模式（transit-oriented development）。

沃土计划　全市开展的科技型企业培育三年行动计划，旨在加快推动创新要素向企业集聚，厚植企业成长沃土，壮大科技型中小企业、高新技术企业、科技领军企业队伍，支撑经济高质量发展。

"非现场执法"工作模式　运用电子技术监控设备、视频音频记录设备等收集、固定违法事实，采用信息化等方式进行违法行为告知、调查取证、文书送达、罚款收缴，依法对当事人实施行政处罚的执法方式。

"异地修复+分段评估"修复模式　将污染土壤修复分为两个阶段开展修复，第一阶段将污染土壤清挖转运至协同处置单位进行异地修复，清挖后的地块进行效果评估，确定为无污染土壤即达到修复效果；第二阶段为协同处置单位完成污染土壤协同处置后进行效果评估，确定达到处置目的并完成验收。

紧密型医联体　"医联体"指不同级别、类型的医疗机构之间，通过纵向或横向医疗资源整合形成的医疗机构联合组织，可分为紧密型医联体和松散型医联体两类。其中，紧密型医联体是利益、责任和发展的共同体，最大特点是人、财、物统一调配，经济利益一体化。

法律援助"点援制"　法律援助机构在指派案件时，由受援人在法律援助机构公布的法律援助承办团队中，自主选择承办律师、法律服务工作者的制度。

"跨层级一窗受理"全域通办　打破原有街道审核属地限制，梳理部分高频业务事项，实现区政务服务中心和11个街道便民服务中心多点通办。

五项经费　"三公经费"和会议费、培训费。

"智改数转"标杆企业　获得市级及以上认定的两化融合项目和自动化生产线、数字化车间、智能工厂项目的企业。

EPC+F　"EPC"是建设项目设计、采购、施工工程总承包的简称，"F"是融资投资的简称。"EPC+F"指在项目施工总承包的基础上，借助EPC承包商的资金实力及融资能力实施项目建设的一种新型项目管理模式。

"四新"经济　"新技术、新产业、新业态、新模式"的经济形态。

"十乱"现象　乱摆、乱卖、乱贴、乱画、乱堆、乱放、乱拉、乱挂、乱圈、乱占。

三高共管、六病同防　"三高"指高血压、高血糖、高血脂；"六病"指"三高"引发的冠心病、脑卒中、肾病综合征、眼底病变、周围神经病变、周围血管病变等六种主要并发症。

学习宣传贯彻党的二十大精神

学习宣传贯彻党的二十大精神是当前和今后一个时期的首要政治任务。2022年，李沧区按照党中央部署和省委、市委、区委要求，深入学习宣传贯彻党的二十大精神，着力在全面学习、全面把握、全面落实上下功夫、见实效。

一、做好理论学习、宣传工作，推动党的二十大精神走深走实

（一）深化理论学习，提升党员干部政治素养。把学习贯彻党的二十大精神列入各级党委（党组）理论学习中心组学习重点，区委理论学习中心组带头开展专题学习研讨，全区各党委（党组）理论学习中心组组织开展专题学习研讨，学习质效大幅提升，迅速兴起学习宣传贯彻党的二十大精神热潮。举办全区领导干部党的二十大精神专题学习班，组织党员干部深入学习习近平总书记重要讲话精神，联系思想和工作交流讨论、互学互鉴，不断推动党的二十大精神落地生根、开花结果。

（二）深化理论宣讲，推动党的创新理论"飞入寻常百姓家"。深入学习贯彻，组织收听收看中央和省委、市委宣讲团宣讲党的二十大精神宣讲报告会，全面学习领会。强化示范引领，区级党员领导干部开展宣讲30场，各街道领导干部开展宣讲270余场。成立区委学习贯彻党的二十大精神宣讲团和区委区直机关工委、区委教育工委、区国有企业等宣讲团，开展宣讲约200场。活用本土资源，充分利用全区理论宣讲阵地，在文艺演出、科普宣传、文明实践等活动中，结合全区贯彻党的二十大精神生动实践和丰富成果进行宣讲，8支宣讲队伍及红色宣讲团共开展宣讲800余场。

二、强化舆论引导，全方位、立体化做好党的二十大精神宣传报道

（三）唱响"主旋律"，高规格推进重大主题发布。围绕学习宣传贯彻党的二十大精神，聚焦李沧区加快打造全市新旧动能转换示范区的使命担当，精心策划发布主题，综合采取新闻发布、集中采访等形式，对重大部署、重点活动、重要政策等进行精准深入发布，全年推出三大主题10余场新闻发

布会，深入阐释李沧区扛牢发展责任，奋力争先进位，齐心协力抓招商、强实体，凝心聚力抓作风、优环境的生动实践。积极探索发布创新，实现分众化报道、差异化发布。2022年创新新闻发布形式，近20场新闻发布会中有11场发布会开到事件现场、基层一线；7场发布会设置了展陈实物、会前会中播放视频等环节，新闻发布形式更多样、内容更丰富、主题更鲜明、效果更突出。

（四）汇聚"正能量"，高标准开展重大主题新闻宣传。 党的二十大召开期间，李沧融媒各平台重要位置统一开设"二十大时光"专题专栏，精准精确做好大会直播转播、程序性报道、新闻发布会、中外记者招待会以及党的二十大报告和习近平总书记重要讲话报道，大会报道及时、准确、充分、热烈。会后，全面深入做好大会反响报道和基层一线现场报道，持续开展对上宣传，不断放大宣传效果，新华社、中央广播电视总台《新闻和报纸摘要》栏目，《人民日报》《光明日报》《经济日报》等中央级媒体对上流佳苑社区广大党员干部群众学习贯彻大会精神的反响情况进行报道。开设"深入学习宣传贯彻党的二十大精神""新时代新征程新伟业"等专栏，发稿200余篇，全面报道各街道、各部门、各行业深

入学习二十大精神和习近平新时代中国特色社会主义思想的积极行动，展现奋力开创全区经济社会发展新局面的良好精神风貌，推动会议精神在李沧区落地生根。

（五）夯实"主阵地"，高效能拓展对外传播路径。 在iQingdao国际传播矩阵搭建李沧板块，在推特及脸书外媒社交平台创建Amazing Licang官方账号。精选内容新颖有趣、图片视频精美、文字简练突出的选题，在推特"iqingdao"官方海外媒体平台、"Qingdao, China"、脸书"Qingdao City, China"等账号开展对外宣传，吸引大量海外平台用户关注。摄制《LICANG这么拼》中英文形象宣传片，在洛杉矶时报、纽约每日新闻、世界新闻资讯、英国卫报等同时宣传推介。加强友城人脉建设，邀请友城人脉资源拍摄城市宣传片13部。找准外国友人对中国文化的关注点、兴趣点，拍摄"外眼看山东"系列短视频。与对外友好城市（区）开展文化、教育、经贸等各领域的交流，举办"一颗种子"当代潮流艺术展及"星星市集"活动，通过美联社、Finanzen.net、WhatsOn等100余家海外媒体平台宣推。制作"飞young李沧2022文化创想节"系列短视频。定期向对外友好城市（区）寄送反映城市特色和中华传统文化的外宣产品。制作"中国二十四节气""大美

山东"系列短视频，对外充分展现李沧区自然风光与人文气息。

三、激发创造活力，着力推动文化高质量发展

（六）深化文化体制改革。 完善文改专项小组工作运行机制，印发《区委深改委文化体制改革专项小组2022年工作要点》，统筹推进6项重点改革任务，文化体制改革有力有效。推动中华优秀传统文化"两创"，打造文化活态传承新模式，创建"山东手造 李沧有礼"文化品牌，以区委深改委文化体制改革专项小组为抓手，出台《李沧区"山东手造"推进工程实施方案》《李沧区扶持手造产业发展若干政策》等指导文件，制定7个方面工作措施，开创以产业孵化基地、展示体验中心、青少年实践基地为一体的平台化运作模式。充分发挥全区5家非遗工坊平台资源作用带动群众就业，培育年销售额100万元以上的手造企业8家。

7. 推进文艺创作百花齐放。 深入实施文艺精品工程，推出一批富有精神能量、文化内涵、艺术价值的精品力作，板书连唱《海港英雄赞》获评青岛市"中国梦·新时代·新征程"百姓宣讲二等奖、歌曲《赶路》获评青岛市第十届"海燕奖"群众文艺原创作品大赛（音乐类）二等奖、舞蹈《花开荼蘼春又归》获评"喜迎二十大 舞

动新时代"2022青岛市广场舞展演暨第三届乡村广场舞大赛二等奖。围绕宣传贯彻党的二十大精神，在全区组织开展"喜迎二十大·讴歌新时代"原创曲艺作品大赛颁奖典礼、"我们的中国梦"——文化进万家、"新时代 新征程"学习宣传贯彻党的二十大精神诗歌朗诵音乐会文艺宣讲、红色文艺轻骑兵送文化走基层等文化文艺活动200余场次，奏响爱党敬党颂党的时代华章。

（八）深入实施文化数字化战略。 贯彻落实国家文化数字化战略，加快文化产业发展。推动李村商圈提档升级，加快智慧化数字化改造，加大夜景灯光秀等设施投入，引进P-BOX商业街区等重点项目，持续提升商圈整体实力。依托信联天地、青岛国际特别创新区等园区，以电商直播推介为载体，招引培育深广互动、青岛绿洲数字众播基地等具有较强核心竞争力的数字文化企业。

四、推进精神文明建设高质量发展，培育时代新风尚

（九）深入推进文明培育。 以社会主义核心价值观为引领，统筹推进美德李沧和信用李沧建设，大力倡树新时代美德健康生活方式。建立健全跟踪培育机制，统筹推进先进典型培育选树和学习宣传，4人获评山

图4　2022年8月6日，"喜迎二十大 讴歌新时代"青岛市原创曲艺作品大赛颁奖典礼在李沧区举行。　（区文化馆供图）

东好人，10人获评青岛市"文明市民"，2人获评青岛市"新时代好少年"，选树最美李沧人30名。加强家庭家教家风建设，在街道、社区展示"文明家庭""最美家庭"典型经验。印发《李沧区关于倡树新时代美德健康生活方式实施方案》，开展文明出行、文明餐桌、文明旅游等宣传引导活动1100余场次。广泛开展"新时代好少年"选树宣传活动，承办2022年青岛市"新时代好少年"先进事迹基层巡演巡讲启动仪式暨全环境立德树人宣讲团授旗仪式。

（十）巩固拓展文明实践。 深化拓展新时代文明实践中心建设，构建"129+N+X"新时代文明实践框架体系，完善标准制度，文明实践活动覆盖率100%。打造"文明实践·绽放李沧"新时代文明实践品牌，包含"理响李沧""艺润万家""爱塑未来"等17个子品

牌，围绕"喜迎二十大""宣传党的二十大精神""我们的节日"等开展文明实践主题活动700余场次。做实做细"五为"暖心志愿服务，以"缤纷四季·志在李沧"志愿服务品牌为统领，统筹800余支志愿服务队伍，推出"五为""十助""聚爱童乐"等服务项目200余个，开展活动6000余场次。

（十一）持续深化文明创建。 强化顶格推进，区级层面成立创城指挥部，召开工作会议14次，区级领导"四不两直"一线督导60余次；各街道党政负责人亲自挂帅，各区直及有关责任单位"一把手"亲自调度，为创建工作顺利开展提供有力组织保障。坚持以人民为中心工作导向，加强日常督查检查，编发简报77期，印发督查通报184期，解决群众关心关切问题19万余个。

（区委宣传部）

实体经济发展和招商引资

实体经济发展

2022 年，青岛市第十三次党代会报告中指出"要筑牢实体经济根基，构建具有国际竞争力的现代产业体系。纵深推进新旧动能转换，开展实体经济振兴发展行动，突出新兴产业引领、'两业'深度融合、数字化转型，为建设现代产业先行城市提供坚强支撑"，市委党代会的重要精神为全市今后产业发展工作指明了方向。为此，李沧区深入贯彻市党代会重要指示，实施产业立区行动，加快构建"3+2+4"现代产业体系，促进产业链与创新链双向融合，持续巩固壮大实体经济根基。

一、李沧区实体经济发展情况

2022 年，李沧区坚持把发展经济的着力点放在实体经济上，成立实体经济振兴发展领导小组，印发《李沧区加快实体经济振兴发展三年行动方案》，加快打造全市新旧动能转换示范区，经济运行承压固稳、稳中向好。出台《李沧区加快先进制造业高质量发展若干政策措施》《李沧区"四上"企业培育发展奖励办法》，为实体企业发展提供政策支持。泰德轴承在北交所正式上市，是北交所开市后青岛首家直接上市的企业。

二、李沧区加快构建"3+2+4"现代产业体系的主要做法

2022 年，李沧区坚持加快构建"3+2+4"现代产业体系，持续巩固扩大实体经济，推动新旧动能加快转换。发展三大经济形态。以数字经济、总部经济、枢纽经济为抓手，推动产业迈向中高端。提升两大优势产业。以商贸服务业、现代金融业为重点，夯实稳增长基础。做强四大新兴产业。以新一代信息技术、新能源新材料、生物医药、智能制造为主攻方向，培育新的增长点。

（一）**突破发展三大经济形态**。2022 年，李沧区以数字经济、总部经济、枢纽经济为抓手，推动产业迈向中高端。大力发展数字经济。以"数字产业化、产业数字化"为主线，促进实体经济数字化转型，核心产业增加值占生产总值比重明显提升。着力发展总部经济。完善总部经济配套政策，吸引国内外大企业集团设立区域性总部、功能性总部，持续推进本地企业总部化发展。积极发展枢纽经济。发挥高铁枢纽、地铁枢纽、公路枢纽优势，整合优化物流运作体系，持续引进优质高效的枢纽型企业平台，建成 TOD、智慧物流园区等功能平台。

（二）**提升发展两大优势产业**。2022 年，李沧区以商贸服务业、现代金融业为重点，夯实稳增长基础。推动商贸服务业提质。培育和集聚一批新零售、新贸易、跨境电商、供应链、服务贸易领军企业；鼓励商贸企业设立采购中心、营运中心、结算中心，吸引高端贸易型、结算型、连锁型商贸企业集聚。加快发展现代金融业。支持发展网络征信、科技保险、数字金融等新兴金融业态。引进和培育金融机构设立理财子公司、资产管理子公司，发展新型健康保险、养老保险等创新型保险机构。做强兴华基金等平台，推动基金管理总规模持续增长。聚焦先进制造业、中小微企业等重点领域，加大金融服务实体经济力度。

（三）**做优做强四大新兴产业**。2022 年，李沧区以新一代信息技术、新能源新材料、生物医药、智能制造为主攻方向，

培育新的经济增长点。做强新一代信息技术产业。聚焦人工智能、大数据、区块链、物联网等核心领域，培育一批具有产业链控制力的生态主导型企业。做强新能源新材料产业。加快培育氢能与储能发展新优势；围绕金属新材料、高性能复合材料等方向，打造上下游一体、环境友好、优势突出的新材料产业集群。做强生物医药产业。以医药药物、医疗器械、医疗健康大数据等为主攻方向，全面培育壮大上市许可持有人、销售使用商、物料供应商等产业链条，推动医药与康养融合发展。做强智能制造产业。大力推进智能制造产业迭代升级，高端数控设备、智能成套专用设备、精密智能仪器、智能制造集成应用等智能制造产业核心领域规模持续稳定跃升，技术实力不断增强，强化智能制造、智能运营和精益管理等技术的研发和应用，制造业企业关键工序数控化率持续提升。

三、工作成效

（一）顶格开展"双招双引"，发展后劲稳步提高。 2022年，李沧区组建10支专业招商团队，围绕"3+2+4"现代产业体系，细分行业领域，绘制产业招商地图，瞄准世界500强、中国500强、优秀上市企业、行业龙头企业，以精准招商促成产业集聚。落地过亿元项目149

个，招商引资实现跨越式发展。新兴产业持续壮大。数字经济集聚发展，青岛国际特别创新区获评省级示范数字经济园区，主营业务收入达到131亿元。现代金融稳中提质，兴华基金新发行"兴华消费"投资基金和"兴华安丰"纯债基金，管理规模突破60亿元。

（二）深入实施改革创新，内生动力不断增强。 2022年，李沧区改革举措落地显效。推动行政审批事项向街道延伸，打造跨层级"一窗受理"工作模式。创新建立"初创企业服务制"，提供综合性企业全生命周期服务。坚决落实增值税留抵退税等多项政策，举办多项惠企政策解读活动，营商环境进一步优化，企业融资渠道进一步拓宽。为企业提供"一对一"精准服务，实现规模以上企业服务专员全覆盖。科技创新多点发力。拓展更加开放的创新成果应用场景，创启信德等4家企业获评市创新应用实验室和场景应用实验室。企业创新创造能力不断提升。

（三）提升实体服务效能，项目建设提质增效。 2022年，李沧区重点项目加速推进，3个省级重点项目全部开工建设，本年累计完成投资35.5亿元，完成年度计划投资的162.8%；14个市级重点建设项目，本年累计完成投资118.18亿元，完成年度计划投资的165.3%，投

资完成率位居全市前列。

四、下步工作打算

（一）产业发展方面。 2022年，李沧区加快构建"3+2+4"现代产业体系。依托信联天地、国际特别创新区等园区，促进数字经济集聚发展。大力提升线上交易规模，办好城市消费节等活动，推动现代商贸扩量提质。做大做强兴华基金等平台，支持发展数字金融等新兴领域，加快现代金融业提档升级。抢抓"氢进万家"机遇，巩固氢能"制储输用"全产业链，促进新能源产业发展。依托生命药洲，不断培育、引进一批生物医药产业创新型企业集群。全面启动瑞金路以南土地规划整理，尽快打造智能制造特色工业园区，不断培育智能制造标杆性企业。

（二）改革创新方面。 2022年，李沧区以改革创新激发经济发展活力，促进营商环境进一步提升。纵深推进"放管服"改革。坚持并不断完善企业服务专员制度，为企业提供"一对一"精准服务。用好《李沧区"四上"企业培育发展奖励办法》和《李沧区加快先进制造业高质量发展若干政策措施》，助推"四新"经济高质量发展。用活创新（场景）应用实验室鼓励政策，帮助更多企业验证产品技术成熟度和商业模式。

（三）"双招双引"方面。

2022年，李沧区充分发挥专业招商攻坚团队和招商公司作用，以招引央企、500强企业、上市公司等大型企业集团总部为引领，"一事一议"明确项目推进路径，"一对一"上门服务和精准招商，加快推进项目落地。加强与一线城市招商部门、专业招商中介机构、地区商会、行业协会、产业园区、大型企业集团的联系合作，探索市场化、专业化、社会化的招商渠道。加强招商引资工作培训力度，举办多层次的招商引资专题培训和政策宣讲活动，通过外出考察、走进企业、贴近市场的方式，不断提升招商一线人员实战能力，真正实现全员招商、全域招商。

（区发展改革局）

招商引资

一、概况

2022年，李沧区商务局（简称"区商务局"）认真贯彻区委、区政府相关工作部署，树牢"大抓项目、抓大项目""大抓产业、抓大产业"的鲜明导向，优化招商引资工作机制，着力攻坚招大引强。全年共落地过亿元项目149个，同比增长273%，总投资额达448.6亿元；签约引进人民金服青岛中心、新旧动能转换产业示范片区2个过50亿元项目，引进联东U谷、粤浦春光、北汽地块

商业3个过30亿元项目；洽谈储备粤浦科技产业园、顺威智造科技港等重点产业类项目80个，计划总投资759.2亿元，储备过50亿元重大在谈项目3个，招商引资实现跨越式发展。

二、优化招商机制

（一）加强招商队伍建设。
2022年，区商务局坚持区委、区政府主要领导顶格协调，成立李沧区投资促进工作领导小组，围绕总部经济、数字经济、生物医药、城市更新等领域组建了10支定向招商攻坚团队，形成专业化招商的强大力量。成立区属国有招商公司，实行"联络员＋专员"制度，定期收集招商和谈判信息，确保招商信息有人知、议定项目有人跟、落地项目有人推、政策兑现有人给，实现政府主导招商与市场化招商双轮驱动。

（二）完善招商工作机制。
2022年，区商务局进一步强化项目调度机制，不定期召开投资促进工作领导小组会议，对重点招商项目进行调度，明确时间节点等要求，综合研究项目推进路径；建立项目顶格协调推进机制，统筹解决项目洽谈和落地过程中遇到的问题，高位推进项目引进；建立投资促进工作联络机制，明确了全区61个单位分管领导及联络员，牵头设立李沧区"双招双引"工作群，提升部门联动效率。

（三）用好招商政策工具。
2022年，区商务局全面梳理辖区载体资源，招商楼宇和厂房35处、187.2万平方米，土地资源37处、4800亩（1亩＝666.67平方米，下同）；梳理"24条产业链"招商图谱，论证了48个行业领域和144个细分产业，编制完成《市、区重点产业链基本情况》手册，逐一明确招商目标企业，开展精准招商。陆续出台楼宇经济发展扶持办法、招商引资奖励办法、促进平台经济发展扶持办法，梳理市、区六大类105项投资优惠及招商政策，激励形成全员招商、全域招商的浓厚氛围，营商环境持续改善，签约项目、在谈项目、储备项目数量、质量明显提升。

三、全力招商引资

（一）聚焦工业园区运营招商。
2022年，区商务局重点引进联东U谷青岛科创中心项目，总投资30亿元，打造都市产业综合体；引进北京市国资委下属京城机电项目，建设京城机电智能制造产业园；引进粤浦春光（碱厂首开区）项目，投资建设人工智能产业园；重点推进总投资50亿元粤浦科技产业园项目，打造集数字经济、新能源、智能制造于一体的高端产业集聚区；加快推进世纪金源科技产业园项目，依托世纪金源产业资源和科技成果产业化经验，新

建硬科技产业生态创新中心。

（二）聚焦产业园区配套招商。 2022 年，区商务局招商落地中化海洋科技创新中心项目，打造海洋科技创新、环境治理等产业链。生物医药产业园加快发展，引进康杰生物医药产业园、福瑞达医药、彩晖生物、杭州美联医学青岛大健康产业集群等一批生物医药类项目，重点推进投资 60 亿元的辅大国际医学中心项目。

（三）聚焦总部经济产业招商。 2022 年，李沧区着力引进央企、国企合作项目，已签约和注册落地中冶建工、中铁二局、中国能源建设集团、中铁十九局、中交建筑、中电建核电工程有限公司等 18 个项目，注册落地贵州公路集团、天元建设集团等 10 余家国企法人公司和区域性总部，助力城市更新和城市建设。

（四）聚焦低效片区开发招商。 2022 年，李沧区建立低效片区招商联席联动机制，加强与市属国企平台协作，建立对口招商工作通道，建立"边拆迁边建设边招商"的工作方式，通过完成预招商，引导企业提前入驻，提高招商效率。坚持集中连片做工业，推动低效片区引进产业龙头及核心配套。青钢片区，引进总投资 35 亿元的中交海洋科技城项目，储备网库集团总部、北京玖安天下总部等项目；碱厂片区，粤浦春光项目投资额 30 亿元，引进外资不低于 1000 万美元，建设都市工业综合体，储备苏科高新、山东土地发展集团等重点项目；瑞金路工业园，总占地 3000 余亩，征迁工作已启动，储备总投资 50 亿元的粤浦科技产业园等项目；北客站及周边片区，与 20 余家企业进行招商洽谈，引

进龙湖、中铁二局区域总部等 8 家意向合作单位；世博园及周边片区，与中国金茂、陕旅集团等 8 家单位进行招商洽谈，世博园超级飞侠项目已落户。

（五）联动各平台合力招商。 2022 年，区商务局联合区属国有企业、各部门、各街道，形成招商合力，特别是区属国有企业担当招商主力军作用，聚焦主责主业，加快培育产业集群。2022 年区属国有企业项目投资推介会签约重点项目 12 个，总投资约 230 亿元，通过灵活运用资本招商、以商招商、产业链招商方式，实现政府主导与市场化招商双轮驱动。做好大型活动的招商引资和产业对接，完成第三届跨国公司领导人青岛峰会李沧区招商推介服务保障任务。

（区商务局 区招商投资促进中心）

城市更新和城市建设

一、概况

2022 年，李沧区按照青岛市委、市政府决策部署，抢抓城市更新"主战场"历史机遇，聚焦拆违征迁、低效片区开发、旧城旧村改造、市政设施建设、公园城市建设、地铁沿线开发、停车设施建设等领域，按照问题导向、目标导向、结果导向，制定"四化清单"、实施挂图作战，以实干实绩推动城市更新建设，通过将城市更新与产业转型升级有机结合，深入推进产城融合，培育壮大新动能，加快打造新旧动能转换示范区。2022 年计划建设 79 个城市更新项目、计划投资 137.6 亿元，实际开工建设项目 97 个、完成投资 235 亿元，完成计划投资的 171%。

二、指挥体系建设

2022年，李沧区加快城市更新建设，组建了城市更新和城市建设三级指挥体系，形成了在区城市更新和城市建设指挥部领导下的8个专业指挥部和8个工作专班，明确了各方职责定位，指挥部为"司令部"、指挥部办公室为"参谋部"、专业指挥部和各分指挥部为"作战部"、成员单位为"战斗单元"，各专业指挥部和各工作专班在施工现场实时调度问题，指挥部办公室每天督导落实，指挥部每周召开专题会议解决问题，通过晨碰头、晚会商、周调度，快速解决拆违征迁和项目建设中的硬骨头，稳妥推进全区拆违征迁和项目建设工作。

三、工作开展及成效

2022年，李沧区城市更新和城市建设多项工作取得显著进展。一是强力推进拆违征迁，累计完成青钢外围等21个项目101.3万平方米的拆迁任务，拆除违建75万平方米，成功破解文安路站存在的历史遗留拆迁难题，在全市率先完成地铁三期拆迁任务，保障了地铁三期工程的提前开工建设；完成遗留10余年的北客站西片区全部违建设施拆除，完成青钢外围西南渠旧村部分建筑拆除，不断掀起加快拆违征迁、加大项目攻坚的热潮。二是多方筹措建设资金，2022年计划投资137.6亿元，通过发行专项债、吸引社会资金、积极争取上级补助资金等方式顺利解决了建设资金问题，累计完成投资235亿元。三是持续发出"李沧声音"，先后在《人民日报》《光明日报》《经济日报》《大众日报》《青岛日报》和青岛市广播电视台等多家主流媒体发声，借智借力官媒搭建全方位、多层次、立体化的宣传阵地，重点围绕拆违征迁、市政设施建设、老旧街区改造、公园城市建设、停车设施建设等方面进行宣传报道，李沧区城市更新和城市建设工作被中央和省、市、区级媒体报道共计1405次，奏响李沧城市更新最强音。其中，《经济日报》报道《青岛市李沧区生态靓区绘就沧海青城新画卷》，人民日报客户端报道《李沧，如此令人倾心》、《【图集】青岛李沧，你变了！》，经济日报客户端报道《青岛市李沧区：口袋公园提升群众"微幸福"》，光明日报客户端报道《青岛李沧：口袋公园填满"幸福感"》，山东电视台《新闻联播》报道《青岛李沧：改善人居环境 打造绿色宜居新社区》等，营造了良好的宣传氛围。

（一）低效片区开发全面起势。 一是强力破解历史遗留问题，成功化解30余件历史积案，理清了近十年世博园债务处置路径、完成碱厂片区印江路2号院内9.5万平方米违建拆除、青钢外围西南渠旧村等建筑拆除3.3万平方米，顺利解决了世博园片区等低效片区开发的众多问题，为低效片区开发建设和项目产业落地扫除障碍。二是全面加快配套项目建设，全省首创"异地修复＋分段评估"污染地块修复模式，完成土壤修复1569亩（1亩=666.67平方米，下同），累计完成土地整理2962亩，完成青钢商住地块、世博园西侧等14宗约770亩土地招拍挂工作。青钢、碱厂、北客站、世博园低效片区全面开工建设，青钢、碱厂配套道路提前3个月开工建设，已完成70%，安顺路和安顺路调流路顺利竣工通车，新增道路里程9.5千米。北客站东西广场及地下空间项目、青钢遗址公园项目、工业遗址建设项目（加固项目）、北客站西片区岸线加固、世博园西侧地块等配套项目正在加快推进，项目的建设将全面提升片区环境和居住品质，吸引更多的高新产业落户发展。三是加大低效片区建设范围，在加快建设北客站、世博园等3处低效片区开发建设的同时，新增瑞金路两侧片区、重庆路两侧东片区等低效片区改造项目，统筹整个区域内的产业布局、招商引资、资金筹措、市级重大配套项目导入等事宜，不断优化片区控规，完善服务功能，导入新兴业态，打造一批区域增长极，重塑李沧区业态，激活各低效片区发展动力。四是聚力打造新兴产业园区，青钢片区已签约的中交集团海洋科技城商业商务项目，总投资35亿元，主要方向为海洋工程装备科技服务，已顺利开工建设，将引进投资10亿元的网库集团特色产业数字化总部基地项目，青钢片区拟以青钢城市文化为基础，引导区域文创产业落地，逐步将该区域打造成为以"文化创意＋工业旅游＋新经济产业区"为主题的"大型钢铁企业转型示范区"。北客站片区按照"系统规划、精准设计、站城一体、功能复合、综合运营"的原则，吸引华润、龙湖等头部企业，导入优质商业业态，托底运营后期商业，打造TOD北站商圈，开发建设青岛创新创业活力区核心区。碱厂片区由粤浦科技与春光里集团联合建设创新型产业功能的都市工业综合体，规划打造科技创新与现代生产服务高度融合，创新创意创业要素汇聚，生态优美、活力时尚、服务共享、高效集约、职住平衡的滨海科技创新城。

（二）城中村改造全面提速。 一是戴家、长涧提前完成旧村改造任务，戴家提前半年、长涧提前3个月完成整村拆除任务，戴家安置区已全面开工建设，并完成了戴家片区120亩土地招拍挂和165亩批而未供土地处置工作，确保2025年

图5　2022年9月8日，唐河路—安顺路打通工程（李村河—太原路段）加紧施工。　　　　　　（丁之摄影）

完成回迁。二是四级联动、统筹推进十梅庵、东南渠社区改造，结合十梅庵、东南渠社区改造成本大，一级开发难以实现资金平衡的现状，统筹十梅庵片区土地资源，将城中村改造与低效片区开发板块联动，扩大片区开发范围，形成重庆中路以西、湘潭路以南、文昌路以东、唐山路以北约6.4平方千米的十梅庵片区，通过优化调整片区控规、合理布局片区产住比，在片区城市更新中形成四级联动开发，实现十梅庵片区6.4平方千米的腾笼换鸟、产城融合。

（三）民生项目建设成效显著。 一是李沧区老旧小区改造做法获《人民日报》点赞，在老旧小区改造项目前期方案设计中，拓宽居民参与渠道，打通联系服务群众"最后一公里"，通过发放调查问卷、方案设计对接会等多种方式征求居民意见，不断优化完善方案，提前完成东南新苑等6个老旧小区改造，不断提高群众获得感、幸福感。二是在全市率先启动市级重点道路建设，顺利完成了涉及安顺路、四流路10万平方米拆迁任务，实现了城市更新攻坚行动开展以来全市第一条市级重点道路的开工建设；同时，组建了重庆路、唐山路建设工作指挥部和工作专班，统筹推进道路拆迁事宜，确保按时完成重庆路、唐山路拆迁任务。迎真宫路等4条未贯通道路提前3个月全部实现竣工通车。三是基本解决李村商圈等老城区停车供需矛盾，通过在中西部老城区实施停车设施建设及共享泊位改造，将李村商圈维客星城、伟东乐客城、万达广场等大型商业体停车场开放共享，超额完成共享泊位改造1.4万个；在计划新建5346个停车泊位的基础上，利用老

城区闲置空地建设了华泰社区、白泥地、李村大集桥下空间等5处临时停车场，新增泊位562个，在减少李村商圈等道路违停现象的同时，通行效率提高15%以上，达到基本通畅状态。四是绘就沧海青城新画卷，以绿化为民、绿化惠民为根本宗旨，坚持绿地总量增加和现有绿地更新并举，建群众所求，改群众所需，管群众所诉，全力实施山头公园整治、口袋公园建设、城市公园改造、滨水绿地建设，实施生态靓区行动，绘就沧海青城新画卷，完成上臧山公园、晓风湖畔口袋公园等40个公园城市项目并开放，获周边居民广泛好评，老虎山公园、上臧山公园在全市山头公园建设整治成效评选中分别荣获全市一、二等奖。

（四）"铁腕拆违、重拳治乱"助力城市更新提质增效。2022年，李沧区通过组建区拆违征迁指挥部、出台拆违治乱相关文件和工作流程，召开助力城市更新拆违治乱动员大会，稳妥推进全区拆违治乱工作，不断掀起加快拆违征迁、加大项目攻坚的热潮。一是统一指挥、勇于"亮剑"，敢啃"硬骨头"，率先成立区级拆违征迁指挥部，建立健全拆违征迁文件政策，点线面立体推进拆违治乱工作。二是依法执法、司法护航，开展"百日攻坚"，通过梳理明细、锚定目标、化解矛盾、司法护航，

依法拆除各类拆违75万平方米，完成遗留10余年的北客站西片区全部违建设施拆除、完成碱厂片区印江路2号院内9.5万平方米违建拆除。三是深入推进、保持高压，全面解决违建难题，通过坚持问题导向，强化靶向思维；健全长效机制，巩固治理成果；加强引导宣传，营造强大攻势，确保拆除一处保持一处、清理一片干净一方。

四、亮点做法

（一）迈好关键三步，打造城中村改造"戴家模式"。2022年，戴家社区城中村改造用时2个月，完成全部267处宅基地100%签约和拆迁，实现全市第一个城中村整村拆除，获得市委主要领导的肯定性批示。迈好征迁宣传的第一步。通过张贴通告、印发简报、致广大被拆迁居民一封信等形式，广泛深入地宣传拆迁改造的重要意义、总体思路和方法步骤，宣传拆迁改造的法律法规和政策规定。邀请群众参与到拆迁评估、方案确定等各个环节中，组织召开党员大会、居民代表大会讨论拆迁政策、设计方案，把群众满意当作最高标准。走好依法征迁的第二步。在戴家、长涧社区拆迁过程中，严把政策关、程序关、法律关，坚持"法、理、情"三位一体，做到"有守"和"有为"的有机统一。在房屋征拆过程中，对征

拆全过程拍照、摄像，并将影像资料存入档案。实行目标管理，建立责任追究制和部门联动机制，加强监督检查，相互配合，及时沟通，迅速处理征迁过程中出现的问题。走好矛盾化解的第三步。通过成立社区党员攻坚队，坚持关口前移，重心下移，针对发现的家族纠纷、产权争议等问题，全程引入法律顾问规范解答，采取律师坐班提供法律服务的方式，及时回应居民疑虑，妥善解决历史遗留问题。

（二）着力破解"群众所愁"，打造旧城改造"李沧模式"。2022年，李沧区在推进老旧小区改造工作过程中，通过摸清老旧小区群众所愁、所盼、所急的问题，有效破解群众最担心、最忧心、最烦心的问题，通过"决策共谋、建设共管、效果共评、成果共享"，探索老旧小区"全要素"改造提升的新理念新思路，推动老旧小区改造由政府为主向社会多方共同参与转变，提升了群众的参与感、幸福感、获得感。老旧小区改造的"李沧模式"通过市总指挥部专报的形式被全市推广学习，并获得《人民日报》的点赞报道。兼容并蓄，坚持老旧小区更新与保护相融合。针对李沧区老旧小区主要集中在老城区的实际，在保留老城区历史风貌的基础上，结合群众改造需求，对老旧小区进行

更新保护。重点对存在的地下管网堵、漏、冒溢及空中飞线等问题进行整治，同时对小区中高大乔木和老建筑进行保护和修复，既保留小区原有特色风貌，又提升小区居民居住品质。全面提升，推进老旧小区改造协调实施。在解决老旧小区普遍存在的空间拥挤、停车位紧张、景观环境差等基本问题的同时，对小区内的安防监控、健身休闲、电梯加装等进行整体更新改造，全要素解决群众最关心的问题。以人为本，提高老旧小区群众参与热情与幸福指数。项目实施过程注重公众参与、广泛听取意见建议，方案设计和施工图设计全面征求小区居民意见，提高小区群众参与度，真正做到听民意、汇民智、解民忧，让人民群众切实感受到老旧小区改造带来的环境提升，满足人民群众日益增长的美好生活需求。

（三）坚持绿化为民，打造公园城市建设"李沧特色"。 2022年，李沧区在公园城市建设上，以绿化为民、绿化惠民为根本宗旨，山头公园整治，一山一策见真章，在山头公园改造过程中深入挖掘山头历史故事和文化底蕴，一山一策建设一批集生态保护、观光游憩、人文展示等多功能一体而又独具特色的城市山体公园，打造了老虎山红色党建主题公园等；口袋公园建设，方寸之间求实

效，通过见缝插绿、合理布局"小而美"，便民利民、科学设计"美而全"，精细施工、匠心打造"后花园"，打造一批口袋公园，让居民抬头见绿、出门见景；城市公园改造，多效利用绘民生，通过轻设计、微更新，做到建新不破旧，实现园区功能愈加齐全丰富，如今的城市公园已成为展示城市民生的舞台与窗口，成为几十万李沧居民日常活动的主要场所，各种广场舞、太极拳、合唱团等汇聚于此，尽展风采。

（四）勇于改革创新，迈出智慧城市建设新步伐。 2022年，李沧区在停车场智慧化建设、河道智慧化治理、老旧小区智慧化改造、烂尾建筑的改造利用等方面探索新思路、新方法，推进新一代信息技术与智慧城市建设深度融合、迭代演进，有效改善公共服务水平，提升管理能力，促进城市发展。一是探索烂尾楼更新改造新模式，黑龙江中路、海尔路路口烂尾楼由于产权问题，建成后一直闲置20多年。通过精准招商和审批前移，引入青岛亿众合商业管理有限公司作为建设运营方启动该项目改造升级，"烂尾楼"将"华丽转身"成为总面积1.8万平方米、集共享办公和长租公寓功能的综合楼。二是加快智慧化公厕建设，落实"厕所革命"要求，以细致化、精细化、人性化的公厕建设管理，

利用大数据、云计算、物联网等先进技术打造的"智慧化"管理系统，实时显示监测公厕温度、湿度、空气质量（异味）等数据，通过在公厕大厅内悬挂显示屏实时反馈公厕运行状态。通过公厕"智慧化"管理提升实现公厕"人性化"服务，努力打造"如厕如家"品牌形象，真正将李沧区的公厕建设打造成惠民利民工程，已建成长治路胜利桥公厕、巨峰路公厕等130个智慧化公厕。三是加大智慧化停车建设，通过"错峰整合、潮汐开放""多级联动、小区共享"等措施，加大停车智慧共享、破解老城区停车难题。李村商圈维客星城周边共有居民约1.3万户，停车供给严重不足，停车位缺口超过1200个，周边道路违停较为严重，进一步加重了商圈交通拥堵。通过对维客星城897个地下车位开放共享，周边居民到维客星城包月停车，极大解决了周边小区夜间停车需求。通过深入调研商业体周边夜间停车需求，按照"政府引导、企业资源、潮汐开放、有偿共享"的工作方法积极鼓励引导商场、企业停车场开放共享。万达广场、维客星城、乐客城、奥克斯广场等商场均已开展错时共享工作，共享泊位1.4万个，缓解了周边居民停车难问题。

（区城市更新和城市建设指挥部办公室）

"作风能力提升年"活动

2022年，李沧区认真学习宣传贯彻党的二十大精神，严格按照青岛市委部署要求，以精准务实的举措和真抓实干的劲头，推动"作风能力提升年"活动各项工作高质量推进。

一、比学赶超、奋勇争先，作风能力全面过硬

2022年2月7日，在全市"作风能力提升年"活动启动之前，李沧区委围绕干部作风"正风聚力"行动进行动员部署。2月底，对标青岛市委"作风能力提升年"活动实施方案，对全区工作进行再动员、再部署，健全"1+5+7"工作体系，锚定"严真细实快"5个方面，提出加强和改进干部作风的20条措施，锚定打造全市"作风能力提升年"活动标杆工程目标，持续锤炼干部作风能力。

（一）突出"凡事讲政治"，组织"大学习""大讨论"，夯实思想基础、凝聚发展共识。2022年，李沧区把学习宣传贯彻党的二十大精神作为首要政治任务，认真落实习近平总书记"在全面学习、全面把握、全面落实上下功夫"重要指示要求，掀起"大学习"热潮，先后召开区委全委会会议、区委常委会扩大会议，组织区委理论学习中心组集体学习，举办党的二十大精神专题学习班，并印发决议，对学习宣传贯彻党的二十大精神做出安排部署。严格落实"第一议题"，扎实办好"第一课程"，2022年以来，开展区委理论学习中心组集体学习13次，学习习近平总书记重要讲话精神和中央重要会议精神63次。持之以恒用习近平新时代中国特色社会主义思想凝心铸魂，培训干部7000余人次。组织开展"五学"活动，突出学习习近平新时代中国特色社会主义思想、党章党规党纪等重点内容，组织全区7850余名党员干部进行政治理论和作风能力专题测试。围绕省第十二次党代会、市第十三次党代会、区第七次党代会部署要求，层层开展"大讨论"，理清"干什么、为什么、怎么干"，形成工作目标200余项、存在问题130余项、创新突破项目170余项，定期调度工作进展，推进工作闭环。区党政领导班子、全区各部门单位跟进，广泛开展"当龙头 做表率 开新局"大讨论，进一步对标先进、查找不足、加压奋进，取得预期效果。

（二）突出"谋事为群众"，开展"大调研""大提升"，深入基层问需、聚焦民意解困。2022年，李沧区围绕"四进四问"，采取"蹲点""四不两直"等方式到一线走访调研，了解基层实际、听取意见建议、帮助解决问题。组织社区"两委"开展"民意大摸排"，加大调研力度、提升调研标准。通过调研、走访征集"事要解决"实事项目128项、基层好建议好点子106个，形成优质调研报告68篇。扎实开展"我为群众办实事"活动，组织开展2022年区办实事"进现场、看进展、提建议、促提升"活动。坚持开门决策，征集2023年区办实事33项，了解老百姓"急难愁盼"，为明年工作把脉定向。聚力补齐基层治理短板，成立5个网格调研队全覆盖下沉123个社区，逐一指导划分城乡综治网格728个，设立网格党支部772个，"区委—街道党工委—社区党委—网格党支部—楼院党小组—党员中心户"六级联动"动力主轴"上下贯通，"一网治理"格局基本形成。打造"李即办"诉求解决平台，制定平台工作规范等配套文件，在全区推广使用，累计收集处

理诉求近 5000 件。深入推进党建引领社会组织参与基层治理，出台党建引领社会组织参与基层治理实施意见，承办全市城市社区党委书记论坛，举办全市现场会，相关经验被中央改革办《改革情况交流》第 29 期采用，在全国推广。

（三）突出"干事重实效"，部署"大督导""大治理"，突出实干实绩、强化督导问效。2022 年，李沧区印发《关于深入学习贯彻党的二十大精神推动作风能力再提升工作的通知》，引导推动全区广大党员干部转作风、强能力、抓落实、促发展，全力冲刺四季度，确保完成全年各项目标任务。部署开展 3 轮"作风能力提升年"活动全覆盖巡回督导，7 个巡回督导组通过座谈交流、档案查询、现场观摩等方式对各单位活动开展情况进行督导检查，表扬先进、鞭策后进。深入开展"六察六治六促"专项行动，开展监督检查 80 余次，发现整改面上问题 120 余个。开展"助企解难题、护航促发展"百日攻坚行动，走访企业、项目 328 个，处置涉企问题线索 8 件，给予党纪政务处分 7 人，督促解决"办不成事"方面问题 8 件。严格落实中央八项规定精神，查处享乐主义、奢靡之风问题 22 起 22 人，查处形式主义、官僚主义问题 10 起 15 人，严防"四风"问题反弹回潮。精

准运用"四种形态"批评教育帮助和处理 556 人次，累计处置问题线索 286 件，立案 133 件，给予党纪政务处分 112 人，形成有力震慑，推动形成风清气正的干事创业环境。

（四）突出"成事争一流"，大力选干部、强队伍，树牢正确导向、提振担当劲头。2022 年，李沧区着眼于让李沧干部摆脱过去"无所适从"的导向迷茫，坚持以选人用人导向引领干事创业导向，坚持"重实绩、重公论、重品行、重能力"，调整干部 500 余人。坚持选人向一线倾斜，近期提拔晋升疫情防控、城市更新等一线干部 6 人，在全区增强了信心、树立了正气。制订"李沧实干家"干部队伍建设规划、干部政治素质考察具象化操作手册、"一把手"任前告知制度等制度 13 项，为干部担当作为提供制度依据。对不胜任不适宜现职情形干部坚决"叫

醒""叫停"，2022 年以来对 11 名组织力执行力不强，工作抓而不紧、抓而不实，作风不过硬的干部由组织部长进行约谈"叫醒"，对 1 名长期打不开工作局面、综合考核多次排名靠后的街道党工委书记坚决"叫停"，调离工作岗位。开展"亮绩""赛绩"系列活动，搭建"书记局长擂台""青年干部擂台""基层党组织擂台"等，举办李沧区"作风能力提升年"活动"亮绩""赛绩"擂台赛 2 期，并创造性开展"十比"活动，推动干部比学赶超、实干争先。

二、坚定信心、强力攻坚，全局工作以进固稳

（一）经济运行平稳向好。2022 年，李沧区落实全国稳住经济大盘会议精神，成立区经济运行工作专班，有效顶住经济下行压力。前三季度，全区生产总值同比增长 2.8%，外贸

图 6　2022 年 8 月 7 日，李沧区举办"作风能力提升年"活动"亮绩""赛绩"擂台赛。
　　　　　　　　　　　　　　　　　　　（区委组织部供图）

进出口同比增长 21.5%。1—11 月，一般公共预算收入同口径增长 5.8%，经济运行承压固稳、逐季向好。围绕全市 24 条重点产业链和全区"3+2+4"现代产业体系，出台加快先进制造业高质量发展等扶持政策，深入开展实体经济振兴发展三年行动。加速建设占地 3081 亩（1 亩 =666.67 平方米，下同）的新旧动能转换产业示范片区和占地 400 亩的南渠产业园，粤浦科技、京城机电等产业项目全面启动。成立区商圈服务领导小组，统筹推进业态、招商、环境优化工作，持续打响"旅游青岛、购物李沧"商圈品牌和夜经济品牌。兴华基金管理规模达到 63 亿元，较去年实现翻番。前三季度，新增"四上"企业 34 家，规上工业总产值同比增长 19.7%，金融业增加值占生产总值比重达到 7%。

（二）招商引资进展明显。
2022 年，李沧区成立区投资促进工作领导小组，组建区属国有招商平台公司，打造 10 支定向招商专业攻坚团队，出台支持先进制造业、招商引资奖励办法等"一揽子"扶持政策，明确 48 个行业领域、127 个细分产业方向，逐一细化招商标的企业。截至目前，共落地过亿元项目 143 个，占过去 5 年引进总量的一半，总投资达 437.4 亿元。其中，投资 50 亿元的人民金服青岛中心项目盘活闲置

载体 25 万平方米，打造数字金融产业园区。投资 30 亿元的联东 U 谷青岛中心项目，打造 10 万平方米高端智能制造产业园。正华供应链项目全面开展国际再生资源结算业务，实现纳税近 9000 万元。世界 500 强永旺梦乐城、中冶建工、国工新钻、龙大鲜生等一批优质项目先后落地。超前储备中核同创、世园板块等过百亿元项目 2 个，辅大国际医学中心等过 50 亿元项目 2 个，网库集团、中铁二局等过亿元项目 83 个，拟投资 760.9 亿元，形成全员招商、全域招商的浓厚氛围。坚持大抓项目、抓大项目，总投资 253.4 亿元的 15 个省、市重点项目，完成年度投资计划的 150.1%。总投资 902 亿元的 73 个区级重点项目开工率达 95.9%，完成年度投资计划的 112%。总投资 110 亿元的信联天地项目正式启用，金水洲际酒店群整体开业运营。总投资 52 亿元的中化云谷项目，全力打造数字经济和创新金融产业集群。总投资 33.3 亿元的海洋经济板块，聚力发展现代海洋科技产业。完成北汽地块、世博园西侧等 17 宗、952.3 亩土地出让，新增产业发展空间 31.7 万平方米。

（三）城市更新建设步伐加快。2022 年，李沧区全年计划开工 79 个项目，目前实际开工 92 个，完成年度投资计划的 111%。扎实推进低效片区开发

利用，青岛北站 TOD 项目完成土地收储，东广场及地下空间开工建设。楼山片区基础设施初具雏形，完成土地腾挪 2962 亩，青钢和碱厂片区 5 条配套道路提前开工。坚持大干交通、干大交通，安顺路打通工程 10.6 万平方米拆迁任务全部完成，打响三年攻坚行动"第一枪"。秀山路、迎真宫路等 8 条道路竣工通车，新增通车里程 4.43 千米。地铁 2 号线东延段等 3 条地铁线征迁工作有序推进，9 个站点建设全面开工。城中村改造压茬推进，戴家社区用时 2 个月实现全市首个整村拆迁，经验做法获市委主要领导高度肯定并在全市推广。持续提升人居环境，改造老旧小区 6 个，完成老楼加装电梯 90 部，增设密闭式垃圾分类投放点 15 处、撤桶并点 650 个，打造市级垃圾分类五星示范小区 21 个。全力打造高品质绿色生态空间，31 个公园城市项目开工建设，老虎山等 9 个山头公园完成改造，晓风湖畔等 4 个口袋公园提前竣工。新增绿道 13 千米、立体绿化 1.9 万平方米，绿化覆盖率达到 45.2%。创新"异地修复 + 分段评估"污染地块修复模式，完成土壤修复 1569 亩，土壤安全利用率 100%。"零容忍"开展违建治理，拆除违建 73.4 万平方米，完成全年任务的 158%。积极破解停车难问题，建设停车泊位

5346个,共享停车泊位1.4万个。

三、事争一流、唯旗是夺,蓝图发展未来可期

开展"作风能力提升年"活动启示我们,加强作风建设,必须始终坚持以习近平新时代中国特色社会主义思想为指导,不断夯实理论武装,提升广大干部旗帜鲜明讲政治的思想自觉和行动自觉;必须突出实干实绩实效,以解决实际问题为导向,用干事创业成效体现作风转变成果;必须坚持久久为功,牢记作风建设是一项常抓常新、永不竣工的民心工程,以刀刃向内的狠劲、抓铁有痕的韧劲常抓不懈,避免一阵风、走过场。

下一步,李沧区将扎实学习宣传贯彻落实党的二十大精神,持续围绕"三条主线"抓工作。

(一)聚精会神抓实体、强支撑。2022年,李沧区树牢"大抓项目、抓大项目"导向。加快项目招引,瞄准世界500强、中国500强、优秀上市企业和行业龙头企业,拓展招商渠道、创新招商模式,把GDP贡献率和税收贡献度作为重要评价标准,全力引进一批超过30亿元和超过50亿元的大项目、好项目,力争在招引过百亿元项目上实现突破。加快项目推进,加强向上沟通争取力度,切实提高项目契合度、精准度和成熟度,确保北汽地块、联东U谷等项目进入省、市重点项目大盘子。创新实施"一个项目、一名领导、一套班子、一抓到底"工作机制,实现青岛北站TOD、楼山片区和重大招商项目落地开工、投产运营。完善要素保障,加大土地收储报批力度,加快土地规划调整,简化项目审批流程,积极争取政府专项债等资金支持,全力扫除项目推进中的一切障碍。

(二)稳扎稳打抓城建、提效能。2022年,李沧区统筹考虑土地集约利用、产业空间拓展、城市功能完善等目标,科学合理做好方案设计,确保以高水平规划引领高品质建设。坚持既尽力而为、又量力而行,成熟一个启动一个、启动一个干成一个,科学制订十梅庵、东南渠等旧村改造计划,公开透明、依法有序推进剩余城中村清零。加快打通唐山路快速路等一批重点道路,全力推进3条地铁线征迁工程,加快构建"主干完善、次支贯通"的交通结构。坚持以争创全国文明典范城市为抓手,提升城区形象、完善城区功能。加快改造老旧小区,狠抓拆违治乱,加快解决地面破损、管网老化、设施陈旧等问题,打造一批山头公园、口袋公园、城市绿道,让市容市貌更干净、更整洁、更有序。同时,加快导入新技术、新产业、新业态、新模式。把城市更新建设和群众生活改善结合起来,高标准建设教育、医疗、养老等公共服务设施,持续提升居民幸福感和满意度。

(三)从严从实抓作风、创实绩。2022年,李沧区牢牢扭住干部这个最大变量,激发干事创业的荣誉感和精气神。持续树牢正确选人用人导向,选用更多政治过硬、实绩突出、群众公认的干部,选优配强领导班子。加强干部斗争精神和斗争本领养成,推动"正风聚力"常态化,增强广大干部的志气、骨气、底气。突出能者上、优者奖、庸者下、劣者汰,落实好不胜任、不适宜现职情形干部"叫醒""叫停"办法,推动干部能上能下,确保干部队伍时刻充满生机与活力。细化责任分工、量化工作目标、实化工作效果,任务到人、责任到人,形成一级抓一级、层层抓落实的责任链条,推动干部不断创实绩、出实效,为打造全市新旧动能转换示范区目标任务凝聚最大担当合力。

(区委组织部)

李 沧 概 况

行 政 区 划

区划调整

1994年4月23日，根据国务院文件批复，青岛市进行区划调整，调整后青岛市区级建制为市南区、市北区、四方区、李沧区、崂山区、城阳区、黄岛区。同年5月25日，李沧区正式成立。由原沧口区李村河以北的四流中路、振华路、晓翁村、西流庄、永安路、营子、板桥坊、楼山后8个街道和楼山乡的区域（41.65平方千米），与原崂山区李村镇张村河以北区域（56.33平方千米）合并而成。辖楼山乡、李村镇等8个街道和李村城区街道管理处，89个居民（家属）委员会、53个行政村和晓翁、板桥坊2个企业总公司。

1999年11月，李沧区政府提出关于行政区划调整的意见，经李沧区第二届人大常委会第十七次会议审议通过，11月30日上报青岛市政府。12月13日，青岛市政府上报山东省政府。12月16日，山东省政府批复同意。1999年12月至2000年1月，李沧区对乡、镇和街道进行行政区划调整。撤销楼山乡、李村镇、李村城区街道管理处，全区统一区划调整为11个街道；撤销李村镇，将其行政区域设立李村、虎山路、浮山路、九水路4个街道；撤销四流中路街道，将其管辖范围划归振华路街道；西流庄街道更名为永清路街道，板桥坊街道更名为兴城路街道，营子街道调整更名为兴华路街道；撤销晓翁村街道，原晓翁村街道的部分居委会和

振华路街道振华路以北的部分居委会划归永安路街道，原晓翁村街道的其他区域划归永清路街道；撤销楼山乡、楼山后街道，设立湘潭路、楼山2个街道，原楼山乡的行政区域分别划归湘潭路、永清路、楼山等街道。区划调整后，李沧行政区下辖李村、虎山路、浮山路、永清路、振华路、永安路、兴华路、兴城路、楼山、湘潭路、九水路等11个街道。

2015年7月，李沧区委、区政府印发《李沧区关于调整部分街道行政区划的实施方案》。同年9月，根据《青岛市人民政府关于同意李沧区部分街道更名和行政区划调整的批复》，撤销永清路街道；撤销永安路街道，新设立沧口街道；撤销九水路街道，新设立九水街

道；新设立世园街道。

2022 年，李沧区辖李村、虎山路、浮山路、振华路、沧口、兴华路、兴城路、楼山、湘潭路、九水、世园 11 个街道。有社区居委会 123 个。

（区委党史研究中心）

面积人口

李沧区位于青岛市中心位置，是青岛市内三区之一。地处东经 120 度 26 分、北纬 36 度 10 分。东部属低山丘陵，中部地势平坦。东沿茶花顶、青台山、花椒山、围子山与崂山区接壤，西濒胶州湾，南至李

表 1　李沧区各街道土地面积统计表

街道名称	面积 / 平方千米
李 村 街 道	5.06
虎山路街道	13.08
浮山路街道	8.09
振华路街道	8.51
沧 口 街 道	5.11
兴华路街道	3.32
兴城路街道	7.58
楼 山 街 道	10.27
湘潭路街道	8.30
九 水 街 道	12.00
世 园 街 道	17.78
合　计	99.10

注：来源于李沧区第三次国土调查数据，2020 年 10 月通过省级核查并上报国家数据库。

村河与市北区隔水相望，北与城阳区接壤。辖区内海岸线长

约 11 千米，与崂山区、市北区、城阳区的边界线分别长 20.2 千米、6 千米、16.5 千米。李沧区的行政区划平面图大体上呈展翅飞舞的蝴蝶形状。最大纵距约 11 千米，最大横距约 14 千米，总面积 99.10 平方千米，占青岛主城区总面积的 51%，在市内区域中面积最大。东枕崂山山脉，西临胶州湾，南接市北区，北连城阳区。东部与崂山区接壤，是进出青岛市的咽喉之地和 2014 年青岛世界园艺博览会主办地。

截至 2022 年底，李沧区常住人口 76.14 万人。

（区委党史研究中心）

自　然　地　理

自然环境

地质

青岛地区地处郯庐断裂带、燕山—渤海断裂带及南黄海断裂带的环绕之中，三条断裂带均属活动断裂带。历史上，活动断裂带曾经发生过多次地震，并且多次波及青岛地区，包括李沧地域。但因青岛位于中朝古陆胶辽地盾之上，缘于

其整体上的稳固性，在近代一直未见有较大烈度震中以及较大地震灾害记录，也较少有 4 级以上地震灾害发生。1992 年 1 月 23 日，南黄海发生 5.3 级地震，震中距青岛市区 117 千米，市区震感强烈，影响烈度为 5 度。李沧地域内虽有夏庄—丹山—沧口断裂带和李村—青岛断裂带，但因地质构造不同，地震活动较微弱，小震分布具有随机性，与域内断裂构造无明显关系。在李沧地

域有关地震史录中，虽然有过不同等级地震，但也只是小震、弱震。曾有过几次较大地震，但不在震中位置，仅反映了其他地域地壳板块活动过程中给域内断裂生成连带作用。

地貌

境内地形主要为丘陵地貌类型，可分为丘陵、平原、滨海低洼地三种形态。地势东高西低，中部平坦，西部胶州湾沿岸低洼。

山脉

概况 李沧地域内有卧狼齿山、老虎山、北平岚山、烟墩山、楼山、凤山、枣儿山、牛毛山、东南山、坊子街山、花椒山、双峰山、青台山、戴家山、围子山、绵羊顶山、双龙山、黑石沟山、杨家北山等19座山丘，均系崂山余脉。其中，卧狼齿山海拔428米，是全区海拔最高点。

卧狼齿山 又名恶狼齿山、卧狼匙山，属石门山脉中支，占地面积约1.5平方千米，主峰海拔428米。山腰种植黑松、刺槐，覆盖率约80%。山势高陡险峻，峰峦叠嶂，怪石嶙峋，像一只龇牙咧嘴的恶狼卧伏，故名卧狼齿山或恶狼齿山。

老虎山 由9个山头组成，山势绵延起伏，古时又称九顶山。占地面积约6平方千米，主峰海拔172米。山上种植黑松、刺槐，覆盖率约40%。其中一山头上有一巨石，高约2米，上面又摞一石，高约2.5米，俗称"摞摞人"，远看像虎头，故名"虎头石"。

烟墩山 在旧志中，此山只作为楼山一个山头。因位于胶州湾畔，明代建有烽火台，遇倭寇侵犯时，白日举烟，晚间燃火。烽火台俗称"烟墩"，此山以此得名。西临胶州湾，占地面积约0.11平方千米，海拔63米。1986年，修建烟墩山公园，山顶建亭廊一体的观景亭，环山修车道，入口修景门，同时设"黄道婆"雕塑、喷泉池、小型儿童活动设施等。书法家修德题写"烟墩山公园"牌匾，并题词"烟笼绿阴静，墩辉碧树高"。

楼山 清同治版《即墨县志》中记载其名称，由4个山头组成。占地面积约0.44平方千米，主峰海拔98.2米。1986年修建楼山公园，为附近居民提供游览、休憩场所。

枣儿山 又名象耳山、凤凰山。属石门山脉南支，山势为东西走向，占地面积约0.32平方千米，主峰海拔162米。山上主要树种是黑松和刺槐，覆盖率约40%。山的西麓有中国近代资产阶级改良派领袖康有为原墓墓址。关于该山名称的来历，说法有三：一是早年山上有很多野生山枣，故名"枣儿山"；二是西边山峰从侧面看很像大象耳朵，故而得名"象耳山"；三是整座山好似一只向西飞翔的凤凰，且南北有翅，凤尾朝东，故称"凤凰山"。

花椒山 位于王家下河社区南，属李村南山支脉，是九水街道辖区与崂山区中韩街道、沙子口街道分界山。占地面积约0.76平方千米，主峰海拔139米。底部为梯田，栽植果树；山上种植黑松、刺槐等，覆盖率达30%以上。

双峰山 位于老鸦岭西侧。系李村南山支脉，占地面积约0.25平方千米，主峰海拔153米。种植黑松、刺槐，覆盖率约80%，是李村至沙子口、李村至仰口的咽喉要地。该山有两个主峰，故名"双峰山"。

青台山 位于李家上流社区东北方向1.5千米处。山体为椭圆形，占地面积约0.24平方千米，主峰海拔179米，种植黑松、板栗、刺槐，覆盖率约80%。半山腰有一长约1.3米、宽0.7米的石窝子，石缝内常

图7　象耳山 　　　　　　　　　　（张鹰摄影）

年渗水，旱天不枯，清澈甘洌，被称为"凉水窝子"。由此源头出的水流成一条小溪，山坡土层因之湿润，多生青苔，故名青苔山，后演化为青台山。

戴家山 位于李沧区戴家社区北部，当地人叫戴家北山，俗名"红壁子"，属石门山山脉，由7座山峰组成，山势险峻，岩石峭拔，林木茂密，种植有黑松、刺槐、白杨等，植被面积约占50%。生长野生的单叶草、太子参、桔梗等中药材。山上有多处景点，如竹子庵、三清洞、水晶洞、玄阳观、千年银杏树等。

河流

概况 域内河流均为季风雨源型山溪性河流，河流水系的发育和分布明显受地形地貌控制，每逢暴风雨，洪水宣泄，西渐于海。主要河流有李村河、张村河、西流庄河、大村河、楼山河、板桥坊河、湾头河等。其中，李村河流域是青岛市区最大的水系，也是李沧区行洪于海的主要河道。

李村河 市级河道。发源于石门山南侧卧龙沟，向南流经九水东路后折向西南，过重庆中路后向西流入胶州湾。全长16.7千米，流域面积127平方千米，在李沧区河流长度为11.7千米，作为李沧区和市北区界河的长度为5千米。

大村河 李村河一级支流，是李沧区一条重要的泄洪通道。流经区域自上王埠塘坝—李村河，流经广水路、金水路、黑龙江中路、重庆中路，最终沿四流南路进入李村河。河道全长约7.51千米，平均宽度18~30米。

侯家庄河（佛耳崖—李村河） 李村河一级支流，是李沧区一条重要的泄洪通道。流经区域自佛耳崖入李村河口，流经金水路、铜川路、灵川路、延川路、金川路、青银高速路、中崂路。河道全长约1.9千米，平均宽度10~20米。

金水河 李村河一级支流。发源于戴家山南麓，自北向南流经戴家村、上臧村、炉房村。河道全长5.95千米，流域面积8.39平方千米。

南庄河 李村河支流。发源于双峰山南麓，自东向西流入李村河。规划一号线到李村河河口段为市政暗渠，暗渠以上河道全长2.16千米，流域面积1.30平方千米。

楼山后河 楼山河流域主要干流，发源于丹山、围子山，流经湾头社区、东南渠村、楼山后社区、青钢集团原址等，最终汇入胶州湾。河道全长约7.3千米，流域面积17.4平方千米。

楼山河 楼山河流域另一主要干流。发源于老虎山西麓，流经大枣园社区、坊子街社区、青岛红星化工集团原厂区、青岛碱业集团有限公司原厂区，最终汇入楼山后河。河道全长4.73千米，平均宽度20~30米，流域面积4.54平方千米。

刘家宋哥庄河 宋哥庄河一级支流，是楼山街道一条重要的防洪、排涝河道。发源于刘家宋哥庄村北，自北向南流，于中国石化青岛石油化工有限责任公司西侧汇入宋哥庄河。河道全长3.2千米，流域面积3.3平方千米。

西流庄河 大村河支流。发源于老虎山南麓，自北向南流入大村河。河道全长2.29千米，流域面积1.02平方千米。

晓翁村河 大村河支流。发源于老虎山南麓，自北向南流入大村河。河道全长2.29千米，流域面积1.02平方千米。

胸科医院河 楼山后河一级支流，是湘潭路街道一条重要的防洪、排涝河道。发源于十梅庵村东南山区，自东南流向西北，于原青岛市胸科医院（现为青岛市中心医院北部院区）西侧汇入楼山后河。河道干流长3.61千米，流域面积2.3平方千米。

板桥坊河 李沧区重要水系之一。发源于老虎山，穿过重庆中路、永平路、四流北路、安顺路和环湾路后排入胶州湾。河道全长约4千米（含支流），流域面积5.28平方千米，规划宽度10~25米。春、冬两季水流较少，夏、秋季汛期水流较大，是李沧区防洪泄洪的重要通道。

永平路支流 板桥坊河一级支流。发源于李沧区兴华路街道沧口公园，自东南向西北汇入板桥坊河。河道全长 0.51 千米，流域面积 0.42 平方千米。

海域

域内海岸线位于西侧，在胶州湾东岸中部地带，南端起始于李村河口中线点，向北至城阳区流亭街道双埠社区前，途经振华路、沧口、兴城路、楼山四个街道。1991 年，海岸线长约 13 千米。由于围堰填海和环胶州湾高速公路建设，海岸线向海内推进而形成明显的人工岸线，2011 年海岸线缩减为 11 千米。海岸人工地貌与海上工程主要有围堰、挡潮墙、防浪堤、胶州湾高速路堤等，形成堤岸埂坝纵横交错的海湾景观。

浅海滩涂

李沧区内浅海滩涂属于胶州湾的东岸带，分布于楼山河口至李村河口之间，多为淤泥质粉砂、粉砂质淤泥，海滩滩涂面积约 997 公顷。

土壤

成土母质主要为中生代花岗岩酸性岩类。主要土壤类型为棕壤、褐土。按质地和结构大致可分为石渣土、岭沙土、砂土、砂壤土、壤土、重壤土、黏土七大类。石渣土、岭沙土主要分布在东部和山区，砂土、砂壤土、壤土主要分布在中部平原地带和沿河流域，黏土分布在西部胶州湾畔。

气候

表 2　李沧区 2022 年
平均气温、降水量、日照时数统计表

月份	平均气温 / 摄氏度	降水量 / 毫米	日照时数 / 小时
1	1.5	5.8	190.2
2	1.9	0.6	206.7
3	8.6	21.3	194.2
4	14.6	3.7	253.1
5	19.8	3.7	282.9
6	23.2	339.1	142.9
7	26.7	276.6	141.9
8	27.0	241.7	185.0
9	22.8	232.8	245.1
10	15.6	64	190.5
11	12.2	24.2	131.1
12	1.0	0.3	191.5
全年	14.7	1213.8	2355.1

注：以上平均气温、降水量来自青岛市崂山区气象局李村气象观测站，日照时数来自崂山国家气象观测站。

（区委党史研究中心）

自然资源

土地资源

全区土地总面积 99.10 平方千米。其中，耕地面积 0.34 平方千米，占土地总面积的 0.34%；园地面积 1.34 平方千米，占土地总面积的 1.35%；林地面积 12.23 平方千米，占土地总面积的 12.34%；草地面积 0.46 平方千米，占土地总面积的 0.46%；居民点及工矿用地面积 78.29 平方千米，占土地总面积的 79%；水域面积 4.16 平方千米，占土地总面积的 4.2%；交通运输用地面积 1.66 平方千米，占土地总面积的 1.68%；其他用地面积 0.59 平方千米，占土地总面积的 0.6%。

淡水资源

域内淡水资源丰歉程度随大气降水量多少而变化，因地形地貌造成的差异不大。2022 年，全区年降水量 1213.8 毫米。降水多集中在 6—9 月份，降水量达 1090.2 毫米，占年降水量的 89.82%；1—3 月春灌期降水量仅为 27.7 毫米，占年降水量的 2.28%；10—12 月降水量为 88.5 毫米，占年降水量的 7.29%；形成春旱、夏涝、秋冬又旱的局面。

动物资源

禽类有麻雀、山雀、喜鹊、家燕、鸽子、乌鸦、啄木鸟、燕雀、斑鸠、杜鹃、黄莺、雉鸡、银鸥、红嘴鸥、鹌鹑、黑尾蜡嘴雀、鹰等。兽类主要有野兔、黄鼠狼、刺猬、蝙蝠、田鼠等。爬行类主要有蛇、壁虎、蜥蜴等。昆虫类有蝴蝶、蜻蜓、螳螂、天牛、蝉、蝈、蝗、蚱、蝼蛄、蛴螬、瓢虫、蚜虫、豆天蛾、地老虎、蟋蟀、枯叶蛾等。淡水鱼类主要有鲤鱼、鲫鱼、草鱼、鲢鱼、泥鳅等。

植物资源

域内林木植被多分布于19座山丘,大部分位于东部、北部,西部城区多为人工造林。木本植物乔木类有柳树、杨树、松树、楸树、柏树、榆树、梧桐、槐树、桑树、柞树等,灌木类有红柳、紫穗槐、杜鹃等。草本植物主要有黄背草、野古草、结缕草、白茅、接骨草、莠草、三棱草、鸡眼草、刺儿菜、蒲公英、苦菜、荠菜、灰菜、地肤、碱蓬、怪柳、獐毛、野艾蒿、蒙古蒿、阴地蒿、荸草等。菌类植物主要有地皮菇、松菇、黄菇等。水生植物主要有浮萍、青苔、凤眼莲等。野生植物中,可入药的有远志、小蓟、丹参、苦参、车前子、蒲公英、茅根、柴胡、牵牛、苦楝皮、苍耳、艾子、地锦、半夏、山姜、黄花蒿等。

(区委党史研究中心)

历 史 沿 革

古 代

李沧地域历史悠久,隶属多变。夏、商、周为莱夷地,春秋时属东莱地,战国时期属齐国。秦朝时属胶东郡不其县,汉朝时先属琅琊郡、后属东莱郡不其县。南北朝时属长广郡不其县。隋、唐、宋时期属莱州即墨县。元朝时先隶胶州、后隶莱州即墨县。明朝初隶青州府即墨县仁化乡,后属莱州府胶州即墨县仁化乡。清朝初隶莱州府胶州即墨县仁化乡,后属胶州直隶州即墨县仁化乡。

(区委党史研究中心)

近现代

1897年11月,德国出兵侵占胶澳。1898年3月,德国强行迫使清政府签订《胶澳租借条约》,李沧地域被划入胶澳租借地,称作李村区。1914年11月,日本打败德国,武力占领胶澳,李沧地域随之被日本攫为己有。1922年12月,中国收回青岛主权,将胶澳租借地改称胶澳商埠督办公署,李沧地域属李村区和四沧区。1929年4月,南京国民政府接管胶澳商埠,改称青岛特别市,直隶国民政府行政院,李沧地域隶属未变。1938年1月,日本第二次侵占青岛,李沧地域隶属日占伪李村警察分局(支署)和伪沧口警察分局(支署)。1945年8月,日本战败,宣布无条件投降。9月,美国海军在青岛登陆,在美国帮助下,南京国民政府接管青岛市,李沧地域的沧口部分改属市区、李村部分属崂山行政办事处。1949年6月,青岛解放,青岛市人民政府成立,李沧地域分属李村区(农村区)和四沧区(郊区)。1951年4月,原崂山行政办事处(先后隶南海、胶州专区)划归青岛市,李沧地域分属四沧区和崂山行政办事处李村区。7月,沧口地域从四沧区拆出,建立沧口区。1953年6月,崂山行政办事处改称崂山郊区。1958年,李村区改称李村人民公社,隶属崂山郊区。1961年,崂山郊区改称崂山县。1984年,李村人民公社改置李村镇。1994年4月,经国务院批准,青岛市区划调整,撤销沧口区建制,将沧口区大部分与李村镇大部分合并建立李沧区。1994年5月25日,李沧区正式成立。

(区委党史研究中心)

国民经济和社会发展综述

概　况

2022 年，李沧区坚持以习近平新时代中国特色社会主义思想为指导，深入贯彻党的十九大、十九届历次全会精神和党的二十大、二十届一中全会精神，完整、准确、全面贯彻新发展理念，高效统筹疫情防控和经济社会发展，加快打造全市新旧动能转换示范区，经济运行承压固稳、稳中向好。2022 年全区生产总值为 612.61 亿元，同比增长 2.5%，社会消费品零售总额 441.1 亿元，外贸进出口总额 262.8 亿元，同比增长 36.7%，一般公共预算收入保持稳定增长。

新旧动能加快转换

实体经济筑基固稳

2022 年，李沧区坚持把发展经济的着力点放在实体经济上，成立实体经济振兴发展领导小组，印发《李沧区加快实体经济振兴发展三年行动方案》，出台加快先进制造业高质量发展等系列扶持政策。市场主体信心持续增强，新登记市场主体 2.8 万户、增长 46.5%。占地 3500 亩（1 亩 =666.67 平方米，下同）的新旧动能转换产业示范片区加快建设，为京城机电等一批智能制造项目落地提供空间载体。投资额 30 亿元的联东 U 谷青岛中心项目开工建设，打造 10 万平方米高端智能制造产业园。商圈品质优化升级，引入省内首家日本宜得利家居项目、国家地理经典影像展省内首展。"旅游青岛·消费李沧"品牌持续唱响，举办消费节、国际车展等消费活动，发放消费券 5.2 万张、带动消费额 2.6 亿元。天成数字港项目落地李沧。聚力打造氢能与储能产业园，园区入驻企业 18 家。

现代产业规模壮大

2022 年，李沧区围绕全市 24 条产业链，加快构建"3+2+4"现代产业体系。氢能关键技术加快攻关，实现氢燃料电池一级零件 100% 国产化，2 兆瓦光伏发电与电解水制氢项目建成。总投资 110 亿元的信联天地项目正式建成运营。国际特别创新区、联合创新中心共实现营业收入 150 亿元。引进投资额 102 亿元的人民金服青岛中心、中化云谷项目，打造数字经济产业园。金融业稳步发展，兴华基金管理规模突破 60 亿元，全区私募基金产品 29 只，产品规模达到 140 亿元。金融业增加值占地区生产总值比重达到 7%。生命药洲入驻企业 51 家，实现主营业务收入 55 亿元。九维医学创新研究院计划申报创业板上市。

项目投资有效释放

2022 年，李沧区发挥有效投资在稳经济中的关键作用，强化月评价、季考核和项目清单管理制度，全力加快重点项目建设。3 个省级重点项目全部开工建设，完成年度投资计划的 162.8%。其中，核心区试验区智能制造项目、世园综合服务中心项目已主体封顶，衡阳路政策性住房项目已主体完工，进入装修施工阶段。14 个市级重点建设项目全部开工在建，完成年度投资计划的 165.3%。73 个区级重点建设项目完成年度投资计划的 120%。落实嘉年华主题乐园等 7 个项目设备购置与更新改造贴息贷款 3.15 亿元。分 3 批发行 6 个政府专项债项目，资金到位 7.6 亿元。

改革创新活力释放

营商环境持续优化

2022年，李沧区以深层次的改革激发高质量发展活力，实施跨层级"一窗式"改革，实现事项一窗受理。坚持数字化赋能，研发"小智"系列程序，成为全市智慧审批平台建设改革试点区市。推行便民利企服务，探索食品经营等领域"全域通办"、推进餐饮等领域"一事全办"，扩大线下帮办代办范围。落实减税降费政策，完成增值税留抵退税27.7亿元。成立李沧区企业联合会和企业家协会，吸纳135家优秀企业及相关企业家入会，组建了李沧区中小企业服务机构联盟。实现全区规模以上企业服务专员全覆盖，不断畅通政企沟通渠道，累计解决企业困难需求520项。推进国企改革，9家区属国有企业优化调整为6家，实现减负瘦身。

创新动力不断激发

2022年，李沧区着力增强创新资源集聚力，搭建科创平台，恒星新媒体及应用电子技术孵化器获评国家级科技企业孵化器，新增金海牛等2家国家级众创空间，山东省中子科学与技术重点实验室获批筹建。新增省、市级工程研究中心2家、企业技术中心2家、创新（场景）应用实验室4家。不断促进产业链与创新链双向融合发展，海研电子成为国家级专精特新"小巨人"企业，海卓科技入选科技部"氢进万家"示范工程，方天科技入选第一批山东省优秀数字产品导向目录，中特科技获评山东省制造业单项冠军。6家企业的9个产品入选青岛市创新产品推荐目录，21家企业的100个项目列入青岛市技术创新重点计划。新增省、市级"专精特新"企业116家，申报高新技术企业187家，科技型中小企业入库445家。

"双招双引"取得突破

2022年，李沧区将招商引资作为突破发展瓶颈的关键，成立区投资促进领导小组，制定《李沧区招商引资奖励暂行办法》，激发"全员招商、全域招商"浓厚氛围。注册成立专业化招商公司，实现政府主导招商与市场化招商双轮驱动。位居世界500强企业榜单的永旺梦乐城、中冶建工等一批优质项目已实现落地。全年共引进投资额超过1亿元项目149个，总投资额448.6亿元。储备金丰公社等超过1亿元项目83个，计划总投资额760.9亿元。开展"李遇人才"计划，引进各类人才1.1万人，其中硕博、高级职称及高技能人才771人。1家单位入选全市重大招才引智项目，13家单位入选重点招才引智项目。

城市更新有序推进

城市品质全面提升

2022年，李沧区深入开展城市更新和城市建设攻坚行动，全年计划开工项目79个，实际开工97个，完成年度投资计划的171%。低效片区焕发活力，铁路青岛北站片区东西广场及地下空间全面开工建设，楼山片区完成土地腾挪2962亩。青钢和碱厂片区5条配套道路提前开工，已落地中交海洋科技城等项目。秀山路、迎真宫路等8条未贯通道路实现通车。世界园艺博览园举办系列活动30余场次，接待游客100万余人次，获评省级文明旅游示范单位。

城区功能日益完善

2022年，李沧区旧村改造加快推动，戴家社区2个月完成267处宅基地签约和拆除，成为全市首个整村拆除项目。长涧社区打造房屋征迁"预签约"方式，提前完成征迁任务。老旧小区改造升级。对东南新苑等6个小区共71个楼座进行更新改造，惠及居民约2700户。为百通花园等小区加装电梯97部，21个小区获评市级垃圾分类五星示范小区。新建停车场5处，新增泊位5346个，开放共享泊位1.4

万个，有效缓解停车难题。

蓝绿交融靓景呈现

2022 年，李沧区环境空气质量持续改善，连续 3 年达到国家二级标准，土壤污染地块安全利用率达到 100%，第二轮中央和省级环保督察交办的信访件全部完成整改销号。完成老虎山、象耳山等 9 个山头公园改造，山体绿化整治面积约 8.7 万平方米。晓风湖畔等 4 个口袋公园品质升级，新增市民活动场地近 2 万平方米。新增林荫绿道 14.3 千米、立体绿化 1.9 万平方米，绿化覆盖率达到 45.2%。落实河长制与湾长制，2 个国省控地表水断面水质均达标，完成李村河省级美丽幸福示范河湖和数字化河湖样板河道创建，深入开展入河湖排污（水）口等系列综合水质整治行动，营造"河畅、水清、岸绿、景美、人和"的生态景观。

社会事业全面进步

就业保障坚实有力

2022 年，李沧区开展就业创业政策大讲堂等活动 120 余场，组织招聘及岗位推介活动 83 场，开发岗位 2 万余个，新增就业 2.8 万人。优化创业环境，完成政策性扶持创业 3567 人，发放就业创业各类相关补贴资金共 1.87 亿元。加强数字赋能，利用李沧人社智能平台精准推送政策及岗位需求 304.8 万次，惠及企业 8 万余家，服务人才 21 万余人次。帮扶 3884 名就业困难人员再就业。

文教事业全面发展

2022 年，李沧区落实优质教育资源倍增计划，教育基础设施加快建设，青岛实验初中李沧分校等 10 所中、小学和幼儿园完成新建和改扩建并投入使用，新增学位 1.1 万个。加强教师队伍建设，实施"好校长、好老师"工程，选树青岛市最美教师、教书育人楷模 7 人，李沧名师 27 人。全面落实"双减"政策，实现中小学免费课后服务全覆盖。围绕"喜迎二十大"开展各类文化活动 930 场次，持续开展公益文化培训课活动 1000 余次。高标准建设全市首家省级标准城市书房，推动国家级非物质文化遗产项目山东琴书传承基地落户李沧区。南王家上流社区、北山社区被评为青岛市非遗特色社区。融源·文化艺术街区获评"青岛市文化创意产业园区"。

民生服务更加精准

2022 年，李沧区不断巩固"三放两化"社区治理模式，充分发挥社工站、邻里中心等平台作用，李沧区获评山东省基层治理实验区。应对人口老龄化，建设 20 处居家养老服务站，免费为老年人查体 7.3 万人次。做好低保、特困、残疾人等特困群体的救助帮扶工作，发放各类资金 5927.2 万元，惠及 30.5 万人次。推出卫生健康惠民政策 30 条，布局 60 家社区卫生服务机构，新增 20 处国医馆、5 家国药坊和 20 个基层特色专科，不断健全基层医疗服务体系。

（区发展改革局）

图 8　2022 年，李沧区实现中小学免费课后服务全覆盖。图为青岛徐水路小学的课后服务课堂，学生们在上艺术欣赏课。（区教体局供图）

年 度 概 况

经济建设

经济发展平稳向好

2022年，李沧区加强经济运行分析和调度，成立区经济运行工作专班，采取一系列措施，发展支撑持续稳固，各项工作逐季向好、加速突破，区内生产总值、一般公共预算收入等保持稳定增长。抢抓新一轮政策窗口期，争取政府专项债券、政策性开发性金融工具等资金13.4亿元，办理留抵退税27.7亿元，拨付产业发展资金2.1亿元，切实做到助企纾困、赋能增效。进一步完善企业服务专员制度，实现全区规上企业服务专员全覆盖，"一对一"帮助企业解决问题520项。成立区企业联合会和企业家协会，吸纳135家优秀企业及其企业家入会。坚持扩大内需，将消费作为拉动增长的重要引擎，发放消费券5.2万张、带动消费额2.6亿元。持续用力大抓项目、抓大项目，15个省级、市级重点项目完成投资计划的163.1%，民间投资增长44.7%。助力外贸企业稳订单、拓市场，货物进出口总额增长30%左右。

扎实推进国企改革三年行动，成立区国有企业高质量发展工作专班，将区属国企优化调整为6家，国有资产运营效率进一步提高。

实体经济振兴发展

2022年，李沧区坚持把发展经济的着力点放在实体经济上，开展实体经济振兴发展三年行动，出台先进制造业、企业上市等一揽子扶持政策，加速调整产业结构，数字经济蓬勃发展、氢能产业优势凸显、金融业稳步发展、生物医药产业加快集聚、商贸服务业提质升级，"3+2+4"现代产业体系加速构建。聚焦全市实体经济24条重点产业链，组建10支定向招商攻坚团队，制定《李沧区招商引资奖励暂行办法》，成立专业化国有招商公司，营造"全员招商、全域招商"浓厚氛围。全年落地联东U谷青岛中心等超过1亿元项目149个、增长273%，总投资额达到448.6亿元。

不断增强发展活力

2022年，李沧区坚持以创新驱动发展，积极搭建科创平台，获批建设省中子科学与技术重点实验室，新增金海牛等国家级众创空间2家，恒星新媒体及应用电子技术孵化器获评国家级科技企业孵化器。新增省市工程研究中心2家、企业技术中心2家、创新（场景）应用实验室4家。推动创新链、产业链、资金链、人才链深度融合，新增"四上"企业204家，增长175.7%。大力实施"沃土计划"，新增省市"专精特新"企业116家，科技型中小企业入库445家。海卓科技入选科技部"氢进万家"示范工程，中特科技获评省制造业单项冠军企业。持续优化人才生态，开展"李遇人才"计划，引进硕博、高级职称等各类人才1.1万人。

（区政府办公室）

政治建设

依法治区建设

助推创建全国法治政府建设示范市 2022年，李沧区围绕创建全国法治政府建设示范市工作印发各类通知11次，全区对照操作指南逐项进行梳理和落实；组织开展法治政府建设"大家说"，采用视频、海报、宣传单等形式在全区公共场所开展宣传，营造创建氛围；成立督导小组，开展全区创建单位实地督导2次、区行政审批大厅简政放权专项督察2次，做好法治政府示范创建迎评工作。印发《李沧区人民政府关于加强法治政府建设的意见》，制定法治政府建设10条措施，通过强化3个遵循、抓牢3个环节、优化2支队伍、实施2项保障，强化依法行政，为全区经济社会发展营造良好发展氛围。

行政司法 2022年，李沧区推进严格、规范、公正、文明执法。建立区、街两级全覆盖的行政执法监督工作体系，着力提升行政执法部门和各街道的行政执法水平；印发《李沧区区街两级行政执法协调监督权责清单》，明确履职方式和工作责任；完善行政执法投诉举报和处理机制，加大对执法不作为、乱作为、选择性执法、逐利执法等有关责任人的追责力度，建立行政复议、诉讼督导机制，充分发挥纠错功能。落实"八五"普法规划，开展"共建法治政府、共享法治阳光，百人百天百社区，普法献礼二十大"活动，完善普法讲师团、法治带头人、法律明白人、法治副校长等普法团队，深入机关、社区、学校等阵地，突出学习宣传习近平法治思想、宪法、民法典、党内法规等，开展宣讲268场次。落实"谁执法谁普法"普法责任制，组织各执法单位在执法过程中发放普法宣传资料，解答群众疑问，常态化开展法治宣传教育，开展活动460余场次，引导群众讲法治守秩序，提高群众法律素养。

法治宣传 2022年，李沧区开发"李沧区司法行政资源地图平台"，分为司法行政机构、司法行政载体、法律资源库、以案释法案例库四大板块，提供需求查询、信息搜索、地址导航三项功能，群众通过扫描二维码、收藏网址两种方式快速进入平台，实现在指尖上随时了解司法行政资源、获取相关服务、"零距离"对接。线下重点打造了区级"法治文化一条街""法治文化主题公园""法治文化走廊"，向辖区群众宣传党的二十大精神、习近平法治思想、法律法规、名言名句、警言警句等，让法治宣传走近群众身边。

干部队伍建设

干部队伍优化 2022年，李沧区牢固树立"重实绩、重公论、重品行、重能力"的用人导向，开展两轮区管领导班子和区管干部专题调研，在充分考察调研和综合研判的基础上，调整干部500余人，大力提拔使用了一批政治素质好、业务能力强、成绩突出、担当作为、有一定群众基础的干部。调整后，区管党政正职平均年龄较换届前下降2岁，区管领导干部平均年龄下降2.5岁，街道党政正职平均年龄下降2.4岁，重构了区管干部队伍，全区上下精神面貌为之一新，干事创业劲头为之一振。

干部制度建设 2022年，李沧区着眼提升干部队伍建设

图9　2022年5月20日，李沧区"普法讲师团"的法律顾问为居民宣传《中华人民共和国民法典》。　　　　（张鹰摄影）

系统性、科学性，出台《2022—2026年"李沧实干家"干部队伍建设规划》，为干部队伍建设提供制度遵循。出台《李沧区重点工作一线考察识别干部工作办法》，2022年提拔重用干部中70%以上来自基层一线。打造"李遇青年"年轻干部品牌，建立"通识导师制"，创立"李沧青年干部学堂"，从全区招募讲师定期为新入职年轻干部进行集中授课。运用"卡特尔"人格及能力测验工具，对年轻干部素质能力进行全方位测评。出台《李沧区区直企业领导人员管理规定》等一系列文件，成立李沧区国有企业用工和薪酬领导小组，强化国企干部队伍建设。

"正风聚力"行动　2022年，李沧区率先落实青岛市委"作风能力提升年"活动部署，开展干部作风"正风聚力"行动，围绕"严、真、细、实、快"5个方面，提出加强和改进干部作风的20条措施。将"作风能力提升年"活动开展情况列入高质量发展综合绩效考核，作为"建设高素质专业化干部队伍情况"指标的重要组成部分，列入各党委（党组）书记述职的重要内容。扎实推进"大动员""大学习""大调研""大讨论""大治理""大提升"各项规定动作，创新开展"当龙头　做表率　开新局"大讨论及"亮绩赛绩擂台""书记局长擂台""青年干

部擂台""基层党组织擂台"等系列打擂活动，部署开展3轮"作风能力提升年"活动全覆盖巡回督导，切实推动全区干部作风能力转变提升。

监督激励　2022年，李沧区建立区管主要领导干部任前告知制度，配套形成《履职履责承诺书》《任前告知手册》，在全区开展"任职承诺、履职践诺"活动，组织相关责任单位签订《履职履责承诺书》。出台《李沧区不胜任不适宜现职情形干部"叫醒""叫停"办法》，相关经验被中共中央组织部《组工信息》刊发推广。出台《关于结合区委巡察开展选人用人专项检查工作实施办法》，建立选人用人专项检查人才库，结合区委巡察开展选人用人专项检查。加强先进典型培树，区行政审批服务局获评山东省"人民满意的公务员集体"。

党风廉政建设

纠"四风"树新风　2022年，李沧区落实中央八项规定精神，集中开展"十年磨一剑、亮出金名片"作风建设系列活动。建立完善"四风"问题明察暗访工作机制，开展干部作风"正风聚力""六察六治六促"专项行动，聚焦6个重点领域开展靶向纠治，组织违规吃喝等专项察访，全区纪检监察机关共查处"四风"问题36

起，批评教育帮助和处理41人，其中给予党纪政务处分38人，4次通报曝光典型问题6起7人。查处背离"严真细实快"作风的突出问题，累计通报曝光典型问题2起3人，通报党组织5个。

助力企业纾困　2022年，李沧区坚持履行监督第一职责与服务发展第一要务相统一，创新开展"助企解难题、护航促发展"百日攻坚活动，打出精准监督组合拳，以实际行动助力企业纾困解难。共走访企业、察看项目339次，处置涉企问题线索8件，给予党纪政务处分7人，推动解决"办不成事"等问题20余个，护航经济社会高质量发展。

干部担当作为　2022年，李沧区坚持严管厚爱结合、激励约束并重，落实"三个区分开来"，坚决贯彻好青岛市纪委监委《关于进一步规范和加强容错纠错工作的实施办法》，在肃清王希静案余毒过程中，历史、辩证地看待犯错误的干部，引导他们放下思想包袱，继续为李沧区经济社会发展做出积极贡献。2022年，对符合条件的容错免责1人，打击诬告陷害1人，组织回访教育97人，为3个党组织和16人澄清正名，树立激励担当作为的鲜明导向。

（区司法局　区委组织部　区纪委监委机关）

文化建设

完善公共文化阵地

2022年，李沧区不断完善公共文化服务设施建设，新增李沧区美术馆、李沧区博物馆，向公众免费开放。拓展线上公共文化服务平台，推出区非物质文化遗产博物馆VR线上全景展，市民足不出户就可以线上参观李沧区非遗保护成果。打造邻里书房、社区书屋、智慧书亭等8处全民阅读设施，建设完成1处新型公共文化空间城市书房——虎山雅社。

开展文化惠民活动

2022年，李沧区深入实施文化惠民工程，办好节庆品牌活动，推动党的二十大精神走进基层、走到群众身边。统筹区、街道、社区三级文化队伍，组织开展各类文化活动900余场次，量身定制公益文化培训课1000余课次。承办"我们的中国梦 文化进万家"国家级非物质文化遗产项目山东琴书传承基地揭牌仪式暨山东琴书流派研讨会、"喜迎二十大 讴歌新时代"山东省第四届少儿曲艺展演（青岛赛区）、"喜迎二十大·讴歌新时代"青岛市原创曲艺作品大赛颁奖典礼三场大规模、高水准活动。创新举办2022年"青岛有李"文化创想节，推出非遗市集、时尚歌会、够级飞Young打卡活动等系列特色活动。组织红色电影进社区展映100场，吸引市民近万人次。围绕重要节点，举办"正风聚力 文艺先锋"2022年"劳动者之歌"独唱音乐会、"百年再出发 献礼二十大"2022年"庆七一"二胡独奏音乐会、"为人民而做 为人民而歌"纪念毛泽东同志《在延安文艺座谈会上的讲话》发表80周年诗歌朗诵会、庆祝中国共产主义青年团成立100周年快闪演出、"新时代 新征程"学习宣传贯彻党的二十大精神诗歌朗诵音乐会文艺宣讲等主题文化活动。

组织全民阅读活动

2022年，李沧区持续以"悦读·悦心"全民阅读活动品牌为引领，开展文化讲座、读者沙龙等"悦读·悦心"全民阅读活动200余场次，构建线上线下相结合的读者服务模式，拓展全民阅读工作的广度和深度，助力书香李沧建设。探索"阅读+"文旅融合新路径，在青岛世博园景区创新开展"阅读四季 心与自然一起走"文旅发现活动，同时进行李沧区优秀图书优惠展销，营造爱读书、读好书、善读书的浓厚氛围。挖掘李沧区特色旅游和传统文化资源，在传统节日赴李沧区特色酒店，创新开展"粽情话端午"文旅同行活动，传承优秀传统文化的同时，加强宣传推广李沧文旅企业。成立"桔灯全民阅读推广联盟"，组织社会组织和爱心企业加入，发挥社会力量，共同推动李沧区全民阅读活动常态化、长效化开展。

文化遗产传承保护

2022年，李沧区深入开展非物质文化遗产保护、传承、

图10　2022年6月10日，"我们的中国梦 文化进万家"山东琴书流派交流展演在李沧区举行。
（区文化馆供图）

传播工作，创新工作模式，发挥传承人作用，落实非遗传承保护举措。组织开展第二批区级非遗代表性传承人、第五批区级非遗代表性项目申报及首批区级非遗工坊认定，新增区级非遗代表性项目 20 个、区级非遗代表性传承人 11 人、区级非遗工坊 5 家。新增市级非遗工坊 5 家、市级非遗特色社区 2 个、市级非遗特色示范社区 1 个。国家级非物质文化遗产项目山东琴书传承基地和山东省曲艺传承实践基地落户李沧。设立李沧区青少年非遗手造实践基地，开展非遗互动体验、培训和讲座等非遗文化系列活动近 70 场次。围绕"鸟虫篆"文化开展"文字越千年 佳节共团圆""创意鸟虫篆——百家姓系列"灯谜有奖竞猜活动，将传统文化与节日喜庆结合，吸引读者关注传统文化；打造独具特色的"山东手造"文创产品，"鸟虫篆古琴铜书签"荣获"山东手造 青岛有礼"2022 青岛市文创产品大赛"时尚创意类"银奖。李沧区加强文物保护利用，完成大枣园牌坊一期修缮工程，组织专家完成竣工初验。开展馆藏文物修复工作，完善藏品修复保护档案 17 件，修复文物 22 件套。加大文物安全巡查检查力度，对各级文物保护单位和一般不可移动文物开展巡查 96 处次，督促存在安全隐患的文物保护单位进行整改，

图 11　2022 年 5 月 11 日，李沧区举办 2022 年"非遗在社区——'小小传承人'熏画体验活动"。

（区文化和旅游局供图）

确保文物安全。

（区文化和旅游局）

社会建设

优化公共服务

2022 年，李沧区推进基础教育优质资源倍增，新建改扩建青岛实验初中李沧分校等学校、幼儿园 10 所，新增学位 1.1 万个。青岛五十八中附属初中落户李沧区。加强教师队伍建设，实施"好校长、好老师"工程，选树青岛市最美教师、教书育人楷模 7 人，李沧名师 27 人。全面落实"双减"政策，实现中小学免费课后服务全覆盖。新建儿童乐园 4 处、健身路径 10 条，举办第二届社区运动会等群众性体育活动 100 余场。大力发展普惠型养老服务，建设 20 处居家养老服务站，免

费为老年人查体 7.3 万人次，实施白内障复明困难救助 1570 例。开展全国首批儿童青少年近视防控服务认证试点。加快紧密型医联体建设，获批国家公立医院改革与高质量发展示范项目。推出卫生健康惠民政策 30 条，布局 60 家社区卫生服务机构，建成全市首家基层中医药适宜技术培训推广中心，新增 20 个国医馆、5 家国药坊和 20 个基层特色专科，不断健全基层医疗服务体系。高标准推进公共文化阵地建设，李沧区工人文化宫竣工启用，全市首家省级标准城市书房对外开放。

强化社会保障

2022 年，李沧区坚持以群众需求为导向，总投资额 18.4 亿元的 17 件区办实事全部完成，民生支出占一般公共预算支出比重达到 76.6%。坚持就业优

图12　2022年11月22日，李沧区举行由政府安排工作退役士兵公开选岗仪式。　　　　　　　　（区退役军人局供图）

先，不断健全就业公共服务体系，开展就业创业政策大讲堂等活动120余场，组织招聘及岗位推介活动83场，新增就业2.8万人，帮扶3884名就业困难人员再就业。优化创业环境，完成政策性扶持创业3567人，发放就业创业各类相关补贴资金共1.87亿元。打造全国首个退役军人安全教育培训服务基地。加大残疾人关爱力度，实施托养服务601人次。发放低保、特困等各类民生资金5927.2万元，惠及30.5万人次。为计生特殊家庭购买医疗住院陪护保险，累计赔付331人次。持续开展"有梦有为"未成年人关爱行动，获评山东省未成年人保护试点区。

创新社会治理

2022年，李沧区抓好常态化疫情防控工作，科学精准应对多轮新冠疫情冲击，确保了全区正常生产生活秩序。持续深化"三放两化"社区治理模式，创建全省基层治理实验区，九水街道获评全省基层治理实验点，上流佳苑社区获评全国先进基层群众性自治组织。深入实施文化惠民工程，组织"喜迎二十大"群文大舞台、国学经典等文化活动930场，持续开展公益文化培训课活动1000余课次，文化软实力显著增强。完成食用农产品快检20.1万批次，食品定性定量检测3050批次。加强应急救援队伍建设，组织应急演练740次，森林防火、防汛防雪、防灾减灾等各项工作扎实开展。推行法律援助"点援制"，办理法律援助案件1682件，挽回经济损失1100万元。加大安全生产隐患排查整改力度，安全生产执法检查890家次，立案处罚219起。常态化开展扫黑除恶斗争，打掉涉黑组织1个、涉恶团伙7个，打击处理78人。

（区政府办公室）

生态文明建设

环境质量

2022年，李沧区细颗粒物、可吸入颗粒物平均浓度分别为31微克/立方米、54微克/立方米，空气质量优良天数占比85.6%，空气质量达到国家二级标准。全面消除黑臭水体，全区重点河流断面水质年平均值均达标，胶州湾李沧段海域水质不断提升。全区建设用地安全利用率保持100%。

污染防治

大气污染防治　2022年，李沧区建立大气污染防治多层防线，实施多部门联动、多污染物协同控制，挂图作战、科技助力，形成工作合力。强化成品油生产、流通领域质量监管，抽检125批次。加强道路保洁力度，开展城区裸露土地整治提升，组织工地巡检，查处运输撒漏及污染路面275起，督促整改各类扬尘问题290条。完成涉气污染源减排项目50个。强化"重柴车"监管，停放地抽检车辆180辆，联合路查车辆162辆，非道路移动机械编码登记2441辆，率先完成300台机械定位安装及平台建设工作，定期开展33家加油站、11

家机动车环检机构专项检查。采用雷达扫描、无人机航拍等技术手段，排查解决大气问题100余个。

水污染防治 2022年，李沧区严格落实"河长制"，累计巡河4464次，完成河道垃圾等清理3.5万余立方米。完成排水管网排查150千米，投资6500万元实施老旧排水管网改造、河道综合整治等项目，投资3800万元对李村河景观进行整治提升，搭建智慧管理系统，李村河省级美丽幸福示范河湖创建通过省级验收。严格落实海洋环境保护"三项制度"，对22个入海排污口开展全覆盖监测，首次联合青岛海警局开展"世界海洋日"联合海上巡查，组织开展胶州湾"清漂"专项行动。

土壤污染防治 2022年，李沧区制订实施李沧区"十四五"打好净土保卫战工作方案，督促重点单位开展土壤和地下水自主监测、土壤污染地块风险评估、风险管控及治理修复。组织对2个污水处理厂周边土壤开展监督性监测。成立专班全面对接市、区两级指挥部，指导推进青钢Ⅲ-2地块修复试点、青岛碱业老厂区修复处置工作，确保城市更新有序开展。完成12个疑似污染地块和18个用途变更地块土壤污染状况调查，抓好10个污染地块执法监管。

图13 2022年，李沧区投资3800万元对李村河景观进行整治提升。图为李村河中游景观。　　　　（张鹰摄影）

环境监管

环境执法监管 2022年，李沧区严把项目立项审批关，防止"两高"项目上马。组织涉VOC排放、建材、汽修、加油站、危废等多轮次集中执法，出动执法人员1000余人次，检查企业900余家次，推动企业解决环境问题100余个。查处案件16起、罚款77万元，生态损害赔偿案件3件，强制执行3件。采取与公安部门联勤联动、联合部门街道现场执法等多种方式，集中取缔非法砂石加工点8家。制定实施非现场执法工作流程，整合纳入12项监管因子，通过非现场执法手段推动解决企业环境问题200余个。组织开展噪声污染防治法、固体废物污染环境防治法、环境安全警示教育等培训、送法入企200余家次，现场帮扶指导企业500余家次。

环境监测管理 2022年，李沧区全面开展环境质量监测、污染源监督监测、信访执法监测，获得有效监测数据6000余个，编制环境监测报告、简报、通报20余份，编撰《李沧区2021年度环境质量报告书》。结合"两打"行动对9家企业23个自动监测点位现场检查，对企业自行监测平台进行监控，自行监测完成率和发布率均为100%。开展青联冷藏厂拆除前液氨抽卸应急演练监测保障，完成"阿佐伊"轮溢油事故应急监测采样、李村河流域雨后应急监测、督察监测保障等重点任务。

生态保护

督察反馈整改 2022年，李沧区把生态环保督察反馈问题整改作为落实"作风能力提升年"活动的重要抓手，区委主要领导多次批示，区政府主要领导专题部署，区政府分管领导靠前督办。每季度召开环委会全体会议，每月召开环境质量改善会议，组织专题会议 20 余次。制发生态环境专报 26 期，制发督办通知 84 个。创新建立环保督察反馈问题网格化监管机制并取得良好效果，第二轮中央和山东省生态环保督察交办 198 个信访件已全部完成整改销号，反馈意见涉及问题均达到时序进度，晓风湖畔口袋公园、青银高速隔声屏项目入选省级"以督促改见成效"典型案例，李村河流域综合整治被选为中央环保督察整改优秀典型案例。

环境保护宣传教育 2022 年，李沧区开展"六五"世界环境日等宣传活动 6 场次，新闻媒体宣传 140 篇，推送信息 1000 篇，发动群众广泛参与支持环保工作。开展"送法入企"普法宣传 20 次，与李沧区法院联合开展"企业环保法律服务日"活动 4 次，推动楼山街道翠湖社区建成市级环保教育基地。妥善处置"问政青岛""行风在线""民生在线"问题 20 件，环保舆情 90 余起。

环境服务保障

生态环境管理服务 2022 年，李沧区推动创建国家生态文明示范区，印发李沧区示范区建设规划（2022—2030 年），完成示范区创建工作报告、技术报告等关键材料，通过省级评估。推动新一轮"四减四增"工作，制订《李沧区新一轮"四减四增"三年行动方案（2021—2023）》，推进各部门合力攻坚，抓好"四个结构"优化调整。完成新一轮 79 家环保产业调查，通过率 100%。建立环评"绿色通道"，专人联络、主动靠前、积极服务市区重点项目；对 6 家环评机构开展全覆盖检查。完成建设项目环评审批 18 个，排污许可证核发 59 家，辐射安全许可证 27 个。完成环境统计填报，现场复核 7 家次。落实"三我"活动，参加"行风在线""民生在线""问政青岛"活动，完善信访处理闭环机制，办理信访投诉件 466 件，处结率、答复率 100%，信访量同比下降 48%。

生态环境应急管理 2022 年，李沧区做好节假日环境应急值守，实施 24 小时三级应急备勤。对涉疫重点医疗机构、污水处理厂加大执法检查频次，确保医疗废物及时妥善处置、污水处理设施运行正常。自主研发"医废信息直报预警平台"，实现数据填报和汇总智能化、规范化，获评 10 个优秀基层好经验。对中国石化青岛石油化工有限责任公司等 8 家环境风险源环境应急预案、防控措施落实情况进行检查。开展环境安全专项执法、"清废行动"、废弃危险化学品等危险废物风险集中治理、生态环境风险隐患排查整治、放射源安全隐患排查等行动，完成 30 家核技术利用单位年度评估报告审核，签订 2022 年度辐射安全责任书，组织开展突发环境事件应急演练，全年未发生突发环境事件。

（市生态环境局李沧分局）

2022 年李沧区大事记

1 月

5 日

青岛市人大常委会主任王鲁明带领部分常委会组成人员到李沧区对《山东省老年教育条例》学习宣传贯彻实施情况开展专题调研。

7 日

山东省民政厅公布山东省社区社会组织创新发展基地名单。其中，李沧区沧口街道（沧口街道社区社会组织工作站）、九水街道（九水街道社区社会组织工作站）、湘潭路街道红梅香潭·湘东社区社会组织基地被确定为山东省社区社会组织创新发展基地。

14 日

李沧区党史学习教育总结会议举行。会议深入贯彻落实中共中央总书记习近平重要指示要求及中央和山东省委、青岛市委党史学习教育总结会议精神，全面总结李沧区党史学习教育成效和经验，对巩固拓展党史学习教育成果进行安排部署，把学习贯彻党的十九届六中全会精神引向深入。

17 日

区委常委会扩大会议暨2021年度党（工）委书记全面从严治党述责述廉和抓基层党建工作述职评议会议举行。

25 日—3 月 20 日

李沧区举办第二十八届"李沧之春"文化系列活动，包括"清廉之岛 福进万家"民俗活动、"文化进万家"瑞虎闹春庆冬奥——青岛非遗熏画联展、"我们的节日·元宵节"民俗活动、"非遗过大年"云课堂、"非遗在社区 巧手迎新春"布艺课堂、"小小传承人"走进李沧区非遗博物馆、小小志愿者"童心永向党 一起向未来"等活动10余项。

30 日

李沧区第六届人大常委会第四十七次会议举行。会议表决通过了人事任免事项，任命魏瑞雪、胡文国、刘丹、张忠乾、马靖坤为李沧区人民政府副区长，任命刘江为李沧区人民法院副院长、审判委员会委员、审判员；会议表决通过了关于接受张友玉、刘春花、王海建、陈永奎辞职请求的决定；会议决定魏瑞雪为李沧区人民政府代理区长，决定刘江为李沧区人民法院代理院长。会议表决通过了其他人事任免事项，颁发了任命书，举行了向宪法宣誓仪式。

2 月

7 日

李沧区"作风改进年"动员大会举行。会议深入学习贯彻党的十九届六中全会精神，按照青岛市委工作部署，动员全区广大党员干部大力弘扬"严、真、细、实、快"的工作作风，鼓舞士气、坚定信心、强力攻坚，为打造全市新旧动能转换示范区提供坚强作风保障。

15 日

李沧区城市更新和城市建设三年攻坚行动动员大会举行。

17 日—19 日

中国共产党青岛市李沧区第七次代表大会举行。张友玉代表中共青岛市李沧区第六届委员会向大会做题为《团结担当、实干争先，为加快打造全市新旧动能转换示范区而不懈奋斗》的报告。会议选举张友玉为区委书记，魏瑞雪、郑海涛为区委副书记，通过中国共产党青岛市李沧区第七届纪律检查委员会第一次全体会议选

举结果及《中国共产党青岛市李沧区第七届委员会第一次全体会议决议》。

22 日—25 日

中国人民政治协商会议青岛市李沧区第七届委员会第一次会议举行。应出席委员 212 人，实到 203 人。会议听取和讨论区委书记张友玉代表中共李沧区委在大会开幕时所做的讲话；审议通过李桂锡代表六届区政协常务委员会所做的工作报告、张崇英所做的提案工作报告。会议选举高田义为政协李沧区第七届委员会主席，吕伟烈、朱光亮、徐敬青、袁波、张璞为副主席，高正波为秘书长，34 名政协委员为常务委员。

24 日—26 日

青岛市李沧区第七届人民

代表大会第一次会议举行。应出席代表 210 人，实到会代表 202 人。会议听取和审议区委副书记、代理区长魏瑞雪作的《政府工作报告》。听取和审议李沧区人民代表大会常务委员会工作报告、李沧区人民法院工作报告和李沧区人民检察院工作报告，并做出相应的决议；会议审议通过李沧区 2021 年国民经济和社会发展计划执行情况与 2022 年计划草案的报告、李沧区 2021 年预算执行情况和 2022 年预算草案的报告。会议选举于洋为李沧区第七届人大常委会主任，魏瑞雪为李沧区第七届人民政府区长，李群为李沧区监察委员会主任，刘江为青岛市李沧区人民法院院长；会议选举王廷祥为青岛市李沧区人民检察院检察长等。

3 月

12 日

区委书记张友玉，区委副书记、区长魏瑞雪分别带队到街道社区核酸检测采样点调研督导核酸检测应急演练工作。

19 日

《李沧区"四上"企业培育发展奖励办法》出台，对在李沧区工商注册、税务登记并纳入"四上"企业联网直报范围的工

图 14　2022 年 2 月 19 日，中共青岛市李沧区委七届一次全体会议举行。
（区委宣传部供图）

业企业、建筑业企业、商贸业企业、服务业企业及零售业和餐饮业个体工商户给予奖励。

4 月

15 日

李沧区组建国有企业信用保障发展基金。基金总规模50 亿元，首期规模 15 亿元，由李沧区 8 家区属国有企业共同发起，引入山东省金融资产管理股份有限公司等省级机构开展合作。

15 日—19 日

青岛市第十七届人民代表大会第一次会议举行，李沧代表团 38 名代表出席。

20 日

青岛市委书记陆治原到李沧区调研城市更新和城市建设工作。强调要深入贯彻落实习近平总书记提出的"城市是人民的城市，人民城市为人民"的重要论述，围绕青岛市第十三次党代会和青岛市"两会"工作部署，以实干实绩加快推动城市更新和城市建设，补齐城市短板，完善城市功能，增强城市活力，为人民群众打造高品质城市生活空间。

28 日

北京证券交易所上市委员会举行审议会议，青岛泰德汽车轴承股份有限公司顺利过会，成为李沧区首家登陆北京证券交易所的企业。

29 日

李沧区监察委员会举行特约监察员聘请会议，从社会各界聘请 15 名特约监察员。

5 月

7 日

李沧区《关于为奋力谱写李沧高质量发展新篇章提供有力司法服务保障的意见》出台，从优化营商环境、服务"全员招商、全域招商"等五个方面提出 17 条具体意见。

11 日

青岛市第十三次党代会精神宣讲报告会在李沧区举行，青岛市委宣讲团成员为全区党员干部做宣讲报告。

17 日—20 日

李沧区政协举办"喜迎二十大、奋进新征程'一个统领、双向发力'新任委员培训班"（第一、二期）。

18 日

青岛市助力城市更新拆违治乱动员大会在李沧区举行。李沧区 11 个街道的分会场同步开始拆违施工，并与主会场视频连线展示，助力城市更新拆

违治乱行动启动。

20 日

青岛市人大常委会副主任、市人大城建环资委员会主任委员韩守信带队到李沧区开展城市更新和城市建设相关工作调研。

6 月

5 日

全区经济运行专题调度会议举行。听取 2022 年以来经济运行情况汇报，对上半年经济走势进行分析研判，查找问题、明确路径、狠抓落实，要求努力实现下半年经济平稳运行。

10 日

全市基层治理和服务工作座谈会在李沧区上流佳苑社区举行。

11 日

李沧区企业联合会暨李沧区企业家协会成立大会举行。会前，选举产生第一届理事会成员，推选产生企业联合会第一届领导班子成员。

14 日

李沧区 2022 年中青年干部培训班开班式暨李沧青年干部学堂启动仪式在区委党校举行。区委书记张友玉出席开班式并讲第一课。

20 日

青岛泰德汽车轴承股份有限公司北京证券交易所上市仪式在李沧区举行。

21 日

北京联东投资（集团）有限公司、青岛金水控股集团有限公司举行"联东 U 谷·青岛科创中心项目"签约仪式。

23 日

李沧区委人大工作会议举行。会议深入学习贯彻习近平总书记关于坚持和完善人民代表大会制度的重要思想，全面落实中央和山东省委、青岛市委人大工作会议精神，研究部署进一步加强和改进新时代全区人大工作。

28 日

青岛市委副书记、市长赵豪志到李沧区调研城市更新和城市建设工作。赵豪志实地察看碱厂片区改造项目、青钢片区改造项目、东南新苑老旧小区改造项目、迎真宫路和秀山路打通项目、戴家安置区项目，了解项目规划、施工进度、产业导入等情况，与有关负责人详细交流，询问项目推进过程中存在的问题。

30 日

"迎七一 话发展"李沧区女企业家座谈会举行。庆祝中国共产党成立 101 周年，凝心聚力促进李沧经济高质量发展。区女企业家协会会员、部分女企业家代表 25 人参加。

7 月

6 日

青岛市人大常委会主任王鲁明带队视察城市更新和城市建设工作情况。王鲁明一行实地察看李沧区戴家社区、长涧社区城中村改造项目，老虎山公园建设工程二期项目，迎真宫路打通项目等，详细了解项目推进情况及成效，并在项目现场与人大代表深入交流，听取意见建议。

青岛市委党史研究院院长石斐川、副院长孙登超一行到李沧区调研党史史志工作。

8 日

全市首张通过全流程数字化审批服务场景模式审批通过的城市建筑垃圾处置核准运证发出，标志着李沧区"城市建筑垃圾处置核准"审批事项进入"数智"审批时代。李沧辖区办事企业可以通过登录山东政务网菜单栏进入"智慧审批"专区选择相应事项办理业务。

9 日

李沧—康县东西部协作联席会议在李沧区政府举行。康县县委副书记、县长杨满红一行参观李沧区产业核心区试验区智能制造项目、青岛新海工业服务中心、老虎山公园整治现场等项目。

12 日

李沧区组织收看青岛市争创全国文明典范城市工作推进会，会后接续召开李沧区争创全国文明典范城市工作推进大会，动员全区上下齐心协力、突破攻坚，高质量推进全国文明典范城市争创工作。

22 日

李沧区"诚信商圈"党建联盟暨"红色新锋"服务矩阵成立大会举行，标志着商圈党建工作进入新的高度。

27 日

李沧区工会第五次代表大会举行。来自全区各行各业、各条战线的 200 名职工代表汇聚一堂，共谋李沧区工运事业发展新篇章。

28 日

全市劳动保障监察落实保障农民工工资支付制度现场教学观摩活动在李沧区世园综合服务中心项目现场举行。该项目总建筑面积 7.98 万平方米，全年通过山东省农民工工资支付监管平台代发 1100 余名工人人工费 690 余万元。

青岛市"新时代好少年"先进事迹基层巡演巡讲启动仪式暨全环境立德树人宣讲团授旗仪式在青岛文正小学举行。活动现场向全环境立德树人宣讲团 12 支队伍代表授旗。

8 月

3 日

区委书记张友玉,区委副书记、区长魏瑞雪会见海尔集团董事局主席、首席执行官周云杰一行。

4 日

区委书记张友玉带队督导重点建设项目和招商项目落地情况。一行人到习水路项目、工业研究院、康杰药业、中化研究院、信联天地 5 号楼、乐圆新能源等项目建设现场,实地督导项目建设进展和设备安装调试进度。

青岛市人大常委会执法检查组副组长、常委会副主任栾新带队对李沧区、崂山区实施《中华人民共和国突发事件应对法》《中华人民共和国安全生产法》《山东省突发事件应对条例》《山东省安全生产条例》《青岛市突发事件应对条例》《青岛市安全生产条例》落实情况进行执法检查。

7 日

李沧区"作风能力提升年"

活动"亮绩""赛绩"擂台赛举行。部分部门和区属国有企业先后登台"打擂",相关街道作表态发言,对照"作风能力提升年"活动要求,深入查找差距,深刻剖析问题根源,明确改进提升思路,提出下半年重点工作打算,向区委、区政府立下"军令状"。

10 日—11 日

区委副书记、区长魏瑞雪带队赴陇南市康县考察开展东西部协作交流活动。其间,李沧区慈善总会捐赠抗洪救灾资金 30 万元,浮山路街道捐赠周家坝镇结对帮扶资金 20 万元,青岛中创恒泰集团捐赠社会帮扶资金 30 万元,甘肃省福青康农业科技发展有限公司与康县人民政府签订《东西部茶产业高质量发展合作意向协议书》。

16 日

"'金融助实体·益企进园区'——我与企业共成长融资服务活动暨李沧区中艺 1688 创意产业园专场活动"举行。

17 日

李沧区国有企业项目投资推介会举行。活动以"新蓝图·新征程·新李沧"为主题,旨在向行业领军企业及大型金融机构展示李沧区国有企业优势资源和重点产业项目,进一步拓宽合作领域,实现互利共赢。

18 日

第四届民营经济法治建设峰会举行。中华全国工商业联合会、最高人民检察院在会上发布《工商联与检察机关沟通联系机制典型事例(2019-2022)》,李沧区工商联与李沧区人民检察院等 100 对沟通联系机制典型事例入选。

23 日

区委常委会会议举行,深入贯彻落实习近平总书记对山东、对青岛工作的重要指示精神,全面贯彻落实山东省第十二次党代会、青岛市第十三次党代会、李沧区第七次党代会部署要求,开展"当龙头 做表率 开新局"大讨论,进一步对标先进、查找不足、加压奋进,推动李沧区在全市争先进位。

25 日

区委人才工作领导小组会议举行,深入贯彻落实中央和山东省委、青岛市委人才工作会议精神,研究部署全区人才工作,为打造全市新旧动能转换示范区提供强力保障。

青岛市"2022 年全民数字素养与技能提升"进社区活动在李沧区新时代文明实践中心举行。活动通过数字场景演示、数字技能讲解、AR/VR 互动体验等形式,提升社区居民数字素养,增强数字化生活能力。

29 日

青岛市人大常委会主任王鲁明率队到李沧区，采取"四不两直"方式，深入铁路青岛北站、学校及周边、农贸市场、居民小区等地，督导检查全国文明典范城市创建工作。

9 月

2 日

李沧区 2022 年度市综合绩效考核专题调度会举行。顶格调度各项考核指标，认真总结分析当前成绩，逐项查摆问题，找准短板弱项，明确赶超措施，充分调动全区考核工作积极性，争取考核成绩进位争先。

3 日

李沧区首届"青岛有李"文化创想节在维客星城开幕。活动融"飞 young 李沧"2022时尚歌会、"非遗在社区 时尚够级乐"活动、"够级飞young 打卡 玩转山海河城"等为一体，与 2022 年李沧区第二十二届社区文化节系列活动相结合。

17 日

李沧区工人文化宫启用仪式举行。李沧区工人文化宫位于金水路 1797 号，占地面积5.02 万平方米，建筑面积 7926平方米。

22 日

李沧区与人民金服金融信息服务（北京）有限公司、广东新种资产管理有限公司以及清科新能（北京）科技有限公司战略合作签约仪式举行。

27 日

青岛市人大常委会副主任韩守信带领部分青岛市人大代表，到李沧区对青岛市第十七届人大第一次会议形成的《关于实施爱老助老五项行动的议案》老年教育文化活动提升行动办理落实情况进行清单式督办。

9 月

李沧区在全市率先启动新婚女性脊髓性肌肉萎缩症（SMA）免费筛查项目，完成全市首例 SMA 免费筛查。

10 月

10 日

"一统双力 政通协和 翰墨丹青迎盛会"——李沧区政协喜迎二十大书画艺术展举行。展出书法、绘画、摄影作品 70 余幅。

13 日

青岛市人大常委会主任王鲁明带领部分常委会组成人员和全国、省、市人大代表，到市北区、李沧区视察全国文明典范城市创建工作，并对视察

点位进行打分测评。

"巾帼心向党 喜迎二十大"全省巾帼志愿服务联动青岛专场活动在李沧区楼山街道翠湖社区举行。

16 日

中国共产党第二十次全国代表大会在北京人民大会堂开幕。习近平代表第十九届中央委员会向大会做报告。李沧区组织党员干部集中收听收看大会开幕实况。

20 日

李沧区首家城市书房——虎山雅社对外开放。通过精品阅读空间城市书房建设，完善李沧区公共文化服务体系，推进全民阅读工作。

25 日

李沧区委常委会扩大会议举行，传达学习党的二十大精神和二十届一中全会精神，研究贯彻落实意见。会议强调，学习贯彻党的二十大精神，必须落实到行动上，体现在工作中。全区上下要按照"疫情要防住、经济要稳住、发展要安全"的要求，全力"冲刺第四季度"，提前谋划好明年工作，奋力开创全市新旧动能转换示范区建设新局面。

27 日

"德耀青岛·礼赞模范"青岛市道德模范宣讲报告会李沧

专场在李沧区市民公共服务中心举行。

11 月

2 日

青岛市属国有企业、金融机构对接李沧区恳谈会在李沧区举行。青岛市委常委、副市长耿涛出席会议并讲话。李沧区汇报 2022 年以来经济社会发展情况及区属国有企业开展的重点项目建设情况，青岛市属国有企业和金融机构代表分别发言。

8 日

李沧区学习宣传贯彻党的二十大精神暨区委宣讲团宣讲动员会举行。标志着李沧区党的二十大精神宣讲全面展开。

10 日

青岛市科技局印发《关于批准建设青岛市海洋生物多样性与保护等重点实验室的通知》。其中，位于李沧区的山东省花生研究所获批建设 2022 年度青岛市重点实验室（学科类），中科超睿（青岛）技术有限公司、青岛海研电子有限公司、吉林大学青岛汽车研究院、青岛泰德汽车轴承股份有限公司、创启时代（青岛）科技有限公司 5 家企业获批建设 2022 年度青岛市重点实验室

（企业类）。

14 日

李沧区党的二十大精神专题学习班开班，通过视频会议形式收看山东省委宣讲团宣讲报告会暨青岛市委专题学习班开班式。区委专题学习班集中 5 天时间对全区处级以上领导干部开展培训。

17 日

李沧区"作风能力提升年"活动"亮绩""赛绩"擂台赛举行。区发展改革局、区科技局等单位主要负责人登台"打擂"，相关街道负责人作表态发言，对照"作风能力提升年"活动要求，深入查找差距，深刻剖析问题根源，明确改进提升思路，提出四季度重点工作打算，向区委、区政府立下"军令状"。

18 日

中国共产党青岛市李沧区第七届委员会第三次全体会议举行，区委委员 35 人、候补委员 8 人出席。全会深入学习贯彻党的二十大和二十届一中全会精神，听取和讨论张友玉受区委常委会委托做的工作报告，审议通过《中共青岛市李沧区委关于深入学习宣传贯彻党的二十大精神的决议》《中共青岛市李沧区委工作规则》。

30 日

李沧区重点在谈项目推进工作调度会举行。听取全区十个专业招商攻坚团队重点项目情况的汇报，逐一研究解决项目落地中存在的问题，进一步明确推进节点及落地路径。

12 月

1 日

青岛市总工会在李沧区工人文化宫举行全市工会系统"宪法宣传周"暨新就业形态劳动者法律服务月活动启动仪式。

13 日

"第八届全国道德模范故事汇小分队基层巡演"在李沧区举行。

18 日

2022 年李沧区政府部门"向市民报告、听市民意见、请市民评议"活动（简称"三民"活动）述职报告会举行。

21 日

《青岛市李沧区旅游品质提升三年攻坚行动方案》印发，以青岛市承办 2023 年山东省旅游发展大会为契机，深入挖掘利用李沧区旅游资源，进一步优化旅游环境，营造健康有序的旅游市场秩序，全面提升旅游品质。

（区委党史研究中心）

政　　治

中国共产党青岛市李沧区委员会

区委第六届全体委员会议

第十五次全体会议

2022年1月25日举行，区委委员30人出席。会议研究了有关事项。

第十六次全体会议

2022年2月12日举行，区委委员出席。张友玉代表区委常委会向全会报告工作。会议确定李沧区出席青岛市第十三次党代会代表候选人预备人选。会议听取关于区第七次党代会报告（审议稿）起草情况的说明，书面传达第六届区纪委在区第七次党代会上的工作报告起草情况的说明，审议通过提交区第七次党代会的六届区委报告和区纪委工作报告。会议就第七届区委委员、候补委员、区纪委委员候选人预备人选建议名单做出说明，审议通过第七届区委委员、候补委员、区纪委委员候选人预备人选建议名单。

（区委办公室）

区委第七届全体委员会议

第一次全体会议

2022年2月19日举行，区委委员37人、候补委员9人出席。会议选举产生了中国共产党青岛市李沧区第七届委员会常务委员会委员和书记、副书记，通过了中国共产党青岛市李沧区第七届纪律检查委员会第一次全体会议选举结果。张友玉当选为区委书记，魏瑞雪、郑海涛当选为区委副书记。通过了《中国共产党青岛市李沧区第七届委员会第一次全体会议决议》。

第二次全体会议

2022年2月22日举行，区委委员37人、候补委员9人出席。会议研究了有关事项。

第三次全体会议

2022年11月18日举行，区委委员35人、候补委员8人出席。全会深入学习贯彻党的二十大和二十届一中全会精神，听取和讨论了张友玉受区委常委会委托做的工作报告，审议通过了《中共青岛市李沧区委关于深入学习宣传贯彻党的二十大精神的决议》《中共青岛市李沧区委工作规则》。

（区委办公室）

政策研究工作

能力建设

2022年，李沧区政策研究工作坚持以习近平新时代中国特色社会主义思想为指导，全面贯彻落实党的二十大精神，深入贯彻落实习近平总书记对山东、对青岛工作的重要指示要求，认真学习领会山东省第十二次党代会、青岛市第十三次党代会和李沧区第七次党代会精神。深入推进党史学习教育常态化长效化，采取集中性教育和经常性教育相结合的方法开展学习研讨，不断提升理论学习水平、掌握理论核心思想、优化创新工作方法，有力指导实践推动工作，做到学思用贯通、知信行统一。

文稿服务

2022年，李沧区政策研究工作发挥参谋助手作用，围绕区委中心工作，发扬"短、实、新"文风，高质量起草综合文稿，扎实履行以文辅政职能。以深入开展"作风能力提升年"活动为抓手，大力发扬"严真细实快"工作作风，把"零差错"作为工作底线，不断提升

综合文稿服务水平，高质量完成区第七次党代会报告、区委七届三次全会系列材料、区市党委"书记擂台"汇报等重要文稿起草。聚焦服务区委中心工作，撰写关于实体经济和招商引资、城市更新和城市建设、干部队伍建设等180余篇重要材料，起草各类会议、采访提纲、汇报材料超过400篇，约100万字，为区委决策工作提供智力支撑。

调查研究

2022年，李沧区政策研究工作坚持"紧扣中心出主意"，聚焦区委重点工作和决策部署、聚焦群众身边急难愁盼问题，深入一线开展调查研究，及时收集各方面的新情况、新问题，努力形成高质量调研报告，为区委科学决策提供重要参考依据。围绕房地产发展、社会治理、市场主体登记等重点领域开展多形式专项调研，形成了《关于房地产市场发展趋势的调研报告》《关于市场主体登记情况的调研报告》等5篇调研报告，调研成果多次获区委主要领导肯定性批示。

（区委办公室）

督查工作

督查政治担当

2022年，李沧区督查工作

坚持把党中央重大方针政策、重要会议精神和山东省委、青岛市委、李沧区委重要工作部署的贯彻落实作为首要任务，结合全区实际，构建反应迅速、落实有力、协调联动、闭环高效的督查工作体系，切实提高督查工作质效，着力推动区委各项决策部署落地见效。统筹抓好实习近平总书记在深入推动黄河流域生态保护和高质量发展座谈会上的重要讲话精神和视察山东重要指示要求情况工作进展，对区城市建设局、区城市管理局、区应急管理局、区行政审批局、区市场监管局、区卫生健康局等13个部门落实情况定期调度督促，确保总书记重要指示精神落地落实。确保社会大局安全稳定，为党的二十大胜利召开创造和谐稳定的社会环境。助力织密疫情防控网，组织对11个街道20个核酸检测点、123家经营场所"场所码（一码通）"推广使用情况进行实地督查，聚力打赢疫情防控攻坚战。

督查民生服务

2022年，李沧区督查工作聚焦群众亟须解决的困难，求真务实解决问题。紧盯人民网"地方领导留言板"平台网民反映的问题，把群众切身利益的"小问题"作为事关全区发展的"大民生"抓实抓好，做到分办准确、协调有效、办理

有据、反馈及时、解释耐心，采取书面调度、实地督查、重点督办等方式跟踪督办落实，推动一批群众"急难愁盼"问题的解决。年度累计办理涉及讨薪、教育、城市建设和管理、消费者权益等多类人民网网民留言 600 件次，办结率 100%，满意率 90% 以上，居十区（市）前列。

创新督查机制

2022 年，李沧区督查工作创新完善督查制度，精准确定督办事项。制定《区委督查室岗位职责和工作流程规范》，建立完善区委督查室工作职责，明确区委重要部署督查落实岗位等 10 个具体工作岗位职责和工作流程，构建制度配套、流程优化、责任清晰、规则严明的区委督查工作体系，规范工作的立项、交办、承办、催办、反馈归档程序，使督查工作职责明确、有章可循、有规可依。建立台账工作机制，按照"定任务、定牵头领导、定牵头单位、定责任单位、定时限要求"的"五定"要求，第一时间建立督查台账，做到任务清、目标清、措施清、责任清、时间清，实现以责任促落实、以责任保成效。精准督查工作目标，采取"四不两直"、实地督查的督查方式，做到对问题督查精准，对工作结果务求实效。完善督办问效

机制，实施区委督查工作督办提醒机制、实地督查机制、办理反馈机制等，对落实区委决策部署不到位、情况反馈不及时的街道和部门发函提醒、督促整改、视情通报。

强化督查质效

2022 年，李沧区督查工作注重提质增效，发挥督查抓落实促发展作用。紧跟区委常委会等会议确定事项、区委领导重点关注、事关当前和一定时期发展的具体事项，及时跟进督促落实，对李沧区第七次党代会、《区委常委会 2022 年工作要点》等明确的 113 项工作任务进行责任分解，每季度进行跟踪督办，切实推动区委决策落实。聚焦区委重要工作任务、疫情防控、经济指标、招商引资、土地出让工作和区委主要领导相关会议、调研考察等明确的重点工作任务，配强督查力量，重点跟踪开展督查 130 余次，编发督查专报 143 期。制定《2022 年度李沧区高质量发展综合绩效考核办法》《"作风能力提升年"活动第二轮全覆盖督导工作方案》《李沧区"正风聚力"行动督导检查工作方案》等工作方案，组织巡回督导组对 70 个单位进行了巡回督导，突出问题导向、目标导向，聚焦薄弱环节和问题，压紧压实责任，督促立行立改、限期整改，助力推动全区双招双引、

招商引资、安全生产、城市更新和城市建设等领域重点工作有序推进。

（区委办公室）

组织工作

高素质干部队伍建设

高质量完成换届　2022 年，李沧区严格按照中央和山东省、青岛市关于换届工作的总体要求和部署，精心组织、稳步推进。坚持严的主基调，制定换届风气监督实施方案，组织做好各单位换届纪律专题学习，完成中共青岛市李沧区委七届一次全体会议、李沧区第七届人民代表大会第一次会议、政协青岛市李沧区第七届委员会第一次会议选举任务，青岛市委批复同意的候选人均全部高票当选。

作风能力提升　2022 年，李沧区在全市率先围绕干部作风"正风聚力"行动进行动员部署，健全"1+5+7"工作体系。将"作风能力提升年"活动开展情况作为高质量发展综合绩效考核"建设高素质专业化干部队伍情况"指标的重要组成部分。开展区党政领导班子"当龙头　做表率　开新局"大讨论，部署开展 2 轮"作风能力提升年"活动全覆盖巡回督导，印发《关于开展"人人都是发展环境　个个都是开放形

象"活动的实施方案》《李沧区"作风能力提升年"活动"亮绩""赛绩"实施方案》，推动活动持续走深走实。

严把选人用人关 2022年，李沧区出台《2022—2026年"李沧实干家"干部队伍建设规划》《李沧区重点工作一线考察识别干部工作办法》等13项制度文件，提升干部工作制度化规范化水平。坚持精准知事识人，将发现、识别、考察干部的功夫下在平时，开展两轮区管领导班子和区管干部述职与民主测评及专题调研工作，及时发现了一批表现优秀的处、科级干部，共调整干部500余人。

干部教育培训 2022年，李沧区制订印发《李沧区2022年干部教育培训计划》，广泛开展"五学"活动，打造现场教学点精品专线，并推出"游学路线打卡全攻略"。聚焦学习贯彻党的二十大精神，开展李沧区党的二十大精神专题学习班，各街道、各部门（单位）专题学习班，对全区处级以上（含非领导职务）党员领导干部学习党的二十大精神进行集中培训。

区属国企管理 2022年，李沧区开展区属国有企业专题调研，出台《李沧区区直企业领导人员管理规定》《李沧区国有企业干部选拔任用工作办法》《李沧区国有企业人员公开招聘工作办法》，成立李沧区国有企业用工和薪酬领导小组，在全

图15　2022年7月29日，李沧区举办首期"'李想汇·书记说'社区书记论坛"。　　　　　（区委组织部供图）

区选拔国有企业纪委书记、专职外部董事，采用市场化方式面向社会公开招聘区属国有企业总经理、副总经理。

干部监督管理 2022年，李沧区建立"一把手"任前告知制度，组织全区"一把手"签订《履职履责承诺书》80份。扎实开展2022年个人有关事项报告申报工作，查核人员一致率位居全市前列。制发《关于结合区委巡察开展选人用人专项检查工作实施办法》，在选人用人专项检查中常态化开展领导干部违规经商办企业和在企业兼职清理工作。加强公务员先进典型选树，区行政审批局获评山东省"人民满意的公务员集体"。

党的基层组织建设

全盘抓实党建引领基层治理 2022年，李沧区打造推广"李即办诉求解决平台"，成立

由区委书记、区长任双组长的领导小组，制定落实好平台工作规范等配套文件，建立"区委—街道党工委—社区党委—网格党支部—楼院党小组—党员中心户"六级联动"动力主轴"。成立5个网格调研队，全面下沉街道社区开展调研。开发"李即办"APP系统，收集处理群众诉求。扎实开展"我为群众办实事"活动，组织全区社区"两委"开展"民意大摸排"行动，累计走访群众9万余人次，"一社区一档"建立社会治理信息库，征集"事要解决"实事项目、基层好建议好点子，确立重点突破项，摸排解决问题，切实为群众办实事、解难题。深入推进党建引领社会组织参与基层治理，出台党建引领社会组织参与基层治理实施意见，承办全市城市社区党委书记论坛和全市现场会，相关经验被中央改革办《改

革情况交流》采用推广。

全面抓牢党的基层组织建设 2022年，李沧区实施"六个一"带头人队伍专业化水平提升工程，开办社区"两委"负责人培训班，常态化举办"李想汇·书记说"社区书记论坛。以"评星创优"为抓手，举办基层党组织书记擂台比武活动，评树50个区级"五星级党组织"，其中5个获评市级"五星级党组织"。建立鲍秀兰等个人党代表工作室及物业等行业党代表工作室。开展"党徽闪耀""初心闪耀""先锋闪耀""银龄闪耀"党员分类管理系列行动，创新抓好党内组织生活制度落实，"喜迎二十大 建功新李沧"主题党日直播活动在线收看超过31万人次。以"作风能力提升年"行动为契机，推动党员干部在城市更新和城市建设、创建全国文明典范城市等重要任务、重点工作中亮身份、当先锋、做表率。以"双报到"为抓手，在新冠疫情防控一线设立党员责任岗300余个，累计选派近万人次机关企事业单位党员助力社区完成全员核酸检测。

全域抓好党建工作提质扩面 实施"书记领航"行动，开展"书记讲党课"活动200余场次，压实"书记抓党建、党建抓书记"的责任体系。开展模范机关三级联建活动，对全区276名党建专员进行履职资格备案，选聘机关党建兼职组织员，充实机关党建工作力量。开展"强党建、兴国企"行动，编制国有企业党建工作指导手册，建立国有企业党建工作考核评价体系，每季度对国有企业党建工作进行量化评估。承接全省"新新向党"平台试点工作，在全市率先成立新业态新就业群体综合党委并出台工作指导意见，打造新业态新就业群体服务发展基地，设立"红色新锋"服务驿站。打响"红管家"物业党建品牌，制定物业党建"一三五"提升工程实施意见，实现物业企业党的组织和工作全覆盖。打造"党小萌"党建品牌，开展"永远跟党走"主题教育实践活动，组成"党小萌"团队深入开展宣讲活动。

高层次人才招引工作

2022年，李沧区在精准引才上求突破，调整成立由区委书记、区长任双组长的区委人才工作领导小组，设立区人才发展促进中心，组建区属招商公司和定向招商引才团队。出台《关于实施"李遇人才"计划推动新旧动能转换示范区建设的实施意见》及扶持资金奖励实施细则。结合"三进"活动进行政策推介活动，走访区内企业园区、高层次人才，发放政策"一卡一码"。赴上海市、深圳市等地开展专项引才和招商活动，引进生物医药产业链重点人才项目，全区注册落地超过1亿元项目100余个。开展系列招聘活动50余场，大力引进外国人才、硕士、博士、高级职称及高技能人才，本专科及其他专业技术人才。

（区委组织部）

宣传工作

理论武装工作

2022年，李沧区把学习宣传贯彻习近平新时代中国特色社会主义思想和党的二十大精神作为首要政治任务，制发《中共李沧区委理论学习中心组学习2022年度安排方案》，严格落实"第一议题"制度，开展区委理论学习中心组学习研讨18次，不断推进区委理论学习中心组学习制度化、规范化。印发《全区党委（党组）理论学习中心组2022年理论学习安排意见》《李沧区各党委（党组）理论学习中心组学习列席旁听办法（试行）》，加强对党委（党组）理论学习中心组学习的督导，采取"听学习研讨、看档案台账、问工作落实情况、考知识掌握情况"等方式，连续4年对全区60余个党委（党组）中心组理论学习开展全覆盖列席旁听。坚持"月赠一本经典书"活动，每月为区委理论学习中心组成员和各单位主

要负责同志赠阅理论学习书籍，全年共赠阅理论书籍 36 种 5300 余册。

新闻宣传

2022 年，李沧区做好融媒体中心建设，通过流程优化、平台再造，实现各种媒介资源、生产要素有效整合，构建全媒体传播格局，为全区经济社会发展营造良好氛围。高标准运营"两微一端一台"，建立以新媒体生产和传播为核心的一体化运行机制，实现"一次采集、多种生成、全媒传播"格局。用心做好"网连民心"工作，在"家在李沧"客户端开设"问政"栏目，开启百姓"指尖问政"新模式。高标准完成党的二十大重大主题宣传等任务，在全区"两微一端一台"开设专栏，对全区各行业各领域收听收看反响情况进行报道，共发布稿件 220 余篇，总展现量突破 100 万。围绕新冠肺炎疫情形势新变化和防控新政策，及时准确做好新闻宣传工作，通过短视频、长图、图文等新媒体形式，科普疫情防控知识；李沧电视频道不间断播放公民防疫基本行为准则相关短视频、海报，引导群众增强责任意识、自我防护意识。进一步完善新闻发布机制建设，制定下发《李沧区关于进一步规范新闻发布工作的通知》等制度文件，规范新闻发布活动，严

图 16　2022 年 7 月 5 日，"守护生命 幸'盔'有你"青岛市中小学生交通安全宣传教育暨文明出行实践活动启动仪式在李沧区举行。
（区委宣传部供图）

肃新闻发布纪律。强力做好对外宣传，围绕青岛市"活力海洋之都、精彩宜人之城"的城市愿景，结合李沧区政策改革、经济发展、对外开放、文教体育和风俗人情等多个层面内容，在"iqingdao"外文平台搭建李沧版块，在推特及脸书外媒社交平台创建"Amazing Licang"官方账号，对外讲好李沧故事，展现李沧形象。

精神文明建设

文明典范城市创建　2022 年，李沧区成立由区委、区政府主要领导任总指挥的李沧区创建全国文明典范城市工作指挥部，制定《李沧区创建全国文明典范城市工作方案》等指导文件，将创建工作纳入全区"摘星夺旗"考核与高质量发展综合绩效考核，区创城指挥部召开相关工作会议 14 次，区级以上领

导实地督导 60 余次。编发《李沧区创建全国文明典范城市工作简报》77 期，编发《李沧区创建全国文明典范城市督查通报》184 期，各街道、部门累计整改市、区两级督查问题约 19 万个，打造九水农贸市场及周边区域"四位一体"示范区域 4 个。

文明实践活动　2022 年，李沧区按照"五有"标准构建"129+7+X"新时代文明实践框架体系，制定新时代文明实践阵地建设标准、服务标准，开展星级评定工作。打造"文明实践·绽放李沧"新时代文明实践品牌，下设"理响李沧""艺润万家""爱塑未来"等 17 个子品牌，围绕"喜迎二十大""宣传党的二十大精神""我们的节日"等开展文明实践主题活动 700 余场次。培育"缤纷四季·志在李沧"志愿服务品牌，

建立志愿服务队伍 800 余支，培育孵化"五为""十助""聚爱童乐"等优秀志愿服务项目 200 余个，开展助学支教、医疗健身、心理关爱等 17 个类型的志愿服务 6000 余场次。

文明典型培育 2022 年，李沧区印发《李沧区关于倡树新时代美德健康生活方式实施方案》，开展文明引导、文明风尚系列活动 1100 余场次，深化"扣好人生第一粒扣子"教育实践活动，承办 2022 年青岛市"新时代好少年"先进事迹基层巡演巡讲启动仪式暨全环境立德树人宣讲团授旗仪式、青岛市未成年人"清明祭英烈"主题活动。2022 年，李沧市民获评"山东好人"4 人，获评青岛市"文明市民"10 人，获评青岛市"新时代好少年"2 人，选树"最美李沧人"30 人。

（区委宣传部）

统战工作

概况

2022 年，李沧区统战工作服务中心大局，推进统战各领域守正创新。李沧区民营经济统战工作经验被中央统战部《每日汇报》采用；工作经验"'双社'活动提升基层治理效能"在《中国统一战线》杂志刊发，工作经验"李沧区'四个一'筑牢基层统战工作根基"

在山东统一战线公众号刊发；李沧区中华职教社经验做法被中华职业教育社和山东省中华职业教育社等采用；全市党外知识分子思想政治工作经验交流会暨思想引领教育基地授牌仪式在李沧区举行，李沧区作典型发言，"同心苑"统战人士实践创新服务基地被评为全市首批党外知识分子思想引领教育基地；宗教工作经验做法在全市推广。

巩固共同思想政治基础

2022 年，区委统战部围绕迎接党的二十大召开、学习贯彻党的二十大精神这条主线，深化统一战线思想政治引领。支持各民主党派开展"矢志不渝跟党走、携手奋进新时代"主题教育，支持引导无党派人士、党外知识分子开展理想信念主题教育，持续深化民营经济人士理想信念教育，在新的社会阶层人士中开展"凝新筑梦"主题教育，指导宗教界深入开展"爱党爱国爱社会主义"主题教育，为党的二十大胜利召开营造良好氛围。党的二十大召开后，通过广泛宣讲、集中学习、理论研讨、举办培训班等形式，引导各领域统战成员深入学习宣传贯彻党的二十大精神。

多党合作事业

2022 年，李沧区各民主党

派开展"矢志不渝跟党走，携手奋进新时代"主题教育活动。完成民建青岛市李沧区基层委员会和民盟李沧区工委换届工作。制定 2022 年度政党协商计划，完成区级层面政党协商活动。支持各民主党派通过"同心苑"构建"5+7+N"同心服务模式。开展"双社联动"促进"双精服务"活动，围绕全区中心工作，开展"金点子"工程和助力"双招双引"行动，收集意见建议 100 余条，解决问题 20 余个。各民主党派先后与 7 个社区结对，助力疫情防控值守 500 余人次，捐款捐物 40 余万元。发起"青陇一家亲 爱心传书香"等活动，捐赠爱心图书近 2 万册，帮助 4 名儿童完成人工耳蜗手术。工作经验"'双社'活动提升基层治理效能"被《中国统一战线》杂志刊发。

民族宗教工作

2022 年，区委统战部开展第 22 个民族团结进步宣传月活动，建设李沧区"红石榴"主题公园，打造铸牢中华民族共同体意识宣传教育阵地 9 处，推选王家下河基督教堂为省级宗教活动场所普法宣传基地，推选李沧区图书馆为市级铸牢中华民族共同体意识教育实践基地。成立"阳光守望"志愿服务队，宗教工作相关经验做法在全市推广。

民营经济统战工作

2022年，区委统战部组织民营经济人士通过多种形式深学细悟党的二十大精神。开展"庆国庆·喜迎二十大，奋进新征程""爱我中华·筑梦李沧""观李沧·看发展"等特色活动，持续深化民营经济人士理想信念教育。组织开展"爱李情深·汇沧成海"活动，宣传李沧区投资环境、区位优势、产业优势和招商引资优惠政策等，助力全区经济发展。党政领导干部常态化联系服务非公有制企业和商协会，解决企业急难愁盼问题。弘扬企业家精神，民营经济人士积极参与到疫情防控、东西部协作等工作中，捐款捐物累计约100余万元。在全市率先完成区（市）工商联换届工作，全年对民营经济人士进行综合评价1000余人次。李沧区民营经济统战工作经验被中央统战部《每日汇报》采用。

基层统战工作

2022年，区委统战部强化"一核统领"党建引领体系，"六个纳入"促进各项工作落实；构建"一体运行"多网融合体系，推进"1+8+x"制度融合，"民新侨"平台融合，"三支队伍"职能融合，形成基层统战工作合力；完善"一抓到底"综合管理体系，落实三级网络两级责任，创新五级网格管理体系，

图17　2022年9月，李沧区在湘潭路街道枣园社区打造铸牢中华民族共同体意识李沧区红石榴主题公园。　（区委统战部供图）

赋能数字化统战新平台，加强工作统筹规划、协调指导、督促检查；做实"一心共建"特色创新体系，聚焦思想凝聚、为民服务、共谋发展三大重点，开展"同心行·凝聚力·新李沧"实践活动。

党外知识分子和新的社会阶层人士统战工作

2022年，区委统战部以"知联聚力"为服务品牌，打造"爱国奋斗 建功立业"实践创新基地、"党外知识分子之家"等阵地，为党外知识分子提供施展才华的空间。突出"5A"特色，着力加强青年党外知识分子队伍政治引领。全市党外知识分子思想政治工作经验交流会暨思想引领教育基地授牌仪式在李沧区举行，区

委统战部做典型发言，"同心苑"统战人士实践创新服务基地被评为全市首批党外知识分子思想引领教育基地。创新组织载体，建设"文心家"自由职业人员联谊会，共同做好国学文化的传承、创新与传播。融合聚集高地，打造"文心家"自由职业人员实践创新基地，辐射带动辖区内国学文化自由职业人员个人工作室发展，实现工作网络全覆盖。聚焦发展难题，拓宽"文心家"自由职业人员创新创业渠道，为其提供注册登记、政策咨询、公益帮扶等服务，支持他们创新创业。加强品牌建设，发挥"文心家"自由职业人员文化载体属性特色，举办"琴岛遗韵书画"等品牌活动，推动传统文化的传承和发展。

对中国港澳台工作

2022 年，区委统战部探索建立李沧区港澳台人士联系制度，围绕庆祝香港回归祖国 25 周年开展系列活动。分类、分级建立港澳台人士数据库，发挥台联等团体作用。开展"精准施策·暖心服务"专项行动，常态化开展走访港澳台企业，帮助企业解决经济纠纷、合同纠纷等 10 余件，获青岛市委台港澳工作办公室主要负责人肯定性批示 2 次。连续 5 年获评中共中央台湾事务办公室"两刊"对台宣传工作先进单位，相关信息被华夏经纬网站、山东省委台港澳工作办公室网站等刊发。

海外统战工作和侨务工作

2022 年，区委统战部发挥港澳台和海外统战工作联席会议制度作用，开展海内外侨情调研，建立与海外侨胞、留学人员代表人士谈心交流制度。建立海外侨团和重点人士数据库，加强侨法宣传，连续四年举办全市侨法学习宣传月活动，相关信息被人民日报公众号、《山东侨报》等刊发。李沧区"凝聚'侨'力量，共画同心圆"相关做法在全市作经验交流。2 家企业获评"全市十佳侨星苑"，2 家单位获评全市新侨创新创业示范基地，3 人被增聘为新侨创新创业青岛联盟理事。

中华职业教育社工作

2022 年，李沧区中华职业教育社以"同心有业、匠心乐业"为工作品牌，秉持"使无业者有业，使有业者乐业"宗旨，践行初心使命，强化思想政治引领力。突出重心效能，促进组织建设保障力。打造同心阵地，扩大职业教育影响力。坚守匠心筑梦，激发优秀工匠创造力。围绕中心大局，汇聚社会发展凝聚力。聚焦暖心服务，提升融合联动向心力。相关经验做法被中华职业教育社和山东省中华职业教育社等公众号刊发，李沧区中华职业教育社获评2022 年度全省职业教育社工作先进单位。

构建大统战工作格局

2022 年，区委统战部坚持党对统一战线的集中统一领导，履行区委统战工作领导小组职责，召开区委统战工作领导小组会议。深化完善民营经济统战工作、民族宗教工作、新的社会阶层人士统战工作、港澳台和海外统战工作等联席会议制度。进一步健全完善区委统一领导、统战部门牵头协调、有关方面各负其责的大统战工作格局。

（区委统战部）

机构编制工作

机关事业单位职能运行情况调研

2022 年，中共青岛市李沧区委机构编制委员会办公室（简称"区委编办"）开展全区机关事业单位职能运行情况调研，巩固拓展党政机构改革、事业单位改革试点工作成果，提升机构编制资源使用效益，推动各部门提高履职尽责能力和水平。成立区委常委、组织部部长担任组长的工作小组，会同区委办公室、区委组织部、区政府办公室、区财政局、区人力资源社会保障局等部门制定调研实施方案，明确调研范围、方法步骤和时间安排，将调研内容细化为 60 余项具体指标。在各部门（单位）自查自评的基础上，深入基层一线，对全区 45 个党政群机关和 9 个直属事业单位开展实地调研，与各单位领导及业务骨干等 350 余人进行座谈交流，发放调查问卷 500 余份。将部门（单位）自查自评和实地调研中发现的问题进行梳理，集体分析评估，提出对策建议，形成专题调研报告，推动工作落实。提高各部门（单位）设置机构、配备人员编制的科学性、规范性和实效性，更好服务保障全区经济社会发展。

城市建设管理领域机构改革

2022 年，李沧区将区城市管理局和区城市建设局整合组建为区城市建设管理局，为区政府工作部门，制定了"三定"规定。同时，对城市建设管理领域事业单位进行优化整合，撤销区土地开发咨询服务中心，将区基建服务中心整建制划入区开发建设推进中心，优化其内设机构设置及职能，增设工程建设科、企业服务科、计划科、河道科。改革后，局属事业单位由 7 家调整为 5 家。通过改革，精简了机构编制，优化了职能配置，提高了工作效率，降低了行政成本，有效解决了职能交叉、政出多门、多头管理现象发生，有力保障了城市更新和城市建设三年攻坚行动。

推动招商体制机制改革

2022 年，区委编办健全完善组织领导体制机制，将区招商引资招才引智指挥部、区招商工作领导小组整合组建为区投资促进工作领导小组，由区委、区政府主要领导任组长，并对区专业招商攻坚团队进行调整，重新确定了新能源新材料等 10 个定向招商攻坚团队。优化招商领域机构设置，加大编制集中调配力度，将区招商投资促进中心人员编制由 25 名调整至 51 名，优化调整中心职

能及内设机构，增设数字经济招商科、总部经济招商科、服务业招商科等 7 个专业内设机构，承担相关领域内的招商促进服务工作。在服务业招商科加挂商圈服务科牌子，承担商圈转型升级发展规划组织实施的事务性工作，以深入实施"一站一圈两区多组团"全域发展战略，推动各类商圈提档升级。根据单位对人才的实际需求，协调、争取调配用编进人计划，确保选拔的优秀人才能及时充实到工作岗位上，全力助推招商引资提质增效。

推进行政审批效能改革

2022 年，区委编办服务"放管服"改革，推动行政审批便民服务规范化建设，组织力量赴各街道便民服务大厅及区行政审批局开展实地调研，切实掌握各街道大厅实际运行情况及行政审批工作中存在的问题。会同区行政审批局在全区各街道便民服务中心开展实施规范化、标准化建设，整合街道公共服务事项和个体事项，实施街道级政务服务事项"一窗受理"。强化机构人员配备，为区行政审批局增加了 6 名编制，在机关增设个体登记科，在区政务服务中心增设基层服务科，负责指导街道做好承接各类公共服务事项及行政许可事项"一窗受理"等相关工作。

人才发展机构编制保障

2022 年，李沧区为加强人才队伍建设，强化"双招双引"联动质效，充分发挥区委人才工作领导小组、区促进就业工作领导小组等相关议事协调机构的牵头作用，进一步强化区委、区政府对人才工作的领导，成立区人才发展促进中心，为区委组织部所属副处级财政拨款事业单位，承担统筹推进全区人才引进、培育、管理等服务性工作。加强区党员教育中心人员编制力量，促进党员教育工作开展。成立区科学技术成果转化服务中心，为区科技局所属正科级财政拨款事业单位，承担为中小企业提供成果应用、推广、转化、交易、人才培训和科技企业孵化服务等工作。完善了体制机制，健全了创业服务体系，为来李沧发展的人才提供优质服务。

应急管理综合行政执法改革

2022 年，李沧区根据中央和山东省、青岛市关于深化应急管理综合行政执法改革部署和区委工作要求，整合监管职责，健全执法体系，将区安全生产监察大队更名为区应急管理综合行政执法大队，以区应急局名义统一执法。区应急管理综合行政执法大队受区应急局委托，依法依规行使法律法规规定由区应急局承担的安全

生产、防灾减灾救灾、应急救援等行政执法职能。

普通中小学教职工核编及机构职能编制规定制定

2022 年，李沧区根据山东省、青岛市部署，结合李沧区实际，重新核定中小学教职工编制，全面达到国家编制标准，有力保障教育事业发展。区教体局下属普通中小学共 51 所，其中中学 11 所，小学 40 所，共核增中小学教职工编制 374 名，有效缓解了区教职工编制短缺问题。会同区教体局开展全区普通中小学机构职能编制规定制定工作，按程序印发了51 所普通中小学校的机构职能编制规定，明确了各校编制、职能、内设机构及领导职数，保障了学校教育、教学和管理工作的规范有效开展，为推进教育改革创新，办好人民满意的教育提供了保障。

调整机关事业机构编制职能

2022 年，区委编办注重加强机构编制管理，严格依法依规办事。根据工作需要，按程序调整区大数据局等部门领导职数，加强区委政法委、区科技局、区退役军人局、区统计局、区信访局等部门人员编制，优化调整区委组织部、区人力资源社会保障局、区司法局内设机构及职能，加强纪委监委、统战、工会、文旅等部门所属

事业单位力量。制定区清川苑管理服务中心等单位"三定"规定。加强基础教育，研究成立青岛君峰路中学、青岛虎山路第二小学、青岛秀峰路小学等教育机构，按程序印发文件实施。发挥好现有机构编制效能，促进区教育、科技、统战、信访等各项事业发展。

（区委编办）

机关党建

创建模范机关

2022 年，中共青岛市李沧区委区直机关工作委员会（简称"区委区直机关工委"）组织各基层党组织围绕强化政治建设、深化理论武装、夯实基层基础、持续正风肃纪、建设服务型机关、建设效率型机关、建设创新型机关"七个当模范"要求，坚持目标引领、开拓创新，坚持突出重点、抓纲带目，坚持问题导向，分类指导，坚持整体推进、提升成效，坚持压实责任、激励担当，扎实推进模范机关创建，大力推行"双精"服务，抓实"我为群众办实事"，把更多资源、服务、管理放到社区，推动社会治理重心向基层下移。以"人人都是发展环境 个个都是开放形象"等为抓手，抓实作风能力提升年活动。依托"学习强国"网站和"灯塔—党建在线""青岛干部网络学院"等

在线学习平台，持续推动"书记讲党课"活动 400 余场次。着眼提升"四项本领"，抓实抓好"六个一"工作举措，打造机关党建"第一课堂"2 个、五星级示范党支部 11 个、机关党建示范点 2 个、服务窗口党代表工作室 8 个、党建联动平台 1 个、机关党建品牌 3 个。

机关基层组织建设

机关党组织建设 2022 年，区委区直机关工委选优配强所属党组织班子，高质量完成机关党组织换届工作。区委区直机关工委践行"抓好党建就是最大的政绩"理念，树立大抓基层的鲜明导向，组织两次专项培训，就换届程序、选举办法草案和请示批复的文本格式等各个环节进行了培训，对需要延期或者提前换届的，认真审核、从严把关，截至 2022 年底，150 个基层党组织稳妥有序完成了换届工作，共有基层党支部 220 个（其中新建 3 个党支部，撤销 2 个党支部，整建制转出党组织 28 个、接收党组织 1 个）。

机关组织生活规范 2022 年，区委区直机关工委针对部分机关支部党员人数少、主题党日活动形式比较单一等问题，认真调研，听取部分党支部和党员的意见建议，研究提出了"工委牵头、支部策划、突出特色、强化锻炼"联合开展"主题党日＋"活动的创新思路。2022

年，组织区直机关党组织围绕机关党建"第一课堂"、国防教育等策划开展联合主题党日7次，参加党员360余人次。着眼扩大覆盖面、创新载体形式、深化教育效果，创新开展主题党日网络直播活动，组织开展"喜迎二十大 建功新李沧"主题党日直播活动，面向全区各级基层党组织线上直播，收到很好效果。

开展"评星创优"管理考核 2022年，区委区直机关工委集中开展机关党建标准化、规范化自查自纠和评星定级工作"回头看"行动，进一步做好基层党组织"评星创优"工作，推动基层党支部全面进步、全面过硬。针对四大类别14个风险点进行查摆整改督导，重点看程序是否规范、标准是否严格、操作是否严谨、结果是否客观、评定等次是否反馈基层党支部、是否指导党支部针对评星定级工作发现的问题短板制定整改措施等内容，确保所辖党支部评星定级全覆盖。建立五星示范党组织、四星过硬党组织、三星合格党组织台账，2022年度评定五星级党组织11个、四星级党组织132个、三星级党组织150个。

党员队伍建设及党务工作者培训

严格党员管理 2022年，区委区直机关工委坚持党员管

图18 2022年5月20日，李沧区委区直机关工委组织入党积极分子培训班学员参观中共青岛党史纪念馆。（区委区直机关工委供图）

理严在日常、抓在经常，做好党员教育培训和量化积分管理考核工作，强化督查指导，建立党员量化积分管理台账。印发了《关于进一步组织发动接种新冠疫苗的倡议书》，号召区直机关党员干部按要求全员全程接种、补种新冠疫苗。面对急难险重任务，成立区直机关防疫工作突击队58个，小分队288个，队员4363人，奋战于高速公路卡口、火车北站出口、社区防控、核酸检测、文明交通引导等防疫一线及创建文明典范城市一线。按照控制总量、优化结构、提高质量、发挥作用的总要求，举办了入党积极分子培训班，培训87人，研究确定发展对象28人，接收预备党员27人，通过谈话、培训，强化了入党积极分子和新党员对党的基础知识的理解

和掌握。

党组织书记培训 2022年，区委区直机关工委举办党组织书记专题研讨班，提升党员领导干部的理论素养和履职能力，压实"书记抓党建、党建抓书记"责任。培训班由区委常委开班动员并专题授课，49名学员坚持理论联系实际、坚持线上线下相结合、坚持学以致用，将理论知识运用到党建工作、经济招商、文明创建等中心工作中。持续推动"书记讲党课"活动200余场次，增强了党组织书记抓机关党建的使命感、责任感。实施"书记领航"行动，在"李沧融媒"开设"理响李沧"专栏，各区直机关党组织书记领学诵读《习近平谈治国理政》第四卷，通过领学党的最新理论成果，进一步学深悟透党的二十大报告内容和

精神实质。

党建专员"持证上岗" 2022年，区委区直机关工委根据区委组织部《关于推行党建专员"持证上岗"的工作方案》要求，结合机关实际，在所属党组织中全面推行党建专员"持证上岗"制度，建立52人组成的党建专员队伍，采取测试检验、动态认证等措施，强化理论培训夯实基础，全覆盖推进党建专员"持证上岗"工作。建立履职资格认证制度，组建具有机关特色的党建兼职组织员队伍，举办兼职组织员聘任仪式，明确配备、任职条件、职责等，促进机关党建组织员队伍的选配、培养、管理工作常态化制度化。

推动党建和业务工作融合

2022年，区委区直机关工委聚焦提升机关党建质量，围绕解决机关党组织单纯就党建抓党建、党建和业务工作"两张皮"问题，实施点对点调研指导，对每个党组织精准把脉，通过落实全面从严治党责任制，发挥监督机制对党建履责的驱动力，提高履行责任、勇于担当的执行力，不断促进基层党建规范化、科学化。按照"典型引路稳阵地"的要求，结合基层党组织"评星创优"工作，引领带动区直机关党组织围绕城市更新、双招双引、"双精"服务等中心工作发挥战斗堡垒作用，形成"比、学、赶、超"的氛围，彰显了机关党建引领作用。

加强党风廉政建设

2022年，区委区直机关工委严格履行党风廉政建设第一责任人责任和落实"第一议题"制度，持续抓好《党委（党组）落实全面从严治党主体责任规定》落实，认真履行"一岗双责"，坚持做到两手抓、两手硬，确保全面从严治党各项要求落地落实。带头践行监督执纪"第一种形态"，开展经常性谈心谈话，把党的廉洁纪律、群众纪律、工作纪律和生活纪律作为党员干部行为底线，督促党员干部克己自律、严守底线，达到了交流思想、解决问题的目的。坚持领导带头，加强新时代廉洁文化建设，发挥廉洁教育基础作用，从严做好家庭、家教、家风建设，营造风清气正的政治生态。2022年，机关党建相关经验材料在"岛城先锋"公众号发刊15篇，《机关党代表做优服务群众"最后一公里"》等做法在《大众日报》等媒体刊发。

（区委区直机关工委）

巡　察

规范提升巡察工作水平

2022年，中共青岛市李沧区委巡察机构（简称"区委巡察机构"）始终紧盯被巡察党组织职能责任，按照"三个聚焦"重点，督促强化政治担当。高标准完成第七届李沧区委第一、二轮巡察暨黄河流域生态保护和高质量发展专项巡察工作，第三轮巡察工作顺利推进。高起点出台《七届李沧区委巡察工作规划（试行）》，对未来5年巡察工作做出总体安排，指导推动巡察工作高质量发展。编制《区委巡察工作规范化操作手册（试行）》，全面梳理六大环节共计82个关键步骤，标准化制订相关工作模板，为提升巡察工作整体水平提供切实可靠依据。修订《巡察报告问题底稿管理办法》和《区委巡察借调干部管理办法》，进一步完善工作流程、细化工作标准，提升巡察工作规范化、法治化、正规化水平。

巡察整改和成果运用

建章立制 2022年，区委巡察机构制订出台《区委巡察整改和成果运用工作办法（试行）》，细化巡察整改关键环节26条具体推进措施，压实被巡察党组织巡察整改主体责任，进一步明确纪委监委机关和组织部门巡察整改监督责任以及巡察机构巡察整改统筹督促责任，形成齐抓整改、整体提升工作合力。

通报问责 2022年，区委巡察机构坚持长效化全过程跟进整改落实情况，分别以区委文件和区委巡察工作领导小组文件，对干扰区委巡察的典型案例和面上问题整改不力情形进行全区通报。责成巡察整改工作落实不到位的6个单位向区委巡察工作领导小组做出书面检查，就其中存在问题较为典型的3个单位主要负责同志向区委常委会会议做出检查，坚决维护巡察工作的权威性和严肃性。

标本兼治 2022年，区委巡察机构坚持治标和治本相结合，盯牢反馈会、专题民主生活会等关键环节，指导督促被巡察党组织建立健全规章制度50余项，有效堵塞制度漏洞，推动各项工作规范有序。针对巡察中发现的系统性、领域性和体制机制性问题，以《巡察建议书》形式推动相关职能部门开展专项整治12次。

强化巡察综合监督作用

2022年，区委重视巡察监督与其他监督贯通融合，坚持各类监督与巡察工作一体谋划、部署和推进，全年累计召开区委书记专题会议、区委常委会会议和巡察工作领导小组会议8次，对如何高效落实贯通融合要求进行系统部署和重点强调，确保思想上统一、工作上同向，为贯通融合提供坚实基础和保障。抓实三方协作机制，区委巡察机构会同区纪委监委、区委组织部定期会商巡察重点任务开展落实情况，明确责任分工，确保巡察

工作落到实处、取得实效。抓实巡审联动机制，将巡察工作安排与年度审计项目计划有机衔接，实现资源共享、优势互补。会同区委组织部、区委宣传部、区委统战部同步开展选人用人、意识形态、统战工作专项检查。扎实推进巡察与纪律、监察、派驻监督统筹衔接，推动组织、宣传、政法、审计、财政、统计、信访等监督协作配合，有效解决力量分散、协同不够、重复监督等问题，巡察的综合监督作用得以进一步强化。

巡察队伍建设

2022年，区委巡察机构优化提升巡察专职队伍能力素质，注重整合盘活巡察兼职队伍结构质量。深入实施兼职副组长制度，明确巡察组不驻组的副组长岗位职责，有效推动巡察监督与纪律监督、监察监督贯通融合。选优配强巡察干部队伍，从全区范围内遴选47名优秀正、副处级干部进入巡察"组长库"，吸纳64人进入巡察"人才库"，适时进行人员更新调整，为巡察工作高效开展提供有力保障。把巡察岗位作为发现、培养、锻炼干部的重要平台，选派7名新提拔干部、优秀年轻干部参加区委巡察工作，真正在巡察工作一线经风雨、受历练，巡察"熔炉"作用得以彰显。

（区委巡察办）

老干部工作

概况

2022年，李沧区离退休干部工作紧密围绕区委、区政府中心工作，以迎接党的二十大胜利召开、学习宣传贯彻党的二十大精神为主线，突出抓好离退休干部党建引领、作用发挥、精准服务、文化养老等重点任务，在推进全区"四个重点"和"六大行动"中锤炼"严真细实快"工作作风，获评全省调研信息宣传先进单位、青岛市五星级基层党组织、全省关心下一代先进集体等，持续推动新时代老干部工作高质量发展。截至2022年底，李沧区共有离退休干部2911人，其中离休干部75人。

离退休干部党建工作

2022年，中共青岛市李沧区委老干部局（简称"区委老干部局"）承担全市重点试点课题，实施离退休干部党组织组织力提升工程，获评山东省离退休干部党建工作创新优秀案例、青岛市离退休干部党建工作创新案例一等奖。出台党员"政治生日"流程、"主题党日+"活动实施意见等指导性文件，党支部开展组织生活有规可依。培育示范党支部8个、规范化党组织60个、先锋带头人

物 69 人。在 11 个街道 25 个社区创建离退休干部党建品牌，涌现出"童城驿站——戴秀丽工作室"、金秋社区"老干部真情协商"等典型。实施"头雁培育"工程、"书记领航"行动、"成员储备"计划，确保书记干在前、做表率，党组织战斗力和凝聚力不断增强。发挥离退休干部工委党校作用，举办全区离退休干部党组织书记培训班，开设"领航之声"大讲堂，推出党性教育系列讲座，在"敬爱致恭"公众号设立"微党课随时听"栏目，打造指尖上的"党建课堂"。发挥"银龄助梦"基金作用，组织基层党组织书记带头参加活动，为 50 余个困难家庭实现了微心愿。争取区管党费等资金支持，新打造"沧口共享家"等融合共建工作示范阵地 4 处，实现市、区、街、社四级阵地全域通联共享。

精准化服务

2022 年，区委老干部局承担全市离休干部居家社区养老服务体系化建设试点工作任务，创新实施"四个统筹"工作法，突出整合社区资源、社会力量和志愿服务三大内容，构建离休干部居家社区精准服务新格局。依托居家服务基地和医疗保健基地，累计上门为离休干部提供理发、助浴、中医、康复、助洁等服务 548 单，开展离休干部登门健康巡诊 170 余人次，满足老干部基本照料需求，保障身体健康。落实"2448 工作法"，累计快速回复或解决老干部提出的涉及医疗保健、居家照护、抚恤金办理等诉求 76 件。落实多对一结对联系工作制度，更新发放"一对一"联系卡 258 张。落实"六必访"制度，累计开展走访 339 人次。落实区委离休退休干部工作领导小组成员单位"为全区老干部办实事"制度，开展"银龄 E 时代乐享潮生活"智慧助老行动等，受到老干部欢迎。开展居住地联系报到见效提升项目，打造三个全市现场教学点，承办青岛市离退休干部到居住地联系报到工作业务培训暨现场观摩会，李沧区作为唯一发言区（市）交流经验做法，受到青岛市委老干部局肯定。

关心下一代工作

2022 年，李沧区关工委打造"3+3N+ 互联网"老专家创新创业平台，面积约 1350 平方米，组建以企业专家和孵化器运营专家等为主体的创业导师团队，为入驻企业提供 3 级孵化服务。从青少年成长实际需求出发，打造了 31 个关心下一代教育基地，年内快乐沙公益爱心帮扶中心、毕家上流社区关心下一代教育基地投入使用。大力加强普法宣传，提高青少年法律意识和防范意识，在第 35 个国际禁毒日，与青岛市司法局等 10 家单位共同开展"喜迎二十大 禁毒保平安"活动，组织各街道关工委开展多种形式未成年人保护宣传，净化青少年成长空间。壮大全环境立德树人"五老"宣讲团，扩大宣讲活动受众的覆盖面。全年共有 60 余名"五老"宣讲员参与，累计宣讲 80 余场次。李沧区教体局关工委组织"五老红色教育""聆听红色故事，致敬党员榜样""童心向党，传承红色基因——寻访李沧党员政治生活馆""老兵事迹校园宣讲"等活动 20 余场，受益学生约 2000 余人。沧口街道创建青少年"红色基因"朗诵队，传递红色精神的同时为孩子们提供展示才艺的平台，累计教育、培养青少年 800 余人次，创建人彭国柱获评山东省、青岛市关心下一代先进工作者。

老年大学发展

2022 年，区委老干部局推进老年大学党组织建设，建立西部校区党总支，改选配强党组织成员，做法获山东省老年大学肯定。成立李沧区老年大学毕家上流社区分校和百果山游学基地。沧口街道分校、大枣园社区分校、新河东社区老年学校被评为第一批山东省基层示范校。与青岛财经职业学校、青岛工贸职业学校建立合作办学关系，并继续与青岛开放大学、青岛酒店职业技术管理学院在师资共享、资源共享、平台共享等方面加强合作。举办建校三十周年系列庆祝活动，出版建校三十周年纪念专刊及摄影、书画册，制作专题宣传片，举办大型文艺演出及线上直播等，获中国老年大学协会和山东省、青岛市老年大学等支持和肯定。争创全国标准示范校，做好档案整理、硬件提升、制度完善等工作。学校师生参加青岛市群众艺术春节联欢晚会、山东省老年大学"手写好家风"征集活动、青岛市老年大学《传承经典文化 喜迎党的二十大》书画作品展、"弘扬中华优秀传统文化·礼赞新时代——喜迎党的二十大"李沧区书法临创精品展、青岛市老干部活动中心合唱比赛等活动，有123人次获奖。区老年大学校长郭淑瑾获评青岛市唯一"全国百姓学习之星"。

老干部文化养老

2022年，区委老干部局发挥老干部活动中心和老年活动中心的阵地作用，乒乓球室、羽毛球室等20个功能场馆服务老年活动人员6000余人次，多功能展演厅服务保障区卫生健康局、区老年人体育协会等6个单位26场次活动，服务人数2560人次，为全区老年人群提供活动平台。组织老干部参加"我们的新时代"全省离退休干部和老干部工作者主题摄影大赛，获优秀组织奖。组织老干部参加"喜迎二十大 永远跟党走"全市离退休干部线上知识竞赛活动，老

图19　2022年8月26日，李沧区老年大学在李沧剧院举办"喜迎二十大奋进新征程"建校三十周年文艺演出。（区委老干部局供图）

干部获一等奖4人、二等奖6人、三等奖9人。组织老干部参加李沧区"喜迎二十大·奋进新李沧"短视频、摄影作品暨文稿征集活动，共报送短视频15部、摄影作品220余张、征文23篇。组织老干部参加"'弘扬中华优秀传统文化·礼赞新时代—喜迎党的二十大'李沧区书法临创精品展"活动，累计投稿书法作品30余幅。

老干部作用发挥

2022年，区委老干部局在老干部志愿者中开展"6090"助老服务行动，组织相对年轻的志愿者服务高龄老人，在一定程度上解决了社区老人的居家生活养老问题。截至2022年底，志愿者已累计上门心理慰藉、助餐、助浴、助洁、助医、维修、常态化陪伴、核酸检测等5万余人次。推广"爱心银行"志愿服务平台，累计爱心

服务小时数超过10万小时，完成线上兑换下单800余人次。老干部志愿者主动参与疫情防控、文明创城、治安巡逻、垃圾分类等活动。老干部鲍秀兰入选全省学雷锋志愿服务"四个100"先进典型、任岗山获评山东好人、戴秀丽获评青岛市文明市民。

（区委老干部局）

保密工作

保密机制建设

2022年，中共青岛市李沧区委保密委员会办公室（简称"区委保密办"）结合全区换届和保密工作实际，研究优化区委保密委成员组成，增加2个部门为区委保密委成员单位。区国家保密局列入区政府第二批区级行政执法主体，进一步完善了保密工作管理体系，明

确保密行政执法职能。研究制发相关规范性文件，完善区委保密委成员单位分工和机关单位保密工作职责，健全规范管理制度，理顺保密工作机制。优化保密工作考评，常态化对各部门、单位保密工作实施综合绩效考核。区委将保密工作纳入区委常规巡察监督重点内容，推动党委（党组）保密工作责任制落实。

保密宣传教育

2022年，区委保密办坚持筑牢安全保密基础，全面深化保密宣传教育，依托李沧政务网开设"4·15"国家安全日暨保密宣传教育专栏，利用机关单位电子屏幕、宣传栏以及李沧区总体国家安全观主题公园开展保密宣传，推动保密教育"进机关、进学校、进企业、进社区"活动。将保密法律法规政策列入党委（党组）理论中心组学习内容，区委理论学习中心组带头学习保密法规、规章和有关泄密案件情况通报，及时传达学习有关文件精神。保密教育培训全面列入党校主体班次、新任公务员初任培训和处级干部提升班必学内容，到机关单位开展保密教育培训"送教上门"活动5次。组织机关单位负责人和保密工作人员赴青岛市保密教育实训平台开展安全警示教育和保密优良传统教育，协助部分机关单位实地开展保密教育实训。

保密监督检查

2022年，区委保密办及时部署年度保密自查自评工作和相关专项整顿行动，组织各部门、单位分级分层次开展保密自查自评工作，推进保密工作规范化管理和专项整顿行动落实。强化重点人员管理，定期组织开展有关事项报备。按照以查促管、以查促防、以查促改的要求，对31个部门单位实施"进驻式"保密检查，结合保密检查同步对工作秘密管理、疫情信息管控和信息发布平台管理等开展督导检查，督促日常保密管理和排查整治工作落实，推动机关单位保密管理能力整体提升。

（区委办公室）

党校工作

干部培训

概况 2022年，中共青岛市李沧区委党校（简称"区委党校"）聚焦目标导向、需求导向、质量导向，深入推进培训改革，优化业务流程，培训工作做到了有章有序、持续创新。全年举办主体班次7期，培训学员422人次，其中中青年干部培训班学制3个月。各街道党校共举办各类培训班次63期，培训人数2.93万余人次。

创新培训方式 2022年，

区委党校坚持党委办党校、管党校、建党校，把领导干部上讲台纳入经常性工作。书记带头，常委引领，局长（书记）参与，以上率下，上下联动，领导干部到党校授课已成为常态，走在各区市前列。2022年，共有11名常委、11个街道和23个部门领导干部先后走上讲台为学员授课50余场次，授课总时数占主体班次总课时的比重达22.6%，超过20%的比例要求，实现领导能力、部门工作、培训质效三提升。

优化教学布局 2022年，区委党校创新习近平新时代中国特色社会主义思想课程体系，按照总论、分论、专题、特色、案例五个模块，细化课程设置，教育引导学员深刻领会这一重要思想的理论渊源、发展脉络、精髓要义和实践要求，掌握贯穿其中的马克思主义立场、观点、方法。

创新教学方法 2022年，区委党校抓实课堂教学的同时，积极拓展第二课堂，开展好纪律规矩教育、实践体验教育、个性定制教育、区情区况教育、革命传统教育、自我训练教育等"六个教育"，打造"贯通式"教育培训新模式。培训经验在《山东党校通讯》刊发。

注重培训效果 2022年，区委党校深化学员"三带来"，对相对集中的理论问题，通过开设专题课，邀请专家教授进行阐疑、释惑；对普遍关注的热点、难点问题，组织开展研讨交流，集思广益，共同探讨答案；对学员最想补足的能力短板，分专题实行小班化教学，弥补学员在不同方面的短板不足。努力做到让学员带着问题来、带着答案回，带着想法来、带着办法回。

教学科研

精选课题 2022年，区委党校把服务大局、服务基层作为教学科研工作目标和重要抓手，立足党校使命任务，贯彻落实"用学术讲政治"的要求，教学科研提质增效。通过精选课题确保教学"深度"。围绕服务中心大局和基层所盼，把习近平新时代中国特色社会主义思想、党的二十大精神、作风建设、区情等课题作为教学重点，既体现中央要求，又满足基层需要，组织教师备新课、完善旧课，形成20项教学专题和8项微课专题。全年赴区直部门、街道、社区等单位授课、宣讲40余场次，受益党员群众2000余人次。

培训师资 2022年，区委党校通过培训师资确保教学"力度"。培养年轻教师，坚持选硬人、派骨干，保证教学效果。坚持集体备课、说课、试讲制度，高标准严要求打磨课程。提前谋划党的二十大精神学习、宣讲方案，组织全体教师成立

图20　2022年6月14日，李沧区2022年中青年干部培训班开班，区委书记张友玉开讲第一课。　　　　　（区委党校供图）

"十二人讲党的二十大报告"原文导学组，紧扣原文、逐段逐句、原汁原味地对报告进行解读。

区分授课 2022年，区委党校以学员为中心，坚持分众化理念，不断提升教学的针对性。同一个专题，根据受众不同确定不同重点，既能"高得上去"，以全局站位把握精髓要义，又能"深接地气"，通过介入李沧区的鲜活事例、身边人身边事等，让受众听得懂记得住。1名教师入选青岛市干部教育"三优一特"库优秀师资，获青岛市委党校优秀教学奖；1名教师的微党课入选青岛市学习贯彻党的二十大精神百姓宣讲团，参加首场宣讲，并到各区（市）宣讲6场次；1名教师的微党课获青岛市百姓宣讲大赛理论类三等奖。

深耕细作 2022年，区委党校科研管理工作规范，咨政批示和课题立项成绩突出。1名教师在青岛市社科院精品课评选中获三等奖，文章《年轻干

部政绩观与党性修养》获青岛市三等奖，课题"新时代加强基层年轻干部党性锻炼培塑正确政绩观路径研究"获批青岛市委党校重点立项；1名教师的文章《在推进市域社会治理现代化的进程中提升干部队伍领导力》在青岛市委党校系统深入学习宣传贯彻党的二十大精神理论研讨会、"贯彻二十大精神，提升领导力、推进市域社会治理现代化"研讨会中分获二等奖。

办学保障

服务大局 2022年，区委党校在办好主体班次的同时，不断加大合作办学、场所共享的力度，全力服务有关部门办好业务班次。全年服务区人大常委会、区政协、区商务局、区委区直机关工委、区人力资源社会保障局、区司法局、区妇联等单位开展培训17期，培训人员约960余人次。注重精细化管理，以打造"小而美，

"小而精"的精致校园为目标，办学服务保障能级持续跃升，获评全国"节约型"机关称号，经验性信息获区委主要领导肯定性批示。

严格把关 2022 年，区委党校严把政治关，坚持用学术讲政治，牢牢把握正确的政治方向，确保党校成为最守政治纪律、最讲政治规矩的地方。严把学术关，大力实施精品课培育工程，厚植教学的学理支撑和理论内涵。严把考评关，坚持过程监测与结果评估相结合，由学员、教师、跟班管理人员等多方参与，细考严评。

提升本领 2022 年，区委党校严格落实《李沧区委党校季度评先选优工作实施办法》，在教职工中开展季度"打擂"，全体教职工每个季度走上"擂台"，亮成效、亮问题、亮目标，讲难点、讲痛点、讲堵点，倡导"我的岗位我负责，我在岗位请放心"。在学员中设置"摘星夺旗"项目，让学员比作风、比能力、比成果，展现事争一流、唯旗是夺的精神状态，形成人人争先、事事出彩的上进氛围和良好学风。

严考实评 2022 年，区委党校完成各类评估督导工作。青岛市委组织部、青岛市委党校从坚持党校姓党根本原则、领导机构设置、教学科研等 10 个方面 55 个单项内容，对区委党校 2016 年至 2020 年 5 年间的工作进行全面考察评估，区委党校获评"优秀"等次。在全市党校工作座谈会上做典型发言。

（区委党校）

党史和地方史志工作

党史史志编纂研究

编纂出版《中国共产党青岛李沧百年大事记》 2022 年，中共青岛市李沧区委党史研究中心（简称"区委党史研究中心"）在前期加强资料征集甄别、统一编纂标准的基础上，对《中国共产党青岛李沧百年大事记》初稿的内容、文字等进行规范统一、逐一修改，并开展了六轮审校，于 12 月完成出版发行工作。全书共 21 万余字，全面系统记录了李沧区近百年党史发展脉络与取得的辉煌成就，为学习党史、落实党的二十大精神提供了生动的李沧地方史学习资料。

编纂出版《李沧年鉴 2022》 2022 年，区委党史研究中心倒排工期、压茬推进，创新思路、不断优化。完善框架结构设计，突出李沧区域特点，分设 17 个栏目，全面体现发展特色；组建摄影师专家库，完成卷首专题图片征编及专题设计；秉持工匠精神，规范条目设置、突出记述流畅，完成出版社三审三校、样书三轮自我审校和青岛市年鉴社专家审读工作，全书差错率不超过万分之一。全书版面文字约 60 万字，高质量收录卷首专题图片与随文图片共计 180 幅、随文表格 41 张，全面客观地反映李沧区基本情况，体现时代特征、地方特色和年度特点。

启动编纂《中共李沧区组织史资料》（2011.12—2022.12） 2022 年，区委党史研究中心梳理编写《中共李沧区组织史资料》编写流程、体例、内容；收集相关文件、资料作为编写依据；整理资料，按照编写年度和体例进行甄别分类。

启动《中共李沧地方史》第三卷编写 2022 年，区委党史研究中心做好团队组建与分工，起草编写大纲。

党史宣传教育

宣讲党的二十大精神 2022 年，区委党史研究中心联合青岛市广播电视台，拍摄发布《喜迎二十大 初心耀岛城——重温李沧纺织史 不忘初心奋力行》宣讲视频；印发《关于开展"喜迎二十大 奋进新征程 永远跟党走"主题志愿服务活动的工作方案》，组织区"史敢当"志愿服务大队开展主题志愿服务活动；到兴城路街道汾阳路社区开展党的二十大精神专题宣讲工作，向社区党员群众进行了全面系统、深入浅出的解读。

开展宣教活动 2022 年，区委党史研究中心对接中共青岛党史纪念馆，做好"青岛抗

图21　2022年7月1日，李沧区委党史研究中心举办"红色资源进物业"活动。

（区委党史研究中心供图）

战岁月——纪念中国人民抗日战争胜利77周年"图片展李沧区巡展活动；梳理李沧区现有红色资源，围绕"李沧党组织的光荣奋斗史、李沧人民的光荣革命史"主题，挖掘整理李沧区抗美援朝烈士事迹资料；在区红色物业服务中心开展"红色资源进物业"活动，赠送红色书籍100余册；做好为全区老干部办实事项目工作，向离退休干部提供线上、线下党史学习教育资源；发挥网络阵地作用，管理使用好李沧区情网，实时上传发布党史史志动态、李沧要闻等，及时在市级平台发布信息，唱响李沧之声。

作风能力提升

加强系统谋划　2022年，区委党史研究中心制订《李沧区党史史志工作规划（2021—2025年）》。从党史、史志、宣教、史料征集等方面进行谋划，研究制订李沧区党史史志工作今后五年的主要任务计划，为下步工作开局起步做好前瞻性规划。区委成立中共李沧区委党的文献编审委员会，办公室设在区委党史研究中心。

加强调查研究　2022年，区委党史研究中心加强业务学习，建立"每周述讲""一周一鉴"等工作制度，及时总结经验、强化本领；提报《红色资源在国家治理现代化视域下的功能发挥》《李沧红色文化传承与发展路径研究》2篇调研报告，参加2022年中国年鉴精品工程研讨会、第七期全国年鉴培训班等，提升自身综合素质。

（区委党史研究中心）

档案工作

创建国家级数字档案馆

2022年，李沧区档案馆（简称"区档案馆"）以创建国家级数字档案馆工作为目标，严格对照国家级数字档案馆系统测试办法的要求，在基础设施、档案资源、系统功能、保障体系、服务绩效等方面，克服困难，勇于突破，完善各项指标，建立起覆盖文件归档、档案信息管理、安全保管及信息化服务等全流程的档案信息化体系。2022年8月获评"国家级数字档案馆"。截至2022年底，馆藏124个全宗、16个门类、约7.1万卷，馆藏各种资料4200余册，照片档案3.9万余张已全面完成数字化。基本实现基础设施现代化、档案资源数字化、信息管理标准化、服务利用在线化，为智慧化数字档案馆建设奠定坚实基础，推动全区档案事业实现转型升级跨越发展。

档案建设

宣传贯彻新修订的《中华人民共和国档案法》（简称《档案法》）　2022年，区档案馆深入学习贯彻习近平法治思想，以"6·9"国际档案日为契机，开展新修订《档案法》普法解读宣传工作，加强"档案＋法治"宣传平台建设。促进与习近平法治思想、《档案法》相配套的档案工作规则体系健全完善，印发《档案法》释义，逐条解读新档案法内容，推进档案进馆工作法治化、流程标准化、管理现代化。以落实《档案法》为动力提高依法治档管档能力水平，将法律规章落实到档案进馆验收、开放鉴定、安全保管等具体实践中。

档案指导 2022 年，区档案馆将档案业务专题培训与日常业务指导相结合。邀请青岛市档案馆专家就《档案法》、"十四五"山东省档案事业发展规划和档案接收进馆工作要求等内容对各立档单位档案员进行专题培训。注重日常业务指导，编制《档案业务培训材料汇编》，加强与立档单位对接，及时发现问题，开展针对性业务指导，促进全区立档单位业务水平提升。

档案服务 2022 年，区档案馆通过不断拓宽服务领域、延伸服务范围、创新服务机制，构建"一馆申请、一站服务"档案利用服务模式，推出"预约延时服务""应急服务""秒查服务"工作机制，创新"五个零"（零等待、零距离、零投诉、零障碍、零缺位）服务标准。加大人名库建设力度，对现有人名库信息重新进行核对，对新进馆档案中的人名信息进行专题著录，已完成核对人名数据 3.7 万条，新著录人名数据 9.9 万条。全年共接待社会公众现场查阅利用 5880 人次，受理电话咨询 345 次，办理"现场通办"业务 13 次，"辖区通办"业务 4 次，提供档案应急服务 21 次，群众满意率 99.8%。

重特大事件档案 2022 年，区档案馆持续做好新冠疫情防控档案收集工作，共收集区疫情防控指挥部各部组 2020 年文书档案 5873 件、照片档案 4803 张、音像档案 434 条、实物档案 18 件，2021 年文书档案 2379 件、照片档案 390 张、音像档案 248 条。将已接收的疫情防控档案进行数字化，确保记录好、留存好，为今后疫情防控工作提供参考。编纂《战疫大事记——2022 年李沧区新型冠状病毒肺炎疫情防控纪实》，约 1.5 万字，记录 2022 年李沧区防控疫情的大事要事。

档案资源建设 2022 年，区档案馆强化民生档案、专业档案等多种类档案的收集，充分挖掘、整合档案资源，建立完整的档案资源体系。主要做法包括：梳理档案全宗管理，完善馆藏档案全宗一览表，进一步摸清"家底"；继续开展全库校核工作，提高档案数据质量，为提高档案查阅利用服务效率打好坚实基础；强化与群众生活息息相关的民生档案的收集，接收法院诉讼档案 1 万余卷及公证档案、法援档案等进馆，建立齐全完整、丰富多样的档案资源体系；加大馆藏资料管理力度，开展馆藏老报纸、图书资料的整理，整合馆藏档案资源。

档案宣传

2022 年，区档案馆加强宣传思想工作，把精神文明建设与业务工作同安排、同部署、同督查、同考核、同落实，坚持线上、线下一体开展多层次、多样化、全覆盖的宣传活动，全年在李沧融媒等平台发表宣传报道 22 篇。开展"我为群众办实事"相关活动，采取召开会议、悬挂横幅、制作板报、印发宣传材料、网站线上展览等各种途径，大力宣传精神文明建设的目的、意义及工作要求，推荐报送"作风能力提升年"活动中涌现出的先进事迹和先进个人，获评"山东省档案宣传工作先进集体"。

档案安全

2022 年，区档案馆始终坚守安全底线，着力加强档案安全建设。在增强人员安全意识上下功夫，坚持总体国家安全观，严格执行值班制度和重大事项报告制度。在保护实体档案安全上下功夫，制订完善《李沧区档案馆五种情形突发事件应急预案》和《李沧区档案馆突发事件应急演练实施方案》等相关规章制度，定期组织全馆人员开展应急演练，定期进行库房安全大检查，确保全馆安全稳定。在保护档案数据上下功夫，严格执行国家网络和信息安全管理制度，落实档案信息系统分级和等级保护要求，相关人员全部签订安全保密承诺书，明确保密义务，确保档案信息安全。

（区档案馆）

青岛市李沧区人民代表大会及其常务委员会

主要工作

概述

基本情况 2022 年，青岛市李沧区人民代表大会常务委员会（简称"区人大常委会"）以习近平新时代中国特色社会主义思想为指导，全面贯彻党的十九大、十九届历次全会精神和党的二十大、二十届一中全会精神，深入贯彻落实习近平总书记对山东、对青岛工作的重要指示要求，紧紧围绕青岛市第十三次党代会、李沧区第七次党代会的部署要求，践行全过程人民民主，团结凝聚市、区两级人大代表力量，依法履职、积极作为，突出重点、聚合发力，发出好声音、汇聚正能量，圆满完成各项目标任务，充分展现了新一届全体人大代表履职为民的新作为、新风采，为李沧区加快打造全市新旧动能转换示范区贡献力量。

聚焦招商引资聚合发力 2022 年，李沧区的市、区两级人大代表招引注册资本超过 1 亿元项目 13 个、超过 1 千万元项目 9 个；代表所在企业贡献区级税收 7.5

亿元，其中税收超过 1 亿元企业 1 个、超过 1 千万元企业 8 个。举办人大代表履职学习班 3 期、举行企业界代表座谈会 5 次，收集代表关于优化营商环境和招商引资的建议 68 条，均通过《代表声音》报李沧区委。

聚焦城市更新和城市建设聚合发力 2022 年，区人大常委会开展视察调研 9 次，提出代表建议 59 件，已全部办结，推动解决了飞线和管网治理等突出问题。以青岛市人大常委会专题询问低效片区开发建设和旧城旧村改造为契机，邀请青岛市人大常委会到李沧区调研 3 次，区人大常委会提出的加强市级统筹合理确定土地整理成本、完善配套政策扶持等意见建议，被青岛市人大常委会作为重点审议意见进行交办。开展老旧小区改造专题询问，提出意见建议 18 条，推动民心工程提速、提质、提效。

聚焦提升作风能力聚合发力 2022 年，区人大常委会在青岛市第十七届人大一次会议上，由李存业代表发起、李沧代表团 11 名代表联名提出了《关于实施爱老助老五项行动的议案》，被大会确定为"1 号议案"。青岛市人大常委会到李沧

区督导全国文明典范城市创建工作 4 次，李沧区开展"创建文明典范城市、人大代表在行动"系列主题活动，开展代表视察和"微询问"3 次，推动解决了开放式楼院汛期积水、围墙修复等问题。人大代表投身疫情防控工作，捐款捐物 78 人次，最多的捐款 100 万元，在李沧区捐款额度最高。

聚焦践行全过程人民民主聚合发力 2022 年，区人大常委会贯彻落实习近平总书记关于发展全过程人民民主的重要理念，推广上流佳苑社区"人大代表会客厅"经验做法，在虎山路、浮山路、沧口、湘潭路街道新打造 4 处"人大代表会客厅"，成为践行全过程人民民主的重要阵地和窗口，开展了"选民代表议事会""民情恳谈会"等各具特色的生动实践，形成闭会期间代表建议 15 件，已办结 8 件。李沧区依托"人大代表会客厅"践行全过程人民民主的做法得到上级人大常委会充分肯定。

坚持党的领导

加强政治建设 2022 年，区人大常委会坚持把政治建设摆在首位，自觉把党的领导贯

穿人大工作的全过程各方面。李沧区委高度重视人大工作，召开区委人大工作会议，出台《关于充分发挥人大代表主体作用 推动人大工作高质量发展的意见》，全方位加强对人大工作的领导，全力支持人大及其常委会依法履职。

强化理论武装 2022年，区人大常委会以迎接党的二十大、学习贯彻党的二十大精神为主线，聚焦学懂弄通做实习近平新时代中国特色社会主义思想，把学习贯彻习近平法治思想、习近平总书记关于坚持和完善人民代表大会制度的重要思想作为必修课，学习《习近平谈治国理政》第四卷，开展"第一议题"学习、党组理论学习中心组学习、专题研讨、专题座谈26次。区人大常委会在党的二十大召开后，第一时间组织集中学习收看，举办专题学习班，班子成员深入基层

图22　2022年10月11日，李沧区人大常委会组织住区市人大代表到区检察院开展调研活动。　（区人大办公室供图）

宣讲，结合人大工作实际学思践悟，兴起学习热潮。

坚持党的全面领导 2022年，区人大常委会严格落实向区委请示报告制度，重要会议、重点工作、重大事项，及时向区委请示报告，并按照区委要求和法定程序抓好贯彻落实。坚持党管干部与依法任免相统一，任免地方国家机关工作人员116人次，任命人民陪审员52人。开辟专报《代表声音》作为"民意直通车"，围绕招商引资、创建全国文明典范城市等主题，累计报送8期供区委决策参阅。《关于我区老年助餐工作的调研报告》《关于我区公共卫生服务体系建设的调研报告》得到区委主要领导批示肯定。

监督工作

监督概况 2022年，区人大常委会坚持在参与中监督、在监督中支持、在支持中共进，依法履行对"一府一委两院"的工作监督和法律监督职责，着力把握重点，完善工作闭环，提升工作实效。一年来，共举行常委会会议7次，听取审议"一府一委两院"专项工作报告27项，对审议意见办理情况进行满意度票决9次，开展专题询问1次，开展视察调研38次。

监督经济运行 2022年，区人大常委会围绕招商引资、产业发展、经济运行等开展视察调研、听取审议报告，动员代表参与、凝聚共识力量。举办新一届人大代表履职学习班，解读招商资源和招商政策，听取代表建议。在此基础上开展了"全员招商、全域招商"专题视察座谈活动，区政府主要领导面对面听取代表声音，采纳代表建议，引起热烈反响。经常性走访企业，为9家企业协调解决公租住房106套。围绕税收征管、发挥企业创新主体作用、生物医药产业发展等开展视察调研，提出意见建议。强化经济运行监督，听取审议国民经济和社会发展计划执行情况等报告。依法审查批准2021年财政决算、2022年预算调整和2023年预算草案初步方案，加强对预算执行、审计和审计查出问题整改、政府债务管理情况监督，增强监督刚性。

监督民生事业 2022年，区人大常委会围绕市人代会"1号议案"办理，承接青岛市人

大常委会关于老年助餐服务、老年教育文化等视察调研活动 3 次，自主开展老年教育文化专项视察、《山东省老年教育条例》执法检查，专题调研李沧区助老服务餐点运营情况，组织住区市人大代表视察上流佳苑幸福街，推动议案办理落实中更多地体现李沧元素、推介李沧经验。调研公共文化服务体系建设，开展全民阅读视察，发掘代表专长优势，建设城市书房"邻里书房""智慧书亭"等新型阅读空间。围绕公益性岗位扩面提质、"双减"政策落实、农贸市场升级、中医药服务能力建设、社会工作站建设、退役军人事务等听取报告、视察调研，举办"听民生、抒民意、聚合力"座谈会，发出好声音，汇聚正能量，促进民生实事办好和群众满意度提升。

监督城市品质 2022 年，区人大常委会围绕区委推进城市更新和城市建设三年攻坚行动，班子成员深度参与重点片区开发和重点项目推进工作。持续关注"停车难"，视察李沧区"全市一个停车场"交通设施建设工作，对破解李村大集停车难题等代表建议持续督办、实地督办，提出可行性建议。通过视察山头公园整治工作、"公园建设人大代表巡礼"活动，充分展示绿水青山、沧海青城的美丽李沧形象。紧盯污染防治目标任务，围绕建筑渣土治理、非道路移动机械环保管控、重污染天气节能减排等开展监督，从强化节能减排、源头防控，实施科学治理、长效执法等方面提出建议。

监督法制建设 2022 年，区人大常委会围绕法治李沧、法治政府、法治社会一体建设，审议法治政府建设工作情况的报告，配合青岛市人大常委会开展应急管理和安全生产"两法四条例"、科技进步"一法一条例"贯彻实施情况的执法检查，助力法律法规有效实施。按照监察法规定，积极稳妥推进人大监督监委工作，首次听取审议区监委关于整治群众反映强烈的助残系统腐败和不正之风工作情况的报告。听取审议区法院、区检察院、公安李沧分局、区司法局巩固政法队伍教育整顿成果情况的报告。视察区法院妇女儿童权益保护工作，调研区检察院控告申诉检察工作，视察公安李沧分局打击治理电信网络新型违法犯罪工作。组织住区市人大代表走进区法院、区检察院、公安李沧分局，开展调研视察，推进严格公正司法。

代表工作

完善履职平台 2022 年，区人大常委会规范代表履职平台，新建街道"代表之家"5 处、选区"代表联络站（点）"28 处，构建了更加完善的"代表会客厅—代表之家—代表联络站（点）"三级履职平台体系。李村街道大崂路社区代表联络站、九水街道宾川路社区代表联络站、振华路街道四流中路第一社区代表联络站等被评为市级优秀代表联络站点。依托履职平台开展"人大代表在行动""微询问"和为民办实事等活动 120 余次，推进万年泉路 80 号和 102 号两处开放式楼院"整形"，解决了升平苑社区楼院渗水、永青苑社区高大树木遮挡等实际问题。

服务代表履职 2022 年，区人大常委会健全代表履职机制，拓展人大代表履职学习和知情知政渠道，组织人大代表 428 人次参加有关会议、调研视察、执法检查、专题询问。建立"我为群众办实事"长效机制，将 5 月、10 月作为为民办实事集中活动月，人大代表 350 余人次参与活动，促进了代表联系选民常态化，反映和推动解决了一批人民群众的"急难愁盼"问题。完善代表履职激励和约束机制，进一步完善了人大代表履职先进典型和优秀案例选树工作流程，依托"青岛人大""李沧人大"微信公众号，累计宣传人大代表典型事迹 85 人次，讲好新时代人大故事和人大代表故事。

代表建议办理 2022 年，区人大常委会扎实做好代表建议办理工作，按照"内容高质量、办理高质量"要求,在建议提出、交办、办理、督办、答复、评价等环节持续优化管理服务。李沧区第七届人大第一次会议期间提出的123件代表建议,通过重点督办、专项督办、专题询问督办等方式,已全部办结,落实率96.7%,老旧小区改造、社区治理、智慧养老、婴幼儿托管、"双减"政策落实、交通秩序整治、停车场管理、道路打通等问题得到有效解决,13件代表建议被评为优秀代表建议,7个单位被评为代表建议先进办理单位。出台了《关于推进人大代表议案建议内容高质量的意见》,进一步健全了闭会期间代表建议提出、交办、督办工作机制。

自身建设

加强机关建设 2022年,区人大常委会深刻领会习近平总书记关于"四个机关"的重要论述精神,强化政治机关意识。贯彻落实李沧区委人大工作会议精神,出台了《关于加强党的全面领导 全面加强"四个机关"建设的意见》,保证区委工作部署到哪里,人大工作就跟进到哪里,职能作用就发挥到哪里。严格执行中央八项规定及其实施细则精神和省、市、区委实施办法,加强廉政教育。进一步压实意识形态工作责任制和网络意识形态工作责任制,坚守和用好人大意识

形态阵地。打造"党旗飞扬、余热永燃"老干部党建品牌,助力发展养老事业、慈善事业、弘扬优秀传统文化等工作,老干部党支部被评为离退休干部示范党支部,党支部书记被评为优秀"领航书记"。将常委会建设成为自觉坚持党的领导的政治机关、保证人民当家作主的国家权力机关、全面担负宪法法律赋予的各项职责的工作机关、始终同人民群众保持密切联系的代表机关。

提升作风能力 2022年,区人大常委会扎实开展"作风能力提升年"活动,开展"正风聚力"行动,以打造机关工作品牌为引领,以重点工作"亮清单、比实绩"为抓手,激发工作活力。发挥各专门委员会作用,突出专业优势,组建代表专业小组,提高常委会组成人员的调研能力、审议能力和依法推动解决问题能力。按照"严真细实快"的要求,靠制度定标尺、向流程要效率,根据新修订的地方组织法等法律法规,修订完善了常委会议事规则、常委会组成人员守则、人事任免办法、规范性文件备案审查办法等多项制度,形成了涵盖52项工作制度的《人大常委会制度汇编》。推进"数字人大"建设,以数字赋能提升工作质效。

加强基层指导 2022年,区人大常委会加强对街道人大工作的指导,建立街道人大工

作室主任每两个月列席一次常委会主任会议和街道人大工作现场观摩交流制度,实施工作联动,强化了工作合力。各街道人大工作室结合自身实际,不断创新工作思路,工作成效更加凸显。李村街道开展"暖家"行动、走进新业态新就业群体,为民办实事20余次;虎山路街道完善"选民代表议事会"和"一二三恳谈制度",推进代表联系选民常态化;浮山路街道建立问题解决闭环机制、代表建议办理机制、优秀代表选树培育机制;振华路街道打造"锦秀有约"工作室等代表工作品牌,为群众办实事;沧口街道将管区人大代表划分为三个小组,灵活多样开展代表活动;兴华路街道以创新特色活动为载体,拓宽代表收集社情民意渠道;兴城路街道组织管区人大代表督办政府实事,并持续关注督办进展;楼山街道引导人大代表参与低效片区开发、房屋征迁等重点工作;湘潭路街道强化阵地建设,建立完善代表联系选民、服务凝聚群众的有效机制;九水街道积极发挥人大代表作用,推动解决小区电梯加装、社区医疗机构签约、改造安置房排水等民生实事10余项;世园街道探索学法律法规、学规章制度的"双学"和问需、问计、问政的"三问"工作法,提升代表履职能力和工作实效。

(区人大常委会办公室)

主要会议

李沧区第七届人民代表大会第一次会议

2022年2月24日—26日举行。会议应出席代表210人，实到会代表202人。

会议听取和审议了青岛市李沧区人民政府工作报告；审议了青岛市李沧区2021年国民经济和社会发展计划执行情况与2022年国民经济和社会发展计划（草案）的报告，审查和批准了青岛市李沧区2022年国民经济和社会发展计划；审议了青岛市李沧区2021年预算执行情况和2022年预算（草案）的报告，审查和批准了青岛市李沧区2022年预算；听取和审议了李沧区人民代表大会常务委员会工作报告、李沧区人民法院工作报告和李沧区人民检察院工作报告，并做出相应的决议；会议选举于洋为李沧区第七届人大常委会主任，魏瑞雪为李沧区第七届人民政府区长，李群为李沧区监察委员会主任，刘江为青岛市李沧区人民法院院长；会议选举王廷祥为青岛市李沧区人民检察院检察长，报青岛市人民检察院检察长提请青岛市人民代表大会常务委员会批准后生效；会议还选举了新一届区人大常委会组成人员、区政府领导班子，李沧区出席

图23　2022年2月24日，青岛市李沧区第七届人民代表大会第一次会议举行。　　　　　　　（区人大办公室供图）

青岛市第十七届人民代表大会代表；会议通过了青岛市李沧区第七届人民代表大会各专门委员会组成人员人选名单。

李沧区委人大工作会议

2022年6月23日，李沧区委人大工作会议举行。会议深入学习贯彻习近平总书记关于坚持和完善人民代表大会制度的重要思想，全面落实中央和省委、市委人大工作会议精神，研究部署进一步加强和改进新时代全区人大工作。区委书记张友玉出席会议并讲话，区委副书记、区长魏瑞雪主持会议，区人大常委会主任于洋，区政协主席高田义，区委副书记郑海涛出席会议。

李沧区第六届人民代表大会常务委员会会议

第四十七次会议　2022年1月30日举行。会议表决通过

了人事任免事项，任命魏瑞雪为李沧区人民政府副区长，任命刘江为李沧区人民法院副院长、审判委员会委员、审判员；会议表决通过了关于接受张友玉、刘春花、王海建、陈永奎辞职请求的决定；会议决定魏瑞雪为李沧区人民政府代理区长，决定刘江为李沧区人民法院代理院长。会议表决通过了其他人事任免事项，颁发了任命书，举行了向宪法宣誓仪式。

第四十八次会议　2022年2月21日举行。会议听取并审议表决代表资格审查委员会关于区第七届人民代表大会代表资格审查的报告；听取审议区第七届人大一次会议实施方案，表决关于召开区第七届人大一次会议的决定（草案）；审议通过了区第七届人大一次会议有关事项：会议建议议程，主席团、秘书长建议名单，计划预算审查委员会建议名单、议案审查委员

会建议名单，列席人员名单（草案），区人大常委会工作报告；书面印发了会议备案材料。

李沧区第七届人民代表大会常务委员会会议

第一次会议 2022年4月13日举行。会议书面传达了全国和省人代会精神；审议了区政府关于全区2021年法治政府建设工作情况的报告；表决通过了区人大常委会2022年工作要点，关于接受辞职请求的决定和关于提请任命区第七届人大常委会代表资格审查委员会组成人员的议案；表决通过了人事任免事项，举行了向宪法宣誓仪式。

第二次会议 2022年4月28日举行。会议传达学习了青岛市第十三次党代会精神和青岛市第十七届人大第一次会议精神；听取审议了区监委关于整治群众反映强烈的助残系统腐败和不正之风工作情况的报告；审议了区政府关于2020年度区级预算执行和其他财政收支审计查出问题整改情况的报告；对《关于环境状况和环境目标完成情况的报告》审议意见办理情况的报告进行了满意度测评。

第三次会议 2022年6月14日举行。会议书面传达了山东省第十二次党代会精神；听取审议了区政府关于李沧区第一次全国自然灾害综合风险普查工作情况的报告和关于李沧区

实施建筑渣土治理工作情况的报告；表决通过了人事任免事项，举行了向宪法宣誓仪式。

第四次会议 2022年8月26日举行。会议听取审议了区政府关于区第七届人大一次会议代表建议办理情况的报告、2022年上半年国民经济和社会发展计划执行情况的报告、2022年上半年预算执行情况的报告、2021年度区级预算执行和其他财政收支情况的审计工作报告和公共文化服务体系建设工作情况的报告；听取审议了区政府关于2021年财政决算草案的报告，审查批准了2021年财政决算；听取审议了区政府关于2022年新增政府债务限额（第二批）预算调整方案草案的报告，审查批准了预算调整方案；听取并审议表决了区监委对《关于整治群众反映强烈的助残系统腐败和不正之风工作情况的报告》审议意见办理情况的报告；表决通过了人事任免事项、接受代表辞职请求的决定和有关工作制度。

第五次会议 2022年10月27日举行。会议传达学习了党的二十大和二十届一中全会精神；听取审议了区法院、区检察院、公安李沧分局、区司法局关于巩固政法队伍教育整顿成果，强化队伍建设，确保严格执法公正司法工作情况的报告；听取并审议表决了区政府关于区第七届人大常委会第三次会

议对《关于李沧区第一次全国自然灾害综合风险普查工作情况的报告》《关于我区建筑渣土治理工作情况的报告》审议意见办理情况的报告；表决通过了关于补选区第七届人民代表大会代表的决定和人事任免事项。

第六次会议 2022年11月25日举行。会议对老旧小区改造工作进行专题询问，听取了区政府关于老旧小区改造工作情况的汇报，观看了《李沧区老旧小区改造工作专题片》，6位常委会委员、专门委员会委员从不同角度，围绕改造工作整体部署、群众参与度和满意度、资金保障和使用、改造后期管理等方面的问题进行了有针对性地提问。3个应询单位负责人回答询问。询问结束后，对应询情况进行了现场测评，并当场公布测评结果。3位常委会成员进行了重点审议发言。区政府副区长马靖坤代表区政府作了表态发言。

第七次会议 2022年12月22日举行。会议听取审议了区政府关于李沧区2022年预算调整方案（草案）的报告，表决通过了《关于批准李沧区2022年预算调整方案的决议》；听取审议了区政府关于李沧区2023年财政预算草案初步方案的报告，表决通过了《关于李沧区2023年财政预算草案初步方案的报告》的审查意见；审议表决了《区第七届人大一次会议

代表建议、批评和意见办理情况的报告》《关于 2022 年上半年国民经济和社会发展计划执行情况的报告》《关于青岛市李沧区 2021 年财政决算草案的报告》《关于青岛市李沧区 2022 年上半年预算执行情况的报告》《关于李沧区 2021 年度区级预算执行和其他财政收支情况的审计工作报告》《关于我区公共文化服务体系建设情况的报告》审议意见办理情况的报告；审议通过了区第七届人大常委会 2023 年工作要点和关于接受辞职请求的决定；书面印发了代表资格审查委员会关于区第七届人民代表大会代表资格审查的报告以及表彰 2022 年度优秀人大代表建议和先进承办单位的通报。会议听取审议了区第七届人大二次会议实施方案（草案），表决通过了关于召开区第七届人大二次会议的决定；审议通过了区第七届人大二次会议有关事项：会议建议议程，主席团、秘书长建议名单，议案审查委员会建议名单，列席人员名单，区人大常委会工作报告。

李沧区第六届人民代表大会常务委员会主任会议

第八十二次主任会议　2022 年 1 月 10 日举行。会议听取了区人大常委会工作报告（主任会汇报稿）汇报、区人大常委会 2022 年工作要点（主任会汇报稿）汇报和区第六届人大常委会第四十六次会议对区政府《关于环境状况和环境目标完成情况的报告》审议意见（草案）汇报。

第八十三次主任会议　2022 年 1 月 30 日举行。会议听取了拟提请区人大常委会任免干部情况汇报、关于接受辞职请求的决定（草案）的汇报和关于加开一次常委会会议有关事宜汇报。

第八十四次主任会议　2022 年 1 月 30 日举行。会议听取了关于拟提请区人大常委会任命议案（草案）的汇报。

第八十五次主任会议　2022 年 2 月 21 日举行。会议听取了区第七届人大一次会议主席团、秘书长建议名单，计划预算审查委员会建议名单、议案审查委员会建议名单，列席人员名单（草案）汇报；听取了区第七届人大一次会议实施方案和关于召开区第七届人大一次会议的决定（草案）、会议建议议程、区人大常委会工作报告等有关内容汇报和关于区第六届人大常委会第四十八次会议筹备有关事宜汇报。

李沧区第七届人民代表大会常务委员会主任会议

第一次主任会议　2022 年 4 月 12 日举行。会议听取了拟提请区人大常委会任免干部情况汇报、关于区第七届人大一次会议代表建议分办情况的汇报、关于提请任命区第七届人大常委会代表资格审查委员会组成人员的议案（草案）汇报、关于接受辞职请求的决定（草案）汇报和区人大常委会关于视察李沧区税收征管工作情况的实施方案（草案）汇报。

第二次主任会议　2022 年 4 月 25 日举行。会议听取了关于确定 2022 年重点督办建议的汇报、关于对李沧区公共卫生服务体系建设情况进行专题调研的方案（草案）汇报、关于对李沧区社会工作站建设情况进行专题调研的方案（草案）汇报、关于修订区人大常委会听取和审议"一府一委两院"专项工作报告流程的汇报和关于区第七届人大常委会第二次会议筹备有关事宜汇报。

第三次主任会议　2022 年 5 月 24 日举行。会议听取了关于充分发挥人大代表主体作用推动人大工作高质量发展意见的汇报、关于举办代表履职能力学习班方案的汇报、关于调研区检察院控告申诉检察工作情况方案的汇报、区第七届人大常委会第二次会议对区监委《关于整治群众反映强烈的助残系统腐败和不正之风工作情况的报告》的审议意见（草案）汇报，研究确定了机关各部门 2022 年度重点工作和亮点工作，书面印发了第二次主任会议交办事项完成情况。

第四次主任会议　2022 年

5月24日举行。会议听取了拟提请区人大常委会任免干部情况汇报、关于代表履职能力学习培训班总结情况的汇报、关于区政府《关于我区建筑渣土治理工作情况的报告》的初步审议意见、关于区政府《关于李沧区第一次全国自然灾害综合风险普查工作情况的报告》的初步审议意见和关于区第七届人大常委会第三次会议筹备有关事宜汇报，书面印发了第三次主任会议交办事项完成情况。

第五次主任会议 2022年6月29日举行。会议听取了区第七届人大常委会第三会议对区政府《关于我区建筑渣土治理工作情况的报告》审议意见（草案）汇报、区第七届人大常委会第三会议对区政府《关于李沧区第一次全国自然灾害综合风险普查工作情况的报告》审议意见（草案）汇报、关于选树培育人大代表履职先进典型和优秀案例的工作流程（草案）汇报，听取了各街道人大工作室关于代表联络站点建设和代表活动开展情况汇报，书面印发了第四次主任会议交办事项完成情况。

第六次主任会议 2022年7月25日举行。会议听取了机关各部门上半年工作总结和下半年工作计划汇报、听取关于城镇公益性岗位扩容提质工作情况专题调研方案的汇报，书面印发了第五次主任会议交办事项完成情况。

第七次主任会议 2022年8月17日举行。会议听取了关于区人民法院提请任免职务的报告、关于李沧区2022年新增政府债务限额（第二批）预算调整方案草案的汇报、关于区政府《关于区第七届人大一次会议代表建议办理情况的报告》的初步审议意见的汇报、关于区政府《关于李沧区2022年上半年国民经济和社会发展计划执行情况的报告》初步审议意见的汇报、关于区政府《关于青岛市李沧区2021年财政决算草案的报告》《关于青岛市李沧区2022年上半年预算执行情况的报告》《关于李沧区2021年度区级预算执行和其他财政收支情况的审计工作报告》初步审议意见的汇报、关于区政府《关于我区公共文化服务体系建设情况的报告》初步审议意见的汇报、关于常委会议事规则7项制度修订情况的汇报、关于常委会任免办法5项制度修订情况的汇报、关于规范性文件备案审查办法修订情况的汇报、关于接受代表辞职请求的决定（草案）汇报、关于区第七届人大常委会第四次会议筹备有关事宜汇报，会议听取了各街道人大工作室6月—8月工作开展情况汇报，书面印发了第六次主任会议交办事项完成情况。

第八次主任会议 2022年9月22日举行。会议听取了区第七届人大常委会第四次会议对区政府《关于区第七届人大一次会议代表建议、批评和意见办理情况的报告》的审议意见（草案）汇报、区第七届人大常委会第四次会议对区政府《关于李沧区2022年上半年国民经济和社会发展计划执行情况的报告》的审议意见（草案）汇报、区第七届人大常委会第四次会议对区政府《关于青岛市李沧区2021年财政决算草案的报告》《关于青岛市李沧区2022年上半年预算执行情况的报告》《关于李沧区2021年度区级预算执行和其他财政收支情况的审计工作报告》的审议意见（草案）汇报、区第七届人大常委会第四次会议对区政府《关于我区公共文化服务体系建设情况的报告》的审议意见（草案）汇报、关于李沧区打造生物医药产业高质量发展平台情况专题调研的方案（草案）汇报、关于李沧区政府债务监督管理情况专题调研的方案（草案）汇报、关于对李沧区老旧小区整治工作情况开展专题询问的工作方案（草案）汇报，书面印发了近期收到的代表建议情况、机关各部门2022年7月—9月工作完成情况（书面）和第七次主任会议交办事项完成情况。

第九次主任会议 2022年10月21日举行。会议听取了关于区人民法院提请任免职务的报告、关于补选区第七届人民代表大会代表的决定（草案）、关于《区法院、区检察院、公安李沧分局、区司法局"巩固政法队伍教育整顿成果，强化队伍建设，确保严格执法公正司法"情况的报告》的初审意见、关于《区政府关于老旧小区改造工作情况报告》的初审意见、关于区第七届人大常委会第五次、第六次会议筹备有关事宜汇报，书面印发了第八次主任会议交办事项完成情况。

第十次主任会议 2022年11月21日举行。会议听取了关于区第七届人大二次会议筹备工作方案（草案）的汇报、关于区第七届人大常委会第五次会议对区法院、区检察院、公安李沧分局、区司法局《关于巩固政法队伍教育整顿成果，强化队伍建设，确保严格执法公正司法情况的报告》的审议意见（草案）汇报，书面印发了近期的代表闭会期间建议。

第十一次主任会议 2022年12月19日举行。会议听取了关于李沧区2022年预算调整方案草案汇报、区第七届人大常委会第六次会议对区政府《关于李沧区老旧小区改造工作情况的报告》的审议意见汇报、关于评选优秀代表建议和优秀承办单位的汇报、关于接受代表辞职请求的决定（草案）汇报；会议听取了区第七届人大二次会议主席团、秘书长建议名单，议案审查委员会建议名单，列

席人员名单（草案）汇报，区第七届人大二次会议实施方案和关于召开区第七届人大二次会议的决定（草案）、会议建议议程汇报，区人大常委会工作报告（主任会汇报稿）汇报，区人大常委会2023年工作要点（草案）汇报，区第七届人大常委会第七次会议筹备有关事宜汇报；会议听取了机关各部门2022年工作完成情况和2023年工作计划汇报。

（区人大常委会办公室）

主要活动

2022年1月5日，青岛市人大常委会主任王鲁明带队到李沧区专题调研《山东省老年教育条例》学习宣传贯彻实施情况。

2022年2月24日—26日，青岛市李沧区第七届人民代表大会第一次会议举行。

2022年3月7日，区第七届人大监察和司法（法制）委员会举行第一次全体会议。

2022年3月7日，区第七届人大社会建设委员会举行第一次全体会议。

2022年3月10日，区第七届人大城建环资委员会举行第一次会议。

2022年3月23日，区第七届人大教科文卫委员会举行第一次会议。

2022年3月30日，区第七

届人大财经委员会举行第一次会议。

2022年4月15日—19日，青岛市第十七届人民代表大会第一次会议举行，李沧代表团38名代表出席。

2022年5月11日，区人大常委会机关举行2022年度重点工作务虚会，进一步理清思路、突出重点，推动人大工作高质量发展。区人大常委会党组书记、主任于洋主持会议并讲话。

2022年5月13日，区人大常委会调研李沧区社会工作站建设情况。

2022年5月18日，区人大常委会视察李沧区山头公园整治工作情况。

2022年5月19日，区人大常委会视察李沧区2021年以来税收征管工作情况。

2022年5月20日，青岛市人大常委会副主任、市人大城建环资委员会主任委员韩守信带队到李沧区开展城市更新和城市建设相关工作调研。

2022年5月26日，区人大代表履职能力学习班在区委党校开班。区人大常委会党组书记、主任于洋出席开班式并讲话。

2022年5月26日，区人大监察和司法委员会举行"巩固政法队伍教育整顿成果"专项监督工作动员部署会。

2022年5月27日，区人大常委会到青岛非凡包装机械有限公司走访调研。

2022 年 6 月 8 日，区人大常委会对李沧区第一次全国自然灾害综合风险普查工作开展会前视察。

2022 年 6 月 21 日，区人大常委会视察李沧区智慧城市建设工作情况。

2022 年 6 月 28 日，区人大常委会组织开展"全员招商 全域招商"人大代表专题视察座谈活动，视察李沧区部分楼宇载体，在上流佳苑社区人大代表会客厅举行座谈会，听取代表意见建议。区委副书记、区长魏瑞雪出席座谈会并讲话，区人大常委会主任于洋、副主任李燕出席活动。

2022 年 7 月 1 日，区人大常委会调研李沧区公共卫生服务体系建设情况。

2022 年 7 月 5 日，区人大常委会党组书记、主任于洋带队调研"人大代表会客厅"建设推进工作。

2022 年 7 月 6 日，青岛市人大常委会主任王鲁明带队视察李沧区城市更新和城市建设工作情况，与人大代表深入交流。

2022 年 7 月 8 日，区人大常委会视察李沧区老年教育工作。

2022 年 7 月 13 日，区人大常委会调研区检察院控告申诉检察工作。

2022 年 7 月 14 日，区人大常委会对李沧区贯彻落实《中华人民共和国科学技术进步法》《青岛市科技创新促进条例》情况、发挥企业科技创新主体作用情况进行视察。

2022 年 7 月 15 日，区人大常委会对区第七届人大一次会议重点代表建议《关于加快我区老旧小区改造步伐的建议》《关于缓解李村大集停车难问题的建议》的办理情况进行督办调研。

2022 年 7 月 21 日，区人大常委会对公安李沧分局打击治理电信网络新型违法犯罪工作进行视察。

2022 年 8 月 2 日，内蒙古自治区呼和浩特市土默特左旗人大常委会学习考察团一行到李沧区学习考察。

2022 年 8 月 2 日—3 日，区人大常委会调研李沧区 2022 年上半年国民经济和社会发展计划执行情况。

2022 年 8 月 3 日，区人大常委会调研李沧区各街道人大工作室上半年工作开展情况，听取代表对人大工作的意见建议。

2022 年 8 月 4 日，青岛市人大常委会执法检查组副组长、常委会副主任栾新带队对李沧区、崂山区实施《中华人民共和国突发事件应对法》《中华人民共和国安全生产法》《山东省突发事件应对条例》《山东省安全生产条例》《青岛市突发事件应对条例》《青岛市安全生产条例》情况进行了执法检查。

2022 年 8 月 5 日，区人大常委会调研李沧区 2021 年度区级预算执行和其他财政收支审计工作情况、2021 年财政决算及 2022 年上半年预算执行情况。

2022 年 8 月 5 日，区人大常委会对区政府关于区第七届人大一次会议代表建议办理情况进行了检查。

2022 年 8 月 9 日，区人大常委会调研李沧区公共文化服务体系建设情况。

2022 年 8 月 10 日，烟台市牟平区人大常委会一行到李沧区学习考察。

2022 年 8 月 10 日，区人大常委会视察区法院妇女儿童权益保护工作。

2022 年 8 月 16 日，区人大常委会专项督导"巩固政法队伍教育整顿成果"工作。

2022 年 8 月 16 日，区人大常委会视察李沧区非道路移动机械监管工作情况。

2022 年 8 月 18 日，区人大常委会教科文卫工委牵头，联合监察司法工委、城建环资工委、社会建设工委，组织开展了人大代表助力全国文明典范城市创建工作专题视察活动。

2022 年 8 月 19 日，区人大常委会调研李沧区助老餐点建设运营工作情况。

2022 年 8 月 25 日，区人大常委会视察李沧区新型公共文化空间建设情况。

2022 年 8 月 25 日，区人大城建环资委员会开展老旧小区整治工作"微询问"。

2022 年 8 月 29 日，青岛市

人大常委会主任王鲁明率队到李沧区，采取"四不两直"方式深入铁路青岛北站、学校及周边、农贸市场、居民小区等地，督导检查创建全国文明典范城市工作。

2022年9月2日，区人大常委会调研李沧区城镇公益性岗位扩容提质工作情况。

2022年9月20日，潍坊市青州市人大常委会一行到李沧区参观考察。

2022年9月21日，区人大常委会开展"巩固政法队伍教育整顿成果"专项监督检查。

2022年9月27日，青岛市人大常委会副主任韩守信带领部分提出议案的市人大代表，到李沧区对市十七届人大一次会议形成的《关于实施爱老助老五项行动的议案》老年教育文化活动提升行动办理落实情况进行了清单式督办。

2022年9月27日，区人大常委会视察李沧区夯实基层基础提高统计工作水平情况。

2022年9月29日，区人大常委会视察李沧区退役军人事务工作情况。

2022年9月30日，区人大常委会在湘潭路街道人大代表之家举行人大代表家站建设推进会，观摩了湘潭路人大代表之家。

2022年10月10日，区人大常委会组织部分市、区两级人大代表、财经工委相关人员在人大代表会客厅举行"建言促发展"专题座谈会。

2022年10月11日，区人大常委会组织住区市人大代表，走进区检察院开展作风能力提升工作调研，围绕切实加强代表联系、自觉接受监督、进一步改进和提升检察工作进行了座谈交流。

2022年10月13日，区人大常委会在浮山路街道人大代表会客厅举行"听民生 抒民意 聚合力"民生工作座谈会。

2022年10月13日，青岛市人大常委会主任王鲁明带领部分常委会组成人员和全国、省、市人大代表，到李沧区视察全国文明典范城市创建工作，并对视察点位进行打分测评。

2022年10月13日，区人大常委会对部分推进有难度的代表建议办理工作开展"微询问"。

2022年10月19日，区人大常委会党组书记、主任于洋督导检查全国文明典范城市创建工作。

2022年10月19日，区人大常委会视察李沧区"一个停车场"交通设施建设工作情况。

2022年10月26日，青岛市人大常委会副主任韩守信带队到李沧区调研旧城旧村改造建设工作情况。

2022年10月26日，区人大常委会调研李沧区生物医药产业发展情况。

2022年10月26日，区人大教科文卫委员会举办"李沧区教育发展和'双减'政策落地"专题讲座暨业务培训。

2022年10月28日，区人大常委会在人大代表会客厅组织来自部分驻区企业的选民，开展"建言促发展、为民办实事"专题座谈。

2022年11月1日，区人大常委会调研李沧区政府债务监督管理情况。

2022年11月23日，区人大常委会到李村街道调研代表联络站筹建工作，对新建联络站的功能性、实用性提出具体要求。

2022年12月1日，区人大常委会组织举行选举工作部署会议。

2022年12月2日，区人大常委会举办党的二十大精神宣讲报告会。区人大常委会党组书记、主任于洋做宣讲报告。

2022年12月4日，区委依法治区委员会办公室、区人大常委会机关联合举办"坚持依宪执政·建设法治李沧"宪法日主题论坛。

2022年12月13日，住李沧区市人大代表一组、二组以联组方式，围绕政法队伍整顿和基层社会治理，开展会前集中视察。

2022年12月15日，区人大常委会调研李沧区2023年预算草案初步方案工作情况。

（区人大常委会办公室）

青岛市李沧区人民政府

2022 年区政府确定重点办好的实事

2022 年 17 件区办实事完成情况如下：

1. 建成并投入使用 2 所学校、3 所幼儿园。

完成情况：沧海路小学、青岛实验初中李沧分校等 6 所学校，汉川路幼儿园、汉川路第二幼儿园等 4 所幼儿园已建成并投入使用。

2. 免费为计生特殊家庭（子女死亡、残疾）购买医疗住院陪护保险，为符合手术指征的李沧户籍白内障患者实施复明手术困难救助 1000 例。

完成情况：医疗住院陪护保险共计赔付 331 人次，赔付金额 62.16 万元；完成白内障康复手术救助 1570 例。

3. 对部分居民小区进行综合整治，惠及居民约 2700 户，同时结合老旧小区改造、道路整治、便民设施增设、休闲活动区提升等，进行片区微更新改造；继续安排老旧楼院应急性维修资金，解决老旧小区公共设施维护、失修等问题。

完成情况：完成东南新苑、营子社区、汾阳路社区、重庆中路 1017 号、永安路 27 号、万年泉路 33 号综合整治，惠及居民约 2700 户，同时结合老旧小区改造、道路整治、便民设施增设、休闲活动区提升等，完成重庆中路以西、振华路以南、永清路以东、东南新苑南围墙以北片区微更新改造；累计申请资金 523.47 万元用于老旧小区应急性维修维护。

4. 启动戴家社区、长涧社区改造。

完成情况：戴家社区已完成旧村整村签约拆除，安置区正在进行施工建设。长涧社区已完成整村签约，安置区基本完成拆除工作。

5. 进行唐山路打通一期道路及管线工程、安顺路北段主动脉建设工程施工，推进枣山路打通工程二期（规划一号线—铜川路）项目，实现未贯通道路主线通车 4 条。

完成情况：唐山路打通一期完成道路及管线施工；安顺路北段完成原征拆范围内建筑等拆除工作，并实现主线通车；枣山路打通工程二期已初步拟定枣山路区域周边地块土地整理单位，统筹推进枣山路配建工作；实现迎真宫路、秀山路、大枣园规划 10 号线等 8 条未贯通道路主线通车。

6. 实现城镇新增就业 2.2 万人，扶持创业 2800 人以上，引才聚才 1 万人以上。

完成情况：实现城镇新增就业 27585 人，扶持创业 3567 人，引进各类人才 11285 人。

7. 为区内 2010 年前建成的高层住宅加装逃生绳 480 套、逃生缓降器 1540 套，为老年人和弱势群体居住较多的老旧楼房加装电气火灾监控等物联网监测预警设施 1000 套；为全区居民家庭和行政区域内的自然人购买政府综合保险。

完成情况：为万福山庄等 20 个小区加装 885 套电气火灾监控设备和 266 套消防供水检测设备，为鑫水家园等 36 个小区加装 750 套逃生绳、1672 套逃生缓降器；政府综合保险共计出险 381 起，理赔金额 245.03 万元。

8. 为 16~60 周岁低保重度智力、精神、肢体、视力残疾人提供托养服务，为就业年龄段的智力、精神、重度肢体残疾人提供集中就业服务，为李沧区户籍 0~18 周岁持残疾人证的儿童、少年在定点康复机构训练进行补助。

完成情况：为 305 名符合条

件的残疾人提供托养服务，拨付资金约 259 万元；为 197 名符合条件的残疾人提供集中就业服务，拨付资金约 997 万元；为 592 人次符合条件的残疾儿童、少年进行康复救助，拨付资金 315.48 万元。

9. 免费为 60 周岁以上老年人进行健康体检（其中 60~64 周岁老年人为李沧区户籍）；为 70 周岁及以上李沧区户籍老年人发放高龄补贴。

完成情况：免费为 60 周岁以上老年人查体 7.31 万人，其中 60~64 周岁李沧区户籍老年人查体 8420 人；为 42828 位 70 周岁及以上李沧区户籍老年人发放高龄补贴 971.86 万元。

10. 组织开展"李沧之春"、群文大舞台、非遗进社区等活动不少于 800 场次，开展公益培训课进社区不少于 1000 课次，打造新型公共文化空间 1 处，购置图书 3000 册，持续开展"你读书·我买单"活动；新建健身路径 10 条、儿童乐园 4 处，为辖区居民建设一批零星室外健身设施。

完成情况：组织开展"李沧之春"、群文大舞台、非遗进社区等各类文化活动 930 场；开展公益培训课程 1070 课次；打造虎山雅社城市书房并向市民开放；完成 3000 册图书采购；持续开展"你读书·我买单"活动，累计借阅图书 2903 册，总价值 13.53 万元；在金水路北社

区裕丰小区、四流中路第一社区胜利花园小区等新建 10 条健身路径，在金水源小区等新建 4 处儿童乐园，为玉堂社区、建安小区建设一批零星室外健身设施。

11. 在全区 11 个街道开展便民服务大厅标准化建设。

完成情况：制定出台了《李沧区街道便民服务中心（大厅）规范化、标准化建设实施方案》，统筹组建"27+2"政务服务团队，充分整合各街道便民服务中心资源，实施"一街一案"，采用"1+2+N"窗口模式，设置 27 个综合受理窗口，68 个事项实施"一窗受理"。实现了个体工商登记、食品经营许可等 28 个事项"跨层级全域通办"，搭建 15 分钟便民服务圈，全区 11 个街道便民服务中心已完成标准型大厅建设工作。

12. 完成山头公园综合整治 3 处，新建、改建绿道共计 10 千米，新建、改建口袋公园 3 处。

完成情况：完成烟墩山、坊子街山及河南庄山等 9 处山头公园整治；新建、改建宜川路、楼山河、李村河上游、滨海大道步行道、世园大道、上臧山等绿道共计约 14.3 千米；新建、改建晓风湖畔、虎山路顺河支路、合川路广水路及湾头等 4 处口袋公园。

13. 实现辖区内满足加装电梯条件的小区安装电梯不少于 90 部。

完成情况：为毕家上流 A 区、百通花园小区、福临万家小区等安装电梯 97 部。

14. 新增、改建停车泊位不少于 3000 个。

完成情况：结合院士港二期项目和老旧小区改造，新增、改建停车泊位 5346 个。

15. 新增智慧化垃圾分类收集点 15 处，完成撤桶并点 650 个。

完成情况：在万达悦公馆、海怡新城等小区新增智慧化垃圾分类收集点 15 处，在万科宽岸、中海润园等小区完成撤桶并点 660 个。

16. 完成食品安全定性定量检测 3000 批次、开展食用农产品快速检测 20 万批次。

完成情况：完成食品安全定性定量检测 3050 批次、开展食用农产品快速检测 20.1 万批次。

17. 全年拆除存量违法建筑 30 万平方米。

完成情况：完成安顺路打通项目、唐山路打通项目、楼山产业园等 802 处存量违法建筑拆除约 73.4 万平方米。

（区政府办公室）

政务会议

李沧区第六届人民政府常务会议

第九十七次常务会议 2022 年 1 月 28 日举行。听取并原则

同意关于《李沧区人民政府 西部发展控股集团有限公司战略合作框架协议》起草情况的汇报和关于国有企业重大事项有关情况的汇报。

第九十八次常务会议 2022年2月11日举行。听取并原则同意关于2022年区办实事项目筛选确定情况的汇报、关于《政府工作报告》起草情况的汇报、关于《关于青岛市李沧区2021年国民经济和社会发展计划执行情况与2022年国民经济和社会发展计划（草案）的报告》起草情况的汇报和关于《关于青岛市李沧区2021年财政预算执行情况和2022年财政预算（草案）的报告》起草情况的汇报。

李沧区第七届人民政府常务会议

第一次常务会议 2022年3月11日举行。听取并原则同意关于区第七届人大一次会议代表建议和区政协七届一次会议政协提案受理分办情况的汇报、关于2022年区级重点项目相关情况的汇报、关于《李沧区加快先进制造业高质量发展若干政策措施》起草情况的汇报、关于青岛市工业设计研究院筹建情况的汇报、关于《李沧区"十四五"卫生健康发展规划》起草情况的汇报和关于兑现青岛旺多姆石油贸易有限公司2021年度支持财源经济发展奖补资金情况的汇报。

第二次常务会议 2022年3月18日举行。听取并原则同意关于《李沧区"四上"企业高质量发展奖励办法》起草情况的汇报、关于对街道地方贡献综合奖补事项情况的汇报、关于《李沧区招商引资奖励暂行办法》起草情况的汇报、关于《青岛市李沧区人民政府 山东土地城乡融合发展集团有限公司战略合作框架协议》起草情况的汇报等。

第三次常务会议 2022年3月29日举行。听取并原则同意关于传达学习统计法律法规及全国全省全市统计工作会议精神的汇报、关于全区森林防灭火工作情况的汇报、关于《李沧区促进企业上市挂牌扶持政策（汇报稿）》起草情况的汇报和关于李沧区公共景区等商业化运营特许经营事项的汇报。

第四次常务会议 2022年4月3日举行。听取并原则同意关于学习《高层民用建筑消防安全管理规定》的汇报、关于李沧区街道便民服务中心（大厅）规范化、标准化建设实施方案的汇报、关于2022年拟列入政府投资建设项目计划（第一批）有关情况的汇报、关于《李沧区政府关于2020年度区级预算执行和其他财政收支审计查出问题整改情况的报告》起草情况的汇报等。

第五次常务会议 2022年4月13日举行。听取并原则同意关于《李沧区突发事件总体应急预案（汇报稿）》修编情况的汇报、关于成立李沧区招商公司的情况的汇报和关于李沧区区属国有企业工资总额管理办法的汇报。

第六次常务会议 2022年4月30日举行。听取并原则同意关于传达学习习近平总书记李克强总理关于安全生产的重要指示批示、刘鹤副总理王勇国务委员在全国有关会议上的讲话精神及《山东省安全生产行政责任制规定》的汇报、关于《关于进一步完善企业服务专员制度的意见》起草情况的汇报、关于《李沧区创建国家生态文明建设示范区工作方案》编制有关情况的汇报、关于《李沧区创建国家生态文明建设示范区规划》编制有关情况的汇报、关于《李沧区人民政府关于加强法治政府建设的意见》起草情况的汇报、关于《李沧区党政机关法律顾问管理办法》修订情况的汇报、关于《青岛市李沧区商务局、青岛优特购投资有限公司、中化创新（北京）科技研究院有限公司、青岛金水嘉禾实业有限公司合作协议》起草情况的汇报和关于《李沧区住户调查大样本轮换工作实施方案》起草情况的汇报。

第七次常务会议 2022年5月20日举行。听取并原则同意关于申请民营医疗机构医务人员核酸检测采样经费的汇报、关于申请城镇公益性岗位扩容提质工作资金的汇报、关于调整李沧区专业招商攻坚团队情况的汇报、关于《李沧区国有企业高质量发展考核办法》起草情况的汇报、关于法兰西艺术院中国基地项目相关情况的汇报、街道所属事业单位管理岗位职员等级晋升工作的汇报和关于区属国有企业相关工作的汇报等。

第八次常务会议　2022年6月1日举行。听取并原则同意关于《李沧区规范民办义务教育专项工作实施方案》起草情况的汇报、关于《李沧区第一次全国自然灾害综合风险普查工作情况的报告》起草情况的汇报、关于《李沧区实施建筑渣土治理工作情况的报告》起草情况的汇报、关于"互联网＋明厨亮灶"建设有关情况的汇报和关于资本国际客厅与李沧区签订招商合作补充协议的汇报。

第九次常务会议　2022年6月24日举行。听取并原则同意关于学习《中华人民共和国数据安全法》的汇报、关于《李沧区加强和改进政务服务便民热线工作的意见（汇报稿）》起草情况的汇报和关于《2022年李沧区协作康县工作重点事项（汇报稿）》起草情况的汇报。

第十次常务会议　2022年7月23日举行。听取并原则同意关于《李沧区进一步加强红十字工作的意见》起草情况的汇报、关于《李沧区"十四五"推动黄河流域生态保护和高质量发展实施方案》起草情况的汇报、关于青岛海事局海岸电台发信台迁建工作事宜的汇报、关于区招商公司发展相关情况的汇报、关于增加2022年人才专项资金预算的汇报和关于数字李沧项目建设情况的汇报等。

第十一次常务会议　2022年8月16日举行。听取并原则同意关于《区第七届人大一次会议代表建议办理情况的报告》起草情况的汇报、关于《李沧区2022年上半年国民经济和社会发展计划执行情况的报告》起草情况的汇报、关于《李沧区2021年财政决算草案的报告》起草情况的汇报、关于《李沧区2022年上半年预算执行情况的报告》起草情况的汇报、关于《李沧区2022年新增政府债务限额（第二批）预算调整方案草案的报告》起草情况的汇报、关于《李沧区2021年度区级预算执行和其他财政收支情况的审计工作报告》起草情况的汇报、关于《李沧区公共文化服务体系建设工作情况的报告》起草情况的汇报、关于《李沧区人民政府工作规则（汇报稿）》起草情况的汇报、关于《李沧区公办幼儿园保教费定价方案》起草情况的汇报、关于推进上流和园等供热和热源

项目列入区政府投资建设项目计划的汇报、关于《建立规范李沧区旅游消费市场秩序协调联动工作机制的意见》起草情况的汇报、关于《李沧区贯彻落实中央生态环境保护督察报告整改方案》起草情况的汇报、关于申请拨付2022年度全国文明典范城市创建专项工作经费情况的汇报和关于申请李沧区部分已建成道路及绿化带等批而未供土地征地费工作事宜的汇报。

第十二次常务会议　2022年9月8日举行。听取并原则同意关于学习《中华人民共和国地方各级人民代表大会和地方各级人民政府组织法》的汇报、关于成立鹭洲等4个社区居委会情况的汇报、关于《关于明确党委政府及有关部门安全生产监督管理职责的规定（汇报稿）》起草情况的汇报和关于《李沧区人民政府 中国铁建昆仑投资集团有限公司 中铁十九局集团有限公司战略合作框架协议》起草情况的汇报。

第十三次常务会议　2022年10月14日举行。听取并原则同意关于为街道增加疫情防控经费的汇报、关于李沧区社区专职工作者薪酬调整的汇报、关于拟新招录社区专职工作者情况的汇报、关于《李沧区促进平台经济发展扶持办法》起草情况的汇报、关于《青岛市李沧区人民政府、北京联东投资

（集团）有限公司投资合作协议》起草情况的汇报、关于《李沧区商务局、青岛恒晟企业管理有限公司合作协议》起草情况的汇报和关于李村河省级美丽河湖建设项目事宜的汇报。

第十四次常务会议 2022年10月27日举行。听取并原则同意关于拨付于家下河社区工程款的汇报、关于向青岛新海园山溪春城置业有限公司付款的汇报和关于李沧区与融创嘉凯城项目资金事宜相关情况的汇报。

第十五次常务会议 2022年11月20日举行。听取并原则同意关于学习《山东省安全生产条例》的汇报、关于《李沧区"十四五"妇女发展规划（汇报稿）》编制情况的汇报、关于《李沧区"十四五"儿童发展规划（汇报稿）》编制情况的汇报、关于《李沧区残疾人事业发展"十四五"规划（汇报稿）》编制情况的汇报、关于2022年李沧区食品药品安全工作情况及下一步工作安排的汇报、关于《李沧区加快实体经济振兴发展三年行动方案》起草情况的汇报、关于《李沧区老旧小区改造工作情况的报告》起草情况的汇报、关于《李沧区城中村（居）改造成本审核程序规范》起草情况的汇报、关于李沧区停车设施产业"三统一"模式情况的汇报、关于《青岛市李沧区人民政府、

中国电建集团核电工程有限公司战略合作协议》起草情况的汇报等。

第十六次常务会议 2022年12月11日举行。听取并原则同意关于学习《中华人民共和国审计法》的汇报、关于《青岛市李沧区商贸业"十四五"发展规划（汇报稿）》编制情况的汇报、关于《青岛市李沧区旅游品质提升三年攻坚行动方案（汇报稿）》起草情况的汇报、关于《关于深化应急管理综合行政执法改革的实施意见（汇报稿）》起草情况的汇报、关于《李沧区创建全国禁毒示范城市实施方案》起草情况的汇报、关于调整枣山路打通工程二期和李村中心片区规划五号线道路工程投资模式的汇报、关于枣山路周边区域相关情况的汇报和关于李沧区智慧城市建设项目的汇报。

第十七次常务会议 2022年12月18日举行。听取并原则同意关于全区2022年扫黑除恶斗争情况的汇报、关于2023年区办实事项目梳理筛选情况的汇报、关于《政府工作报告》起草情况的汇报、关于《关于青岛市李沧区2022年国民经济和社会发展计划执行情况与2023年国民经济和社会发展计划草案的报告》起草情况的汇报、关于《关于青岛市李沧区2022年财政预算调整方案草案的报告》起草情况的汇报、关于《关

于青岛市李沧区2023年预算草案初步方案的报告》起草情况的汇报、关于《关于青岛市李沧区2022年预算执行情况和2023年预算草案的报告》起草情况的汇报、关于李沧区公园景区运营管理特许经营事项的汇报和关于成立青岛华奕城市建设集团有限公司有关情况的汇报。

区政府专题会议

固定资产投资工作专题调度会议 2022年2月5日举行。会议听取了李沧区固定资产投资工作情况汇报，研究了下一步工作措施。

新旧动能转换产业示范片区首开区专题调度会议 2022年5月24日举行。会议强调要围绕振兴实体经济，进一步推动楼山街道瑞金路两侧地块升级改造，盘活低效地块，推进千亩特色产业园建设。

重点在谈项目专题调度会 2022年7月30日举行。会议听取了各项目责任单位项目推进情况汇报。会议强调，招商引资工作是经济高质量发展的重要抓手，对发展壮大实体经济具有重要支撑作用。下半年要以招商引资、项目落地为工作重点，提高洽谈项目的主动性，把抓经济、抓项目、抓指标作为重中之重，不断提高谈项目、落项目的精气神，为项目落地提供支撑。

全区经济运行专题调度会 2022 年 7 月 31 日举行。会议听取了区发展改革局、区统计局三季度经济运行情况和高质量开展统计工作的汇报。会议强调，李沧区经济到了借势发力、蓄势跃升的关键时刻，各部门、各街道要锚定目标、一鼓作气，继续以昂扬向上的精气神、不达目的不罢休的工作姿态抓好下半年各项工作。

（区政府办公室）

政务调研

参政辅政

2022 年，李沧区政务调研工作紧盯全区工作重点、经济发展热点、群众关注焦点，撰写政府工作报告、讲话、汇报等各类综合性文稿 1000 余篇，全面展现全区亮点工作、提出下步务实举措，为全区经济社会发展提供了强大智力支持。围绕"3+2+4"现代产业体系，形成产业招商分析报告，为全区发展细分了 127 条产业发展方向。做好《问政青岛》《行风在线》等栏目上线服务，梳理解决全区热点难点问题 100 余个，节目效果得到广泛好评。

调查研究

2022 年，李沧区政务调研工作坚持奔着问题去、带着良策回，组织各单位撰写调研报告 47 篇，形成"EPC+F"等参阅素材 10 篇，在全区形成了"四进四问"的调研氛围。《关于保护盘活全市工业遗产推动城市更新提质增效的调研报告——以李沧区西部老旧工业片区为例》等 2 篇调研报告在市级平台刊发，《关于李沧区"四新经济"发展情况的调研报告》获评全市优秀调研报告。

服务保障

2022 年，李沧区政务调研工作紧扣大方向、找准小切口，编发《李沧政务信息》37 期，上报各类信息 800 余条，切实反映李沧动态、推广李沧经验、发出李沧声音。《山东省政务信息》采用李沧区信息 10 篇，《市专报信息》刊发李沧区信息 5 篇，《李沧区加速老旧工业区"涅槃重生"为经济高质量发展提供支撑》获山东省副省长范波批示推广，关于企业服务专员、服务认证等 2 篇经验信息分别获青岛市主要领导批示肯定。区委、区政府主要领导对信息工作给予高度肯定。

（区政府办公室）

大数据发展

数字李沧建设

优化工作推进 2022 年，李沧区成立以区委、区政府主要领导任组长的数字李沧建设工作领导小组，完善区街居三级联动体系，统筹推进数字李沧建设。

加大资金投入 2022 年，李沧区投资 3.47 亿元的数字李沧建设项目开工建设，投资 1.93 亿元的智慧城市建设项目专项债券审批通过。

加强宣传推广 2022 年，李沧区组织智慧城市、数据应用创新、视频智能应用等优秀案例开展路演、推介活动，"李沧区开创'数字政府'建设新局面"等 11 篇创新成果信息在国家级、省级主流媒体刊发、播报。

数字政府建设

数字区域治理 2022 年，李沧区完善区城市云脑中枢，智能感知设施实现市区联动，实现区域治理"一网统管"。接入各领域数字应用场景 25 个、监控点位 1.2 万路、向市级平台推送 7000 路，基本实现"一屏观李沧、一网管全域"。依托李沧区信息对比系统，实时更新全区约 71 万人的实有常住人口数据信息。

数字政务服务 2022 年，李沧区加快"爱山东"APP 李沧分厅建设，"爱山东"新上架应用 12 个，完成 2 个自有 APP"李沧区疫情防控智慧服务平台""执法案件办理平台"向"爱山东"迁移，实现政务服务"一网通办"。深化电子证照应用，50项省级发布的常用电子证照全部实现应用，681项政务服务事项全部实现证照免提交，依申请免提交证明事项数量达到614项，免提交证明事项占比达90.2%。个体工商登记等28项"跨层级"服务在全市率先实现"全域通办"，已办结业务669件。

数字政府运行 2022年，李沧区梳理事项、实现网办事项以及完善系统支撑数均达到393项；实现"山东通""一人一号"全覆盖和全员激活，注册人数达到3187人，日活跃率保持80%以上。非涉密业务全部实现"网上办""掌上办"，金宏与"山东通"用户体系实现全覆盖，4个部门自建业务系统与山东通集成对接，实现政府运行"一网协同"。

数字社会建设

智慧教育生态 2022年，李沧区建成智慧校园51个，覆盖率达100%。建设人工智能实验室15间，区内人工智能课程普及率100%。青岛沧海路小学、青岛虎山路小学推广国家中小学资源平台的相关稿件被互联网教育国家工程实验室公众号发布。义务教育新生入学报名全部实现"网上办"。

智慧医疗平台 2022年，李沧区依托"爱山东"APP李沧分厅，上线"医养健康"主题集成服务，完成远程诊疗1.7

万例，初步实现优质医疗资源共享。完成智慧妇幼项目、智慧化预防接种门诊等信息化改造。4家公立二级以上医疗机构通过电子病历系统应用4级评审，实现诊间结算3家、床旁结算2家。

智慧文旅应用 2022年，李沧区打造"文旅智惠通"，实现"一部手机游李沧"。推进数字文化馆、博物馆、美术馆建设，推出"云演艺""云课堂"等活动，打造"云上'李'课"服务品牌。应用VR技术打造线上时尚主题博物馆，展示李沧非遗文化。推进智慧图书馆建设项目、智慧档案建设项目，全区2家公立文化设施均达到省级智慧文化设施标准。

智慧养老服务 2022年，李沧区养老服务信息监管平台

覆盖39家养老机构，实现"一网统管、一网通办、一网统检"。提供2项以上智慧化管理服务的养老机构数量达35家。20处居家养老服务站全部投入运营，上线"颐养李沧"微信小程序，推出智能居家一键呼救、烟感、燃感等智能化终端，养老服务的智能化、智慧化水平不断提高。依托"爱山东"APP李沧分厅，实现李沧区"养老地图"应用服务并上线运行。

智慧人社平台 2022年，李沧区依托"爱山东"APP李沧分厅，打造"HR超市"应用。2022年，通过人社智能公共服务平台开展31场线上招聘活动，服务人才21万余人次，助推2家单位入选山东省博士后创新实践基地，11家单位新设立青岛市专家工作站等市级人才平台载体，助力引进各类人

图24 2022年，李沧区建成新型智慧社区33个，社区智慧服务水平不断提升。图为湘潭路街道南岭社区智能充电设备。(区大数据局供图)

才 10076 人，3367 名就业困难人员实现再就业，人社部门服务企业人才覆盖率100%，平台获评青岛市大数据创新应用数字政府类典型场景。

智慧救助服务　2022 年，李沧区通过网课、教学群组等形式开展残疾人康复训练等课程。全年按比例联网认证残疾人保障金系统共审核 245 家企业，认定 520 名残疾人。

智慧社区建设　2022 年，李沧区升级智能化门禁、智能监控，安装红外感应、水浸传感等智能终端，推出"互联网＋"智慧社区服务，场馆预约、社区活动等多种需求实现"一网通办"。全年建成新型智慧社区 33 个，社区智慧服务水平不断提升。李沧区获评山东省级新型智慧城市扩面打榜优秀案例 10 个、青岛市级优秀建设成果 7 个。

数字经济发展

数字产业引育　2022 年，李沧区聚焦大数据等领域开展项目招引培育，做大做强区数字经济园区。截至 2022 年底，园区实体入驻企业 131 家，园区企业完成全口径税收 6 亿元，营业收入超过 200 亿元。

数字化转型　2022 年，李沧区依托数字产业平台和工业互联网，青岛中瑞数科信息股份有限公司车联网实时在线车辆超过 600 万辆；青岛云裳羽衣物联科技有限公司助力传统服装家纺行业数字化转型，实现与 13 个行业超过 5000 家资源方合作。

优化营商环境　2022 年，李沧区利用资本客厅政策优势，着力引进一批影响力大、辐射力强的数字经济企业，打造可持续发展的数字经济产业新生态。完善"人才、项目、资本"一体化招引机制，用好用足柔性引才政策，靶向引进领军人才和创新人才团队，围绕产业发展集聚优秀人才。

数字基础设施建设

2022 年，李沧区建成 5G 基站 857 个。街道驻地、科研院所、商场、广场、产业园区等区域实现 5G 全覆盖。全区布建 4G 热点 8 处、高清视频 30 个。在李沧区政府、铁路青岛北站、李村商圈、青岛沧口长途汽车站 4 个重点公共区域布建智能前端感知设备 104 个，涵盖人脸抓拍、车辆卡口、高清视频三大类，重点公共区域前端感知设备智能化覆盖率100%，联网率均在 90% 以上。

政务公开

主动公开　2022 年，李沧区落实山东省、青岛市关于全面推进政府信息公开的工作要求，指导和协调全区各单位政务公开工作，进一步加强政府信息公开专栏建设，健全和完善公开形式，主动公开政府信息 21323 条，对 589 个区政府文件进行公开属性界定。

依申请公开　2022 年，李沧区进一步规范依申请公开办理机制，严格依申请公开办理流程，全年共收到政府信息公开申请 185 件，比上年增长 236%，所有申请均妥善处理并按期答复，切实保障人民群众的知情权、参与权、表达权、监督权。

政府信息管理　2022 年，李沧区政府信息公开内容更加全面，以方便管理、方便查阅、统一规范为原则，通过李沧政务网、微信公众号、微博等形式对规范性文件、区政府及办公室发文、部门公文进行集中公开和规范展示，实现了群众足不出户办理政务服务事项的目标。

（区大数据局）

应急管理

突发事件应急处置

完善应急联动体系　2022 年，李沧区以对接联动机制顺畅运行为目标，持续加强立体联动指挥体系建设，做到对接联动事项高效办理。与辖区"110""119""120"建立了"职责明晰、优势互补、科技支撑、高效便捷"的对接联动机制，遇有重要紧急情况做到同步响应、同步处置。完善与全区各街道和有关部门联动机制，建立全区视频调度制度，工作日晚八点、周末和法定节假日早八点和晚八点视频调度各单位值班工作。重点时期、重要节点就森林防火、防汛防雪等安全防范工作视频调度街道、有关部门18次。

应急值守能力建设 2022年，李沧区坚持以科学化、规范化、标准化为目标，注重研发相关培训课程，提升应急值守人员值守应急、信息汇总、综合协调、督导落实和服务监督水平。全年法定节假日及特殊时期前组织应急值守人员开展岗前业务培训9次。严格落实《李沧区突发事件信息接报及处置工作规程》要求，全年妥善处置各类突发事件和紧急情况257起，向全区各单位及社会发出各类预警信息131条，全年未发生较大及以上突发事件。

应急信息系统完善

2022年，李沧区持续加强信息化装备和配套场所建设，汇聚有关部门视频监控资源。截至2022年底，李沧区指挥中心部署有视频监控平台（天网系统）视频监控资源2000余路、区融合视频平台视频监控资源5000余路、移动云MAS短信平台等软件平台14个。梳理重点领域视频监控资源，结合区基层信息员队伍建设，对涉及学校、大型农贸市场等部位79路视频资源进行编组，全区70%以上学校和大部分大型农贸市场视频画面"即时上墙"。装备恩科视频会议终端3套、华为视频会议终端3套，实现与青岛市委总值班室、市政府总值班室和上级应急部门音视频互联互通。

监测预警及响应

预警响应及时 2022年，

李沧区聚焦重点难点，提升防汛防火水平。汛期及时应对强降雨13次、强台风2次，发布预警6次，启动响应9次，协调出动全区防汛应急人员1400余人次、各类车辆设备980余台次。森林高火险期，协调出动全区巡查人员1万余人次，发放明白纸2.8万份，实现"零火情"的工作目标，全区森林防火期和汛期形势保持平稳。

智慧化防灭火 2022年，李沧区开展"无人机+视讯直播"行动，严密防范森林火灾。创新开展无人机专项山林防灭火"双盲"应急演练，属青岛市首例采用"无人机+视讯直播"的山林防灭火演练。演练现场，无人机启动红外探温设备，携带空中广播系统飞行至高空，对百果山森林公园山林进行实时视频监测。同时，区应急指挥中心启用御空无人机直播平台和卫星电话，实时接收现场回传监测视频及现场指挥音频。演练实现了实时图传、红外测温、播报预警等智能手段在自然灾害和有关突发事件防控工作中的综合应用，提升了李沧区山林防火智慧化能力和防灭火应急处置水平。

预案修编与演练

2022年，李沧区修编完成全区《突发事件总体应急预案》，对区级专项应急预案修编

图25　2022年3月4日，区应急局执法人员在中国石化山东青岛石油分公司青岛配送中心开展执法检查。　（区应急局供图）

情况进行摸排统计，建立健全台账清单，构建起"1+35"预案体系。加强应急演练，44个区级重点演练计划均按时完成，重点企业开展演练730余场，参与人员9.7万余人次；模拟河南省郑州市"7·20"特大暴雨极端天气叠加极值，制订区级极端天气防范应对方案，组织开展演练30余场（次）。

应急救援队伍建设

2022年，李沧区加强应急救援队伍建设，组织各街道、各相关单位整合本辖区、本行业内重点企业、各类专（兼）职力量，形成"横纵结合"（横向为综合、专业、社会救援力量，纵向为区、街、社区三级救援力量）应急救援队伍体系；登记备案应急救援队伍160余支3400余人。防火队伍建设方面，李沧区采取专常结合模式组建队伍。建有一支35人组成的专业森林防火应急中队，采取半军事化管理，防火期内全天24小时待命扑灭森林火灾。常规队伍由166名护林员组成，对全区林区及进出卡口全天24小时全覆盖管控巡逻。高火险期组织全区机关干部节假日进山入林，参与防火封山工作。

应急救援物资保障

2022年，李沧区成立区应急物资保障领导小组，进一步加强对防汛和物资保障工作的组织领导。建立"实物＋协议"的应急物资储备体系，其中实物储备重点物资三大类（生活保障类、抢险救援类、公共卫生类）180余种。全区防火物资保障完备，区森林防火应急中队配备灭火机40台、对讲机35部、高压水泵3台、洒水车3辆、巡查和运兵车6辆等。护林员配备灭火机200台、割草机20台、油锯30台、对讲机200部等。建成塘坝26座、蓄水池6个、水罐3个，设立区森林防火物资储备库1处。

（区应急局）

12345政务服务便民热线

全年受理情况

2022年，李沧区政务服务便民热线共受理市民反映问题约20.6万件，比上年增长62.7%，日均受理量约858件，破解了12.3万余件民生难题。发布区政务服务热线月办理情况通报10期，发布政务热线巡查通报17期，现场巡查97件民生难题，发布"回访不合格工单"59期，涉及6000余件民生难题，改革创新经验被《李沧改革》第16期刊发。区政务服务便民热线解热点、破难点、疏堵点，办理服务满意率、问题解决率在全市综合绩效考核中居区（市）第一名。

注重提质增效

2022年，李沧区政务服务热线工作全面聚焦"提质增效"，制发《关于进一步加强政务服务便民热线办理工作全力以赴提高"三率"的通知》，开展政务服务便民热线服务满意率、问题解决率、按时答复率攻坚行动，组织办理"回头看"工单约3万余件。配合青岛市政务服务便民热线督办处做好知识库更新工作，共组织更新信息300余条。与110报警服务台建立高效对接联动机制，提升协同联动处置效率。

破解民生难题

2022年，李沧区成立政务服务便民热线疑难问题攻坚小组，研究制发《关于加强和改进政务服务便民热线工作的意见》《关于在工单回退环节严格落实领导把关责任的通知》，呈报区领导批示170件，破解民生难题276件，全面提高民生堵点问题的解决效率。

（区政府办公室）

行政审批服务

概况

2022年，李沧区行政审批服务局（简称"区行政审批局"）通过塑形象、促改革、强服务，为群众和企业提供智慧化、便利化、精细化"一站式"政务服务。全年办结各类行政审批服务事项7万余件，受理电话咨询7.6万余次，服务群众20万人次。全区完成公共资源交易项目38个，交易额4.62亿元，比上年增长210.67%，节约财政性资金408.69万元。获评山东省"省级文明单位"、山东省"人民满意的公务员集体""李沧区五星基层党组织"等。

审批提质增效

"跨层级一窗受理"全域通办 2022年，区行政审批局针对个体工商户登记"各自受理、线下办理、业务分散"的现状，打破服务事项权限和地域限制，选取个体工商登记等28个高频事项实施"跨层级"全域通办。通过建立健全"一窗综合受理"工作机制，设置跨层级专窗，依托"小智远程办"系统，实现区街信息互通高效审批。利用全区街道便民服务中心资源，搭建"一刻钟便民服务圈"，企业、群众可就近到区政务服务中心或任意街道、园区办理相关业务，建立了"横向街道相互办、纵向区街无差别办"的全域通办新模式，同时在全市率先实现街道便民服务中心"跨层级一窗受理"100%全覆盖。采用线上"抢单办"模式，业务审核提速32.43%。全年共办理跨层级业务1496件，完成

个体工商户登记超过1.2万件。

智能场景建设 2022年，区行政审批局承担全市改革试点工作。城市建筑垃圾处置核准数字化场景被作为青岛市智慧审批平台第一个数字化智能场景案例开发并上线运行，通过数据共享实现70%以上申请材料"免提交"，80%以上申请表单免填写，申报时间减少60%，审批时效和一次通过率均在70%以上。全年共发放建筑垃圾处置计划准运证电子证照6000余份。此外，"劳务派遣经营许可""经营性人力资源服务机构从事职业中介活动许可"数字化服务场景相继上线，共办理70余件。

嵌入式填报指引 2022年，区行政审批局依托青岛市企业开办智能一体化平台，采用可视化、图表化等形式，对个体工商户、个人独资企业申报要素进行注释，实现申报"一边填写、一边查看"，申报时间缩短约三分之一，为群众办事提供新体验、新感受。全年有3700余家个体户、个人独资企业通过嵌入式填报指引服务进行登记申报。

"一事全办"点菜单式改革试点 2022年，区行政审批局以企业群众诉求为引导，以申请人高效办成"一整件事"为中心，承担"我要开设诊所""我要开办小餐饮（小作坊）"试点事项，推出203项"一事全办"

服务主题，设立"一事全办"集成服务综合窗口，打破部门间、科室间界限，以一窗办理、数据流转、帮办代办等多种形式，按照最优服务流程和标准，开展"事项联办"和"主题集成服务"。

优化政务服务

塑造服务形象 2022年，区行政审批局坚持抓学习、抓制度、抓作风，坚持围绕"实、活、严"三个中心，提升干部队伍思想政治工作质量，建立高标准队伍。发挥窗口单位特点，结合实际推出"晨读""夕会"等学习活动，强化干部队伍政治素养。严抓队伍管理，建立健全奖励激励体制机制，设立"党员先锋岗"、每季度评选"服务明星"，结合"小智好差评"数字化评价模式，构建起全方位、全覆盖的督查体系，不断提升窗口服务质量。

推进基层便民服务"三化"建设 2022年，区行政审批局制发《李沧区街道便民服务中心（大厅）规范化、标准化建设实施方案》，在全区11个街道便民服务大厅开展规范化、标准化、便利化建设工作。实施"1+2+N"窗口模式创新，整合资源，设立27个综合受理窗口，通过"窗口综合受理，帮办分类流转"的办理模式，实现服务流程再创新。推动"属地办"向跨层级"全域办"转

变，形成办事服务区街"多点融合"一盘棋，推动"线下办"向"智能办"转变，以"小智"系统为依托，推动政务服务事项线上线下融合办理，实现全流程线上办，可追溯，进一步提升基层政务服务质效，提高规范化运行水平。

实施首席审批服务官制度　2022年，区行政审批局提升政务服务专业化水平，助力审批提速增质，探索实施首席审批服务官制度，制发《青岛市李沧区行政审批服务局首席审批服务官管理办法（试行）》和《行政审批事项决策程序工作规则（试行）》，遴选8名一线审批业务骨干担任"首席审批服务官"，不断压缩审批层级，进一步规范重大行政审批决策行为。

打造"小智+"服务品牌　2022年，区行政审批局以提升群众办事体验为导向，推出"小智好差评""小智帮办""小智提醒"等智能应用，集群众办事、查询、评价等多功能为一体。推动"小智好差评"指标体系向街道全面展开，打造差评整改闭环工作机制。区行政审批服务大厅平均办件时间缩短到6.55分钟，平均等待时间4.48分钟，"小智好差评"参评20余万人次，好评率达99.93%。"小智帮办"累计服务约2.2万余次，"小智提醒"累计提供证照到期提醒服务1832次。

图26　2022年，李沧区在全市率先实现基层政务服务"跨层级全域通办"。图为李村街道便民服务中心工作人员为群众办理业务。

（区行政审批服务局供图）

重点项目推进　2022年，区行政审批局围绕重点建设项目，坚持"全程、主动、靠上、攻坚"服务，专门成立重点建设项目审批和招标投标协调服务工作专班，做到主动服务、有求必应。针对在审批过程中遇到的堵点难题，成立审批重大问题研判小组，实行"一事一议""一企一策"，具体问题具体分析。同时根据企业困难所求，安排专人与企业、市直相关审批部门对接，遇到较大特殊问题时，实行顶格协调机制解决；对于问题相对较为集中的项目，专门邀请市级相关审批部门进现场"请来办、领着办"，助力企业与相关部门协商解决。

优化营商环境

建立"初创企业服务制"

2022年，区行政审批局以解决群众诉求为目标，创新建立"初创企业服务制"，联合全区21个高频涉企部门，建立"初创企业服务群"，发挥政务服务聚合作用，组建16人的专家顾问队伍，提供办事咨询、政策推送等企业全生命周期服务，全年服务企业2377户。创新提出"每日双闭环"工作法，建立"每日夕会"制度和当日电话回访落实机制，对已办结业务实行100%全域电话回访，全年收集企业意见建议约500条，为群众企业解决问题120余件。

实施"地址库备案制度"　2022年，区行政审批局针对部分园区、孵化器地址材料证明、租赁合同复杂的难点、堵点问题，创造性采用"地址库备案制度"，简化住所（经营场所）登记手续和降低创业成本，鼓励辖区内依法设立的创业园、产业园、孵化器等，先行备案一套住所（经营场所）产权证明材料，后期入驻企业无需重复提交产权证明、租赁合同等全套住所登记材料，仅凭租赁协议或入驻证明即可完成住所登记，简化企业注册地址证明材料，提高了企业办事效率。全年完成58个地址的住所证明材料备案，4600余家入驻企业实现快速登记。

开展"惠企政策公益讲堂" 2022年，区行政审批局规范企业劳动用工行为，促进企业合规健康发展，帮助企业享受政策红利，组织常态化"惠企政策公益讲堂"。通过联合"部门、街道、园区、商协会、企业"，全面强化各类政策宣传解读力度，提高政策宣传的针对性和实效性。采取电话、问卷等形式征集企业意见，梳理政策清单，编制《李沧区市场主体全生命周期营商环境服务手册·政策篇》。全年举办惠企政策培训17场，参与人数约900人。

（区行政审批局）

人力资源管理

人才服务

品牌引才活动 2022年，李沧区将高校作为人才招引的"主战场"，定向实施"引才直通车"，畅通线上、线下引才渠道，先后开展"招才引智名校行""青雁归巢""驻青高校行""就在李沧·职等你来"线上直播等活动27场，聚力向毕业生宣传推介李沧区，搭建起"岗才"直通桥梁。聚焦对海外人才需求，建立重点产业人才需求档案，征集留学人才岗位需求590个，项目需求36个，依托"蓝洽会"平台及时对外发布。全年引进各类人才1.35万人，其中引进硕博、高级职称及高技能人才767人，本专科及其他专技人才1.27万人。人才服务工作相关做法被《经济日报》《中国人才》等国家和省、市级媒体报道。

产才融合发展 2022年，李沧区引导企业投入人才平台载体建设，为人才搭建发展平台。推荐2家单位认定山东省博士后创新实践基地、1家单位认定山东省专家服务基地、1家单位入选青岛市博士后创新实践基地、9家单位设立青岛市专家工作站、1家单位入选青岛市专家服务基地。开展"专精特新"专项服务月等活动，组织人社专员走访企业800余家，指导设立就业见习基地111家，研究生实习基地16家，开发见习、实习岗位4369个，推荐1家单位入选全市重大招才引智项目，13家单位入选重点招才引智项目，数量全市最多。

人才优惠政策 2022年，李沧区落实《关于实施"李遇人才"计划推动新旧动能转换示范区建设的实施意见》及配套细则，加大各类政策宣传力度。搭建人社政策直播间，按照人才类别编印《人才政策词典》，累计开展李沧区"政策护航创享未来"人社直播云课堂4场，累计开展线上、线下政策宣讲22场次，全年为5108名高校毕业生发放各项补贴4097万元。发布《关于开展产业园区人才服务定制化工作的实施方案》，聚焦信联天地等重点产业园区服务需求，按照"一园区一方案、一园区一清单、一园区一专员"服务模式，向前一步为园区人才提供政策推介、人才招引等定制化解决方案。

人才发展环境 2022年，李沧区创新"数智化"人才服务模式，加快构筑"一站式"人才体系服务建设，以"流程最简、时限最短、感受最优"为目标，持续优化集"精准匹配、智慧分析"功能于一体的大数据平台，利用大数据精准画像，累计匹配专属人才政策304.8万次，服务人才21万余人次，实现人才服务即时感知、靶向推送、智能处置。数智平台获评青岛市大数据创新应用数字政府类典型场景。按照李沧区第七次党代会"发展兴区、产业立区"行动要求，聚焦构建"3+2+4"现代产业体系，不断壮大高层次人才队伍。为1名高层次人才争取住鲁院士待遇，系全区首位；推荐 11 名高层次人才获批山东省聘任院士科研活动经费和生活津贴，为 7 名高层次人才办理青岛市高层次人才服务绿卡。

劳动维权保障

农民工维权联动 2022 年，李沧区聚焦劳动维权保障，推动构建和谐劳动关系。以易发生拖欠农民工工资问题的行业和领域为重点，以山东省农民工工资支付监管平台推广应用为抓手，做到刚性执法促维权、柔性服务保发展，强化监管责任，规范工资支付行为，实现维权治理全面提升。与区法院、区司法局建立农民工维权联动机制的实施方案，打通劳动保障监察、人民法院、人民调解、法律援助的路径链接；建立李沧区"劳动监察调查＋劳动仲裁调解"一站式联动维权调解新模式，加强办案衔接，提高工作效能。全年受理投诉举报 1227 件，办理各类工程建设领域农民工欠薪案件 311 件，办结人民网、政府信箱、政务热线等各类平台转办件 1.15 万件，申请法院强制执行 11 件，向社会公布劳动保障重大违法行为 2 件，发放各类规范用工宣传材料 1 万余份，为 2200 余名劳动者追讨工资等劳动待遇共计 1300 余万元，全区 120 个工程建设项目纳入山东省农民工工

图 27　2022 年 9 月 1 日，"李遇人才 沧器待时——2022 年李沧区硕博青年人才交流洽谈活动"在李沧数字园区举行。

（区人力资源社会保障局供图）

资支付监管平台，总实名制人数超过 6 万人，累计代发 25 万余人次工资 14.49 亿元。

创新调解机制 2022 年，李沧区加强仲裁、工会、司法三方合作，推进"仲裁＋工会＋司法"一站式纠纷化解，在征得当事人同意的前提下将案件在仲裁开庭审理前交由工会调解中心或人民调解中心进行调解，对于调解成功的案件当场出具仲裁调解书，对于调解不成的案件交回仲裁院，当即进入仲裁程序。该机制运行以来对 423 起争议案件进行了案前调解，为劳动者追回案款 440 余万元。仲裁院共计受理案件 1460 件，调撤率约 66.2%，按期结案 100%。在维护社会公平正义、提高就业质量、促进劳动关系和谐等方面发挥了作用。

事业单位管理

人员安置管理 2022 年，李沧区稳妥推进政策性安置工作，接收安置 2021 年、2022 年退役士兵 26 人，军转干部 1 人，2022 年随军家属 1 人。严把全区事业干部调整关口，全年调整科级干部 183 人、专业技术人员 1822 人。举办李沧区事业单位科级干部培训班，50 个事业单位的科级干部参加培训，大力锻造"实干家"干部队伍。

严格规范管理 2022 年，李沧区联合区委组织部印发李沧区《关于做好科级干部选拔任用工作的通知》，指导政府口所属事业单位科级干部调整 183 人。印发《青岛市李沧区机关事业单位工勤人员技术等级考核评定工作管理办法》，

指导事业单位为 53 名工勤人员办理聘用手续。指导事业单位开展专业技术人员聘任工作，新聘 541 人、晋档 526 人、转岗 12 人，续聘 743 人。指导教育系统公开招聘 288 人，卫生系统公开招聘 34 人，完成 TOP200 高校毕业生招聘工作。规范事业单位人员平时考核和年度考核，对 787 名 2021 年度考核优秀的事业人员进行嘉奖，经青岛市人社局批准对 82 名连续 3 年考核优秀的事业人员记功。

（区人力资源社会保障局）

信访工作

概况

2022 年，李沧区信访工作坚持以做好党的二十大信访稳定工作为主线，以争创全国信访工作示范县（市、区）为目标，抓好服务保障、源头预防、积案化解和基层基础四大任务，整合各方资源，汇聚起信访稳定工作的强大合力，完成各项信访保障任务，被评为 2022 年全国信访工作示范区。有事好商量、积案化解、"一站式"矛盾纠纷调处等工作做法分别被《人民日报》《经济日报》和《大众日报》刊发，信访风险隐患防控工作在山东省信访工作基层基础建设现场会上作宣传推介。

重要时期服务保障

2022 年，李沧区注重维护重要时期信访稳定，提前谋划、科学实施，建立和形成了统一领导下的多方、多地"信息联网、矛盾联调、人员联合、工作联动"的工作机制。组建重要时期信访工作值班队伍，制订完善工作方案，分管信访工作的区领导靠前指挥，区信访部门主要负责人一线协调，及时妥善处理各类信访问题，工作经验在全市维稳安保工作总结大会上作了经验交流。

化解信访积案

2022 年，李沧区进一步深化"治理重复信访、化解信访积案"专项行动。实行领导干部包案责任制，全部积案逐一落实区级领导包案，街道（区直）和社区参照有关做法压实责任，建立"领导包案挂帅出征、倒排工期挂图作战、定期通报挂责问效"的"三挂"机制，形成三级领导责任工作体系，综合运用"三到位一处理"，力促事心双解。成立信访矛盾化解工作专班和依法处置专班，协调解决化解过程中遇到的困难和问题，全力推进重复访积案化解。当年上级交办重复信访案件 367 件，全部认定化解。破解某项目退款信访事项的经验做法被《人民日报》刊发。

信访综合治理

2022 年，李沧区从源头预防入手，综合整治，制订问责办法，强化各级责任。深化街道干部周三集中排查下访工作日制度，突出外地户籍"三跨"人员的精细化排查，把信访矛盾隐患分级管控、责任单位分类管控、信访积案化解分段推进和突发问题应急处理有机统一起来，切实把信访隐患化解在萌芽、越级访苗头控制在当地；把责任细化与责任追究有机统一起来，严格落实信访工作问责办法，对因工作不到位，造成重大信访问题单位及相关责任人进行通报问责。加强信访法规宣传引导，开展学习宣传贯彻《信访工作条例》活动，强化信访法规宣传教育，坚持集中宣传与日常教育相结合，开展"信访法规集中宣传月"活动，运用微信、网站、刊物、橱窗、显示屏等平台，做好信访政策法规的动态宣传，营造自觉维护信访稳定的舆论导向。

信访事项办理

2022 年，李沧区优化办理信访事项，坚持以群众满意为工作标准，推行"四心"工作法，优化办理流程，压缩办理时限，改进工作作风，不断提高信访事项办理质量。组织领导干部公开接访，向社会公开李沧区党政领导干部公开接访计划，接访领导妥善处理群众来访事项，及时化解信访矛盾。全年区领导接访、调度信访事项228起346人次。开展党组织和党员"双报到"实践活动，组织信访干部深入街道、走进社区，面对面倾听群众呼声，"零距离"及时就地协调办理群众信访诉求，有效提高信访事项办理质量。全年受理办理信访事项2651起（件），信访部门和责任部门及时受理率和按期办结率均保持100%。7个街道被评为青岛市信访工作示范街道。

（区信访局）

东西部协作

组织领导

2022年，李沧区委、区政府召开区委常委会会议、区政府常务会议及领导小组会议，专题学习中共中央总书记习近平关于东西部协作重要指示精神及山东省、青岛市专题会议精神，研究部署全年东西部协作工作任务，把各项任务层层分解到各成员单位，明确完成时限。区政府主要领导与甘肃省陇南市康县政府领导交流互访，召开联席会议2次，协调解决工作难题，协作关系日益紧密。扎实推进结对帮扶，组织辖区10个街道、10个社区、5所学校、6家医院、2家企业、

图28　2022年8月10日，李沧区委副书记、区长魏瑞雪一行到甘肃省陇南市康县考察。　　（区发展改革局供图）

1个社会组织赴康县开展结对帮扶，签订帮扶协议，制订帮扶工作方案，开展帮扶活动，助力乡村振兴。将东西部协作工作列入区委、区政府年度高质量发展综合绩效考核指标体系，通过月调度、季汇报等措施，督促各成员单位加快工作进度，完成工作任务。

推进乡村振兴

劳务培训　2022年，李沧区举办电焊工、烹调师、农艺工、养老护理、假发编织等劳务技能培训3期，甘肃省陇南市康县770名劳动力参加培训，其中脱贫劳动力709人；组织一汽解放青岛汽车有限公司赴康县进行劳务对接，举办了"一汽解放专场"招聘会，提供就业岗位约100个；帮助已脱贫农村劳动力643人实现就业，其中

帮助农村劳动力162人到鲁就业，帮助400名已脱贫人员就近就地就业，帮助81名已脱贫人员到其他地区就业。

消费协作　2022年，李沧区持续开展"甘货入青"系列活动，畅通协作地农特产品在李沧区的销售渠道。借助线上、线下等销售模式，加大协作地农特产品销售力度，实现消费帮扶资金8020万元。其中，组织购买甘肃省农副产品价值1700万元，帮扶康县销售农副产品6320万元。康县27家农副产品合作社2.57万名农户通过消费协作受益，带动农村劳动力1009人就业，其中带动脱贫人口和监测人口299人。间接带动已脱贫人口4748人。

资金支持乡村发展

加大资金投入　2022年，

李沧区筹集区财政资金1135万元扶持康县发展；动员社会力量捐款、捐物，共发动社会力量捐款、捐物价值612.73万元，其中捐款212.87万元，捐物价值399.86万元。

支持农业领域建设 2022年，李沧区结合协作双方资源禀赋和产业布局，鼓励青岛清风陇澜商贸有限公司赴康县调研对接，开展产业协作。该公司在康县注册成立康县云骄贸易有限公司，实施康县香菇深加工产业合作项目，到位资金1000万元。项目投产后带动康县食用菌主产区及其周边县区农户发展食用菌产业，促进农业产业提质增效和农户增收致富，促进乡村产业发展。

打造"一县一园" 2022年，李沧区参与康县产业园区建设，甘肃椒房殿农业科技有限公司、康县云骄贸易有限公司和陇南康瑞文化旅游公司3家企业入驻园区，企业共吸纳34人就业，其中脱贫人员11人，利益链接带动已脱贫人口172人。

示范带动建设 2022年，李沧区协助康县利用帮扶资源打造乡村振兴示范村4个，即长坝镇福坝村乡村振兴示范村、长坝镇山根村乡村振兴示范村、岸门口镇严家坝村乡村振兴示范村、岸门口镇杨家河乡村振兴示范村。6个援建康县帮扶车

间吸纳就业207人，其中脱贫劳动力111人。

加大人才支援

培训乡村振兴干部 2022年，李沧区举办两期康县"驻村帮扶工作队第一书记和工作队员"培训班，631名康县相关党政领导参加学习培训。

轮换挂职干部 2022年，李沧区坚持优中选优、好中选强，新选派1名优秀副处级领导干部挂职康县委常委、副县长，分管康县东西部协作工作；实施专技人才帮扶，从教育、科技、卫健等8个部门精心挑选16名骨干力量赴康县开展人才帮扶工作。其中，新选派长期专技人员4人、短期专技人员12人。专技人员到位后，及时与康县相应部门沟通交流，制订培训计划和方案，有针对性地送医、送教、送技帮扶。

医疗帮扶 2022年，李沧区组织医院专家骨干第六批医疗队到康县开展医疗帮扶，对120名康县医生进行了核酸采样、急性脑梗死桥接治疗、骨科急慢性损伤、互联网AI助力基层医院眼病筛查等培训。

教育帮扶 2022年，李沧区结合康县当地实际情况，对康县教育系统500名教师进行了"理论教学+专家授课+课堂讨论+交流发言"的授课模

式培训。康县疫情防控期间，李沧区支教康县优秀教师采用线上培训（直播+录播+作业）的形式，对支教学校康县城关第二小学58名教师开展教育信息化应用研究专题培训。全年共为康县培训各类乡村振兴专业技术人才731人。

乡村振兴成果

带动茶农增收 2022年，李沧区将产业协作作为巩固脱贫攻坚的重要支撑，引导李沧区企业到协作地进行产业、商品市场考察，与李沧区挂职康县干部、协作地政府多次交流沟通，推动青岛鼎润茶文化有限公司、福建省天湖茶业有限公司、康县政府在康县阳坝镇开展三方合作，对当地夏秋茶进行收购加工，生产新一代茶饮品——中国第七类茶。"中国第七类茶"可以提高当地夏秋茶利用率，增加茶农收入，采茶周期由原来每年30天延长为150天，每户茶农每年收入增加约1万元，带动周边600余户发展茶叶产业。

推动林果增收 2022年，李沧区协助协作地开展调研论证，创新产业发展模式，因地制宜，在以袁沟村为主的袁沟至小河村流域探索发展优质大樱桃产业，依托"党建+村集体经济+合作社+农户"的发展模式，发展壮大大樱桃产业，带动周边群众稳步增收，提高

了村集体经济积累。

做实产业发展 2022 年，李沧区加大协作力度，在康县长坝镇以"发展规模化特色产业，促进旅游消费升级"为目标，着手打造福坝村果蔬培育示范园，为该产业园注入扶持资金 50 万元，进行温室大棚改造及基础设施建设。该产业示范园面积约 2.4 万平方米、流转大棚 66 座，以种植、销售草莓、圣女果、水果萝卜、水果黄瓜、南瓜等果蔬为主，带动周边 70 户 260 余名群众直接参与，果蔬年产量约 50 吨，实现产值约 66 万元，户均增收 0.8 万元。

（区发展改革局）

机关事务

办公用房管理

2022 年，李沧区机关事务服务中心（简称"区机关事务服务中心"）规范办公用房使用管理，定期组织开展全区党政机关办公用房使用管理督导检查，督促抓好整改落实，形成闭环管理。提高办公用房信息化管理水平，建设推广山东省行政事业单位房地产管理系统，全区 61 个行政事业单位及 27 个下属单位纳入系统应用推广。提升办公用房服务保障效能，根据李沧区办公用房资源匮乏、余缺难平的现实问题，"立足存量、控制增量"，以整合优化为主、盘活闲置为辅，协调解决机关单位办公用房急难问题，切实提高整体运转、保障效能。

公务用车管理

2022 年，区机关事务服务中心推进公务用车管理规范运行，强化监督管理，把"严"字落实到公务用车"全生命周期"管理的各环节。对全区党政机关、事业单位公务用车管理情况开展常态化循环监督检查，点对点落实问题整改，确保公务用车使用规范、管理到位。落实"厉行勤俭节约、反对铺张浪费"总要求，严把公务车辆编制使用、用车购置处置审批关口，将保障重点倾向基层街道、应急及重点工作专班。

公共机构节能

2022 年，区机关事务服务中心组织开展公共机构能耗统计、垃圾分类专项检查、世界地球日宣传、全国节能宣传周以及参与公共机构节能管理远程培训等各类活动，践行生态文明节能环保理念，推动绿色低碳发展。组织全区 28 家单位通过节约型机关创建检查验收，获评国家机关事务管理局等四部委联合批复的节约型机关。争取试点建设，推动业务创新突破，以李沧区市民公共服务中心为试点，开展省级公共机构节能监管系统建设试点。组织做好全区公共机构食堂反食品浪费工作，落实《反食品浪费法》，在机关食堂推行光盘行动"常态化"，设立反食品浪费监督员，合理配置小份量、多规格的餐品。全力指导和推进节水型单位创建，全年完成 4 家单位的创建成果验收以及 4 家单位的复核工作。

后勤保障服务

2022 年，区机关事务服务中心落实食品安全责任制，强化溯源管理，以卫生安全为后盾，形成食堂检查"标准化"长效保障机制。探索将大数据物联网等新技术引入传统食堂运营模式，依托第三方开发建设"智慧餐厅"管理系统，结合疫情防控要求，构建人脸识别、测温管理、预约就餐、在线充值、信息公开、意见建议等功能板块，提升机关食堂精细化、智能化管理。落实常态化疫情防控措施，加强机关大院治安巡防、消防安全监督、车辆停放秩序管理等工作，升级更新监控摄像头，机关大院及办公楼出入口门岗实现"刷脸"无感进入。聚焦标准化服务，完善会务空调、音响、保洁、水电、茶水服务联动机制，打造会务"五心"服务体验。加大维修保养和设施设备更新力度，加强会务保障人员对设备故障处理等应急应变方面的培训和考核，提升物业服务人员的专业技能，会务服务各项工作管理规范、有序。

后勤服务社会化试点建设

2022年，区机关事务服务中心坚持改革试点，以政事分开、管办分离为原则推动管理内置、服务外购，构建机关事务部门统一管理、各部门日常负责、后勤服务通过市场化方式供给的机关运行保障新格局为目标，全力推动后勤服务社会化试点工作。通过梳理保洁、绿化、安保、餐饮、会务、设备维护等后勤服务事项，明确服务内容标准，建立监督考核机制，倒逼服务企业完善管理服务制度、优化服务流程，不断提升后勤服务社会化水平，通过全省机关运行保障后勤服务社会化试点验收，试点经验在《李沧改革》刊发。以现有停车场为基础，以李沧市民中心为试点推出300余个错时共享车位，进一步缓解周边居民"停车难"。在李沧市民中心探索推行合同能源管理项目试点，采用市场化运作模式，由公开招标的节能服务公司自带资金、自带技术实施节能改造，实现节能降耗新突破。

（区机关事务服务中心）

人民防空

人防为民服务

2022年，李沧区把人民群众关注人防建设作为服务群众的根本出发点和落脚点，扎扎实实为群众办实事好事。在中防商街设立"李沧人防纳凉点"，增设桌椅、免费饮水点、人防知识宣传材料摆放桌、触摸屏等便民服务设施，为市民提供一个安全、舒适、健康、文明的休闲场所。与社区资源共享，将部分人防洞口管理房整修再利用，为社区居民提供拓展公益休闲活动空间。

人防指挥系统建设

2022年，李沧区修订和完善了《李沧区人民防空方案》、《街道社区居民疏散安置接收方案》，推进全区抢险抢修、医疗救护等10种专业队伍建设，专业队伍共计1500余人。

人防工程维护管理

2022年，李沧区加大对各类人防工程日常管理及安全检查巡查，发现安全隐患确保整改到位，严格落实安全检查"驻点"工作，在汛期、重要时节等重点检查的基础上，加大经常性检查的力度，确保了安全

生产形势的稳定。对新建项目地块内早期人防工程及设施情况进行调查，确保人防工程不受损失。

组织演习演练

2022年，李沧区按照防空袭演练规范化、常态化、实战化"三化"训练要求，突出实战化训练，提高履行"战时防空、平时服务、应急支援"职能使命能力，促进人防信息化装备形成新质战斗力。参加青岛市人民防空办公室组织的综合性演练、跨区演练和防空防灾警报试鸣演习。6月在中防商街组织了防汛抢险应急处置实战演练。8月组织全区11个街道社区干部40余人，参加青岛市防空袭疏散掩蔽系列培训班，社区干部的应急安全技能得到锻炼提升。

人防宣传教育

2022年，李沧区组织国际民防日、防灾减灾日、进广场、进社区等宣传活动，发放宣传材料7000余份，播放《生命之盾》、《防空防灾警报信号的辨别与行动》宣传片10余次。在10余个结建防空地下室悬挂人防宣传教育知识挂图，总计400余幅，有效增强了全区居民的国防观念和人防知识技能。

（区城市建设管理局）

中国人民政治协商会议青岛市李沧区委员会

主要工作

工作概况

2022 年，中国人民政治协商会议青岛市李沧区委员会（简称"区政协"）坚持以习近平新时代中国特色社会主义思想为指导，以迎接中共二十大、学习宣传贯彻中共二十大精神为主线，深入落实山东省第十二次、青岛市第十三次和李沧区第七次党代会精神，紧扣全区中心大局，坚持"一个统领、双向发力"，画出最大同心圆，凝聚强大正能量。全年开展重要协商活动 7 次，调研视察 12 次，报送协商议政报告、社情民意专报 16 期，提交提案 225 件，为李沧区加快打造全市新旧动能转换示范区贡献了政协智慧与力量。

加强党的建设

坚持党的领导 2022 年，区政协严格落实党对政协工作的全面领导，贯彻中央和山东省委、青岛市委政协工作会议精神，严格执行重大事项请示报告制度，邀请李沧区委、区政府领导参加重要协商活动 12

次。发挥政协党组把方向、管大局、保落实的重要作用，坚持区委怎么号召、政协就怎么跟进，政府怎么干事、政协就怎么支持，人民有什么期盼、政协就怎么建言，举行区政协党组会议 20 次、主席会议 15 次，确保中央和省委、市委、区委决策部署在政协系统得到全面贯彻落实。

学习贯彻中共二十大精神 2022 年，区政协第一时间举行党组（扩大）会议传达中共二十大精神，并在全区政协系统学习宣传贯彻。政协党组班子成员深入社区、企业带头宣讲，正能量宣讲团举办专题辅导讲座，引导政协各参加单位和广大委员自觉站位新时代、奋进新征程。"深入学习贯彻党的二十大精神，更好践行全过程人民民主"经验做法在全市政协主题理论研讨会上做典型发言。

强化党的思想理论武装 2022 年，区政协落实"第一议题"制度，完善以党组理论学习中心组为引领的学习体系，在学懂弄通做实习近平新时代中国特色社会主义思想上下功夫，开展学习研讨 12 次。组建 14 个委员学习小组，推动"学

习＋履职"深度融合。协同省、市政协搭建"学而书院"，委员线上交流发言 1300 多次。加强"书香政协"建设，建立机关星期五"学习日"制度，围绕传承中华优秀传统文化等举办专题讲座 9 期，实现学习教育多层次、立体化、全覆盖。

推进政协系统党的建设 2022 年，区政协认真落实加强新时代人民政协党的建设要求，在政协正能量"四团"（智囊团、践行团、宣讲团、文艺团）和机关设立 5 个党总支、24 个党支部，形成上下贯通、合纵连横的"四梁八柱"党组织体系。健全党组成员联系党员委员、党员委员联系党外委员制度，推动实现政协党的建设"两个全覆盖"。着力加强新时代政协离退休干部党的建设工作，创新构建"一个中心、两个居点"活动阵地，区政协老干部党支部获评全区"离退休干部示范党支部"。严格落实意识形态工作责任制，抓好党风廉政建设和反腐败斗争，支持派驻纪检监察组开展工作，推动清风正气不断充盈。

协商议政

组建政协正能量"四团"

2022年，区政协坚持"弘扬主旋律、传播正能量"，组建政协正能量智囊团、践行团、宣讲团、文艺团（简称正能量"四团"），促进委员之间交流互动与跨界履职，221名政协委员"蝶变"为426名正能量团员；同时，立足李沧所需、聚焦发展所要，邀请103名全国和山东省、青岛市专家学者和实干家担任"四团"特邀顾问，建立起具有政协特色的共建共享应用型"智库"。一年来，正能量"四团"开展"双招双引""五进五送"和建言献策、政策宣讲、爱心帮扶等活动172场次，为推动全区经济社会高质量发展提供了有力支持。

打造协商议政新平台 2022年，区政协坚持协商工作理念、运行机制、平台载体"三位一体"，聚焦区委、区政府重大决策部署的贯彻落实，围绕青岛创新创业活力区建设、科创新城规划建设等4个专题，组织21名特邀顾问、56名政协委员与区政府领导和相关部门、街道负责同志面对面互动交流，建言议政、凝聚共识。智囊团充分彰显智慧政协特色优势，组织特邀顾问和政协委员广泛开展多层次协商议政，一批"金点子"智慧成果被党政部门采纳。

推动协商民主向基层延伸 2022年，区政协坚持让政协走进群众，让群众亲近政协，制定《关于建立政协委员联系社区群众机制推动协商民主向基层延伸的实施意见》，221名政协委员下沉到最基层，直接联系123个社区，谋发展、保稳定、惠民生。因地制宜在上流佳苑社区、紫荆苑社区打造集"社区协商议事室、委员活动室、界别委员工作室、社情民意信息工作站"等功能于一体的"三室一站"示范点，推动协商民主与基层治理融合共促。一年来，报送上级政协和区委、区政府信息86条，被全国和山东省、青岛市政协采用转办19条。

参政议政

推动"双招双引"献计出力 2022年，区政协响应区委、区政府"全员招商、全域招商"号召，制订《关于鼓励政协委员积极参与"双招双引"促进全区经济社会高质量发展的实施意见》，专门举行"双招双引"议政性常委会，区委副书记、区长魏瑞雪到会通报情况、听取意见，与政协常委互动交流、共谋良策。正能量践行团实干争先、主动出击，政协各界全年共引进落地项目48个、推介项目30个，其中注册资金超过1亿元企业5个、落地超过1亿元项目2个。

加快新旧动能转换协商议政 2022年，区政协围绕"规划建设胶州湾科创新城，打造青岛未来产业增长极"专题议政，邀请青岛大学、青岛市自然资源和规划局等单位的专家学者与政协委员、政府部门互动交流，提出加快实体经济发展等意见建议24条。联合青岛市政协举办"倾听与商量"——

图29　2022年7月8日，"倾听与商量"——"容·融·通"委员直通车"打造李村商圈时尚活力增长极"专题协商会举行。
（区政协办公室供图）

"容·融·通"委员直通车栏目，市、区两级政协委员围绕"打造李村商圈时尚活力增长极"协商互动，从点亮城市夜经济、打造智慧商圈等方面建言献策，青岛市广播电视台连续多日跟踪报道，宣传李沧、推介李沧，提升李沧美誉度。

建言献策城市更新和城市建设　2022年，区政协立足李沧"白菜心"的区位优势，聚焦打造青岛新中心、新未来，举行专题协商会，6名特邀顾问、8名政协委员围绕"打造火车北站交通商务增长极"议政建言，在火车北站发展定位、高水平规划管理、现代产业模块打造等方面形成一系列建议。围绕全区城市更新和城市建设三年攻坚行动开展专项视察活动，深入低效片区拆迁工地、安顺路主干道和唐山路快速路打通工程现场、老旧小区改造与戴家旧村改造等重点项目逐一查看，为打造美丽宜居李沧赋能助力。

助力增进民生福祉　2022年，区政协广泛开展政协委员"五进五送"五百场公益活动，鼓励广大委员进机关、进学校、进社区、进商超、进企业，送科技、送文化、送法律、送健康、送爱心，区委书记张友玉出席"喜迎二十大、五进又五送"启动仪式，为5支服务队授旗。全年开展各类活动126场，服务基层单位75个，捐款捐物价值357万元，直接惠及

图30　2022年6月14日，区政协城市建设与资源环境工作办公室组织部分政协委员开展"打造火车北站交通商务增长极"专题协商会前视察活动。
（区政协办公室供图）

民众5600多人，受到社会各界广泛欢迎。围绕政府实事办理情况、中医药传承创新发展等，组织委员深入社区、医院开展视察、调研与民主监督，推动各项惠民工程落实落地。

履职为民

激发委员履职活力　2022年，区政协突出委员在政协工作中的主体地位，坚持"政协与委员共成长"，启动实施帮助支持委员发展提升、更好凝聚正能量三年行动计划，建立"五位一体"帮扶机制，党组主席会议成员面对面走访委员205人次，协调解决问题48个。加强委员履职管理，制订实施"双岗双责双作为"与考核激励实施办法，举办新任政协委员培训班3期，开班第一课上党课，帮助委员系好履职的"第一粒

扣子"。重视委员与特邀顾问建言献策成果，凝共识、聚众智、集良策，汇编成册《凝智集》2022版。全年有125名委员获得各级党政部门、所在行业领域表彰。

推进"数字政协"建设　2022年，区政协把"数字政协"建设作为推动新一届政协工作提质增效的重要抓手，面向政协机关干部、政协委员、界别群众，构建"1网1号32体系"平台系统，集党的建设、学习教育、履职活动、提案在线、远程协商、团结联谊、信息反映、服务管理等八大功能于一体，形成"线上+网上+掌上"多屏多端相融合的履职新模式。

提案工作

2022年，区政协围绕区委、

区政府中心工作和人民群众普遍关心的热点难点问题，深入开展调研，建言献策，共提交提案225件，转为社情民意信息31件，审查并案后立案146件，立案率为66.7%。其中，区委部门办理8件，区政府部门（单位）办理138件，由29个承办单位办理，全部办理完毕，面复率100%，答复满意率100%。已落实或基本落实143件，占总数的97.9%；列入计划逐步落实的3件，占总数的2.1%。组织住区青岛市政协委员在青岛市政协十四届二次会议上联名提交了"关于将土地出让金政府收益部分全额返还李沧""关于给予世博园青岛市级财政补贴"等7件提案作为市政协提案予以推动办理；会议期间联合民建青岛市委做了《双轮驱动产业招商 政策助力产业落地》的专题发言。

团结联谊

2022年，区政协坚持最广泛的爱党爱国统一战线，密切同党外知识分子、少数民族与宗教界人士、新的社会阶层和港澳台侨界人士沟通联络，开展党外委员座谈会、走访调研活动76次。发挥街道政协委员联络室职能作用，定期组织各联络室主任列席政协常委会，参与研究政协重要工作。深入学习《中国共产党政治协商工作条例》，印发《关于李沧区第七届政协主席、副主席、秘书长联系各民主党派与工商联的安排意见》，召开民主党派负责人座谈会，搭建党派合作平台、畅通联系渠道。全年各民主党派、工商联提交集体提案19件、议政建言68篇，参加调研视察141人次。

文史书画

2022年，区政协以喜迎中共二十大召开为主题，举办"一统双力、政通协和，翰墨丹青迎盛会"书画艺术展，展出岛城名家优秀作品78件，在讴歌新时代、弘扬主旋律中营造"喜迎二十大、矢志跟党走"的浓厚氛围。正能量文艺团以诗、书、画、乐为媒介，深入基层送文化34次，举办文艺演出26场。参与"青陇一家亲爱心传书香"活动，捐赠图书1100多册。围绕"挖掘传承历史文化资源，助力李沧经济特色发展"，深入老旧工业遗存、历史文化村居实地调研，提交意见建议20条，推动激活历史文化资源生命力。

（区政协办公室）

主要会议

政协青岛市李沧区第七届委员会第一次会议

2022年2月22日—25日举行。会议应出席委员212人，实到203人。与会人员听取和讨论了区委书记张友玉代表中共李沧区委在大会开幕时所作的讲话；审议通过了李桂锡代表第六届区政协常务委员会所做的工作报告、张崇英所做的提案工作报告。选举产生了政协青岛市李沧区第七届委员会

图31　2022年2月23日，中国人民政治协商会议青岛市李沧区第七届委员会第一次会议举行。　（区委宣传部供图）

主席、副主席、秘书长和常务委员。与会委员列席了李沧区第七届人民代表大会第一次会议，听取和讨论了代理区长魏瑞雪所作的政府工作报告，听取和讨论了李沧区人民法院工作报告、李沧区人民检察院工作报告及其他报告。全体委员围绕李沧区改革发展的重大问题和人民群众关心的热点问题，积极建言资政，广泛凝聚共识，取得丰硕成果。会议期间共收到提案225件，立案146件。会议通过政协李沧区第七届委员会第一次会议政治决议；表彰区政协六届五次会议以来的提案承办先进单位、先进社区委员活动工作室、"双岗双责"优秀品牌、优秀政协委员、优秀提案。

政协青岛市李沧区第六届委员会常务委员会会议

第二十六次会议于2022年2月14日举行。会议通过了政协李沧区第七届委员会委员人选名单；通过了《关于召开政协李沧区第七届委员会第一次会议的决定》；协商通过了政协李沧区第七届委员会第一次会议大会主席团和秘书长建议名单；审议通过了《政协李沧区第六届委员会常务委员会工作报告》及报告人，《政协李沧区第六届委员会常务委员会提案工作报告》及报告人，政协李沧区第七届委员会第一次会议议程

图32　2022年7月18日，李沧区第七届政协常委第二次会议
暨"双招双引"专题议政会议举行。　　（区政协办公室供图）

（草案）、日程（草案）；协商通过了政协李沧区第七届委员会第一次会议提案审查委员会组成人员、大会副秘书长、各组召集人建议名单；通过了区政协六届五次会议以来的提案承办先进单位、先进社区委员活动工作室、优秀政协委员、"双岗双责"优秀品牌、优秀提案；通过了《关于授权主席会议审议区政协六届二十六次常委会议未尽事宜的决定》。

政协青岛市李沧区第七届委员会常务委员会会议

第一次会议　2022年4月20日举行。会议传达学习习近平总书记在中央政协工作会议暨庆祝中国人民政治协商会议成立70周年大会上的重要讲话、习近平总书记在全国两会期间的重要讲话、习近平总书记在海南考察时的重要讲话精

神、《中共中央关于新时代加强和改进人民政协工作的意见（摘要）》《中共中央关于加强新时代人民政协党的建设工作的若干意见》；传达学习全国政协十三届五次会议精神、山东省政协十二届五次会议精神；中共李沧区委副书记郑海涛围绕学习贯彻青岛市第十三次党代会精神、李沧区第七次党代会精神做专题报告；传达学习青岛市政协十四届一次会议精神；传达学习《关于坚持"一个统领、双向发力"更好"围绕中心、服务大局"的实施意见》；审议通过《政协李沧区委员会2022年工作要点》；审议通过《关于鼓励政协委员积极参与"双招双引"促进全区经济社会高质量发展的实施意见》；审议通过《关于在全区政协委员中开展"双岗双责双作为"活动的实施意见》；审议通过《关于切实提

高提案质量的意见》；审议通过《政协李沧区委员会关于2022年度重点提案的决议》；审议通过李沧区第七届政协委员调整事项；审议通过有关人事事项；审议通过《李沧区第七届政协专门委员会设置及组成人员》；审议通过《李沧区第七届政协正能量智囊团、践行团、宣讲团、文艺团设置及组成人员》。

第二次会议暨"双招双引"专题议政会议 2022年7月18日举行。会议通报区政协上半年"双招双引"情况，布置下半年工作，就推动全区"双招双引"工作提质增效提出意见建议；区政协常委、委员围绕推动全区"双招双引"工作提质增效专题建言议政；区委副书记、区政府区长魏瑞雪讲话；集体学习《中国人民政治协商会议章程》；集体学习《习近平谈治国理政》第四卷第一专题：掌握历史主动，在新时代更好坚持和发展中国特色社会主义——在庆祝中国共产党成立一百周年大会上的讲话及关于《中共中央关于党的百年奋斗重大成就和历史经验的决议》的说明，续写马克思主义中国化时代化新篇章，新时代党和人民奋进的必由之路；审议通过《关于帮助支持委员发展提升更好凝聚正能量三年行动计划》《关于建立政协委员联系社区群众机制推动协商民主向基层延伸的实施意见》《政协委员年度

考核激励实施办法》；审议通过有关人事事项。

第三次会议暨"进一步加强和改进政协工作"专题协商会议 2022年9月27日举行。会议传达学习《中国共产党政治协商工作条例》；征求《关于加强和改进新时代政协工作的实施意见（李沧区征求意见稿）》意见建议；审议通过李沧区政协正能量"四团"特邀顾问增补名单；区政协常委、委员围绕"进一步加强和改进政协工作"建言议政；区委书记张友玉讲话。

第四次会议 2022年12月22日举行。会议传达学习中共二十大精神；传达学习《中共中央关于认真学习宣传贯彻党的二十大精神的决定》和山东省委、青岛市委、李沧区委有关《决议》；传达学习中央经济工作会议精神；审议通过李沧区第七届政协委员调整事项；审议通过李沧区第七届政协提案委员会委员调整事项；审议通过李沧区第七届政协正能量"四团"特邀顾问增补名单；审议通过《关于召开政协青岛市李沧区第七届委员会第二次会议的决定》；审议通过政协青岛市李沧区第七届委员会第二次会议议程（草案）、日程（草案）；审议通过《政协青岛市李沧区第七届委员会常务委员会工作报告》及报告人；审议通过《政协青岛市李沧区第七届

委员会常务委员会提案工作报告》及报告人；审议通过政协青岛市李沧区第七届委员会第二次会议大会秘书长、副秘书长名单；审议通过政协青岛市李沧区第七届委员会第二次会议各组召集人名单；审议通过2022年度"双岗双责双作为"突出贡献奖获得者和优秀政协委员名单；审议通过区政协七届一次会议以来的优秀提案和提案承办先进单位名单；审议通过2022年度反映社情民意信息工作先进单位和先进个人名单；审议通过《关于授权党组主席会议审议政协青岛市李沧区第七届委员会常务委员会第四次会议未尽事宜的决定》。

（区政协办公室）

主要活动

2022年3月29日，区第七届政协党组理论学习中心组围绕"深入扎实开展'作风能力提升年'活动，不断改进提升新一届政协工作"进行集体学习和交流研讨。

2022年4月1日，青岛市政协港澳台侨和外事工作办公室党支部联合区政协机关党支部赴李沧区党员政治生活馆和九水街道延川路社区开展"五进五送"暨主题党日活动。

2022年4月22日，中国人民政治协商会议青岛市李沧区委员会（简称"区政协"）举

行"双招双引"工作领导小组座谈会。

2022年4月25日，区政协正能量宣讲团暨教科卫体委员会举行2022年度工作会议，座谈和交流如何结合"五进五送"活动，开展好宣讲活动，发挥好宣讲团的正能量。

2022年4月26日，区政协正能量文艺团暨文化文史和学习工作办公室举行年度工作恳谈会，讨论文艺团和文化文史专委会工作，商定委员年度履职重点。

2022年4月26日、28日，区政协正能量践行团分别组织四分团和五分团举行2022年度工作会议，座谈交流如何充分发挥政协正能量践行团和经济专委会力量，更好开展"双招双引"、双岗双责双作为、联系服务界别群众等重点工作。

2022年4月28日，区政协经济委员会组织"李村商圈提档升级"协调课题组开展实地调研活动，助力李村商圈提档升级，助力李沧区"双招双引"工作。

2022年4月29日，区第七届政协党组理论学习中心组围绕"深入学习贯彻青岛市第十三次党代会精神，以实践实干实绩做好政协工作"进行集体学习和交流研讨。

2022年4月29日，区政协正能量智囊团举行第一次会议，研究完善正能量智囊团的组织架构、主要职责，并进行座谈交流。

2022年5月6日，区第七届政协党组理论学习中心组围绕"事争一流、奋发有为，推动新一届区政协工作向高质量迈进"进行集体学习和交流研讨。

2022年5月12日，区政协正能量宣讲团以"宣讲市、区党代会会议精神"为主题，组织部分宣讲团团员开展理论宣讲，统一思想、凝聚共识。

2022年5月17日—20日，区政协在区委党校举办喜迎二十大、奋进新征程"一个统领、双向发力"新任委员培训班（第一、二期），区政协党组书记、主席高田义出席培训班并为政协委员授课。

2022年5月25日—26日，区政协举行部分政协委员座谈会，委员们围绕自身在工作、履职等方面存在的问题、困难以及未来三年发展规划进行交流发言，并就有关工作提出意见建议。

2022年5月27日，区政协围绕"规划建设胶州湾科创新城，打造青岛未来产业增长极"举行专题协商座谈会。

2022年5月28日，区政协正能量智囊团五分团举行协商议政活动，围绕正能量智囊团五分团全年目标任务，委员联系社区群众推进协商民主向基层延伸方式、区政协相关重点提案以及政协联系党派委员等

工作征求委员意见并展开研讨。

2022年5月31日，区政协党组书记、主席高田义到青岛海诺学校开展走访慰问活动，向少年儿童致以节日祝福，向教学一线的教育工作者致以亲切问候。

2022年6月7日，区第七届政协党组理论学习中心组围绕"深入开展'作风能力提升年'活动，高质量推进协商民主建设"进行集体学习和交流研讨。

2022年6月9日，区政协党组书记、主席高田义带队赴苏州高铁新城，围绕"倾听与商量"第二专题——打造火车北站交通商务增长极（青岛创新创业活力区）开展对标考察、谋求良策。

2022年6月17日，区政协围绕"打造火车北站交通商务增长极"举行专题协商座谈会。

2022年6月21日，区第七届政协党组理论学习中心组进行第五次集体学习，围绕"深入学习贯彻省委《关于加强和改进新时代市县政协工作的实施意见》文件精神，推动全区政协事业高质量发展"交流研讨。

2022年7月8日，区政协举行"倾听与商量"——委员直通车"打造李村商圈时尚活力增长极"专题协商会，青岛市政协党组副书记、副主席陈大维出席会议并讲话，李沧区政协党组书记、主席高田义主持

会议。

2022年7月15日，区第七届政协党组理论学习中心组进行第六次集体学习，围绕"坚持党的全面领导，加强和改进政协工作"主题进行交流研讨。

2022年7月19日—22日，区政协党组书记、主席高田义带队赴安徽省亳州市谯城区考察学习，与珍宝岛药业集团就战略合作事宜进行商洽。

2022年7月29日，区第七届政协党组理论学习中心组进行第七次集体学习，围绕"助力城市更新和城市建设三年攻坚行动，共绘沧海青城新画卷"主题进行交流研讨。

2022年8月3日，区第七届政协党组理论学习中心组进行第八次集体学习，围绕"深入学习习近平总书记在中央统战工作会议上的重要讲话精神"主题进行交流研讨。

2022年8月5日，区政协社会法制委员会围绕"五进五送"举行专题协商座谈会，委员们围绕"五进五送"活动，从问题导向、创新形式、取得实效等方面就如何深入开展各具特色的"五进五送"活动建言献策。

2022年8月10日，区政协党组书记、主席高田义到沧口街道实地督导创建全国文明典范城市工作。

2022年8月12日，区政协举行"当龙头 做表率 开新局"

大讨论专题会议。

2022年8月19日，区政协社会法制委员会部分委员到李沧区法院就李沧区妇女儿童权益保护工作进行实地视察调研。

2022年8月23日，区政协党组书记、主席高田义带队到新旧动能转换产业示范片区调研征迁工作。

2022年8月31日，区政协党组书记、主席高田义带队赴沧口街道、世园街道调研视察"有事多商量"协商议事室建设情况。

2022年9月2日，区政协老干部活动中心揭牌仪式在青岛市离退休干部党建基地融合共建示范点举行。区政协党组书记、主席高田义，区政协历届老领导出席。

2022年9月6日，区政协提案委员会举行全委会议，会议通报了区政协七届一次会议以来提案办理及上半年工作情况，就做好下半年提案委工作谋划展开讨论。

2022年9月7日，区政协党组书记、主席高田义带队开展"城市更新和城市建设三年攻坚行动"专项视察。

2022年10月10日，"一统双力 政通协和 翰墨丹青迎盛会"——李沧区政协喜迎二十大书画艺术展在区机关举行开幕式。

2022年10月18日，区政协党组书记、主席高田义带队

开展"2022年区办实事"专项视察，委员们围绕助力残疾人就业、提高社区便民窗口服务水平、提升李沧区教育水平、老旧小区持续改造等提出意见建议。

2022年10月19日，区政协党组书记、主席高田义督导检查全国文明典范城市创建工作。

2022年10月25日，区政协党组书记、主席高田义带队到公安李沧分局走访调研。

2022年10月26日，区政协党组书记、主席高田义带队到区法院走访调研。

2022年10月27日，区政协党组书记、主席高田义带队到区人武部走访调研，看望慰问干部官兵。

2022年11月1日，区政协党组书记、主席高田义带队到区检察院走访调研。

2022年11月23日，区政协举行"倾听与商量"——"挖掘传承历史文化资源 助力李沧经济特色发展"专题协商会。

2022年11月24日，区政协党组书记、主席高田义赴沧口街道紫荆苑社区宣讲党的二十大精神，与基层党员干部、群众一起深入学习党的二十大精神。

2022年12月2日，区第七届政协党组举行2022年下半年党风廉政建设与反腐败工作专题会议。

（区政协办公室）

中共青岛市李沧区纪律检查委员会李沧区监察委员会

牢固思想根基

深学细悟笃行党的二十大精神

2022年，中共青岛市李沧区纪律检查委员会李沧区监察委员会（简称"区纪委监委机关"）把深入学习宣传贯彻党的二十大精神作为首要政治任务，精心组织、周密部署，在全面学习、全面把握、全面落实上下功夫，通过召开常委会扩大会议、组织理论学习中心组集中研讨、领导班子成员带头宣讲等形式，不断兴起学习宣传贯彻热潮。制订认真学习宣传贯彻党的二十大精神的实施方案，召开委机关宣讲报告会，举办专题培训班，推动全区纪检监察机关切实把思想和行动统一到党的二十大精神上来。加强对全区各级党组织学习贯彻党的二十大精神情况的监督检查，坚决纠治学习贯彻中的形式主义、官僚主义问题，确保党的二十大精神在李沧落地生根、开花结果。

贯彻落实新时代党的创新理论

2022年，区纪委监委机关始终坚持"第一议题"制度，区纪委常委会跟进学习习近平总书记最新重要讲话和重要指示批示精神14次。召开全区纪检监察工作高质量发展专题研讨会，开展"我来讲课"综合业务培训活动，带动全区纪检监察干部深学细悟党的创新理论，不断提高政治判断力、政治领悟力和政治执行力。聚焦纪检监察工作高质量发展中的痛点、难点、堵点问题，加强年度重点课题调研，组织全系统大兴调查研究之风，开展"小、快、灵"调研173次，关于国有企业领域违纪违法情况的调研报告获评2022年度全市纪检监察系统优秀调研成果第一名。

政治监督

做实做细政治监督

2022年，区纪委监委机关围绕习近平总书记对山东、对青岛工作的重要指示要求，聚焦党的二十大确定的目标任务、党中央重大决策部署和山东省委、青岛市委、李沧区委工作安排，梳理编制并动态更新2022年政治监督总台账，深入落实"一台账、两清单、双责任、双问责"监督机制，聚焦黄河重大国家战略、作风建设等15项重点监督事项建立政治监督清单，协助全区各部门围绕政治建设、产业发展等15项内容制定政治监督事项单，建好用好政治监督活页，创新实施"五步五强化"工作法，政治监督具体化精准化常态化机制更加健全。严明换届纪律，严把政治关、廉洁关，规范、审慎回复党风廉政意见3324人次。

靶向聚焦开展专项监督

2022年，区纪委监委机关坚持开展黄河流域生态保护和高质量发展专项监督，制发黄河流域生态保护和高质量发展专项监督实施方案，累计监督发现并督促整改问题130余个，批评教育帮助和处理13人。坚持靠前监督，服务保障好新冠疫情防控工作，累计监督发现并督促整改问题380余个，制发监督建议书23份、监督事项提醒单38份，批评教育帮助和处理68人，给予党纪政务处分6人。统筹开展党的二十大维稳安保、群众身边的腐败问题和不正之风、作风能力提升年、城市更新和城市建设等专项监督，共发现问题 51 个，督促解决体制机制性障碍问题 18 个。组织全区 1.49 万名党员干部和公职人员签订"零违建"承诺书，以有力监督保障有效落实。

压紧压实全面从严治党政治责任

2022 年，区纪委监委机关协助区委建立区管主要领导干部任前告知制度并制作《任前告知手册》，制订并以区委名义转发《关于区纪委负责人与下级党委（党组）"一把手"开展"四谈四促"党内谈话工作的实施意见》，用好日常谈心谈话、监督谈话、廉政谈话、约谈等方式，对被监督单位领导班子成员、重点岗位人员约谈 1638 人次，督促召开党风廉政建设专题会议 157 次。联合多部门对 5 家区属重点国有企业负责人开展"一对一"廉政谈话，传导压力、压实责任。

党风廉政建设

（详见第 43 页）

专项整治

民生领域专项整治

2022 年，区纪委监委机关聚焦社区集体"三资"管理、不动产登记办证难等 8 项群众反映强烈的整治重点，制发助残系统专项整治白皮书，开展调研式、下沉式监督察访 12 批次，查处问题 31 起，批评教育帮助和处理 42 人，其中给予党纪政务处分 29 人，督促解决群众急难愁盼问题 30 个。出台《关于深入开展重点社区提级监督的实施办法（试行）》，探索对 5 个重点社区开展提级监督，加大对基层干部和公职人员用权的监督约束力度。

扫黑除恶"惩腐打伞"工作

2022 年，区纪委监委机关对涉黑涉恶案件一以贯之保持高压态势，持续巩固深化扫黑除恶专项斗争和政法队伍教育整顿成果，集中开展涉黑涉恶线索案件核查办理专项行动，共查处涉黑涉恶腐败和"保护伞"问题 8 件，给予党纪政务处分 7 人，组织处理 1 人。

反腐败工作

在"不敢腐"上持续加压

2022 年，区纪委监委机关保持惩治腐败高压态势，全区纪检监察机关共立案 140 件、给予党纪政务处分 137 人，其中查处区管干部 13 人；留置 2 人，移送司法机关处理 7 人，严肃查处邓杰、曹义德等严重违纪违法典型案件，挽回经济损失 2705 万元，震慑效应持续释放。坚持受贿行贿一起查，加大对行贿者惩治力度，给予党纪政务处分 12 人。召开 6 次全区审查调查安全工作会议，深入开展办案安全大检查，坚决落实"五个必须"和"十个严禁"要求，筑牢办案安全底线。

在"不能腐"上深化拓展

2022 年，区纪委监委机关将案件查办、加强教育、完善制度、促进治理贯通起来，推进惩治震慑、制度约束、提高觉悟一体发力。坚持"一案一剖析、一案一总结"，3 次办案经验做法获得青岛市纪委主要负责人肯定性批示。召开区委反腐败协调小组会议，研究通过《反腐败协调小组工作规则》，与区检察院建立"一对一"协商机制，与区法院建立"一把手"统一调度机制，与公安李沧分局建立专班协同配合机制，全年协作办理不留置直诉案件 5 件，相关工作经验在《山东纪检监察工作》专刊刊发。深挖个案背后的普遍性问题和深层次问题，精准提出纪检监察建议 28 件，比上年增长 33.3%，有力督促相关职能部门聚焦工程建设、审批监管等重点领域完善制度机制，形成查处一案、警示一片、治理一域的治本效应。

在"不想腐"上巩固提升

2022 年，区纪委监委机关以新时代廉洁文化建设为抓手，纵深推进清廉建设，督促责任部门（单位）围绕11个重点领域细化100余项措施，分类创建"红色物业""温馨清廉医院""清廉校园"等特色廉洁文化品牌。唱响"清廉之声"，在各级媒体刊发宣传文章43篇次，制作新媒体产品11个，其中2部优秀短视频作品在中央纪委国家监委网站首页头条刊发。办活"清廉课堂"，组织全区党员领导干部参观青岛市廉政教育馆6批170人次，制发区管党员干部廉洁自律提示卡800份，编发《每周一案》45期，深入开展好"一把手"、年轻干部、国有企业定制化警示教育和家教家风主题宣讲。统筹"清廉园地"，已建成"清廉园地"17处，其中新建红色物业家风馆等园地8处，入选省、市级廉洁教育地图6处。弘扬"清廉风韵"，联合多部门开展剪纸、书画等主题廉洁文化系列活动5场，获评青岛市首届清廉建设优秀成果。

队伍建设

加强常委会自身建设

2022年，区纪委监委机关修订完善《关于加强区纪委常委会自身建设的意见》《中共李沧区纪委常委会议事决策规则》，优化新一届区纪委监委领导班子成员分工，锻造坚强领导集体。严格执行民主集中制，扎实做好意识形态工作，纳入执行党的纪律尤其是党的政治纪律和政治规矩的监督检查范围，始终坚持把党的领导贯穿到纪检监察工作全过程、各方面。

深化纪检监察体制改革

2022年，区纪委监委机关以"规范化法治化正规化建设年"活动为抓手，全面推进制度"立改废释"工作，制定修订各类制度18项，推动纪检监察体制改革走深走实。全面落实《纪检监察机关派驻机构工作规则》，规范理顺区纪委监委派出纪检监察机构设置。报批成立李沧区清川苑管理服务中心，推动机构设置更加科学合理。深化"四种形态"运用机制，综合运用"四种形态"批评教育帮助和处理616人次，其中第一种形态占比77.1%，比上年提高26.4个百分点，质效显著提高；第二、第三、第四种形态分别占比14.1%、4.1%、4.7%，结构明显优化。着力规范执纪执法工作，加强对审查调查措施使用情况和案件质量的检查考评，建立"台账登记、备案核查、专项检查、工作提醒、季度通报"常态化督查机制，针对督查发现问题制发《工作提示》37期，编制业务口袋书4册，相关经验做法在《中国纪检监察报》头版头条刊发。

锤炼过硬作风能力

2022年，区纪委监委机关深入开展"作风能力提升年"活动，引导纪检监察干部带头发扬"严真细实快"工作作风。健全以考促学、以案代训、双向学习锻炼等机制，持续深化全员培训，创新开展划片分级、分层培训，将政治建设与业务知识培训相结合，全员参与"我来讲课"，开展培训20余期，累计参训500余人次，不断提高纪检监察干部工作能力。

坚持严管厚爱结合

2022年，区纪委监委机关自觉接受人大监督，完成区监委向区人大常委会报告专项工作，总结提炼助残系统腐败和不正之风整治工作成果，办理完成区人大常委会提出的《审议意见》及交办清单。面向全区择优选聘15名特约监察员，着重发挥其对监察机关及工作人员的外部监督作用。严格内控管理，用好正负清单制度，完善纪检监察干部廉政档案，坚决纠治"灯下黑"。做实关心关爱，常态化开展谈心谈话、走访慰问，激励保障干部担当尽责。

（区纪委监委机关）

民　主　党　派

中国国民党革命委员会青岛市委员会李沧区基层委员会

参政议政

2022年，中国国民党革命委员会青岛市委员会李沧区基层委员会（简称"民革李沧区基层委"）加强履职能力建设，做好参政议政、调研、社会服务等工作。与其他党派和其他区市基层委或总支交流学习履职经验，开展社情民意工作学习培训班、参政议政工作交流座谈，提高党员建议献策的意识和能力。全年完成社情民意信息50余篇。期中，高展的《环保督查压力之下部分地方超需求建设污水处理设施的情况亟待整顿》被中央统战部《零讯》采纳，赵宝峰关于《"汽车改装呼唤政策改革"的建议》被全国政协和民革中央采用，7篇社情民意信息被山东省政协、民革山东省委采用，7篇提案被李沧区政协七届一次全会立案。另有多篇社情民意信息被青岛市政协、青岛市委统战部、民革青岛市委采用上报。承担民革青岛市委会"基于EOD模式

的滨水片区开发策略研究""青岛市入海河流海潮影响区域水质提升研究"2项重点调研课题，参加了区政协课题组到江苏省铁路苏州北站开展"新中心、新未来"专题调研活动，选派政协委员党员参加青岛市政协"以水资源的可持续利用支撑我市经济社会高质量发展"大调研活动。3名委员党员分别参加区政协城建委员会重点提案办理协商会议、区政协"关于打造火车北站交通商务增长极"专题协商。以大力服务"城市更新和城市建设三年攻坚行动"为着力点，发挥支部自身界别优势，针对双招双引、人才服务、垃圾分类、水污染防治、法律服务等方面，立足本职工作岗位，开展调研和社会服务工作。

思想建设

2022年，民革李沧区基层委坚持以习近平新时代中国特色社会主义思想为指导，深入学习宣传贯彻中共中央总书记习近平在中共二十大、全国"两会"上的重要讲话精神，开展"矢志不渝跟党走、携手奋进新时代"教育活动，做好迎接中共二十大召开各项工作，传达学习中共中央、民革中央和

省市委会相关文件精神，紧抓思想建设不放松，根据《示范支部创建活动指南》《思想建设考核标准》制订思想学习计划。全体党员到沙子口民革崂山二支部参观民革党员之家，邀请参政议政专家向党员进行示范支部创建、参政议政等内容授课，基层委政协委员党员参加了区政协"一个统领、双向发力"新任委员培训班、区政协座谈会和区检察院会议等。三个支部的主委和委员赴胶州市参加了民革市委会的骨干党员培训班，选派3名党员参与民革市委会"喜迎二十大暨'我讲民革故事'主题演讲"活动。打造政治立场坚定、理论本领过硬、干事创业的党员队伍。

社会服务

2022年，民革李沧区基层委延伸社会服务，主动保障新冠疫情防控，全年有20余人次参加核酸检测登记服务工作；到虎山路街道、九水街道慰问抗疫人员，送去消毒液、口罩、牛奶、方面便和矿泉水等防疫爱心物资；组织采购防疫物资，慰问跨海大桥李村收费站交通卡口防疫人员；到甘肃省陇南市康县中医医院，看望李沧区医

疗援助队并带去慰问物资。党员与李村街道杨哥庄社区、东北庄社区和楼山街道楼山后片区结对，帮扶社区生活困难群众，帮助社区开展海洋知识科普、排水管线排查维护等。打造"博爱山水"环保公益品牌，开展以生态环境保护、垃圾分类和义务植树为主题的入校园、入社区活动3次。联合媒体、高校发起"衣"往情深大型公益活动，累计回收再利用军训服约1.1万套，数千名一线建筑工人受益，活动相继在山西省、吉林省、黑龙江省、陕西省、西藏自治区等落地，服务更多一线建筑工人。联合公益团队开展"我陪爸妈看春天"敬老公益活动，陪伴约400位空巢老人走出家门，欣赏春天美景，传承孝德文化。组织党员开展消费帮扶，统一采买陇南市地方特产；组织党员到"春蕾女童"家庭慰问；对留青过年的特殊环卫工人群体开展困难群众扶贫慰问活动。一系列社会服务工作受到社会各界肯定。

组织建设

2022年，民革李沧区基层委加强组织建设（2021年12月24日，民革李沧区基层委成立），新转来党员1人，发展新党员3人，调出党员1人，共有党员34人，人员组成进一步年轻化。全年召开基层委工作会议3次，民主生活会2次。3个支部共召开支部全体会8次，支委班子会议12次，开展民主生活会3次。关心老党员生活，春节及端午节，支部骨干和青年党员对退休老党员进行走访慰问。加强党员自身建设，有青岛市政协委员1人，李沧区政协委员和人大代表6人。配合完成民革青岛市委会基层组织调研和市委会监督委示范支部、党员之家专项监督工作。

主要成果

2022年，民革李沧区基层委获评区政协反映社情民意工作先进单位。在民革青岛市委会相关评比中，一支部、三支部获评年度优秀支部、组织工作先进集体、提案先进集体、社情民意先进集体，一支部获评宣传思想先进集体，一支部、二支部、三支部获评社会服务先进集体，三支部获评重点调研先进集体；1名党员获评青岛市政协提案工作先进个人，2名委员党员获评李沧区优秀政协委员，2名委员党员获评李沧区反映社情民意工作先进个人，多人次获评优秀党务工作者、优秀党员、宣传思想先进个人、社会服务先进个人、重点调研先进个人、提案先进个人等。在民革山东省委会相关评比中，2人获评2021年度反映社情民意工作先进个人，2人获评2021年度参政议政工作先进个人。高展获聘青岛市生态环境局特约社会监督员和区检察院特邀检察官助理。徐杰参加了2021年度感动青岛人物颁奖典礼，受邀上台为获奖人物颁奖。黄蕊参与的教学科研项目获评山东省教学成果奖（职业教育类）一等奖，黄蕊被评为2021—2022年度1+X证书制服考评工作优秀工作者。

（民革李沧区基层委）

中国民主同盟青岛市委员会李沧区工作委员会

思想建设

2022年，中国民主同盟青岛市委员会李沧区工作委员会（简称"民盟李沧区工委"）以习近平新时代中国特色社会主义思想为指导，各支部组织盟员持续开展党的十九届六中全会精神学习。组织14名盟员代表参加民盟青岛市代表大会，组织盟员集体观看大会开幕式。组织学习中共二十大会议精神，以多种形式宣讲二十大精神。参加民盟青岛市委组织的青岛民盟2022年区（市）、高校、科研院所班子成员读书班学习。组织盟员参加中共李沧区委统战部组织的2022年李沧区党外干部、民主党派骨干成员暨新阶层、台澳侨胞代表人士专题研讨班学习，通过专题讲座、集体学习、现场教学、座谈交流等方式学习习近平新时代中国特色社会主义思想、中共二十大精神、《中国共产党统一战线工作条例》《中国共产党政治协商工作条例》、习近平总书记在中央统战工作会议上的重要讲话精神。参加中国民主同盟青岛市委员会举办的"永远跟党走，奋进新征程"喜迎二十大演讲活动。

社会服务

2022 年，民盟李沧区工委采取消费扶贫方式支持青陇一家亲活动，支持陇西地区脱贫致富，组织盟员购买陇西农产品价值 3.3 万余元。参与疫情防控工作，购买价值 1.2 万余元的牛奶、矿泉水、方便面等物资，到浮山路街道、虎山路街道等 7 个街道和长岭路社区、中崂路社区等慰问社区工作人员和医务工作者；购买价值 2000 余元的物资到虎山路街道、九水街道慰问一线抗疫工作人员。走访慰问社区，捐赠 50 箱矿泉水、50 个环卫工人垃圾清理夹，价值 2000 余元。组织盟员参加防疫志愿活动，先后 50 余人次参加高速公路口、铁路青岛北站出站口等的防疫工作；参加街道、社区、单位的核酸检测信息登记、核酸检测采样、社区防疫等防疫志愿活动。重阳节、春节组织慰问退休盟员和老盟员 100 余人次。捐款 1.4 万余元用于新冠疫情防控和救助困难群众。盟员连续第 8 年参与帮助"春蕾女童"公益活动。

组织建设

2022 年，民盟李沧区工委加强基层盟务组织建设，增强基层组织活力，年内发展新盟员 10 人，全区共有盟员 196 人。全年组织盟务活动 20 余次，民盟李沧区工委教育总支被民盟山东省委授予 2021 年"优秀集体"称号，3 名盟员被评为山东省优秀盟员，12 名盟员被评为青岛市优秀盟员。

主要成果

2022 年，民盟李沧区工委全体盟员立足本职工作，爱岗敬业，参加社会活动和公益活动。盟员发表文章、论文 20 余篇，受到上级部门表扬、表彰 40 余人次，2 篇提案被评为优秀提案，4 人获评政协双岗双责贡献奖，1 人获得青岛市优质课一等奖，1 人参加 2022 年山东省职业院校技能大赛获得三等奖。1 人指导学生参加第二十届山东省大学生软件设计大赛获得三等奖；指导学生参加山东省职业院校动漫作品大赛一等奖并获得优秀指导教师奖。盟员黄站显的提案《扩大李沧区夜市规模、提升步行街品质打造李沧旅游休闲名片》被评为全市政协优秀提案。

（民盟李沧区工委）

中国民主建国会青岛市李沧区基层委员会

参政议政

2022 年，中国民主建国会青岛市李沧区基层委员会（简称"民建李沧区基层委"）将履职能力建设作为主要内容，做好参政议政、调研、社会服务等工作，有效提升履职效能。围绕李沧区第七次党代会会议精神，开展"同心行·凝聚力·新李沧"专项行动，启动"金点子"献言献策，全体会员提出 50 条建议，其中会员牛佳霖提出 35 条。民建山东省委采用了 7 条，分别是《应避免疫情防控盲目扩大化》《加强妇女权益保护的建议》《关于疫情期间关爱灵活就业者的建议》《关于保护我国境外资产安全的建议》《核酸检测点潜在的病毒传播风险需引起重视》《关于保市场主体促经济发展的建议》《推动高端医疗器械国产化的建议》。另外，《新冠疫情下数字城市建设的问题和建议》被民建中央采用。

思想建设

2022 年，民建李沧区基层委把各支部思想建设作为首要工作，构建制度化学习规程，提高广大会员的思想觉悟和政治理论水平。以常态化学习方式的"规定动作"与创新学习模式的"自选动作"相结合，形成基层委上下凝聚共识、同心同向的良好学习氛围，夯实了政治思想基石。根据民建青岛市委会《"矢志不渝跟党走、携手奋进新时代"政治交接主题教育工作方案》部署，民建李沧基层委把主题教育作为贯穿全年的重点工作，深化建言献策、民主监督、社会服务等九大行动，坚持在学习教育中不断推动工作实践，在工作实践中不断体现学习成果。各支部贯彻上级要求，组织会员开展形式多样、内容丰富的主题教育。民建李沧区基层委组织理论中心组集体学习活动 6 次，深入各支部组织开展中共二十大精神和青岛市、李沧区党代会专题宣讲活动 10 次，召开专题学习会 5 次，各支部组织开展理论学习会累计 30 多次。

社会服务

2022 年，民建李沧区基层委以服务品牌建设为推动力，推进社会服务工作质效。全年组织开展活动 18 次，有民建李沧三支部策划的"温暖一座城，民建在行动"、民建李沧区基层委九九重阳节敬老活动，民建李沧区四支部对口帮助西藏自治区听障儿童，民建李沧区基层委与青岛喜基金携手举办"中秋团圆"爱心公益慈善活动，民建李沧第二、三、五支部与民建市南区支部联谊开展红色教育活动等。在东西协作、扶贫、抗疫等方面捐款、捐物累计金额 94.38 万元。其中，会员李绍坤捐款、捐物价值约 58.78 万元，会员吕思喜捐款、捐物价值约 16.38 万元。多次被"李沧融媒"公众号、《半岛都市报》和民建青岛市委员会宣传报道。

主要成果

2022 年，民建李沧区基层委及支部部分会员在参政议政、信息工作、宣传工作、理论研究及社会服务等方面获得多项荣誉。民建会员在政协及人大活动中积极献言献策，参加各项调研活动，入选 2022 年李沧政协《凝智集》优秀个人 13 人，在专题议政、双招双引、倾听商量、科创新城、铁路青岛北站、李村商圈、历史文化等方面的建议获得了区政协肯定。会员吕思喜获评李沧区第六届优秀政协委员、全省表现突出人民监督员、青岛市杰出政协委员，被聘任为青岛市中级人民法院人民监督员。

（民建李沧区基层委）

中国民主促进会青岛市李沧区支部委员会

参政议政

2022 年，中国民主促进会青岛市李沧区支部委员会（简称"民进李沧区支部"）6 名会员被推荐为七届李沧区政协委员，1 名会员被选为李沧区人大代表。在"围绕中心、服务大局"中展现责任担当，民进李沧区支部提交 10 篇联名提案和《关于组建中小学生课外文化活动资源共享平台的建议》《关于统筹社会青少年阅读资源的建议》等单人提案。

思想建设

2022 年，民进李沧区支部开展习近平总书记新年贺词、两会讲话等相关文件精神学习，深入讨论"五个必由之路"和"五个有利条件"等主题；组织骨干会员学习党的二十大报告及相关文件，巩固了政治共识、强化了思想引导，以思想共识新提高，引领自身建设。

社会服务

2022 年，民进李沧区支部联合李沧区文化和旅游局、李沧区红十字会共同发起"青陇一家亲 爱心传书香"图书捐赠与漂流文化活动，该活动也是青岛市 2022 年度全民阅读重点活动之一。4 月 21 日，启动仪式在李沧区新时代文明实践中心举行。5 月—6 月，民进李沧区支部会员周京会及所在的繁星助学慈善服务中心召开 10 余场说明会，协调、组织全市 60 余家爱心企业、50

多个爱心捐赠点，向甘肃省陇南市康县捐赠爱心图书 1 万余册、价值 30 余万元，免费发放李沧区文旅活动 12 生肖纪念卡 2 万余张。6 月 28 日，"青陇一家亲 爱心传书香"图书捐赠与漂流文化活动发车仪式在恒星未来儿童成长中心举行，爱心单位自发成立桔灯全民阅读推广联盟，持续开展全民阅读推广和东西互助文化交流活动，活动被中央和省、市级媒体报道。民进李沧区支部积极参与新冠疫情防控，充分调动社会各方力量，当先锋、献爱心，参与东李高速路口核查、社区消毒等各类志愿服务 20 余人次，并多次参加慰问活动。

组织建设

2022 年，民进李沧区支部新增会员 5 人，会员总数 42 人，进一步丰富了会员结构，增强了组织凝聚力。会员汤云青、赵建飞、袁少伟、周京会等获评民进山东省优秀会员，民进李沧区支部获评民进山东省先进基层组织。节假日走访慰问支部马苓、李毓豪等 6 位老会员，询问生活中的困难，关心他们的身体状况。为 7 位退休会员订阅《健康时报》。日常工作中，主动倾听会员心声，帮助纾困救难，充分体现组织的关心和爱护，营造和谐团结氛围。

（民进李沧区支部）

中国农工民主党青岛市李沧区基层委员会

参政议政

2022 年，中国农工民主党青岛市李沧区基层委员会（简称"农工党李沧区基层委"）发挥党员专业特长，撰写调研报告和社情民意，进一步提高党员参政议政能力。李沧区两会期间，农工党 2 名人大代表、7 名政协委员积极献言献策，共提交提案 11 件。其中，组织提案 3 件，分别是《关于大力推广"中医适宜技术"促进基层医疗服务水平和居民健康指标提升案》《关于配齐建强小学科学教师队伍实现小学科学教师专业化案》《关于对基础教育中弱势群体特别关注案》；个人提案 8 篇，分别是《关于推广无陪护医院试点的提案》《关于恶意投诉的提案》《关于科学设置单元网格，打造单元长队伍，推动网络融合，强化社会治理末梢的提案》《关于加强食品、餐饮卫生等方面的监管，保障人民群众健康安全案》《关于解决宜川路停车难问题的提案》《关于深入加强李沧区卫生医联体议案》《发扬妈祖文化助力李沧区文旅经济发展的建议》《关于加强现阶段新型冠状肺炎疫情防控案》。此外，完成农工党青岛市委调研课题 1

篇、社情民意信息 6 篇，申报并立项农工党青岛市委年度调研课题 2 项。

思想建设

2022 年，农工党李沧区基层委坚持把学习贯彻习近平新时代中国特色社会主义思想作为首要政治任务，深入学习贯彻中共二十大精神、习近平总书记关于新型政党制度重要论述、中央统战工作会议精神、农工党十三次会议精神，以及山东省、青岛市、李沧区党代会和全会精神。组织全体委员集中收看中共二十大开幕式，全体党员采取不同方式学习领会讲话精神，展开研讨、撰写学习体会，确保思想武装到位。组织党员参加青岛市委统战部、农工党青岛市委会、李沧区政协、区委统战部的各类会议和培训班，提升党员政治素质和参政议政能力。

社会服务

2022 年，农工党李沧区基层委立足本职工作，积极为抗击新冠肺炎做出贡献，青岛市第三人民医院、青岛市第八人民医院、青岛市中心医院（北部院区）的农工党党员响应青岛市卫生健康委号召，请战支援黄岛区、莱西市疫情防控。8 名党员志愿参加李沧区社区、街道、高速路口疫情防控。推进构建平安校园建设，以"珍

惜生命 关爱健康 建设平安校园"为主题，到青岛第四十九中学开展"应急救护知识培训"，讲解相关急救知识，提高教师急救知识与技能。组织到敬老院义诊，弘扬中华民族敬老爱老美德。开展医疗咨询、义诊宣传等活动。农工党李沧区基层委主委刘玉峰两次做客青岛《健康大学堂》节目，两次做客《名医在线》，普及结核病的防治知识。进行困难帮扶，慰问共建单位振华路街道四流北路第一社区困难群众18户，全年累计捐款、捐物价值6万余元；采用消费扶贫方式支持西部建设，购买甘肃省康县农产品价值2万余元。助力乡村文化建设，联系多名岛城知名画家到崂山区上葛场社区，带动乡村旅游文化发展。

组织建设

2022年，农工党李沧区基层委发挥农工党"党员之家"的展示、会议、学习活动功能，成为党员联系、交流的桥梁纽带，中央和省、市、区级民主党派及统战部门到"党员之家"参观、交流、调研6次，工作成效得到认可。农工党青岛市委会专职副主委一行到李沧区农工党"党员之家"指导工作，走访党员企业宾川路社区卫生服务站和青岛冯师傅茶叶有限公司。贯彻落实农工党青岛市委提出的"2111"工作思路，

用积分记录基层组织工作、衡量基层党员作用，激发和增强基层组织发展活力，8名党员被农工党青岛市委会评为优秀党员。重视后备干部培养，向农工党青岛市委推荐政治素质好、业务技能强、热心党派工作的积极分子加入农工党组织。重视党前教育，做到成熟一个发展一个，8人已递交入党申请书，全区农工党党员总数88人。农工党李沧区基层委被农工党青岛市委会评为2022年度先进基层组织。

（农工党李沧区基层委）

中国致公党青岛市委员会李沧区基层委员会

参政议政

2022年，中国致公党青岛市委员会李沧区基层委员会（简称"致公党李沧区基层委"）坚持正确的政治方向，以开展"矢志不渝跟党走、携手奋进新时代"主题教育为契机，进一步牢固参政党意识，紧紧围绕李沧区经济社会发展大局，切实履行参政党职能，在参政议政、社会服务、侨海联谊等方面发挥作用。组织开展楼山片区青岛环湾科技城、老虎山生态修复和青岛梅园建设、促进民营经济发展、区办实事推进情况等调研活动，为推动李沧区经济社会发

展出实招、献良计，8篇工作建议被山东省、青岛市政协采用，5篇调研报告获青岛市政府主要领导肯定性批示。参加李沧区委协商座谈会2次、区纪委党风廉政建设和反腐败工作情况通报会1次，《推动胶州湾老工业区"蝶变"打造青岛未来产业集聚区》被选为青岛市政协大会发言内容、区政协重点提案；青岛市"两会"期间，提交的议案、建议获立案6件；区"两会"期间，基层组织提交组织提案1件，提交议案、建议12件。发挥民主监督作用，2人被分别聘为李沧监察委员会特约监察员、李沧区人民法院特约监督员。参加对口联系单位组织的座谈、调研等活动，所提意见建议推动了相关工作的开展。及时提报社情民意，把社情民意工作作为参政履职的基础性工作来抓，培育人才力量，梳理建言重点，开展主题活动，完善激励机制，推进社情民意工作的扎实开展。

思想建设

2022年，致公党李沧区基层委聚焦夯实思想根基，科学策划、扎实开展学习宣传贯彻中共二十大精神系列活动。中共二十大召开前，组织党员参与致公党青岛市委会"强国复兴有我""奋进新征程·喜迎二十大"征文活动，6篇征文展示了近年来李沧基层委的建设成果，讲述了党员参与强国复

兴实践的故事和感悟，表达了永远跟党走、建功新时代的坚定决心，抒发了期盼中共二十大胜利召开的喜悦心情。中共二十大召开期间，组织党员认真收看开幕会电视直播，聆听习近平总书记做报告，全程关注大会盛况，认真领会大会精神。中共二十大召开后，开展学习宣传贯彻活动，召开了理论学习中心组专题学习会议，指导基层组织开展了形式多样的学习活动，购买发放了《党的二十大报告学习辅导百问》《中国共产党第二十次代表大会文件汇编》等学习资料。基层委组织开展"书香支部"读书会3期，聚焦思想政治、经济社会发展、社会调研、意识形态、人文素养、基层组织建设、履职能力提升开展研讨活动，引导党员坚持读书学习，提升认知，用新知识、新理念、新思维增强基层组织凝聚力，创新驱动基层组织工作提升。

社会服务

2022年，致公党李沧区基层委共战新冠疫情，展现致公担当。响应李沧区委统战部号召，捐款捐物、奉献爱心，累计捐赠现金、物资总价值近15万余元；组织党员参加"同心行"志愿服务队，下沉疫情防控一线，积极配合开展核酸检测、疫情执勤、封控管理、宣传动员、秩序维护、人员排查

等工作，用实际行动参与构筑了共同抗击疫情的钢铁防线，精彩诠释了致公党员"致力为公，侨海报国"的使命担当。

拓宽服务职能，培育工作品牌。开展"凝心聚力·共建共享"活动，组织党员赴结对社区，有计划地开展送课、送医、送文化、送科技等惠民服务和国学、天文、法律科普等活动；持续开展优秀传统文化"进社区、进企业、进校园"活动，组织党内艺术家到工业园区、大中小学，服务实体经济，传播优秀文化；积极参与全国文明典范城市创建，走访慰问"创城"一线工作人员；参加"同心参与·携手禁毒"公益活动，制作宣传海报，做客公益讲堂；开展植树节、春节送"福"字、走访慰问困难家庭等活动形成常态化和制度化。捐献物资支援莱西抗疫，积极参加疫情处置战斗。开展了民法典和宪法普及讲座，"童心向党 别样暑假"反诈公益课堂，为李沧区委党校"青年干部学堂"授课，捐赠国学书籍给学校创建书香支部等活动。在7个社区结对帮扶困难家庭、残疾人的生活，开展对口支援消费扶贫和捐款捐物约计4万元，圆满完成了区委统战部的扶贫任务，展现了致公党人的风采，受到了社会各界的广泛好评。

组织建设

2022年，致公党李沧区基

层委辖3个基层支部，有39名党员。一是扎实推进班子建设。把加强和改进领导班子建设作为提高基层委自身建设水平的重点，严格坚持领导班子议事制度，全年召主委会4次，决策议事部署活动的能力进一步增强。领导班子成员带头抓工作、促落实，坚持下基层、解难题，发挥了模范引领作用。二是务实提升组织建设。不断完善发挥"致公党员之家"建设，成为基层委加强思想建设的引擎、推进参政履职的平台、服务基层党员的园地、展示党员形象的窗口。三是切实抓好队伍建设。贯彻落实"人才兴党"战略，严格标准、严格程序，认真做好新党员发展工作，发展新党员2人。

主要成果

2022年，致公党李沧区基层委获评致公党山东省委会成立30周年先进集体、致公党山东省委会"创先争优"社会服务工作先进集体、致公党山东省委会宣传思想工作优秀集体、致公党青岛市委会"聚力助发展·实干勇争先"擂台活动优胜集体，3人获评致公党山东省委会成立30周年优秀党员，3人获评致公党山东省委会2022年度"创先争优"优秀党员，17人获得致公党青岛市委会2022年度"创先争优"优秀党员称号和突出贡献奖。

（致公党李沧区基层委）

九三学社青岛市李沧区委员会

参政议政

2022年，九三学社青岛市李沧区委员会（简称"九三学社李沧区委"）践行民主党派参政议政职能，通过举办"议政日"活动，组织参政议政积极分子展开研讨，交流各自研究课题及写作心得体会、存在问题等，九三学社青岛市委参政议政处给予指导和建议。全年上报九三学社青岛市委信息20篇，提报区"两会"提案9篇。完成青岛市政协常委会书面经验交流1篇、山东省政协常委会书面经验交流1篇。区"两会"上当1名社员选区人大代表，4名社员成为区政协委员（其中区政协常委1人）。

思想建设

2022年，九三学社李沧区委深入学习贯彻中共二十大精神，组织开展学习宣传贯彻活动，深刻理解中共二十大对全面建设社会主义现代化国家做出的战略部署，切实把思想和行动统一到中共中央精神上来，在各项履职实践中贯彻落实中共二十大决策部署。团结带领广大社员发挥九三学社社员医师、教师、工程师等高级知识分子群体的专业特长，投身建设教育强国、科技强国、人才强国，在不断完善科技创新体系、提升国家创新体系整体效能的进程中，为加快实现高水平科技自立自强、增强自主创新能力贡献智慧和力量。

社会服务

2022年，九三学社李沧区委社员中的13名医务工作者奋战在抗击新冠肺炎疫情第一线。青岛市第三人民医院作为新冠肺炎定点救治医院，所属社员长期参与疫情值班保障工作，为抗击新冠肺炎疫情取得胜利做出贡献。在区统战部统一安排下，10名社员参加了铁路青岛北站抗疫执勤，为李沧区抗疫工作贡献了一份力量。组织以青岛农科院专家社员为主的技术团队"科技下乡"2次，为平度市古岘镇盛世桃林农产品基地进行夏、秋现场指导2次，并赠送特效农药。响应区委统战部号召，参与消费扶贫，组织和个人共购买甘肃省陇南市农产品价值1.5万元。

组织建设

2022年，九三学社李沧区委新发展社员2人，社员总数56人。九三学社李沧区委严格发展社员程序，严把入社申请关，对申请入社人员按组织规定面谈并到所在单位考察，确认其工作积极、政治过硬、作风优良，经九三学社李沧区委班子讨论通过后报九三学社青岛市委审批。多次安排社员积极分子参加区委统战部组织的培训班，提高年轻社员政治水平。关心关怀老社员身体健康情况，安排医务专长社员为老社员上门测量血压、血糖，指导用药；为老社员维修卫生洁具、家电，把服务老社员精神落到实处。

（九三学社李沧区委）

群 众 团 体

李沧区总工会

概况

2022年，李沧区总工会（简称"区总工会"）深化工会工作创新，履行工会维权服务基本职责，促进职工队伍和社会大局和谐稳定。在阵地服务方面，探索工人文化宫"四建四管"运营服务新模式；在维权效能提质增效方面，构建"一站式、多元化"职工劳动争议调解中心；在新业态新就业群体建会入会方面，推进"入会＋服务"一体化新格局；在产业工人队伍建设改革方面，优化成长环境，提升产业工人综合素质，不断增强工会组织生机活力。

工人文化宫运营服务

基本情况 2022年，区总工会有效盘活区内闲置体育资源，改造建成李沧区工人文化宫。文化宫占地50158平方米，建筑面积7926平方米，按照3＋X定位，创新"四建四管"运行模式，探索"三化"增效服务体系，构建"六位一体"职工服务综合体，实现经济效益和社会效益双丰收。经验做法在《工人日报》《大众日报》《山东工人报》《青岛日报》等媒体刊发，全国总工会给予高度评价。

运营服务模式 2022年，区工人文化宫实行"四建四管"运行模式。"我建我管"运营模式是将城市书房、室外运动健身场等阵地，免费向职工群众开放，保障工人文化宫公益文体服务综合体的健康发展。"我建他管"运营模式是精选专业机构参与体育项目运营，优惠向职工群众开放羽毛球馆、篮球馆、健身馆、轮滑场等健身场地，提升了服务职工专业化、规范化水平。"他建他管"运营模式是找准公益性与市场化兼容的可持续发展路径，引入优质国有文化企业资本参与停车场、智能化汽车快充电桩的建设运营管理，实现工人文化宫经济效益和社会效益双丰收。"共建共管"运营模式是加强与部门、社会组织、专业机构之间的合作，共建全民健身基地、新业态劳动者爱心驿站、"红色新锋"服务发展基地、国防教育基地等，实现了公共资源共享、活动信息互通、服务水平提升。区工人文化宫启用以来，月平均客流量约5万人次，月平均公益活动数量约20场次，体现了服务职工"加速度"。

维护职工合法权益

职工劳动争议调解 2022年，区总工会整合现有资源，拓展维权覆盖面，打造"一站式、多元化"职工劳动争议调解中心，完善工会与劳动监察部门"双向联动"机制，试行工会与劳动仲裁的案前调解工作机制，推进工会与法院的劳动关系诉前调解机制，将劳动领域的纠纷化解在最前端，形成"工会＋监察＋仲裁＋法院"劳动争议化解"多元联动"新格局。

创新法律服务模式 2022年，李沧区法律服务由在劳动监察部门设立工会法律援助岗的工作模式，转向将劳动监察的投诉案件流转"接入"工会系统进行调解，完善工会与人社部门"双向联动"工作机制，以工会法律援助服务为基础，主动扩大维权覆盖面，通过工会的协商调解高效化解基层劳动争议案件数量大、耗时长的问题，建立"五日内调解"工作机制，缩短职工维权时间。全年为辖区职工提供工会法律援助116次，为农民工、困难职工挽回经济损失212.72万元。调解案件897件，调解成功398件，调解率达44.3%，替当事人挽回经济损失253万元。

新业态新就业群体入会

2022年，区总工会在新业态新就业群体中建立"入会＋服务"一体化推进新格局。按照"单独建、牵头建、联合建"和"行业覆盖、区域兜底"原则，建立了"街道＋社区＋区域＋行业"工会之间横到边、纵到底，相互配合、相互协作的网格建会、入会模式。简化新就业形态劳动者入会程序、优化入会流程，建立"双沟通"机制（与平台沟通联合建会、与新就业形态劳动者沟通入会），最大限度吸收新就业形态劳动者入会。推广"点"上有企业带、"线"上有行业牵、"面"上有社区联合组建模式，发挥区域性、行业性工会联合会和楼宇工会、村（社区）联合工会兜底作用，把更多平台经济、数字经济企业职工，无法单独建会企业职工，"八大群体"职工和农民工更加便捷地组织到基层工会中来。全年新发展工会组织121家，会员8270人，"齐鲁工惠APP"实名认证率达到100%。

产业工人队伍建设改革

2022年，区总工会聚焦新

图33 2022年2月15日，李沧区总工会的志愿者为快递网点的快递员盛上煮好的元宵。 （张鹰摄影）

时期产业工人队伍建设改革目标任务，推行各项人才礼遇政策，开展产业工人建功立业活动。搭建技术创新展示平台，制定《李沧区各级工会主办区级以上赛事活动经费补助办法（试行）》，鼓励支持产业工人立足岗位攻坚克难、干事创业。聚焦全区重大工程、重点产业，深入开展"建功十四五 奋进新征程""喜迎二十大 建功新时代"主题劳动和技能竞赛。举办李沧区总工会新业态新就业群体党建引领技能比武大赛、"匠心杯"测量工技能大赛、区卫生健康系统职业技能大赛等各类技能和劳动竞赛。创新创立工友创业联盟，该联盟汇聚了历年选树培育的工友创业园等平台、工友创业带头人等先进人物，激发赋能、发挥创业集聚作用。培育培养培训基地，

建立产业工人"技能慕课"培养培训基地，推行"互联网＋职业技能培训"模式，满足产业工人个性化学习需求，提升企业职工技能水平和转岗转业能力。引导职业培训机构开展各类线上、线下职业技能培训。依托喵星、明德阳光、林海等职业培训机构，开展各类职业技能培训，开展"求学圆梦"学历提升行动。

（区总工会）

中国共产主义青年团青岛市李沧区委员会

加强基层团建

县域基层共青团组织改革 2022年，区委常委会、区委深化改革委员会研究审议并通过

了《李沧区共青团基层组织改革实施意见》。中国共产主义青年团青岛市李沧区委员会（简称"团区委"）按照团省委、团市委和区委的相关要求，坚持统筹推进，把贯彻落实党建带团建的若干措施，融入县域共青团改革工作之中，提出健全团的组织体系、改革团的动员机制、增强基层党建带团建实效等改革措施。把握好改革激励与创新实践、组织保障与资源匹配、工作实效与长效机制的关系，探索需求融合工作、平台整合资源、活动聚合服务的工作模式，用好"青年会客厅"活动载体，做优"青年工作服务平台"，推动基层团组织改革走深走实。

思想政治引领 2022年，团区委以多样化形式凝聚青年政治责任。结合学习贯彻习近平总书记在建团100周年大会上的讲话精神和学习贯彻宣讲党的二十大精神，坚持思想引领、服务导向、活动凝聚，深入开展线上、线下相结合的学习宣传活动，增强青少年思想政治引领实效。持续推进"青年大学习"，推动主题团队日活动；结合"青心筑梦 扬帆起航"系列主题活动，以"学习二十大 永远跟党走 奋进新征程"为主题，通过线上、线下相结合的主题宣讲方式，让红色经典走到团员青年中去、讲到团员青年心里。

服务青年发展

实施"青鸟计划" 2022年，团区委组织"青鸟计划"就业服务季云招聘活动，助力青年创新创业。全区各级团组织通过广泛征集、精准对接等方式搭建平台，服务青年就业需求。用好全区2处青年驿站，以市场化运作的方式，利用酒店空房常年提供2~3间房，为来李沧区求职青年提供不超过7天的免费住宿和就业政策咨询。

加大帮扶公益力度 2022年，团区委推进"希望小屋"公益活动，利用腾讯"520公益季"，助力困境儿童关爱项目。动员基层团组织、团员青年以社会化方式募集资金20余万元，助力"希望小屋"公益活动。会同区总工会、区妇联共同开展"有梦·有为"困境青少年关爱项目，聚焦辖区困境青少年的微梦想，通过社会各界为梦想助力。活动开展以来，已帮扶困境青少年33人，通过社会组织"一对一"走访确定微梦想，持续开展个性化帮扶和定期的集体活动。

"青春社区"创建 2022年，团区委指导试点社区制订创建方案，划拨专项经费予以支持。依托"青年工作服务平台"引入社会组织参与创建，以青年需求为导向开展活动、精准提供服务，推动青年发展与社区发展的有机融合和良性互动，

助力青年融入城市发展。做好工作融合，把青春社区创建与党史学习教育、为青年办实事、基层共青团改革和青年发展友好型城区建设结合起来，以基层、青年"要我办"为工作指引，开展有需求、有温度、有意义的创建活动。3家试点社区全年共开展各类主题活动268场，包括青年志愿服务、爱国主义教育、悦读悦心、文艺体育等，参与青少年达6000余人次。做好阵地融合，团区委指导试点社区依托社区党群服务中心、新时代文明实践站、李沧区党员政治生活馆等实体阵地，不断充实团员青年内容，凸显青春特色，吸引青年群体，打造出各具特色的优质活动品牌。做好资源融合，将社区青年志愿者与共建单位青年志愿者深度融合，引导培育壮大社区青年志愿者队伍，通过拓展青年志愿服务功能、丰富青年志愿服务形式、健全青年志愿服务机制等方式，推动青年积极参与社区治理和服务体系建设。

推进青年发展友好型城区建设 2022年，团区委坚持高点定位，将青年友好型城区建设工作写入党代会和政府工作报告，并列入区委常委会工作要点。召开2022年李沧区青年工作联席会，研究《李沧区青年发展友好型城区建设实施方案（征求意见稿）》，要求按照"整体规划、分步实施、试点先行、以点带面"的原则，

有序推进青年发展友好型城区建设工作。会后印发《李沧区青年发展友好型城区建设实施方案》。坚持需求导向，以"城市对青年更友好 青年在城市更有为"的工作目标，聚焦青年发展需求和区域发展所需，围绕优化就业创业环境、推动青年城市融入、提高宜业宜居水平，明确12项重点任务，不断优化"青年发展生态圈"。坚持试点先行，在前期工作的基础上，团区委全面梳理青年工作基础好、具备一定条件、有区域带动性的工作资源，在具备条件的街区和阵地先行先试，发挥好"典型引路"的作用，带动整体创建工作不断走深走实。

搭建服务平台

青年会客厅活动　2022年，团区委聚焦党委政府关注、团员青年热议、社会各界关心的议题，持续开展青年会客厅活动，拓展青年畅谈路径、倾听青年真实声音、剖析青年发展瓶颈，助力青年解决难题。同时，发挥团组织桥梁纽带作用，强化部门联动，整合工作资源，建立"听青年声音、解青年难题、助青年发展"的长效机制，为团员青年服务、为基层团组织赋能、为基层治理助力。全年共筹办青年会客厅活动3期，分别聚焦青年发展需求、青年就业创业和助力城市发展、青

图34　2022年4月29日，"喜迎二十大 永远跟党走 奋进新征程——有YOUNG有为 活力李沧"青岛市李沧区第十期青年会客厅、人大代表会客厅暨"'333'菁英荟"特别活动举行。（张鹰摄影）

年志愿服务和基层治理等问题，邀请市、区两级人大代表和政协委员、各领域青年代表、相关部门负责人、青年学子等群体，开展对话和交流，在统筹兼顾青年需求的共性化、多元化基础上，着力从联系青年赋能成长、凝聚青年助力发展等方面探索青年工作的"杠杆解"，形成优化青年发展环境的务实举措，为团员青年服务、为基层团组织赋能、为基层治理助力。

青年工作服务平台　2022年，团区委持续规范、优化、提升青年工作服务平台，整合资源，对接需求，为基层团组织赋能，推进基层团建工作。明确三方定位，青年社会组织、志愿服务团队作为"供给方"，基层社区作为"需求方"，团区委作为运营方，三方协同发力，聚力

共同做实团的基层工作。明确供给需求，鼓励青年社会组织、志愿服务团队入驻平台，确保平台内容切合"为基层和团员青年服务或组织团员青年服务基层"的基本原则。持续在基层社区推广使用，在平台筛选符合社区实际的项目。以需求导向规范运营，鼓励青年社会组织将原有项目最小化，以需求次数、评价情况作为工作支持的依据，推动形成具有自我"造血能力"的可持续运营模式。团区委围绕活动赋能和志愿服务，推进需求融合工作、平台整合资源、活动聚合服务，积极探索推进"1+2+3"的工作模式，打造"青心筑梦 扬帆起航"主题活动，以"主题活动＋志愿服务"的方式带动文明典范城市创建、疫情防控、安全生产等重点工作和中心任

务在基层团组织和青年群体中的落实，以工作模式和工作机制创新推动基层团组织运行机制扁平化、组织方式多样化。

（团区委）

李沧区妇女联合会

基层组织建设

2022 年，李沧区妇女联合会（简称"区妇联"）进一步落实《李沧区妇联执委联系制》，发挥基层妇联组织兼职副主席和执委作用，研究探索资源整合协同发力服务模式，更好地联系、服务妇女。与执委联系走访困难妇女儿童 140 余人次，访妇情、听意见。开展"牢记嘱托 建功有我"活动，组织专题党课、答题检测、技能比武、科室擂台、"四个对照"专题研讨，开展"大调研"提升"大

学习"成效。坚持一线工作法，调研妇儿家园建设、维权工作、检查督促创城工作、参与疫情防控等 30 余次。开展"垃圾分类 巾帼在行动"活动，召开创建全国文明典范城市现场交流会议。开展"四强四提升"强基增效工程，开展"激扬巾帼之志 提升作风能力"活动，建立妇女干部半年、全年"擂台"赛暨述职制度。举办 2022 年度全区妇女干部培训班，将专题培训和日常培训相结合，培养忠诚、干净、担当、表率的"三化一型"妇联干部队伍。

妇女权益维护

2022 年，李沧区政府印发区妇联牵头制定的《李沧区"十四五"妇女发展规划》《李沧区"十四五"儿童发展规划》，为"十四五"时期妇女、儿童工作创新发展提供指引。

开展专项排查帮扶月活动，在全区开展婚姻家庭重大隐患大排查，建档管理 31 个，通过家访调解、心理辅导，提前介入化解处置矛盾隐患。联合区司法局建立"法润李沧·幸福家"维权服务站点 13 个，选配公证处公证员担任社区联络员，专业化开展法律咨询、培训等活动 10 余场次，拓展社区妇联精准化、精细化维权服务。通过"莲姐热线"、接待来访等方式，搭建起协调各方、化解矛盾服务平台，有效调解处置案例 55 件次。

帮扶解困救助

2022 年，区妇联用情用心实施救助，争取青岛市妇联支持，通过爱心企业人士捐赠、"99 公益"活动等筹集爱心捐款 9.3 万余元，入户联系走访慰问困难妇女儿童 371 人次，救助困难"两癌"妇女、春蕾女童 129 人。承办"巾帼心向党 喜迎二十大"全省巾帼志愿服务联动青岛专场活动，组织眼底筛查、家庭教育、维权服务等志愿服务大集，服务群众 150 余人。关心关爱困难群体，联合区法院、区检察院、区司法局等部门制定《关爱妇女弱势群体实施办法》。创新服务惠及群众，设置妇女维权、就业创业、家庭教育三个板块，采取社区点单、妇联派单的方式，组织专业力量走进社区开展公

图 35　2022 年 10 月 26 日，李沧公证处公证员为社区妇联干部讲解遗产公证与继承相关知识，提升社区妇女干部化解婚姻家庭纠纷能力。
　　　　　　　　　　　　　　　　　（区妇联供图）

益讲座等活动 38 场次。关心关爱儿童成长，"六一"儿童节前夕，联合区教体局走访慰问小学、幼儿园 6 所，发放慰问金 1.5 万元。

文明家庭创建

2022 年，区妇联深化家庭文明创建，打造"青岛市首批家庭家教家风建设教育基地"1 处，获评全国"最美家庭"1 户、青岛市"最美家庭"11 户、青岛市"最美基层妇联人"5 名、青岛市"妇女微家"4 个、区级"最美家庭""抗疫最美家庭"70 户，1 人获评"青岛十佳兵妈妈"称号。展播"三八红旗手（集体）""最美家庭"等各类典型事迹 108 篇。"全国最美家庭"吴乃蝉家庭事迹由中国文明网、《大众日报》客户端等媒体刊载。发挥"巾帼宣讲团""青岛好家风""先进模范宣讲团"引领作用，组织"巾帼心向党 喜迎二十大"群众性宣讲活动进社区 40 余场次，1 名妇女干部入选山东省红色宣讲团。开展"喜迎二十大 共读一本书"亲子阅读活动，展播 9 期 18 户家庭风采。开展"全国首个家庭教育宣传周"活动，开展普法"六进"活动，邀请青岛市法律专家进社区讲座 3 场次，进行全网直播 1 场次。加强"李沧女性"公众号、微博阵地建设，推送各类信息 341 篇。

（区妇联）

李沧区文学艺术界联合会

夯实基础

2022 年，李沧区文联（简称"区文联"）为进一步弘扬正能量，唱响李沧区主旋律，于 11 月成立了李沧区作家协会，共吸收会员 30 人，为讲好李沧故事奠定了良好基础。与区委区直机关工委沟通、解决党员人数不足的实际问题，成立中共青岛市李沧区文学艺术界联合会红十字会联合支部，强化了党的基层组织建设和党员管理。

开展活动

2022 年，区文联在做好疫情防控的同时，以各文艺协会为抓手，组织开展文艺创作活动，通过群众喜闻乐见、形式多样的艺术作品，提振社会各界战胜疫情的决心和信心。结合"喜迎二十大 讴歌新时代"主题，区文联共组织各类文艺活动 50 余次。在融源美术馆组织开展"清风拂红梅 廉画绘李沧"青岛市梅花主题作品展与"春风桃李 沧浪蕴墨"——李沧书画名家作品展。组织开展"我们的中国梦 文化进万家"国家级非物质文化遗产项目山东琴书交流展演暨流派研讨活动。围绕"庆七一 喜迎党的二十大"主题，组织李沧区

书法家协会开展"弘扬中华优秀传统文化 礼赞新时代——喜迎党的二十大"李沧区书法临创精品展；组织李沧区美术家协会开展"不忘初心 喜迎二十大"庆"七一"女书画家优秀作品展、"喜迎二十大"走进传统——李沧区美术家协会第二届书法临创展、"翰墨颂七一、喜迎二十大"——当代优秀书画篆刻家邀请展；举办庆"七一"书画创作笔会，5 位李沧区知名画家联合创作《锦绣李沧》巨幅画作，现场赠与李沧区新时代文明实践中心；举办"致敬经典 走近大师"——李沧区第二届中外名家名作临摹展，共展出作品 110 余幅；承办"桂香染重阳 南岭沐翰墨"青岛市文联寄情重阳笔会活动；举办"庆国庆 喜迎二十大 奋进新时代"秋季笔会活动；举办"丹青翰墨绘华章 砥砺前行写新篇"李沧区基层优秀美术作品系列网展 8 次；作为承办单位举行青岛市原创曲艺作品大赛典礼，邀请中国文联原副主席、中国戏曲家协会名誉主席刘兰芳参加颁奖典礼，并观看优秀节目展演。除此之外，在"家在李沧"APP 开设"随手拍"与"城市记忆"两个栏目，组织全区广大摄影爱好者通过镜头记录城市发展的美好瞬间。其中，疫情期间，举办基层优秀美术作品系列网络文艺活动展 12 次，书法临创精品网络展 5 次。

图36 2022年7月15日，李沧区举行"艺润万家"文艺志愿服务宣讲活动。图为书法家现场创作。 （区文联供图）

志愿服务

2022年，区文联将文艺志愿服务与弘扬中华优秀传统文化相结合，招募区内优秀文艺志愿宣讲人，组建"艺润万家"文艺志愿服务宣讲队，每周五宣讲美术、书法、篆刻等艺术主题课，展示李沧区文艺发展取得的成就。采用线上、线下相结合的方式，宣讲中华优秀传统文化精髓，用百姓听得懂的语言进行讲解、阐释。全年共开展文艺志愿宣讲活动8次。将文艺志愿服务与抗击新冠肺炎疫情相结合，招募政治素养高、奉献精神强的文艺志愿者参与疫情防控工作，主动"亮身份 树形象"，增强艺术家服务社会意识，在一线抗疫中获取灵感，增强艺术创作的感染力和感召力。全年招募抗疫文艺志愿者29人，开展"双报道"协助社区进行全员核酸检测30余次，开展交通卡口服务点常态化疫情防控工作80余次，为全区抗击新冠肺炎疫情贡献文艺工作者的力量。

文艺"四进"

2022年，区文联以李沧区各文艺协会为抓手，结合庆祝教师节、国庆节、重阳节等重要节日，组织协会会员开展文艺"进企业、进社区、进机关、进社会组织"活动。全年在金海牛等4家企业开展活动8次，在南岭社区等2个社区开展活动2次，在李沧区文化馆、李沧区档案馆、李沧区政府机关连廊、李沧区新时代文明实践中心开展活动20余次，在青岛蚨第雅美术馆、融源美术馆等3家社会组织开展活动4次。文艺"进企业"，在富邦红木·古玩城举办孙程亮书法作品展、李沧区美术家协会第二届书法临创展、八人作品联展。文艺"进社区"，在南岭社区艺术馆举办青岛市文联文艺志愿服务总队2022年寄情重阳笔会活动。文艺"进机关"，在李沧区文化馆举办青岛市原创曲艺作品大赛颁奖典礼，邀请中国文联原副主席、中国曲艺家协会名誉主席刘兰芳参加并观看优秀节目展演。文艺进"社会组织"，在青岛蚨第雅美术馆举办蚨第雅臻藏邱振亮作品展，在融源美术馆举办青岛市梅花清廉主题展暨李沧区历代书画名人展。

文艺服务

2022年，区文联定期实地走访文艺家和会员企业、会员工作室，了解文艺工作者的"急、难、愁、盼"，以此为文艺工作的出发点、着力点和落脚点。全年不定期走访基层文艺协会、文艺家40余次，疫情防控期间电话慰问基层文艺工作者20余次。

（区文联）

李沧区科学技术协会

科普阵地建设

打造西部科普阵地 2022年，

李沧区科学技术协会（简称"区科协"）强化社区科普阵地建设，多渠道开展主题科普宣传，推动科普宣传下沉到基层，提高居民的科学文化素质。区科协拨款5万元在城区西部沔阳路社区建设1处社区科普馆，解决了李沧区西部城区科普场馆不足的现状，满足了西部地区社区居民学习科普知识的需求，扩大了社区群众的科普受惠面。

科普示范基地创建　2022年，区科协加强科普示范基地创建，兴城路街道沔阳路社区被评为青岛市基层科普行动计划项目，获奖补资金20万元；振华路街道四流中路第一社区获评山东省科普示范工程，获奖补资金15万元；振华路街道、金海牛产业园获评2022年青岛市科普示范工程项目，分别获奖补资金4万元、3万元；院士港智能制造产业园获批青岛市科普教育基地；区青少年发展中心被评为青岛市"蒲公英"科普教育基地。

发布科普研学线路　2022年，区科协以打造科普示范工程和科普教育基地为契机，撬动各方力量加入科普队伍，推动科普服务向基层延伸。全国科普日活动期间，李沧区发布三条科普研学线路，分别是"青葱岁月 寓教于乐之旅""农科前沿 生态田园之旅""智能生活 科创发现之旅"。区科协组织各街道和科普教育基地集中开展424场科普活动，参与人数约3.9万人次，在全国科普日网站发布科普活动信息112条；利用网络新媒体优势，组织开展"云上探馆"等多场专题科普活动。

科普活动开展

老年科普活动　2022年，区科协把握成为青岛市"银龄科普行动"试点区（市）契机，将"丰富老年生活、提升科学素质"作为老年科普工作重点，打造了一批因地制宜、群众喜爱的社区科普大学、科学会客厅、家门口科学社，吸引和撬动社会力量投入"银龄科普行动"线上、线下阵地项目运作，建成群众家门口的15分钟科普生态圈，深化社区科普大学在推动基层科普服务能力、提高居民科学素质方面的引领作用。

《大众日报》对此项予以专题报道。5月25日，青岛市科协科普工作暨"银龄科普行动"现场会在李沧区召开，区科协做经验交流发言，会议现场观摩了李沧区"银龄科普行动"活动成果。10月13日，区科协联合区教体局、振华路街道举办"银龄科普 智慧助老"科普新书首发式，开展智慧助老活动，鼓励老年人进行科普阅读、科普创作，帮助老年人尽快跨越"数字鸿沟"，融入现代智慧生活。区科协获青岛市科协社区科普大学奖励补助5.48万元，居各区市首位。

开展"全国科技工作者日"系列活动　2022年，区科协团结引领科技工作者服务创新驱动发展。5月27日，李沧区"5月30日全国科技工作者日"系列活动——"碳索科技 重塑未

图37　2022年7月27日，李沧区浮山路街道福岛路社区科普中心的志愿者为小朋友们普及海洋知识。　　（张鹰摄影）

来"2022 中国（青岛）农业碳中和科技节在金海牛产业园举行，青岛新康生物科技有限公司、青岛海水稻研究发展中心等 10 余家科技型公司做了主题发言。

科普平台宣传 2022 年，区科协通过"科普李沧"公众号、"家在李沧"APP 等线上平台推送科普知识，让科普知识贴近市民，实现科普惠民；多渠道开展公众防疫抗疫科学知识宣传、防灾减灾、食品安全、环境保护等主题科普宣传活动，让应急科普及时走入基层、走入社区、走入群众。开展"最美科技工作者"主题展。在区机关大院和各街道巡回开展"最美科技工作者"主题图片展，讲好科技工作者故事。

（区科协）

李沧区工商业联合会

涉案企业合规改革试点

2022 年，李沧区是全市涉案企业合规改革唯一试点区，李沧区工商业联合会（简称"区工商联"）与区检察院依托"双向互动"沟通联系协作机制，明确"标准指引、青岛贡献、李沧特色"指导思想，答好"组织、平台、制度、办案、宣传"5 张答卷，创新开展涉案企业合规改革，优化营商环境，服务保障实体经济振兴。做好

"平台"答卷，凝聚合力"真管用"。快速成立第三方监督评估机制管委会和专业人员库，搭建第三方监督平台；汇集专家教授各方力量，加强理论实务研究，提供理论和智力支持，建立业务研讨平台。做好"制度"答卷，合规机制"真合身"。建立标准化第三方监督评估机制，创新"合规整改终止与中止区分、专家入库标准以及行刑衔接、飞行监管"等特色制度；建立标准化检察机关办案制度，明确程序启动、评估、办案流程和依据、标准；建立标准化同步音像档案制度，设专用场所，全程同步音像记录、归档，做到客观公正权威。做好"办案"答卷，涉案企业"真整改"。从企业涉税、知识产权、侵财类、安全责任事故类犯罪等多领域拓案源，涉案企业均主动认罪认罚，积极申请合规整改。已办理企业合规案件 6 件，挽回国家经济损失 500 余万元，避免了 30 余家企业因案关停，避免 1000 余名员工因案失业。在全省涉案企业合规改革试点工作会议的总结评估中，李沧区试点工作总成绩获评优秀等次，代表青岛市做典型发言。在全市涉案企业合规改革现场会上，区工商联与区检察院分别进行了经验介绍。区委主要领导和青岛市政协副主席分别给予肯定性批示。沟通联系机制入选中华全国工商业联合会、最高

人民检察院联合发布的 100 对《工商联与检察机关沟通联系机制典型事例（2019-2022）》，相关工作分别入选山东省深化"放管服"改革优化营商环境典型案例和青岛市优化营商环境优秀案例。

经济服务

2022 年，区工商联加大"双招双引"力度，服务经济发展。采取以情招商方式，洽谈了精密医疗器械生产、潍坊粮油贸易等 4 个项目；发挥商（协）会作用，采取以商招商方式，洽谈了腾讯小镇研究院、虚拟数字产业园、海邦创投、海水淡化、未来医学高端医疗、九维医学上市公司研发配套等 5 个项目；利用青岛市女企业家协会等市级平台，采取以平台招商方式，洽谈了兰博基尼饮品、青岛市商会大厦选址、龙飞国球连锁店、千亩云超总部等 5 个项目。全年共洽谈招商项目 21 个。其中，新觉醒能量饮料（山东）有限公司、青岛泓飞电气科技有限公司等 4 个项目已落地李沧区，为全区经济发展做出了贡献。

助力复工复产

2022 年，区工商联把全员招商、全域招商推向深入，迎接党的二十大召开。主动宣传政策、解疑释惑，服务企业，通过微信公众号等载体宣传推

图 38　2022 年 6 月 14 日，青岛市女企业家协会考察李沧区招商载体。

（区工商联供图）

送招商政策、税务知识、企业融资等信息 59 条，受益企业约 1000 家。组织"青岛市政府 7 号文件"解读及银企对接活动 3 次，150 多家企业参加。走访全区商会 19 家、走访执委以上和重点企业 11 家，召开座谈会、现场调研会 37 场次，形成调研报告 2 篇，发布信息 5 篇，及时为企业协调解决困难，帮助解决九州通医药公司医药托管、绿君源公司经营规模不足、乐星电子核酸点设置、海德包装拆迁等困难和问题 12 件。

社会服务

2022 年，区工商联参与东西部协作扶贫工作。制定工作方案，协商工作任务，引导会员企业履行社会责任，完成捐款、捐物价值 10.56 万元，购买农副产品价值 30 万元。建立长效扶贫工作机制，与青岛喜基金缔结友好合作，长期开展慈善公益活动以及参与东西部协作工作。协调爱心企业走访慰问 6 个社区的 8 户困难居民，把企业的爱心和社会责任带给居民群众。助力疫情防控和文明典范城市创建，全员参与青银高速路口和铁路青岛北站旅客查验；发动商（协）会和会员企业助力疫情防控捐款、捐物，捐献物资价值 40 万元，捐款 10 万元；走访区疾控中心等医疗单位，走访慰问社区 21 个；多次发动商会和会员慰问创城一线的公安、交警、消防人员，慰问物资价值 8 万元。

（区工商联）

李沧区残疾人联合会

康复服务

2022 年，李沧区残疾人联合会（简称"区残联"）精准推进残疾人康复服务。康复机构定期更新专业康复设备，提升康复服务硬件建设水平。区残联组织各康复机构开展儿童心理疏导等业务培训，组织残疾儿童康复机构参加"全国残疾预防日"讲座，邀请专职心理咨询师为残疾儿童康复机构和残疾人辅助性就业机构负责人、工作人员开展心理健康常识讲座，提升康复机构教师业务能力。加强对各定点康复机构监管和业务指导，建立不定期、不定时现场检查制度，重点检查定点康复机构规范内部管理、服务质量、儿童实名制康复和疫情防控、安全生产等，对存在的问题及时下发整改通知，确保残疾儿童的康复效果及质量。全年区残联为 18 周岁以下残疾儿童提供康复救助 795 人次，拨付补贴资金 429.9 万余元。区残联为出行不便的残疾人上门提供辅助器具服务，及时满足残疾人多元化、个性化、智能化辅具需求，为 24 名残疾人适配辅助器具，让残疾人生活出行更便捷。对精神类残疾人实施救助 59 人次。

教育就业

2022 年，区残联对全区符合助学和奖励申报的残疾学生及贫困残疾人家庭子女进行调查摸底，确保不漏一人。对收集上报的材料逐一核实，为符合助学申报的残疾人学生及贫困残疾人家庭子女及时发放资金，保障残疾学生和贫困残疾人家庭子女受教育权益，2022年救助困难残疾学生及奖励残疾大学生137人，资助金额26.64万元。2022年毕业残疾人大学生全部就业，全年新就业残疾人266人。完成残疾人就业状况认定企业246家，受益残疾人522人；支持残疾人个体就业创业发放补贴3.5万元，为167名残疾人个体户发放养老保险和医疗补贴197万元。残疾人辅助性就业机构安置精神、智力和重度肢体残疾人197人，发放补贴资金997万元；为232名困难重度残疾人提供就业生活补贴89万余元。

社会保障

2022年，区残联精准落实残疾人各项救助政策，全年为361名非低保重度残疾人发放居民医疗保险补贴7.8万余元，为305名残疾人提供托养服务、发放补贴259万元。扩大惠残政策宣传面，发放便民服务卡900余张、宣传材料900余份，通过区残联微信公众号、微博发布惠残政策、补贴申领程序和工作动态等信息200余篇，提高残疾人对惠残政策知晓率。采取多种措施完成群众满意度调查。按时保质保量完成承办的区办实事，邀请区人大代表、政协委员、群众代表走进服务机构，看现场、听情况汇报、提建议、开展评议，获充分肯定。

开展"大走访、大调研"活动，走访服务机构10家、残疾人家庭30户，了解残疾人生活情况、听取诉求。春节、中秋、助残日期间走访慰问残疾人1700余户，发放物资等价值42.5万元。

办证服务

2022年，区残联实现残疾人证"上门办好"。组织评残专家入户，为重度残疾人进行现场诊疗，查看病历资料，进行残疾评定，给予康复建议和指导，全年入户评残72人，为786名残疾人办理残疾证。推进残疾人证"跨省通办"，在残疾人服务大厅设立服务窗口，为李沧区户籍以外残疾人办证126人次，办结率100%，解决异地办证"多地跑""折返跑"等问题。对持证残疾人开展入户调查，及时更新录入残疾人信息，为精准化服务残疾人提供有力数据支撑。

文体活动

2022年，区残联开展各项活动提升残疾人幸福感。丰富残疾人精神文化生活，举办残疾人"庆八一"和"庆国庆·喜迎二十大"观影活动、"喜迎二十大·永远跟党走"主题书画展活动，展现残疾人自强不息的精神风貌。组织残疾人提报青岛市残联文艺汇演节目5个、向青岛市残联报送特殊文化艺术人才3人，参加青岛文艺广播栏目专访录制。组织5名残疾人参加第十七届青岛市残运会旱地冰壶项目比赛，获得第一名。组织参与"99公益日，一起做好事"助力建设"如康家园"活动，筹集捐款54191.7元。新建4处"如康家园"残疾人之家，为残疾人就近就便参加康复、辅助性就业和文体生活等搭建平台。

图39　2022年10月28日，李沧区残疾人参加青岛市第十七届残疾人运动会旱地冰壶比赛并获第一名。　　（区残联供图）

开展"共享阳光，爱在家园"活动，为残疾人开展健康知识、康复训练等活动10余次。

（区残联）

李沧区红十字会

概况

2022年，李沧区红十字会（简称"区红十字会"）弘扬"人道、博爱、奉献"的红十字精神，依法履行"三救三献"等工作职责，着力打造"群众身边的红十字会"。获评中国红十字总会2022年度报刊宣传先进单位、山东省红十字会2022年度应急救护工作先进集体、2022年度全省造血干细胞捐献工作先进集体、2022年度全省红十字会系统宣传传播工作先进单位等。

基层组织建设

2022年，李沧区委、区政府根据《青岛市红十字会改革方案》研究制定李沧区红十字工作改革措施，印发《关于促进李沧区红十字事业高质量发展的意见》，李沧区是青岛市第一个出台《青岛市红十字会改革方案》落实措施的区（市）。区红十字会制发《关于在街道、社区建立红十字会基层组织的指导意见》，在街道、社区建立完善红十字会基层组织。全区11个街道全部建立基层红十字会，条件较好的社区建立社区红十字工作站20个，实现全区红十字会组织建设稳固、均衡发展和阵地有效覆盖。

应急救护培训

2022年，区红十字会在"3·5"学雷锋日、"5·8"世界红十字日、"5·12"防灾减灾日、红十字人道传播暨"99公益日"和"世界急救日"等主题活动节点，开展形式多样的红十字文化传播活动，培训公众应急救护技能，宣传普及急救知识，让"人人学急救、急救为人人"理念深入人心。在"李沧融媒"视频号、"李沧发布"微博、"家在李沧"APP等平台推广"掌上学堂"应急知识小视频，浏览量超过24万人次。举办应急救护培训班26期，1200余人取得红十字会救护员证书。完成青岛市红十字会市办实事AED选址投放11台，完善应急救护体系。

人道救助

2022年，区红十字会做好困难家庭人道救助工作。帮助2名血液病和先心病患者家庭申请中国红十字会基金救助金5万元，帮助1名甘肃省陇南市康县大病儿童争取青岛市微尘基金救助金1万元。中秋节期间联合青岛利客来集团股份有限公司、青岛佳麟佳餐饮股份有限公司等爱心企业慰问贫困家庭200余户，捐助物资价值4.56万元。与区发改局联合发起为甘肃省陇南市康县受灾捐款倡议，筹集资金10.87万元。争取社会各界爱心支持，协助爱心企业成立红十字基金。

捐献服务

无偿献血 2022年，区红十字会推进无偿献血、造血干细胞和遗体器官角膜捐献工作，弘扬"人道、博爱、奉献"的红十字精神，营造"人人为我，我为人人"社会氛围。2022年8月24日，区红十字会组织开展"热血践初心 献礼二十大"第十二个无偿献血推动月暨第二十个公务员献血日活动，区机关、企事业单位党员干部103人献血3.06万毫升。青岛市税务局李沧分局、李沧区上流佳苑社区等同时组织了无偿献血活动。

造血干细胞捐献 2022年，李沧区造血干细胞捐献志愿者自愿留样80人，完成捐献3例，4人次进入高分辨检测程序。2022年1月18日，李沧区第7例造血干细胞捐献志愿者李小凡赴济南完成捐献；3月23日，李沧区第8例造血干细胞捐献志愿者杨蒙恩在青岛大学附属医院完成捐献；2022年10月8日，李沧区第9例造血干细胞捐献志愿者俞钧文在青岛大学附属医院完成捐献。

图40 2022 年 1 月 18 日，李沧区举行欢送志愿者到济南市捐献造血干细胞仪式。 （区红十字会供图）

遗体器官捐献 2022 年，区红十字会宣传普及遗体和器官捐献知识，通过发放传单、义务咨询等方式，普及相关知识、政策法规、捐献环节和流程，消除市民对遗体捐献的误解和偏见。全年为 32 名遗体器官角膜捐献志愿者办理登记手续，其中 3 例完成遗体捐献，2 例完成角膜捐献。2022 年 3 月 30 日，区红十字会组织红十字志愿者和捐献者家属参加了青岛市红十字会开展的以"生命·遇见"为主题的缅怀纪念活动。

助力疫情防控

2022 年，区红十字会在疫情防控工作中发挥人道救助和志愿服务等职能，动员社会爱心力量，面向社会接收疫情期间捐款、捐物，其中接收捐款 5 笔 145.76 万元，物资 35 宗价值约 170 万元。所有捐赠款物均按照捐赠人意愿使用。

（区红十字会）

李沧区法学会

法治宣传

2022 年，李沧区法学会（简称"区法学会"）深入贯彻落实习近平新时代中国特色社会主义思想和习近平法治思想，丰富宣传载体形式，抓住各类时间节点，深入开展普法活动。12 月 4 日，李沧区委政法委、区法学会联合李村街道办事处到李村街道大崂路社区进行宪法普法宣传活动，加强宪法学习宣传教育，弘扬宪法精神，维护宪法权威；李沧区检察院邀请青岛二中院士港分校副校长一行到院参观座谈，加强预防和减少青少年违法犯罪，维护未成年人合法权益；李沧区教体局在各中小学校开展了"红领巾普法大讲堂"活动，邀请山东德衡律师事务所律师以及各校法治副校长进行普法活动。

区法学会依托各会员单位开展"百名法学家百场报告会"、青年普法志愿者法治文化基层行等活动，做好法学研究、服务法治实践，开展法学交流、培养法治人才。在青岛市法学会公众号平台发表《李沧区大力开展宪法宣传，以实际行动迎接国家宪法日》原创文章。

法治服务

2022 年，区法学会组织会员单位参加年度"习近平法治思想研究"重大课题研究申报、青岛市社科规划项目、推荐青岛市"双百调研工程"课题选题、青岛市社会科学规划研究项目申报工作等。发挥法学会在平安青岛、法治青岛建设中的职能作用，坚持首席高端定位，推进首席法律专家制度实施，将区内法律知识全面、司法实践丰富、有行业影响力的法学法律专家推选至青岛市法学会，并筹备建立李沧区法学会首席法律咨询专家库。

会员管理

2022 年，区法学会完善法学会会员代表大会、理事会和常务理事会制度。更新中国法学会网站会员管理系统内容，开展会员信息核对、会员管理系统录入工作，完善会员信息档案，加强会员管理，强化会员服务，激发会员活力。

（区法学会）

法　　　　治

政法委与综治

政治建设

2022 年，李沧区召开区委政法委员全体会议 3 次，派员列席政法单位民主生活会 4 次，开展专项督察 1 次，坚决"把党的领导贯彻到政法工作各方面和全过程"。贯彻落实《中国共产党政法工作条例》，开展《政法工作条例》贯彻落实情况专题督查，在全市率先建立政法单位请示报告制度、政法工作重要决策落实反馈机制，累计出台区级制度 79 项、基层制度 76 项等党管政法制度性文件，持续完善贯彻落实政法工作条例制度体系。

平安建设

2022 年，李沧区常态化开展扫黑除恶斗争，新打掉涉黑组织 1 个、涉恶团伙 7 个，打击处理 78 人，处置涉黑资金 1192 万元，时刻保持利剑高悬、警钟长鸣。创新做法打击整治养老诈骗，采取养老诈骗专项办、扫黑办、教育整顿办"三办合署"模式，实施"一案三查"，累计破获案件 51 起，抓

获犯罪嫌疑人 47 人，工作经验获《法治日报》等中央级媒体刊发。夯实基层社会治理根基。完善网格化服务管理体系，优化全区 870 个网格、设立 770 个网格党支部，开发"李即办"线上诉求解决平台，受理并办结处置群众诉求 8355 条；完善"一站式"矛盾纠纷多元化解工作机制，健全区、街两级"一站式"矛盾调解中心，11 个街道实现"4+N"模式全覆盖，"一站式受理、一揽子调处、全链条服务"矛盾纠纷多元化解体系逐渐形成。

改革创新

2022 年，李沧区创新打造社会治理品牌矩阵。优选培树"十大金牌调解室""十佳金牌调解员"，打造"有事来商量"等矛盾纠纷多元化解工作品牌 30 余个，树立"珍华调解室""老干部调解室"等品牌调解室 27 个。深化完善稳评工作模式，深化"1+N+1"稳评工作模式，在全省率先研发稳评信息化平台，成立李沧区社会稳定风险评估协会，汇聚评估机构、律所、心理咨询服务机构、各行业部门，推动稳评工作专业化、规范化水平不断提升。创新推

动社会组织参与社会治理。依托汇益港湾等平台，引导社会组织有序参与基层社会治理工作，打造全生命周期安全体验馆，组织志愿服务 5 万余人次，帮助困难家庭 600 余户，有力推进多元共治。

执法司法优化

2022 年，李沧区创新营造法治营商环境。优化完善政法领导干部联系服务企业工作制度，围绕城市更新和城市建设、全区重点项目、涉疫情违法犯罪等领域制定 25 条服务保障措施，聚力保护企业健康发展。深化执法司法规范化建设。开展"四查四清四到位"专项行动，实现涉法涉诉信访案件清单"清零"；深化案件评查工作，跨部门开展重点案件评查，梳理案件 1707 件，对发现问题全部整改完毕；深化跨部门大数据办案平台建设，政法各部门协同办案 716 件。以习近平法治思想宣教引领崇法尊法守法氛围。依托"青年普法志愿者法治文化基层行""百名法学家百场报告会"等活动载体，举办法治宣传活动 200 余场，基层法治意识不断提升。

图41　2022年12月4日，李沧区委政法委、李沧区法学会联合李村街道办事处开展"12·4"国家宪法宣传周宣传活动。(区委政法委供图)

作风能力提升

2022年，李沧区委政法委以"作风能力提升年"活动为契机，健全"我为群众办实事"长效机制，2022年累计开展为民办实事项目56项，健全完善为民办事制度26项；注重政法队伍能力提升，制定《2022年李沧区政治轮训计划表》，组织开展政治轮训班次22期，实现全年政治轮训常态化开展。抗击新冠肺炎疫情期间，组织全区政法干警成立1个临时党总支、16个党支部，在李沧区、即墨区和莱西市连续作战；在多轮次核酸检测中，累计240余名政法党员干部下沉至"双报到"社区、辖区高速检查站。深化巩固政法队伍教育整顿成果，选树在党的二十大维稳安保、平安青岛建设等工作中表现突出的团队、个人，

累计26个集体、38名个人受到山东省、青岛市表彰。举办信访维稳先进事迹报告会李沧区专场，邀请全市6名信访维稳典型模范为全区党员干部做宣讲报告，以英模事迹激发干警担当内力。

（区委政法委）

法治政府建设

加强组织领导

提升法治政府建设水平　2022年，李沧区印发《李沧区人民政府关于加强法治政府建设的意见》，从强化"三个遵循"、抓牢"三个环节"、优化"两支队伍"、实施"两项保障"四个方面，创新提出法治政府建设十条措施，进一步规范区政府法治建设，强化依法行政，为全区经济社会发展营造发展

氛围。

压实法治政府建设责任　2022年，李沧区坚持将法治政府建设作为年度工作计划的重要内容，强化法治政府考评和督查，将法治建设成效纳入全区经济社会发展综合考核，做到年初有计划、年中有督查、全年有考核，切实做到与经济社会发展同部署、同推进、同督促、同考核、同奖惩。

推进行政决策

重大行政决策法定程序执行　2022年，李沧区创新行政复议"回访+"机制，坚持行政复议决定、执法监督意见、违法线索移送等督办措施并举，确保决定100%履行。对全区5项重大行政决策事项实行目录清单管理，深入推进街道重大行政决策重大项目合法性审查，全年11个街道共参与重大事项合法性审查17件，审查协议、合同699件。

政府文件制定管理规范　2022年，李沧区持续做好规范性文件审查备案和评估清理，全年共审查区政府常务会议议题163件，清理失效规范性文件5件，审查合同3309件、区政府文件及函件2266件。

法律顾问和公职律师使用　2022年，李沧区探索统筹政府法律顾问使用机制，全区58个单位划分15组，常年法律顾问费用比上年降低约70%。建立

"2+4"考评指标和退出更新机制，设置正面评价和负面评价清单，从履职尽责、服务质量、规范执业、特色指标四个方面进行评价，完善退出机制，倒逼法律顾问提升服务质量，为全区经济社会高质量发展提供"法智支撑"。

依法全面履行政府职能

审批提质增速　2022年，李沧区研发推广"小智叫号""小智提醒""小智帮办"等集群众办事、查询、评价为一体的多功能集成小程序，行政审批服务大厅平均办件时间缩短到6.53分钟，平均等待时间3.98分钟。"小智帮办"累计辅助办件2万余次；"小智提醒"累计提醒证照到期1800余次；"小智好差评"累计参评超18万人次，好评率达99.93%。实施"地址库备案制度"，只要企业注册地址在地址库条目内，仅凭1份租赁协议或入驻证明即可快速完成企业登记，地址库已涵盖52个地址和4家集中办公区，为4200余家入驻企业简化了登记材料。围绕建设项目落地推出"现场勘验直通车"服务，通过部门联动实施现场勘验和后台审批同步进行，办理时间缩短60%以上，已为231个项目开通"直通车服务"，出具准运证1.22万张。

智慧城市建设　2022年，李沧区利用无人机、卡口探头、车载云台等设备，对占路经营多发、渣土车违法集中的区域进行巡检，借助动态视频监控、车牌识别等系统信息，通过无人机高空喊话、"慧商助手"小程序等对违法行为进行实时无接触执法处置，探索出"668"的精细化要求、服务式管理、人性化执法城市管理新模式，体现了对初次违法、轻微违法行为依法依规"免罚""轻罚"的人性化执法和"谁执法谁普法"原则，彰显了执法的温度，提高了办事效率。"非现场执法"工作开展以来，综合执法特别是城市管理范畴内违法行为的自动发现率、处置率明显提升，主干道两侧街容管控达到90%以上，"非现场执法"涵盖了占路经营、渣土运输、建筑工地扬尘、市容环境和卫生责任区等多个领域，推动城市管理法治化、智能化、标准化、社会化迈上新台阶。

安全生产监管　2022年，李沧区推动"分类分级差异化"执法，科学制订执法监督检查计划，充分结合企业安全生产管理现状，统筹安排，审慎实施不同检查频次、检查内容、检查方式的差异化执法检查；开展"专家帮扶式"执法，采用执法人员和专家"2+1"组合模式，聚焦安全生产关键部位，为企业全面"体检"，从细处深挖风险隐患；实行重点行业领域"专项执法"，紧抓各行业领域风险程度和阶段性特点，在重要时段和节点组织开展针对性专项执法检查，尤其高危行业领域企业，提高企业事故防范意识。2022年，共检查生产经营单位280家次，整改消除各类隐患1000余项，累计实施行政处罚105起。

自觉接受监督

2022年，李沧区坚持从严治党要求，切实履行全面从严治党主体责任，把党风廉政建设纳入经济社会发展和党的建设总体布局进行部署和落实。自觉接受区人大及其常委会监督，做出重大决策前充分听取其意见，邀请区人大常委会、区政协有关领导和部分人大代表、政协委员列席区政府召开的全体会议、常务会议和有关专题会议等，并向区人大、政协定期通报情况，自觉接受监督，全力推进依法行政。

法治宣传教育

"八五"普法落实　2022年，李沧区开展"共建法治政府、共享法治阳光，百人百天百社区，普法献礼二十大"活动，完善普法讲师团、法律明白人、法治带头人、法治副校长等普法团队，深入机关、社区、学校等阵地，突出学习宣传习近平法治思想、宪法、民法典、党内法规等法律法规，共开展

图42 2022年5月20日，法律顾问为浮山路街道福集社区居民普及《中华人民共和国民法典》知识。 （张鹰摄影）

普法活动268场次，受益群众6.8万余人。联合李沧区人大常委会机关举办"坚持依宪执政建设法治李沧"宪法日主题论坛，区人大常委会机关、区法院、区检察院和律师代表分别进行了发言；"12·4"宪法日、宪法周共开展宣传活动80余场次。创新普法形式，开设"法润李沧"公众号《法治李沧一周概览》专栏，每周更新全区法治新闻，提升群众法治精神认同度；在抖音直播间以"民法典与妇女儿童权益保障"为主题，开展"普法云课堂"宣讲活动，累计观看人数1000余人，进一步增强居民的法治观念。落实"谁执法谁普法"普法责任制，各执法单位在执法过程中发放普法宣传资料，解答群众疑问，每周开展法治宣传教育活动，引导群众讲法治守秩序，提高广大群众的法律素养；打造线上线下相融合的普法宣传模式，线上开发"李沧区司法行政资源地图平台"，采取"四大板块、三项功能、两种路径、一个目的"即"四三二一"模式，让群众在手指间享受司法行政服务"零距离"；线下重点打造区级"法治文化一条街""法治文化主题公园""法治文化走廊"，让市民在行走和休闲时接受法治熏陶、增强法治观念。

文明典范城市创建 2022年，李沧区明确主要领导负总责，分管领导具体抓，全区上下齐动员的工作机制，形成一层抓一层、层层抓推进的局面。通过入户走访、广场宣讲、法治讲座、纳凉晚会等多种形式，面对面向群众宣传创建文明典范城市的相关知识，并结合当前群众关注的法律问题，开展相关的法律咨询服务，活动期间共发放《"法治青风"法治宣传教育一封家书》6万份，覆盖群众10万余人。拍摄电视宣传片并在李沧电视台播出，针对李沧区充分利用法治资源为创建全国文明典范城市凝聚力量的经验做法及下步工作打算做进一步宣传，营造浓厚法治氛围。

推进依法治理

平安李沧建设 2022年，李沧区常态化推进扫黑除恶斗争深入开展，贯彻中央及山东省委、青岛市委决策部署，立足"打、防、管、建"四个维度，高位推进、重拳出击、分类施策、治建并举，确保常态化扫黑除恶斗争横向到边、纵向到底、全区覆盖、落实落地。截至2022年底，打掉涉黑组织1个、涉恶团伙7个，打击处理78人。

社会矛盾化解 2022年，李沧区推动社会风险稳评"1+N+1"工作机制扩面增效。打造"1+N+1"稳评工作模式，已稳评报备的460个事项均未发生涉稳案（事）件。建立辖区全领域风险隐患总台账，累计梳理登记重点风险隐患1124项，完成整改577项，落实管控和化解措施547项。依托"一街道一品牌"创新打造社会治理品牌矩阵。优选"十大金牌调解室""十佳金牌调解员"，扩容基层治理"专家库"，"一站式受理、一揽子调处、全链条服务"的矛盾纠纷多元化解工作体系逐渐形成。推行法律援助点援制，保障受援人知情权和选择权。推行法律援助"全域受理、全域指派"机制，无差别办好市域受理、审查、指派"全流程"法律援助，2022年共办理法律援助案件1682件，挽回经济损失1100余万元。

法治思维提升

法治教育培训

2022年，李沧区深入学习党的二十大精神，贯彻落实习近平法治思想。李沧区政府常务会议将每月学法予以常态化，充分发挥领导干部表率作用；制订《李沧区2022年干部教育培训计划》，把习近平法治思想列入区委党校各种培训班次的必修课；依托青岛干部网络学院举办"习近平法治思想"网络培训班；组织领导干部参加青岛干部网络学院学法考法，提高广大领导干部依法行政工作能力和法治化工作水平。

党政主要负责人年终述法

2022年，李沧区开展2022年度述法工作，组织各街道、各部门党政主要负责人和党政领导班子其他成员进行述法，采用会议述法和书面述法相结合的方式，推动党政主要负责人切实履行推进法治建设第一责任人职责，发挥"关键少数"的"头雁"效应。

（区司法局）

公　安

概况

2022年，李沧区公安机关持续发起"雷霆""昆仑""百日行动"等严打整治系列行动，全领域、全链条打击各类突出违法犯罪，侦破全省首起刺探国家秘密情报案件。常态化开展扫黑除恶斗争，侦办涉黑专案1起，抓获团伙成员近40人，破获涉黑涉恶案件30余起。开展大要案件攻坚，现行命案破案率保持100%，八类严重暴力案件破案率97.1%。打击"食药环假"等关系民生的突出违法犯罪，打掉制假售假团伙16个、捣毁窝点约30处。禁毒绩效位居全省县级公安机关前列。严厉打击经济金融领域犯罪，破获合同诈骗、非法经营等案件30余起，涉案资金5亿余元；参与侦破"叶飞事件"相关操纵证券市场专案，公安部签发嘉奖令予以通令嘉奖。全年开展20余轮次反恐防暴督导检查，印发督导检查整改通知书310余份，隐患整改率100%，组织重点目标单位举办反恐培训、演练450余场次。加强公共安全监管检查"九小场所"5轮次3万家次，整改火灾隐患7160余处，全区未发生较大以上火灾和有影响的火灾事故。开展流动人口出租房屋清理整顿，登记流动人口32.8万余人，制发居住证11万余个；采集标准地址信息42.8万余条、实有房屋信息36万余条，其中出租房屋信息3.89万余条、实有人口信息79.6万余条。共派发门牌38.2万余个。

综合治理

2022年，李沧区将智慧公安建设纳入数字李沧建设规划，升级改造三期"天网"工程建设，按照新标准建成智慧安防小区390余个，建成率85.1%，接入率95%，60余个居民小区实现刑事"零"发案。完善公安检查站防控支点建设，全年共盘查车辆5.8万余辆次，核录人员5万余人次。开展执法"双清"、未结案件清理攻坚等系列行动，山东省公安厅推送积案结案率、上级交办信访案件化解率均为100%。开展"压减群众投诉提升群众满意度"攻坚行动，将规范执法、服务群众标准要求强制入轨，提升执法工作能力水平，年内受理"12389"举报量同比下降56.42%，初访量同比下降10.5%。坚持从严治党，开展"作风能力提升年"活动，推进"严纪律、转作风、强能力"专项教育整顿，打造"五廉督警·永葆忠诚"李沧公安清廉品牌。获集体三等功单位6个，获个人二等功2人，获个人三等功36人，28个集体、200 余名个人受到上级表彰奖励。

安保维稳

2022 年，李沧区公安机关以党的二十大安保为统领，建立健全安保维稳战时运行、高等级指挥调度、风险隐患源头管控等 11 项安保工作机制。对各类涉稳情报线索实时反馈、"不过夜"落地处置，累计落地核查涉稳情报线索 1030 余条、1330 余人次，向李沧区信访局和各街道预警推送线索 700 余条，全部第一时间落实核查稳控措施。抓好利益群体稳控，聚焦地铁和高架桥建设、延期交房等矛盾突出领域，会同政府主管部门和属地街道，入户走访等方式对 10 余个小区业主群体落实源头稳控措施，防范化解矛盾，确保全区社会大局稳定。

打击黑恶犯罪

2022 年，李沧区公安机关开展涉网黑恶案件专项打击，梳理 2021 年以来网络涉黑案件线索 100 余条，确定目标案件 12 起，全力开展侦查工作。聚焦行业治乱，每周组织治安专项集中清查行动，破获开设赌场案 10 余起、组织（容留）卖淫案 20 余起、"黄赌"案件 120 余起，刑事打击近 60 人，行政处罚 370 余人，"黄赌"警情持续下降。聚焦专案侦办，

在前期深入摸排核查、固定证据基础上，对某物业公司涉黑涉恶案件集中收网，打掉以戴某为首的黑社会性质犯罪组织，抓获团伙成员 38 人，破获涉黑涉恶案件 30 余起。全面强化涉黑涉恶线索摸排和核查工作，严格落实"三长负责制"和"一案双查"机制，对扫黑除恶专项斗争以来的 250 余条线索进行重新梳理，对前期查否的公安部、山东省公安厅重点线索，开展复核，实现线索动态清零。

打击电信诈骗犯罪

2022 年，李沧区公安机关强化涉诈骗案件侦办，抽调民警、辅警充实反诈骗专业队，推进反诈骗中心建设，增强软硬件配置，发挥接警处置、预警劝阻、研判打击、防范宣传工作职能。抓获犯罪嫌疑人 160 余人，破案 250 余起，返还受害人员损失 77.5 万余元。组织反诈骗集中宣传 30 余场次。拨打反馈 96110 预警电话 32.8 万余人次，有效劝阻 22.6 万余人次。开通"李沧反诈专业队"快手宣传号，发布原创反诈骗视频 10 余部，开展反诈骗线上直播 4 次，推广安装"国家反诈中心"APP 42.6 万余人，"反诈云盾"小程序 10.7 万余人。

网络安全监管

2022 年，李沧区公安机关

强化网络巡查和情报预警，为党委政府化解矛盾提供了情报支撑，全天 24 小时不间断开展互联网监控巡查，搜集上报敏感舆情 1.5 万余条，完成 400 余次专项任务，上报网上巡查执法线索 260 余条。依法打击治理网络谣言 600 余起，组织开展全区网络安全执法大检查，督促整改安全隐患 800 余处，行政处罚不履行网络安全保护义务联网单位近 30 家，牵头组织 8 家重点联网单位开展"护网 2022"网络攻防演习和网络安全应急演练，全年未发生影响社会稳定的网络安全事故。

疫情防控

2022 年，李沧区公安机关落实疫情防控"动态清零"总方针，成立"公安+疾控"的流调溯源队伍，围绕确诊病例、核酸异常人员开展数据研判分析和行踪轨迹追踪排查，累计流调、溯源、追阳 3.2 万余人，为迅速查清疫情传播链条，阻断疫情蔓延扩散提供支撑。建立完善社会随访三级响应机制，累计随访排查风险人员 393 万人。全面推进"场所码"落地应用，指导申领单位、场所规范注册"场所码"1.2 万余个，推广用户注册 62.1 万余人。

一窗通办

2022 年，李沧区在区政务服务大厅和 11 个派出所实体运

行"一窗通办"。完成李沧区行政审批大厅和11个户籍派出所"一窗服务专区"建设，设置窗口22个，交警、治安、出入境、禁毒、网警、户政等领域98个事项进驻。落实户政事项"掌上办、网上办""全省办、跨省办"等服务举措，最大限度让群众"少跑腿"。公章刻制与青岛市工商局登记注册系统对接、信息共享、全城通办，做到申请材料、受理机关、业务流程、办理时限、服务标准"五统一"，为群众提供便捷高效服务32.8万人次。

素质强警

2022年，李沧区公安机关根据全年全市公安机关全警实战大练兵部署，重点开展领导干部素质能力提升训练和现场执法实战训练，结合治安检查卡点地理环境现场教学，从阻障设施的摆放位置、工作亭设置、人员站位进行现场教学，共培训90余人次。开展最小作战单元应对极端警情现场处置专项训练5期，对突发个人极端暴力案件的应对流程、处置技能战法进行训练，参训人员130余人。组织分局全体配枪民警武器使用训练及实弹射击考核。全年各警种开展业务培训8期，累计培训警力400余人次，累计1.7万余人次参加线上模拟考试。

（公安李沧分局）

检　察

概况

2022年，青岛市李沧区人民检察院（简称"区检察院"）强化理论武装，建立"政治理论＋业务研讨"模式，党组中心组学习13次、主题党日活动38次、政治培训260人次。强化党的绝对领导，坚持将重大案件、重要事项向区委、区委政法委请示报告；区委常委会审议《李沧区加强新时代检察机关法律监督工作的若干措施》，区检察院跟进细化实化79项举措，推动党委领导、全面覆盖、权威高效的监督体系不断完善。坚持以检察工作高质量发展服务保障经济社会高质量发展，获评全国检察宣传先进单位、全省检察机关攻坚克难示范院等；30余篇经验获《检察日报》《青岛日报》等媒体报道及省、市院转发；各级领导批示肯定16件次；两次在全省检察工作会议上作典型发言；与李沧区工商联共建的沟通联系机制入选全国工商联、最高检联合发布的典型事例。

保障社会大局稳定

依法打击犯罪　2022年，区检察院全年共批捕135件180人，起诉461件583人，追诉漏犯49人。常态化开展扫黑除恶斗争，创建"提前介入、专案专班、多措并举"模式，提出引导侦查意见100余条，批捕13人，出庭公诉夏某等9人恶势力犯罪集团案，被告人全部当庭认罪认罚。开展"断卡""打击养老诈骗"等专项行动，起诉涉网络诈骗犯罪嫌疑人33人，摸排涉养老诈骗线索1000余条，追赃挽损500余万元，以"检察蓝"护好群众"钱袋子"。参与诉源治理，聚焦食药安全隐患、消防隐患等问题，开展10余个专项监督，以检察建议推进系统治理。立足职能有效打击追诉犯罪，被山东省委政法委评为"平安山东建设表现突出集体"。

优化营商环境　2022年，区检察院坚持"办案中强化监督、打击中强化保护"，参与打造"法治公平"大环境。营造"稳商"法治环境，严惩侵害企业和企业家合法权益案件26件，帮助挽回损失约100万元，围绕"全员招商、全域招商"工作部署，用好与李沧区工商联建立的沟通联系机制，走访联系行业协会和企业30余家，及时解决企业需求。强化"安商"检察保障，会同李沧区司法局出台《优化涉企社区矫正对象外出相关工作的意见》，快速审批90人次，为企业主外出经营提供便利，工作机制在全市推广。健全"护商"制度支撑，建立健全护企机制6件，与李沧区法院、公安李沧分局签订《知识产权协同保护合作框架协议》，健全涉知识产权案件"一案三查"模式，办理案件34件，为权利人挽回损失100余万元，1起案件入选"青岛市知识产权保护十大典型案例"。全年开展涉企专项行动10余个，为优化营商环境贡献检察智慧和力量。

保障高质量发展安全

服务实体经济 2022年，区检察院制定"1+3+6+N"服务实体经济振兴发展行动方案，细化40余项举措，开展N个小专项行动，充分发挥"四大检察"职能作用，把服务保障工作做实、做深、做精。以保税收、保专项补贴为重点，与税务机关签订《检税合作备忘录》，明确行刑衔接、合规审查等实务问题，全方位保障国家税收；办理一批骗取国家级孵化器补贴、高新技术补贴案件，引导认罪认罚，挽回国家损失120余万元。

企业合规改革试点 2022年，区检察院以合规改革做实"严管厚爱"，发挥全市首个试点优势，办理企业合规案件7件，居全市前列，避免近30家企业因案关停、800余名员工因案失业。其中，对涉嫌虚开发票的某科创教育民营企业启动合规程序，引导企业补缴税款并规范内部管理，经第三方监督评估后，依法做出不诉决定，让

企业"活下来、经营得好"。全年坚持宽严相济办理涉企案件30余件，2起案件入选全省、全市典型案例；相关工作获李沧区委和青岛市检察院主要领导批示肯定4次；在全省企业合规改革总结评估中获评优秀并做大会典型发言。

聚焦民生问题 2022年，区检察院护航环境资源安全，在公共绿地、河道保护等领域集中发力，建立"林长＋检察长"等机制，接收线索2件并跟进监督。护航金融安全，严惩非法吸收公众存款、洗钱、金融诈骗等犯罪23件64人，涉及金额上亿元，同步向党委政府提交金融类案分析报告，助力防范金融风险。护航国有资产安全，针对城市更新过程中一起拆迁补偿纠纷案件，通过公益诉讼主动介入调查，与职能部门联合发力，有效防范化解近千万元国有资产流失风险。护航生产安全，对在办案中发现的生产安全隐患，通过检察建议督促监管部门将安全隐患消灭在萌芽阶段。其中，针对液化气站违规充气等问题，建议相关企业健全管理机制，有效防范重大安全事故发生。全年围绕群众关注的焦点问题开展专项行动20余个，相关工作获李沧区委和青岛市检察院主要领导批示肯定3次；多项经验获《检察日报》《山东法制报》等媒体报道。

办好为民实事

强化重点工作检察 2022年，区检察院助力七大攻坚行动，围绕低效片区开发、旧城旧村改造等城市更新和城市建设重点，制定行动方案，多个行政部门主动联系检察助力，其中针对某地块土地闲置问题，以磋商函推动部分项目方案落实。助力社会和谐稳定，通过"法结""心结"同解机制，让信访矛盾化解"止于至善"，7日内告知、3月内答复率均100%。助力巩固拓展脱贫攻坚成果，优化司法救助六化模式。全年妥善办理群众来信来访600余件次，司法救助37件次、28万余元，郭某某司法救助案等案例入选全国全省典型案例。

强化群众身边事检察 2022年，区检察院办好群众身边"小案"，助推法治更暖民心。守护"头顶安全"，配合青岛市检察院召开高空抛物典型案例新闻发布会，拍摄微视频并在公共交通系统、重点楼宇电梯间内滚动播放，提升尊法守法意识。守护"寄递安全"，通过专项监督，督促健全企业管理、规范快递行业，使群众放心"收寄快递"。守护"出行安全"，建立"一站三室"检察工作站，对涉地铁案件全程提前介入、从严从快办理。全年制发社会治理检察建议26份，涉及问题

全部整改，2份建议获评全省、全市优秀检察建议。

强化未成年人检察　2022年，区检察院深化开展"检爱同行、共护未来"专项行动，严惩侵害未成年人犯罪22人，联合教育、公安等部门落实强制报告、入职查询等制度，查询6000余人次，把污点人员挡在校门之外。让迷途少年重归社会，坚持教育、感化、挽救方针，不捕不诉11人、附条件不诉5人，以"未爱暖阳"帮教平台为依托，引入社会专业力量进行标准化系统化帮教，建立关护帮教基地2个，帮助8名孩子迷途知返。营造全社会共同守护的良好氛围，以司法保护促进"六大保护"相互融通。联合多部门促进家庭教育指导全覆盖；针对违规向未成年人售卖烟酒、不当披露未成年人个人信息等社会治理难题，开展3个专项监督行动，会同公安、教育等部门推进源头治理。全年开展校园专题普法23场，受益4万余人，法治教育基地成为本市青少年普法教育"网红"打卡地。

助力社会稳定

做优刑事检察　2022年，区检察院贯彻"少捕慎诉慎押"刑事司法政策，不捕121人，不诉187人，认罪认罚从宽制度适用率94.92%；创建"刑事案件赔偿保证金提存办法"，引导犯罪嫌疑人赔偿损失60余万元，最大程度促成刑事和解。加强刑事诉讼监督，会同公安机关，挂牌成立侦查监督与协作配合办公室，优化全程式引导侦查工作机制，用客观证据解决认识分歧，监督质效持续提升。加强刑事执行监督，创新社区矫正全程同步监督等机制，纠正脱、漏管17人次。加强职务犯罪检察，强化监检衔接配合，协同开展生态环境补助、弱势群体救助等领域腐败集中整治，审查起诉邓某、曹某某等职务犯罪5件7人，涉及政府救济资金1300余万元；协助青岛市检察院自行立案侦查司法人员职务犯罪2件，营造人民群众认可的司法环境。

做强民事检察　2022年，区检察院办好虚假诉讼监督案件，依职权主动调查并办理案件12件。办好民事执行监督案件，针对社会关注的焦点问题，探索建立"依申请＋依职权"双渠道办案模式，逐步形成"全面审查＋重点突破"工作机制，与审判机关共同发力推动解决执行难问题。办好支持起诉案件，会同区司法局、区民政局等部门完善配合机制，重点从农民工、妇女、老年人权益保护等领域拓展案源，帮助56名农民工讨薪百万元相关案例获最高检推广。

做实行政检察　2022年，区检察院优化新机制，坚持穿透式监督理念，发挥"一手托两家"职能优势，既通过检法对接形成争议化解合力，又通过检府联动搭建化解平台，实质性化解行政争议6件。探索新领域，以促进"案结事了政和"为立足点，开展行政违法行为监督4件，郭某确认强拆违法申请监督案获评最高检典型案例。

打造新特色　2022年，区检察院成立全市唯一强制隔离戒毒所驻所办公室，创建"五个一"机制，监督呈报以及审批戒毒人员提前或延期解除强制隔离戒毒262人次，实现检察监督全覆盖、见实效。

做好公益诉讼　2022年，区检察院坚持"多点开花"，全面落实"4+9"法定责任，针对社会关注的渣土堆等多领域问题，办理公益诉讼39件，展现检察保护公益"大情怀"。坚持"多方守护"，实现与代表委员提案建议良好衔接。其中，对代表委员关注的污水流入金水河河道问题，与行政机关建立公益诉讼与生态环境损害赔偿衔接机制，让破坏环境者为修复环境"买单"，涉案污水管道已维修完毕，雨污混排导致河水污染情况已经消除。坚持"四检融合"，创新"线索、责任、听证、团队"四合一机制，办理案件10余件，四大检察多点开花，综合发力，实现守护社会公益最大合力。

品牌建设

2022 年，区检察院强化品牌建设，增强"检心向党、匠心聚能"全院党建品牌及 8 个支部品牌影响力，以党建品牌矩阵带动整体业务提升，"检润民和"品牌获评全省检察机关十佳文化品牌。强化大数据赋能，线上案件评查、监督数据分析等技术支持办案 300 余件，研发司法救助智慧平台，获评"全省政法系统提升全民数字素养与技能创新实践案例"。强化质量建设，开展"质量建设年""创新提升年"活动，"将政治建设融入检察履职办案"机制获评全省典型事例；获评"全省检察机关攻坚克难示范院"。

（区检察院）

法　院

概况

2022 年，青岛市李沧区人民法院（简称"区法院"）全面履行职责，狠抓执法办案，收案 13013 件，结案 13335 件（含旧存）。

服务高质量发展

服务实体经济　2022 年，区法院落实企业服务专员制度，对接联系企业 42 人次，开展招商司法需求专题调研 6 次，举办招商风险流动讲堂 3 次。审结金融借款、票据兑付等纠纷 1023 件，优化金融生态环境。申请并获批知产案件审判权，推出知产保护"四项举措"，审结各类知产案件 218 件。审结财产权案件 232 件，审结合同纠纷 1367 件，引导市场主体重契约、守信用。公平处置疫情衍生案件 856 件，帮助中小微企业减负纾困。审结劳动争议案件 458 件、新业态用工纠纷 113 件，加快人才聚集李沧的步伐。深化企业破产重整、预重整、"执转破"等机制建设，推进 6 起破产案件简易审、线上办。

服务城市更新和城市建设　2022 年，区法院挂牌成立城市更新和城市建设巡回审判庭，化解两起涉辖区街道、社区标的额 5 亿余元的纠纷，区委主要领导先后两次批示肯定。

清理闲置查封土地 4 宗，盘活城市更新资源。开展法治培训、庭审观摩 6 次，发送司法建议 3 份，府院互动持续深化。行政争议审前和解撤诉 48 件，行政机关负责人出庭应诉率多年保持 100%，行政审判质效居全市首位。

聚焦社会治理

平安李沧建设　2022 年，区法院受理刑事案件 392 件，结案 405 件（含旧存）。持续推进扫黑除恶长效常治，审结《反有组织犯罪法》实施以来全市首起涉恶案件，9 名被告人被依法严惩。开展打击整治养老诈骗专项行动，审结案件 6 件 18 人，涉案金额 9797 万元。惩处各类暴力和侵财犯罪案件 166 件。审结贪污贿赂、渎职等职务犯罪案件 12 件 12 人，彰显惩治腐败的坚定决心。

图 43　2022 年 10 月 9 日，李沧区人民法院举行知识产权协同保护合作框架协议签约仪式。
（区法院供图）

和谐李沧建设　2022年，区法院抓牢诉源治理前端，举办讲座6次，提供法律咨询850余人次，诉前化解纠纷436件。诉调对接开门办，吸纳17个机构43名特邀调解员进驻，诉前分流案件9394件，调解成功2927件，民商事收案下降7.35%。完善公开接访、领导包案等机制，接待信访群众544人次，中央和省交办的18件重点信访案件办结率100%。

法治李沧共享　2022年，区法院把弘扬社会主义核心价值观融入审判，组成七人合议庭，公开审理非法狩猎刑事附带民事公益诉讼案；妥善审理陈某帮助网络信息犯罪活动案，向社会宣告网络不是法外之地。在省市级以上媒体发表普法稿件42篇，开展法治活动8次，发布典型案例12个，努力让每一个热点案件的审判成为全民共享的法治公开课。

聚焦民生实事

打造司法服务平台　2022年，区法院推进12368"一号通办"改革，优化派出法庭布局，网上立案率100%，接听群众来电4886次，满意度100%。深度应用全流程网上办案系统，嵌入审限预警、类案检索等模块；案件电子送达率95.71%，线上开庭2756件次，"互联网+司法"成为工作常态。加大司法公开力

度，案件审判流程信息公开率100%，庭审直播3569场。

民生司法保障　2022年，区法院办结各类民生案件1615件，依法审结房屋租赁、建设工程等案件876件。化解涉会员预付费校外教育培训纠纷312件，让家长在教育投入上不花冤枉钱。审结赡养、继承等纠纷135件，维护家庭和睦。常态化开展"法治进校园"活动，积极参与校园欺凌防治，妥善化解涉少案件237件。

兑现群众胜诉权益　2022年，区法院执行收案3968件，结案3626件，核心指标始终保持全市领先水平。优化信用修复、正向激励等机制，将16名被执行人移除"失信黑名单"，解除限制消费512人次。及时兑现执行权益，超30天未发放执行案款实现"动态清零"。持续推进智慧执行，在线查询房产1526套、车辆1125辆。创新执行模式，引入公证部门参与强制腾迁，启用"继续执行责任险"。

执法办案提质增效　2022年，区法院审判模式再调整，将送达、鉴定和证据交换等程序前置，推行专业化审判，办案平均用时减少30%。压实院庭长承办案件和审判管理的职责，院、庭长带头办案8756件，占比65.66%。以常态化工作调度、"四类案件"监管为抓手健全司法制约监督体系，以长期未

结案件清理、对标夺标机制建设为载体，促进审执质效同步提升。

加强政治建设

党建品牌创建　2022年，区法院全面贯彻"第一议题"制度，严格执行请示报告等工作责任制。深入推进"两个确立"主题教育，掀起学习贯彻党的二十大精神热潮，开展集体学习31次，党组理论学习中心组研讨14次。开展"红色法徽""五星示范党支部"党建品牌创建工作，组织下沉社区参与疫情防控、交通路口志愿服务1200余人次。

干部队伍建设　2022年，区法院结合民法典实施，组织干警分层次、全覆盖参加培训14次，4场庭审获评全市优秀，8个典型案例被省市法院采用。深入开展"我为群众办实事"，收到锦旗和感谢信25件，宣传先进典型、优秀事例32个，1名干警获全国法院政治工作先进个人，36名干警获得各级各类表彰。

强化正风肃纪　2022年，区法院把党的纪律和规矩挺在前面，持续巩固政法队伍教育整顿成果，严格执行"三个规定"，细化工作落实机制。推进纪检监察、审判管理融合开展，出台和完善制度15项，聘任特约监督员33人，开展监督检查24次。抓好清廉建设，组织干

警签订《廉政承诺书》，举办廉政警示教育讲座 4 次。

（区法院）

司法行政

法治建设

法治领导健全 2022 年，李沧区委全面依法治区委员会制定出台《李沧区落实〈法治山东建设指标体系〉分工方案》《李沧区委全面依法治区委员会 2022 年工作要点》，明确工作目标、细化工作措施，加快推进法治李沧、法治政府、法治社会一体建设。落实完善领导干部学法制度，全年开展"习近平法治思想"专题报告会 1 次、政府常务会会前学法 9 次，开展"预防职务犯罪"专题讲座 1 次。

法治政府建设 2022 年，李沧区印发《李沧区人民政府关于加强法治政府建设的意见》，从强化"三个遵循"、抓牢"三个环节"、优化"两支队伍"、实施"两项保障"四个方面，创新提出法治政府建设 10 条措施，为李沧区法治建设提供遵循和指引。紧跟青岛市创建"全国法治政府建设示范市"任务，以创建促提升，组织开展实地督导 4 次，发现整改问题 16 个，助力青岛市顺利通过创建满意度测评和实地核查。

普法宣传 2022 年，李沧区着力提升普法宣传广度，开展"百人百天百社区，普法献礼二十大"活动 268 场次。落实"谁执法、谁普法"责任制，组织各执法单位常态化开展法治宣传 460 余场次。联合李沧区人大常委会机关举办"坚持依宪执政 建设法治李沧"宪法日主题论坛，开展"12·4"宪法日、宪法周宣传活动 80 余场次。打造区级"法治文化一条街""法治文化主题公园""法治文化走廊"，让市民在行走和休闲时能够接受法治熏陶、增强法治观念。新开设"法润李沧"公众号《法治李沧一周概览》专栏，每周更新全区法治新闻，提升群众法治精神认同度。

法务服务

法务服务质量提升 2022 年，李沧区编印《李沧区城市更新法律法规政策指南》，对房屋征收、旧城旧村改造等方面法律法规政策进行归类整理、流程编制，为"事前预防纠纷、事中化解纠纷、事后消除纠纷"提供法律指引。建立涉企文件"审查绿色通道"，对涉企行政规范性文件制定主体、程序等进行全流程审核，提升行政决策效率。全年共审查区政府常务会议议题 163 件，备案审查部门规范性文件 5 件、重大行政决策 5 件、区政府文件及函件 2266 件。

法律顾问管理细化 2022 年，李沧区探索统筹政府法律顾问使用机制，全区 58 个单位划分 15 组，常年法律顾问费用比上年减少约 200 万元，降低约 70%。建立"2+4"考评指标和退出更新机制，设置正面评价和负面评价清单，从履职尽责、服务质量、规范执业、特色指标四个方面进行评价，完善退出机制，

图 44　2022 年 12 月 4 日，李沧区举办"第九个国家宪法日普法宣传暨 12.4 公里健康跑"活动。

（区司法局供图）

倒逼法律顾问提升服务质量，为李沧区经济社会高质量发展提供"法智支撑"。

法律服务生态优化　2022年，李沧区创新组建"李沧区律师诚信共同体"，以"诚信、专业、规范、合作"为价值导向，举办"以案说法"擂台、律师辩论赛、"法律服务赋能企业合规发展"主题沙龙、宪法日"12.4"千米健康跑系列活动，实现了资源共享、信息互通、经验互鉴。优选法律服务人员组建"惠企服务团"，为辖区企业提供创业管理经营等方面政策咨询及权益保障，全年共提供服务8000余次，营造了良好的法治营商环境。

法律供给

人民调解　2022年，李沧区首创调解工作"三三四"工作法，即搭建区、街道、社区"三级公共法律服务平台"，建强调解员队伍、法律顾问队伍、行业性专业性调解组织"三支队伍"，健全"一站式"纠纷调解、常态化纠纷排调、警调联动、诉源治理"四项机制"，努力打造枫桥经验"李沧样本"。全年李沧区各调解组织共排查纠纷4189次，调解矛盾纠纷4052件。

法律援助　2022年，李沧区扎实推进法律援助"点援制"，组建新一届175名法律援助律师团，受援人根据实际需求自主"点"援案件承办律师。

推行"全域受理、全域指派"机制，无差别办好市域受理、审查、指派"全流程"法律援助。实行"午间服务""延时服务"，倡导线上方式办理，提高工作效率。全年共办理法律援助案件1682件，挽回经济损失1100余万元。

公证服务　2022年，李沧区推出"远程视频"办证系统，实现办理过程"零接触"、群众"零跑腿"。与区检察院建立《轻微刑事案件赔偿保证金提存制度（试行）》，明确赔偿保证金提存业务的法律依据、办理流程等。联合区妇联打造"法润李沧·幸福家"维权服务站，为妇女儿童提供法律政策咨询、维权指导等。全年公证双休日值班办理1000余件，远程视频办理150件，邮寄送达360余件，上门办证近6000人次，为困难群体减免公证费14.8万元。

法律实施

立体化执法协调监督体系　2022年，李沧区开展市县乡三级行政执法协调监督工作体系建设试点工作，印发《李沧区区街两级行政执法协调监督权责清单》，明确行政执法综合协调等5个领域40条事项及责任划分等，组建60人执法单位相互监督员队伍，推动形成"全方位、全流程"监督体系。全年组织执法监督员、公职律师、司法所长开展集中案卷评查90

卷，整改问题115个。

行政复议"回访+"机制　2022年，李沧区建立健全决定履行回访机制，定期开展纠错决定履行跟踪回访，坚持行政复议意见书、执法监督意见书、违法线索移送等督办措施并举，确保决定100%履行。定期邀请行政执法互相监督员、司法所人员参与行政复议回访、调解等，注重摸清申请人实质诉求，全方位维护申请人合法权益。工作开展以来，实地监督履行5次，组织座谈交流3次，实现了回访与普法、业务指导、维权的"三结合"。

社区矫正管理　2022年，李沧区更新矫正对象管理教育模式，每周开展"爱绿、护绿、洁净家园"公益活动，借助"学习强国"平台开展法治、思想道德等教育。召开第一次社区矫正委员会会议，创新制订社区矫正流程图，实施月梳理、月报表制度。全年组织社区矫正对象集中教育学习860余人次、公益活动480余人次；完成公检法等单位委托的调查评估案件221件。

（区司法局）

交　警

概况

2022年，青岛市公安局交通警察支队李沧大队（简称"交警李沧大队")坚持以党的二十大安保为主线，以党建带队建为支撑，聚焦"平安""畅通""服务"三个重点，全力打赢创城迎检、"减量控大"、疫情防控、群众满意度提升、交通秩序整治等攻坚行动，深化队伍教育整顿，优化营商环境，辖区交通事故死亡率连续6年保持下降态势，交通事故诉讼转化率始终保持低位状态。

交通秩序管理与整治

2022年，交警李沧大队全力维护道路交通秩序，以"全时全域智慧警务"为平台，将全区281条道路细化为55个网格，制定"一路一图""一路一策"措施，按照"四定""三级包保"责任制要求，压实了区交安委各成员单位创城迎检的目标责任，文明交通水平得到明显提升。提升完善交通安全设施，施划交通标线250余处13000平方米，安装修复隔离护栏1287节（3451米），安装弹力柱421个、信号灯130余组，增设维护交通标志2623面。深入推进"全市一个停车场平台"数据接入工作，完成新建停车场联网接入方案6个、停车场数据摸排224个。优化交通组织，完成"一校一策"21个，公示新建改扩建学校周边交通组织优化方案12个，拟定设施配建方案9个、完成7个；优化调整路口信号配时120余次，完成路口交通组织优化27处、交通"微循环"改造4处。持续开展交通秩序综合整治行动，开展"雷霆行动"等整治90余次、联合执法30余次，查处交通违法62.53万起，其中酒醉驾618起、货车超载5041起、不系安全带7.01万起、电动车违法16.59万起、违法停车34.26万起。助力疫情防控，抽调精干警力420余名，相继驰援莱西市、崂山区等疫情防控，劝返、拦截车辆8万余辆次、群众8.7万人次，完成转运任务276批次。

交通事故预防和处理

2022年，交警李沧大队持续抓好预防道路交通事故"减量控大"考核，依托区级道路交通安全隐患排查治理联动机制，滚动排查安全隐患，做到"应排尽排、应治尽治"；精准指导中队开展重点违法的"靶向"治理，按时完成各考核项目，在支队"减量控大"考核中取得逐月递升的好成绩。做好交通事故处理工作，高峰交通事故处理小组全面负责适用一般程序道路交通事故的处理，引导轻微交通事故当事人通过快速理赔中心或交管"12123"APP进行快处快赔；对涉嫌刑事的危险驾驶和交通肇事犯罪嫌疑人，依法予以严打，从快实施刑拘和送押。高效做好交通事故调解工作，依托"道路交通事故保险理赔联合调解中心""金牌调解室"等调解平台，为交通事故当事人（受害人）提供快捷高效的理赔调解和社会救助基金申请服务。全年共滚动排查

图45　2022年7月16日，李沧区"争创全国文明典范城市交通秩序专项整治攻坚行动"启动仪式举行。　（交警李沧大队供图）

整改市级挂牌督办安全隐患 2 处；受理一般以上交通事故 61 起、比上年（下同）持平，死亡 5 人、下降 16.67%、伤 43 人、上升 19.44%。侦破交通肇事逃逸案 15 起，抓获网上逃犯 1 人，办理危险驾驶交通事故案 45 起，逮捕犯罪嫌疑人 49 人。受理交通事故调解案件 95 起、结案 93 起，结案率达到 95% 以上，办理交通事故申请社会救助基金案 62 起，为受害人申请救助基金 230.7 余万元。全面推进未结案件清理工作，山东省公安厅交办的 14 起行政案件已办结 11 起，占比 78.6%；山东省公安厅交办二批 3 件、青岛市公安局交办 1 件等 4 起信访积案已全部办结。

交通安全宣传

2022 年，交警李沧大队深入开展交通安全"七进"宣传、阵地宣传、网络宣传、主题宣传，常态化推进"突出违法车辆"等五大曝光行动，承办、主办"守护生命 幸'盔'有你"青岛市中小学生交通安全宣传教育暨文明出行实践活动启动仪式等活动 12 次。坚持电台、电视台等传统媒体与"今日头条"等新媒体的融合宣传，向媒体投送稿件，做大做强 QTV—李沧《警官说道》栏目，健全覆盖面广、内容丰富的宣教体系。全年在媒体刊发稿件 906

篇（中央级 6 篇、省级 154 篇、市级 746 篇）。密切关注舆情动态，强化警媒互动，健全处置流程，快速妥善应对各类涉警网络舆情。

全面提升群众满意度

2022 年，交警李沧大队提高车驾管业务办理质效，办理车驾管业务 14.08 万余笔，运用科技智能、登门服务等方式，实现对辖区 821 家重点企业的 18292 辆重点车辆的精准监管，组织培训 240 场次、2190 人次，走访企业 1100 余次，召开恳谈约谈会 145 余次，下达《整改通知书》680 余份。全面提升群众满意度，推进《行风在线》群众反映问题的调研整改，整合优化交管业务窗口 6 个，增设李沧区行政服务大厅、唐山路社区交通服务站，调整形成以"一个中心、四个站点、六个大厅"为主体的全区公安交管服务网络；常态化落实满意度电话回访、现场回访制度，及时整改群众反映的问题。全面提高便民效率，加强对群众的教育引导，全面推行民警、辅警、当事人版"12123"APP 网上办理简易交通事故、车驾管等业务的实际运用，交管业务"网办率"、交通事故"快处率"同步提升。办理人大代表、政协委员的建议、提案。充分倾听市、区两级人大代表和政协委员意见建议，办理并面复

区人大代表建议 17 件、政协委员提案 7 件，面复率、满意率均为 100%。

队伍建设

2022 年，交警李沧大队坚持政治引领，严格落实党组织会议"第一议题"制度，第一时间跟进学习党的二十大精神等党的理论知识，教育引导全体警员毫不动摇地坚持党对公安工作的绝对领导，坚定捍卫"两个确立"、坚决做到"两个维护"；召开大队党总支会 22 次、大队长办公会 48 次，对重要事项进行集体研究。组织开展座谈交流、参观见学、观看宣讲片等"作风能力提升年"系列活动 30 余次、政治轮训 12 场次；开展"五联共建"主题党日活动 120 余次，党建联盟单位扩大至 145 个，开展"党员政治生日" 19 次；接收辅警入党申请书 132 份，确定发展对象 3 人；推进完成 12 个党支部"一警一队一特色"党建工作，筹措 140 余万元专项资金投入全省公安机关党建带队建"示范单位"李村中队的党建示范化标杆中队建设，助推"畅安李沧"党建品牌品质进一步提升。强化队伍规范化建设，坚持从严治警，严格落实值班备勤、早点名、周例会、请示汇报、请销假等日常管理制度，严格遵守严禁饮酒"六个规定"等党规党纪、法律法

规、警规警纪；严格落实队伍风险隐患会商研判机制和谈心谈话制度，用足用好监督执纪"第一种形态"，开展岗前酒精呼吸测试1885人次，组织谈心谈话890余人次；按规定向涉嫌酒驾、醉驾党员、国家工作人员的党组织、纪检监察机关推送信息36条。严格从优待警，安排警员休假310余人次、健康查体370人次，邀请齐鲁医院专家等授课1场次、提供医疗服务800余人次，开展游泳比赛等警营文体活动30余次，推树"岗位之星"等典型170余人次，开展走访慰问活动170余次，向困难辅警家庭进行爱心捐款近5万元。强化全警实战大练兵，充分运用"交警网校"等"互联网＋党建"平台，先后开展"喜迎二十大、忠诚保平安"线上答题等60余次，开展岗位培训20余次，队伍业务水平和实战技能得到明显提高。

（交警李沧大队）

消　防

概况

2022年，李沧区消防救援大队做优政治教育工作、做深监督管理工作、做实为民办实事工作、做强火灾防控工作、做好宣传教育工作。全年扎实开展攻坚行动、消防安全百日攻坚、消防安全大检查等工作，完成第三届跨国公司领导人峰会、即墨古城外事活动等重大安保任务。宣传稿件、视频获中央广播电视总台及《齐鲁晚报》《光明日报》《人民日报》等媒体报道。

深化隐患专项整治

2022年，李沧区消防救援大队聚焦"防风险、保安全、守底线"主题，深入分析研判辖区火灾风险隐患，创新工作举措，强力推进安全生产、社会矛盾风险隐患等大排查行动，并联合相关部门研究制定新业态消防工作指南，压实各方责任；深化专项整治，统筹推进三年行动、高层建筑、自建房、燃气安全、冬春消防安全等专项整治。开展新业态新领域专项检查，深化合作，加大危化品企业监管力度，广泛发动基层力量开展重点场所排查，全力消除风险隐患。在冬春火灾防控、夏季消防检查、全国两会安保等火灾防控重点时期，联合与区教体局、区商务局、区综合执法局等部门对学校、养老机构、宗教场所及商市场进行联合检查17次。全年全区消防安全重点单位共计317家，检查单位887家，发现隐患354处，督促整改隐患358处，下发责令限期整改通知书241份，下发行政处罚决定书63份，责令"三停"单位11家，罚款186.84万元。利用"3·15"国际消费者权益保护日系列活动，联合区市场监管局等部门，在辖区全面开展消防产品专项检查行动。

图46　2022年5月11日，李沧区消防救援大队以"防灾减灾"宣传周为契机，开展消防知识宣传活动。（区消防救援大队供图）

提升实事服务能力

2022 年，李沧区消防救援大队着眼与经济社会发展伴生的消防安全新形势、新问题，抢抓"智慧城市"融合发展和政府"为民办实事"大好机遇，按照"政府投资、部门搭台、企业唱戏、群众受益"的发展理念，科学搭建了数据共建共享的"智慧消防大数据处理云平台"，综合运用了电路燃气、消防用水、重点部位等新型物联网监测、监控设备，配发安装了电气火灾监控、火灾预警、逃生缓降器等消防设备，有效解决了火灾高风险区域预警难、动态消防违法行为管控难、群众自防自救硬件基础差等现实问题，为维护辖区安全形势稳定注入了消防"智"能量。区政府连续 4 年将"智慧消防"建设纳入区办实事，对辖区 8000 余家单位逐一建册建档，为 321 家消防安全重点单位开设平台账号，实现网上单位档案维护和消防信息查询，建立完善平台底层数据库。

强化消防救援能力

2022 年，李沧区消防救援大队共接警出动 745 起。其中，火灾扑救 398 起，社会救助 218 起，抢险救援 103 起。出动消防车 1669 辆次，出动人员 10702 人次，抢救被困人员 56 人，疏散人员 247 人，抢救财产价值 7181 万余元。大队共组织开展灭火救援熟悉演练 273 家次、应急通信熟悉演练 171 次、修订灭火救援预案 176 份。实现了参战人员零伤亡。

贴近实战主动防范

2022 年，李沧区消防救援大队探索创新消防救援站作战模式，提交青岛市消防救援支队、李沧区政府关于增设东部消防站项目，构建 5 分钟快速响应综合应急救援圈；以现代化作战指挥体系为牵引，主动适应"一短三快"初战机制，不断完善指挥应急响应流程，开展不放心单位和高危场所熟悉演练。开展全员岗位练兵，组织专业技能培训，开展典型战例复盘、桌面推演等，持续提升队伍实战能力。

强化消防宣传教育

2022 年，李沧区消防救援大队持续夯实责任落实与宣传工作。充分依托各类平台媒介，高频次发布冬季防火、安全用电、用气等针对性、警示性信息。中央电视台、《光明日报》、《人民日报》等媒体分别录用播出关于消防救援视频片段 30 余次；《齐鲁晚报》刊登模拟火灾真实场景，并召集李沧区所有物业开展消防综合演练。9 月份消防产品专项检查在中央级中国网 - 中国应急网站刊登。同时借鉴"三清三关"活动（清厨房、清阳台、清走道、关电源、关火源、关气源）做法，在辖区内认真开展火灾隐患排查整治，落实消防安全"三提示"、"实名制"培训等活动，进一步提高社会面消防安全意识。

消防队伍教育整顿

2022 年，李沧区消防救援大队开展党的二十大学习教育和消防队伍教育整顿，开展"喜迎二十大全力保安全，深化牢记领袖训词，永做忠诚卫士"主题教育、总书记授旗训词四周年宣传贯彻等活动，筑牢政治忠诚；常态化开展后勤财经、队伍管理、违反八项规定、涉赌涉贷等领域方面的整治；定期学习业务知识题库，建立日学习、月考核制度，不断加强业务理论素养。辖区内的宾川路党群服务中心挂牌成立"思想政治教育基地"，被青岛市消防救援支队评为先进基层党组织。

（李沧区消防救援大队）

军　　事

人民武装

思想政治建设

2022年，李沧区人民武装部（简称"区人武部"）把学习宣传贯彻党的二十大精神作为鲜明主线，深化"三学"模式、"四共"机制，扎实抓好专题学习、集中教育和个人自学，探索建立"六学"教育模式，开展"学习贯彻二十大、奋进强军新征程"主题演讲比赛、"送二十大精神到帮扶社区"等"十个一"系列活动，参加学习贯彻党的二十大优秀征文活动

和"百人百课"授课。聚焦"忠诚维护核心、矢志奋斗强军"深化主题教育，扎实组织开展"忠诚·担当·尽责"主题教育实践活动，探索建立"五字诀"教育模式经验做法被山东省军区刊发。依托虎山国防教育公园完成李沧区军事历史展陈建设，组织开展"七一"主题党日、建军95周年大型成就展活动。抓好宣传报道工作，全年在中央级媒体发稿19篇。

练兵备战工作

2022年，区人武部常态化组织日常战备值班和应急备勤，高标准做好200人支援莱西市

疫情防控行动准备；组织李沧区民兵应急连入队训练和集合点验，参加青岛警备区2022年群众性岗位练兵比武，区人武部获区（市）总评第一，区民兵应急连获总评第二、刺杀操单项第二；迎接警备区对李村街道应急排拉动考核，展现良好战备状态，得到上级肯定。此外，军事职业教育、信息要讯、学生军训等工作有效开展。

国防动员工作

2022年，李沧区印发《李沧区民兵建设"十四五"方案》，调整区民兵工作领导小组。区人武部开展民兵整组潜力调查，集中录入企业数据2万余条，指导各街道依托47家单位完成年度民兵分队编建任务。迎接警备区对民兵分队集合点验和基层武装部规范化建设检查观摩，得到上级好评。推进基干民兵档案建设，收集汇总档案材料，做好审核把关，采取纸质档案和电子档案相结合的档案建设模式，实现建档率100%的要求。在4次省级、2次市级民兵整组量化考评中排名全市前列，区人武部被评为青岛市民兵工作先进单位。严把体检、政考、役前教育、定兵关

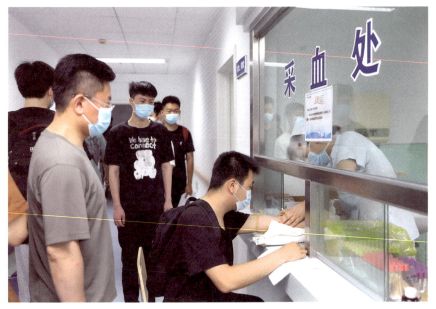

图47　2022年6月28日，区人民武装部组织应征青年大学生参加应征体检。
（张鹰摄影）

口，超额完成大学毕业生征集任务，排名全市第一，获评青岛市征兵工作先进单位。配合青岛警备区在青岛恒星科技学院组织开展"'热血青年、逐梦军营'——'青征号'爱心献血车进高校活动"启动仪式。

基层全面建设

2022年，区人武部常态化落实部党委班子成员挂钩帮带，利用民兵整组、党管武装考核、廉洁征兵倒查等时机抓好经常性工作落实，推动基层武装部依法抓建、规范运行、高效运转。强力推进专武干部队伍建设，严把专武干部调整配备标准，严格专武干部资格认证考核，严密组织各类教育培训，强化兴军专武能力。全面开展基层规范化建设达优活动，李村街道、湘潭路街道、九水街道、世园街道被警备区评为达优单位。严密组织党管武装考核，进一步完善考核方案，建立"月讲评、季考核、半年汇报"模式，年底组织年度党管武装军地联合考核，世园街道、湘潭路街道、李村街道年度综合排名前三。

班子队伍建设

2022年，区人武部坚持以党的政治建设为统领，组织党建法规学习，迎接山东省军区党组织规范化建设专项检查，得到上级好评。严格落实组织生活制度，开好党委班子专题

民主生活会和专题组织生活会，顺利完成党委、纪委换届选举。严密组织召开全区武装工作会议和第一书记任职会议。坚持党管干部，严密实施全体军官和文职人员考核，规范领导干部个人事项填报，严格落实纪委和党委政法委《工作规定》，扎实组织提醒谈话、集体约谈，围绕征兵"微腐败"、违规饮酒、军地交往，常态化开展警示教育，立起从严从紧执纪的鲜明导向。

（区人武部）

退役军人事务

概况

2022年，李沧区退役军人事务局（简称"区退役军人局"）围绕"让退役军人获得感成色更足"主线，探索创新"新时代枫桥经验"在退役军人事务领域应用，总结"九要九不要"工作法，化解退役军人复杂矛盾纠纷。在服务保障体系"十百千"创建工作中，湘潭路街道大枣园社区退役军人服务站建成"精品型"退役军人服务站，振华路街道四流中路第一社区退役军人服务站等10个社区退役军人服务站建成"标杆型"退役军人服务站，58个社区级退役军人服务站建成全国示范型退役军人服务站，退役军人服务保障体系建设从

"有"向"优"转变。世园街道上流佳苑社区获评青岛市"十佳荣军夜校"。区双拥办制作的《在这里，双拥看得见》短片获山东省双拥主题文艺作品征集评选活动三等奖。"李遇优待"活动添力，"荣军联盟"优惠力度逐步加大。重磅推出"荣送（归）专车"送戍边新兵、迎老兵返乡，"李沧荣军"影响力进一步提升。李沧区符合条件的退役军人和"三属"申领优待证超1.5万张。区退役军人局积极协调各街道，组织动员122名退役士兵参与李沧区31处重要路口道路交通文明引导，为创建全国文明典范城市贡献退役军人力量。

权益维护

思想政治示范引领　2022年5月30日，青岛市老兵事迹校园宣讲活动启动仪式在李沧区实验小学举行，现场宣讲《旗帜——先锋的力量》，该活动在CCTV—7《国防军事早报》播出，营造尊崇军人职业、尊重退役军人的浓厚氛围。湘潭路街道湘东社区党委书记、居委会主任赵鑫被评为2022年度青岛市"十大优秀兵支书"。成立"荣军讲师团"，组建退役军人思想政治指导员队伍，在山东畅海律师事务所挂牌成立"法润兵心"服务站，引导退役军人依法合理表达利益诉求。开展"喜迎二十大——为退役军

人排忧解难"专项行动。结合"法律政策落实年"和"作风能力提升年"要求，参与 2 次退役军人事务系统"全员考法"，区退役军人局蝉联全市第一名，干部职工法治意识和依法履职能力增强。

红色阵地效应凸显　2022年，区退役军人局在湘潭路街道大枣园社区，打造"军号嘹亮"退役军人思想政治教育基地。依托世园街道百果山东方红红色文化博物馆，打造退役军人思想政治教育基地。7 月 20 日，李沧区首个线下"荣军夜校"首场学习雷锋精神专题讲座在石沟社区举行，青岛市雷锋精神研究会发起人现场授课。8 月 19 日，青岛市退役军人思想政治和权益维护培训班在李沧区举行。在石沟社区、大枣园社区、大崂路社区、上流佳苑社区建立了 4 个各具特色的社区"荣军夜校"。

就业安置

提升移交安置质量　2022年，区退役军人局实施"公开选岗，阳光安置"模式，全年全区共接收安置转业军官 2 人、由政府安排工作退役士兵 13 人，行政事业编制随军家属定向安置 2 人。选聘新入职计划分配军转干部任职辅导员 11 名，以"师傅带徒弟"形式，助力军转干部更快适应新环境。退役士兵专项公益性岗位安置 612 个，发放保险救助 842 人。接收秋季自主就业退役士兵 84 人，举行年度"荣归"系列欢迎活动。实施"一窗受理、内部流转、一站办理、只跑一次"服务流程，实现退役士兵报到、落户、养老和医疗保险接续、预备役登记、技能培训等相关手续"一站式"办理。

优化就业创业服务　2022年，李沧区新增 3 家退役军人职业技能培训承训机构和 14 个培训

专业，116 名自主就业退役士兵报名参加职业技能培训、学历提升。累计 90 余名退役士兵参加自主就业退役士兵适应性培训。51 名退役士兵获得高等教育学费减免，56 名退役士兵申请免试成人高考专升本。全年组织线上、线下专场及直通车招聘 10 场次，提供就业岗位 2500 个，532 名退役军人参加，204 名达成就业意向。9 月，会同青岛市公安局李沧分局，召开退役军人辅警专场招聘会，特别推出"光荣返乡 退役无忧"辅警入职意向书机制。先后开展"送政策、助军企、送服务、解难题"走访军创企业活动、"优化营商环境 助力军创企业"活动。在李沧区就业创业服务广场挂牌成立军地两用人才市场，在位于李沧区的青岛市退役军人就业创业孵化基地打造退役军人就业创业"会客厅"，为退役军人提供就业创业服务。全年全区为军创企业发放创业贷款 5 笔，累计金额 90 万元，预计贴息 18 万元。

优待褒扬

提升优抚水平　2022 年，李沧区新增 35 名重点优抚对象。为 628 名优抚对象发放定期抚恤补助资金 1265.44 万元。落实《青岛市军人军属、退役军人和其他优抚对象基本优待目录清单》，为符合条件的退役军人办理"荣军卡"。699 家企

图 48　2022 年 11 月 28 日，李沧区举行"欢迎老兵返乡暨适应性培训"开班仪式。
（区退役军人局供图）

事业单位、个体工商户、社会组织等加入"荣军联盟"。765名退役军人办理了移动和联通的"荣军通"手机卡。12名抚恤定补优抚对象申请办理了公租房减免。协调中国工商银行网点、青岛农商银行南庄分理处等15个网点设立优抚对象优先窗口，为优待证办理发放开辟"绿色通道"。区退役军人局在青岛市首次推出"李遇优待"活动，优待证持证人在45家"荣军联盟"成员单位"亮证"可享受与"荣军卡"同等优惠。

营造崇军氛围 2022年，李沧区扎实推进"四尊崇、五关爱、六必访"工作，持续举行老兵返乡欢迎仪式、新兵欢送仪式、现役军人立功受奖仪式。7月22日，召开"八一荣军"边海防现役军人家庭座谈会，大力弘扬"一人当兵、全家光荣"的优良传统。组织开展2022年度"网上祭英烈"活动，特别推出"关爱烈士父母"活动，为所有烈士父母进行口腔诊断、健康体检，同步实施烈属走访全覆盖。将11名荣立二等功及以上的退役军人名录及事迹载入地方志。编印《李沧区2022年度退役军人风采录》。

图49 2022年7月22日，李沧区"八一荣军"边海防现役军人家庭座谈会举行。 （区退役军人局供图）

双拥共建

"十大尊崇"计划 2022年，区退役军人局在春节、"八一"前夕，组织常态化走访慰问驻地部队和优抚对象。按时足额发放义务兵家庭优待金、现役军人立功受奖奖金、未就业现役军人随军配偶地方生活补助金。7月19日，李沧区举行"八一荣军"军地座谈会，庆祝中国人民解放军建军95周年。9月20日，区退役军人局联合李沧区人武部召开"你只管安心服役 我许你后方无忧"主题欢送新兵座谈会，探索建立退役军人全生命周期服务机制。联合李沧区人民法院，组织"送法进军营"2场次。在《齐鲁晚报》张榜公示两年内荣立三等功及以上李沧区户籍的现役军人名单。李沧区双拥办创造性地实施了走访座谈、普法宣传、专属服务、编纂文献、拥军优属、敬老爱亲、助军纾困、军地共建、联合办展、荣归服务等"十大尊崇"计划，拥军优属工作更加精细化。

落实互办实事工作 2022年，区退役军人局提前高标准完成2项军地互办实事。帮助移除武警青岛支队某营区外行道树21棵，比上级规定时间提前一个月完成，快速解除安全隐患。完成李沧区人武部办公室等基础设施改建项目。区双拥办协调驻区某部队派出30名官兵，清除铁路青岛北站周边杂草1000平方米。

（区退役军人局）

经济管理与服务

经济运行与调控

经济整体运行情况

2022年，李沧区高效统筹疫情防控和经济社会发展，积极应对经济下行压力，推动政策落地见效，全区经济总体呈现承压恢复、稳中有进的发展态势。全年全区生产总值为612.61亿元，比上年（下同）增长2.5%。其中，第二产业增加值为177.52亿元，增长1.4%；第三产业增加值为435.09亿元，增长2.9%。全区二、三产业结构为29∶71。

工业经济运行情况

2022年，全区116家规模以上工业企业累计完成工业总产值403.87亿元，增长13%。全区

累计产值增长企业41家，增长25.3%，拉动全区规模以上工业产值增长19.4个百分点。全年全区116家规模以上工业企业累计实现营业收入451.87亿元，增长12.2%；实现利润总额17.21亿元；实现利税61.28亿元。

消费市场运行情况

2022年，全区完成社会消费品零售总额441.1亿元。全年全区完成限额以上批发零售和住宿餐饮业销售额（营业额）1213.99亿元，增长22.4%。分行业看，批发业完成销售额1062.77亿元，增长26.1%；零售业完成销售额144.46亿元，增长1.4%；住宿业完成营业额2.65亿元，增长8.3%；餐饮业完成营业额4.11亿元，增长12.2%。

建筑房地产业运行情况

2022年，全区有总承包和专业承包资质的建筑业法人单位实现建筑业总产值118.9亿元，同比增长8.5%。签订合同额319.4亿元，同比增长2%。商品房销售面积同比增长1.0%。

财政收入情况

2022年，李沧区完成一般公共预算收入64.98亿元（扣除增值税留抵退税因素后），增长0.2%。其中，税务部门收入52.45亿元（扣除增值税留抵退税因素后）；财政部门收入12.53亿元，增长34.25%。

（区发展改革局）

国有资产监督管理

概　况

基本情况

2022年，李沧区共有区属国企6家，资产总额2252.99亿元，比上年增长4.44%。李沧区国有企业领导和监管委办公室聚焦全区"3+2+4"现代产业体系，积极布局新能源新材料、新一代信息技术、智能制造、生物医药等四大新兴产业，加快推进国有企业改革步伐，实现国有企业高质量发展。

党建引领

2022年，李沧区加强党建引领，不断"强根固魂"，党建入章工作取得扎实成效。各区属国企均已将党建工作写入公司章程，并确定党组织研究讨论是董事会、经理层决策重大问题的前置程序，制定了党组织前置研究讨论经营管理事项清单。建立完善"第一议题"制度，坚持党的政治建设作为根本性建设，深刻领会"两个确立"的决定性意义，把学习习近平新时代中国特色社会主义思想作为第一议题，构建传达学习、研究部署、贯彻落实、跟踪督办、报告反馈的工作闭环，不断提高国企党员干部的政治站位。制定国企党建考核办法，按照"每月一查、每季一考、年终总评"的方式对区属国企党组织进行考核，基层党组织的政治功能和组织功能不断增强。深入开展"作风能力提升年"活动，切实改进工作作风，持续加强企业党风廉政建设和反腐败斗争，驰而不息整治"四风"，切实加大国企反腐力度。扎实推进"清廉国企"建设，打造"阳光国企"廉洁文化品牌，建立清廉教育基地，提升国有企业家"对党忠诚，清正廉洁"的政治品质。

国有企业监管

2022年，李沧区深入推进国资监管机构职能转变，动态完善监管权力和责任清单，把履行出资人职责、国资监管职能、党的建设工作职责三项职责统一起来，切实增强专业化、体系化、法治化监管能力。规范企业经营行为，制定《李沧区国有企业党建工作考核办法（试行）》，加快推动全面从严治党向基层延伸，提升国有企业党组织标准化、规范化建设水平。制定出台《李沧区区直企业领导人员管理规定》，坚持和加强党对国有企业的全面领导，建设对党忠诚、勇于创新、治企有方、兴企有为、清正廉洁的区直企业领导人队伍。研究制定《李沧区区属国有企业工资总额管理办法》，建立完善国有企业工资效益联动机制。研究制定《李沧区国有企业高质量发展考核办法》，建立以效益质量为导向的市场化考核机制，引导和约束企业的经营行为。进一步完善监管制度，制定《李沧区区属企业违规经营投资责任追究暂行办法》，完善责任追究机制。强化监管提升效能，建立风险预警与应急机制。加强对国有企业债务风险动态监测，逐周跟踪，提前预判风险。严格落实"三重一大"决策制度，厘清"三重一大"事项报批范围、决策程序，规范决策分类权限，提高决策效率，提升监管效能。设立总规模50亿元国有企业信用保障发展基金，预防应对突发性偿债违约风险，严守风险防控底线。建设国有企业资金在线监管平台，完成信息化系统建设，转变监管方式，加强数据监测和分析，做到实时监管、有效监管，提升数字化监管水平和国资监管质量。充分发挥考核激励导向作用，科学合理设定各项考核指标，将企业楼宇载体去化及税收贡献列入考核，形成"效益＋贡献"组合考评体系，引导国有企业把效益放在首位，参与城市更新建设、园区发展、项目保障等重大任务，国企对全区经济贡献度不断提高。

国有企业改革

2022 年，李沧区深化国资国企改革，全面完成国企改革三年行动各项工作任务，优化国有资本配置。制定国有企业优化调整方案，以现有的"AA＋"企业为基础，对区属国企进行优化调整，将原 9 家区属国企优化调整为 6 家，实现减负瘦身，提质增效。进一步梳理国有企业主责主业，整合优化业务板块，每家企业明确 2~3 项主业，严控非主业投资比例和投向，加快剥离不具备竞争优势、缺乏发展潜力的非主业、非优势业务，调整后企业发展实力进一步提升，国有资本进一步向优势产业行业集中。健全国有企业市场化用工制度，成立李沧区国有企业用工和薪酬领导小组，完成外部董事选聘工作，开展企业高管层招聘工作，充实企业领导班子和董事会成员。开展国有企业项目投资推介，展示李沧区国有企业优势资源和重点产业项目，拓宽合作领域。李沧

区国有企业围绕"一站一圈两区多组团"全域发展战略，加快推进低效片区开发、城市更新和城市建设及重点产业项目。世博园片区、新旧动能转换产业示范片区等重点项目正在加快建设，联东 U 谷·青岛科创中心项目正式开工建设。推进国企载体盘活利用。李沧区委、区政府专题研究深基础类载体盘活利用方案，深入调研载体情况，针对园区存在的问题精准施策，按照市场化方式积极开展招商运营，加快载体盘活利用，使用率达 53.82%，相继引入中化海洋科技、正华供应链、人民金服、莱特司无极灯、福瑞达医美中心等优质企业 300 余家。区属国企围绕全市 24 条产业链和李沧区"3+2+4"产业体系，布局新能源新材料、新一代信息技术、智能制造、生物医药等四大新兴产业，重点打造新能源产业园、信联天地、新经济产业园、智能制造产业园等 15 处产业园区，培育壮大新旧动能转换产业集群。

国有企业服务

2022 年，李沧区组织国企实施服务业小微企业和个体工商户房租减免工作，帮助企业降低成本，恢复发展。全年区属国企完成减免 678 户，其中，服务业小微企业 412 户、个体工商户 266 户，完成减免金额 1655 万元。统筹疫情防控和经

济发展，区属国企带头发挥主力军作用，在做好疫情防控的同时，全力保障项目建设和生产运营，有力地促进全区经济社会平稳健康发展。

（区国有企业领导和监管委办公室）

区属国有企业简介

青岛海创开发建设投资有限公司

概况 青岛海创开发建设投资有限公司（简称"海创公司"）于 2009 年 9 月经青岛市政府批准成立，注册资本 4.25 亿元，是主体信用双"AA＋"级企业。公司主营业务为土地一级整理、房地产开发建设、新能源产业、大宗贸易、物业管理等。在全市范围内率先采用大规模组团开发建设模式，在城市经营建设的市场化运作中实现政府远期规划与近期建设目标的有机结合，城市开发建设与改善民生的有机结合，社会公共利益与国有资产增值保值的有机结合。

业务板块 2022 年，青岛海创开发建设投资有限公司做好土地一级开发整理，深度融入全区低效片区开发和城市更新重点项目规划建设，完成青岛北站周边核心区 1.9 平方千米、安置区 900 亩（1 亩＝666.67 平方米，下同）、烟墩山片区 1200

亩土地整理工作；完成核心区内 10 家企业搬迁及权属注销及 6900 余户居民房屋征收工作，房屋拆除建筑面积约 34 万平方米；建成海怡新城安置楼座 32 个，总建筑面积 75 万平方米，实现 5478 户居民回迁安置，并配套建设 470 套公租廉租房。做好房地产开发建设与运营，打造"两园三城三商办"（即国棉六厂产业园、海创新能源产业园；海怡新城、海创尚居、海创景苑；科创中心、盈丰广场、海创都市产业园）。紧抓新能源产业投资与运营，依托海创新能源产业园，深化与同济大学研发合作，围绕光伏与制氢、清洁能源供冷/供热项目、高质量实施氢能领域课题攻关等关键环节，不断完善关键技术及配套产业链。2022年，海创公司子公司海卓动力（青岛）能源科技有限公司共成功申报项目 12 个，其中国家级项目 1 个、上海市 1 个、青岛市 10 个；获得中国能源研究会技术创新一等奖、第六届中国新能源商用车"金熊猫奖"、高工氢电 2022 年氢燃料电池产业 TOP50 等行业奖项；成功入选山东省首批科技小巨人企业，青岛市"专精特新"中小企业、经济新锐企业、雏鹰企业、工业企业"一企一技术"研发中心等，公司研发的卓氢 H6 系列燃料电池动力系统 M54 入选青岛市工信局《青岛市创新产品

推荐目录（2022年度第一批）》、卓氢 H12 系列燃料电池动力系统 M110 进入青岛市创新产品目录。加快仓储物流网布局，高效推进青海海东零碳产业园、临沂罗庄羲和汽车产业园、潍坊昌乐零碳产业园建设，并与中石化青海公司达成合作意向，共同开发青海省第一个综合能源岛项目。

青岛金水集团有限公司

概况　青岛金水集团有限公司（以下简称"金水集团"）成立于 2010 年 7 月，注册资本 20 亿元，主体信用评级"AA+"，是李沧区政府最早的直属国有企业之一。公司现拥有城市运营、金融投资、资产管理、内外贸易、文化传媒五大核心板块。获评青岛市文明单位标兵、"真情协商.和谐共赢"品牌创

建星级单位、李沧区先进基层党组织、纳税突出贡献企业等。

业务板块　2022 年，金水集团实施城市运营与产业运营融合发展，城市运营业务领域涵盖园区开发建设、土地一级整理、基础设施及公建项目建设、住宅及商业地产开发，重点建设百亿级项目信联天地、青岛市区内最大的集中配建保障性住房项目、青岛主城区北部唯一千亩产业基地——青岛市新旧动能转换示范区等，累计参与并完成 38 个项目的开发建设，项目遍布李沧区域，总投资 237 亿元，总建设面积 179 万平方米。相关项目列入省市重点项目，获山东省建筑工程质量"泰山杯"奖。金融投资领域拥有私募股权基金管理人、私募证券基金管理人、融资租赁等多张金融牌照，对全区国

图 50　2022 年 5 月，信联天地园区整体建成并投入使用。

（青岛金水集团有限公司供图）

企的基金项目统一进行投资管理，建立起专业化的风控、投研管理体系，与江浙粤吉川等地区优质产业资本进行长期合作，深度布局航空领域、生物医药两大产业链。发行并管理的 5 支私募股权基金总规模达 1.84 亿元，对外投资额近 18 亿元，融资租赁业务存量资产规模达 1.22 亿元。依托近 100 万平方米资产管理规模，深耕"商办集群、商旅集群、商业集群"运营，构建起信联天地综合体、数字经济产业园、高层次创业园、文化科技产业园、文化艺术街区多层次特色园区体系，在管 10 栋独立办公楼总体量 39 万平方米。物管项目涵盖商业综合体、产业园区、企事业单位办公楼、住宅等类型，通过专业化服务、数智化管理，实现资产高效利用盘活。内外贸易坚持"内循环为主体、

中外贸易联动"，以煤炭、黑色金属、原油贸易为核心业务，与山西省、上海市等煤电大省的央企、国企建立长期业务合作，储备稳定的上游供应商和下游终端用户资源，提供供应链管理及优质服务。文化传媒板块运营的融源书店、融源美术馆、康辉旅行社（AAAAA 级）、融源东部体育中心等载体，与中国美术馆、法兰西艺术院、北京首旅集团等单位建立长期紧密合作关系，在文化艺术交流、国际资源嫁接、旅游会展服务等领域形成较为完善的"文化旅游产业品牌体系"，策划百余场大型推介会、时尚展演等活动。融源书店获评山东省最美书店。

青岛融海国有资本投资运营有限公司

概况 青岛融海国有资本

图 51 2022 年，李沧区培育了青岛九维医学创新研究院有限公司、青岛卓云海智医疗科技有限公司等一批优质企业。
（青岛融海国有资本投资运营有限公司供图）

投资运营有限公司（以下简称"融海公司"）成立于 2016 年 4 月 27 日，是李沧区人民政府直属的国有独资公司，主要职能为国有资本运营、股权投资、基础设施和公共服务领域投融资等。经过 7 年的发展，公司形成了以母公司为核心、10 个二级全资子公司为支撑的集团化发展架构，构筑了金融控股、实业投资、资产管理三大产业体系。公司参股了联储证券、齐商银行等优质企业，承担和打造了耀洲·新经济产业园等 7 个省、市、区级重点项目和产业园区，储备持有一批土地、楼宇产业载体，加快新兴产业导入和培育，促进创新要素集聚。获评李沧区突出贡献单位、李沧区精神文明单位、工人先锋号、攻坚克难奖等称号。

重点业务 2022 年，融海公司金控体系已参股齐商银行、联储证券，实现金融业态及金融资产的良性经营。利用金控体系开展资本运作，开辟融资租赁、金融租赁、信托、债券、PPN、银团贷款等多元化、多渠道融资形式组合，为重点项目、院士港体系建设、产业运营等储备资金。实业体系围绕"3+2+4"重点产业体系，为李沧区参股引进了一批数字经济、设计研发、生物医药、科技研发等新兴产业项目，承担耀洲·新经济产业园、耀洲·智能制造产业园、融海启城 3 个产业板块，以及融海国际

酒店、融海致远居、白果树地块改造（新型智慧城市综合体）、枣山路中学等重点项目。资管体系根据区委区政府关于收储资产、打造产业载体的部署，梳理、收储了鼎世华府、和达璟城、绿城等一批房屋、土地等优质资产，一方面作为重点项目或招商引资、产业平台的载体，另一方面通过资本运作、资产运营等多种办法，强化资产的综合收益，公司资产管理体系持续壮大，运营、融资能力显著提高，并与金控、实业良性互动。围绕医药药物、医疗器械、医疗技术应用等领域，构筑生物医药产业链和生态集群。截至 2022 年底，已落地 51 家优质企业，形成贯通研发、临床、制剂生产到销售贸易的全产业链。培育青岛九维医学创新研究院有限公司、青岛卓云海智医疗科技有限公司等一批优质企业。

青岛华澜发展集团有限公司

概况　青岛华澜发展集团有限公司成立于 2018 年 1 月，注册资本 50 亿元，资产规模超 550 亿元，信用评级"AA+"，获"山东省创业创新示范综合体""山东省五一劳动奖状""青岛市精神文明单位"等称号。集团公司现有党群综合部、纪检监察部、审计法务部、招商运营部、战略规划部、开发建设部、人力资源部、资金财务部、成本招采部等 9 个职能部门，

拥有四维空间公司、融学教育集团等 8 个国有全资（控股）二级公司和其他参股控股公司。集团公司已初步建立健全成本管控体系、审计监督体系、财务监督体系、法律保障体系。

主要业务　2022 年，青岛华澜发展集团有限公司坚持以高端制造、智慧教育、医养健康三大产业为引领，延伸培育数字经济、现代金融等新兴产业，逐步完善"人才、项目、资本"一体化招引机制，以精准招商促成产业集聚，推动资源要素向实体经济集聚，聚焦主责主业，以高端制造、智慧教育、医养健康三大产业为引领，延伸培育数字经济、现代金融等新兴产业，落地运营人民金服、北汽制造、杰正科创、考试中心和城市云平台等产业项目，着力打造华澜新旧动能转换产业园群，涵盖科创云谷、现代金融产业园、汇智谷、数智港、健康小镇、现代工场等 6 个优质产业园区，配套开发建设 11 万平方米的高品质专家住宅、人才公寓，具备落地都市工业项目、现代服务业项目以及技术中心、大数据中心、信息中心等产业的生态条件。加强园区运营管理，平台资质持续提升，获国家级众创空间、省级知识产权保护工作站、青岛市中小企业公共服务示范平台、青岛市标杆孵化器等多项称号，政策奖补累计近 500 万元，是全市唯一一

家山东省创新创业示范综合体。2022 年，园区新增青岛市"专精特新"企业 7 家、青岛民营企业创新潜力 10 强 2 家、青岛市民营领军标杆企业 1 家、市级工业设计中心 1 家、2 家企业产品入围山东省能源领域新技术、新产品、新设备目录。加快推进院士项目成果转化，协调陈璞院士团队、卓敏院士团队等四家院士企业参加 2022 青岛·全球创投风投大会进行项目路演及推介，推动院士项目创新链与资本链深度融合。卓敏院士团队自主研发的 1 类新药 FM888 胶囊、王玉田院士团队自主研发的治疗阿尔茨海默病的 PMS-001 均已完成临床一期，凤麟核团队与齐鲁医院共建中子医疗中心，中子科学与技术省重点实验室获批建设。甄崇礼院士团队自主研发生产的紫外联合臭氧催化氧化聚解消毒净化设备广泛应用于北京冬奥会和冬残奥会。马伟明院士团队研发的国内首台轨道交通"飞轮储能装置"，在青岛地铁 3 号线万年泉路站完成安装调试，并顺利并网应用。

青岛市李沧园林绿化工程有限公司

概况　青岛市李沧园林绿化工程有限公司有高级工程师 11 名，工程师 23 名，助理工程师 34 名，二级建造师 6 名。公司绿化养护工作包括病虫害防

图 52　沧口公园景观小品

（青岛市李沧园林绿化工程有限公司供图）

治、植物修剪、卫生清理、死树枯枝清理、裸露补植、施肥、浇水等。主要负责全区 288 条主次道路，李沧文化公园、沧口公园、水上公园、维客广场、九水广场等 31 处公园、广场、楼山、烟墩山、牛毛山、坊子街山、河南山等 6 处山头公园，李村河、金水河、大村河、板桥坊河等 4 条景观河道绿化养护管理，以及 1103 万余平方米、8.9 万余株行道树的绿化养护管理工作。获评青岛市综合整治突出贡献单位、创建国家园林城市先进单位、ISO9001 认证企业和守合同重信用企业、2022 年度青岛市"园林优质工程"竞赛活动二等奖、青岛市园林绿化工程施工现场标准化示范工地、园林行业先进单位、公园城市建设突出贡献单位等。

重点工程　2022 年，青岛市李沧园林绿化工程有限公司全面推广绿篱地被清边分层修剪、行道树树穴裸土整治、道路绿化带断档消除、重点区域保洁人员定岗等精细化管理措施，探索建立一岗双责、交通安全联络协调机制等工作模式，创建广水路、金水路等 4 条养护示范路，成功创建宾川路、文昌路等 16 条养护达标路，实现全区公共绿地一级养护率 100%。公司坚持"预防为主、防治结合"病虫害工作原则，坚持定期发布病虫害疫情预测预报，指导下属建设、养护单位开展病虫害防治工作。结合春季病虫害防治组织的杨柳飞絮治理，实现杨柳絮相关舆情清零。修剪、保洁、施肥、浇水、补植等工作，实现由大众化、

标准化向个性化、艺术化管理标准迈进，从单一绿地景观效能出发，延伸化解绿化苗木与交通安全、线缆安全、居民采光、路灯照明之间矛盾，营造造型圆润、层次分明、错落有致、花繁叶茂的花园式景观。施工工程主要有青岛华澜研究院南延景观绿化工程、上臧山公园综合治理工程、地铁 2 号线二期苗木迁移、李沧区 2022 年植树增绿工程、李沧区达标路示范路创建工程、山头公园整治工程、立体绿化建设工程、工艺景观小品制作安装工程、李沧区前庭绿化整治项目等多项工程，并在重要节点对全区主要道路、景点等重点区域更换品类丰富、色彩各异、造型别致的时令花卉 16.6 万余盆。

青岛世园（集团）有限公司

概况　青岛世园（集团）有限公司于 2012 年 3 月经青岛市委、市政府批准成立，为青岛市政府直属国有企业。2020 年 1 月 1 日，为统筹做好青岛世界园艺博览会片区保护和开发工作，实现园区景区与城区融合协调发展，根据《青岛市人民政府关于调整青岛世园（集团）有限公司管理体制的通知》（青政字〔2019〕27 号），青岛世园（集团）有限公司整建制划转李沧区政府。公司下辖 16 家全资子公司、1 家控股公司、3 家参股公司。获山东

省服务名牌、山东省安全生产先进单位、上海合作组织青岛峰会服务保障工作先进集体、青岛市文明单位标兵、青岛市工人先锋号、青岛市青年文明号、青岛十佳公益企业、青岛市社会责任规范企业、青岛市劳动保障守法诚信示范用人单位、青岛市"厚道鲁商"品牌形象榜上榜企业等称号。参与建设项目获中国土木工程詹天佑奖、中国项目管理应用奖等奖项。

重点项目 2022年，青岛世园（集团）有限公司确立世博园提升、低效片区土地整理和二级开发、进出口贸易、投融资发展4个主要业务发展方向。集团下辖的青岛世界园艺博览园为国家AAAA级旅游景区、国家生态旅游示范区、省文明旅游示范单位，占地187公顷，旅游资源丰富，交通便利，产业发展条件优越。全年接待游客132万人次，比上年增长72%。为盘活青岛世博园存量资产，实现国有资产保值增值，世园集团联合山东省文旅投资集团、山东鲁信睿浩在世博园园艺文化中心打造以超级飞侠为主题的"超级飞侠RIO创想中心"。世博园及周边片区发展

图53　青岛世界园艺博览园一角　　　　（张鹰摄影）

定位以传承"让生活走进自然"为主题，以"公园城市"建设为引领，打造生态旅游增长极、绿色生态新社区。片区总用地面积约269公顷。其中，世博园北园区约89公顷、南园区约98公顷，主要用于文旅产业发展；西侧区域约82公顷，主要建设绿色生态新社区。进出口贸易业务板块主要涉及能源交易和农产品交易两个部分。旗下公司是商务部公布的全国117家成品油（燃料油）非国营贸易进口企业之一，是中石化青岛石化、山东京博石化、江苏盛虹石化等的正式供应商。枣山路周边区域配套设施及相关地块建设工程二期西起规划一号线，东至铜川路，道路全长约1600米，规划红线宽40米，两侧绿化带宽度10~30米，为双向八车道。项目建设内容主要包括道路工程、跨青银高速桥梁工程、管线工程（给水、雨水、污水、电力、燃气、热力、通信、再生水）、路灯工程、景观绿化工程、交通设施工程以及其他附属工程。项目总投资约10.9亿元，计划2023年上半年全面开工建设，2024年竣工通车。

（区国有企业领导和监管委办公室　区城市建设管理局）

财　　政

概　　况

2022 年，李沧区发挥积极财政政策效能，加强财政资源统筹，优化支出结构，统筹推进疫情防控和经济社会发展，全区财政运行稳中向好。全年扣除增值税留抵退税因素后，李沧区一般公共预算收入完成 64.98 亿元，比上年增长 0.2%。其中，税收收入完成 50.02 亿元，税收占一般公共预算收入的比重为 77%；一般公共预算支出完成 42.34 亿元。

落实财政政策

2022 年，李沧区落实减税降费和各项惠企利民政策，持续优化营商环境，激发市场主体活力，积极涵养可持续、有活力的税源。全年累计完成增值税留抵退税 27.7 亿元；做好助企纾困"乘法"，支持企业发展，拨付各类促进产业发展资金 2.1 亿元；搭建银企沟通桥梁，推广"政府采购贷"，授信金额 1434 万元。坚持"疫情要防住、经济要稳住、发展要安全"，全年累计投入财政资金 2.23 亿元，支持稳妥有序开展

核酸检测，进一步提高新冠病毒核酸检测能力，支持做好物资保障和重点场所防控。发挥直达资金惠企利民作用。以直达资金监控系统为支撑，促进资金落实到位、规范使用。全年拨付各类中央直达资金 11.87 亿元，重点用于支持疫情防控、保基本民生等方面，为做好"六稳"工作、落实"六保"任务提供坚实保障。

资金保障重点工作

2022 年，李沧区加强预算统筹和源头管控，从严从紧编制预算，优先安排"三保"支出，从源头上压减一般性支出，对非急需、非刚性、非重点项目支出应压尽压，集中财力保障民生工程等重点项目和领域。"五项经费"支出比上年下降 27.2%。加大存量资金清理盘活力度。清理回收结转两年及以上的转移支付资金和其他结余资金 4.16 亿元，统筹用于疫情防控、政府债务还本付息和"六稳""六保"支出，提高资金使用效益，缓解财政支出压力。积极争取专项债券额度。全年争取新增政府专项债券额度 11.56 亿元，重点用

于基础设施建设，保障全区重点项目有序推进，为实现全区经济社会高质量发展提供有力支撑。

财政民生投入

2022 年，李沧区大力压减一般性支出，精准支出投向、提高支出质效，将有限的资金用于重点民生领域，财政保障服务民生作用进一步彰显，全年民生支出 32.42 亿元，占一般公共预算支出的 76.6%。支持卫生健康事业发展，保障群众健康。投入 4.50 亿元，加快推进健康李沧建设，全面提升基础设施条件和综合服务能力，医疗卫生事业取得长足发展；基本公共卫生服务经费补助标准由每人每年 79 元提高到 84 元。支持教育体育事业发展，办好百年大计。投入 13.42 亿元，推进教育基础设施建设，新建改扩建实验初中李沧分校等学校幼儿园 10 所，新增学位 1.1 万个；资助全区困难家庭学生 1532 人次；新建儿童乐园 4 处、健身路径 10 条，安装健身器材 1200 余件。支持就业创业和社会保障体系建设，兜好民生底线。投入 5.60 亿元，健全完善

社会救助体系，持续提高基本民生保障能力；城市低保标准从每人每月904元提高到995元；支持开展政府补贴性职业技能培训，促进高校毕业生等重点群体就业创业，新增城镇就业2.8万人。支持文化事业繁荣发展，提升生活品质。投入3745万元，举办"青岛有李"文化创想节、第二十八届"李沧之春"等活动；累计开展群文大舞台等各类文化惠民活动930场；开展线上线下公益文化培训800余课时。支持城居环境改善，打造宜居环境。投入8.52亿元，完成东南新苑等6个老旧小区改造任务；新增6座24小时开放公厕；打造口袋公园4个，整治提升山头公园9个；8条未贯通道路全面通车。

财政管理改革

2022年，李沧区推进预算绩效管理，着力提高财政资源配置效率和使用效益，打造绩效引领管理新模式，在全区开展绩效自评工作，涉及项目596个、金额46.57亿元；开展重点项目支出绩效评价工作，涉及项目28个、金额35.45亿元。加强财政内控建设。建立"1+6+7"内控制度，构建起以日常执行、内控检查、结果运用为核心的运行体系，推动内控工作常态化，不断提升内控工作效果和防范风险能力，确保财政资金使用安全高效。加强政府债务管理。防范政府债务风险，多渠道筹集资金，积极化解政府债务存量，严控政府债务规模，牢牢守住不发生区域性系统性风险底线。加强行政事业资产监管。全面梳理行政事业单位房屋情况，进一步摸清房屋资产底数；通过资产转让等方式，盘活行政事业单位闲置资产；严格落实疫情期间房租减免政策。提升政府采购质效。建立健全政府采购内控制度，进一步压实责任，促进政府采购活动规范、高效；积极落实政府采购惠企政策，不断加大对中小微企业支持力度；多措并举加大监管力度，确保政府采购活动依法依规、平稳有序。

干部队伍建设

2022年，李沧区坚持以提高财政工作质量为目标，通过加强政治、业务学习和作风锤炼三项措施，着力打造一支政治上绝对可靠、工作上严谨审慎、能力上精通过硬、作风上求真务实、操守上清正廉洁的财政干部队伍。坚持把学习作为提升专业能力的首要途径，采取以老带新、新老互学的方法，倒逼财政干部学理论、学政策、学业务，全面提升综合能力素质。及时传达学习财政工作最新政策精神和业务知识，通过交流学习体会、思想认识、工作打算，引导机关干部带着使命学、带着方向学、带着问题学，切实把学习的成效落实到推动具体工作中。始终把加强财政部门作风建设摆在突出位置，坚持从严治党，定期对财政阶段性重点工作及重点指标完成情况进行跟踪落实，强化责任意识，严格机关效能管理。全面落实机关党风廉政建设责任制，深入排查廉政风险点，经常性开展警示教育，定期开展谈心谈话，强化主体责任，通过警示教育学习等形式，教育引导财政干部严于律己、严以修身，自觉遵守党规党纪，守住底线、不碰红线，以高度的思想觉悟和严格的行为自律练就财政人新作风。

（区财政局）

税　　　务

概　　况

2022 年，国家税务总局青岛市李沧区税务局（以下简称"李沧区税务局"）严格落实税收法定原则，坚持依法征收、应收尽收、坚决不收"过头税费"。考虑留抵退税因素影响，全年共组织各项税费收入 209.03 亿元。其中，组织税收收入 80.79 亿元，比上年（下同）减收 37.92 亿元，下降 31.95%；组织社保非税收入 128.24 亿元，增收 25.35 亿元，上升 24.64%。还原留抵退税因素后，2022 年共组织各项税费收入 237.63 亿元。其中，组织税收收入 108.52 亿元，减收

10.18 亿元，下降 8.58%；组织社保非税收入 129.11 亿元，增收 26.22 亿元，上升 25.48%。深入贯彻税务总局《关于树牢税费皆重理念齐抓共管做好社会保险费和非税收入工作的意见》。建立税务、医保、社区三方联络机制，多措并举做好社保费"统模式"工作。稳步推进城乡居民和灵活就业人员自主申报缴纳社保费。加强非税收入征收管理，依法依规完成全市首例法拍房土地出让金扣缴业务，并在全市税务系统推广应用。围绕区域发展战略、"双招双引"重大项目，精准开展税费优惠政策效应分析，准确反映政策实施情况，提出相关意见建议。全年向区委区政府

报送《税情快报》12 期、《税务专报》18 期，得到区领导批示肯定 11 次。

税费收入

2022 年，李沧区税务局坚持把落实好退税减税降费政策作为重要政治任务来抓，确保政策快准稳好落地见效，相关工作获中央广播电视总台《新闻联播》《朝闻天下》等栏目报道。落实"五个必汇报"要求，推动建立区政府退税减税政策落实工作联席会议制度。与区财政局、区国库支库建立落实协调机制，确保受理、审核、开票各环节链条畅通。在摸清底数、优化服务、严防风险上下功夫，创建由 1 个体系、2 个模块、16 个模型组成的"退税减税全链智控矩阵"，大幅提高退税减税工作质效。选取 100 余户留抵退税企业全面研判政策实施效应。全年共办理增值税留抵退税 27.74 亿元。稳步推进制造业中小微企业缓税、"六税两费"减免等税费优惠政策落实落细。在数据测算、政策宣传、便捷服务上创新制造业中小微企业缓税政策落实举措，累计缓税 1.12 亿元。动态监控

图 54　2022 年 5 月 6 日，李沧区税务局与青岛市税务局第二稽查局、李沧区检察院签订《检税合作备忘录》。（区税务局供图）

"六税两费"政策落实情况，共有 25.4 万户次纳税人享受"六税两费"减半优惠，减免税费 8737 万元。持续加快出口退税办理进度，一类、二类出口企业正常出口退税平均办理时限已压缩至 0.91 个工作日内，全年为 920 户出口企业办理出口退税 18.64 亿元，免抵调库 1.24 亿元。

税收征管改革

2022 年，李沧区全面落实税务总局深化改革阶段转换工作安排，在税务执法规范性、税费服务便捷性、税务监管精准性上稳步推进。严格规范税务执法行为，全面落实《行政执法公示实施办法（试行）》等"三项制度"。落实重大事项集体审议制度，召开集体审议会议 7 次。开展非强制性执法方式试点，受理并解决税务争议案件 7 起。提出 9 种税务柔性执法方式，形成

《李沧区税务局重点项目税收事项事前裁定（试行）》，为企业提供税收确定性服务。联合区不动产登记中心为 4 个社区近 5000 户拆迁安置居民提供不动产登记、缴税、缮证"一站式"服务。建立"税务＋工商联＋街道"的网格化服务模式，全年完成网格化服务 16000 户次。建立问题响应"绿色通道"，全年热线累计接通电话 15 万余次。开展涉税专业服务专项调查，组织 10 余场涉税专业服务机构政策培训。成立重点项目跟踪服务办公室、大企业税收工作领导小组办公室，开通"绿色专属服务通道"，探索与重点企业签订《税收遵从合作协议》。短视频《"落跑老爸"变了》获第二届"税眼看发展"全国短视频大赛二等奖。全面落实发票电子化改革目标任务，圆满完成数字化电子发票上线工作。完成 2021 年度企业所得税、个人所得税年度汇算清缴任务。加强国际税收管

理，参与"一带一路"税收联盟建设。发挥土地增值税清算团队优势，完成 10 个清算项目。坚持"以数治税"理念，通过将机器学习和传统模型相结合，实现数据质量与税收征管业务深度融合。建立绿色税收智能台账，打通以环保税为主的绿色税收"管理链"。创新构建发制品行业出口退税"五个一"智慧监管新模式。联合青岛市税务局第二稽查局、区检察院签订《税检合作备忘录》，建立常态化司法合作机制。与青岛市税务局第二稽查局建立"查管互动"长效机制，协同区检察院成功办理全市首例虚开发票合规案件，与区法院建立涉税不动产拍卖税费征管联动机制。丰富完善"首席税务联络员"服务机制，组织"首席税务联络员"团队"点对点"对接辖区 11 个街道办事处，形成协税护税良好局面。

（李沧区税务局）

审　　　计

概　　况

2022 年，李沧区审计局（简称"区审计局"）立足经

济监督定位，依法全面履职尽责，做好常态化"经济体检"工作，努力发挥审计在打造全市新旧动能转换示范区的职能作用。全年共完成审计项目 27

个，审计查出问题金额 52.39 亿元，向纪检监察机关移送疑点线索 5 个。审议通过《李沧区政府关于 2020 年度区级预算执行和其他财政收支审计查

出问题整改情况的报告》《2021年度领导干部经济责任审计情况报告》《关于进一步建立健全审计查出问题整改长效机制的意见》《李沧区审计监督重大事项督察督办办法》《关于李沧区 2021 年度区级预算执行和其他财政支出情况的审计报告》和《李沧区审计局 2022年度审计项目计划》。

跟踪审计

2022 年，区审计局按季度对重大政策措施落实情况进行跟踪审计，具体审计了 2022年政府专项债券管理使用情况、李沧区城市更新和城市建设 2022 年度攻坚行动项目建设情况等方面的内容，审计发现健身设施采购款未及时支付等

问题 4 个，涉及问题金额 96.64万元。

预算执行审计

2022 年，区审计局进一步深化预算执行审计，重点审计财政收支真实性、专项债管理、存量资金盘活等事项，持续关注财政运行中的风险隐患和体制机制问题。深化大数据分析应用，制定了涵盖全口径预算编制和管理、预算资金绩效等 13 个方面共 213 个审计事项的《李沧区财政审计数据分析操作指引》，为财政大数据审计提供了规范化的操作依据。审计发现专项债未及时安排使用、存量资金盘活不到位等问题，涉及问题金额 7.54亿元。通过审计，规范财政收

支行为，推动财政资金规范高效运行。

经济责任审计

2022 年，区审计局聚焦权力运行和责任落实，稳步推进审计全覆盖，开展党政部门、人民团体领导干部以及区属国有企业主要领导人员经济责任审计项目 16 个，重点关注领导干部依法履职情况，查出重大经济事项决策程序不规范、连续结转资金未及时盘活、企业法人治理结构不完善等问题 150 个，涉及金额43.93 亿元，提出审计建议 48条。扎实开展自然资源资产审计，审计重点关注了林地、河道的管理和保护情况，发现未及时拨付河道排水设施维护费等问题 5 个，涉及问题金额767.28 万元。

政府投资审计

2022 年，区审计局对市政配套工程、校舍建设等 6 个政府投资建设项目开展 2022 年度建设情况审计，审计投资总额 4.73 亿元，审减工程造价4708.12 万元，审计监督范围拓宽至项目立项、项目审批、竣工验收、工程结算、质量管理等环节，推动及时完善制度、加强管理和堵塞漏洞，助力提升公共投资绩效。

图 55　2022 年 11 月 30 日，李沧区审计局开展城市更新与城市建设 2022 年度攻坚行动建设情况审计。图为审计人员对灌注桩钢筋笼绑扎质量情况进行现场审计。　　　（区审计局供图）

民生审计

2022年，区审计局为促进老年人养老服务健康发展，深入开展养老服务体系建设情况专项审计，重点关注养老设施建设、服务体系运营情况，审计发现养老运营补贴未及时拨付、未完成养老服务设施配建任务等问题5个，相关单位立行立改，加快养老服务设施配建，有效提升全区养老服务体系保障水平，助推提升养老服务能力。为保障困难群众权益落实落细，区审计局深入开展救助补助资金审计，重点关注救助补助资金收支、救助物资管理、低保人员核实、流浪乞讨人员救助等情况，审查相关政策贯彻落实情况，审计发现救助物资管理不规范、入户抽查不及时等问题2个，确保困难群众救助供养政策全面落实，有力维护困难群众合法权益。对李沧区2021年度体育设施建设情况开展专项审计调查，重点关注了526件健身设施、10条全民健身路径以及笼式场地、儿童乐园等健身场地的建设、使用和管理情况，发现健身器材超期服役、巡检维修监管不到位等问题5个，促进相关部门修订出台了《李沧区公共体育设施管理办法》，有效规范全民健身公共体育设施管理维护，推动群众健身普及，助力全民健身事业高质量发展。为保障民生工程顺利推

图56 2022年11月11日，李沧区审计局工作人员在枣山路中学开展年度校舍建设情况审计，推进民生工程落到实处。（区审计局供图）

进，区审计局开展城市更新和城市建设项目审计，重点关注旧城旧村改造、公园城市建设以及市政设施建设等民生工程，审查项目程序履行合规性、项目进度以及资金拨付情况，靠前监督，促进边审边改，推动加快民生项目建设。

审计整改

2022年，区审计局继续加大审计查出问题整改督办力度，报请区委审计委员会出台《关于进一步建立健全审计查出问题整改长效机制的意见》（青李审委〔2022〕3号），强调做好审计查出问题整改工作的重大意义，要求各部门、单位要切实扛起整改责任，以钉钉子精神持续推动问题解决，并举一反三，加强管理，完善制度，堵塞漏洞，防患于未然；同时要求各部门、单位强化结果运用，加强沟通协调，健全完善整改问责、考核、

约谈等长效机制，合力推动审计查出问题整改到位。

研究型审计

2022年，区审计局制定出台《关于探索开展研究型审计的实施意见》，在做实研究型审计上下功夫。立足前期研究，科学制定审计计划。摸清财政资金投入的重点领域，聚焦社会民生关注的热点难点，优化立项机制，科学确定年度项目计划。立足过程研究，高质量实施审计项目。以打造优秀审计项目为目标，不断创新审计思路、优化组织方式，提高揭示问题的精准度和深度。立足成果研究，发挥审计成效，注重对项目成果、经验做法的系统总结，打造精品亮点，也注重从体制机制方面进行分析研判，通过审计信息等形式为区委区政府决策提供依据。

（区审计局）

统　　　　计

概　　况

2022 年，李沧区统计局（简称"区统计局"）聚焦统计中心任务，不断提升统计服务水平，扎实推进统计现代化改革，强化数情信达、咨政为民，服务民生、服务社会、服务决策的能力全面提升，获得山东国家调查业务先进单位、山东省精神文明单位等称号。

纳统工作

2022 年，李沧区在市内三区率先出台《李沧区街道纳统专项工作经费和企业统计人员工作补助暂行办法》，进一步调动街道、企业统计工作积极性，夯实源头数据质量，全面提高纳统工作的质效。全年共完成月度纳统 75 家，新增纳统 240 家。加强与主管部门信息沟通并细化业务指导，全程监测企业审批进度，随时做好预警监测。召开全区高质量纳统工作会议，集思广益解决纳统工作存在的问题，确保纳统数量与质量齐头并进。分行业从制度解读、指标解释、筛选准达限企业名录等方面与主管部门对

接。通过梳理全区项目，对完成土地招拍挂的地块及落地项目实行动态监测，督促项目全面施工，推动项目进展。加强走访服务，促纳统、促开工、促项目进度，集中解决难点堵点问题。全年全区投资新增纳统项目 163 个，纳统企业 45 家，其中建筑业企业 33 家、房地产企业 12 家。制订《李沧区统计驿站建设实施方案》，以街道统计所为主体，负责辖区网格的管理，指导、检查网格员工作。李沧区建成街道统计驿站 11 个，无缝隙划分社区统计网格 150 余个，选配统计网格员 200 余名，在普法宣传、企业纳统、数据核查、联网直报、大型普查等各项统计工作中发挥基础性作用。

经济运行监测

2022 年，李沧区加大经济指标监测力度，深化 GDP 核算改革，强化对经济运行深度分析研判。每月、每季对 10 大行业、46 项核心指标"一数一测"，不断提升统计监测前瞻性和有效性。联网直报期间，开展"日监测"工作，在关键时间节点进行"一日两测"，实时监测经

济运行状况。全年全区地区生产总值比上年增长 2.5%，规上工业增加值同比增长 2.1%。完成全区 11 个街道 52 个社区居委会 324 个调查小区的调查工作，包括样本调查小区核实、"两员"选聘、建筑物住房单元核查、业务培训、正式登记、人员去向和生育核查以及数据审核验收等。入户登记 2714 户。组织住户调查大样本轮换工作，共涉及全区 9 个街道 12 个调查社区 1360 户居民家庭户，最终抽样调查 120 户，完成前期调查小区清查、小区图绘制、住宅名录编制、入户摸底、建立样本框、样本户开户及试记账等各项工作。

统计执法检查

2022 年，李沧区开展企业实地核查，坚持以数据质量为重点，在日常检查上狠下功夫，每季度制定走访核查计划，加大对企业基础资料的检查管理，指导企业建立原始统计台账，审核数据资料，确保基层数据账实相符、账表相符、账机相符。全年累计完成企业实地核查 514 家。制定《李沧区统计造假不收手不收敛问题专

项纠治工作方案》，成立统计造假不收手不收敛专项纠治工作领导小组。紧紧围绕"查权力干预""查数据寻租""查执法不严""查入退库"四个必查，对全区 26 个单位 2017 年以来的情况开展梳理自查工作。严格按照《李沧区统计局"双随机、一公开"工作细则》开展执法检查。2022 年共完成部门内部"双随机、一公开"执法检查 99 家，覆盖规上工业、固定资产投资、规上服务业等 10 个行业。

图 57　2022 年 9 月 28 日，李沧区举行第十三届"中国统计开放日"活动。　　（区统计局供图）

深化为民服务

2022 年，区统计局深入开展"我为群众办实事"实践活动，聚焦为基层办实事解难题。组织 2 支志愿服务队，重点围绕疫情防控、基层治理、全国文明典范城市创建等工作开展共建活动，努力构建资源共享、优势互补、共驻共建的党建工作新格局。对机关党员和联系社区党员情况进行摸底，在建党节、春节、中秋节等重要节日，由班子成员带队，走访慰问困难党员群众 10 人，把党组织的温暖送到基层、送到困难党员困难群众的心坎上，进一步密切党群关系，推进了党建结对共建工作的扎实开展。选派人员投入抗疫一线，参与疫情防控工作。安排党员干部到毕家上流社区、宾川路社区协助做好居民核酸检测、参加高速出口防疫执勤，5 名干部被抽调至疫情防控专班，以实际行动践行党员干部初心使命。

（区统计局 ）

市场监督管理

价格监督管理

概况

2022 年，李沧区市场监督管理局（简称"区市场监管局"）承担着全区实行政府定价、政府指导价的价格监督检查工作。区市场监管局立足职责，认真履行价格监督检查职责，开展各类价格专项整治，宣贯价格法律法规，处置相关投诉举报，移交至有价格违法行为行政处罚权的李沧区综合行政执法局价格违法案件 3 件，努力维护价格市场秩序和消费者的合法权益。

价格专项整治

停车服务收费治理 2022年，区市场监管局强化停车领域监管，规范停车价格秩序，组织开展停车服务收费监督检查专项行动。对实行政府定价的11个公共停车场及20条公共道路停车服务收费的经营主体开展专项整治，重点对主要商业群周边道路停车，铁路青岛北站、公立医院等场所的收费停车场进行监督检查。重点检查停车场收费标准及优惠政策是否按照规定公示、停车场是否严格执行政府规定的收费标准、各项停车收费优惠政策是否落实到位3类行为。共出动执法人员84人次，检查停车场主体22次，开展提醒告诫6次，投诉处结率100%。各停车管理服务经营主体的计费模式已基本实现一定程度的智能化，能够满足当前经营管理需求；公示牌能够做到明码标价，公示牌内容符合要求；停车收费优惠、免费政策均执行到位；未发现超标准收费行为。

教育收费专项检查 2022年，区市场监管局加强教育收费监管，规范教育收费行为，组织开展全区教育收费专项检查工作。与区教体局联合印发《全区教育收费专项检查工作方案》，建立涵盖幼儿园、小学、初中、义务教育阶段学科类校外培训机构等76家教育单位全面信息的台账，通过"李沧市场监管"公众号发布《李沧区市场监督管理局关于规范教育收费价格行为的提醒告诫函》。对2020年以来实现政府定价和政府指导价的教育收费行为，通过自查自纠和重点抽查相结合的方式开展专项检查；对九水东路幼儿园、永平路小学、青岛第三十三中学3家单位进行重点抽查；将4家李沧区义务教育阶段学科类校外培训机构白名单单位作为重点监管对象，立足职责进行全覆盖的检查。组织4家李沧区义务教育阶段学科类校外培训机构白名单单位负责人开展法律法规和价格政策培训，认真学习《广告法》《反不正当竞争法》《价格法》等法律法规；组建双减工作白名单单位管理群，及时推送双减工作相关的法规政策和合同示范文本等信息，对价格政策答疑解惑。在对各单位检查过程中，通过查看收费标准公示牌、会计账簿、在线收费系统等情况，未发现违法违规行为。

物业收费专项整治 2022年，区市场监管局聚焦物业收费领域，规范物业收费行为，组织开展物业服务收费领域深入整治群众身边腐败和不正之风工作。印发《李沧区市场监督管理局关于聚焦物业服务收费领域深入整治群众身边腐败和不正之风工作方案》，建立包括科室和12个市场监管所等15名人员组成的物业服务收费领域专项整治联络群，梳理包含地址、物业企业名称及联系方式等内容的152个"李沧区前期物业小区与物业服务企业动态台账"，通过微信公众号发布《李沧区市场监管局积极开展物

图58　2022年1月13日，李沧区市场监管局执法人员在沧口汽车站检查交通客运服务收费价格。　（区市场监管局供图）

业服务收费领域专项整治工作》《李沧区市场监督管理局关于规范物业服务收费行为提醒告诫书》，出动执法人员 190 人次，检查物业服务小区 112 个（次），相关投诉处结率 100%。

涉企收费专项整治　2022 年，区市场监管局组织开展涉企收费整治，努力优化营商环境。为进一步助力降低企业经营成本，优化营商环境，印发《李沧区市场监管局关于开展涉企违规收费专项整治行动的通知》，对政府部门及下属单位、行业协会商会及中介机构、航运交通、水电气暖等公共事业、金融领域的收费情况开展专项整治。其中，重点对政府部门及下属单位、行业协会商会及中介机构两个领域开展监督检查，向 10 余个部门及下属单位印发《关于开展 2022 年涉企收费监督检查的函》，组织各单位对涉企收费情况开展自查，重点检查在涉企收费中是否明码标价，是否超出政府指导价标准向企业收费等。对青岛市李沧公证处等 12 个部门及下属单位开展价格监督检查，建立包含社团名称、业务主管部门、社团类别、办公地址、业务范围、联系人及联系方式等内容的 35 家李沧区社会团体台账。充分发挥价格监督检查职能，认真开展 5G 基站建设降成本工作，积极对接移动、铁塔、电信李沧分公司等 3 家 5G 基站建设

负责人，了解转供电降费问题，已协调整改 12 家 5G 基站转供电单位降费。对"互联网 + 明厨亮灶"平台建设费用采取自查自纠和随机抽查相结合的方式开展检查，随机抽查 4 家应建"互联网 + 明厨亮灶"平台的学校（含幼儿园）食堂和养老机构食堂，并对《2022 年李沧区"互联网 + 明厨亮灶"服务项目合同》进行梳理检查，摸清平台建设费用来源，经查，未发现"乱收费"等违法行为。

食品药品安全监管

食品流通和餐饮服务环节监管

2022 年，李沧区市场监督管理局（简称"区市场监管局"）精准聚焦容易引发系统性、区域性风险的重点领域、重点环节、重点主体，开展食品安全"守底线、查隐患、保安全"专项行动，全面排查食品添加剂"两超"风险、校园食品安全、网络订餐、生鲜配送等风险隐患，及时研判处置，并开设宣传专栏，进一步扩展工作成效。将食品安全定性定量检测作为区办实事项目，全年在餐饮、生产、流通环节完成监督抽检 3050 批次，组织食用农产品快速检测 20.1 万批次。全区 243 家学校、托幼机构、养老机构等重点集体用餐单位实现"互联网 + 明厨亮灶"

智慧监管全覆盖。2022 年 6 月，李沧区在代表青岛市参加省级食品安全评价性抽检中，抽检食品合格率达 100%，位列全省第一。

食品生产企业和食品小作坊监管

2022 年，区市场监管局组织食品生产企业自查 104 次，企业自查率 100%；组织企业主要负责人、食品安全总监、食品安全管理人员考试 1 次，企业覆盖率 100%，考试通过率 100%；指导 10 家企业通过 ISO22000 或 HACCP 等体系认证，规模以上企业认证率达 100%。目前全区 35 家食品生产企业完成亮标承诺、对标生产、核标检验"三标"规范，25 家食品小作坊建档率 100%。

药品、医疗器械、化妆品安全监管

2022 年，区市场监管局承办青岛市医疗器械现场观摩会口腔专场、"安全用妆 携手'童'行"青岛市 2022 年度化妆品安全科普宣传周活动启动仪式，全面提升监管制度化、科学化、规范化水平。聚焦药品医疗器械化妆品领域安全突出问题，组织开展安全风险隐患排查，药品经营使用环节、医疗器械经营环节检查覆盖率达到 100%。发挥监督抽检在风险处置工作中的靶向性

图59　2022年6月16日，李沧区市场监督管理局在李村地铁站开展"安全生产月"活动。　　　　　　　　（区市场监管局供图）

作用，完成药品抽检103批次、医疗器抽检5批次、化妆品抽检12批次，抽检合格率达到100%。设置家庭过期药品定点回收单位202家，回收销毁家庭过期药品10700余盒887公斤，防止家庭过期药品污染环境和流入非法渠道危害社会。全区药品安全保持稳中向好态势。

质量监督管理

质量推进机制

2022年，李沧区持续健质量发展组织领导机制，调整领导小组成员，修订完善领导小组工作规则，出台《李沧区质量提升2022年行动计划》《李沧区贯彻落实关于加快以品牌建设引领高质量发展的意见行动计划》

等文件。召开全区质量发展创新工作会议，统筹协调全区质量发展、品牌建设和标准化战略。《质量品牌提升专项资金管理办法》制定出台以来，为46家符合条件的企业发放质量品牌提升和标准化资助奖励155.5万元。坚持以质量促发展、以质量促转型，确定"好品有'李'匠心满'沧'"质量发展理念，针对12类35项市级质量评价指标体系，探索开展产品伤害监测，对质量安全实行"一票否决"。出台质量强区创建工作方案，整合质量基础要素资源，探索开展质量基础设施"一站式"服务，"党委领导、政府主导、部门联合、企业主责、社会参与"的质量工作格局日臻完善。

质量品牌培育

2022年，区市场监管局建

立健全"李沧区质量品牌培育企业库"，指导24家企业申报青岛市高端品牌示范企业。组织辖区45名相关企业负责人参加"质量品牌大讲堂"集中培训。辖区55名企业相关负责人员获得"首席质量官""首席品牌官"资质证书。李沧区大数据服务被认定为全省唯一的服务业类"山东省优质产品创建基地"。1家企业入选2022年度山东省高端品牌培育企业名单，2家企业获评2022年青岛民营企业创新潜力10强。青岛佳家康健康管理有限责任公司获得首届"好品山东"品牌故事大赛二等奖。李沧区获批全国首批近视防控服务认证试点，8家验光配镜机构14个场所通过服务认证，全区7.4万名青少年享受到科学规范的高品质近视防控服务。

标准化战略推进

2022年，区市场监管局推进企业标准创新，鼓励支持重点优势企业参与国家和行业标准的制定和修订工作，新增主持、参与制修订国际标准1项、国家标准6项、行业（军用）标准10项。推动企业产品和服务标准自我声明公开，全区共有364家企业上报2039项标准，涵盖2585种产品。组织60余家企业标准化工作人员进行集中培训。青岛佳家康社区健康服务标准化示范等8个市级标准化试点示范项目完成建设并通过评估验收。

产品质量监督抽查

2022 年，区市场监管局围绕与人民群众密切相关的日用消费品开展区级产品质量监督抽查，加大对高风险产品、重要民生产品、重要消费品的监管，强化对不合格产品的后处理。以儿童和学生用品、消防产品、食品相关产品、成品油、日用消费品等为重点，组织对生产领域 47 批次、流通领域 165 批次的产品质量抽检，对 3 个不合格批次依法进行后处理，全区产品质量监督抽查合格率为 98.58%。

产品质量安全监管

2022 年，区市场监管局深入开展重点工业产品质量安全排查治理专项行动，聚焦危险化学品、儿童学生用品、水泥、电线电缆、燃气具等重点产品生产经营单位，加强对原材料采购、生产过程和出厂检

表 3 2022 年李沧区生产领域工业产品监督抽查情况统计表

序号	产品分类	涉及企业/家	抽查批次	合格批次	合格率
1	电气产品	6	6	6	100%
2	车用产品	2	4	4	100%
3	日用及纺织品	3	3	2	66.67%
4	建筑装饰装修材料	7	9	9	100%
5	家用电器	4	5	5	100%
6	轻工产品	17	17	17	100%
7	食品相关产品	1	1	1	100%
8	消防产品	1	2	2	100%
合计	—	—	47	46	97.87%

表 4 2022 年李沧区流通领域产品质量监督抽查情况统计表

序号	产品分类	涉及企业/家	抽查批次	合格批次	合格率
1	电子电器	2	3	3	100%
2	电工及材料	1	2	2	100%
3	机械及安防产品	3	5	5	100%
4	建筑和装饰装修材料	4	6	6	100%
5	轻工产品	2	2	2	100%
6	日用及纺织品	4	18	16	89%
7	食品相关产品	1	4	4	100%
8	成品油、车用尿素	33	125	125	100%
合计	—	—	165	163	98.79%

验等关键环节的管控，开展产品质量安全风险排查，编制发放"明白纸"400余份，产品质量监管贯通生产、流通全过程。突出问题导向，加大打击制售假冒伪劣商品工作力度，全面提升质量安全监管效能，为净化消费环境、筑牢产品质量安全防线提供有力保障，全年全区产品质量安全形势保持稳定。

特种设备安全监管

特种设备专项整治

2022年，区市场监管局倡导"安全是最大的效益""严格的安全监督是对企业最大的支持"理念，推进特种设备安全宣传进企业、进农村、进社区、进学校、进家庭活动，组织开展特种设备安全生产"开工第一课"、3场电梯安全事故应急演练，强化企业特种设备安全生产主体责任落实。系统开展"除隐患、打非法、治顽疾"安全生产大检查、城镇燃气安全排查整治、涡轮蜗杆驱动主机电梯专项排查等11类特种设备安全整治，7家单位的3494条845.2千米公用燃气、热力管道按期全部录入全省特种设备管理系统，10066台特种设备每月定检率持续保持在100%，全区生产经营单位全员安全生产责任落实率、12家

气瓶充装单位追溯平台建设应用覆盖率、电梯安责险覆盖率和监督检查计划完成率均达到100%。全年未发生特种设备安全生产事故。

重点领域监督管理

农贸市场规范化管理

2022年，区市场监管局把全国文明典范城市创建与农贸市场专项整治提升相结合，采取市场监管所每日规范市场、分管领导带队督查、主要领导随机抽查、周末节假日全时段驻场等方式从严管理，组织开展交易秩序、安全生产、农贸市场集中整治等活动10余次，为农贸市场配置分类垃圾桶150个，统一制定行业规范21处、发放公平秤14台，更新文明宣传公益广告牌500余块。组织睿星农贸市场、兴山路农贸市场完成市办实事农贸市场升级改造。组织19处农贸市场参与全市规范化创建活动，其中获评优秀规范化农贸市场8处、规范化农贸市场10处。开展农贸市场文明诚信业户创建活动，发放《农贸市场创城明白纸》等材料3000余份。发挥"双报到"作用，组织各党支部开展"学雷锋"志愿活动和"主题党日+"活动，与市场开办单位、市场业户共同对市场进行全面卫生大扫除，农贸市场整

体面貌焕然一新。全力查隐患、找问题、补短板、堵漏洞，聘请第三方专家队农贸市场进行全覆盖检查6轮，联合区综合行政执法局、区城市建设管理局等多部门开展农贸市场消防、燃气安全大检查2次，开展安全生产培训4次，制发隐患整改通报5期，完成山东省、青岛市安全生产督导检查4次。

流通领域成品油质量监管

2022年，区市场监管局加强全区流通领域成品油、车用尿素质量溯源管理，委托第三方检测机构对全区成品油批发零售企业和油库开展成品油质量常规检测，累计抽检车用汽柴油、车用尿素125个批次，检测结果全部合格。利用便携式X荧光光谱仪、配合市市场监管局使用快检车，对辖区加油站开展车用汽柴油硫含量质量筛查，累计快检47个批次，检测结果全部合格。持续在加油站推行油品质量、计量公示制度，倒逼企业积极主动保障油品质量。全区34家加油站已全部进行油品质量公示。

消保维权

消费投诉举报办理

2022年，区市场监管局通过全国12315互联网平台、

12345 政务服务热线等渠道受理消费投诉举报共 45973 件，按期办结率、反馈率 100%。

放心消费创建

2022 年，区市场监管局以商圈大型商超放心消费创建为重点，打造食品安全、产品质量、公平交易放心和经营者服务贴心、消费者维权舒心的"3+2"商圈消费环境，促成线下无理由退货 32248 件次，为消费者挽回经济损失 48.3 万元。全区 7 家经营主体获评山东省放心消费满意示范单位，已创建区级放心消费示范单位 2020 家，培育建立线上线下消费维权服务站 1900 个，培育发展 ODR 企业 732 家。在 2022 年中消协全国百城消费者满意度调查、放心消费"青岛指数"调查中，李沧区消费者满意度位居全市前列。

市场监督执法

2022 年，区市场监管局将"双随机"抽查作为常态化管理机制，牵头完成部门内部"双随机"抽查 3466 户、跨部门抽查 584 户，实现"进一次门、查多项事"。聚焦"民意最盼、危害最大"的 13 个民生领域开展"铁拳行动"，查办药品安全专项整治、打击整治养老诈骗、违法违规使用奥运标志等行为案件 1923 件，移送公安案件 26 件，回应民生关切。推进包容审慎监管，2022 年依申请修复企业经营异常名录、恢复个体工商户正常记载状态 2615 户次，实行轻微免罚案件 50 件，免处罚金 62.2 万元，激发市场主体守信意愿。开展差异化"送政策、送法律、送服务"19 场，促进企业健康规范成长。

（区市场监管局）

安 全 生 产

压实安全责任

2022 年，李沧区持续筑牢安全监管防线，狠抓各级安全责任落实，不断夯实安全生产基础，严密防范化解各类安全风险，全面推进依法治安，推动安全生产治理模式向事前预防转型，坚决遏制各类生产安全事故。全年全区安全生产形势持续保持平稳，未发生生产安全事故。出台《关于明确党委政府及有关部门安全生产监督管理职责的规定》《青岛市安全生产工作任务分工》，明确 30 余个部门、140 余个行业的安全监管职责；印发《李沧区 2022 年安全生产工作要点》，进一步明确各街道办事处、各行业部门安全生产年度工作任务；修订《安全生产委员会运行规则》，畅通安委会运行机制；根据人员变动和工作需要，调整李沧区安全生产委员会及安全生产专业委员会组成人员，进一步明确工作职责，完善区安委会统筹协调抓总、各专委会分线落实的工作机制，形成齐抓共管的工作合力；印发《关于进一步加强安全生产工作的若干措施》，出台 31 条安全生产创新举措，明确责任单位及完成时限，推动安全生产工作提质增效。

安全生产综合整治

2022 年，李沧区不间断开展安全生产综合排查整治，深入开展安全生产专项整治三年行动、"除隐患、打非法、治顽疾"安全生产大检查、"防风险、保安全、迎二十大"安全隐患拉网式大检查行动。聚焦重点行业领域，突出抓好危险化学品、燃气、消防、建筑施工等重点行业领域安全防控，加强大型商业综合体、餐饮场所、养老机构、医疗机构等重点场所隐患排查，充分利用省、市、区三级督导检查、专家查隐患、企业自查等形式全面排查整治各类风险隐患，精准发现和严厉打击安全生产非法违法行为，有效减少和防范各类生产安全事故发生。全年全区累计出动检查组 5600余个，检查生产经营单位 1.7万余家次，排查整改隐患 1.2万余项，实施行政处罚 210余起，安全生产形势持续保持稳定。

安全生产风险防范

重点工贸领域检查

2022年，李沧区采取生产经营单位自查自纠、聘请专家现场诊断、日常性巡查检查等方式，对全区涉爆粉尘、涉氨制冷等重点工贸企业现场管理、设施设备、工艺流程、制度落实等方面开展"会诊式"检查。检查重点领域工贸企业 68家次，排查整治各类隐患 280余项，出动检查人员 130余人次，完成涉氨制冷、涉爆粉尘企业重大隐患"清零"目标。

危化品安全监管

2022年，李沧区对 3家危化品生产企业进行"三化"改造，督促指导中国石化青岛石油化工有限责任公司完成化工过程安全管理和设备完好性管理建设；运用"数字危化"平台线上巡查监控，运用风险监测预警平台实时监控全区 21个重大危险源，实施视频和温度、压力、液位、气体监测参数在线巡查监控；完成 3家危化品企业仓储场所"智慧用电"应用安装，对关键指标在线监测、预警提醒；依托数字危化平台，推动信息技术与安全监管深度融合，完成李沧油库可燃气报警系统、紧急切断系统、视频监控系统、雷电预警系统"四个系统"建设。

监管执法

2022年，李沧区开展专项执法，充分利用各类专项执法行动开展多形式的检查，整改消除事故隐患，确保安全形势稳定。组织开展一般化工行业、"八抓20条"创新措施贯彻落实、"铸安青岛·护航二十大"等多个专项执法行动，开展 2轮异地交叉执法，推行"安全执法＋专家指导服务"模式，传导安全生产压力，压实企业安全生产主体责任，提升了监督检查质效。

有奖举报

2022年，李沧区贯彻落实安全生产"吹哨人"制度，牵头开展公告牌设立工作，印发《李沧区安全生产有奖举报公告牌

图60　2022年4月18日，执法人员在李沧区浮山路街道一家企业进行安全检查。
　　　　　　　　　　　　　　　　（张鹰摄影）

制度实施方案》，创新制作"有奖举报一码通"二维码，推动全区行业领域重点企业建立公告牌制度，列明有奖举报受理渠道、重奖激励标准，积极协调调度，确保公告牌"应设尽设"。全年全区共计收到举报扫码 8120 次，李沧区创新性整合举报政策、举报信息等工作方式

获山东省、青岛市认可表扬。

安全生产宣传

2022 年，李沧区深化警示教育，印发"每月一案" 12 期，时刻警钟长鸣；开展"安全生产在行动"系列专题报道，曝光安全隐患，督促企业整改，动员 28 个街道、部门参与行

动，强化震慑警示和教育引导；用好"学习强安"平台，推动"八抓 20 条"创新措施在线学习考试，企业员工参与学习 2万余人次；开展"社区安全大讲堂" 80 余期，发放宣传材料8.3 万余份，在全社会营造浓厚的安全氛围。

（区应急局）

知 识 产 权 管 理

知识产权保护

2022 年，李沧区深入贯彻落实知识产权战略，积极推进"知识产权强区"工作，立足工作职责，坚持监管与打击并举，用知识产权推动企业质量提升，助力经济转型发展。加强行刑衔接，严厉打击侵犯知识产权和制售假冒伪劣违法行为。及时调整区知识产权工作领导小组，规范工作机制，统筹推进全区知识产权战略实施、打击侵犯知识产权和制售假冒伪劣商品工作。区市场监管局全年查处知识产权违法案件 18 件，罚没款 11.1 万元。深入开展"助力冬奥、护航两会"专项行动，冬奥会期间部署开展打击侵犯奥林匹克标志知识产权违法行

为专项行动。以校园周边和各小区内的超市为重点区域，严查假冒侵权"冰墩墩""雪容融"手伴玩具，共出动执法人员126 人次，检查市场主体 45 家，立案查处违法案件 5 件，罚款1400 元。公安李沧分局共办理侵犯知识产权和制售假冒伪劣商品类案件 9 起，抓获犯罪嫌疑人 19 人，移送审查起诉 17 人，严厉打击侵犯知识产权和制售假冒伪劣商品类违法犯罪。

打击侵权假冒

2022 年，李沧区加强"双打"案件的会商和衔接配合，加大对商标侵权和制售假冒伪劣商品案件的查处，全面提升知识产权司法保护能力和水平。区法院与区检察院、公安李沧分

局签订了《知识产权协同保护合作框架协议》，规定了线索移交、挂牌督办、同堂培训等制度，完善司法衔接机制，促进知识产权司法裁判标准统一，构架"大保护"格局。区市场监管局与区检察院、公安李沧分局定期召开联席会议，积极开展联合执法、案件线索会商研判、检打联动等活动，形成工作合力，切实保护消费者合法权益。

知识产权服务

2022 年，李沧区培育推荐辖区企业申报各类知识产权项目，推荐专利申请精准管理企业 4 家，青岛国际院士港科创加速器有限公司被认定为省级知识产权保护工作站，青岛泰德汽车轴承股份有限公司被确

图61　2022年，李沧区市场监督管理局在"3·15"活动期间开展真假商品对比宣传活动。（区市场监管局供图）

定为第一批山东省知识产权精准服务企业名单并获批拟上市企业知识产权风险防控项目，青岛海研电子科技有限公司复核国家知识产权优势企业通过，铭数科技（青岛）有限公司入选全市专利导航项目，青岛力韩数码科技有限公司等2家企业获得市级知识产权奖补资金10万元。

专利申请保护

2022年，区市场监管局严厉打击不以保护创新为目的的专利申请，逐一排查山东省市场监管局转发涉嫌非正常专利申请480件，从申请人类别、归属地、专利代理情况等多个方面进行分析，厘清工作方向，通过电话、微信、E-mail方式逐一督导相关申请人和代理机构进行全面自查，对确属非正常专利申请的全部撤回，撤回率为97.8%。

知识产权公益培训

2022年，区市场监管局充分利用知识产权公益培训李沧分会场开展培训工作。分会场采用网络授课方式，平均一周讲授两次课程，通过企业微信群、"李沧市场监管"微信公众号、李沧政务网公开等方式，广泛动员辖区企事业单位、院校、科研机构参加学习。全年组织开展培训100余场次，不断助力辖区企事业单位知识产权水平提升，激发创新活力。组织开展专利权质押保险贷款线上线下培训3次，3家企业通过专利权质押保险获得贷款1100万元。

知识产权宣传

2022年，区市场监管局围绕知识产权宣传周等主题活动，联合相关部门在李沧文化广场开展知识产权宣传咨询和普法宣传活动，通过真假商品辨别，广泛调动群众参与，大力宣传知识产权法律法规及运用保护相关知识，提升全社会尊重和保护知识产权的意识。围绕推动供给侧结构改革，加强政企沟通，做好辖区企业知识产权政策上传下达服务，进一步提升对知识产权战略重要性的认识。建立企业微信群，实现与企业的直接沟通交流，解答企业遇到的问题，为企业发展保驾护航，不断提高企业的综合竞争力。

海外知识产权风险防控

2022年，区市场监管局接受市市场监管局委托办理专利侵权行政裁决权限，全年办结专利侵权行政裁决案件1件。向国家海外知识产权纠纷应对指导中心青岛分中心申请设立李沧联络站并获批，指导青岛鑫晨进工艺品有限公司完成海外知识产权纠纷应对并上报指导案例1件，指导李沧区院士产业加速器商会开展知识产权涉外风险防控体系建设。

（区市场监管局）

工　　　　业

概　　　　况

主要经济指标

2022 年，李沧区 116 家规模以上工业企业累计完成工业总产值 403.87 亿元，比上年（下同）增长 13%；实现营业收入 451.87 亿元，增长 12.2%；实现利润总额 17.21 亿元，下降 19.5%；实现利税 61.28 亿元，下降 9.7%。按行业分析，全区 27 个行业大类中，13 个行业保持增长，增长行业完成产值 343.2 亿元，增长 23.7%。其中，增长较快的有：石油、煤炭及其他燃料加工业增长 31.9%，文教、工美、体育和娱乐用品制造业增长 30.6%，家具制造业增长 24.6%，食品制造业增长 11.4%。按经济类型分析，全区股份制经济完成产值 325.7 亿元，增长 16.4%；外贸投资经济完成产值 77.52 亿元，增长 3.0%。按企业规模分析，大中型企业完成产值 329.17 亿元，增长 23.4%；小型企业完成产值 74.7 亿元，下降 17.7%。

惠企政策落实

2022 年，李沧区贯彻落实国家和山东省、青岛市支持企业发展政策，全面落实"疫情要防住、经济要稳住、发展要安全"的要求，围绕扶持本土企业做大做强，研究出台《李沧区加快先进制造业高质量发展若干政策措施》，汇编形成《工业和信息化领域政策汇编》《青岛市民营和中小企业政策一本通》等政策宣传手册，开展工业和信息化领域企业服务专员工作，组织全区 70 余名处级干部和工作人员下沉企业一线，送温暖、优环境、兜问题、解难题，切实做好企业服务，靠前发力，抓好落实，让惠企政策真正落地见效，累计帮助企业争取各类奖补资金 4893.66 万元。疫情期间，向企业捐赠口罩 10 万只，帮助中国石化青岛石油化工有限责任公司等 30 余家企业解决运输受阻等问题。2022 年 6 月，李沧区成立企业联合会和企业家协会，建立政企交流合作平台，吸纳 135 家优秀企业入会，加强产业协同推进、企业抱团发展。

企业创新活力激发

2022 年，李沧区 21 家企业的 120 个项目列入青岛市技术创新重点计划，青岛泰德汽车轴承股份有限公司等 6 家企业的 9 个产品入选青岛市创新产品推荐目录，中特科技（青岛）股份有限公司申报省制造业单项冠军企业，青岛食品股份有限公司入选新一代"青岛金花"培育企业，中国石化青岛石油化工有限责任公司、青岛啤酒股份有限公司青岛啤酒二厂被评为青岛市节水标杆企业，青岛吉青工业设计有限公司等2家企业获第四届"省长杯"工业设计大赛"新星奖"，融源·文化艺术街区获评省级小微企业创业创新示范基地，中艺1688创意产业园、融源文化艺术街区和金海牛能源环境产业园获评市级小微企业创业创新基地，青岛昊悦机械有限公司、青岛楼山消防器材厂有限公司等4家企业获评青岛市工业设计中心。

（区工业和信息化局）

重点工业企业选介

青岛九维医学创新研究院有限公司

概况

青岛九维医学创新研究院有限公司（简称"九维集团"）是一家专注于智慧医疗服务、医院整体化建设的国家级高新技术企业，业务范围完整覆盖医疗建设的"全生命周期+全产业链"，是中国医院整体化建设的主力军。连续多年获得"国家高新技术企业""青岛市专精特新企业""科技型中小企业""青岛市雏鹰企业""东西部协作突出贡献单位"等称号。

主营业务

九维集团主营业务包含医疗设计、医院整体建造、医疗专项工程、医建配套设施设备的研发销售、医疗体系认证及智慧运维，致力于为客户提供全过程全方位的智慧医疗服务方案，可实现全院设备智慧物联，助力智慧医院建设，以智慧物联为基础，构建全院大生态。集团旗下拥有5个自主品牌、5个全资子公司、6个办事处，覆盖从上游研发生产到下游运维服务全产业链，设有青岛市、北京市、上海市等多个区域服务中心，构建起专业化、规范化、全球化的医疗服务体系。

主要成果

九维集团坚持以技术创

图62 青岛九维医学创新研究院有限公司展厅

（区工业和信息化局供图）

新为核心引擎，深耕未来医疗建设与服务方向，相关专利申请总量近1000件，自主研发设计未来移动医疗服务方案，参与多项国家重要课题研究及团体标准建设工作，参与全国各地大型医院项目100余项。服务案例包含中国医科大学附属医院、北京大学国际医院、北京人民医院、吉林大学口腔医院等。

图63　青岛非凡包装机械有限公司生产车间

（区工业和信息化局供图）

青岛非凡包装机械有限公司

概况

青岛非凡包装机械有限公司成立于2008年，位于李沧区瑞金路，占地面积8000平方米。公司是集研发、制造、营销和服务为一体的后道包装生产线及配套设备的制造商，专注于医药、保健品、化妆品、食品等工业领域的自动化包装，是专业包装系统解决方案供应商。公司拥有枕包机、三维机、铝塑机、装盒机、捆扎机、收缩膜包装机六大核心品类。承接BFS、安瓿瓶水针吹灌封整线业务设计、制作及自动供料生产线的个性化定制设备。作为国家高新技术企业和青岛市专精特新企业，2022年组建成立青岛市制药自动化包装装备技术创新中心。

主要经济指标

2022年，青岛非凡包装机械有限公司就业人数100余人，机械及电气等技术研发人员20人。完成销售收入约6800万元，利润总额321万元，税收386万元。

科技创新

2022年，青岛非凡包装机械有限公司组建专业科技研发团队，特聘3名高级顾问和一批先进生产技术人才充实到公司生产、工艺、质检、内销、外贸等岗位，确保各项生产技术、质量指标的完成。公司开发的双横封包装机，包装速度成倍提高，由原来包装速度每分钟100包提高到每分钟300包以上，推动国内药机行业高速枕包机的发展。制定5年技术创新发展战略。开展新产品、新技术的研发，向智能化、自动化方向发展。

主要成果

2022年，青岛非凡包装机械有限公司通过ISO9001：2015质量管理体系认证、欧盟CE质量认证、德国TUV认证、法国BV认证、瑞士SGS认证。紧跟国内外先进生产技术，加大研发投入，拥有自主知识产权包装机械专利技术，申报并获得30余项国家专利及软件著作权。其中，获得发明专利3项，实用新型专利及外观专利20项，软件著作权6项，商标2项，图案作品1项，马德里商标1项，国外发明专利1项。公司在原有单机产品基础上，逐步向生产铝塑、装盒、枕包整线产品过渡，开发出铝塑机、高速装盒机等产品。

（区工业和信息化局）

民 营 经 济

概 况

主要指标

截至 2022 年底,李沧区实有民营企业(含私营企业、个体工商户、农民专业合作社)16.06 万户,比上年(下同)增长 10.11%。其中,私营企业 65631 户,增长 10.11%;个体工商户 9.49 万户,增长 12.42%;农村合作社 8 户,增长 33.33%。全区民营企业新吸纳就业 1.64 万人,占全区城镇新增就业人口总量 2.71 万人的 60.5%。全区政策性扶持创业 3567 人,发放创业扶持补贴资金 3509 万元。全区民办养老机构 37 家,床位 4422 张,分别占养老机构和床位总数的 94.87% 和 86%。

创新创业发展

2022 年,全区共有国家级专精特新小巨人企业 5 家,省级专精特新企业 14 家、瞪羚企业 5 家,隐形冠军企业 1 家,市级专精特新企业 284 家。全区现有国家级小型微型企业创业创新示范基地 1 家,省级小型微型企业创业创新示范基地、平台 2 家,市级小型微型企业创业创新示范基地、平台、小企业产业园 8 家。

民营经济创新发展

品牌打造

2022 年,李沧区推进高成长民营企业"金种子"梯度培育工程,培育入库市级"专精特新"企业 140 家。支持李沧区青岛海研电子有限公司获评工信部第四批专精特新"小巨人"企业,青岛泰德汽车轴承股份有限公司通过第一批专精特新"小巨人"企业复核,青岛博世通工业设备有限公司等 5 家企业获评 2022 年度山东省"专精特新"企业,中科大路(青岛)科技有限公司等 111 家企业获评 2022 年度青岛市"专精特新"企业,青岛电站阀门有限公司等 61 家企业获评青岛市创新型中小企业,聚纳达(青岛)科技有限公司等 14 家企业获评青岛市雏鹰企业。

创业创新基地打造

2022 年,李沧区推荐融源·文化艺术街区获评 2022 年度省级小型微型企业创业创新示范基地,中艺 1688 产业园、

融源·文化艺术街区和金海牛能源环境产业园获评 2022 年度青岛市小微企业创业创新基地,青岛国际院士港产业加速器获评 2022 年度青岛市中小企业公共服务示范平台,青岛云数章鱼纺织科技有限公司入选第一批财政支持中小企业数字化转型试点平台,海卓动力(青岛)能源科技有限公司获批青岛市工业企业"一企一技术"研发中心,青岛太平洋水下科技工程有限公司获评 2022 年度青岛市民营领军标杆企业。

信息技术和制造业融合发展

2022 年,李沧区指导企业加快数字化、智能化转型,推荐青岛海研电子有限公司、青岛百发海水淡化有限公司等 5 家企业申报 2023 年"工业赋能"场景示范,切实提升李沧区生产制造数字化和智能化整体水平;指导青岛方天科技股份有限公司入围第一批山东省优秀数字产品导向目录,中国石化青岛石油化工有限责任公司入库山东省 5G 全连接工厂种子项目,海卓动力(青岛)能源科技有限公司等 12 家企业的 16 个项目入选 2022 年青岛市工业互联网高质量发展项目库。

链式集群发展

2022年，李沧区促进产业链上下游大中小企业融通发展，培育企业竞争新优势。组织辖区企业参加一系列"专精特新"企业"卡位入链"对接活动，引导李沧区"专精特新"小巨人企业中特科技智能家电可逆风机技术解决方案，与链主企业海尔智家进行产品和技术对接交流，展示产品应用场景，推动其更好地融入大企业产业链。

民营企业发展内生动力

服务企业发展

2022年，李沧区深入青岛永函包装机械有限公司等智能化改造重点工业企业，加强各级技改政策措施宣讲解读，指导企业申报高质量发展项目。指导青岛易道设计有限公司等2家企业获第四届"省长杯"工业设计大赛"新星奖"；中特科技（青岛）股份有限公司成功申报山东省制造业单项冠军企业；指导青岛昊悦机械有限公司等4家企业获评青岛市工业设计中心；青岛海通制动器有限公司等21家企业的120个项目列入青岛市技术创新重点计划；青岛泰德汽车轴承股份有限公司等6家企业的9个产品入选青岛市创新产品推荐目录。推动

民营企业赋能发展，扎实推进"我与企业共成长"活动，举办"'金融助实体·益企进园区'——我与企业共成长融资服务活动暨李沧区中艺1688创意产业园专场"活动。组织辖区民营企业参加首届RCEP国际食品饮料数字展会、全省民营经济中小企业政策宣贯大会、"质量品牌大讲堂"、青岛民企大学高质量发展讲堂、专精特新企业资本市场实战训练营、青岛企业家日等系列活动，推荐专精特新企业专属服务产品，助推企业高质量发展。

激发企业活力

2022年，李沧区组织举办第七届"创客中国"（青岛赛区）暨第八届"市长杯"中小企业创新创业大赛李沧区初赛。辖区广大企业积极参与，通过专家海选，最终有10家企业进入初赛路演。通过现场路演，青岛创启信德新能源科技有限公司等3家参赛企业晋级参加市级决赛，进一步激发全区中小企业创新潜力，营造提升了李沧区民营和中小企业"双创"氛围。

民营经济服务平台

民营经济扶持政策供给

2022年，李沧区出台《李沧区加快先进制造业高质量发展若干政策措施》，该政策措施

以发展具有李沧特色的先进制造业体系为主攻方向，分别从提高企业发展能级、提升企业创新能力、引领企业数字转型、优化企业发展环境等5个方面提出共16条具体政策措施和6条保障措施。

政企沟通协商

2022年，李沧区成立李沧区企业联合会、李沧区企业家协会和中小企业服务机构联盟，为李沧区各大企业以及相关单位搭建平台，促进政企有效沟通协商，形成帮助民企排忧解难的合力。通过定期开展座谈会等方式不断健全完善常态化政企沟通机制，全心全意、用心用情为企业搞好服务，第一时间、随时随地为企业纾困解难，真正让民营企业家心无旁骛谋发展、一门心思抓生产，护航民营经济高质量发展。让政府当好企业家坚强后盾，真心实意服务企业，深入践行"一对一"企业服务专员制度。让更多的好的政策好的服务，能够更快、更及时地传达给企业。加快李沧区辖区内企业抱团发展、团结协作，形成产业集聚，实现产业链招商，让更多的企业落户李沧、投资李沧，为李沧区的经济发展做出贡献。将企业的前途与李沧的发展紧紧联系起来，为社会创造更多财富、为李沧投下更多项目、为就业创造更多岗位，在推动共

同富裕中发挥更大作用。

中小企业账款拖欠清理

2022 年,李沧区落实山东省、青岛市政府领导关于切实抓好清欠专项行动的批示,稳妥推进化解拖欠中小企业账款工作。协调组织李沧区城市建设管理局、李沧区财政局相关人员召开专题调度会议,研究解决方案,所拖欠中小企业账款于 2022 年 6 月 28 日全部付清。2022 年以来,协调组织区内相关部门清理拖欠账款,实现投诉清零,无新增投诉。

（区工业和信息化局）

重点民营企业选介

青岛太平洋水下科技工程有限公司

概况

青岛太平洋水下科技工程有限公司成立于 2017 年 11 月,前身青岛太平洋海洋工程公司始建于 1992 年,公司拥有雄厚的技术力量、先进的施工设备和现代化的管理水平,主要为水利水电、海洋工程、核电及市政工程等提供检测、维护、修理、加固、建造、安装等水上、水下工程服务。公司是中国潜水打捞行业协会认可的、具有行业内最全的潜水培训资质的专业机构,长期开展市政工程类潜水员、空气潜水员、空气潜水监督等相关培训工作。公司在市政潜水培训领域是北方唯一一家具有市政潜水培训资质的公司,2020 年举办第一期潜水监督培训和第一期空气潜水员培训,所有学员均以优异成绩毕业,学员人数累计突破 100 人。

科技创新

2022 年,青岛太平洋水下科技工程有限公司在施工的同时注重水下施工新技术、新材料的研究开发,研发出水下环氧修补材料、水下高强环氧锚固剂、水下无溶剂环氧防腐涂料、水下环氧胶黏剂、水下静态破碎剂、水下快速密封剂等数十种水下工程用新材料,以及 F400 高抗冻水下不分散混凝土配合比施工技术。锚固剂、防腐涂料、胶黏剂通过了国家建筑材料检测中心的检测,检测指标数据均优于专业标准,防腐涂料、胶黏剂、水下静态破碎剂申请并获得国家发明专利,拥有已公布发明专利 5 项、实用新型 3 项、软件著作权 9 项。研制的新材料及施工新技术在

图 64 青岛太平洋水下科技工程有限公司生产车间

（区工业和信息化局供图）

葛洲坝排沙洞出水闸门冲坑修补、湖南省耒阳市遥田水电站低堰增设检修门槽施工、西霞院水利枢纽泄洪排沙流道水下修复、荒沟抽水蓄能电站续建等多个大中型项目上应用。

（区工业和信息化局）

中特科技工业（青岛）有限公司

概况

中特科技工业（青岛）有限公司成立于2008年4月，是一家高端装备制造企业，专注于直流无刷电机、永磁同步电机等新型电机高端成套装备的研制。公司为国家级"专精特新"小巨人企业、瞪羚企业、隐形冠军企业，国家级高新技术企业、山东省科创板培育企业，公司产品入选山东省高端技术装备新产品推广目录，拥有山东省首台套技术装备新产品，为山东名牌产品、山东优质品牌，获评德勤·青岛高科技高成长20强、"市长杯"创业大赛全市第二名、中国创新创业大赛三等奖等。

品牌发展

中特科技工业（青岛）有限公司创始团队源于国营青岛微电机厂，为原机械工业部"六厂一所"之一，该工厂始建于1956年，产品广泛应用在航天、航空、航海、兵器等军工行业自动化控制系统及科研部门研制的新产品上，为国防尖端技术的发展做出了重要贡献，1970年"东方红"卫星上便使用了青微的电机，1977年生产了全国首台录音机电机，多次受到中共中央、国务院、中央军委的表彰和奖励。2019年9月，中特科技发起成立青岛市电机产业协会，为青岛市电机产业协会会长单位，是中国电子元件行业协会微特电机与组件分会理事、西安电机协会和深圳电机协会常务理事及专家委员、中国电子科技集团公司第二十一研究所和西安微电机研究所长期战略合作伙伴。

体系建设

2022年，中特科技工业（青岛）有限公司所从事细分领域为直流无刷电机、永磁同步电机等高端成套装备的研制，与传统交流电机相比，具有可控节能高效的优点，处于发展的黄金期。生产的电机产品广泛应用于空调压缩机、风扇电机、洗衣机水泵电机、吸尘器、新能源汽车、无人机等领域，形成无刷外绕、无刷内绕、空心杯电机、伺服电机、展开式电机绕线机五大系列120余种产品。客户涵盖海尔集团公司、卧龙电气驱动集团股份有限公司等，进入韩国、日本等国外市场。公司根据市场和客户不断发展和变化的需求加大研发力度，研发制造多种智能化全自动电机制造装备。建设有青岛市企业技术中心、技术创新中心、专家工作站等，形成国内领先的技术研发基地，成为行业内知名的电机研发资源汇聚地。拥有直流无刷电机智能制造装备领域的先进技术成果100余项，其中已授权专利41项，发明专利授权10项，实用新型专利25项，软件著作权6项。

（区工业和信息化局）

图65　中特科技工业（青岛）有限公司生产车间

（区工业和信息化局供图）

现代服务业

概　　况

发展规模

2022 年，李沧区服务业总量规模不断扩大，整体发展态势良好。全区实现服务业增加值 435.09 亿元，比上年（下同）增长 2.9%，服务业增加值占生产总值的比重达到 71%。以软件信息、商务服务、文化创意等产业为主的营利性服务业实现增加值 96.68 亿元，增长 1.7%，占生产总值的比重达到 15.8%，服务业产业呈现承压恢复、稳中有进的发展态势。

载体培育

2022 年，李沧区完善政策争取机制，为辖区企业争取国家和山东省、青岛市服务业政策支持，为企业提供"保姆式"服务，及时向企业传达和解读政策内涵，及时解答企业存在问题，力促企业成功申报各类载体。青岛海湾化工设计研究院有限公司、青岛石化检修安装工程有限责任公司、青岛北辰数智科技有限公司 3 家企业入选 2022 年度市级生产性服务业资源库服务机构，山东恒晟源人力资源管理有限公司、青岛方天科技股份有限公司获评 2022 年度市级生产性服务业领军企业，青岛国际特别创新区、百果山精品旅游集聚区获评 2022 年度市级现代服务业集聚区，山东恒晟源人力资源管理有限公司、山东中艺文化创意产业园发展有限公司获评 2022 年度市级技术先进型商务服务企业，青岛华睿华康商务咨询有限公司、青岛浩峰劳务服务有限公司、山东恒晟源人力资源管理有限公司、山东中筑人力资源有限公司、青岛力合人力资源有限公司获得支持商务服务企业规模提升奖励。全年累计为企业争取载体政策扶持奖励资金 365 万元。

政策优化

2022 年 3 月，李沧区发展改革局会同区工业和信息化局、区商务局等五部门研究出台《李沧区"四上"企业培育发展奖励办法》，通过优惠政策优化提升存量，培育发展增量，推进全区服务业经济规模和综合竞争力不断增强。加强企业奖补兑现，为企业发展注入"强心剂"，全年累计下发各类奖补资金 1190 万元，惠及 100 家服务业企业。其中，2020 年服务业市场主体培育市级奖补资金 920 万元、2021 年市级现代服务业集聚区奖补资金 50 万元、2021 年营利性服务业奖补资金 90 万元、2022 年市级生产性服务业领军企业奖补资金 130 万元。

综合改革

2022 年，李沧区在"十三五"全省服务业综合改革试点期满评估获评优秀基础上，继续承接"十四五"山东省服务业综合改革试点工作。2022 年 1 月，编制《青岛市李沧区开展山东省"十四五"服务业综合改革工作申报材料》，拟定《李沧区开展山东省"十四五"服务业综合改革试点方案》，在服务业领域先行先试，深化服务业领域改革，促进体制机制创新，政策环境不断优化，探索服务业优质高效发展新途径。

（区发展改革局）

现　代　物　流　业

总体情况

2022 年，李沧区规模以上交通运输、仓储和邮政业实现增加值 15.50 亿元，比上年（下同）增长 1.6%，规模以上交通运输、仓储和邮政业增加值占生产总值的 2.5%。

枢纽经济

2022 年，李沧区大力发展枢纽经济，融入青岛市 24 条产业链，加快构建全区"3+2+4"现代产业体系，立足全区铁路、地铁、公路、海湾大桥的复合式交通枢纽优势，发展枢纽经济，促进产、城、人一体化，以流量型经济为核心，全面提升辖区资源整合配置能力、产业活力和城区能级。康杰药业现代医药物流中心项目为 2022 年落地超过 1 亿元物流项目。

产业融合发展

2022 年，李沧区促进产业融合发展，围绕区域性物流枢纽定位，完善现代物流产业基础设施建设，支持物流企业资源整合，推动功能性物流园区向现代化、信息化转型升级。推动现代物流产业新技术、新产业、新业态、新模式发展，持续引进优质高效的枢纽型企业平台。

企业创新

2022 年，李沧区引导企业创新发展，加快构建"产业集

图 66　2022 年 6 月 28 日，李沧区开展规模以上交通运输及服务业企业服务专员培训。

（区发展改革局供图）

群＋领军企业＋特色园区"的发展态势，支持青岛顺丰快运有限公司、青岛天璇物流股份有限公司等领军物流企业发展。结合楼山片区转型升级，探索都市工业"零库存"供应等模式，促进物流业与制造业深度融合，培育形成一批物流业制造业融合发展标杆企业。

企业服务

2022年，李沧区加强企业服务，安排企业服务专员"一对一"服务规模以上交通运输、仓储和邮政业企业，帮助企业解决经营困难。协助规模以上交通运输、仓储和邮政业企业开展新冠疫情防控工作，通过建立交通运输业领导微信群，定期联系企业等措施，及时为企业分享防疫经验，传达政策信息，提供服务指导。

（区发展改革局）

科 技 服 务 业

创业孵化

2022年，李沧区致力于孵化器的转型升级工作，变政府主导为市场主导，引导各类投资主体多元参与孵化器建设，引导构建"众创空间—孵化器—加速器—科技园"全链条孵化体系，充分满足企业不同成长阶段的服务需求。"恒星新媒体及应用电子技术孵化器"获批国家级科技企业孵化器及2021年度"中国技术创业协会科技创业贡献奖"；海牛创客空间、院士港加速众创空间获评"国家级众创空间"；青岛国际院士产业加速器评定为"2022年度青岛市标杆孵化器"，提升了李沧区孵化器和众创空间的品质。截至2022年底，全区认定孵化器25家。其中，国家级孵化器3家、市级孵化器7家（含青岛市标杆孵化器1家）、区级孵化器15家。全区认定众创空间16家。其中，国家级众创空间12家、市级众创空间2家、区级众创空间2家。孵化面积累计40余万平方米，在孵企业1168家、毕业企业66家，累计培育高新技术企业103家。2022年10月，李沧区数字经济分园区（培育）正式入选青岛国家高新区分园区（培育）范围，东至青银高速公路、西接京口路、夏庄路，南临九水东路，北到中崂路。面积为1.74平方千米。

图67 2022年5月21日—28日，青岛市科技活动周暨李沧区会场活动在金海牛孵化器举行。 （区科技局供图）

科技普及

2022年，李沧区以活动为契机，助推产学对接。策划主办李沧区科技活动周，组织凤麟核（青岛）科技有限公司、青岛亚思兰功能陶瓷科技有限公司在青岛市科技活动周开幕式进行展示。汇聚科研机构、创新孵化载体、科技服务机构等多家单位开展多系列、多层次丰富多彩的群众性科普活动，共计20余场，参与度、覆盖面不断提升，科普工作人员参与数量近200人、线上活动群众参与1.04万人次、线下活动群众参与1850人次，累计参与媒体26家、宣传报道30余次，为辖区营造良好的科技创新氛围。组织企业参加"2022年山东省院士专家科技合作专题对接会"，2家高新技术企业完成产学研合作项目签约。组织优质高新技术企业参加第十一届中国创新创业大赛（青岛赛区）暨首届"引风莱栖"创新创业大赛，青岛佑恒生物科技有限公司获得创业组二等奖。

科技服务

2022年，李沧区健全科技创新平台体系，逐步完善以重点实验室、技术创新中心、院士工作站等为主，不同类别、功能齐全、开放高效的科技创新平台体系。工程技术研究中心累计4家。其中，国家级工程技术研究中心1家，省级工程技术研究中心2家，市级工程技术研究中心1家。重点实验室累计11家。其中，部级重点实验室1家，省级重点实验室2家，市级重点实验室8家。技术创新中心累计29家。其中，省级技术创新中心1家，市级技术创新中心28家。山东省院士工作站累计5家，省级新型研发机构7家、市级新型研发机构6家，国家星创天地1家，青岛市国际科技合作基地4家，青岛市规模以上工业企业研发中心备案35家，青岛市专业技术服务平台5家，4项山东省科技成果转化中试基地信息列入山东省科技成果转化服务平台网站。

（区科技局）

表5 2022年李沧区科技企业孵化器基本情况表

序号	级别	孵化器名称	运营机构名称	地　址	性　质
1	国家级	青岛市模具智造科技企业孵化器	青岛鲁强投资集团有限公司	青岛市李沧区金水路318号	民营企业
2	国家级	恒星新媒体及应用电子技术孵化器	青岛恒星智库投资有限公司	青岛市李沧区九水东路588号	民营企业
3	国家级	青岛新起点创业科技企业孵化器	青岛李沧新起点大学生创业孵化中心	青岛市李沧区重庆中路217号，青岛市李沧区金水路1577-10号，青岛市李沧区京口路90号	民办非企业
4	市级	青岛托普科技创新工场科技企业孵化器	青岛新起点企业管理咨询有限公司	青岛市李沧区金水路1577-10号	民营企业
5	市级	青岛军创园科技企业孵化器	青岛军创孵化器科技有限公司	青岛市李沧区金水路318号	民营企业
6	市级	青岛中合科技企业孵化器	青岛卓越创想信息技术有限公司	青岛市李沧区湘潭路37号、53号中合科技产业园	民营企业

（续表）

序号	级别	孵化器名称	运营机构名称	地 址	性 质
7	市级	金海牛孵化器	青岛海派特能源科技有限公司	青岛市李沧区青山路 700 号	民营企业
8	市级	青岛国际院士产业加速器	青岛国际院士港运营管理有限公司	青岛市李沧区金水路 187 号国际院士产业加速器	国有企业
9	市级	青岛路嘉宝科技企业孵化器	青岛金帝科技发展有限公司	青岛市李沧区龙水路 318 号	民营企业
10	市级	青岛海岸启动科技企业孵化器	青岛海岸启动企业服务管理有限公司	青岛市李沧区衡阳路 1 号甲	民营企业
11	区级	中艺 1688 创意产业园	中国抽纱山东进出口公司第二整理加工厂	青岛市李沧区北崂路 1022 号	国有企业
12	区级	青岛常春藤科技企业孵化器	青岛常春藤科技管理有限公司	青岛市李沧区四流北路 33 号	民营企业
13	区级	青岛海纳重工科技产业孵化加速器	青岛海纳重工科技产业孵化器加速器有限公司	青岛市李沧区瑞金路 29 号	国有企业
14	区级	百度青岛创新中心	青岛金水国册投资咨询有限公司	青岛市李沧区文昌路 158 号	民营企业
15	区级	青岛吉林大学汽车研究院科技企业孵化器	青岛吉青院汽车科技发展有限公司	青岛市李沧区楼山路 1 号	差额拨款事业单位
16	区级	青岛国际特别创新区	青岛信联科创科技有限公司	青岛市李沧区九水东路 130 号 2 号楼 13 层	国有企业
17	区级	融惠创新孵化器	青岛融惠创新企业管理有限公司	青岛市李沧区北崂路 1022 号（中艺 1688 创意产业园）E1 楼 1-4 层	民营企业
18	区级	青岛红星包装印刷技术企业孵化器	青岛红星文化产业有限公司	青岛市李沧区四流北路 43 号	国有企业
19	区级	海创汇康孵化器	青岛海创汇康科技有限公司	青岛市李沧区北崂路 1022 号中艺 1688 创意产业园 B2 楼	民营企业
20	区级	青岛—亚马逊 AWS 联合创新中心国际孵化器	青岛合创新业科技服务有限公司	青岛市李沧区九水东路 130 号联合创新中心 17 层	民营企业
21	区级	蒲公英（青岛）孵化器	青岛创江湖企业管理有限公司	青岛市李沧区九水东路 130 号联合创新中心 3 号楼（8、9、10 楼层）	民营企业
22	区级	菜根·鲁班工坊	青岛菜根创业服务有限公司	青岛市李沧区九水东路 130 号 3 号楼 1501 室	民营企业
23	区级	青岛亚马逊 AWS 贝壳菁汇加速器	青岛贝壳菁汇创新科技有限公司	青岛市李沧区九水东路 130 号联合创新中心 3 号楼 16 层	民营企业
24	区级	恒晟源企业服务中心	青岛恒晟源创业服务有限公司	青岛市李沧区金岭路 33 号 1 栋	民营企业
25	区级	青岛宇达飞科技企业孵化器	青岛汇聚亿鑫企业服务有限公司	青岛市李沧区衡阳路 7 号	民营企业

表 6　2022 年李沧区科技企业众创空间基本情况表

序号	级别	众创空间名称	运营机构名称	地址	性质
1	国家级	军创园	青岛军创孵化器科技有限公司	青岛市李沧区金水路 318 号	民营企业
2	国家级	新起点电商创客空间	青岛新起点企业管理咨询有限公司	青岛市李沧区重庆中路 217 号	民营企业
3	国家级	托普科技创新工场	青岛新起点企业管理咨询有限公司	青岛市李沧区金水路 1577-10 号	民营企业
4	国家级	孚瑞（"FREE"）众创空间	青岛百特恒基企业管理有限公司	青岛市李沧区楼山支路 6 号	民营企业
5	国家级	海斯曼创客岛	青岛酒店管理职业技术学院	青岛市李沧区九水东路 599 号	全额拨款事业单位
6	国家级	模具智造空间	青岛鲁强模具有限公司	青岛市李沧区金水路 318 号	民营企业
7	国家级	恒星智岭众创空间	青岛恒星智库投资有限公司	青岛市李沧区九水东路 588 号	民营企业
8	国家级	常春藤众创空间	青岛常春藤科技管理有限公司	青岛市李沧区四流北路 33 号	民营企业
9	国家级	院士港加速众创空间	青岛国际院士港科创加速器有限公司	青岛市李沧区金水路 187 号 4 号楼 2 层	国有企业
10	国家级	海牛创客空间	青岛金海牛科技有限公司	青岛市李沧区青山路 700 号	民营企业
11	国家级	青岛路嘉宝创客空间	青岛路嘉宝高科技孵化器管理服务有限公司	青岛市李沧区龙水路 318 号	民营企业
12	国家级	汇康哟创空间	青岛海创汇康科技有限公司	青岛市李沧区北崂路 1022 号 B2 栋	民营企业
13	市级	海纳创客空间	青岛海纳重工科技产业孵化加速器有限公司	青岛市李沧区瑞金路 29 号	国有企业
14	市级	青岛巾帼众创空间	青岛明德阳光教育投资管理有限公司	青岛市李沧区万年泉路 237 号	民营企业
15	区级	滴滴家政众创空间	青岛生活百灵家政服务有限公司	青岛市李沧区京口路 90 号	民营企业
16	区级	青岛海岸启动众创空间	青岛海岸启动企业服务管理服务有限公司	青岛市李沧区衡阳路 1 号甲	民营企业

（区科技局）

文　化　旅　游　业

新业态培育

2022 年，李沧区结合资源优势和产业特色，发展新型文旅企业、文旅业态，推动文旅产业数字化发展。打造数字化企业，青岛绿洲数字众播基地以直播业务为切入口，重塑"人、货、场"三要素，整合全渠道平台流量、供应链、主播等优质资源，为客户提供一站式直播全流程解决方案，构建直播代运营、主播培训孵化、资源对接、电商代运营等业务板块为一体的直播新生态。

文旅产业融合

2022 年，李沧区创新发展

理念和运作模式，做好文旅产业与其他产业融合发展，丰富文旅项目的文化内涵，推动文旅产业发展取得突破。充分挖掘区内旅游景区的文化内涵，实现客流量、营业收入增加。青岛世界园艺博览园"五一"期间入园人数 13 万人次、实现营业收入 204 万元，均占全市统计的 70 家旅游景区总入园人数和营业收入的 10% 以上。园区获评省级文明旅游示范单位、精品旅游重点企业。配合招商工作，深入挖掘和阐释村史、名人、故居的故事、传说等旅游资源的文化内涵，为项目投资方的投资决策提供更多的文脉支撑。百果山森林公园新建"重走长征路"项目，结合研学课程，将红色主题融入儿童拓展游乐项目中，

让孩子们能够切身体会到红军走过的艰辛旅程，景区获评青岛市研学旅游示范基地，并入选市级现代服务业聚集区。融源书店充分融合新一代书店休闲、交友等功能，被评为山东省"最美书店"，有效提升文化企业品牌度和影响力。支持已有景区开展招商引资工作，开发二次消费项目，提升盈利能力，青岛世界园艺博览园景区与山东省文旅投资集团签订协议，规划建设"超级飞侠"RIO 创想中心项目。洽谈具有较强研发能力的文旅企业落户李沧区，结合区域特点设计、制作、销售特色文创产品，实现文旅行业盈利方式的多元化。

文旅市场监管

行业安全监管

2022 年，李沧区秉承"人民至上，生命至上"理念，采取线上、线下相结合方式组织安全生产各类专题会议和培训会议，提高文旅行业疫情防控和安全生产能力素质，促进企业主体责任落实。加强对文旅企业、公共文化场所疫情防控和安全生产常态化检查，在重

图 68　2022 年 10 月 20 日，李沧区首家城市书房——虎山雅社面向市民开放。　　　　　　（区文化和旅游局供图）

大节会前对全区文旅企业的安全制度、消防设施、安全通道、警示标志、旅游娱乐项目等进行专项检查。全年累计出动检查组160余组次，出动检查人员340余人次，宣传培训和督导检查企业1080家次，保障群众健康，确保行业安全稳定有序发展。

助企纾困措施

2022年，李沧区加强企业走访服务，协助企业争取旅行社纾困资金、音乐酒吧扶持资金等市级补贴资金80.7万元。举办"够级飞young打卡 玩转山海河城"打卡促消费活动，通过文创盲盒将15家文旅企业消费券发放到市民手中，带动文旅消费，缓解企业经营压力。开展"惠企利民"特价电影活动，发放5元、10元特价电影票8000张。组织30余家文旅企业参加山东省、青岛市、李沧区文化惠民消费活动，切实解决企业困难。在青岛世界园艺博览园、百果山森林公园等景区拍摄"局长带你游"节目，组织区内重点酒店参与"5·19旅游日"青岛分会场推介活动，帮助宣传推广，促进产业发展。

国家 A 级景区选介

青岛世界园艺博览园

青岛世界园艺博览园（简

图69　青岛世界园艺博览园彩虹大滑道　　　（张鹰摄影）

称"青岛世博园"）是中国2014年青岛世界园艺博览会的遗址公园，国家AAAA级景区，坐落于百果山，占地面积164万平方米，是首个临海城市山地型特色的世博园景区，主题为"让生活走进自然"。获中国建筑工程质量最高奖"鲁班奖"、中国土木工程最高奖项"詹天佑奖""世界设计建造金奖""国际花园旅游奖年度最佳展会"，被授予"全国生态文化示范基地"称号，2015年获评国家生态旅游示范区，成为青岛市首个国字号生态旅游示范区。2022年，被评为省级文明旅游示范单位和精品旅游重点企业。

百果山森林公园

百果山森林公园为国家AAA级景区，位于李沧区东部，南接青岛世界园艺博览园，东临滨海大道，西与青银高速公

路相接，北依石门山脉，百果山属"海上第一名山"崂山余脉，植被茂盛，景色宜人。百果山森林公园以青岛世界园艺博览园为依托，以独特的自然景观、人文景观和丰富的文化内涵为传承，成为集休闲度假、登山健身、养老、农业观光、果蔬采摘、科普教育、佛教文化于一体的旅游胜地。获"青岛市农业生态旅游示范点""青岛市级森林公园""生态旅游景区"等称号。百果山森林公园居山不离城，居山不离海，是一处真正的城市绿谷，更是一处都市中美丽的"桃花源"。2022年，百果山森林公园获评青岛市研学旅游示范基地，入选市级现代服务业聚集区。

竹子庵公园

竹子庵又称"玄阳观"，为崂山"九宫八观七十二庵"之

一，因其初建时为就地采石垒砌的石头建筑，状如古时铃铛，故民间又称其为"铃铛石屋"，位于李沧区戴家北山东麓半山腰处，分东殿和西殿，始建年代无详细记载，清朝雍正年间重修。为青岛市最大的"竹"主题园区，园区内栽植竹子1万余平方米，其中竹子展示园栽植竹类15种（紫竹、淡竹、早园竹、刚竹、金镶玉竹、黄槽竹、黄杆京竹、箬竹、菲白竹、凤尾竹、孝顺竹、翠竹、小毛竹、大青竹、斑竹）。景区内依托竹子庵道家文化渊源，根据因地制宜、朴实自然、生态为本的原则，设有"紫竹幽谷"牌坊、"太初门"门亭、"竹子庵"石门三处山门，从下而上有水泽临苑、探幽寻道、三重道、两仪石、道义千古、奇石苑、灯台雅座、灵隐玄阳等一系列文化色彩浓郁的景点，整合养生、休闲运动、文化体验等综合旅游功能，打造一处承载道教文化的生态之山、休闲之山、归真之山，在繁华的城市中开展一条"探幽寻道"之旅。

青岛梅园

青岛梅园三面环山，一面临水，占地面积53.33万平方米，1998年7月被农业部命名为"中国梅花之乡"，2008年被评为国家AAA级旅游景区，是中国江北最大的梅园。园内有梅花品种200余个，2万余株，其中包含大量珍稀品种。"淡丰后""崂山白""绿萼""朱砂""江梅""美人梅""宫粉"等是梅园中主要的观赏品种。景区内建有赏梅谷、醉香壁、揽梅亭、梅林、摩崖石刻、梅溪、罗汉狮、百梅坡、香风阁等多处景点。初春探梅、赏杜鹃，仲夏观荷，金秋品桂，隆冬踏雪寻蜡梅，形成了梅园的四大景致，"一年无日不看花"，给人回归自然的清新感觉。

李村河生态公园

李村河生态公园是青岛融源影视文化旅游有限公司打造的国家AAA级旅游景区，北枕青岛世界园艺博览园，南接金水路，包含李村河、融源·文化艺术街区等部分，形成了游在李村河、玩在融源·文化艺术街区的全新休闲游乐体验。李村河上游综合治理工程获"中国人居环境范例奖"，沿河岸设有儿童无动力乐园、健身场地、景观桥梁、自然溪流、亲水平台等内容，是人类与自然和谐共生的绿色生态滨水长廊。一年四季，色彩浓郁，宛如人在画中游。每年7月初，李村河畔绵延两千米再现"接天莲叶无穷碧，映日荷花别样红"的盛世美景。融源·文化艺术街区全力建设产业服务平台，吸引文化艺术领域的大中型企业、新锐企业入驻办公，整体打造具有商务办公、休闲互动等特色功能的文化艺术街区，2022年获评"青岛文化创意产业园"。

伟东·乐客城

青岛伟东·乐客城是伟东集团打造的世界级河谷主题购物公园，国家AAA级景区，总占地面积6.4万平方米，建筑面积

图70　梅园春色　　　　　　　（曹伟摄影）

图71 2022年9月3日，李沧区首届"青岛有李"2022文化创想节开幕式在维客星城举行。
（区文化和旅游局供图）

22万平方米，营业面积13万平方米，引入崂山峡谷与河流的建筑设计概念，同时融合世界最先进的商业经营理念，将美轮美奂的国际建筑品格、丰富的商品业态以及人性化的休闲元素融合在一起，构筑成青岛又一座地标性商业建筑。项目位于李沧区核心交通枢纽位置，毗邻青岛胶州湾大桥、铁路青岛北站、三〇八国道、青银高速、环湾高速，青岛地铁2号、3号线在此实现换乘交汇。

文旅企业选介

青岛绿洲数字众播基地

青岛绿洲数字众播基地作为全球首个体验云众播基地，依托中国服装协会、中国家纺协会、青岛国际特别创新区，基于"人、货、物"三要素，整合国内优质的服装、家纺、美食生鲜、美妆等供应链资源，聚集国内优质的MCN机构及众播达人资源，链接淘系、京东、快手、抖音等平台资源，打造集品牌、场景、体验、爆品、设计、策划、众播、短视频、运营、培训于一体的数字化众播集群，并吸引和培养专业网红资源，赋能品牌及中小企业。基地位于李沧区国际特别创新区下沉广场，占地总面积15093平方米。其中，直播间规划使用面积4924.2平方米，绿洲严选卖场规划使用面积1.02万平方米。包含直播区、培训区、展示区、电商孵化区、生活配套区、运营配套六大区域，涵盖服饰鞋帽、家电家居、电子数码、美妆日化、食品生鲜五大产业，拥有直播带货、绿洲严选卖场、商家直播代运营、众播达人招募孵化四大功能，旨在打造基于"工业互联网游学＋网红打卡点"的李沧文化新地标。

康辉旅游集团（青岛）有限公司

康辉旅游集团（青岛）有限公司是2020年9月青岛融源文旅集团与全国出入境旅行社、国家AAAAA级旅行社、全国最佳诚信旅行社、中国康辉旅游集团有限公司合力打造的新旅游企业。产品涉及所有开放的旅游目的地国家和地区，业务板块包含红色旅游、出入境旅游、国内旅游、会展服务、研学旅游、商务考察、出国留学、投资移民、海外医疗、景区运营策划研、城市宣传营销等多项服务。公司形成以专业旅游为核心、精品会展为亮点、优质服务为特色、专家团队为指导的新型旅游企业。

（区文化和旅游局）

节 庆 活 动

会展活动选介

第七届"创客中国"（青岛赛区）暨第八届"市长杯"海创汇·中小企业创新创业大赛李沧区初赛

概况 2022 年 7 月 22 日，第七届"创客中国"（青岛赛区）暨第八届"市长杯"中小企业创新创业大赛李沧区初赛在青岛国际院士港产业加速器举办。青岛市民营经济发展局、李沧区工业和信息化局、青岛市中小企业公共服务中心等有关人员出席。辖区广大企业积极参与，通过专家海选，最终有 10 家企业进入初赛路演。初赛邀请了青岛科技大学专家教授、知名企业负责人、风险投资机构人士担任评委，参赛企业依次进行项目展示，与评委互动答辩。评委从项目的创新性、实用性、盈利性、行业先进性、团队能力等方面对参赛项目进行评分。

活动成果 大赛通过现场路演，青岛创启信德新能源科技有限公司的氢能关键组件产业化项目获得一等奖，青岛聚创环保集团有限公司的实验室仪器综合服务平台项目、青岛

福禄泰科表面材料科技有限公司的高精度抛光液产业化项目获得二等奖，青岛吉青工业设计有限公司的新材料轻量化货箱制备项目、山东卓立心源智能科技有限公司的医药工业互联网大数据平台应用项目、青岛天璇物流股份有限公司的可视化仓储物流交互管理系统项目获得三等奖。青岛吉兴车辆技术有限公司参赛的新能源检测项目等 4 家企业参赛项目获得优胜奖。

2022 世界工业互联网大会李沧论坛

概况 2022 年 12 月 15 日，由世界工业互联网大会组委会指导，李沧区人民政府主办，李沧区工业和信息化局、李沧数字经济园区协办的 2022 世界工业互联网产业大会李沧分论坛在李沧区九水东路 130 号青岛国际特别创新区举行。论坛以"数智融通，工赋李沧"为主题，汇聚工业互联网领域专家、工业互联网解决方案企业代表、李沧区规模以上工业企业代表近 50 人，围绕智能化、数字化转型升级共话发展，推进产业数字化和数字产业化，助力李沧区制造业转型升级。

会议邀请工业互联网关键领域行业知名专家进行主题报告，发表《5G+ 工业互联网助力新时代下企业数字化转型》主旨演讲，为在场企业阐释了以价值重构为主线的双螺旋模型数字化转型方法论。通过人、机、料、法、环全要素升级推动工业生产从 3.0 向 4.0 转变；以供应链、空间链、金融链融合打破企业边界、商业边界、区域边界；推动研发、制造、服务全价值链形成"微笑曲线"，转向数据驱动的价值闭环。数字化转型服务商代表分享了典型案例，山东卓立心源智能科技有限公司带来了智能工业视觉检测平台在医药产业的应用案例分享，青岛友创鼎信智能科技有限公司提供了成长型企业数字化车间解决方案，青岛孚鼎泰智能技术有限公司分享了中小企业智能制造的生动实践，青岛方天科技股份有限公司推介了档案的全生命周期管理及利用案例。

会议成果 论坛现场与会工业企业代表与解决方案提供商开展了深入对接交流，初步达成合作意向 10 余项。中闻集团青岛印务有限公司入选"工业赋能"场景示范项目自动化

生产线；乐星汽车电子（青岛）有限公司、青岛食品股份有限公司、青岛豪江电子科技有限公司、青岛海德包装有限公司4家企业入选"两化"融合项目，青岛海研电子有限公司入选5G"十佳场景示范"项目。

（区工业和信息化局）

节庆活动选介

第二十八届"李沧之春"文化系列活动

概况 2022年春节、元宵节期间，李沧区组织举办了第二十八届"李沧之春"文化系列活动，活动分为"直播家乡年""非遗迎新春""共筑冬奥梦"3个主题板块。

"直播家乡年"板块 "直播家乡年"板块在伟东·乐客

图73 2022年1月25日，第二十八届（2022）"李沧之春"文化系列活动——"清廉之岛 福进万家"民俗活动在伟东·乐客城举行。

（区文化和旅游局供图）

城举办"清廉之岛 福进万家"民俗活动，以全省多平台直播的方式，线上线下启动"李沧之春"品牌活动，为大家送上新春祝福。活动在山东省文化和旅游厅组建的抖音、快手、百家号、今日头条、微博、微

信视频号、好客山东网等新媒体直播矩阵，以及青岛市文化和旅游局"品游青岛"抖音官方账号、大众网青岛微赞等11个平台进行联动直播，直播总观看量累计220余万人次。

"非遗迎新春"板块 "非遗迎新春"板块推出线上面塑、剪纸云课堂，在沧口街道永定路社区举办"非遗在社区 巧手迎新春"布艺课堂，举办"新时代文明实践 小小非遗传承人走进时尚主题博物馆"活动，为未成年人提供寒假社会实践平台。正月十五闹元宵，各街道文化活动精彩纷呈，活动形式有舞龙舞狮、旱船、杂耍、猜灯谜、做花灯、包元宵、文艺演出、非遗市集，还有传统的剪纸展览等。居民们在锣鼓喧天、彩扇飞扬的精彩活动中，表达新春到来的喜悦，抒

图72 2022年5月11日，2022李沧区"非遗在社区"——"小小传承人"熏画体验活动在李沧区文化馆举行。（区文化和旅游局供图）

发对幸福、美好生活的向往与追求。

"共筑冬奥梦"板块 "共筑冬奥梦"板块"文化进万家 瑞虎闹春庆冬奥"青岛非遗熏画联展在李沧区和平度市同时举办，展出清朝至民国时期剪纸熏样画、当代熏画作品、清朝至20世纪90年代民间工艺类藏品、清朝至民国时期剪纸窗裙等作品近280件，是全国首次举办以熏画艺术形式展示冬奥主题和虎年主题的专题展览。"喜迎新春闹正月"青岛非遗熏画展参观体验活动邀请"齐鲁文化之星"等高层次人才代表和社区党员干部参加，围绕全区人才工作目标，以熏画艺术形式展示冬奥和虎年主题，为高层人才和社区党员干部代表送上新春的祝福，增进工作交流，彰显文化亲和力。

"青岛有李"文化创想节

2022年9月3日，"青岛有李"文化创想节在维客星城开幕。文化创想节将传统的够级文化节、社区文化节等李沧区传统品牌节会活动与李沧商圈、景区等各类文旅惠民消费活动进一步整合、创新，在金秋时节为李沧市民带来一场文化、休闲、购物相结合的全新的感官和消费体验。文化创想节设置"山东手造 青岛有李"文创市集，举办"飞young李沧"时尚歌会，现场集合酒研社乐队、杰奏乐队等，带来了富有时代感的流行音乐，带领现场音乐爱好者嗨"FUN"全场。开展"够级飞young打卡玩转山海河城"活动，精选李沧区东部、中部、西部3条打卡路线，将区域内知名景点、文化设施、商场、美食店等特色建筑连珠成线，全面展现李沧生态、彰显李沧文化、展示李沧民俗，让市民在打卡中体验主题旅游线路和多样文旅项目。在第二十二届社区文化节板块，通过线上、线下成功举办第十二届合唱展演、第十三届锣鼓展演、第十四届舞蹈展演三大赛事活动，全区近90支队伍积极参加各项展演，参与群众近4000人次。

（区文化和旅游局）

商 务 服 务 业

法律服务

概况

2022年，李沧区司法局聚焦实体经济和招商引资、城市更新和城市建设、优化营商环境"三条主线"，贯穿李沧区律师诚信共同体"诚信、专业、规范、合作"的理念，全力提速法律服务行业持续发展。

打造诚信品牌

2022年8月，李沧区成立"律师诚信共同体"，旨在打造一支对法律的诚信、对人民的诚信、对国家和社会的诚信的律师队伍，提高律师行业的社会诚信度，促进公正司法。制订《李沧区律师诚信共同体章程》《共同体考评办法》等文件，共同体全体成员通过大力加强诚信建设，带动营造"知信、用信、守信"的浓厚氛围，不断优化法治营商环境。定期开展律师队伍诚信教育和执业道德教育，督促律师严守执业纪律。加大违规行为处分力度，对违反律师职业道德和执业纪律的成员严肃处理，对突破底线、违法违纪的律师坚决"零容忍"，全年接待处理投诉40

余起，依法切实维护了律师行业的良好形象。

提升专业化水平

2022年，李沧区举办"以案说法"擂台活动，5家共同体主任单位派律师参与，以擂台促业务、以比赛促学习，同时为居民进行现场普法。举办多场李沧区律师辩论赛，通过律所间对抗与交流，提升律师执业技能，充分展示青年律师的职业风采。抓好律师行业参与服务实体经济和招商引资工作。重点督促律所参与惠企政策落实工作，2022年提报惠企经典案例24篇。组织开展"法律赋能企业合规发展"惠企主题沙龙、律师参与企业"法治体检"、服务全区重点项目等法律服务，引导律师为经济社会发展做出贡献。

加强规范化建设

2022年，李沧区司法局聚焦重点，立足工作实际，把律师事务所规范化建设作为律师工作高质量发展的重要载体。按照律师行业党建全统领、全规范、全覆盖要求，抓好律师行业党建工作，完成8个支部基层党组织"评星创优"工作，通过"学习强国"等载体加强教育指引，确保党建引领律师行业队伍建设。开展"双随机一公开"工作80余人次，对全区律师事务所制度建设情况进

图74　2022年8月3日，李沧区"律师诚信共同体"成立仪式暨律所"以案说法"擂台举行。　　（区司法局供图）

行掌握，了解所内重大疑难敏感案件讨论制度、律师违法违规查处制度、业务学习讨论制度、律所收费标准公示制度等内容的落实情况，促进律所内部管理逐步规范有序。抓好律师事务所办理重大法律事务的监督、指导。指定业务部门对律师办理重大法律事务的情况进行全程跟踪检查，督促律师不断增强政治意识和责任意识，发现律师办案过程中有违法违规行为及时予以制止和纠正。

促进公共法律服务发展

2022年，李沧区结合宪法日宣传活动，举办宪法宣誓和12.4千米健康跑接力赛，助力律师团队不断提高向心力、凝聚力、协作力，协助形成良好律所文化，打造卓越律师团队。选拔律师参与代理和化解涉法

涉诉信访案件，鼓励值班律师灵活运用接谈、评析、释法、劝导、提出处理建议、引导依法申诉等方式，促进涉法涉诉信访案件规范化运行。律师值班近200次，提供法律咨询500余人次，成功化解多起涉法涉诉信访案件，切实发挥律师在促进社会和谐与稳定、践行法治精神和法治思想中的作用。全年新增3个李沧区律所（分所），创收持续增加，为全区经济发展、城市更新和城市建设提供了强有力的法律保障。

（区司法局）

人力资源服务

概况

2022年，李沧区有人力资源服务机构270家，比上年（下

图75　2022年7月15日，李沧区举办"政策护航 创享未来"人社直播云课堂职业技能培训专场推介会。(区人力资源社会保障局供图)

同) 增长35%，年服务用人单位2.3万家次，服务各类人才21万人次，吸纳带动就业8.2万人。全年人力资源行业实现营业收入31.3亿元，增长1.95亿，增速7.5%，占营利性服务业63.6%。

政策扶持

2022年，李沧区全面落实山东省、青岛市人力资源服务业扶持政策及援企稳岗返还、一次性职业介绍等各类补贴政策，出台了《李沧区"四上"企业培育发展奖励办法》《李沧区促进平台经济认定及扶持办法》等政策文件，以真金白银扶持企业发展。建立顶格保障制度，对规模以上人力资源企业逐一指定企业专员，指导符合条件的企业开展资金项目申报730万元。2022年帮助山东恒晟源控股集团有限公司申报青岛市市级生产性服务业领军企业奖励资金100万元，帮助山东中筑人力资源有限公司、青岛浩峰劳务服务有限公司等4家企业争取商务服务业企业规模提升奖励资金95万元。对企业反映的困难问题，区委、区政府主要领导顶格协调，累计帮助32家人力资源企业妥善协调解决办公用房、政策兑现等问题90余个。

品牌引领

2022年，李沧区实施骨干企业培育计划，全年新增规模以上企业13家。支持人力资源服务机构开展品牌建设，推荐山东恒晟源控股集团有限公司争创全国就业与社会保障先进民营企业，涌现出青岛尚诚人力资源有限公司等一批具有一定规模和实力的本土机构。加

强人力资源市场事中、事后监管，开展诚信机构评选，树立比学赶超的导向，在2022年全市人力资源服务业突出贡献单位评比中，全区7家企业榜上有名，初步形成"头雁领飞、群雁跟随"的新态势。

园区建设

2022年，李沧区打造创业孵化载体，吸引优质人力资源服务业企业免费入驻，申报建成省级创业创新示范综合体1个，省、市级创业孵化示范基地3个，区级创业孵化基地2个。区就业创业广场集就业招聘、技能提升、创业孵化等功能于一体，设立了创业孵化区和加速区2个板块，入驻人力资源企业9户。其中，规模以上企业3户，规模以下企业6户。全年人力资源企业实现营业务收入1.27亿元，吸纳带动就业人数577人，孵化出山东恒晟源控股集团有限公司、青岛浩峰劳务服务有限公司等一批优秀人力资源企业。区高层次人才创业园紧密围绕高端装备制造、生物医药等新兴产业，为博士、海外留学人员、市级及以上高层次人才到李沧区创新创业"一对一"提供创业指导、政策咨询、人力资源等服务，帮助3家企业设立青岛市专家工作站，培育1位博士创业者入选泰山产业领军人才。

(区人力资源社会保障局)

健 康 养 老 业

医疗服务

社区卫生服务工作

规范资金应用 2022年，李沧区按照国家基本公共卫生服务项目资金拨付标准，在规定时间内对2021年资金进行清算，完成2022年项目资金预拨付。严格按照规定合理使用资金，进一步明确资金的分配、拨付、使用、管理等办法，切实提高资金的使用效益。

优化服务布局 2022年，李沧区根据全区新增人口，对各社区卫生服务机构服务范围进行重新划分。协调联系街道进行人数摸底、意见反馈，按照就近、方便的原则，对各社区卫生服务机构覆盖人数进行合理划分，让群众最大限度享受到社区卫生服务。

转变服务模式 2022年，李沧区推进基层医疗机构医防融合体系建设，推进"三高共管 六病同防"医防融合慢性病管理，组织各试点机构结合自身实际制订2022年工作方案，将"三高"患者管理的服务内容增加到家庭医生签约服务中；市级医院专家参与试点机构的

技术指导，对各试点机构的基线数据进行摸底调查，促进工作高质量开展。

卫生服务机构能力建设 2022年，李沧区制定印发《李沧区基层医疗卫生机构服务能力提升行动三年计划工作方案》，推进相关工作开展。稳步推进优质服务基层行推荐标准创建工作，全年新建1家社区卫生服务中心。3家社区卫生服务中心达到国家推荐标准。

中医药服务工作

基层中医药服务 2022年，李沧区开展免费"冬病夏治"三伏贴和"冬病冬治"三九贴中医药公共卫生服务项目，受

益居民1584人。健全20处"国医馆"、5家精品国医馆和国药坊。建成中医骨伤、蜂毒疗法、浮针疗法、五运六气、中医肛肠等20余个特色专科建设。以沧口街道社区卫生服务中心为依托成立青岛市中医药学会基层中医药专业委员会。发挥中医药在疫情防控中的优势作用。免费为5805名新冠病毒感染密接、集中隔离点工作人员提供中医预防方药1.7万剂。将"清肺排毒汤"纳入"爱心药物健康包"，为2266名重点人群免费发放6798剂。

中医药人才队伍 2022年，李沧区1人获评"山东省基层名中医（药）专家"，3人获

图76 2022年6月14日，李沧区卫生和健康局联合青岛市第八人民医院深入社区为居民开展健康义诊服务。（区卫生健康局供图）

评"青岛市基层名中医"。组织182人参加全省5批培训"西学中",强化中医药师承教育工作,备案师承人员2人,进一步扩大中医人才队伍。在永清路社区卫生服务中心建成李沧区中医药适宜技术培训基地,采取线上、线下相结合的培训方式开展中医药适宜技术培训11批次,培训人员600余人次。

(区卫生健康局)

养老服务

概况

2022年,李沧区以满足老年人专业化、多样化的养老服务需求为着力点,坚持安全前行,兜底保障,实干笃行,办好实事。逐步构建形成了居家社区机构相协调、医养康养相结合的养老服务体系,不断引领全区养老行业步入高质量发展轨道。

养老服务体系建设

多元机构养老 2022年,李沧区有养老机构39家床位5142张。其中,护理型床位4140张,占比80.5%。区社会福利院和颐福养老院继续发挥政府兜底保障和行业引领作用,优先满足辖区户籍中低收入家庭老人基本养老服务需求。李沧区社会福利院被确定为山东省社会福利机构管理服务质效提升标杆单位(全省共4家)。截至2022年底,全区拥有青岛佳家康健健康管理有限责任公司、青岛九水青鸟颐居养老服务有限公司等知名养老服务品牌,引入青岛中海锦年养老服务有限公司、盛欣老年公寓等

高端养老服务项目。全年全区完成护理员培训748人,组织参与护理员技能大赛,获2022年山东省养老护理职业技能竞赛青岛市级选拔赛优秀组织单位奖。

居家养老服务 2022年,李沧区贯彻落实青岛市委、市政府指示精神,以建设街道居家社区养老服务中心和居家社区养老服务站为依托,满足社区老年人医疗护理、生活照料、康复保健、长短期托养、助餐送餐、精神慰藉、助浴助洁等需求,为老年人提供专业化养老服务。截至2022年底,全区建成11处街道居家社区养老服务中心,83处居家社区养老服务站,完成青岛市办实事20处300平方米养老服务站的装修工作并全部投入运营。提升养老服务质量,签约家庭养老床位3608张,服务对象4869人,为123名失智老年人发放防走失定位手环。

创新为老助餐 2022年,李沧区将居家社区养老服务建设与助老餐点建设有机结合,鼓励专业组织运营为老助餐项目,采取中心厨房、助老大食堂、助餐点配餐,志愿送餐上门等多种模式为老年人提供助餐服务。截至2022年底,全区共建成52处助老餐点,实现11个街道为老助餐全覆盖,为李沧区户籍60岁及以上老年人提供午餐最低8元的优惠

图77 2022年6月29日,李沧区文化馆红色文艺轻骑兵走进盛欣老年公寓开展慰问演出。　　(区文化馆供图)

套餐，供应标准不少于一荤一素一汤和主食。致力于让老年人在家门口吃上一顿健康营养又物美价廉的热乎饭，打造从舌尖到心间的幸福"食"光。切实提升老年人获得感，保障老年人吃得安心、吃得放心、吃得省心。

搭建智慧养老信息管理平台　2022年，李沧区推动基本养老服务信息化建设，引入第三方专业公司搭建具有李沧特色的智慧化养老服务平台。依托云计算、大数据、物联网、移动互联网等先进技术，创新养老服务模式，提高养老服务质量和效率。通过智慧养老服务平台汇聚线上线下资源，将实现精准对接老年人需求，提供助餐、助行、助医、助急、助洁、助浴等服务。大力探索"订单式、菜单式"养老服务模式，编制上线"颐养李沧"微信小程序，老年人无需申请账号，即可查看全区养老地图、养老政策等信息，实现养老服务"指尖办"。

坚守安全运营底线

落实安全责任　2022年，李沧区聘请第三方专业机构对全区养老机构进行4次安全生产专项检查。严格落实养老机构主体责任，完善内部管理制度，

加强安全警示教育和应急预案演练。通过青岛市智慧消防安全云平台每日巡查养老机构重点部位监测数据，排查整改率100%，有效化解安全预警的难题。联合青岛市住房和城乡建设局、李沧区消防救援大队等职能部门，对养老机构进行"双随机、一公开"安全检查。养老机构食品安全方面，配合区市场监管部门，实现全区养老机构"明厨亮灶"达到100%，用心守护养老机构老人"舌尖上的安全"。

疫情防控到位　2022年，李沧区按照青岛市疫情防控指挥部要求，多次对养老机构实施封闭管理，居家社区养老服务中心停止组织集体活动，助老食堂停止堂食。区民政局印发《李沧区民政局关于扎实做好近期养老服务领域疫情防控措施的通知》等20余个文件，修订《李沧区养老机构新冠肺炎疫情应急预案》和《李沧区养老机构新冠肺炎疫情应急响应流程图》，指导各养老机构建立、完善应急预案，切实把养老机构疫情防控工作措施落实落细。多次召开专题会议，逐一研判养老机构的基本情况和破防风险，加大督导检查力度。累计选派25名驻点工作人员常驻养老机构，驻点督导养老机

构封闭管理措施落实。推进养老机构老人新冠疫苗接种工作，通过与疾控部门对接，摸清养老机构未接种老人名单，收集其中具有基础病老人病历，提交卫生健康部门研判是否符合接种条件，驻点人员指导养老机构发动符合条件的老人接种。为可能存在封闭管理风险的养老机构安装智能门磁，由区民政局专人实时监管；在养老机构大门和走廊等公共区域加装监控，通过全方位、多维度监管，全力保障养老机构老年人和员工健康安全。

政府兜底保障　2022年，李沧区全力保障养老机构疫情期间生产生活，为全区养老机构发放防护服、面屏等防疫物资与药品，主动帮助养老机构联系血氧仪等物资购买渠道。为养老机构发放养老护理员职称补贴、养老机构雇主责任险、意外伤害险补贴、运营补贴合计1004.31万元。为全区80周岁以上老年人发放80岁体检补助，为全区老人发放高龄补贴和百岁老人长寿补贴，合计1219.82万元。持续为低保、特困家庭老人提供政府买单的居家养老服务，为60周岁以上李沧区户籍老年人购买意外伤害险。

（区民政局）

金　融　业

概　　况

主要指标

2022年，李沧区金融业实现增加值43.33亿元，增速5.3%，占生产总值比重为7.1%，金融业区级税收达到3.68亿元，区级税收占比及增幅均在一成以上。实现青岛泰德汽车轴承股份有限公司北京证券交易所上市，挖掘金融产业链聚焦效用，提升金融服务实体经济能力，切实维护金融稳定，全区金融业运行情况整体向好。

金融发展

截至2022年底，李沧区有各类金融机构120家。其中，公募基金管理公司（山东省首家）1家、私募基金管理公司8家、证券公司另类投资子公司1家、银行机构23家、证券机构8家、保险机构56家、期货公司2家、第三方支付机构1家、地方金融组织20家。全区私募基金产品29只，产品规模共计139.54亿元。全省首家公募基金管理公司——兴华基金管理规模突破60亿元，保持翻番高增长态势。在山东省地方金融监管局公布的2022年齐鲁金融人才（金融英才、金融之星）名单中，兴华基金管理有限公司董事长、总经理入选，分获"金融英才""金融之星"称号。其中"金融英才"称号为李沧区首次，实现从无到有的突破。

（区地方金融监管局）

图78　2022年6月，李沧区举行"'惠企纾困及时雨'之春雨行动进街道"金融政策宣讲活动。　（区地方金融监管局供图）

监 督 与 管 理

稳定金融有效供给

概况

2022年，李沧区通过服务实体经济"春雨行动"，持续加强对辖区企业的金融支持和引导力度，对接产业资源与金融资源，着力做好金融服务辅导工作。创新工作思路，汇集辖区全领域、全产业链金融资源，提高资源的合理配置和有效利用。

服务实体经济

2022年，李沧区持续优化精准融资对接服务，通过搭建融资需求信息库，不定期向金融机构发布企业融资需求信息，提高金融服务实体经济的精准性和有效性。全年对辖区116家规模以上工业企业、256家"专精特新""小巨人"企业、50余家高新技术、科技类企业进行全面摸排，有融资需求的企业信息已全部推送给辖区银行等机构，推动其靠前服务。截至2022年底，银行机构新增贷款271.11亿元，其中投放李沧区企业216.94亿元，占比超过80%。辖区18家规模以上工业企业获得银行贷款1.63亿元，

18家专精特新企业等重点企业获得贷款3910万元。辖区小额贷款、民间资本管理公司全年累计对外发放贷款49.72亿元，服务客户78户次；典当行、融资租赁公司及商业保理公司对外提供资金4.58亿元，缓解中小微企业资金困难。

扶持上市挂牌

2022年，李沧区出台《李沧区促进企业上市挂牌扶持政策》，给予上市企业最高补助1000万元，有效降低企业上市成本。2022年6月20日，青岛泰德汽车轴承股份有限公司登陆北京证券交易所，成为北京证券交易所开市以来首家青岛上市企业，也是李沧区第二家上市企业。李沧区地方金融监管局立足"打基础、利长远"，坚持"压荏培育、梯次推进"的原则，以科技、信息、高端装备制造等企业为重点，广泛摸底、重点调研，形成包含16家的拟上市企业梯队培育库，其中包括新三板创新层企业、国家级专精特新"小巨人"等优质企业资源。

整合辖区金融资源

2022年，李沧区进一步提高金融业对经济社会发展的贡献度，提升资金、资产与各项资源的配置水平和有效利用，推动李沧区金融资源全产

图79 2022年9月16日，李沧区对重点拟上市培育企业——培诺教育进行调研指导。

（区地方金融监管局供图）

图80　2022年，李沧区组建防范非法集资知识宣讲星火志愿者队伍。图为志愿者向群众进行反诈宣传。　（张鹰摄影）

风险防范

2022年，李沧区立足实体经济发展需求，平衡好稳增长与防风险的关系，打造稳定可持续发展的金融生态环境，在防范处置和化解非法集资、不良贷款处置、地方金融组织监管等方面，进一步提升风险防范和处置能力，呈现总体安全稳定的发展态势。李沧区地方金融监管局印发《李沧区防范和处置金融风险工作协调机制》，压实各行业领域主管部门责任，做好监测预警、综合治理、宣传教育工作，有效防范和化解非法集资风险隐患，切实维护社会稳定。组建区防范非法集资知识宣讲星火志愿者队伍，开展"守护钱袋子，护好幸福家"为主题系列宣传活动80余场，引导辖区居民树立理性投资观念。全年全区未发生重大原发性非法集资事件。

（区地方金融监管局）

业链整合，吸引更多资本参与到区域经济和社会事业发展中来，探索在全区层面上形成金融工作合力，实现以金融赋能企业发展，同时以实体经济派生资金资源反哺辖区金融机构，提升辖区金融机构信贷资源储备，促进辖区经济发展。

开展金融招商

2022年，李沧区印发《李沧区支持金融业高质量发展意见》，增强全区金融业招商竞争力。深入贯彻落实区委、区政府"全员招商、全域招商"部署，广泛开展招商工作。拓宽项目招引渠道，走访对接各类优质企业20余家，持续推动在谈重点项目，完成超过1亿元招商项目1个，实质性推进银行等规范性金融机构6家和高资质地方金融组织4家。

地方金融组织发展

概　况

2022年，李沧区地方金融

组织持续发展壮大，机构类型和业态不断丰富。截至2022年底，李沧区有全省最大的小额贷款公司——青岛城乡建设小额

贷款有限公司。正常经营民间资本管理公司2家，分别为青岛汇泉民间资本管理有限公司、青岛晟融民间资本管理有限公

司。正常经营典当行 4 家，分别为青岛吉一典当有限责任公司、青岛居正典当行有限公司、青岛鑫都典当有限公司、青岛合泽兴晟典当有限公司。上述地方金融组织对传统金融机构做了很好的补充，也为实体经济尤其是中小微企业发展提供了更多样的金融支持。

完善监管体系

2022 年，李沧区地方金融监管局立足监管本职，坚持地方金融组织发展与规范并重，综合运用多种监管手段加强日常监管，完善监管体系，增强金融监管的穿透力和辐射力。对各类地方金融组织新设，严格按照监管办法要求从严从细做好初审辅导，严把市场准入。加强日常监管辅导，开展辖区小额贷款、民间资本管理、典当行的初审转报、变更辅导及年审分类评级工作。优化监管机制，依托监管平台、政务服务、证照分离、互联网＋监管、"双随机、一公开"检查等系统及工作，对地方金融组织完善事前、事中、事后全链条监管机制，推进数字监管、加强重点监管和信用监管。截至 2022 年底，共开展各类现场检查 30 余次，进行监管谈话 2 次，发放监管提示、整改通知等 15 余份。开展金融服务实体经济"春雷行动"，实施分类监管。对 2 家典当行开展分类处置及信息公示；推动 6 家融资租赁公司和 1 家商业保理公司整改或退出，加快实现"黑灰名单"清零。

（区地方金融监管局）

重点企业选介

青岛汇泉民间资本管理有限公司

概况

青岛汇泉民间资本管理有限公司（简称"汇泉民资公司"），成立于 2017 年 11 月 9 日，是经青岛市国资委批准由青岛城市建设投资（集团）有限责任公司出资 15 亿元成立的国有独资公司。2018 年 1 月 19 日获得山东省金融监督管理局核发的《民间融资机构业务许可证》，公司的主营业务为股权投资和债权投资。汇泉民资公司作为山东省民资行业中最大的国有民资公司，围绕山东省、青岛市"十四五"规划，重点服务于青岛市 24 条产业链中的先进制造和现代服务，全方位服务实体企业发展，产业类型涉及新材料、医养、商贸、农业、旅游、高端装备等，自开业以来，累计扶持 800 余家企业，累计支持资金 300 亿元，贡献税收超过 3.5 亿元；根据公司制定的专精特新企业白名单，主动上门营销，实施精准化营销服务。截至 2022 年底，扶持专精特新企业投放金额 2.7 亿元，围绕青岛市 24 条产业链投放的供应链企业余额 17 亿元。

发展历程

2017 年 10 月 30 日，汇泉民资公司取得青岛市政府国资委批复，11 月 9 日，公司工商注册成功。2018 年 1 月 19 日，获得民间融资机构业务许可证。2018 年 1 月 20 日，汇泉民资公司加入青岛市民间资本管理行业协会；2018 年 2 月 5 日，公司正式开展业务。2019 年 8 月 5 日，汇泉民资公司启动全国第一家民资行业的资产证券化项

图81　青岛绿帆再生建材项目有限公司粉煤灰砖生产线
（区地方金融监管局供图）

目。2019年10月28日，获得山东省地方金融监督管理局分类评级1级。

重点项目

青岛绿帆再生建材项目有限公司成立于2009年04月。2019年9月，汇泉民资公司通过债权投资、短期财务性投资等不同形式，对该项目公司经营、新厂区建设、应对新冠疫情等累计支持资金10余笔，累计金额约3亿元。项目公司为国家级高新技术企业，省级专精特新企业，主要经营土石方工程、建筑安装工程设计及施工、园林绿化工程、市政工程、建筑废弃物综合利用加工、建筑垃圾再生技术研究等。

发展规划

2022年，汇泉民资公司以

开拓集团各产业板块上下游供应链金融业务为主要发展方向、推动协同互补，以营销外部市场化业务为辅，加大业务创新力度，力促发展导向和发展定位的"两大攻坚战"。坚持聚焦青岛市24条产业链，围绕地方实体经济发展提供综合性、定制化金融服务，针对专精特新、高新技术企业加大支持力度，不断挖潜新客户，扩大服务群体。

（区地方金融监管局）

青岛泰德汽车轴承股份有限公司

概况

青岛泰德汽车轴承股份有限公司（简称"泰德股份公司"）是国内汽车精密轴承领域的龙头企业。泰德股份公司前身是始建于1958年的青岛轴承厂。2001年12月17日，青岛泰德汽车轴承有限责任公司设立，注册资本2468万元，2014年5月完成股份制改造，成立青岛泰德汽车轴承股份有限公司，注册资本1.43亿元。2022年6月20日，

图82　2022年，青岛泰德汽车轴承股份有限公司在北京证券交易所上市。图为公司生产线。　（区发展改革局供图）

泰德股份公司在北京证券交易所挂牌上市，形成青岛本部、安徽蚌埠工厂、青岛胶州工厂"三位一体"的产业布局。

主营业务

2022年，泰德股份公司主营产品是以汽车空调压缩机电磁离合器轴承为主导产品的汽车动力系统轴承及单元、轮系轴承及单元，新能源汽车电动压缩机、驱动电机轴承、减速机轴承，以及其他用于燃油汽车和新能源汽车的精密零部件。其中，汽车空调压缩机电磁离合器轴承是国内首家进入国内外主机OE配套的制造商，根据中国轴承协会的统计，该产品国内市场占有率超过35%，全球市场占有率超过12%。公司主要为国内车用空调压缩机行业龙头企业华域三电汽车空调有限公司、微型客车龙头企业上汽通用五菱汽车股份有限公司、车用发动机龙头企业沈阳航天三菱汽车发动机制造有限公司及车用水泵龙头企业西泵股份有限公司等国内汽车零部件一级供应商提供安全、可靠的国产化替代产品及系统化服务，同时，为国际著名的汽车零部件供应商提供低成本、高性价比的可靠产品及一站式服务，参与国际化竞争。

品牌打造

2022年，泰德股份公司拥有完备的研发设施和高素质研

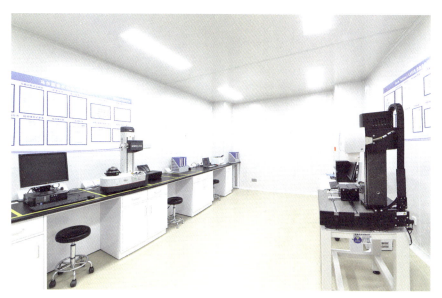

图83　2022年，泰德股份公司实验室获评青岛市汽车精密轴承重点实验室。　　　　　　（区科技局供图）

发团队，拥有专利75项。其中，发明专利15项，参与起草行业标准4项，获得两项软件著作权。泰德股份公司实验室获得青岛市汽车精密轴承重点实验室建设认可；外圈旋转球轴承关键技术及应用研究成果获得中国机械工业科技进步三等奖。泰德股份公司是中国轴承工业协会理事单位，山东轴承行业协会理事长单位，获得中国轴承行业"十二五""十三五"发展先进企业、"山东省轴承行业领军企业"称号。2019年，泰德股份公司被工业和信息化部评为第一批专精特新"小巨人"企业，2021年，被评为第一批"重点小巨人"企业。获得山东省企业技术中心、山东省制造业单项冠军产品企业等多项资质。

上市历程

2021年6月30日，泰德股

份公司启动上市辅导，2021年12月16日，泰德股份公司向北京证券交易所递交上市申请。2022年6月20日，在北京证券交易所主板上市。泰德股份公司此次IPO募资总额1.02亿元，募资净额8657万元，计划用于"高性能新能源汽车轴承智能制造车间建设项目""商用汽车轴承生产线建设项目""技术研发中心建设项目"。

发展规划

泰德股份公司发展方向是以产品市场与资本市场双轮驱动为整体发展战略。产品市场为基础，推进细分领域龙头战略，加快国内外中高端市场国产化替代及产品升级换代进程，提升企业竞争力。资本市场借助北京证券交易所资本平台，展开多层次、多领域业务合作，助推转型升级。

（区地方金融监管局）

国内贸易·开放型经济

国 内 贸 易

招商引资

概况

2022 年，李沧区商务局（简称"区商务局"）树牢"大抓项目、抓大项目""大抓产业、抓大产业"的鲜明导向，优化招商引资工作机制，着力攻坚招大引强。全年共落地超过 1 亿元项目 149 个，比上年增长 273%，总投资额约 448.6 亿元；签约引进人民金服青岛中心、新旧动能转换产业示范片区 2 个超过 50 亿元项目，引进联东 U 谷青岛科创中心、粤浦春光（碱厂首开区）、北汽地块商业 3 个超过 30 亿元项目；洽谈储备粤浦科技产业园、顺威智造科技港等重点产业类项目 80 个，

计划总投资额 759.2 亿元，储备超过 50 亿元重大在谈项目 3 个，招商引资实现跨越式发展。

优化机制

加强招商队伍建设 2022 年，区商务局坚持区委、区政府主要领导顶格协调，成立李沧区投资促进工作领导小组，围绕总部经济、数字经济、生物医药、城市更新等领域组建 10 支定向招商攻坚团队，形成专业化招商的强大力量。成立区属国有招商公司，实行"联络员＋专员"制度，定期收集招商和谈判信息，确保招商信息有人知、议定项目有人跟、落地项目有人推、政策兑现有人给，实现政府主导招商与市场化招商双轮驱动。

完善招商工作机制 2022

年，区商务局进一步强化项目调度机制，不定期召开投资促进工作领导小组会议，对重点招商项目进行调度，明确时间节点等要求，综合研究项目推进路径；建立项目顶格协调推进机制，统筹解决项目洽谈和落地过程中遇到的问题，高位推进项目引进；建立投资促进工作联络机制，明确全区 61 个单位分管领导及联络员，牵头设立李沧区"双招双引"工作群，提升部门联动效率。

用好招商政策工具 2022 年，区商务局全面梳理辖区载体资源，招商楼宇和厂房 35 处、187.2 万平方米，土地资源 37 处、320.16 万平方米；梳理"24 条产业链"招商图谱，论证了 48 个行业领域和 144 个细分产业，编制完成《市、区重点产业链基

本情况》手册，逐一明确招商目标企业，开展精准招商。陆续出台楼宇经济发展扶持办法、招商引资奖励办法、促进平台经济发展扶持办法，梳理市、区六大类105项投资优惠及招商政策，激励形成全员招商、全域招商的浓厚氛围，营商环境持续改善，签约项目、在谈项目、储备项目数量、质量明显提升。

强化招商

工业园区运营招商 2022年，区商务局重点引进联东U谷青岛科创中心项目，总投资额30亿元，打造都市产业综合体；引进北京市国资委下属京城机电项目，建设京城机电智能制造产业园；引进粤浦春光（碱厂首开区）项目，投资建设人工智能产业园；重点推进总投资额50亿元粤浦科技产业园项目，打造集数字经济、新能源、智能制造于一体的高端产业集聚区；加快推进世纪金源科技产业园项目，依托世纪金源产业资源和科技成果产业化经验，新建硬科技产业生态创新中心。

产业园区配套招商 2022年，区商务局落地中化海洋科技创新中心项目，打造海洋科技创新、环境治理等产业链。生物医药产业园加快发展，引进康杰生物医药产业园、福瑞达医药、彩晖生物、杭州美联医学青岛大健康产业集群等一批生物医药类项目，重点推进

图84　2022年6月21日，李沧区举行联东U谷·青岛科创中心项目签约仪式。
（区商务局供图）

投资额60亿元的辅大国际医学中心项目。

总部经济产业招商 2022年，李沧区着力引进中央企业、国有企业合作项目，已签约和注册落地中冶建工集团有限公司、中国能源建设集团、中电建核电工程有限公司等18个项目，注册落地贵州公路集团、天元建设集团等10余家国有企业法人公司和区域性总部项目，助力城市更新和城市建设。

低效片区开发招商 2022年，李沧区建立低效片区招商联席联动机制，加强与青岛市属国有企业平台协作，建立对口招商工作通道，建立"边拆迁、边建设、边招商"的工作方式，通过完成预招商，引导企业提前入驻，提高招商效率。坚持集中连片做工业，推动低效片区引进产业龙头及核心配套。青钢片区引进总投资额35亿元的中交海

洋科技城项目，储备网库集团总部、北京玖安天下总部等项目；碱厂片区的粤浦春光项目投资额30亿元，引进外资不低于1000万美元，建设都市工业综合体，储备苏科高新、山东土地发展集团等重点项目；瑞金路工业园总占地面积200余万平方米，征迁工作已启动，储备总投资额50亿元的粤浦科技产业园等项目；青岛铁路北站及周边片区与20余家企业进行招商洽谈，引进龙湖、中铁二局区域总部等8家意向合作单位；世博园及周边片区，与中国金茂、陕旅集团等8家单位进行招商洽谈，青岛世界园艺博览园"超级飞侠"项目已落户。

联动各平台合力招商 2022年，区商务局联合国有企业、各部门、各街道，形成招商合力，国有企业发挥招商主力军作用，聚焦主责主业，加快培育产业集

群。全年国有企业项目投资推介会签约重点项目 12 个，总投资额约 230 亿元，通过灵活运用资本招商、以商招商、产业链招商方式，实现政府主导与市场化招商双轮驱动。做好大型活动的招商引资和产业对接，完成第三届跨国公司领导人青岛峰会李沧区招商推介服务保障任务。

（区商务局　区招商投资促进中心）

市场运行

社会消费品零售总额

2022 年，李沧区完成社会消费品零售总额 441.12 亿元，比上年（下同）下降 1.7%。

主要商品销售额

2022 年，李沧区限额以上批发业完成销售额 1062.8 亿元，增长 26.1%；限额以上零售业完成销售额 144.5 亿元，增长 1.4%；限额以上餐饮业完成营业额 4.1 亿元，增长 12.2%。

市场体系建设

农产品产销平台建设

2022 年，李沧区组织辖区利客来集团、维客商业连锁超市、家家悦等大型商贸企业参与"产销对接"洽谈会 20 余次。通过搭建农产品产销对接平台，大大减少供应中间环节，让原产地农产品高效"输送"到商超，稳固产销合作关系，保障"菜篮子"市场繁荣稳定。

政府储备商品投放

2022 年，李沧区为保障市场供应稳定，满足市民节日消费需求，于元旦、春节、中秋等节假日期间组织开展政府储备商品投放工作，在辖区 9 处储备蔬菜销售投放点累计投放储备菜 100 余吨，13 处储备肉投放点累计投放储备肉 600 余吨。有效发挥政府储备商品在满足需求、平抑物价、丰富市场等方面作用。

完善肉菜追溯管理

2022 年，李沧区建立肉菜追溯体系，辖区利客来购物中心、维客商业连锁超市等 4 家超市，青岛第五十八中学等 3 家集团消费单位，华中蔬菜批发市场等纳入肉菜流通追溯体系，市民在超市的蔬菜、猪肉销售柜台前，通过手机扫描追溯二维码，即可快速方便获取每种肉菜食品产地、节点供应商、售卖点等追溯信息。

市场运行监测

2022 年，李沧区通过"菜篮子"监测系统，每日及时掌握全区各"菜篮子"监测点蔬菜、猪肉价格情况。对生活必需品价格异常波动及时预警，在台风、降雪降温等恶劣天气来临之前，及时引导辖区利客来、维客、华中蔬菜批发市场扩大储备和投放。确保全区"菜篮子"市场供应充足，价格稳定。

"平安商务"建设

秩序商务

2022 年，李沧区开展年度

图 85　2022 年 4 月 16 日—5 月 15 日，李沧区举办购物节活动。
（区商务局供图）

"青岛市诚信企业"评选工作。组织辖区内符合条件的优秀企业提交"青岛市诚信企业"申报材料，审核4家企业申报材料并报送至青岛市商业联合会。通过评选，发挥行业优秀企业带头作用，营造浓厚的诚信经营氛围，全面提高商贸企业诚信经营意识。

新冠疫情防控

疫情防控督导 2022年，李沧区成立6个疫情防控督导检查工作小组，对辖区商贸领域27家企业开展疫情防控实地督导检查，层层传导压力，压实责任。严格按照重点场所防控要求，确保人员"测温、扫码（验码）、正确佩戴口罩、社交1米线"全部落实到位，督导各企业经营场所实现定期（定时）消杀、通风等防控措施落细落实，确保商场、大型超市以及商贸综合体等责任到人、防控执行到人、督导检查到人。共出动检查人员645人次，检查大型商贸综合体270家次、大型超市200家次、大型商场175家次、发现问题800余个，全部完成整改。

开展应急演练 2022年，李沧区组织开展突发新冠疫情现场演练暨现场观摩会，区委统战部、区市场监督管理局、李村街道办事处以及辖区13家大型商超负责人进行观摩。向各观摩企业发放"大型商超突发新冠疫情现场处置明白纸"，进一步统一和规范大型商超疫情防控应急处置流程和机制，要求大型商超做好风险管控，压实防控责任，查找漏洞、补齐短板，确保疫情防控措施落实到位。

完善生活必需品物资保供渠道 2022年，李沧区督促保供企业加大生活必需品物资库存储备，根据库存与货源情况，及时对粮、油、肉、蛋、奶、食盐、食糖、饼干、快食面、矿泉水和卫生用品等主要生活必需品予以补充。协助辖区3家保供企业在交通运输部门办理应急保供运输车辆通行证，确保物资运输通畅。重大时间节点在生活必需品价格监控群内每日调度主要产品价格。要求保供企业做好应急保供准备，根据实际情况制定不同价位的蔬菜包、物资包，确保应急保障启动后，第一时间运送至相关社区。

商贸流通业

2022年，李沧区共投入促消费资金542万元，累计带动销售额3.2亿元。围绕五一劳动节、母亲节等消费节点，组织李沧区限额以上商超及电商企业开展"李沧购物节之嗨购惠促销"活动，活动发放消费券55万元，带动消费447万元。围绕"端午节"及"6·18"消费节点，组织李沧区限额以上商超、餐饮企业及零售汽车企业开展2022年青岛·李沧"动能强劲 活力迸发"促销月活动，发放惠民消费券总额360余万元，带动消费1.96亿元；举办青岛世博园时尚李沧国际车展活动，28家重点汽车零售企业参展，近百个热门车型华丽展出，累计参展人数约5万人次；开展"8·18沸点"家电狂欢节，发放惠民消费券总额30万元，带动消费356万元。举办苏宁专场家电家居博览会，累计参加人数2万余人。联合辖区重点汽车销售企业及部分商超企业共同开展汽车、商超、餐饮等企业促销活动，发放购车补贴资金97.4万元，带动消费1.2亿元。

成品油流通

2022年，李沧区完成辖区35家成品油经营企业年检工作。严格把关成品油经营企业资质，确保全区成品油市场经营有序。开展成品油流通企业规范化经营专项检查。组织开展辖区内33个在营加油站全覆盖专项检查，重点对成品油零售经营、安全责任制、油品购销台账、散装汽油销售台账、隐患风险点自查自纠台账等制度执行情况进行检查，发现问题立刻要求企业整改。

（区商务局）

开 放 型 经 济

平台建设

2022年，李沧区搭建各类活动平台，协助企业开拓国际市场。组织企业参加国内外40余场云展会、培训会，破解疫情出国难、参展难问题。举办"惠企政策小讲堂——市场采购贸易政策解读"活动，加强与即墨市场采购贸易服务中心、青岛大港海关等相关单位的协同配合，带队组织企业到试点单位进行考察学习，为企业注册、备案提供一对一服务。搭建"关—政—企"桥梁，优化营商环境。采取"一企一人"措施，帮助中国石化青岛石油化工有限责任公司解决油船靠泊、报关、商检、通关等问题，确保进口额及时纳统。"政、银"携手，解决外贸企业融资难问题。推广"出口数据贷""齐鲁进口贷"等新模式金融产品，帮助青岛英泰国际贸易有限公司、青岛华沃纺织品有限公司等5家企业融资700万元。组织17家企业申报短期出口信用险补贴资金136万元、1家公司申报进口贴息补贴资金26万元、1家企业申报跨境电商倍增发展补贴资金50万元、1家高校申报服务外包人才培训补贴资金30万元。

服务贸易

2022年，李沧区筑牢服务贸易发展根基，加强科技、数字企业培育速度，加大服务贸易企业招商力度。协调科技、金融、大数据等部门信息共享，联合推动辖区服务贸易企业发展。拥有重点服务贸易及服务外包企业40余家，服务贸易以商业服务和维修服务为主，进出口贸易额呈缓慢上升趋势。服务外包业务以知识流程外包（KPO）为主，信息技术外包（ITO）和业务流程外包（BPO）逐渐突破瓶颈。提升服务外包专业人才培养水平，落实《全面深化服务贸易创新发展试点总体方案》相关工作要求，运用上级专项资金支持青岛恒星科技学院优化专业课程，提升教学品质，打造校企深度融合，有效解决了服务外包专业人才的后顾之忧，青岛恒星科技学院连续多次被评为"省级服务外包人才培训机构"，工作做法入选商务部2022年第11期"服务贸易热点动态"。

跨境电商交易

2022年，李沧区加快推进企业跨境电商转型，加大跨境电商重点企业、跨境电商专业人才培育。组织辖区内传统外贸企业参加跨境电商大讲堂，促成跨境电商业务的转型，联合青岛市跨境电商公共服务平台对5家企业进行"一对一"上门业务指导。青岛谷雅国际电子商务有限公司获评"省级跨境电商主体"称号、支持企业申报山东品牌商品展示中心。鼓励辖区青岛跨境电商孵化基地有限公司开展跨境电商业务孵化、人才培养实训、师资培训等业务模式，青岛跨境电商孵化基地有限公司获评"山东省跨境电商孵化机构试点单位"。

（区商务局）

城市建设与管理

城 市 建 设

城市基础设施建设

城市道路建设

2022 年，李沧区加大城市道路建设力度，实现唐河路—安顺路打通工程等 9 条道路主线通车目标，新增道路里程约 10.33 千米，路网密度达 4.6 千米 / 平方千米，城市路网结构不断优化，城市交通更加便捷。

市政设施建设

2022 年，李沧区为满足新建小区及开发地块的排水需求，对迎真宫路等道路进行排水管网建设，全年新增排水管线约 27.17 千米。

城市建设规划

2022 年，李沧区遵循高标准、高质量、高要求的原则，不断完善优化规划编制工作。

通过研究重点地块的城市设计工作，协调对接青岛市自然资源和规划局、青岛市城市规划设计院等相关部门，完成《李沧区青岛北站及周边片区控制性详细规划》《李沧区金水路北

图 86　2022 年，李沧区持续开展老旧小区整治工作。图为改造后的永安路 27 号居民小区。　（区城市建设管理局供图）

图87　2022年12月，上王埠二期安置房完成建设。
（区城市建设管理局供图）

片区控制性详细规划》《李沧区楼山河北片区控制性详细规划》等3个片区控制性规划批复，实现李沧区制性规划全覆盖，以此指导片区内开发建设工作。

惠民安居工程

安置房建设

2022年，李沧区北王安置房完成建设，居民实现选房定位；九水街道苏家北区、湘潭路街道石沟东区、虎山路街道上王埠二期安置房项目完成建设。

老旧楼院整治

2022年，李沧区对李村街道东南新苑小区、兴华路街道营子社区铁路沿线开放小区、湘潭路街道统建社区、兴城路街道汾阳路社区、沧口街道永安路27

号、浮山路街道万年泉路33号等6个老旧小区进行改造，共涉及71个楼座，建筑面积约19万平方米，惠及居民约2700户。

停车场建设

2022年，李沧区新增配建类停车场5处，泊位5000余个。

图88　2022年，李沧区新增配建类停车场5处。图为兴华路街道华泰社区停车场。
（区城市建设管理局供图）

通过机关事业单位错时开放共享，商场、酒店、写字楼联网共享及住宅小区开放共享等手段，开放共享泊位约1.4万个。

既有住宅加装电梯

2022年，李沧区建立部门、街道、社区"三方"联动机制，由区城市建设管理局开展加装电梯政策宣传、指导协调，及时解决加装电梯推进过程中的困难和问题。全年完成世园街道毕家上流A区、浮山路街道百通花园等小区90部电梯加装工作。

保障性住房建设

人才住房审核

2022年，李沧区共发布三批次产权型人才住房项目配售公告，审核注册用人单位83个，涉及人才信息 112 户，共配售房源 61 套。

公租房实物配建

2022 年，李沧区承担 300 套公租房建筹任务，全区通过配建模式筹集公租房 300 套，主要分布在重庆中路学校以西项目、北方汽车交易市场改造项目 2 个项目中。

（区城市建设管理局）

城市基础建设重点项目选介

唐河路—安顺路打通工程

唐河路—安顺路项目南起瑞昌路，北至仙山路，其中李沧区段全长约 10 千米，南北方向贯穿李沧西部城区，本次实施路段长约 5.9 千米，道路设计为城市主干路，道路为双向八车道。李沧区段总投资额约 33 亿元，其中包含征拆资金约 9 亿。在青岛市委、市政府坚强领导下，李沧区全力推进辖区内征迁工作，累计拆除建筑近 10 万平方米，为项目顺利开工建设奠定了基础，截至 2022 年底，项目已实现主线通车。唐河路—安顺路是贯通东岸三区的城市主干路。项目建成后将成为主城区南北交通的又一"大动脉"，对疏解铁路青岛北站进出压力，分担环湾路现行超饱和的交通流起到重要作用；

同时，可有效改善区域环境，提升区域品质，强化区域协同，完善城市功能，盘活闲置土地和低效用地，助推老工业腾笼换鸟和城市更新，焕发新的城市活力。

（区城市建设管理局）

李沧区集中建设人才住房项目（湾头社区地块）

项目位于李沧区景平路 9 号，占地面积 5.2 万平方米，总建筑面积 19.8 万平方米。其中，地上建筑面积 12.5 万平方米、地下建筑面积 7.3 万平方米。总投资额 21.25 亿元。整个项目分南区、北区规划建设。其中，南区建筑面积 9.7 万平方米、北区建筑面积 10.1 万平方米。建设产权型人才住房 13 栋共 982 户，商务办公楼 1 栋，配套沿街商业、日间料理中心、社区体育中心、社区综合服务

中心、物业管理用房、农贸市场、储藏等，配建地下车库停车位 1412 个。项目由青岛金水集团有限公司全资子公司青岛跃龙升置业有限公司开发建设，是 2022 年、2023 年李沧区重点项目。2021 年 7 月动工，截至 2022 年底，14 栋楼座主体全部封顶、外墙抹灰及屋面工程全部完成。预计 2023 年底实现竣工，计划工期 30 个月。项目建成后，将满足引进人才的生活、工作、休闲、托老等多方面需求，营造安居乐业、创新创业的人才发展环境。

（区城市建设管理局）

信联天地园区

信联天地园区位于李沧区 CBD 核心功能区，占地面积 13.7 万平方米，总建筑面积 84 万平方米，按商务复合型城市综合体规划建设，总投资额约

图 89 2022 年底，唐河路—安顺路打通工程主线道路通车。

（区城市建设管理局供图）

图90　2022年，金水皇冠假日、套房假日、智选假日开业运营。
（青岛金水集团有限公司供图）

110亿元。园区涵盖5A甲级写字楼集群、星级酒店群、LOFT公寓、商业生活街区、花园式住宅，配套人才公寓、养老公寓、飞碟展厅等多元业态，体量、规模区域领先。其中，写字楼集群地上建筑面积18.7万平方米，其超高层商务楼为李沧区最高建筑。项目由青岛金水集团有限公司全资子公司青岛信宇置业有限公司开发建设、青岛金水嘉禾实业有限公司招商运营，是2018年山东省重点项目、2018年—2020年青岛市重点项目。2018年5月动工兴建，2022年5月超高层完成竣工验收，项目整体实现建成并投入使用。信联天地项目围绕青岛市十大新兴产业、李沧区"3+2+4"现代产业体系规划，聚焦总部经济、"四新"经济开展产业招商。其中，1号楼引入

国内现代农业领先平台金丰公社，打造"现代农业创新中心"项目，2号楼引进中化创新（北京）科技研究院，打造"青岛国际海洋创新中心"项目，3号楼定位为"青岛北总部基地"，5号楼定位为"新经济创新中心"。园区引入洲际酒店集团、保利商业、斯维登集团、绿城物业等知名品牌打造各项配套项目，其中青岛金水皇冠假日、套房假日、智选假日酒店已开业运营；LOFT公寓和地下商业正进行提升改造，预计2023年投入运营；住宅于2022年交付业主，基本售罄。

世园综合服务中心项目

世园综合服务中心项目位于世园街道，南临广水路，东靠宾川路，西临金水河公园，总投资额9.03亿元。项目规划

用地面积2.19万平方米，建筑面积7.98万平方米。建筑主体地上6层，地下4层，主要包括康养中心和大型文体休闲综合体两部分，分为"医、康、文、体、便民"5个功能板块，即社区卫生服务中心、康养中心、综合文化站、体育活动中心及大型地下车库。其中，社区卫生服务中心功能包含门诊医技、预防保健、康复理疗病房等；康养中心功能包含健康老人使用的颐养房间和介护老人使用的康养房间，及辅助配套的护理站、活动室、餐厅等；综合文化站建筑功能包含科普教育、艺术培训、图书阅览室、交流中心、活动室等；体育活动中心功能包含羽毛球馆、篮球馆、乒乓球馆、击剑馆、游泳馆、散打馆等；地下车库及设备用房共配建地上、地下停车位293个，其中地下停车位234个，充电桩59个。项目由青岛金水集团有限公司全资子公司青岛融源文旅集团有限公司开发建设，是2022年市、区重点项目，2021年6月正式开工建设，2022年10月实现主体封顶，计划于2023年年底达到竣工条件，2024年5月底交付运营。

李沧区新旧动能转换产业示范区项目配套道路、管线工程

项目东至安顺路，南至青连铁路，总占地面积205.40

万平方米。其中，瑞金路以南118.53万平方米，瑞金路以北约86.87万平方米。根据产城融合、职住平衡原则，片区整体产住比约7∶3，规划住宅86万平方米，商业9.25万平方米，公共服务设施10万平方米。项目配套道路由青岛金水集团有限公司全资子公司青岛金水城市建设发展有限公司开发建设，共配套建设15条城市主次干道及支路，建设面积约50万平方米，总投资额约13亿元。其中，南片区道路投资额约9亿元，北片区道路投资额约4亿元。计划2023年第二季度动工建设纵二路、横六路等4条道路，2023年底实现"一纵两横"的路网形象，2024年底完成整个南片区道路建设主体。项目产业以智能制造装备和医疗设备器械（含智能仪器仪表）等先进制造业为主，着力引进培育产业链"链主"企业，集聚优势资源，打造3~5条100亿级产业链。

（青岛金水集团有限公司）

华澜·现代工场项目

项目总占地面积5.92万平方米，包含14栋多层建筑，规划建筑面积32.18万平方米。2022年完成14栋建筑主体施工，并完成主体验收，推进安装及装饰装修工程施工，其中安装施工完成54%，幕墙施工完成45%。项目获评"青岛市建筑施工安全文明标准化示范工地""2022年建设工程项目施工工地安全生产标准化建设学习交流项目"等。

水岸樾园项目

项目用地面积6400.03平方米，容积率4.0，总建筑面积为3.45万平方米。其中，地上建筑2.56万平方米，含住宅2.11万平方米、商业网点4528平方米。2022年完成地下车库主体施工，地上两栋楼座均为21层。

华澜·健康小镇项目

项目占地面积5.87万平方米，总建筑面积31.65万平方米。截至2022年底，已完成项目室外景观环境和外幕墙施工，主体结构已完成验收，推进地下室安装施工以及幕墙收尾工作。项目获评"2020年—2021年度山东省优质结构工程"。

华澜·汇智谷＆华澜·数智港项目

项目位于李沧区九水东路以北、金水路以南、东川路以东、李村河以西，该项目是2018年、2019年省重点项目，山东省新旧动能转换重点工程，省、市、区三级联动重点项目。项目立项投资124.16亿元，于2018年12月底正式开工，2020年7月竣工，截至2022年底，项目开展验收工作。项目总建筑面积约88万平方米，其中地上约36万平方米。园区地上建有18栋产业楼宇、6栋商品房、1栋38层商务中心。整体以二星级绿建标准规划，建设两栋被动式超低能耗建筑。规划智慧化园区，以节能、环保、便捷、安全的智慧化集成系统，为入驻团队提供科研办公与生活场所。园区分为数智港与汇智谷两大园区，南区数智港大力发展数字经济，依托人民金服产业资源打造人民普惠数字产业园，促进数字经济和实体经济深度融合。聚焦数字金融、人工智能、大数据、云计算、物联网等核心领域。北区汇智谷抓住"人才培养"这一发展重要基础环节，重点引进教育培训、考试中心、高端研学、共享实验室等主导业务，致力于打造智慧教育产业链统筹发展的典范，建设成为集教育、培训、考试、运营、研学、展示、服务、餐饮及旅游中心于一体的综合体。已入驻人民金服、巽田科技有限公司等优质企业。

华澜大数据中心项目

项目占地面积约3.8万平方米，总建筑面积约7.69万平方米，其中地下建筑面积7.69万平方米。建设内容为行业内最先进的"互联网＋"云计算公共服务平台，设置约6500个机柜，建设电源、空调通风、气灭消防、电气、智能化、机房建筑装修、机房工艺、给排水及消防等配

图91 枣山路打通工程效果图 ［青岛世园（集团）有限公司供图］

套工程。截至 2022 年底，项目土建工程已完成，首期运营机房装饰装修已完成，首期机房设备安装已完成。

华澜设计研发中心项目 A 座

项目总占地面积 0.81 万平方米，规划建筑面积约 3.89 万平方米，拟建设一栋设计研发中心，主要研究海洋装备，内部拟设置设计研发、办公、机器人停车场及其他相关功能用房等，同时配套建设综合管网、场区硬化、景观绿化、亮化、标识及景观小品等。截至 2022 年底，项目完成基坑开挖及支护施工。

华澜设计研发中心项目 B 座

项目总占地面积 0.79 万平方米，规划建筑面积约 4.95 万平方米，拟建设一栋设计研发中心，主要研究新材料设备，内部拟设置设计研发、办公、机器人停车场及其他相关功能用房等，同时配套建设综合管网、场区硬化、景观绿化、亮化、标识及景观小品等。截至 2022 年底，项目完成负四、负五层地下室结构施工。

大枣园公园项目

项目位于湘潭路街道重庆中路东侧，大枣园村落旧址，占地面积约 3.4 万平方米。项目充分结合李沧区十四五发展方向与大枣园的历史背景，打造多维度、多功能的城市花园景观。地上规划建设公园，在绿地中布置市民广场、儿童活动区、健身步道、户外活动区等活动场地。项目充分利用地下空间，负一层布置商业，负二层布置停车场，停车位约 450

个，方便居民生活，有效缓解周边停车压力。截至 2022 年底，项目开展土石方开挖和支护施工施工。

（青岛华澜发展集团有限公司）

枣山路打通工程二期市政配套工程

项目是青岛市 2023 年城市更新和城市建设重点攻坚项目，也是李沧区重点民生工程之一。西起规划一号线、东至铜川路，道路全长约 1600 米，规划双向八车道，打通后与崂山区段枣山路相衔接，是贯穿李沧区、崂山区的交通主干路网中的重要一"横"。项目建设内容主要包括道路工程、跨青银高速桥梁工程、管线工程、路灯工程、景观绿化工程、交通设施工程以及其他附属工程。项目总投资额约 10.9 亿元。项目计划 2023 年上半年全面开工建设，工期一年半，2024 年实现竣工通车。

［青岛世园（集团）有限公司］

城市基础建设重点项目（学校）选介

九水路小学项目

项目占地面积 2.47 万平方米，总建筑面积 4.72 万平方米，规划 30 班小学，主要包括教学楼、综合楼、风雨操场、游泳馆、食堂、地下车库、室外工程等。

项目 2022 年完成工程建设，完成竣工验收。

天水路幼儿园项目

项目用地面积 5713.36 平方米，项目总建筑面积为 6035.89 平方米，规划建设一座 9 班幼儿园。2022 年 8 月已交付区教体局。

上王埠中学项目

项目位于黑龙江中路以东、唐山路以南、月龙峰路以西，总占地面积约 3.68 万平方米，规划建设 48 班制中学，含教学楼、学生餐厅等。截至 2022 年底，项目办理完成施工许可证，已开工建设，地下主体工程已完成 85%。

重庆中路学校项目

项目位于重庆中路以东，文昌路以西，遵义路以南，十梅庵路以北，45 班九年一贯制学校，总占地面积约 5.16 万平方米，总建筑面积约 10 万平方米，规划为小学 30 班、中学 15 班，含教学楼、风雨操场、报告厅、学生餐厅及地下停车场等。截至 2022 年底，项目已完工交付。

青岛金水路小学改扩建工程

项目位于金水路 807 号。用地面积 2.46 万平方米，规划新建总建筑面积 1.18 万平方米。其中，地上建筑面积 5252.69 平方米，地下建筑面积 6578.18

平方米。原教学楼共 18 个班级，改扩建后教学规模为 30 班小学。新建一座六层教学楼，其中地上四层，地下两层。地上建筑主要为教学及辅助用房；地下建筑主要为风雨操场、厨房停车场等。2022 年 7 月交付区教体局使用。

李家庵第二小学项目

项目位于虎山沿山路以东、湖山美地小区以北、黑龙江路以西。用地面积 2.32 万平方米，规划总建筑面积 5.25 万平方米。其中，地上建筑面积 1.86 万平方米，地下建筑面积 3.40 万平方米。规划建设 36 个班，地上五层，地下两层。项目根据地形南北地势高差大的特点进行设计，以生态绿色校园、开放校园、人文性校园为设计宗旨，解决对于高差的利用、用地最大化利用。地上建筑主要为教学及辅助用房，利用下沉庭院设计报告厅、风雨操场等空间，地下建筑为设备用房及车库区域。截至 2022 年底，项目已建设完成，推进相关验收工作，计划于 2023 年 6 月交付区教体局。

虎山路第二小学项目

项目位于虎山路以北，枣园路以东，规划总建筑面积 6.67 万平方米。其中，地上建筑面积 1.81 万平方米，地下建筑面积 4.86 万平方米。规划建设 36

个班。项目根据地形南北地势高差大的特点，综合考虑园区消防环路以及竖向交通，北部地下建筑整体埋入地下，教学楼普通教室位于地上 1~4 层，阅览室、科学教室等位于负一层。利用下沉庭院解决报告厅、餐厅等空间的采光通风。2022 年 8 月交付区教体局。

秀峰路小学项目

项目位于金水路以北，秀峰路以东。用地面积 9358.9 平方米，规划总建筑面积 3.42 万平方米。其中，地上建筑面积 1.57 万平方米，地下建筑面积 1.85 万平方米。2022 年 7 月交付区教体局。

君峰路中学项目

项目位于华易示范小区以北，君峰路以西，京峰雅居小区以南，重庆花园小区以东。用地面积 3.51 万平方米，规划总建筑面积 6.87 万平方米。其中，地上建筑面积 3.15 万平方米，地下建筑面积 3.72 万平方米。规划建设 30 班中学。项目充分利用地形高差，开发地下空间。项目秉承教育育人的宗旨，以"十年树木、百年树人"为设计主题，用自由的线条体现"自由成长"的设计理念，用设计表达"树立为人"的设计主题。采用新型设计模式，创造人性化、公园式的校园环境，构建"主动学习"的积极趣味空间。2022 年 8 月交付区教体局。

汉川路幼儿园（上臧安置区幼儿园）项目

项目位于汉川路东，广水路北。用地面积 5719.3 平方米，规划总建筑面积 8908.51 平方米。其中，地上建筑面积 3880.63 平方米。项目将入口处

的彩色玻璃进行调整，玻璃色带的上下穿插，顶部的高低起伏，赋予了建筑"风琴"的韵律与变化，与其他立面相呼应，更加突出了建筑的入口，增加了标识性。2022 年 7 月交付区教体局。

绿城幼儿园项目

项目位于世园街道广水

路以南，铜川路以东，用地面积 6182 平方米，总建筑面积 9324 平方米。项目地上三层，建筑面积 4919 平方米，地下一层，建筑面积 4405 平方米。截至 2022 年底，项目已建设完成，推进相关验收工作。计划 2023 年 6 月交付区教体局。

（青岛华澜发展集团有限公司）

城 市 管 理

国土空间规划

完成全域规划

2022 年，李沧区首次实现控制性规划批复全覆盖。完成李沧区铁路青岛北站及周边片区、楼山河北片区、金水路北片区 3 片区控制性规划编制及批复，其余 7 个片区控制性规划分别于 2017 年—2021 年经青岛市政府批复，实现李沧区控制性规划覆盖率 100%，批复率 100%，为全区城市更新项目落地提供法定依据。

重点片区规划设计

2022 年，李沧区编制完成世界园艺博览园及周边片区、

楼山区域南片区（青钢片区、碱厂片区）、北客站周边区域、北客站西片区城市设计成果，同步开展产业策划和经济测算，对重点低效片区形成完整的实施方案。

优化营商环境

2022 年，李沧区开展深化作风能力优化营商环境专项行动工作。按照优化营商环境总体要求，一张表申报网上办理。对重点项目确定项目管家，全程服务、压茬推进各项工作。规范建设工程告知承诺许可、项目备案审批流程。通过"图证分离""告知承诺"等形式，加快办理规划审批手续。推行新增工业用地"标准地"出让，4 宗工业用地按

照"标准地"出让模式顺利成交。持续加大批而未供、闲置土地处置力度，明确责任分工，挂牌督办批而未供和闲置地处置。

规划服务

2022 年，李沧区核发规划设计条件 22 件，核发《建设工程规划许可证》104 件，规划审批建筑面积约 540 万平方米，核发《建设用地规划许可证》20 件，审批用地面积约 53 万平方米，核发《建设工程竣工规划核实合格证》45 件，规划核实建筑面积约 310 万平方米，有力地支持了李沧区城市更新和城市建设。

（市自然资源和规划局李沧分局）

土地集约利用

土地要素保障

2022年，李沧区土地供应总量为200.12公顷，共收土地出让金91.7亿元。其中，签订划拨决定书103件，划拨面积106.8公顷，划拨土地价款3821.37万元；拍卖出让合同23件，出让面积74.4公顷，土地出让金90.39亿元；协议出让合同8件，出让面积18.85公顷，土地出让金1.32亿元。

批而未供和闲置土地处置

2022年，李沧区对全区批而未供、闲置地进行全面、系统梳理，矢量化落图绘制了《李沧区批而未供、闲置地工作手册》。市自然资源和规划局李沧分局会同区城市建设管理局等逐一实地踏勘，一地一策，拟定处置措施。在形成初步处置意见基础上，多次向区委、区政府进行专题汇报。全年批而未用土地处置54.96万平方米，闲置土地处置114.86万平方米，完成率99.3%。

农转用手续办理

2022年，李沧区编制全年成片开发实施方案，拟成片开发土地总面积186.29万平方米，涉及戴家片区、长涧片区、庄子片区、下王埠片区、毕家片区5个片区，拟实施项目12个。会同区城市建设管理局梳理了李沧区2022年需办理农转用和集体土地征收工作的地块，共计22个地块约8.34万平方米。

耕地不合理流出整改

2022年，李沧区上一年国土变更调查报国家初步成果显示，2021年耕地数据比2020年减少2.13万平方米。按照青岛市委、市政府工作部署，完成全部2.13万平方米土地开垦、外业举证和内业变更数据库工作，保质保量完成耕地不合理流出整改工作。

土地综合整治及地质灾害防治

2022年，李沧区加大耕地保护和违法问题卫片整治力度，确保土地问题整改和治理落到实处，完成自然资源部、山东省、青岛市共计339个卫片执法图斑的核查填报工作。完成9处地质灾害隐患点排查和数据更新工作，其中4处进行了工程治理。

（市自然资源和规划局李沧分局）

公用事业

市容环境建设

市政设施养护 2022年，李沧区完成重庆中路、环湾路等车行道养护维修面积约12.51万平方米，车行道灌缝约3.31万米；完成振华路、文昌路等人行道养护维修29.96万平方米，路缘石维修约9.92万米。完成无障碍设施口整治113处，盲道改

图92　2022年，李沧区完成9处地质灾害隐患点排查。图为工作人员进行道路空洞检测作业。　（区城市建设管理局供图）

造 236 处。启动重要道路两侧的夜景照明提升，对金水路、黑龙江中路两侧及居民反映热点部位的老旧亮化设施进行整治提升，以点、线带全面，实现全区夜景照明品质提升。对李村商圈锦江之星宾馆、华洋学校、联通办公楼、新华书店等 4 处楼体亮化进行修复并优化，更换灯具约 1200 套，解决了夜景照明缺失、断亮等问题。

开放式楼院卫生保洁 2022 年，李沧区对开放式楼院网格进行更新完善，共划分网格 488 个，配备保洁人员 380 人，垃圾收集人员 177 人。各街道办事处网格化进展工作采取定时检查和例会通报的方式，及时掌握全区网格化工作的各项信息，协调、督促相关单位不断落实网格化的各项工作。

"三长一站"工作 2022 年，李沧区在 11 个街道办事处全面实施"三长一站"工作，共设置站长 105 人、街巷长 333 人、区片长 126 人、楼院长 1128 人、城市治理工作站 132 个。累计巡查卫生死角、大件垃圾、古力冒溢、道路坑洼不平、私自安装地锁等城市管理问题 7216 个，解决问题 7144 个，问题办理率 99%。

洁净家园建设 2022 年，李沧区组织机关干部、社区党员、志愿者、驻区部队，开展楼院、旅游景点环境卫生集中整治，解决积存垃圾、废弃家具、枯枝杂草、公共区域种菜、违法小广告等影响居住环境的问题，累计组织 2.5 万余人开展整治活动 12 次，集中清理垃圾死角 1.2 万余处，清除各类小广告 4 万余处，清理垃圾杂物 1.6 万余吨。

供水供气供热

燃气管理 2022 年，李沧区加强辖区内燃气管理，对液化气站、加气站进行安全检查 116 家次，发现隐患 134 条，隐患已全部整改。开展联合执法，抽查各街道餐饮场所 400 余家，发现隐患 256 处。组织各部门、各街道分别开展燃气用户安全大检查大整治，全面摸清辖区内燃气非居民用户底数，逐一建档造册，逐一排查检查，发现问题，督促立即整改，及时消除隐患。

水电气热协调 2022 年，李沧区配合青岛市相关主管部门做好城区供水、供气、供热、用电工作。免费为区内管道燃气居民用户更换燃气波纹管 26.5 万条。协调解决市民生活中遇到的供水、燃气、供热、电力问题 130 余件。开展燃气、供热等安全宣传活动 20 余次，累计发放资料 6 万余份。

排水

积水点整治 2022 年，李沧区完成楼山路暗渠、四流中路暗渠、宜川路暗渠、卧龙湖暗渠、观崂路暗渠、大村河重庆路暗渠、宝龙暗渠、南庄河暗渠、观崂路东侧暗渠等清淤疏浚工作，共清淤约 7500 立方米。对枣山东路、君峰路与书院路交口处等区域实施积水点整治。

管网改造 2022 年，李沧区继续开展全区专用管线普查工作，完成湖畔雅居、百合花

图 93 2022 年，李沧区开展燃气、供热安全宣传活动。

（区城市建设管理局供图）

园等区域专用排水管网排查 150 千米。实施李村河上游老旧排水管网改造工程、李沧区东部阳台洗衣污水改造工程项目，完成金水源小区、百合花园等 20 个小区管网整治，保障河道源头水质不受污染。

城市排水联合执法 2022 年，区城市建设管理局、市生态环境局李沧分局、区综合执法局、各街道办事处形成联合执法态势，实施联合执法 52 余次，解决工业废水、建筑废水、餐饮网点污水、生活污水私接乱排问题，全区水域岸线治理得到提高。

城市环卫

道路保洁 2022 年，李沧区道路全面实施"墙到墙"保洁，果皮箱每日擦拭，垃圾随产随清。创城期间结合实际进行延时保洁，针对商圈及早夜市区域增加巡回保洁次数，做好垃圾收运工作，闭市后加大摊位摆放区域冲洗力度，确保路面干净。同时狠抓道路机械化保洁，辖区主次干道机扫每天 2 次、洒水每天 3 次、冲洗每天 1 次，同时对楼山后重污染片区洒水频次调整至每天 15 次。全区主次干道机械化保洁率均达到 100%。

公厕建设管理 2022 年，李沧区新增环卫公厕 5 座，全区共有环卫公厕 169 座。新增全天 24 小时公厕 6 座，进一步提

图 94　道路机械化保洁　　　　（区城市建设管理局供图）

升李沧区公厕管理服务水平，更大程度满足市民游客的夜间如厕需求，全区全天 24 小时开放公厕 81 座。为 22 座配有坡道的公厕喷涂无障碍标识、39 座公厕更换门帘、20 座公厕更换防滑地垫。同时公厕管理严格落实"一客一保洁"的规范保洁，提升公厕精细化管理水平。

垃圾分类 2022 年，李沧区在 11 个街道、120 个社区、348 个居民小区开展垃圾分类工作，全区垃圾分类设施基本达到全覆盖。累计设置智能垃圾回收箱 580 台，梳理分类收运路线 70 条，居民小区分类收运覆盖率 100%。规范垃圾分类投放桶点效能，截至 2022 年底，

图 95　2022 年，李沧区在 348 个居民小区开展垃圾分类工作。图为讲解员向居民讲解垃圾分类知识。　　　　（张鹰摄影）

全区新增智慧化垃圾收集点 15 个，撤桶并点 660 处。实施设施升级、示范带动，辖区 21 个小区获评全市垃圾分类五星示范小区。

河道整治养护

落实河长制

2022 年，李沧区委、区政府主要领导高度重视，多次召开专题调度会议并开展巡河调研。区级、街道级、社区级河长深入所负责河道开展巡河履职工作，及时发现并协调解决影响河道健康的突出问题。全年全区各级河长巡河 4464 次，完成河道垃圾清理、水面漂浮物、水草打捞、淤泥、河道绿化带修剪、清理 3.5 万余立方米，维修游步路道板和木栈道 1000

平方米，修复河道栏杆 800 米。2022 年 5 月 18 日，修订《李沧区全面实行河长制实施方案》，调整区级河长及区河长制办公室组成人员名单。2022 年，有区级河长 8 人，区河长制办公室成员单位 27 个；针对河道管理范围内禁止焚烧、抛撒丧葬祭奠物品相关工作增设区民政局和区市场监管局 2 个成员单位，保障河道环境卫生，共建"河畅、水清、岸绿、景美、人和"的河湖环境。

打造省级美丽幸福示范河湖

2022 年，李沧区投资 1000 余万元对李村河开展整治提升，主要对地面、台阶踏步、护栏、景观桥开展大修，增设警示牌约 140 块，实施荒废绿化补栽提升和河湖文化建设，全面搭建李村河智慧管理系统，增设

数字水文站 1 处、视频监控 70 套、水位监测 5 套、雨量水位一体化监测及补水口流量监测等设备 3 套，完善数字孪生河道、流域管网 GIS 等平台建设，所有数据资源纳入智慧管理系统，实现全线数字化、智慧化管理。李村河获评省级美丽幸福示范河湖。

（区城市建设管理局）

城市管理综合执法

执法办案

2022 年，李沧区推进行政执法责任制，结合法治政府建设，梳理涉及本部门的法治政府建设 28 项指标，依托手机执法文书系统对 2841 件行政处罚案件逐一审核。调整更新 547 项行政处罚、2 项行政强制权责清单，及时对新版行政处罚裁量基准予以发布。严格落实政府机关负责人出庭应诉制度，出庭率 100%。全年办理行政复议案件 7 件，办理行政诉讼案件 11 件，无败诉案件。组织行政处罚案件听证会 4 起，不存在通过行政手段干预司法行为。坚决落实"三项制度"。全面推进"行政执法公示制度、执法全过程记录、重大执法决定法制审核"三项制度，抓好执法装备、工作流程、审核制度三个环节，通过法律程序规范执法行为，保证行政处罚行

图 96　2022 年，李沧区推进智慧化河湖建设，李村河获评省级美丽幸福示范河湖。
（张鹰摄影）

为公平公正。严格执法资格审核。完成 133 名执法人员执法证年审工作，组织 19 名执法人员参加年审培训考试，成绩全部合格，全体执法人员全部持证上岗。

违建治理

2022 年，李沧区围绕低效片区开发利用、市政道路贯通、旧城旧村改造项目以及社区楼院乱搭乱建等项目和问题，对存量违法建筑进行全面摸排，集中解决安顺路、唐山路道路打通工程和 3 个片区改造区域内违章建筑，助力城市更新工作顺利开展。全年拆除存量违建 73.4 万平方米；拆除新生违建 40 处 2314 平方米，实现动态清零；创建无违建社区 3 个、无违建示范楼院 28 个；腾退建设用地 11.82 万平方米，腾退绿化用地 1149 平方米；拆除李家庵市场、甘泉路市场、翡翠公元改扩建等重点点位违建问题；办结违建投诉问题 799 件；摸排城市环境品质提升任务片区违法建设 289 处、17.15 万平方米，拆除 165 处、12.94 万平方米，完成 7 个片区城市环境品质提升任务；与区建设管理局密切配合，清理桥下空间乱圈乱占区域 20950 平方米，腾出面积 2475 平方米。

环境保护

2022 年，李沧区推进渣土整治，采取清运、整形、绿化等方式对 28 处渣土堆体实施整治，逐步整形消化。与李沧交警大队、交通综合执法等部门紧密协作，采取定点值守和联合检查措施，对运输撒漏、工地进出口不洁等问题追根溯源进行查处。通过建筑垃圾车辆批后监管、引导运输车辆更新换代等方式，保证运输车辆规范运行，坚决打赢"蓝天保卫战"。严格控制油烟排放。公布三批 750 处 6000 余次的餐饮禁设区点位，在禁设区域严禁新增餐饮经营店铺，已有的全部安装油烟净化设施。加强餐饮业户油烟监督检查，通过开展联合检查、发放提醒函、上门普法等形式及时纠正超标排放问题。针对拒不安装或不正常使用油烟净化设施以及超标排放行为依法进行查处。及时消除工地噪声。成立夜间执法队伍，启动应急响应机制，查处工地夜间施工扰民行为。全年查处建筑工地扬尘案件 19 起，查处运输撒漏及无证经营运输等案件 220 起，查处建筑工地噪声扰民案件 38 起。

专项行动

2022 年，李沧区广泛开展违法经营、使用燃气专项执法，对违规存放、使用燃气行为进行联网检查，切实保障市民生活生产安全；开展违法排水专项执法，保证排水管网良性运转、维护河流水体清洁；开展市政道路专项执法，及时对破坏市政设施行为进行查处，查处违法行为 60 起，保证城市部件健全；开展园林绿化专项执法，针对毁绿、占绿行为进行查处，纠正圈占、毁坏绿地等行为 224 起，恢复面积 1829 平方米，切实保护好城市"绿肺"；开展垃圾分类专项执法，查处违法投放垃圾行为 922 起，推动再生资源有效利用；开展房产物价专项执法，查处违法装修、哄抬物价和不明码标价行为，保障市民合法权益和房屋安全。

文旅执法

2022 年，李沧区扎实开展"扫黄打非"专项行动，以查缴各类非法出版物、查处侵权盗版等行为为重点，注重线上线下同步推进，有效维护辖区政治文化安全。开展"剑网"等专项行动，查处各类侵权盗版行为；开展寒暑假网吧、娱乐场所集中整治，重点查处接纳未成年人上网等违规行为；开展旅游领域执法检查，着力查处"不合理低价游"等违法行为；对全区文物保护单位进行排查，及时查处损坏文物违法违规问题。全年检查出版物经营单位 440 余家次、印刷企业 130 余家次、网吧 600 余家次、娱乐场所 170 余家次、文物保护单位 48 家次、巡查各类互联网经营单位 300 余站次、全年查办各类违法案件 24 起。

智慧城管

2022 年，李沧区健全智慧监管系统，通过无人机、监控探头、信息采集车等智能设备对违法行为实施高、中、低远程立体式监管，占路经营、违法建设、运输撒漏等违法行为的发现率、处置率明显提升。在做好重点区域监管的同时，"非现场执法"逐步延伸至建设工地扬尘、小区侵绿毁绿、卫生责任区等管理领域。优化网上办案流程，通过自主研发的"慧商助手"与"文书助手"等系统，实现法律文书全程线上办理。专业科室对办案过程全过程监管，执法更规范、更准确。升级智慧执法平台，升级智能设备的算法，场景应用更加精细、办案流程更加规范，为构建智慧执法"一屏统管"体系奠定基础。该工作系统获评山东省新型智慧城市优秀案例、2022 年青岛新型智慧城市优秀建设成果典型案例。

数字化城管

2022 年，李沧区按照青岛市城市管理监督指挥中心"大美青岛·四季采集"活动部署，根据季节特点加强对易发高发问题的采集，保证突出问题及时发现，准确上报。将全区划分为 38 个责任网格，采用"三人两格"工作模式，实现巡查范围全覆盖。明确各责任单位处置要求，定期进行催办，确保案件按期处置。区综合执法局与区新时代文明实践工作中心对接，深入开展创建全国文明典范城市排查工作，形成"排查—汇总—处置—督办"的办件体系。全年共巡查上报案件 27.99 万件，结案率 100%，转办市级案件 36098 件，结案 36096 件，结案率 99.99%。

疫情防控

2022 年，李沧区综合执法局每天安排 200 余人次参与机场、高速公路卡口、隔离点、铁路青岛北站等地点的疫情防控，累计查验车辆 50 余万辆，测温、验码 2100 万余人次，核酸检测 160 万人次，"点对点"转运隔离旅客 1.1 万人次。

城市环境综合整治

"示范街区"建设

2022 年，李沧区结合文明典范城市创建，确定标准、明确责任、加强监督，落实网格化、无缝隙巡查管控和延时执法措施，在重点路段、重点区域采用视频监控进行指挥调度。开展卫生责任区专项执法，通过提醒约谈、立案查处等方式提升沿街企业、业户责任意识。在道路两侧沿街业户中实施"两齐一入"管理，全面提升主要道路市容品质。在楼院社区依托执法工作站，与街道、社区、物业建立沟通协调机制，采取"贴身服务，现场执法"等举措，解决群众身边的问题，减少邻里纠纷，社区更加和谐、优美。全年清理地桩地锁、乱堆乱放、乱圈乱占、乱拴乱挂 2.8 万处次，完成 50 条示范路、30 个"环境秩序示范小区"创建工作，成为城区品质提升的标杆和亮点。

背街小巷整治

2022 年，李沧区在主次干道实施分级治理，在抓好主干道整治的同时，对背街小巷、老旧小区、城乡结合部等区域存在的乱贴乱画、乱搭乱建、乱堆乱放、乱倒垃圾、无证收废品等影响市容环境的突出问题进行清理。通过宣传引导、提前预防、行政处罚相结合的方式，对占路经营、露天烧烤等顽固性问题持续开展整治，实现由"突击清理"向"长效管理"的转变。在整治工作中，注重"抓住重点环节，盯住关键区域"，将临街门店、便民摊点群、早夜市及市场周边列为执法重点，定期、定时、定点进行管理规范，确保市容秩序整洁有序。排查城市边缘地带，与街道密切配合，对文昌路乱搭乱建、无证经营、环境脏乱区域和场所进行清理，取缔废品收购点、砂石销售点 10 余家，清理场地 6000 余平方米，打造

"清爽、整洁、有序"的城市环境。全年清理整治占路经营及露天烧烤行为9.7万处次，劝阻不文明养犬2309处次，捕捉流浪犬249只，城区环境品质整体提升。

乱贴乱画清理

2022年，李沧区采取"清理与处罚相结合，提醒与停机相结合"的方式治理乱贴乱画。外包公司加大对主次干道巡检密度，保证违法广告"即出即清"。发动开放楼院的社区群众、社会志愿者参与小广告清理，推进机制体制建设，打造党群共建的"翠湖模式"。执法中队加强执法取证力度，对严重违法行为坚决予以查处。全年累计清理小广告19.7万处，立案处罚147起，移送停机号码326个，"城市牛皮癣"问题得到解决。

广告牌匾提升

2022年，李沧区量身定做打造特色精品街区，按照"因地制宜、各色纷呈"设计理念，结合业户经营门类和建筑结构特点，对富锦路融创社区、惠水路伴山星河街区进行统一规划设计，打造门头招牌特色街区。开展背街小巷广告牌匾整治，坚持"应拆必拆、应改必改"原则，完成全区277条背街小巷门头招牌清理整治，拆除各类违规广告1635处、5935平方米，拆除大型广告61处3300平方米，清理LED外挑牌、横幅、招牌、立牌灯箱等1800余处。开展安全隐患大排查，对存在安全隐患的广告牌匾和破损门头进行检查维护，排查广告牌匾安全设施700余处，更换破损围挡广告画面507处，更新候车亭灯箱公益广告画面500余块。落实便民服务举措，推广使用"点靓青岛"小程序，通过网上审核、电话沟通、短信提醒等方式实施广告牌匾审批，申请人足不出户就可获得设置信息，全年完成招牌设置登记188件。

祭祀品焚烧查禁

2022年，李沧区综合执法局在清明节、中元节等传统节日，全员上岗，开展焚烧、抛洒丧葬物品专项执法。在主要道路、李村河等烧纸祭扫行为多发区域，加大管控力度，及时劝阻、纠正不文明祭祀行为。累计出动执法人员1697人次，执法车辆408车次，巡查道路2000余条次，发放宣传材料5000余份，劝阻制止焚烧祭奠物品行为1685起，立案处罚2起。

（区综合执法局）

房产管理

直管国有房屋

2022年，李沧区管理直管国有住宅734户，使用面积1.9万平方米。直管国有非住宅159处，建筑面积8.47万平方米。累计办理公房出售16291户，建筑面积80.1万平方米。其中，2022年办理公房出售25户，有直管住宅734户。完成直管国有房屋维修57处，投资97.11万元。收缴直管国有房屋租金1079.82万元。

房屋专项维修资金使用

2022年，李沧区办结商品房屋专项维修资金使用申请94宗，涉及金额164.22万元，受理商品房屋专项维修资金退款申请100宗，退款金额1021.78万元，全部报送青岛市房屋专项维修资金服务中心审核拨付。

棚户区改造房屋征收

2022年，李沧区推进棚户区改造项目未签约户清零工作，针对历史遗留项目，在相关部门的配合下，征收部门破解部分被征收居民涉及公房出售、未登记建筑认定、产权纠纷等系列难题，帮助居民完成签约工作。自2013年起，陆续启动了68个零星片区的棚户区改造房屋征收项目，共涉及被征收房屋5170套。截至2022年底，签约完成房屋5042套，未签约房屋128套，签约率97.52%。

园林绿化

山头公园建设

2022 年，李沧区完成老虎山、上臧山、坊子街山、牛毛山及烟墩山等 9 个山头公园整治，累计完成山体整治面积约 8.7 万平方米，完善座椅、垃圾桶、亮化等各类便民设施 300 余处。其中，老虎山公园建设经验做法刊发了青岛市专报，2022 年 11 月，老虎山公园建设工程获评国家优质工程奖。

口袋公园建设

2022 年，李沧区建设完成晓风湖畔口袋公园，新增市民活动场地面积 6100 平方米。根据地形地势打造独具特色的滨水林荫道 600 余米。结合公园

图98 晓风湖畔口袋公园 （区城市建设管理局供图）

适老化、适少化建设要求，增设无障碍道路及出入口，设置儿童活动场地。

城市绿道建设

2022 年，李沧区完成滨海步行道（白泥地）、世园大道绿道及李村河绿道等 3 条市级绿道环线，环湾路、楼山河及晓风湖畔等 5 条林荫路建设，新增市级绿道 7.6 千米，林荫道 4.2 千米，城区绿道体系日趋完善。

立体绿化建设

2022 年，李沧区因地制宜，全方位、无死角地实施城区立体绿化建设，先后完成铜川路、文昌路、甘泉路、河南庄山护坡等 11 处立体绿化，新增绿化面积约 2000 平方米。

裸露土地整治

2022 年，李沧区全力开展城区裸露土地整治，对环湾路、衡阳路、象耳山、黑龙江中路及东川路等 16 条主次干道及地块进行裸露土地整治，整治面

图97 环湾路林荫路 （区城市建设管理局供图）

积 5.02 万平方米，解决了土地长期裸露问题。

精细养护管理

2022 年，李沧区梳理优化设置 54 个（含竹子庵）精细化管理网格，重点做好示范路、达标路建设，全面推广绿篱地被清边分层修剪、行道树树穴裸土整治、道路绿化带断档消除、重点区域保洁人员定岗等精细化管理措施，建立了一岗双责、交通安全联络协调机制等工作模式，全面完成全区 288 条主次道路、30 余处公园广场约 1111 万平方米公共绿地、9.15 万株行道树的养护管理任务。创建广水路、清水路、青山路、金水路 4 条养护示范路，南川路、奇峰路等 16 条养护达标路，实现全区公共绿地一级养护率 100%。

物业行业管理

成立党代表工作室

2022 年，李沧区成立青岛市物业行业首个党代表工作室。以"知党情、听民意、促和谐"为宗旨，收集"急难愁盼"问题 8 条，为业主提供物业行业法律法规咨询 10 余次，协助解决居民投诉和反馈问题等 100 余件，提升为民服务精准化、

图 99　2022 年，李沧区打造红色物业家风馆。

（区城市建设管理局供图）

精细化水平。

"六个一"专项活动

2022 年，李沧区城市建设管理局开展"六个一"专项活动。即"组织物业全体员工听一次党课、开展一次业主心声大调研、开展一次业主恳谈会、组织一次小区大检查、举办一次业主开放日、为业主解决一件实事"，进一步提升物业服务管理水平，营造物业小区健康和谐氛围。开展各项活动 1756 次，参与业主约 4.1 万人次。

物业领域安全生产

2022 年，李沧区推进物业管理领域安全生产制度化、规范化和科学化，选编印制、免费发放《物业服务行业安全生产关联法规条例汇编》，向街道、社区、物业企业免费发放 2000 册，为街道、社区和物业服务企业提供便利。

红色物业家风馆

2022 年，李沧区物业行业党委与区纪委联合打造"李沧区红色物业家风馆"，以"红韵清风·致远家国"为主题，以新文化感官家风乐学馆为建设目标，文化内容层层递进，依次设置习语韵人、先贤教道、革命熏陶、承志前行、活动空间等综合板块，通过融合各种互动形式和观影学习空间，拓展文化展示，发挥家风育人作用，促进社区焕发活力，提升基层治理效能。

（区城市建设管理局）

交　　通

铁　路　运　输

运输经营

2022年，中国铁路济南局集团有限公司青岛站青岛北站（简称"铁路济南局集团青岛北站"）结合"一日一图"周末营销工作及小长假、黄金周，通过走访新老团体客户、应用电子营销地图，不断为旅客提供更高效、更快捷、更便利的服务，努力实现生产经营任务。全年走访企业247家，服务团体旅客出行67批，发售团体票2505张。发送旅客582.67万人。落实调图工作安排、交替方案、列车时刻表、站顺表及列车编组表等信息编制工作。强化生产指标分析，落实客运营销网格化管理制度，及时掌握客运市场发展动态。拓宽票额使用机制，推出大

客户定制个性化服务，保证团体旅客用票需求。结合青岛北站列车产品和各地文化旅游特色，制作新媒体"平安春运，幸福过年""冬日岁寒，情谊温暖"主题宣传文，面向社会各界，广泛推介高铁线路及热门旅游城市。

安全整治

2022年，铁路济南局集团青岛北站全面开展安全大检查和安全专项整治活动。强化重点安全风险控制。加强站台乘降组织，陆续开展站台"四排两清"专项整治和检票作业标准专项整治，强化客运扶梯安全管控。精准研判风险项和风险点，对多方向接发列车防错办、施工安全、劳动安全等工作重点管控。强化车站防火安

全控制。落实岗位防火用电、禁烟制度、消防器材排查等工作，筑牢站区防火安全体系。强化现场培训演练竞赛。从培训和演练两方面入手，开展阶段性演练，按照年度计划，每月度、季度开展各工种标准化演练，并围绕工作重点，不定期开展消防、防疫、反恐等适应性演练，提升职工应急处置水平。

品牌服务

2022年，铁路济南局集团青岛北站坚持以服务旅客为中心，注重服务质量提升，优化站长热线处置流程，严格落实"十字文明用语"等文明礼仪规范，做好遗失品查找登记、重点旅客服务联系及求助投诉处理等工作。全年受理旅客遗失

物品 1.5 万余件，接待重点旅客预约 7000 余人，受理旅客求助工单 600 余件、投诉工单 120 余件，收到表扬信、锦旗等 270 余件。全渠道开展"银发服务"，推进无障碍硬件改造，完善急客及老年人爱心通道服务，为重点旅客提供优先进站、便利出站，以及轮椅、担架等"一条龙"服务。结合现场作业特点，推出服务编码编制核对项目。在东进站广场处增设重点旅客接送点，通过核对服务编码、固定接送地点，有效杜绝重点旅客错接、漏接问题发生。提高商务座服务水平，制定《青岛北站商务座服务手册》《青岛北站商务座管理实施细则》《青岛北站商务座卫生清理及考核办法》等，明确商务座岗位职责、服务流程、作业标准和卫生标准。邀请商务礼仪专家进授服务礼仪，组织人员体验商务座服务流程，不断提高商务座服务人员综合素质。

综合管理

2022 年，铁路济南局集团青岛北站加强设备设施基础管理。结合设备、环境、修管变化，动态修订设备设施的修管用制度，开展客运设备设施排查整治，畅通维保沟通渠道，健全维保监督监管机制，规范日常操作和故障处置流程。规范卫生环境网格化管理，改善旅客

图 100　铁路青岛北站远景　　　　（张鹰摄影）

出行体验。制定站区卫生保洁网格化管理办法，明确工作中的责任、内容、要求、流程和考核规定，开展厕所卫生专项整治和卫生环境专项提升活动，不断提升保洁品质，美化旅客候乘环境。规范站区施工管理，强化安全管控。完善施工计划初审与提报；健全施工预备会及新建项目验收制度；规范日施工计划的发布，强化施工过程的安全管理与关键点的盯控；完善施工管理各类簿册及填记，落实施工问题整改。

（铁路济南局集团青岛北站）

周边区域管理

概况

2022 年，青岛火车北站周边区域管理办公室（简称"火车北站管理办"）落实首站负责

制，全力以赴打赢疫情防控阻击战，将铁路济南局集团青岛北站作为外防输入的"第一关口"，注重提升防疫智能化水平，启动"落地检"核酸检测，守好青岛"北大门"。80 余名党员组成的战"疫"突击队战斗在一线，每天从凌晨 4 点 30 分工作到夜间 23 点 30 分。累计查验进出站旅客 1170 万余人次，"点对点"转运疫情重点地区入青返青人员 1.1 万余人次，"落地检"核酸检测 170 万余人次，疫情防控经验做法在《青岛市委统筹疫情防控和经济运行工作领导小组（指挥部）疫情防控专报》（第 147 期）刊发，为全市打赢疫情防控攻坚战提供了有力保障。

"数字化"防疫

2022 年，区火车北站管理办为提升防疫智能化水平，在铁路济南局集团青岛北站 A2、

B2出站口共安装了20台扫码、测温一体化闸机，将人脸识别测温、健康码（场所码）核验等防疫措施一并兼容，旅客通过扫健康码、场所码或者刷身份证最多2秒就可快速出站，用时短，满足了对入青返青人员测温、验码等防疫要求，同时实现人、证、码"三合一"验证，解决了老年人、非智能手机"亮码"的难题。启用后共拦截体温、健康码（场所码）异常人员2942人次，疫情防控精准、安全、高效、便捷，健康码查验精准度和通行效率极大提升。铁路济南局集团青岛北站作为全市首家试点单位，经验做法在全市推广应用。优化疫情重点地区入青返青人员排查核验流程，在出站缓冲区内设立10个区市转运等候区、4个重点地区入返人员和"红黄码"人员转运专区、出站旅客和社会通道人员交互分流卡口，不断提升客流通行效率。在出

站口、转运专区等醒目位置设置标示标语、喇叭广播，施划"一米线"，告知有重点地区旅居史的入青返青乘客主动申报，提醒入返人员保持一米线距离、戴好口罩，最大限度保障规范有序、安全高效。

启动"落地检"

2022年，区火车北站管理办提前完成隔离护栏、办公用房等硬件设施建设，设置50台高清摄像机（星光级）便于流调溯源，实现"落地必检"全覆盖，保证铁路济南局集团青岛北站"落地检"工作正常运转。组建3支工作队伍，其中，核酸检测队伍120人，主要负责核酸检测相关工作；安保引导队伍105人，主要负责"落地检"秩序管理、甄别登记、协调转运工作；公安队伍83人，主要负责测温、查验出站乘客行程码和场所码（健康码）。3支队伍实行"三班倒"或"四班倒"

工作制。2022年8月26日，铁路济南局集团青岛北站正式启动"落地检"工作，是全市首个执行"落地检"任务的火车站。至2022年12月4日结束，累计开展检测工作101天、检测170万人次，平均每天约1.68万人次，单日最高4万人次。

"四位一体+"联合执法

2022年，区火车北站管理办进一步完善公安、交警、交通执法、综合执法"四位一体+"联合执法模式，开展交通秩序、营运秩序、市容秩序、治安秩序等专项整治行动，重点整治"黑车"拉客、网约车乱停车、出租车溢出蓄车区等违法行为，全年共查处各类违法行为1.5万余起。协调交警部门在铁路济南局集团青岛北站东广场站前路北段等"黑车"、网约车乱停放比较突出的部位设置锥形帽、护栏等硬隔离，杜绝乱停车现象。发挥"信息处置中心"智能化管理信息系统优势，将120余辆重点嫌疑车辆录入车辆识别系统，及时预警，精准查处。协调地下、地上停车场管理方，将36辆非法营运的网约车、"黑车"名单录入自动泊车系统，消除管理盲区。会同各执法部门在站前路、地下通道、进出站口等重点路段和重点部位设立固定岗8个，带班领导"一日两巡查"，队员不定期巡查。协调交通执法五

图101　2022年8月26日，铁路青岛北站成为全市首个执行"落地检"任务的火车站。　　　　（区火车北站管理办供图）

大队和执法中队增加执法力量，开展错时执法，加强对站前路、地下通道出口、地下出站口、社会停车场及辖区周边路段的巡查，发挥"四位一体＋"联合执法和网格化管理工作机制管理优势，保持对违法运营行为的高压态势，打造文明有序的示范窗口形象。

服务重点项目

2022 年，区火车北站管理办坚持服务到位、协调到位、监管到位"三个到位"，全力保障火车北站核心区 TOD 综合开发项目顺利施工。组织召开由火车北站 TOD 建设施工方、青岛海创开发建设投资运营有限公司、区火车北站管理办各执法部门参加的建设前期工作联席会议，提前告知防疫、施工、

运输、安全生产等方面法律法规和要求。建立 TOD 建设联络员微信工作群，及时解决施工企业遇到的核酸检测、接种疫苗等疫情防控和施工建设方面的诸多困难和问题，不断提高服务、协调和监管工作效率和水平。规范施工建设和工地管理，加大巡查、检查力度，对施工车辆车轮带泥上路、撒漏污染路面、未办合法手续开掘路面和破坏树木绿地等违法行为进行处罚。

应急处置

2022 年，区火车北站管理办进一步完善防台风、防风暴潮、防洪涝、夜间列车晚点等紧急疏散乘客应急处置预案，常年常备一支由公安、交警、交通执法、综合执法等部门执

法人员组成的 90 人应急队伍，全天 24 小时备勤，定期开展应急拉练、应急处突演练，科学应对因强降雨滞留旅客疏散等各类突发事件。针对 2022 年 6 月 26 日受暴雨影响部分列车晚点问题，区火车北站管理办迅速启动防汛和突发事件应急预案，组织综合执法、交通执法、公安、交警等部门 90 人的应急队伍到岗到位。通过铁路济南局集团青岛北站应急工作群，协调青岛市交通运输部门临时调派 13 辆公交车待命，通过出租车管理群、网约车平台系统告知附近巡游出租车和网约车赶赴接送旅客，组织综合执法中队在东广场出站口设置临时补给点，为乘客免费发放矿泉水、方便面，安抚乘客情绪。

（区火车北站管理办）

公　路　运　输

概　况

交运集团有限公司青岛汽车总站青岛沧口长途汽车站（简称"沧口汽车站"）隶属于交运集团有限公司，为交运集团有限公司青岛汽车总站下属二级站。位于重庆中路 513

号。始建于 1993 年，2003 年车站进行规模扩建后，占地面积 8772.61 平方米。其中，候车大厅约 735.3 平方米，可容纳 1000 余名旅客，站前广场约 350 平方米，站内停车场约 7700 平方米，可停放车辆 50 余辆。车站设有 5 个人工售票窗口，2019 年实现智慧车站，设立自

助售票机 3 台，联网式自助检票闸机 3 台，打造智慧化管理、智慧化出行、智慧化车站。车站紧邻进出青岛市区的交通主干道重庆中路，东、西各临大、中、小学及高等院校 10 余所，商场、市场、企事业单位及居民区等人流密集遍布，是李沧区交通运输重要枢纽中心。

主营业务拓展

沧口汽车站多次进行规模扩建、整修，将原来功能单一的候车室改造成宽敞明亮的多功能候车大厅，对站内发车场地进行路面硬化，对外观进行重新美化，相继实现售票、自助售票、实名制验票、检票及调度系统由集团统一调度管理的信息联网管理模式。车站除主营省、市、县际班线客运业务外，还设有包车、速递、旅游、商贸等多元化经营模式，是集旅客运输、旅游包车、商贸营销、小件快递于一体的综合性客运场站，是对社会开放的公用型车站。候车大厅内设有候车区、重点旅客候车室、客服中心、电子显示屏、语音广播系统、卫生间等先进基础设施。营运线路流向覆盖全省及河北省、河南省、安徽省、湖南省、山西省、江苏省等地，营运方式主要以过路班车进站配客为主。2022年发送旅客量约11.53万人次。日常业务开展中，车站承接大型会议包车、团体包车、学生、外来务工返乡包车、散客旅游包车定制专车以及企事业单位班车等客运业务。

特色品牌打造

2022年，沧口汽车站职工代表分别于春节、国庆节等节日到"空巢老人"家中送温暖；组织单位党员到虎山路街道COCO蜜城、保利·中央公园、虎山花苑及振华街道振华苑等社区开展党建宣传、志愿服务及商贸营销、产品地推等活动；开展"红色党建"活动，带领客人参观中国人民解放军海军博物馆、胶州大沽河博物馆、孟良崮战役纪念馆等红色景点。

服务质量提升

2022年，沧口汽车站共接收交运集团客服中心客户转办单共计24件，其中责任投诉0件，建议11件，转办单办结率100%，处理结果实现顾客满意度100%。通过加强对职工服务质量等方面的培训，提升职工服务意识，提高职工服务质量，全年客户转办单数量比上一年同期有所下降。

公路运营安全

2022年，沧口汽车站按照年度培训计划定期开展全员安全生产教育培训，开展驾驶员安全教育培训，提高全体职工的安全生产意识；定期开展安全隐患排查，建立风险管控及隐患排查治理台账，及时消除安全隐患；定期开展应急演练，切实提高干部职工的应急处置能力。

（沧口汽车站）

图102　2022年，沧口汽车站不断提升服务质量，提高群众满意度。　　　　　　　　（沧口汽车站供图）

社 会 事 业

教 育

综 述

教育信息化

2022 年，李沧区教育和体育局（简称"区教体局"）推进全区智慧教育建设。完成中小学、幼儿园"班班通"和办公计算机等设备的更新。继续推进"学生护眼工程"，对山东省青岛第四十九中学等 20 所学校教室灯光照明进行了升级改造。完成李沧区云平台与青岛市"e 平台"的账号打通，实现了一站登陆。统筹建设了李沧区精准教学云平台，为 10 所学校配备人工智能实验室。推广国家中小学智慧教育云平台，全区中小学 100% 开设人工智能课程，完成全区六、七年级人

工智能与信息素养测评。组织 2022 年李沧区中小学生信息技术与人工智能联赛活动，设置 8 个大项目、24 个小项目，全区超过 2000 名中小学生参加区级竞赛，1725 人次在区级比赛中获奖，49 所学校获团体奖。青岛广水路小学被教育部教育装备研究与发展中心评为"中小学生阅读素养·人文素养及影视戏剧教育项目实验校"，学校相关案例获评全国第二届书香校园阅读教育教学成果交流活动优秀案例。青岛虎山路小学关于全国中小学智慧教育平台使用的相关稿件被互联网教育国家工程实验室公众号推广。

素质教育

全环境育人 2022 年，李沧区推进学校特色发展、精致

管理、品质立校，开展"每校一品牌、每月一主题、每生一社团"德育模式建设，不断完善中小学德育工作长效机制。印发《李沧区教育和体育局实施强德固本行动推进中小学美德教育实施方案》，全面提高中小学德育工作水平。中小学思政德育工作项目获评青岛市第七届教育改革优秀成果。青岛市李沧区实验小学获评山东省首批红色文化教育示范校；青岛明心学校等 2 所学校获评市级文明校园、青岛崇礼小学获评区级文明校园；新增青岛沧口学校等 2 所青岛市五星级阳光校园，青岛永和路小学等 2 所青岛市四星级阳光校园，青岛崇礼小学获评青岛市三星级阳光校园；青岛书院路小学等 10 所学校获评青岛市校园文化建设示范校，青岛文昌路小学

图103　2022年，李沧区开展"每校一品牌、每月一主题、每生一社团"德育模式建设。图为东川路小学"布言布语"社团。

（区教体局供图）

等32所学校获评李沧区校园文化建设示范校，山东省青岛第六十一中学等2所学校获评青岛市中小学心理健康教育示范校，青岛大枣园小学等6所学校获评青岛市心理健康优秀校；山东省青岛第六十三中学等5所学校获评青岛市人工智能示范校，山东省青岛第六十二中学等18所学校获评青岛市促进中小学生全面发展"十个一"项目示范学校；青岛永平路小学等5所学校获评青岛市体教融合示范学校，青岛永平路小学等6所学校获评青岛市中小学健康校园，青岛弘德小学等6所学校获评青岛市中小学示范卫生（保健）室；青岛市第二实验小学等4所学校获评2022年青岛市中小学优秀德育品牌。2名学生获评青岛市"新时代好少年"，60名学生获评李沧区"新时代好少年"，221名

学生获评李沧区优秀学生，118名学生获评李沧区优秀学生干部，34个班级获评李沧区优秀班集体。

劳动教育　2022年，李沧区从劳动教育核心素养出发，创建了学校、基地和社会的劳动教育共同体，探索区域劳动教育新模式。青岛市广播电视台《教育新闻》播出李沧区劳动教育专题报道。青岛东川路小学的劳动课程获评山东省教育科学研究院劳动教育优秀课程。

海洋教育　2022年，李沧区加强青岛市高水平海洋教育特色学校建设，开展科学探究、社会实践、海洋研学等研究性学习活动，丰富学生海洋知识，提升海洋教育成效。

中小学"寻标对标"工作　2022年，李沧区中小学"寻标对标"工作参与率100%。全区中小学对标全国20余个城市近100所知名学校，通过"线上、线下双模式"沟通形式，在学校管理、教学模式、课程体系等多方面深度交流，助推学校

图104　2022年，李沧区加强素质教育，助推多元发展。图为青岛市第二实验小学同学开展"一米田园"活动。（区教体局供图）

教育品质发展。

多彩教育 2022 年，李沧区实施全面育人，助推多元发展。推进青岛市"十个一"项目，培育学校品牌特色，青岛市第二实验小学等 7 所学校获评青岛市"十个一"示范校。开展"普及＋专项"的艺术培养模式，以课程教学、社团活动和课余训练为载体，坚持以美育人、以美化人、以美培元，持续打造艺术精品赛事，为学生提供展示平台。举办李沧区第二十四届中小学艺术节合唱、戏剧朗诵（戏曲）等 4 项展演活动，参与队伍 100 余支、学生 4000 余人次。承办青岛市戏剧朗诵（戏曲）展演等活动。在国家和山东省、青岛市中小学生艺术节各项展演活动中，青岛市李沧区青少年发展中心获评全国一等奖，青岛市李沧区实验小学等 2 所学校获评山东省二等奖，青岛虎山路小学等 8 支队伍获评青岛市一等奖。青岛王埠小学等 4 所学校的朗诵社团被命名为青岛市中小学生朗诵社团，青岛东川路小学等 2 所学校的戏剧社团被命名为青岛市中小学生戏剧社团。

科技教育 2022 年，李沧区加强科技教育学科融合，构建多元化科技校本课程体系。加强区、校两级科技队伍建设，形成横向联合、纵向联动的专业科技辅导员队伍。坚持普及与竞赛并举，开展线上、线下

图 105　2022 年，李沧区开展"普及＋专项"的艺术培养模式，为学生提供展示平台。　　　　　　　　（区教体局供图）

融合科普体验活动。全区中小学学生在市级以上各项活动中获个人奖项 600 余项，团体奖 20 余项。

教学研究

教师队伍建设 2022 年，李沧区通过课标学习、课例打磨，提升教师专业素养。全年共有 7 名教师代表青岛市参加山东省优质课比赛。在青岛市优质课比赛活动中，全区 23 人获一等奖，31 人获二等奖，18 人获三等奖；共进行市级公开课 45 节，市级教学交流课 23 节，市级名师开放课 21 节，市级经验交流 39 次。青岛市"一师一优课"比赛共有 157 名教师参赛，53 人获一等奖，48 人获二等奖，56 人获三等奖。青岛市命题大赛共有 28 个学科团队参赛，6 个团队获评一等奖，9 个团队获评二等奖，13 个团队获

评三等奖。青岛市教学成果评选中，全区共获评一等奖 1 项、二等奖 6 项。

联合教研模式 2022 年，李沧区实行"教研员＋联系学校＋全区＋跨区"教研模式，突出教学深度教研，进行经验推广，落实大集备和单元集备活动，促进教师队伍共同成长。本年度各学科教研员共听课 3000 余节，与教研组、集备组交流 1000 余次，推动了薄弱学校、薄弱学科的发展。依托第五届教学节组织"新课标大讲堂"活动，教研员和学校干部带头宣讲课标，深化教研员、学校干部、教师对新课程方案和新课标的把握与理解，提升教研员和学校干部指导教学实践的专业能力。组织开展中考备考交流会，编制了学科复习指导、学科学习方法指导的相关资料，对各校学生进行有效

图106　2022年，李沧区加强教师队伍建设。图为宾川路小学教师参加成长力课程。
（区教体局供图）

指导。各区片组织活动28次。李沧区升入普通高中学生数量实现倍增，中考各项数据位居市区前列。

教育科研

2022年，李沧区优化管理机制，提升研究水平和服务水平，推动学习型教师队伍建设水平提高。本年度各级规划课题立项水平进一步提升，4项课题立项为山东省教育科学"十四五"规划课题，1项课题立项为山东省教育教学研究课题，20项课题立项为青岛市教育科学"十四五"规划课题，数量居山东省、青岛市前列。全年有1项省级规划课题、1项省级教学课题、20项市级规划课题、44项区级规划课题均一次性通过鉴定，顺利结题。在2022年青岛市教育科研优

秀成果奖评选中，全区获奖数量共有9项。其中，青岛李沧区实验初级中学等2个单位的研究团队获一等奖，青岛弘德小学等7个单位的研究团队获二等奖。组织第十届区教师小课题优秀成果认定工作，82项小课题优秀成果获奖。建立教师小课题优秀成果资源库，促进成果在学校和教师层面的及时转化。继续推行科研"滴灌式服务"，采用线上、线下结合的方式为全区中小学、幼儿园、校外机构、科室教师进行"一对一"科研指导服务。强化教科研精准培训。组织全区结题培训指导会，通过线上直播，受益教师约3000余人；为全区公办中小学、幼儿园教师配备了知网学习资源；派出5名教师参加青岛市教育科研访学研修培训。对青岛市教育学

会课题与各级规划课题进行一体化管理，保证学会课题的研究质量。

教师队伍建设

公开招聘　2022年，区教体局共招聘、安置教师及家属148人。其中，招聘中小学在编教师68人，控制总量幼儿教师79人，安置随军家属1人。2人获评市级"最美教师"，5人获评市级"教书育人楷模"，10人获评区级"最美教师"，10人获评区级"教书育人楷模"，10人获评区级"师德标兵"，40人获评区级"师德工作先进个人"。

教师队伍管理　2022年，李沧区推进中小学教职工编制核定及岗位设置工作。开展山东省编制实名制登记工作，做好事业单位法人年检工作。重新核准编制库，重新对中小学、幼儿园设岗，将幼儿园编制进行合设。继续推进中小学教师交流工作，对符合条件的238名教师进行区内交流，交流比例占符合条件教师的16.7%，其中骨干教师133名，占交流教师总数的55.88%。

教师支教工作　2022年，李沧区全面深化东西部协作、落实做好东西部对口交流和教师支教工作。完成消费协作31万余元，推选6所学校与甘肃省陇南市康县的学校达成结对协议，协调结对学校开展办学思想、课程体系建设交流、送

教援教、帮困助学等活动，共捐赠物资价值9万余元。接待甘肃省定西市48名骨干教师到青交流学习，分学段在10所学校、幼儿园培训体悟两周。选派3名骨干教师到陇南市康县支教，10名骨干教师到即墨区支教，11名骨干教师到胶州市支教，10名骨干教师到西海岸新区支教，2名骨干教师到菏泽市单县支教，4名骨干校长到即墨区、胶州市、西海岸新区支教，带去先进理念和教学方法，协助开展教师培训。

教师专业发展 2022年，李沧区完成国家智慧教育平台教师暑期研修、寒假研修、心理健康教师专项研修，完成山东省"互联网＋教师专业发展"、信息技术应用能力提升工程2.0等项目的研修。开展分类培训，实施多元培训路径，线上与线下相融合。开展第二期"李沧名师"培养工程，做好新教师跟踪培养和骨干教师进阶式培训，支持教师持续提升，构建教师发展的良好生态。规范教师培训学分登记管理，全年共建立区级学分项目近300项，中小学、幼儿园学分项目400余项，办理学分平台调动400余人。

名师、名班主任工作室 2022年，李沧区发挥名师、名班主任工作室辐射带动作用。研究制订了《李沧区名班主任培养工程实施方案》。全区共有省级名班主任工作室1个、市级名

图107　2022年6月21日，青岛市第二实验小学开展水上安全及防溺水安全讲座。　　　　　（区教体局供图）

师工作室5个、市级名班主任工作室1个、区级名师工作室19个、校级名师工作室177个。34人纳入李沧区名班主任培训工程，推选6人参评青岛市名班主任，2人参评齐鲁名班主任，实现名班主任队伍提量升级。全区6人获评青岛市优秀德育工作者，12人获评青岛市优秀班主任，44人获评李沧区优秀班主任；在2022年青岛市班主任优质课评选中，1人获评一等奖，3人获评二等奖，3人获评三等奖。

学校安全

2022年，李沧区持续强化校园安全稳定工作，立足学校"大安全"格局，强化日常监督检查指导，加大整治力度，着力解决影响校园安全的突出问题。全面统筹协调校园安全、心理安全、意识形态安全、食

品安全、燃气安全、网络及危化品安全等15个领域141项重点工作，将重点工作的自查标准汇编成《学校安全工作手册》，发放给全区中小学、幼儿园。为全区局属小学免费配发小黄帽，确保上下学期间的学生安全。联合交警部门，为近20所校门口交通环境复杂的学校配备、增设交通设施，综合治理周边拥堵情况。

教育督导

2022年，李沧区以教育优质均衡发展为主线，探索推进教育优先发展机制保障。扎实开展政府履行教育职责评价，坚持问题导向，紧盯问题整改。做好义务教育教师平均工资"不低于"公务员的落实工作。做好义务教育优质发展区和学前教育普及普惠区创建各项工作。进一步完善中小学幼

儿园综合考核内容，增强考核实效。完善挂牌督导管理办法，强化结果运用，提升为学校发展服务能力和水平，全面提高教育督导对学校工作监督指导效能。

教育宣传

2022年，李沧区围绕全区教育重点工作，发挥"李沧教育"微信公众号、抖音、微博、头条等新媒体平台作用，全年发布信息1400余条。"李沧教育"微信公众号获评山东教育融媒体联盟TOP100优秀账号。加大教学质量提升、优质办学、社会体育等方面宣传力度，在主流媒体和广播电视宣传近100次。多条信息被上级部门采用，撰写舆情信息1000余篇。区教体局被评为舆情信息工作先进单位。

家校合作

2022年，李沧区构建"家、校、社协同育人"格局。组织开展班主任家庭教育指导能力等专题培训4次。选拔16名优秀干部、教师成立区家庭教育工作项目组，进驻全区中小学开展班主任家庭教育指导能力专题培训，受训人数2651人。完成民意调查反馈意见梳理，研究确定解决方案，在规定时间内予以反馈，确保问题处置闭环管理。建立校长、中层、班主任三级响应机制，组织开展"三长见面会""校长直通车"活动。落实"3211"家访工作机制和重点任务，校级干部、党员教师、班主任及班级管理团队带头家访，任课教师全员参与。丰富家校沟通形式，健全灵活多样的沟通内容，针对有问题诉求的家长开展回访，做到"访到家""访到心"。区教体局等3所单位在青岛市教育局提升满意度工作调度会中作经验交流。开展"爱塑未来"常态化家长课程普及行动，邀请泰山学院专家团队为全区家长进行专题讲座，参训人数约2.4万人次。成立"全环境立德树人"宣讲团，组织开展"笑脸征集代言李沧""校长向家长和社会述职"等活动。加强与街道、企业协调联动，推动多方共联、资源共享、协同共治，构建"家、校、社协同育人"的大教育格局。

语言文字

2022年，李沧区调整区级语言文字工作委员会，为全区语言文字工作开展奠定组织基础。全区共开展206场"我们的节日"经典诵读活动，通过诵读写、讲演画、亲手做等形式，引导学生们感知和喜爱中华传统文化。组织全区参加山东省、青岛市语言文字重点项目和活动，共获得省级奖项16项。青岛王埠小学获评山东省诵吟特色校，山东省青岛第六十三中学获评山东省书香校园。

团队工作

2022年，李沧区中小学开展"喜迎二十大，争做好队员"等主题团队教育活动，承办青岛市"清明祭英烈"活动、"好书伴成长"读书活动启动仪式、"喜迎二十大争做好队员"建队日活动。优化组织基础建设，开展分批入队、创建先锋中队、红领巾争章等活动。区教体局在全国少先队社会化工作推进会上作典型发言；参与全国《少先队活动课程指导纲要》编写工作。推出5期"学习党的二十大精神"专题宣讲。青岛虎山路小学获评青岛市雷锋学校，青岛四流中路第三小学获评青岛市雷锋中队，青岛书院路小学获评青岛市优秀大队，青岛王埠小学获评青岛市优秀中队；区教体局毕晓琳等2名辅导员获评青岛市优秀辅导员；山东省青岛第三十三中学徐瑞斌获评全国优秀少先队队员，青岛重庆中路第一小学王泽瑜等2名队员获评青岛市优秀少先队队员。在青岛市少先队辅导员技能大赛暨风采展示中，青岛重庆中路第一小学辅导员秦萌获评一等奖，青岛沧口学校孙萌等2名辅导员获评二等奖；1名辅导员参加全国优质校外少先队活动课展示交流比赛。新发展初中共青团员1336人。6人获评青岛市优秀共青团员，1人获评青岛市优秀团干部。区教体局获评青岛市"五四红旗团委"，青岛沧口学校获评青岛市"五四红旗团支部"。各项活动信息被《中国辅导员》《全国少工委》《红领巾集结号》《少先队杂志》等报道112篇。

（区教体局）

基础教育

学前教育

加大学前教育经费投入 2022年，李沧区学前教育经费占财政性教育经费的10.83%，对在园的残疾幼儿、孤儿、户籍内家庭经济困难幼儿予以免保教费补助127人次，补助资金11.66万元。

推进公办园建设 2022年，李沧区新增公办幼儿园分园4处，分别为青岛市李沧区实验幼儿园沐川园、青岛市李沧区青峰路幼儿园汉川园、青岛市李沧区君峰路幼儿园天水园、青岛市李沧区青山路幼儿园教学点；增加公办学位1000余个，公办率达到50%。普惠覆盖面持续扩增，新增青岛市李沧区阿童木幼儿园、李沧区花果山家庭幼儿班2处普惠性民办幼儿园，新增普惠性民办学位160余个。全区普惠性民办幼儿园达到51所（56个园区），普惠率达到95%以上。

建立联盟办园模式 2022年，李沧区建立了七种联盟办

图108　2022年4月20日，区教体局组织学前教育科、教研室与小学校长参与衡水路幼儿园大班集体教学活动。（区教体局供图）

园模式，联盟办园参与率全覆盖。通过联盟办园资源共享，带动18处省一类幼儿园通过省示范幼儿园验收、16处省二类幼儿园通过省一类幼儿园验收。截至2022年底，全区共有山东省、青岛市示范类幼儿园85处，占3个班以上幼儿园总数的96%，优质率稳步提升。

开展幼小科学衔接工程 2022年，李沧区出台《李沧区幼小衔接行政教研双向推进制度》《李沧区幼小衔接联合教研制度》，形成"行政＋教研"的研究模式，指导各幼儿园抓住幼小衔接关键期，家园校统筹联动，三方共育，形成幼小衔接教育合力。聚焦游戏研究，发挥新建园多、游戏空间广的本土优势，依托11个省市的游戏研究园，打造"童真游戏"游戏品牌，建设"特色游戏板块"，向社会推荐游戏视频近

260个，带动家庭陪同幼儿走进童真游戏，培养乐玩、慧玩、趣玩的李沧娃。

重视教师成长 2022年，李沧区以教研促教师专业成长。在青岛市优质课比赛中，全区4人获一等奖，4人获二等奖，3人获三等奖；18名教师进行市级公开课、名师开放课、交流课展示；在青岛市"一师一优课"评选中，7人获一等奖，8人获二等奖，9人获三等奖；1名教师在省级"幼小科学衔接"研讨会中做经验交流，2名教师在市级研讨会中作经验交流。青岛市李沧区永安路幼儿园等2所幼儿园被确定为青岛市学前教育教研基地园。3个主题案例入选《青岛市幼儿园入学准备教育主题课程案例汇编》。

义务教育

完善财政性教育经费投入

机制 2022 年，李沧区进一步落实教育投入保障政策。中小学生均公用经费拨付标准分别为 1500 元和 1300 元。落实教育惠民政策，为一、三、五、七、八年级学生免费配发校服，为全区中小学生免费配发作业本。完成青岛沧海路小学、青岛金水路小学扩建。完成青岛秀峰路小学、青岛君峰路中学、青岛李沧区实验初级中学北校区、青岛虎山路第二小学等 6 所学校的建设并投入使用。对 14 所学校的校舍、操场进行维修改造。对 47 所学校 87 栋校舍进行防雷检测。

升级课后服务 2022 年，李沧区中小学全面推行课后服务"5+2"模式，各学校结合各自实际和学校办学特色，全面开展"四段式"课后服务，采取"基本服务 + 特色辅助"形式，为学生提供丰富多彩的课后服务课程。公办初中九年级全面启动晚自习服务，有需求的学生 100% 参与。青岛宾川路小学等 3 所学校的课后服务工作案例分别获评青岛市中小学校内减负"三大革命"研究创新案例和青岛市中小学校内减负第三批典型案例。

推进融合教育 2022 年，李沧区立足"提升支持保障体系、提升课题引领攻关、提升分层指导路径、提升关爱教育模式、提升家校沟通合作"五提升融合，保障残疾儿童少年平等接受义务教育的权利。李沧区获评山东省第二批残疾儿童随班就读示范区。

推进集团化办学 2022 年，李沧区坚持外引提质，相继引入山东省青岛第二中学、山东省青岛实验初级中学、山东省青岛第五十八中学等市级优质学校资源，促进新建校高起点、高质量发展。坚持内育扩优，加大区域内优质资源培植力度，全区有教育集团 7 个，实行"一长多校"办学模式，在新校管理、教育科研、教育教学等方面深入合作，推进区域内优质教育资源更加均衡。

推进教育国际化 2022 年，李沧区 9 所中外人文交流特色学校参与项目研究工作。借助特色节日、社团课程、校园特色宣传周（节）等，创新性开展国际人文交流活动，拓展师生的国际视野和国际化素养，不断提升学校国际化水平。青岛市第二实验小学的课例和论文在 2022 年青岛市中外人文交流资源征集活动中分别获一等奖、二等奖。

（区教体局）

表7 2022 年李沧区幼儿园基本情况表

序号	教育教学机构名称	负责人	班数	幼儿数	地 址	联系电话
1	青岛市李沧区永宁路幼儿园	张 花	18	661	四流中路 113 号、沧台路 16 号	84632428
2	青岛市李沧区永安路幼儿园	朱咏梅	41	1472	安新路 7 号、灵川路 10 号、大同北路 22 号、汾阳路 28 号	84611587
3	青岛市李沧区夏庄路幼儿园	马雪梅	49	1842	夏庄路 97 号、青山路 629 号、金水路 805 号、大崂路 1011 号	87896207
4	青岛市李沧区实验幼儿园	侯 琛	16	501	邢台路 51 号、沐川路 16 号	84633162
5	青岛市李沧区青峰路幼儿园	朱 琳	52	1838	青峰路 74 号、九水东路 195 号、文昌路 378 号、汉川路 798 号	87896741
6	青岛市李沧区君峰路幼儿园	王 开	19	670	少山路 102 号、滨河路 1571 号、天水路 871 号	87896602

（续表）

序号	教育教学机构名称	负责人	班数	幼儿数	地　址	联系电话
7	李沧区天鹅幼儿园	李　毅	11	384	青峰路 68 号	87899292
8	青岛海湾实业幼儿园	王岩立	7	208	唐山路 91 号	84686301
9	海军航空大学青岛校区幼儿园	梅　红	7	208	四流中路 2 号	51833348
10	海军 92635 部队幼儿园	郑　伟	3	89	四流中路 1 号	51851070
11	李沧区雅荷幼儿园	马瑞平	7	173	邢台路 11-19 号	88793152
12	李沧区育才幼儿园	薛芝君	7	198	九水东路 369 号	84670123
13	青岛雅思贝尔幼儿园	张静静	17	401	延寿宫路 77 号、金水路伟东幸福之城 B 区	87601180
14	李沧区皮卡丘馨苑幼儿园	蔡　蔚	7	212	金水路 751 号	87689166
15	李沧区小红帆幼儿园	王　静	7	181	金水路 1057 号	87977791
16	李沧区戈戈幼儿园	顾　群	7	209	重庆中路 412 号	84667444
17	李沧区智慧树幼儿园	张　娣	7	209	延寿宫路 68 号、黑龙江中路 852 号	66871177
18	李沧区阳光苗苗幼儿园	矫伟宏	8	238	正定三路 21 号	84676769
19	李沧区海之星幼儿园	马　晶	10	325	四流中路 187 号翠海宜居小区内	84672516
20	青岛恒星学院幼儿园	王　会	8	147	九水路 588 号	86667001
21	青岛市李沧区大枣园幼儿园	陈艳萍	2	36	大枣园社区 1157 号	87655792
22	李沧区东方蓓蕾幼儿园	刘将将	9	269	兴义支路 9 号	86056981
23	青岛市李沧区百合幼儿园	刘秀琴	9	279	宜川路 33 号	68985277
24	李沧区石沟社区幼儿园	孙秀娟	5	154	大枣园社区 1237 号	84830292
25	青岛市李沧区黄海幼儿园	曹国红	9	274	升平路 45 号	84651276
26	李沧区曲哥庄幼儿园	朱桂珍	2	53	书院路 257 号	13573809769
27	李沧区海贝儿尚风尚水幼儿园	袁　璐	7	178	金水路 1575 号	66087888
28	李沧区达翁幼儿园	潘　军	4	107	书院路 127 号	83031238
29	李沧区星星河幼儿园	李健红	4	107	金水路 2117 号金水翠园小区内	87067987
30	青岛红黄蓝春之都幼儿园	于　卉	39	1100	书院路 127 号、黑龙江路 2648 号、虎山路 11 号	81932002
31	青岛大苹果幼儿园	段萌萌	12	339	青山路 265 号	55683691
32	李沧区园艺幼儿园	闫桂风	7	169	夏庄路 67 号	87892375
33	青岛李沧青山绿水儿童之家幼儿园	董笑笑	8	183	黑龙江中路 3184-7 号	18678975568
34	青岛李沧广和幼儿园	矫君玲	11	322	九水东路 496 号 6 号楼	67706566
35	青岛李沧区福临万家幼儿园	冯爱英	12	317	青山路 265 号 26 号楼	80929680
36	青岛李沧五洲佳世幼儿园	刘海燕	12	349	金水路 737 号 1-3 层	58701700
37	青岛李沧区小红帽幼儿园	张锦萍	9	255	沔阳路 1 号 8 号楼	84672558
38	青岛李沧华昱童馨幼儿园	黄纬燕	15	435	巨峰路 249 号	68071222

（续表）

序号	教育教学机构名称	负责人	班数	幼儿数	地 址	联系电话
39	青岛李沧区湾头馨苑幼儿园	纪忠华	10	211	湘潭路 30 号 B 区 35 号楼	55787686
40	青岛李沧金水育贤幼儿园	段 涛	10	307	金水路 823 号	87685555
41	青岛李沧区小剑桥中海幼儿园	王 媛	22	861	金液泉路 10 号	87068669
42	青岛李沧区音乐之声幼儿园	刘 欣	19	590	重庆中路 579 号	13953244008
43	青岛李沧区香蜜湖幼儿园	谷明霞	11	284	重庆中路 690 号	84672123
44	青岛李沧区百果树幼儿园	顾 军	9	284	青山路 618 号 10 号楼	80934566
45	青岛李沧区中海金色摇篮幼儿园	田海燕	14	475	九水路 60-104 号	668776177
46	青岛市李沧区重庆中路幼儿园	侯健健	49	1784	重庆中路 919 号、重庆中路 887 号、文昌路 155 号丙	87695424
47	青岛李沧区智荣幼儿园	栾海峰	15	450	虎山路 77-158 号	87626567
48	青岛市李沧区合水路幼儿园	王彩枫	13	485	金川路 216 号	66086077
49	青岛市李沧区金川路幼儿园	张 华	14	473	金川路 3 号	84670989
50	青岛市李沧区青山路幼儿园	王彩枫	14	473	青山路 712 号	58586798
51	青岛市李沧区惠水路幼儿园	吴月芳	14	473	惠水路 626 号甲	84670952
52	青岛市李沧区红黄蓝印象湾幼儿园	周孟鑫	10	285	文昌路 699 号	80929911
53	青岛市李沧区衡水路幼儿园	王 开	18	643	衡水路 3 号	84670286
54	青岛市李沧区九水东路幼儿园	刘 伟	13	451	九水东路 132 号	67707832
55	青岛李沧区孺子佳园幼儿园	蔡 琳	5	105	宜川路 57-1 号	87690367
56	青岛市李沧区华昱金海湾幼儿园	翟 伟	14	457	黑龙江中路 482-91 号	87636288
57	青岛李沧区北大新世纪幼儿园	王文娟	5	140	东李村 1669 号	87063216
58	青岛市李沧区奇峰路幼儿园	侯 琛	24	789	南崂路 111 号	87690030
59	青岛市李沧区河东幼儿园	袁 征	7	171	台柳路 601 号	84672880
60	青岛市李沧区东川路幼儿园	王 娟	9	377	广水路 90 号	87661707
61	青岛市李沧区汇川路幼儿园	张林林	6	172	汇川路 114 号	87661706
62	青岛市李沧区遵义路幼儿园	包丽菁	9	334	文昌路 818 号甲	84679159
63	青岛市李沧区童心万向幼儿园	肖天梅	5	66	天水路 17 号（毕家上流 A 区）	58586088
64	青岛市李沧区智晟幼儿园	薛 婧	9	216	天水路 18 号 2-1 号楼	15621173350
65	青岛市李沧区武川路幼儿园	肖 莉	12	430	武川路 16 号	87661731
66	青岛市李沧区朗文幼儿园	岳 红	13	395	黑龙江中路 512 号 105 幢 512-1 号	80926218
67	青岛市李沧区阳光印象幼儿园	张美玲	12	382	文昌路 701 号	87601177
68	青岛市李沧区苍山路幼儿园	刘秀洁	6	182	文昌路 183 号	87671087
69	青岛市李沧区虎山路幼儿园	赵 蓬	11	429	虎山路 29 号	84670938
70	青岛市李沧区金水路幼儿园	丁元华	10	370	金水路 217 号	68072508

（续表）

序号	教育教学机构名称	负责人	班数	幼儿数	地　　址	联系电话
71	青岛市李沧区广水路幼儿园	栾清雅	7	243	广水路 57 号	68987518
72	青岛市李沧区欣思维幼儿园	崔莉莉	7	243	枣山路 168 号秀水花园 4 号楼	87667177
73	青岛市李沧区春风里幼儿园	邢召伟	7	243	重庆中路 745-26 号 1-3 层	80919716
74	青岛市李沧区现代幼儿班	宋　宇	3	71	西山二路 475 号	87619083
75	李沧区其云家庭托儿所	翟其云	3	71	永平路 107-2、107-5 户	84621962
76	李沧区小豆丁家庭幼儿班	王　静	1	17	百通馨苑六区 13 号楼 3 单元 101 户	68985143
77	李沧区山泉幼儿班	初颖超	2	45	永清路 75 号	15953380356
78	李沧区智慧家庭幼儿班	孙　娟	1	21	唐山路 82-38 号	13153203027
79	李沧区向华家庭托儿班	彭向华	1	21	四流中路 221-11-13	13953263585
80	李沧区瑶瑶家庭幼儿班	刘美妮	2	51	湘潭路 38 号 36 号楼一层	13853247763
81	李沧区翠湖天使幼儿班	刘　赟	2	58	唐山路 87 号平台一楼	18653229637
82	李沧区昊贝尔托儿班	房伟丽	1	16	青山路 267-1 号	15964299976
83	青岛市李沧区新思源儿童之家幼儿园	胡春梅	3	68	中崂路 969 号	15863085685
84	青岛李沧区世园家庭托儿班	吴海卿	2	39	宜川路 37 号绿城百合花园 75-4	13583247205
85	青岛市李沧区小螺号幼儿园	韩　朝	4	122	顺河路 199 号	13854280050
86	李沧区韩德云家庭托儿班	韩德云	1	11	河南庄中小区 12 号楼	13335003261
87	李沧区小葵花家庭托儿班	孙兆华	2	60	兴山路 4 号	13127050693
88	李沧区赵荣家庭托儿班	赵　荣	1	17	楼山花园 10 号楼 2-3 号网点	13356895688
89	李沧区赵爱云家庭托儿班	赵爱云	1	20	十梅庵 21 号 -1	15866856815
90	李沧区风云家庭幼儿班	赵风云	1	21	湾头社区湘潭路 50 号－8 号	83036578
91	青岛市李沧区燕燕凯星幼儿园	王丽香	9	264	金水路 766-26 号	87690800
92	青岛市李沧区青苗幼儿园	李海凤	3	39	广水路 19 号世园美墅 20 号楼	84670828
93	李沧区金冈幼儿班	庄贵霞	1	11	金水路 753 号 -2	13730957059
94	李沧区花果山家庭幼儿班	吴英姬	2	50	兴国路 12-2 号、12-3 号、12-4 号	58729910
95	李沧区东南渠幼儿班	宋清芬	2	34	湘潭路街道东南渠社区 452	13553008164
96	青岛李沧区乐嘉幼儿班	王秀云	1	27	兴国路 23 号	13156251098
97	李沧区鹤立幼儿班	段素花	1	29	东李村 1210 号	66766667
98	李沧区爱佳蓓幼儿班	郝金锋	1	30	九水东路 193-33	13789853687
99	李沧区华荣幼儿班	宋丽君	3	95	河南庄南小区	31356219777
100	李沧区乐乐幼儿班	薛芝君	2	41	曲哥庄 298-299 号	13730989688
101	李沧区阳光宝贝家庭托儿班	郭永欣	2	37	振华路 156 号	13506486933
102	李沧区蕾蕾家庭托儿班	孙　莉	1	28	唐山路 87 号翠湖小区 63-1-102	13969622505

（续表）

序号	教育教学机构名称	负责人	班数	幼儿数	地　址	联系电话
103	李沧区金太阳家庭幼儿班	任　洁	1	10	长涧新村 2 号楼 3 单元 102	13153265768
104	李沧区东大村家庭托儿班	于翠杰	1	12	顺河路 197 号五号楼 2 单元 102 户	13869843308
105	青岛市李沧区星宇幼儿园	张　燕	6	113	枣园路 45 号	13658694113
106	李沧区秀芹家庭托儿班	李秀芹	6	113	百通花园 1 号楼 1 单元 101 户	13687659386
107	李沧区小春芽家庭幼儿班	毕秀风	1	30	唐山路翠湖小区 87-12 甲乙	83259899
108	青岛李沧区燕燕家庭托儿班	王丽香	3	74	金水路 753-20 号	84832765
109	李沧区雅韵幼儿班	王　帅	3	71	沧广路 22 号	18661661837
110	青岛市李沧区阿童木幼儿园	王耀东	4	105	合川路 5-41 号至 5-45 号	13583203552
111	李沧区欢乐贝贝家庭托儿班	曲菁华	1	16	重庆中路 767 号活动中心	18554868687
112	青岛市李沧区春田阳光幼儿园	李沙沙	3	51	汉川路 779-1、2；779-30、31	15650161005

表 8　2022 年李沧区中小学基本情况表

序号	教育教学机构名称	负责人	教师数	在校学生数	地　址	联系电话
1	青岛永安路小学	李雅慧	30	428	永平路 26 号	84666868
2	青岛四流中路第三小学	毕宏君	49	959	四流中路 221 号甲	84632659
3	青岛遵义路小学	江建华	33	557	湘潭路 86 号	84812844
4	青岛升平路小学	赵　宁	52	974	永昌路 11 号	84631677
5	青岛永和路小学	李雅慧	39	735	邢台路 15 号	84610680
6	青岛湘潭路小学	董雪梅	67	1443	湘潭路 36 号	84830099
7	青岛市李沧区实验小学	綦　峰	99	2037	东山三路 1 号	87660131
8	青岛文正小学	綦　峰	89	1762	中崂路 958 号	68076388
9	青岛永宁路小学	杨剑英	52	688	永定路 11 号	84632725
10	青岛振华路小学	王文琼	36	679	振华路 59 号	84632786
11	青岛李村小学	翟立敏	39	597	九水路 25 号	87895813
12	青岛北山小学	胡　锐	40	747	枣园路 78 号	87893515
13	青岛金水路小学	王春蕊	85	1715	金水路 807 号	66085677
14	青岛李沧路小学	王　平	71	1390	君峰路 32 号	87655553
15	青岛唐山路小学	于洪达	53	999	唐山路 87 号	84696088
16	青岛李沧区第二实验小学	蒋元年	44	734	银液泉路 256 号	87682302
17	青岛书院路小学	王春蕊	55	1114	书院路 148 号	87896791
18	青岛永平路小学	高晓燕	34	567	兴华路 20 号	84639077
19	青岛铜川路小学	郭振虎	77	1499	铜川路 50 号	68056687
20	青岛大枣园小学	曲　晶	79	1683	雨湖路 100 号	84836877

（续表）

序号	教育教学机构名称	负责人	教师数	在校学生数	地 址	联系电话
21	青岛重庆中路第一小学	李 莉	46	850	重庆中路 388 号甲	84632710
22	青岛安国路小学	庄宗传	26	461	安国路 2 号	84623725
23	青岛徐水路小学	綦 峰	56	1134	金川路 57 号	87603271
24	青岛汾阳路小学	杨剑英	38	695	汾阳路 15 号	84632748
25	青岛东川路小学	张惠娆	81	1677	东川路 120 号	58703896
26	青岛沧海路小学	于 艳	47	855	沧广路 26 号	84691737
27	青岛浮山路小学	方 露	59	1034	青山路 627 号	87639598
28	青岛虎山路小学	王文琼	89	1733	虎山路 108 号甲	66879799
29	青岛明心学校	江立省	24	107	永安路 25 号	84650566
30	青岛枣山小学	刘岩林	77	1569	华楼山路 11 号	66082388
31	青岛王埠小学	蓝 芳	76	1541	巨峰路 260 号	87697377
32	青岛文昌小学	相 蔚	69	1355	文昌路 22 号	66870916
33	青岛市第二实验小学	江建华	116	2269	黑龙江中路 472 号	58861609
34	青岛弘德小学	楚蔚君	86	1843	重庆中路 893 号	58661956
35	青岛广水路小学	杨月峰	86	1769	柏水路 13 号	58703896
36	青岛宾川路小学	袁海澜	65	1214	宾川路 46 号	58661616
37	青岛青山路小学	王春蕊	54	1164	青山路 710 号	58586287
38	青岛哲范小学	方 露	38	790	玉液泉路 19 号	87633977
39	青岛崇礼小学	臧子正	24	490	赤水路 1 号	87608659
40	青岛沧口学校	李雅慧	113	2542	临汾路 101 号	84672200
41	山东省青岛第二十七中学	张 伟	69	1046	重庆中路 907 号甲	84832359
42	山东省青岛第三十一中学	刘文波	99	1237	永清路 46 号	84632607
43	山东省青岛第三十三中学	王明强	60	694	永平路 107 号甲	84610523
44	山东省青岛第四十九中学	苏明玉	63	708	重庆中路 1043 号	84816430
45	山东省青岛第六十一中学	李 刚	75	1716	东山三路 3 号	87695540
46	山东省青岛第六十二中学	姚长起	60	1703	万年泉路 51 号	87892378
47	山东省青岛第六十三中学	范明星	68	1719	虎山路 1 号	87657118
48	青岛李沧区实验初级中学	邓学军	47	1681	九水东路 249 号	58661600
49	青岛国际院士港实验学校（青岛二中院士港分校）	王秀爱	50	832	东川路 4 号	85715188
50	青岛秀峰路小学	方建磊	20	161	秀峰路 17 号	68071286
51	青岛虎山路第二小学	王文琼	25	253	枣园路 101 号	68699005
52	青岛君峰路中学	原 红	27	402	君峰路 76 号	87630089

（区教体局）

社区教育和民办教育

社区教育

2022 年，李沧区持续推进优质多元的区域终身教育公共服务。整合社会各方师资力量，新成立志愿者队伍 3 支，成员 120 人。加强跨部门沟通协调，协同区老干局、区科协、街道办事处、驻区高校，覆盖全区 11 个街道办事处 36 个社区，开办李沧区智慧助老大讲堂 46 场，社区科普讲堂 17 场。全年获国家和山东省、青岛市社区教育奖项 23 项。社区"银龄科普"课堂、离退休老干部"银龄 e"智慧项目获评青岛市"智慧助老"项目优质工作案例；"携手高校合作助老培训模式"项目获评教育部智慧助老优秀工作案例和优质教学项目、山东省"终身学习品牌项目"。鼓励引导社会力量建立继续教育基地，创建青岛市"智慧助老"示范服务阵地 2 个，自编老年教育教材 3 本、自建线下、线上课程 40 门。工作案例入选青岛市社区教育优秀案例 6 项，李沧区老年教育工作经验在青岛市职继协同国培会上作典型发言。

民办教育

2022 年，李沧区做好民办学校规范管理工作，指导民办学校牢固树立依法依规办学意识。坚持"积极鼓励、大力支持、正确引导、依法管理"方针，确保区域内每一所民办学校规范办学、安全办学、诚信办学、文明办学。全区新设立中等及以下民办学校 11 所，均为民办非学历学校。区管中等及以下民办学校 302 所。其中，学历学校 7 所；非学历学校 295 所。深化校外教育培训机构监管服务。进一步规范校外机构培训行为，多措并举创新服务，扎实推动"双减"政策落地落实。开展文明典范城市创建工作，完善机制，实现管理与落实双线并行；成立专班，实现督查与指导全面覆盖。

（区教体局）

表 9　2022 年李沧区中等及以下学历民办学校基本情况表

序号	学校名称	地　址	联系电话
1	青岛志远学校	九水东路 7 号	87689566
2	青岛银河学校	铜川路 47 号	88808315
3	青岛李沧智荣小学	虎山路 39 号	87672000
4	青岛市李沧区智荣中学	通真宫路 79 号	88066633
5	青岛启慧双语学校	天水路 17 号	87669866
6	青岛爱迪学校	广水路 777 号	58565556
7	青岛市李沧区海诺学校	龙川路 7 号	81939977

表 10 2022 年李沧区中等及以下非学历民办学校基本情况表

序号	学校名称	地　址	联系电话
1	青岛翰墨艺术专修学校	京口路 47 号	88238897
2	青岛市李沧区商业职工学校	书院路 52 号	87895826
3	私立青岛东海岸科技专修学校	瑞金路 37 号甲	87980571
4	青岛市李沧区雅虎艺术培训学校	果园路 82 号;延寿宫路 77 号 9 号楼（教学点）;唐山路翠湖小区（教学点）	87612112
5	青岛市李沧区百特艺术培训学校	京口路 47 号 10 楼	66765789
6	青岛明德堂艺术培训学校	万年泉路 237 号 20 号楼 303、304	87660600
7	青岛加油亲子岛艺术培训学校	九水路 227 号	58803377
8	青岛国泰教育培训学校	峰山路 86 号星光大道 5 楼	88874666
9	青岛市李沧区爱尚艺术培训学校	峰山路 86 号	87629618
10	青岛市李沧区半夏星辰艺术培训学校	夏庄路 1 号乐客城一楼	58661700
11	青岛华洋科技专修学校	京口路 47 号	87639660
12	私立青岛奥卡斯外语培训学校	九水东路 193-37 号网点	87665849
13	青岛市李沧区金石艺术培训学校	大崂路 1088 号	87618222
14	青岛李沧区新思源文化培训学校	京口路 28 号苏宁电器 C 座 902、903 室	15863085685
15	青岛李沧区明星艺术培训学校	峰山路 86 号星光大道 512 室	66767398
16	青岛市李沧区育成艺术培训学校	功德坊路 18 号 -27	18153276807
17	青岛托普科技培训学校	金水 1577-10 号	58703999
18	青岛市李沧区雅逸阁艺术培训学校	临汾路 77 号	18678461181
19	青岛李沧区智远文化艺术培训学校	临汾路 110 号	18863991896
20	青岛市李沧区韵声艺术培训学校	灵川路 6 号	13370831308
21	青岛市李沧区天鹅艺术培训学校	青峰路 68 号	87899292
22	青岛李沧区宏成科技人才专修学校	峰山路 111 号	87611383
23	私立青岛博帆科技培训学校	黑龙江中路 2688-21 号	13012423832
24	私立青岛李沧区爱心艺术培训学校	重庆中路 903 号丙 -22 号 2 楼、丙 -23 号 2 楼	15153255590
25	私立青岛开天电脑培训学校	京口路 60 号	89676779
26	青岛思文外语培训学校	永平路 24 号	84628166
27	私立青岛盛世兰亭科技培训学校	南崂路 1070 号	15866823900
28	青岛青师知能培训学校	九水路 176 号	82733670
29	青岛日月辉艺术培训学校	升平路 36 号 4 楼	84632202

（续表）

序号	学校名称	地址	联系电话
30	青岛市李沧区昕维艺术培训学校	振华路 151 号 107、203-209	84629866
31	青岛市李沧区天龙艺术培训学校	青岛向阳路桥南头西侧 2 楼网点及三楼	87892267
32	青岛市李沧区正德艺术培训学校	青峰路 60 号 5 幢 2 层	15666229122
33	私立青岛利泽现代外语专修学校	青岛市李沧京口路 88 号	13793202001
34	私立青岛华泰科技培训学校	书院路 37-02 号英湟大厦 408 室	15820086311
35	青岛李沧区查理语言培训学校	铜川路 216 号 7 号楼 206、207 室；延川路 14 号二楼 201 室（教学点）	13553065192
36	青岛市李沧区新学堂艺术培训学校	黑龙江中路 629 号	18953273106
37	青岛李沧区学大考前辅导学校	京口路 20-42 号 3 楼 302	58715887
38	青岛网文创客实践培训学校	金水路 68 号青岛创业大学二楼	15689910001
39	私立青岛凌海电子技术专修学校	瑞金路 17 号	84815250
40	私立青岛小百合外语培训学校	通真宫路 77 号	13589265156
41	青岛市李沧区铭仁艺术培训学校	黑龙江中路 797-95 号	13730993675
42	青岛六艺学堂文化艺术专修学校	九水东路 369-24 号	87665261
43	青岛沃盈语言培训学校	向阳路 116 号和谐广场 6 楼	18363901600
44	青岛市李沧区瑞思艺术培训学校	夏庄路 7 号乐客城 3 楼	15589899977
45	青岛市李沧区鑫小神龙艺术培训学校	金水路 762-6，762-7 号一楼下面	18561672836
46	青岛蒲公英艺术培训学校	铜川路 216 号绿城天地 7 号楼 3 楼	18653225626
47	青岛李沧蓝砜证券投资专修学校	万年泉路 237 号 20 号楼 1902、1910 室	18661877157
48	青岛市李沧区正心文化培训学校	文安路 26 号	68072929
49	青岛丝路协创专修学校	铜川路 216 号丝路协创中心 14 楼	58538888
50	青岛市李沧区蓝港艺术培训学校	金水路 766-13 号	66886068
51	青岛市李沧区上源文化科技培训学校	虎山路 77-（179-197）号	87650606
52	青岛市李沧区世纪启航文化培训学校	九水路 29-7 号 1 层 1-2	87910199
53	青岛市李沧区文远文化培训学校	京口路 1 栋 3001-3007、3010、3012-3014、3048	18561717792
54	青岛市李沧区学海文化艺术培训学校	夏庄路 195-4 号	18005328611
55	青岛市李沧区立立源文化培训学校	永安路 50 号	13589298758
56	青岛市李沧区首辅艺术培训学校	东山四路 37-13、37-14 号	58739901
57	青岛市李沧区蓓乐文化艺术培训学校	书院路 37 号英湟大厦三层南区	58535532
58	青岛市李沧区世光文化培训学校	顺河路 217-19 号	89228088

（续表）

序号	学校名称	地　址	联系电话
59	青岛市李沧区青大凯心艺术培训学校	黑龙江中路 797-97 号	15615727089
60	青岛市李沧区伴山艺术培训学校	文昌路 41 号甲 -9 号	15020089596
61	青岛市李沧区小象印画艺术培训学校	延川路 10-2、10-3 号	13708972369
62	青岛市李沧区励志英才文化培训学校	振华路 161 号沧口维客商场 4F01	18669800612
63	青岛市李沧区洁峰文化艺术培训学校	大同北路 101-4 号网点	84672057
64	私立青岛齐鲁书画篆刻研修学校	振华路 156-26、27、28、29 号	15966934343
65	青岛现代工业技术培训学校	永年路 25 号	66080659
66	青岛红昇科技培训学校	京口路 78 号	87623550
67	青岛市李沧区京奥艺术培训学校	宾川路 99-40 号	13156895772
68	青岛市李沧区爱沃德科技艺术培训学校	金水路 819-102 号	53287673000
69	青岛市李沧区源新点艺术培训学校	黑龙江中路 797-100 号	18706427685
70	青岛市李沧区睿丁艺术培训学校	书院路 37 号奥克莱·新天地 302 室	13156362298
71	青岛市李沧区点金艺术培训学校	巨峰路 178 号万达广场四楼	83875167
72	青岛市李沧区菲丽茜艺术培训学校	正定三路 30-1 号	13370802020
73	青岛市李沧区白雪公主艺术培训学校	宾川路 99-41 号，文昌路 37 号甲 -3、4 号（教学点）	66870745
74	青岛市李沧区意象艺术培训学校	黑龙江路 568-13 号	18661708833
75	青岛市李沧区启檬文理培训学校	万年泉路 141-42、43 号，九水东路 195 号映月公馆 14 号商铺（教学点）	13336392112
76	青岛市李沧区育朗文化艺术培训学校	九水路 60 号 -110 网点	15166623393
77	青岛市李沧区鸿之海艺术培训学校	京口路 1 栋三层	15966876368
78	青岛市李沧区馨韵艺术培训学校	万年泉路 141 号 -28、29、30	13668870709
79	青岛市李沧区梵睿艺术培训学校	巨峰路 178 号 1F-037 号	67705585
80	青岛市李沧区远航文化科技培训学校	顺河路 217-27 号	84672082
81	青岛市李沧区新青苑文化培训学校	峰山路 86 号星光大道 530 室	84673393
82	青岛市李沧区贝诺艺术培训学校	京口路 20-42 号苏宁生活广场四层	68077146
83	青岛市李沧区悦享艺术培训学校	九水东路 488 号和达和城 496-12 号	67706185
84	青岛市李沧区鸣啸艺术培训学校	文昌路 26 号甲 -8、9 号	18661980599
85	青岛市李沧区艺源艺术培训学校	虎山路 27-137 号	13806426859
86	青岛市李沧区丹丹艺术培训学校	黑龙江中路 629-94 号	15345321283

（续表）

序号	学校名称	地 址	联系电话
87	青岛市李沧区鸿轩艺术培训学校	青山路 265-96 号	13969861432
88	青岛市李沧区蓝莓果艺术培训学校	黑龙江中路 797-35、36 号	18661910873
89	青岛市李沧区清大文化培训学校	九水东路 37-1 号	68073061
90	青岛市李沧区禾畔艺术培训学校有限公司	金水路 735-16 号	17554278141
91	青岛市李沧区妙典文化艺术培训学校	峰山路 86 号星光大道四楼 406 室	15763967107
92	青岛市李沧区百越科技艺术培训学校	文昌路 37 号甲 2 号	86332345
93	青岛市李沧区安可尔艺术培训学校	黑龙江中路 2688-19 号	66072207
94	青岛市李沧区孺子轩会计培训学校	京口路 28 号苏宁大厦 A 座 1502、1504、1508、1509 室	18553285128
95	青岛市李沧区煜天使艺术培训学校	京口路 111 号 A3011-A3013、A3015-A3017	15166666189
96	青岛市李沧区创云艺术培训学校	九水东路 369-3 号	13573835792
97	青岛市李沧区易恒品学优艺术培训学校	万年泉路 237-72 号	15653239876
98	青岛市李沧区鼎艺文化艺术培训学校	惠水路 618 号甲 10 号、26 号	18661782425
99	青岛市李沧区极速代码科技培训学校	巨峰路 178 号万达广场室内步行街 5F-02 号	18661727025
100	青岛市李沧区亦木艺术培训学校	黑龙江中路 629-16 号	13070859902
101	青岛市李沧区臻荣天成证券投资专修学校	万年泉路 237 号 20 号楼 21 层 2101、2102 户	15376874282
102	青岛市李沧区雨琳苑艺术培训学校	九水东路 130-114、115、116 号	15966806739
103	青岛市李沧区未来梦文化艺术培训学校	金水路 770 号 3F07	13730995633
104	青岛市李沧区盛世舞韵艺术培训学校有限公司	青山路 718-18 号 101 户三楼	13658662516
105	青岛市李沧区雅轩文化艺术培训学校	虎山路 27-85、86 号	15288985805
106	青岛市李沧区皇家伯锐艺术培训学校	黑龙江中路金秋桂园网点 2688-13 号	15689999116
107	青岛市李沧区启辰艺术培训学校	宜川路 37 号绿城百合花园 46-3 号网点	13176506502
108	青岛市李沧区一禾文化艺术培训学校	青山路 626 号甲二楼	13655328347
109	青岛市李沧区大智功成艺术培训学校有限公司	虎山路 27-56 号	18765228522
110	青岛市李沧区锦璨文化艺术培训学校	东川路 59 号融源文化艺术街区 36 号楼一层 A 区	18678618018
111	青岛市李沧区优文艺术培训学校	顺河路 199-5 号	15563953605
112	青岛市李沧区极星虹科技培训学校	峰山路 86 号星光大道时尚购物广场 113 室	13658694503
113	青岛市李沧区拓成经济管理培训学校	京口路 106 号 4 号楼 1010 户	400-6659981
114	青岛市李沧区鲸鱼艺术培训学校	巨峰路 179-3、179-4 号	13687646665

（续表）

序号	学校名称	地　址	联系电话
115	青岛市李沧区儒源缤纷鸟文化艺术培训学校有限公司	黑龙江中路 629 号 87/88 户	13553056099
116	青岛市李沧区优壹甲科技培训学校	黑龙江中路 2688-22 号	15092290576
117	青岛市李沧区七彩汇文化艺术培训学校	振华路 156 号 11 栋 2 户	17685588686
118	青岛市李沧区魔画艺术培训学校	黑龙江中路 629 号 -50、51、52 户	13361208676
119	青岛市李沧区新禾艺术培训学校	宾川路 78 号 12 号楼 -1	15053238959
120	青岛市李沧区广电和而文化艺术培训学校	黑龙江中路 11381 号	18366216201
121	青岛市李沧区罗兰艺术培训学校	九水路 227 号李沧宝龙广场 MALL 区三层 3003-21 号	80938093
122	青岛市李沧区领创科技培训学校	重庆中路 903 号甲 -85 号	13810566624
123	青岛市李沧区启华艺术培训学校	巨峰路 178 号万达广场 2F-015A	67705786
124	青岛市李沧区英贝艺术培训学校有限公司	九水路 227 号宝龙城市广场三楼 M-F3-046/047	87612000
125	青岛市李沧区京师艺术培训学校	九水东路 130-35、37、39、41、43、45 号	18678999678
126	青岛市李沧区乐之行科技艺术培训学校	夏庄路 1 号伟东乐客城 L3-C-07	68851888
127	青岛市李沧区尚博艺术培训学校有限公司	黑龙江中路 2688-14,2688-15 号	68075908
128	青岛市李沧区艺美童年美学艺术培训学校有限公司	虎山路 27-100 号 2、3 楼	18678966102
129	青岛市李沧区永济艺术培训学校	通真宫路 168 号 1-2	13455211577
130	青岛市李沧区柠檬树艺术培训学校	书院路 37 号英煌大厦三层	18153251726
131	青岛市李沧区优学艺术培训学校	大崂路 1118-5 号	17561664316
132	青岛市李沧区光音艺术培训学校	东川路 59 号 35 号楼二层	15866864649
133	青岛市李沧区天童艺术培训学校	黑龙江中路 629 号	83839027
134	青岛市李沧区小泓私塾艺术培训学校	九水路 227 号宝龙广场三楼 F3-027/028	13906487591
135	青岛市李沧区群辉文化艺术培训学校	向阳路 65 号崂山百货 6 楼西区	18653279565
136	青岛市李沧区三点半文化艺术培训学校	延川路 1 号二层北区一号	13964865320
137	青岛市李沧区大拇指艺术培训学校	九水东路 37-21 号	18661956612
138	青岛市李沧区韶雅艺术培训学校	升平路 38 号 B 二层	13708992341
139	青岛市李沧区童之语艺术培训学校有限公司	宜川路 39-7 号	13176399987
140	青岛市李沧区乐宁雅学艺术培训学校有限公司	文昌路 37 号甲 1 幢 7 号	18561716079
141	青岛市李沧区梦想飞艺术培训学校有限公司	黑龙江中路 2688-9 号	13361250296

（续表）

序号	学校名称	地 址	联系电话
142	青岛市李沧区剑少艺术培训学校	东川路 8 号 B4 号楼 201-204	13335003997
143	青岛市李沧区演艺艺术培训学校有限公司	兴城路 39 号	15315523073
144	青岛市李沧区欧美华文化艺术培训学校	大同北路 28-11、12 号	80977989
145	青岛市李沧区弹指间艺术培训学校有限公司	铜川路 216 号绿城丽达购物广场二楼	18266640991
146	青岛市李沧区澳博文化培训学校有限公司	大崂路 1100、1102、1104 号	87661199
147	青岛市李沧区乐校艺术培训学校有限公司	九水东路 21 号 B09 号楼 1 号网点房	13256856597
148	青岛市李沧区海安淇文化艺术培训学校有限公司	巨峰路 173-3 号、173-4 号	13863975136
149	青岛市李沧区美英艺术培训学校	灵川路 2 号 10 号楼 2-6	13793290890
150	青岛市李沧区尚书科技培训学校	九水路 60 号 -7	15376762911
151	青岛市李沧区金航道文化艺术培训学校	少山路 30 号 1 幢 2 层 201-205 室	15621000680
152	青岛市李沧区宜凡艺术培训学校	惠水路 618 号甲 7 号网点 1-2 层	85812567
153	青岛市李沧区乐屋艺术培训学校有限公司	虎山路 27-115、118 号	13455268842
154	青岛市李沧区美乐艺术培训学校	巨峰路 178 号万达广场室内步行街 4F 层 4012,4013 号商铺	85660777
155	青岛市李沧区美丫儿艺术培训学校有限公司	黑龙江中路 629 号 -122 户	18806420371
156	青岛市李沧区丹瑟艺术培训学校	巨峰路 178 号乙 -54、55 户	13716040026
157	青岛市李沧区乐学城艺术培训学校有限公司	东川路 8 号 8-37 号（文体中心）	68601177
158	青岛市李沧区云裳舞艺术培训学校	巨峰路 178 号万达广场四层 F3-2	18561818002
159	青岛市李沧区帝一文化艺术培训学校	青山路 265-102 号	68869896
160	青岛市李沧区赛尔绘智艺术培训学校有限公司	青山路 265-103 号	80929917
161	青岛市李沧区启发艺术培训学校有限公司	平顺路 4-2 号锦丽苑网点	18553253053
162	青岛市李沧区极客晨星科技培训学校有限公司	夏庄路 1 号伟东乐客城 L3-D-01A	18661796688
163	青岛市李沧区乔纳艺术培训学校有限公司	巨峰路 199 号新锦华广场南栋 A 区 63 号	67705166
164	青岛市李沧区启韵新艺代艺术培训学校有限公司	广水路 19 号 19-1（55 号网点）	15966890991
165	青岛市李沧区达米拉艺术培训学校有限公司	金水路 819-112 号	15615283787
166	青岛市李沧区领航文化艺术培训学校有限公司	临汾路 65 号	18561574501
167	青岛市李沧区嘟嘟猫艺术培训学校有限公司	青山路 718-12 号	13780602849
168	青岛市李沧区新航艺术培训学校	九水路 184 号 12、12 甲	15621188719
169	青岛市李沧区点元文化艺术培训学校	东川路 8 号 B4 号楼（207212）	13808955001

序号	学校名称	地　址	联系电话
170	青岛市李沧区吉赛尔艺术培训学校有限公司	东川路 59-21、22 号二楼	13658662758
171	青岛市李沧区金喇叭文化艺术培训学校有限公司	峰山路 86 号星光大道时尚购物广场五楼 508-1 号	15264273897
172	青岛市李沧区文迪艺术培训学校	黑龙江中路 480-2 号	18661626197
173	青岛市李沧区恒汇勤科技培训学校有限公司	文昌路 37 号甲一 10 号网点	15589833117
174	青岛市李沧区启赋优将文化培训学校有限公司	黑龙江中路 2688-8 号	13730991752
175	青岛市李沧区常青藤文化艺术培训学校有限公司	延川路 10-10 号	15866861999
176	青岛市李沧区易学培优文化培训学校有限公司	东山四路 36-70 号	15306398908
177	青岛市李沧区木牛牛马艺术培训学校有限公司	九水路 227 号李沧宝龙广场 MALL 区三层 M-F3-020/021/022	15316721511
178	青岛市李沧区大墨蒲公英艺术培训学校有限公司	金水路 1068-137 号	67763366
179	青岛市李沧区乐学壹佳艺术培训学校有限公司	万年泉路 237-8 号二层	80922088
180	青岛市李沧区智诚艺术培训学校有限公司	宾川路 52-16、17、18、19 号	87893789
181	青岛市李沧区舞梦源艺术培训学校有限公司	青山路 626 号甲二层	13963985333
182	青岛市李沧区龙娃文化培训学校	九水东路 37-3 号网点二楼	15318890046
183	青岛市李沧区爱笃语艺术培训学校	文昌路 39 号 1 栋甲 -3 号	15264235380
184	青岛市李沧区米色童艺艺术培训学校有限公司	兴国路 12 号 3 号楼 -4 网点	80929980
185	青岛市李沧区山之音文化艺术培训学校有限公司	青山路 265-20 号、265-21 号	19953214060
186	青岛市李沧区智云科技培训学校有限公司	东川路 106-43 号	17611221218
187	青岛市李沧区放学大本营艺术培训学校	铜川路 216 号 7 号楼 302、303 室	89695555
188	青岛市李沧区科琳艺术培训学校有限公司	向阳路 116 号和谐广场三层 313 室	66088172
189	青岛市李沧区橡树林科技艺术培训学校有限公司	重庆中路 881 号甲 -18 号	15610578001
190	青岛市李沧区奇点艺术培训学校	巨峰路 178 号万达广场 F4-9	15908962169
191	青岛市李沧区艾米空间艺术培训学校有限公司	黑龙江中路 629 号 -129 户	18561808667
192	青岛市李沧区墨丽央美艺术培训学校有限公司	惠水路 618 号丙 -50	15253222818
193	青岛市李沧区朝晨文化艺术培训学校有限公司	九水路 60-21 号	18153259331
194	青岛市李沧区东岳科技文化培训学校	金川路 6-15 号	87691125
195	青岛市李沧区知音艺术培训学校有限公司	黑龙江中路 480-5 号	13305323985

（续表）

序号	学校名称	地　址	联系电话
196	青岛市李沧区方圆天成艺术培训学校有限公司	金水路 753-1 号 1 层	17685558922
197	青岛市李沧区来高科技培训学校有限公司	巨峰路 178 号万达广场 2F-009 号商铺	13854222930
198	青岛市李沧区佰金键艺术培训学校有限公司	巨峰路 178 号丙 -31、32	17854222220
199	青岛市李沧区夏沐尔艺术培训学校有限公司	九水路 227 号李沧宝龙广场三层 M-F3-003-1	15615623503
200	青岛市李沧区星河艺术培训学校有限公司	文昌路 39 号 1 幢甲 -6、甲 -7、甲 -8 号	58723450
201	青岛市李沧区画季艺术培训学校有限公司	九水东路 518 号 1 号楼网点 2 层东户	17685828068
202	青岛市李沧区小豆豆艺术培训学校有限公司	九水东路 195 号映月公馆 10 号网点	18661782816
203	青岛市李沧区博文优学艺术培训学校有限公司	黑龙江中路 629 号 -79	17753295522
204	青岛市李沧区雅虎星飞扬艺术培训学校	大崂路 666 号 5 号楼 40 号网点	87617018
205	青岛市李沧区格莱德艺术培训学校有限公司	重庆中路 881 号甲 -8	18953257099
206	青岛市李沧区橡树艺术培训学校有限公司	重庆中路 881 号中南世纪城二期商业街甲 -14 户	18661885371
207	青岛市李沧区飞学苑艺术培训学校有限公司	黑龙江路 629 号 -144 户	13356857850
208	青岛市李沧区易捷优文化艺术培训学校	金水路 1068-109 号	15689993299、15689991677
209	青岛市李沧区善学文化艺术培训学校	东山四路 17 号院内 1 号网点	87898565
210	青岛市李沧区爱美之语艺术培训学校	金水路 819-106 号	67705107
211	青岛市李沧区家有学童艺术培训学校有限公司	中崂路 969 号园内东南侧二层办公楼	15064236540
212	青岛市李沧区银海艺湛艺术培训学校有限公司	黑龙江中路 480-25、27 号	19953292969
213	青岛市李沧区优优学艺术培训学校有限公司	九水东路 195-12 号（一层）	18866625562
214	青岛市李沧区鸿蒙徕恩艺术培训学校有限公司	虎山路 11 号警苑新居 20# 楼网点二楼	13210108659
215	青岛市李沧区智适应文化培训学校有限公司	万年泉路 237-25 号 20 号楼网点二楼	82688123
216	青岛市李沧区翔鹰爱沃德艺术培训学校有限公司	九水路 227 号李沧宝龙广场 M-F2-002-01	88979000
217	青岛市李沧区睿智艺术培训学校	九水东路 193-30、31 号	18669428370
218	青岛市李沧区好思得艺术培训学校有限公司	永昌路 8-3、8-4 号	18562559835
219	青岛市李沧区美朵童画艺术培训学校有限公司	重庆中路 597 号甲 -8、9、10 号	18562762766
220	青岛市李沧区鲁出科技培训学校有限公司	书院路 37 号 -2 英湟大厦 406 室	13361230817
221	青岛市李沧区小马奔腾艺术培训学校有限公司	重庆中路 877 号三楼 305 室	68980027
222	青岛市李沧区好师弟文化培训学校有限公司	虎山路 27-23 号	13386421596
223	青岛市李沧区晶睿先声艺术培训学校有限公司	九水路 60-113、114 号	18506425737

（续表）

序号	学校名称	地 址	联系电话
224	青岛市李沧区启育新艺代艺术培训学校有限公司	九水东路 130-63、65、66 号	16653226577
225	青岛市李沧区嘉悦艺术培训学校有限公司	临汾路 34 号	15265424156
226	青岛市李沧区小白帆艺术培训学校有限公司	峰山路 86 号星光大道购物广场三楼 301 户	876261666
227	青岛市李沧区融学科技培训学校有限公司	九水东路 130 号 3 号楼 7 楼 705、706 室	68072177
228	青岛市李沧区莱顿艺术培训学校有限公司	金水路 1068-22 号	13854268978
229	青岛市李沧区慧鱼科技培训学校有限公司	九水东路 508 号 13	17753298803
230	青岛市李沧区松鼠文化培训学校有限公司	永清路 45 号	4006667985
231	青岛市李沧区优玛客科技培训学校有限公司	九水路 227 号宝龙城市广场 M-F3-055/056	13395325840
232	青岛市李沧区至真至成文化培训学校	九水东路 199-65-2，199-64-2,199-66-2 号	18562569751
233	青岛市李沧区北院舞星艺术培训学校有限公司	峰山路 86 号星光大道四层 418 号	13698668580
234	青岛市李沧区金叶子想象力艺术培训学校有限公司	文昌路 689 号丙 -34、35 号	81111133
235	青岛市李沧区朗朗童话艺术培训学校有限公司	九水路 60-71 号	80998525
236	青岛市李沧区启优艺术培训学校有限公司	金水路 817-11 号	15694431316
237	青岛市李沧区翰林志艺术培训学校有限公司	青山路 718 号 18 号楼 101 户 2 楼	13335095913
238	青岛市李沧区西鸿文化艺术培训学校有限公司	浏阳路 2 甲 -3 号一二层、2 甲 -4 号二层	15908972396
239	青岛市李沧区约读书房文化培训学校有限公司	万年泉路 237 号 20 号楼 306、308、309 户	13395321251
240	青岛市李沧区艺佳学府科技艺术培训学校有限公司	临汾路 148 号锦云苑 4 号楼三楼	16678598016
241	青岛市李沧区思锐学能艺术培训学校有限公司	邢台路 77 号丁一层	18661718912
242	青岛市李沧区德而学堂艺术培训学校有限公司	宾川路 99 号 -18	18253292460
243	青岛市李沧区洛可可艺术培训学校有限公司	山东省书院路 37-02 号英煌大厦 4 楼 406	66760059
244	青岛市李沧区新时光文化艺术培训学校	青山路 265-108 号网点一层	13808961590
245	青岛市李沧区扑满艺术培训学校有限公司	铜川路 216 号 5 号楼 102 室	17606488580
246	青岛市李沧区赫博科技艺术培训学校有限公司	晋中路 23 号、晋中路 21 号二层	18561918568
247	青岛市李沧区世宗语言培训学校	振华路 200 号一楼西侧	68696666
248	青岛市李沧区安格文化艺术培训学校有限公司	九水东路 369-25 号	15698161282
249	青岛市李沧区博顺艺术培训学校有限公司	巨峰路 199 号新锦华广场南栋 A 区 66、68 号	18562600640
250	青岛市李沧区九鼎艺术培训学校有限公司	黑龙江中路 797-92 号	15905321527
251	青岛市李沧区安德汀计算机培训学校有限公司	湘潭路 37 号 310、311、312、313、314	15964988824

（续表）

序号	学校名称	地　址	联系电话
252	青岛市李沧区诚育艺术培训学校有限公司	重庆中路 881 号甲 25、26-2、27-2 号	80926679
253	青岛市李沧区星贝艺术培训学校有限公司	九水东路 193-37 号	18562825667
254	青岛市李沧区卓鸿艺术培训学校有限公司	黑龙江中路 482-63、64 号二楼	15166676692
255	青岛市李沧区洁神文化艺术培训学校有限公司	黑龙江中路 797-93 号	87160378
256	青岛市李沧区豆神艺术培训学校有限公司	书院路 37-02 号英湟大厦二层 208	66760616
257	青岛市李沧区金学培优艺术培训学校有限公司	功德坊路 18 号 -16 二层	13165167636
258	青岛市李沧区知语知乐文化艺术培训有限公司	东山四路 36-11 号	13356880405
259	青岛市李沧区星火文化培训学校有限公司	书院路 1 号苏宁生活广场 4 层部分区域	15905320288
260	青岛市李沧区飞溅艺术培训学校有限公司	九水东路 130 号 24、25、26 号	13869839561
261	青岛市李沧区驯鹿羽文化培训学校有限公司	虎山路 27-57 号 1 层 110 户	18054455971
262	青岛市李沧区一步之遥艺术培训学校有限公司	九水东路 193-25 号	15953260840
263	青岛市李沧区未来卓远文化培训学校有限公司	九水路 60-38 号	400-111-0177
264	青岛市李沧区海培文化培训学校有限公司	九水路 17 号 -11/17 号 -12	18054456206
265	青岛市李沧区星河优学文化培训学校	升平路 28 号甲	18353213159
266	青岛市李沧区摩西未来文化培训学校有限公司	巨峰路 178 号乙 -71 号、乙 -72 号	67706156
267	青岛市李沧区油菜田艺术培训学校有限公司	虎山路 27-106、107 号	13255575738
268	青岛市李沧区晞朗尼科技培训学校有限公司	山东省青山路 716-21 号	18661710186
269	青岛市李沧区小白杨文化培训学校	重庆中路 903 号丁 -11	15314227987
270	青岛市李沧区智慧星河文化培训学校	九水路 29 号 -1、-2 号网点	18353213159
271	青岛书之香文理培训学校	九水路 7 号 10 网点二层，11 网点二层	17854280986
272	青岛市李沧区新世源科技文化培训学校有限公司	黑龙江中路 860 号 43 户	18661985949
273	青岛市李沧区比克艺术培训学校有限公司	黑龙江中路 287-16、17 号	13792896309
274	青岛市李沧区春华艺术培训学校有限公司	万年泉路 237 号 20 号楼 3 层 301-302	13063693333
275	青岛市李沧区智学园艺术培训学校有限公司	文昌路 37 号甲 -15 号	13405325767
276	青岛市李沧区趣玩科技培训学校有限公司	夏庄路 1 号 L3-D-03	15689931989
277	青岛市李沧区立夏小天鹅艺术培训学校有限公司	铜川路 216 号 7 号楼 201	13096966197
278	青岛市李沧区智廷扬清艺术培训学校有限公司	虎山路 77-179 号至 77-197 号	18353238780
279	青岛市李沧区向之望艺术培训学校有限公司	万年泉路 237-155 号	18554830722

（续表）

序号	学校名称	地　址	联系电话
280	青岛市李沧区向望艺术培训学校有限公司	黑龙江中路 287-20 号二楼、21 号一、二楼	15954877969
281	青岛市李沧区橄榄树艺术培训学校有限公司	九水东路 199 号 3 号楼 199-45-2、199-46-1、199-46-2、199-47-1、199-47-2	18560611131
282	青岛市李沧区点点云科技培训学校有限公司	峰山路 86 号青岛星光大道时尚购物广场四楼 417 号	18953295673
283	青岛市李沧区淑芳美育艺术培训学校有限公司	升平路 28 号乙、丙	15864721998
284	青岛市李沧区金博得艺术培训学校有限公司	虎山路 27-66、67 号	18661677168
285	青岛市李沧区咕咚科技培训学校有限公司	虎山路 27-54 号	18562566717
286	青岛市李沧区美之乐艺术培训学校有限公司	浏阳路 2 号甲 51-12、13、14、15 号	13210263139
287	青岛市李沧区米罗拾贝艺术培训学校有限公司	惠水路 518-1 号	13789867744
288	青岛市李沧区禾颂意象艺术培训学校有限公司	金水路 1068-103 号	13105170313
289	青岛市李沧区大隅艺术培训学校有限公司	九水东路 320 号 1 号楼 2 层	15066790599
290	青岛市李沧区海升考艺术培训学校有限公司	振华路 161 号维客广场 3 层东区	15621188719
291	青岛市李沧区琴之雅韵艺术培训学校有限公司	兴国路 15 号乙	13505426683
292	青岛市李沧区浩棒艺术培训学校有限公司	黑龙江中路 629 号 -8 户甲	18953299551
293	私立青岛港归科技培训学校	夏庄路 137 号	87665957
294	青岛巴洛克艺术培训学校	青山路 624 号 2 楼	15898882797
295	青岛市市南区新东方教育培训学校有限公司李沧区书院路第二分公司	书院路 32 号房屋内二层	66885599

（区教体局）

李沧区高中、职业学校简介

青岛国际院士港实验学校（青岛二中院士港分校）

概况 青岛国际院士港实验学校（青岛二中院士港分校）于2020年8月正式启用，建筑总面积3.95万平方米，总投资额2.3亿元。学校是经青岛市教育局批准，由李沧区引进青岛二中优质教育资源设立的一所学校，是青岛二中教育集团正式成立以后启用的第一所成员校，也是全市历史上第一所涵盖小学、初中、高中三个学段的公办学校。学校有小学一、二、三年级共12个班，初中三个年级6个班，高中一年级4个班。2022年，学校获评李沧区文明校园、四星过硬党组织、青岛市青少年校园足球特色学校和山东省绿色学校等。

师资情况 青岛国际院士港实验学校（青岛二中院士港分校）注重教师培养，以《李沧区中小学教学常规》为指南，加强教学过程的管理，加强对教师教学业务的指导，规范教师教学行为。为促进年轻教师成长，组织了青年教师的说课、粉笔字、钢笔字和优质课等基本功比赛。学校围绕"新凤凰"成长计划，举行"青蓝工程"暨教师发展共同体启动仪式，28对师徒签订帮教协议。在区级以上比赛中，16人次获得奖励。

教育教学 青岛国际院士港实验学校（青岛二中院士港分校）深化课堂教学改革，聚焦学生素养提升。小学部进一步落实教学反馈机制，养成学生良好学习习惯。初中部积极推进"三段四步教学模式"和项目式学习，开展学创社区改革项目，实时记录并定期评价奖励。教师注重实效，落实新课标理念，推进课题研究，促进学校品质提升。小学部市级课题"小学主题式教学提高学生学习质量及核心素养的机制研究"开发出16个主题式课程。初中部省级课题"核心素养视域下单元主题教学的实践研究"和区级课题"学创社区促进学生高阶思维培养的实践研究"稳步开展。初中部市级课题"基于核心素养下的生命课堂科学思维培养的实践研究"完成结题任务。加强读书指导，提升师生读书兴趣，启用"三元书屋"，开展图书漂流活动，为全校学生提供广阔学习平台。小学部通过每日打卡形式"阅读银行""阅读存折"开展特色读书活动，组织诗歌背诵考级、亲子共读一本书等读书活动。

特色课堂 青岛国际院士港实验学校（青岛二中院士港分校）创设生活化德育平台，探索小初高一体化育人模式。实施"仁义礼智信温良恭俭让"十字德育主题月活动，组织学生开展"永远跟党走——党小萌正当时"主题教育实践活动。学校在李沧区"喜庆二十大，致敬新时代"青少年绘画比赛中获评优秀组织奖。举行"思

图109 2022年，青岛二中院士港分校组织"全环境立德树人"党小萌宣讲活动，全面提升学生的综合素养。图为"党小萌"学生代表在李沧区新时代文明实践中心进行宣讲。 （区教体局供图）

政一体化"主题式融合教学实践活动，三个学段思政教师全体参与，探求推进思政教育一体化形式与策略。学校重新制定大课间活动方案，设置丰富的体育社团课程，落实每天一节体育课。"以爱育爱"班主任成长课程以精致管理、心理健康、家校沟通等为主题，进行多种形式培训，搭建学习平台，班主任在明晰务实理念下创新工作方法。推进"家校共育，同心筑梦"家校融合活动，多次开展"三长见面会"和家访活动，激发学校办学活力。"智慧家长微课堂"活动为学校教学注入新鲜与活力；暖心护学岗的家长志愿者为孩子安全保驾护航，筑牢校园安全屏障。学校围绕"法制护成长"教育主题，开展宪法早读、"党小萌讲宪法"等活动，借助李沧区检察院禁毒知识宣传课件，发布法制教育宣传片。第三届校园艺术节活动采用线上形式举行，校园歌手大赛、器乐比赛、美术研究性学习，小初高三个学段学生均参与其中，优秀作品入选"青岛二中院士港分校线上春晚"，通过学校微信公众号对外发布。

山东省青岛第五十八中学

概况 山东省青岛第五十八中学建校于1952年，始称为山东省青岛第五中学，1969年改称崂山一中，1994年更名为山

图110　2022年8月30日，山东省青岛第五十八中学举行"拥抱海洋"沿海健步行活动。　　（区教体局供图）

东省青岛第五十八中学，为青岛市教育局直属学校。学校占地面积6.4万平方米，建筑面积3.72万平方米，绿化面积1.51万平方米。现有学生2700余人、教职工237人，其中正高级教师5人，138人次被评为全国优秀教师、国务院政府特殊津贴获得者、全国五一劳动奖章、齐鲁名校长、齐鲁名师及山东省、市级劳动模范、特级教师、优秀教师、德育先进、学科带头人、教学能手等。学校获评全国中小学德育工作先进集体、全国中小学平安和谐校园先进单位、全国青少年文明礼仪教育示范基地、教育部奥林匹克教育示范学校、全国优秀家长学校实验基地、国家级节约型公共机构示范单位、山东省富民兴鲁劳动奖状、山东省先进基层党组织、山东省教学示范学校、山东省依法治校示范学校、山东省职业道德建设先进

单位、山东省民主管理先进单位、山东省心理健康教育示范学校、山东省优秀家长学校、山东省花园式单位、山东省中小学校"一校一品"党建品牌示范校等。2022年，学校通过全国文明校园复评；再获山东省首批绿色学校、山东省2022年教育考试优秀考点、山东省中小学校星级食堂、青岛市五星级阳光校园、青岛市中小学优秀德育品牌、青岛市无烟校园、青岛市营养健康学校试点等称号。

课程改革 山东省青岛第五十八中学推进新课程改革，形成了"学案导学 以学定教"的高效课堂教学模式。持续开展"卓越讲堂"活动，邀请各领域的领军人物、社会贤达等走进学校。邀请外交部前部长李肇星、中国作家协会副会长叶辛、新东方总裁俞敏洪、北京大学前校长许智宏等参加活

动，让同学们走近大师，近距离感受大师风采，发挥英贤的榜样引领激励作用。

教学管理 2022年，山东省青岛第五十八中学不断加强教学管理，积极搭建平台，不断强课提质，进一步提升新课程实施水平。学校获评山东省教科院教师专业发展研究基地、山东省省级普通高中学科基地（政治）、青岛市基础教育学科基地（数学、物理、生物、政治、心理健康5个学科）、青岛市首批特色高中、青岛市首批中小学科技创新实验室等，引领带动作用显著。

德育工作 山东省青岛第五十八中学围绕"责任、诚信、感恩、宽容"德育主题常态化开展活动。合唱节、戏剧节、经典诵读展演、艺术节、校园好声音、运动会晚间开幕式、毕业典礼等大型活动已成为亮丽名片；运动会开幕式、元旦文艺汇演网络直播点击量均超过90万人次。人民网、"学习强国"平台、青岛市广播电视台等进行了报道。全部由在校学生组成的"金钥匙"交响乐团，代表山东省参加第五届全国中小学生艺术展演，获得一等奖。

集团化办学 2019年，山东省青岛第五十八中学勇担名校社会责任，分享优质教育资源，开启了集团化办学步伐。2021年，山东省青岛第五十八中学高新学校和青岛第五十八中学杜威实验学校分别招生，山东省青岛第五十八中学高新学校调整办学范围，扩大为十二年制学校。2022年12月5日，山东省青岛第五十八中学与青岛市李沧区教育和体育局签约合作办学，2023年启用的李沧区枣山路学校成为山东省青岛第五十八中学附属初中（枣山中学），学校开启"一校三地五校区"办学模式。

山东省青岛第三中学

概况 山东省青岛第三中学始建于1945年，原名市立沧口初级中学，为当时全市仅有的4所公立学校之一。学校是青岛市教育局直属普通高中，有教学班36个。学校是山东省规范化学校、山东省体育传统项目学校、青岛市花园式单位、青岛市文明校园、青岛市教育信息化应用创新示范学校、青岛市心理健康教育示范校、青岛市中小学创客教育联盟创始学校、青岛市首批"四星级阳光校园"、首批"劳动教育实验学校"。被评为首批青岛市教师专业发展学校、首批全市中小学生涯教育实验学校、事业单位人事管理示范点、青岛市普通中小学高水平现代化学校、青岛市校园文化建设示范学校、山东省绿色学校。《"尚德笃行"德育工作实施方案》被评为省级优秀德育方案。

师资情况 山东省青岛第三中学师资力量雄厚，有教职工154人。其中，正高级教师2人、高级教师45人、山东省优秀教师1人、山东省特级教师2人、山东省教学能手2人、市级优秀教师4人、市级学科带头人9人、市级教学能手12人、市青年教师优秀专业人才26人。

教学设施 2022年9月，山东省青岛第三中学启用改扩建后的新校舍。新建校舍建筑面积由原来的1.58万平方米扩展到了4.3万平方米。新建3座教学楼，每个级部使用1座楼，教室、教师办公室、集体备课室、师生交流区、功能教室等都在同一教学楼，为师生沟通交流搭建了平台。

教育教学 山东省青岛第三中学立足学情，通过"深研课堂、强课提质"年度教学改进项目，提升教学品质，扎实推进常态集备和组内大集备质量，在教学目标达成上着力实现从知识传授向素养提升的转型，分年级、分学科制定课堂教学基本要求，深化新授课、复习课、讲评课等3类基本课型的教学模式研究。学校通过组织"深研课堂、问题诊断"组内听评课与大教研活动，动员各教研组深入调研当下课堂问题，反思问题根源，明确课改方向，为课堂提质增效奠定基础。在9月份系列听课活动中，有32位老师开设示范课，参与听课教师100余人次，评课几百次。开展集体研讨10余次。不断完善课程体系，为学生开设多元课程。围绕"一个主题、四个系列"开发学校课程。开发人工智能、艺术教育、心理健康教育、生涯规划、科技教育、优秀传统文化、学法指导等方面校本课程，开设日语选修课，推进中外人文交流活动深入开展。不断挖掘校内外资源，提升课程质量，抓好课堂落实，让学生掌握体育技能和艺术技能。真正做到以学生为中心，关注学生全面发展、个性化发展。

德育工作 山东省青岛第三中学坚持"育人为本、德育为先"，深入推进全员育人导师制。学生活动形式多样，助力学生多元成长。通过丰富多彩的校园活动从思想上引领学生爱党、爱国、爱校。结合学科特点，将"十个一"项目内容与课堂教学有机结合。语文组以承载学校历史与文化的皂角树为主题开展丰富多彩、形式多样的美文诵读活动。依托学校"尚德笃行"德育品牌，明确德育目标，整合德育内容，开展德育主题月系列活动。提高学校德育工作针对性，充分发挥德育的导向功能，进一步完善学校德育一体化课程体系。以节日为契机，将传统文化和优秀品质融入日常德育工作中。在妇女节、清明节、劳动节等重要节日，开展各色主题宣讲

和实践活动。结合庆祝共青团建团百年重要契机，开展各类主题教育活动。组织开展"文化润泽心灵""劳动光荣，传承美德""弘扬五四精神，庆祝建团百年""母爱在左，感恩在右"等主题团日活动，提升学生政治意识和思想素质。

青岛财经职业学校

概况 青岛财经职业学校前身为山东省青岛建筑工程学校，1958年9月建校，1962年8月改为青岛师范附属小学，1968年8月改为东方红学校，1975年10月改为崂山四中，1983年开始设立职业高中班，1987年定名为崂山县第一高级职业中学，1991年9月更名为青岛市崂山区职业中等专业学校。1997年7月学校划归青岛市教育委员会直属管理，1999年5月更名为青岛财经职业学校。学校是青岛市教育局直属公办职业学校，被教育部认定为国家级重点职业学校，具有设备齐全的教学楼、实训实验楼、艺体楼、餐厅、足球场、学生宿舍等建筑。学校抢抓教育部、山东省共建国家职业教育创新发展高地新机遇，开设会计事务、国际商务、计算机应用技术、数字媒体技术应用、动漫与游戏制作、环境监测技术、电气运行与控制、体育设施管理与经营八大专业。开展三二连读大专、普职融通、三

年制职业中专、一年制高中起点招生等育人模式。学校被评为"山东省德育工作先进集体""青岛市绿色学校""青岛市职教先进集体"等。2011年5月学校被教育部认定为国家级重点职业学校。2017年学校被评为青岛市精神文明标兵单位，2018年被评为青岛市文明校园。2019年被评为山东省规范化中等职业学校，2022年被评为青岛市中小学阳光校园（5星级）。

教育教学 2022年，青岛财经职业学校深化"三领五融一品牌"。扎实开展作风能力提升年活动，认真组织"大学习""大调研""大讨论""大改进"。各党支部规范开展"三会一课"、主题党日活动，分别与青岛市教育科学研究院第四党支部、青岛第十九中学党委开展共建交流活动。深入推进全面从严治党和党风廉政建设，进一步完善学校师德师风建设实施方案，打造"清廉校园"。严格落实意识形态工作责任制，加强对宗教政策的宣传教育与正确引导。开展"喜迎二十大，创新聚力当先锋"党员擂台赛、"当龙头 做表率 开新局"大讨论暨中层以上领导干部暑期读书班，围绕学理论、强作风、找问题、谈思路，为学校高质量发展聚势储能，全方位提升工作能力与水平。

德育工作 青岛财经职业学校坚持品牌引领，落实新

时代立德树人根本任务。夯实"明理勤技"德育品牌，完善德育机制，构建"五合育人"德育体系。建立党组织主导、校长负责、群团组织参与、家庭社会联动的德育工作机制，完善"三全育人"与德技并修、工学结合协同育人机制，借力企业，校企共建德育实践基地。制定《十个一进家庭工作方案》，通过"十个一"活动，助推家校社融合，提升学生综合素养，学校定期举办大型艺术节活动，节目形式涉及元旦艺术节、社团嘉年华、十佳歌手比赛、合唱比赛、朗诵比赛等，学生参与率100%。获评青岛市第三十二届中小学生艺术节合唱展演二等奖、山东省中小学生校园艺术节合唱戏剧专项展示活动二等奖。重视学生心理健康教育，通过"七个一"（一室、一查、一讲堂、一团队、一社团、一主题、一网络）主渠道开展学生心理健康教育工作。

教学改革　青岛财经职业学校以课堂阵地，推进教学改革。科研带教研提升教师队伍素养。持续推进省市课题研究，课题《五共建 三加一 四耦合：新型引企入校助推中职计算机专业人才培养的改革与实践》获评"2022年青岛市市级教学成果奖"一等奖。教师参与课题《中职数学三环六步e贯通翻转课堂教学模式创新与实践》

《核心素养指导下三入式中职文本阅读教学模式的构建与实施》均获一等奖。12名教师参加青岛市"一师一优课"比赛，获一等奖2人、二等奖5人、三等奖5人。探索实践新型普职融通模式，推进"68财经一家亲"育人模式改革，助力学校高质量发展，获各界好评。以赛促教，提升师生职业能力，学校组织4个赛项，代表青岛市参加2022年全国和山东省职业院校技能大赛，其中"虚拟现实制作与应用赛项"获评2022年全国职业院校技能大赛二等奖，"工业分析检验"获评第15届山东省技能大赛三等奖。承接青岛市中职学校技能大赛4项大赛赛点任务，并获得一等奖5个。

青岛工贸职业学校

概况　青岛工贸职业学校是青岛市教育局直属公办学校，前身为山东省青岛第四十五中学，始建于1965年6月。学校1986年起与企业合作开设职业班；1997年9月10日，学校加挂青岛第十四职业高级中学名称，同时开办普通教育和职业教育；2000年9月，学校正式完成初中学制分离程序，转为单一职业教育学校，校名变更为青岛工贸职业学校，并确立以发展工科专业为主要办学方向。现已发展成为一所以智能制造专业群为核心，以信息

技术专业群为骨干，以交通服务专业群为特色的新工科品牌学校。学校是首批国家数控技术紧缺人才培训基地之一、首批全国机械行业服务先进制造高水平骨干职业院校之一、全国机械行业职业院校师资培训中心和全国机械职业教育高端制造技术应用中心。全国"机械行业中职智能制造与精密检测技术校企协同创新中心"理事长单位。学校拥有山东省数控职业资格鉴定单位资质，山东省技师、高级技师"金蓝领"培训基地；学校加挂"青岛职业技术学院应用技术学院"校牌，入选青岛市首批五年制贯通培养高职试点单位。

专业设置　青岛工贸职业学校开设数控技术、模具设计与制造、广告艺术设计、汽车检测与维修技术、工业机器人技术、高速铁路客运服务等6个高职专业和工业互联网（智能制造）、机械产品检测技术、新能源汽车维修、增材制造技术应用等10个中职专业。其中，数控技术专业为山东省教学改革试点专业、山东省品牌专业、青岛市骨干专业，数控技术应用和模具设计与制造专业为青岛市"对口就业率高、优质就业率高"双高名牌专业。

硬件设施　青岛工贸职业学校硬件设施完备，有永年路、兴华路两个办学校区，相距680米，步行约7分钟。永

年校区（李沧区永年路25号）占地面积2.29万平方米，建筑面积1.09万平方米，教学区域有教学楼、综合楼、实训中心；活动区域有8500平方米的塑胶运动场、300米跑道、篮球场地、排球场地、橄榄球场地、健身场地、乒乓球场地等。兴华校区（兴华路18号），占地面积2.09万平方米，建筑面积1.31万平方米，建有实验楼、办公楼、宿舍楼、食堂、塑胶篮球场、300米跑道操场等。学校拥有数控加工实训中心、钳工实训车间、车工实训车间、模具制造实训中心、旅游专业实训室、工业互联网数据中心等实训场所，建有CAD/CAM、CAXA数控车、CAXA制造工程师、模具虚拟实训室等多个专业实训室，构成了功能比较先进，数量、结构比较完整，集实践教学、技术服务、职业培训为一体的多功能实践教学环境。

师生情况 青岛工贸职业学校有教职工99人。其中，正高级职称教师2人，副高级职称教师23人，中高级以上职称教师占专任教师数82.2%，具有技师以上等级职业资格证书的"双师型"教师占专业教师比例66.6%。有国家级教学名师1人，省优秀教学团队2个、省特级教师2人、省优秀教师1人、省市级教学能手18人、市优秀教师5人、市学科带头人7

人、青岛名师3人，获得国家和省、市级荣誉称号的教师150余人次。学校年招生500人左右，有在校生1400余人。

德育工作 青岛工贸职业学校坚持立德树人根本任务。结合职校学生成长规律，提出以"红色铸魂、绿色培根、蓝色强技"三色教育，促进"课程融合、实践融合、校企融合"三融发展的"三色三融"育人方式改革，创新强基固本育人新途径。不断完善"三全育人"的德育工作体系，2022年，实现"全员育人导师制"师生覆盖率100%。持续打造"匠心讲堂"优秀企业文化进校园和工业文化研学"匠心育人"品牌，形成具有工科特色的德育教育与实践活动"课程图谱"，2022年被评为青岛市校园文化建设示范学校和山东省绿色学校。

校企合作 青岛工贸职业学校坚持产教融合发展基调。与山东辰榜校企共建联合成立岛城首个中职产教学院"青岛工贸—山东辰榜工业互联网智能制造产教学院"，联合打造智能制造业人才培养实训基地。在原有一汽、博世冠名班的基础上新增石化检安冠名班和辰榜冠名班，学校紧密型校企联合冠名班的数量达到4个，中职层次实现100%订单培养。与烟台汽车工程职业学院联合开设三二连读汽车制造与装配技术专业一汽订单班，推动中

高职企一体化人才培养全过程覆盖，推动校企命运共同体建设实现新跨越。学校智能制造专业群特色发展更加明显，中高职一体化贯通培养更加协同，产教融合校企联通服务区域经济能力显著提升。

教学改革 青岛工贸职业学校坚持职普融通育人转型升级。成立学校"职教高考研究中心"，新制定《高考班班主任及任课教师选聘管理办法》《高考班日常教育教学管理办法》《职教高考绩效考核及奖励办法》等多项管理制度，实行"资源配置、教研管理、评价推优"相对倾斜政策，在原有与青岛实验高中联办的2个普职融通班基础上，主动与青岛三中等学校加强沟通，签订普通高中新型普职融通班合作办学协议。学校坚持"三教"改革深化提升行动。成立教学督导组，开展"一法二教三课四维"改革，提升教师课堂教学实效。4人获全国教师教学能力大赛三等奖，4人获山东省二等奖；10人获2022年"一师一优课"一、二等奖。学校持续推动"规范课堂、诊断课堂、有效课堂、思政课堂、信息化课堂"五步走，承办青岛市信息技术与教育教学深度融合中职联盟交流研讨会，6位教师大会出示信息化展示课，学校作《搭建信息技术与课堂教学融合平台，提高有效教学手段与课堂教学质量》

主题发言。获 2021 年技能大赛获青岛市比赛一等奖 1 个、二等奖 4 个、三等奖 6 个，全国机械行业机械安全测评竞赛二等奖 1 个、三等奖 1 个，全国创造大赛二等奖 1 个。学校教科研氛围浓厚，2022 年，1 个全国教育科学规划教育部重点课题和 5 个青岛市"十三五"规划课题完成结题，2 个青岛市"十四五规划"课题新获立项，学校获 2 项青岛市教学成果二等奖，1 项山东省职教成果二等奖。

青岛艺术学校

概况 青岛艺术学校是青岛市教育局直属的中等职业学校、山东省规范化学校、山东省优质特色中等职业学校、中国艺术职业教育学会音乐专委会秘书长单位，获评全国学校艺术教育工作先进单位、全国中等职业教育德育工作先进集体、省级文明单位、山东省文明校园、山东省中等职业学校教学示范学校等。

硬件设施 青岛艺术学校有李沧区和市北区 2 个校区，占地面积 6.31 公顷，建筑面积 5.76 万平方米。学校有校内琴房、画室、排练厅等各类专业教室 170 间，建有实验剧场、斯坦威音乐厅、数字音乐实验室、学生电视台、陶艺馆、手工创意坊、马头琴工作室、古琴馆等艺术实践基地和理化生实验室、通用技术实验室、体育馆等通用设施，教学设备总值 4631.44 万元，配备纸质图书 15.54 万册，有校外实训基地 14 个。

师生情况 青岛艺术学校有在编教职工 236 人，专任教师 206 人，全部具有本科及以上学历，硕士及以上学位 66 人，正高级及高级讲师 65 人，占比 31%。专业专任教师 104 人，"双师型"教师 90 人，占专业课教师的 86.5%。有国家和省、市级荣誉称号者 70 余人。其中，全国模范教师 1 人，齐鲁名师 1 人，省特级教师和教学能手 9 人，青岛名师 7 人，市级拔尖人才、学科带头人、优秀教师和教学能手 55 人。建有 1 个青岛市名校长工作室、2 个青岛市名师工作室。中央音乐学院教授范磊、上海歌剧舞剧院首席女高音徐晓英、法国拉斐艺术学院国际导师凯文·拉方丹任客座教授，上海音乐学院教授盛利和邹彦在学校成立名师工作室，形成校外大师和校内名师协同引领团队发展局面。2 个教学团队获全国职业院校技能大赛教学能力比赛二等奖，1 个教学团队获山东省职业院校教学能力大赛二等奖，1 名教师获全国职业院校技能大赛中职班主任能力比赛二等奖，1 名教师获省级班主任能力比赛三等奖，2 人获全国职业院校信息化教学大赛二等奖，获省级教学成果奖 2 项。学校共有音乐表演、舞蹈表演、美术、人物形象设计、学前教育、服装表演、影视表演、戏曲表演、杂技表演 9 个专业，在校生 1731 人。

教育教学 青岛艺术学校坚持"德艺双馨、身心两健"的教学质量观，致力于培养"做人有道德、专业有特长、实践

图 111 2022 年 11 月 30 日，青岛艺术学校联合行业、企业、社区打造公益性校外实训基地产业学院·社区学院。（区教体局供图）

有技能、比赛有优势、就业有市场、升学有方向"的"六有"人才。近年来,学生在全国职业院校技能大赛中获二等奖3项、三等奖1项,在全国文明风采大赛中获一等奖4项、二等奖3项。所获国际金小丑奖、国际合唱节金奖、国家文华奖、荷花奖、群星奖、山东省政府泰山文艺奖等奖项多次填补青岛市空白。原创舞蹈在第四至六届全国中小学生艺术展演中获一等奖。学校秉持"在特色中追求卓越"的办学理念,形成了"适性发展、人人出彩"的人才观,"德艺双馨、身心两健"的质量观,致力于办"有特色、高品质"的学校,育"有特长、高素质"的学生,打造"学艺术、来艺校"的教育品牌。开创了"一化"促"三通"的办学格局。学校牵头成立青岛艺术教育集团,成员涵盖行业、企业、学校32家单位,依托集团化办学平台,促进普职融通、中高职纵向贯通、校行企横向联通,形成了特色办学、融合办学、联合办学、开放办学的多元化育人大格局。

课程体系 青岛艺术学校建成了"基础+骨干+特色"的专业体系。学校主动适应文化产业和区域社会经济发展需要,建立专业动态调整机制,以音乐表演、舞蹈表演、美术为基础,以音乐表演、舞蹈表演、美术、人物形象设计、学前教育为骨干,以影视表演、服装表演、戏曲表演、杂技表演专业为特色,形成了"基础专业+骨干专业+特色专业"的综合性专业体系。有省级品牌专业1个,省级特色化专业1个,市级骨干专业5个。坚持"精专业、强文化、宽基础、厚人文"的课程理念。按照"基础融合、专业分类、必修分层、特需特设"的工作思路,加强学校课程建设。落实国家课程标准和专业教学标准,深化综合高中课程体系建设,推动初高中一体化、中高职一体化、普职全方位融通。适应艺术生核心素养培养要求,推进精品课程建设,实现国家课程校本化、校本课程特色化。构建"思政理论课+热点专题教学+实践教学"思政课育人体系,推进习近平新时代中国特色社会主义思想进教材、进课堂、进头脑。出台《青岛艺术学校课程思政建设实施方案》,结合艺术专业特点将课程思政贯穿于教学设计和实施的全过程。打造"专业化+公益性"的社会服务模式。发挥艺术专业优势,年均开展送课下乡和城乡交流课活动10次。通过"学习强国"直播平台面向全市艺术教师开展公开课和典型经验展示,促进了全市艺术教师专业成长。每年承担青岛市春节联欢晚会等省、市级大型文体活动、节日庆典演出任务30余场。

（区教体局）

表11 2022年李沧区高中、职业学校基本情况表

教育教学机构名称	负责人	地址	联系电话
山东省青岛第五十八中学	袁国彬	九水路20号	87627218
山东省青岛第三中学	张 禹	永平路57号	84628922
青岛财经职业学校	王建鹏	京口路78号	87616555
青岛工贸职业学校	徐积林	永年路25号	84620086
青岛艺术学校	王 伟	九水路176号	82711012

（区教体局）

驻区高校简介

青岛开放大学

概况 青岛开放大学是青岛市政府直属高校和国家开放大学省级分部，是一所以促进终身学习为使命、以"互联网＋"教育为特征、以现代信息技术和四级办学体系为支撑，主要面向成人开展开放教育的新型高等学校。主要承担服务青岛市全民终身学习，推进青岛市开放教育体系建设，探索高等教育、职业教育与继续教育融合发展的职责。青岛开放大学同时加挂青岛创业大学牌子，青岛市社区教育指导服务中心依托青岛开放大学成立，建立青岛老年开放大学，承担青岛市创业教育、社区教育、老年教育职责。有金水路和大连路2个校区，在各区（市）设有9个分校、16个学习中心，形成覆盖青岛城乡的现代远程教育网络。设有本专科专业40余个，学历教育注册在校生7.5万余人。

学科设置 青岛开放大学开放教育设工商管理、行政管理、会计学、法学、药学、护理学、小学教育、土木工程、书法学等19个本科专业，建筑工程技术、工商企业管理、学前教育、中文、市场营销等24个专科专业。成人高等教育开设电气自动化、工程造价、机电一体化、物流管理等脱产和业余21个专科专业。

师生情况 2022年，青岛开放大学有教职工131人，含专任教师58人，其中教授7人、副教授20人。开放教育招生1.94万人，秋季开放教育本科生占比26%。毕业1.29万人，其中本科毕业生1998人。高等学历继续教育4014人。

学历教育 青岛开放大学有开放教育学习中心25家、高等学历继续教育校外教学点25家，试点设立开放教育学习支持服务站1个。扩大行业企业办学，与海信家电集团、平度扬帆职业学校共建青岛开放大学海信智能制造学院，探索"工学结合、校企一体双元育人"人才培养模式。扩大"警地"融合范围，在全市公安系统开展民（辅）警学历教育提升工程。与国家开放大学、中央广播电视中等专业学校签署中专学历合作办学协议，完善学历教育办学体系。新开书法学本科专业，探索学历教育与非学历教育融合机制。

社区教育 青岛开放大学发挥青岛市社区教育指导服务中心职能，组织2022年青岛市全民终身学习活动周开幕式，建设"名师荟"师资库，推进"青岛市能者为师"培育选拔工作，2个项目获评教育部社区教育"能者为师"实践创新项目。深入实施"智慧助老"工程，联合青岛市文明办组建56支志愿服务队伍，深入411个社区，开展线下教学821场，线上线下参训人数达40万人次。4个案例、11个项目、2个课程入选教育部"智慧助老"推介名单，获奖数量居全省第一位。"汇学琴岛"电视课堂点击量40万人次。选树特色典型，打造老年教育品牌，开展"百姓学习之星""终身学习品牌项目"评选培育活动，获国家级"百姓

图112 2022年8月13日—14日，青岛开放大学承办中心城市开放大学改革发展座谈会。 （区教体局供图）

学习之星"1人、省级13人、市级26人，获评国家级"终身学习品牌项目"1项、省级11项、市级21项。

人才培养 青岛开放大学与青岛海洋科学与技术试点国家实验室、青岛酒店管理职业技术学院、上海海事大学等共建"青岛海洋教育师资队伍"，汇聚名师资源，打造海洋网络教育新高地，辐射胶东经济圈及国家开放大学系统，为区域海洋经济发展、国家海洋战略提供人才保障和智力支持。在第八届中国国际"互联网＋"大学生创新创业大赛全国总决赛职教赛道获金奖2枚，获奖总数在全国高职院校中排名第3位，在山东省高职院校和国家开放大学44个省级分部中均排名第1位。承办第八届"市长杯"·创业城市合伙人·创客邀请赛，征集参赛项目253个，推选4个项目入围全国500强。创业培训品牌"精准滴灌行动"继续走进高校，精准指导项目10余项，线上、线下培训人数9000余人。"青岛市创业培训网络平台"有课程视频628件。全年线上创业培训人数1.65万人，累计培训11.96万人次。举办"创业第一课"公益培训讲堂24场，线下累计培训2059人，直播观看人数累计238.7万人次。

社会培训 青岛干部网络学院被纳入"高效青岛建设"攻势，打造符合"互联网＋"干部教育培训新趋势新任务的综合平台。青岛干部网络学院3.0新版上线，可实现1.2万人并发在线学习，实现干部教育培训全流程信息化管理，为服务青岛建设高素质干部队伍提供信息化支撑。上线课程253门，时长超过1万分钟，选学416万人次，课程总学分403万学分。举办线上培训班89个，审批线下培训班309个，参加总人数18.7万人，培训班获得总学分超过521.6万分。培训部被青岛市人社局评为青岛市突出贡献继续教育基地。深化产教融合人才培养，拓展与企业学院全方位合作，打造个性化、订单式培养模式，获评教育部产教融合典型案例。完成培训、社会化考试40余期，服务各领域人群3.5万人次，对接青岛市委组织部、青岛市纪委等党政部门40多个，服务大中小型企业300多家。联合青岛市委组织部、送培机关开展三方"问需、问计、问情、问政"调研，打造"公务员特色实践教育基地"品牌，组织开展双基公务员培训5期。发挥山东省、青岛市两级继续教育基地优势，推出"线上报名—缴费—学习—考核""一站式"线上学习支持服务，首次为企事业单位量身定制线上培训、山东省高级研修班等班次。深度挖掘市场，专业技术人员培训由单

季招生增加为春秋两季招生，试点校外合作培训，全年累计招生2.46万余人次，应邀为全市继续教育基地介绍培训经验，连年被评为优秀继续教育基地。国家数字化学习资源中心青岛分中心连续6年获评"国家数字化学习资源中心优秀分中心"。自建课程89门，迁移省开课程资源130门，征集30门优秀微课入选资源库，推送60门课程参加山东省教育厅社区教育优秀课程资源遴选，获评年度优秀课程资源，位列全省第一位。

山东外贸职业学院

概况 山东外贸职业学院隶属于山东省商务厅，前身是山东省对外贸易学校，创建于1964年，历经山东省对外贸易学校和山东省对外经济贸易职工大学等办学时期，1988年开始招收普通专科学生，是省内同类院校中最早举办普通专科教育的学校。1998年成为山东省首批高职试点学校。2002年经山东省人民政府批准成立全日制普通高等职业院校。先后有山东省商务技工学校、山东省服务外包泰安基地、山东省商务厅培训中心、山东省服务外包青岛基地、山东省对外经济贸易科学技术研究所并入学院。有李沧区、市南区、泰安市3个校区，总占地面积47.94万平方米，总建筑面积17.8万

平方米。学院是国家优质专科高等职业院校、山东省第一批优质高等职业院校建设工程立项单位、山东省技能型人才培养特色名校、青岛市首批品牌职业院校、山东省第一批教育信息化试点单位和山东省教育信息化示范单位、全国职业院校数字校园建设样板校，是全国外经贸职业教育教学指导委员会副主任委员单位、教育部职业院校外语类专业教学指导委员会委员单位、全国外经贸职业教育教学指导委员会商务外语专业指导委员会主任委员单位，获山东省依法治校示范校、山东省省直文明单位、青岛市文明校园等称号。全日制在校生1万余人。实施党支部规范化标准化建设提升工程。1个学生党支部入选全国党建双创"样板支部"，1个党总支、1个学生党支部分别入选全省党建双创"标杆院系""样板支部"。选派22名党员干部参加山东省驻基层工作组、援疆等工作，助力乡村振兴战略。

教育成果 2022年，山东外贸职业学院完成国际经济与贸易省级高水平专业群建设中期验收和第二批省高水平专业群申报工作。修订完成专业人才培养方案38个。取得省级以上标志性成果200余项。引进博士4人，评聘教授5人、副教授15人。教师在教学大赛中获评国家级二等奖1项，省级一等奖2项、二等奖1项、三等奖4项；获评国家级在线精品课程3门、省级在线精品课程11门、省级规划教材3部；获评国家级教学成果奖1项、省教学成果二等奖1项、省级教学改革研究课题5项；学生在各类职业技能竞赛中获评国家级赛事一等奖2项，省级赛事一等奖1项、二等奖6项、三等奖3项。20名学生被评为省优秀学生和优秀学生干部，2个班集体获评省优秀班集体。1

人获评第三届在青高校十佳辅导员。立项各级各类纵向科研项目42项，获批山东省高等学校"VR+"新技术研发中心、山东省杨超航空科普工作室、青岛市"润心"心理健康宣讲团。全面改善泰安新校区办学条件，着力完善办学功能，在校生规模达到2765人（其中高职生2500人）。开展"访企拓岗"工作，走访企业200余家，1015家企业到校招聘，提供就业岗位1.184万个。入选教育部第一批职业院校数字校园试点校、山东省智慧教育示范校创建培育单位。信息化应用案例入选教育部中央电化教育馆全国职业院校信息化建设与应用成果典型案例。学院获评全国第五届"绽放杯"5G应用征集大赛智慧教育专题赛特色奖。

交流合作 2022年，山东外贸职业学院与海丰国际控股有限公司签订战略合作框架协议，成立"海丰国际供应链产业学院"。与优质企业签订冠名订单班50多个。1个专业获评省级"产教融合示范性品牌专业"，1个合作企业获评省级"产教融合示范单位（基地）"。《校行盟企共建"会计工厂"，打造产教深度融合命运共同体》案例入选教育部产教融合校企合作典型案例。完成45期援外线上培训项目，培训来自103个国家的2422名政府官员和技术人员。联合国跨境电商研修项

图113　2022年8月13日，全国职业院校技能大赛银行业务综合技能赛项在山东外贸职业学院举行。　（区教体局供图）

目落地，入选全球发展高层对话会成果清单。与比利时烈日大学签署《中国山东外贸职业学院与比利时列日省高等学院学术合作协议》。1个项目获批教育部中外语言交流合作中心"中文＋职业技能"教学资源建设项目。

青岛酒店管理职业技术学院

概况　青岛酒店管理职业技术学院是经教育部批准成立的省属公办全日制普通高校。学院办学历史可追溯到1945年成立的私立青岛商科职业学校。2002年经山东省人民政府批复同意，将山东省商业学校改建为青岛酒店管理职业技术学院。学校占地面积44.02万平方米，建筑面积25万余平方米，设置酒店管理学院、文旅学院、烹饪学院等10个二级院部，开设有酒店管理与数字化运营、旅游管理、烹饪工艺与营养等35个专业，有教职工650人，全日制在校生1.4万人。学校是全国第一所独立设置的酒店管理职业技术学院，是中国特色高水平高职学校和专业建设计划建设单位，入选山东省首批特色名校、山东省首批优质高等职业院校、青岛市首批品牌高职院校、教育部第一批教育信息化试点单位。通过山东省高职高专院校人才培养工作水平评估、全省高职院校人才培养工作评估、德育与校园文明建

图114　2022年6月24日，山东省教育厅、财政厅"双高计划"建设中期评价专家组在青岛酒店管理职业技术学院开展建设中期绩效评价工作。
（区教体局供图）

设评估，取得优秀等级。入选国家旅游局旅游职业教育校企合作示范基地、全国邮政行业人才培养基地，获评"全国职业教育先进单位""山东省职业教育先进单位""山东省先进基层党组织""省级文明单位""省级文明校园""青岛市文明校园"等。

教育成果　青岛酒店管理职业技术学院开展迎接学习宣传党的二十大专项行动，开展"青春献礼二十大，强国有我新征程"主题宣传教育活动、"喜迎党的二十大 创新聚力当先锋"系列党员教育活动，印发《深入学习宣传贯彻党的二十大精神实施方案》，推动党的二十大精神在学校落地生根、开花结果。高质量完成"双高计划"建设中期绩效评价。6月23日—24日，山东省教育厅、财政厅"双高计划"建设中期评价专家组开展建设中期绩效评价工作时

认定，学校"双高计划"建设定位准、起点高、措施实、成效好，特别是在引领旅游职业教育改革发展、高水平助力文旅产业转型升级和高质量助推职教高地建设等方面成效显著，取得一大批国家级标志性成果，实现中期建设预期目标。

课程改革　青岛酒店管理职业技术学院全面启动课程提质培优综合改革。印发《课程提质培优综合改革实施方案》《课程提质培优综合改革验收工作方案》，立项首批课程79门。获评职业教育国家在线精品课程5门、山东省职业教育在线精品课程13门。获评9项省级职业教育教学成果奖。9项成果被山东省教育厅评为2022年省级教学成果奖（职业教育类）。其中，特等奖2项、一等奖5项、二等奖2项，获奖级别和数量在山东省高职院校中位居前列。5项成果被推荐参加国家级奖项

评审，获评全国职业院校技能大赛一等奖3个。2022年全国职业院校技能大赛中，学校导游服务、烹饪、餐厅服务3项赛项获一等奖，关务技能赛项获三等奖。

青岛恒星科技学院

概况 青岛恒星科技学院是经教育部批准的省属应用型普通本科高校，创建于2000年，以工学、管理学为主，多学科专业协调发展。学校实行"行校共建、产教融合"的办学模式，"工学交替、实岗实践"的教学模式。学院占地面积101.6万平方米，校舍建筑面积59.7万平方米。截至2022年底，学院固定资产总值10.7亿元。其中，教学、科研仪器设备资产值超过1亿元。图书馆藏书285万册。

其中，纸质图书155.2万册，电子图书130万册，纸质期刊726种，可使用数据库19个，阅览座位2524个，馆内设有书画院、考研自习室、期刊阅览区、报纸阅览区等，阅读环境舒适惬意，周开放时间为98小时。实验室、实习场所教学仪器设备充足，管理规范，满足实践教学要求。建有校内融媒体教学中心、机器人工程实验中心、大学物理实验中心、未来儿童成长中心、阅享中心、金工实习基地等实践教学中心（基地），涵盖9个学科门类、40个本科专业，其中校内实验室129个、实习实训场所50个，与海尔集团有限公司、海信集团有限公司等知名企业企联合共建校外实习实训基地179个。

专业特色 青岛恒星科技学院坚持应用型本科建设理念，打造优势特色专业。2022年6月发布的软科中国大学专业排名中，学院的影视摄影与制作、舞蹈表演、数字媒体艺术、航空服务艺术与管理、服装与服饰设计、视觉传达设计、社会体育指导与管理、音乐学8个专业进入B类。依托应用型本科高校建设项目，实施高水平学科专业建设工程，机械工程、工商管理、软件工程等5个一级学科和电气工程及其自动化、物流工程、数字媒体艺术等6个专业按计划有序推进建设。

师生情况 截至2022年底，青岛恒星科技学院教职工1223人。其中，专任教师785人，副高级及以上职称151人，中级职称285人，硕士研究生及以上学历626人，双师双能型教师236人。在校生1.84万人，包括普通本科生1.4万人、专科生4448人、成人教育320人；当年招生人数为本科5763人，专科1595人。

课程改革 青岛恒星科技学院以学生发展为中心，推进课堂教学改革，建设山东省一流课程，逐步推广各专业核心课程。修订《青岛恒星科技学院教学改革研究项目管理细则》，加大教改专项经费投入，激励教师开展教学改革研究项目。2022年教改立项建设90项，其中课程思政专项12项。全面推行多元化与多维度、过程性与

图115　2022年6月8日，由山东省科学技术协会主办、青岛恒星科技学院承办的"2022泰山科技论坛"暨国家级科技企业孵化器揭牌仪式在青岛恒星国际交流中心举行。　（区教体局供图）

终结性相结合的课程考核改革，注重对学生分析问题、解决问题的综合能力考核评价。全年共有 54 门课程实施考核立项改革，增强学生学习主动性，促进学生个性化培养。课程注重分层建设，突出重点。强化课程思政建设，开展课程思政示范课，建设课程思政教学案例库。通过合格课、优质课和一流课进行"三层次管理模式"与专业带头人、课程模块组负责人、课程负责人的"三建设主体"，形成校、院、室三等级课程建设体系。2022 年推进落实"一师一优课"建设工程，评选出校级一流课程 39 门，校级优质课 86 门；自建的线上课程有 16 门获评省级在线开放课程，课程整体建设质量稳步提升。

科研成果 2022 年，青岛恒星科技学院共申报国家和省、市级纵向科研项目 400 余项，获批 100 项；开展横向课题研究，项目经费 100 余万元；发表教科研论文 200 余篇，其中《科学引文索引》等高水平论文 17 篇；申请专利 200 余项，授权 73 项；出版专著 1 部，参编 6 部；获评青岛市教育科研成果奖一等奖 1 项、人文艺术奖 8 项；获批山东省科普专家工作室 2 个；举办"泰山科技论坛"活动 1 场次。学校"恒星新媒体及应用电子技术孵化器"获批"国家级科技企业孵化器"。截至 2022 年底，孵化器已与 21 家商协会行业协会达成共识并组建商协会联盟，为行校对接奠定基础。入驻企业累计 146 家，获得省、市国家创业大赛奖项的有 8 家，完成标准制定 4 家，累计培育孵化高新技术企业 16 家，完成全国科技型中小企业备案 45 家。累计毕业企业 23 家，孵化器自有孵化资金 1000 万元，投资在孵企业 11 家。全年完成产值超过 3 亿元，新增就业岗位 600 余个，45.6% 以上的入驻企业取得专利成果。恒星智岭科技产业园举办"2022 泰山科技论坛"活动及"国家级科技企业孵化器"授牌仪式，形成"众创—育苗—孵化—加速"链条，打造大学生双创特色的"育苗—优选—孵化—嫁接—培育—结果"的进阶式"帮孵"模式。启动"一个国家级科技企业孵化器、十家创新创业典型工作室、百位创新创业优秀导师、千项创新创业项目、万名创新创业学生骨干"的"个十百千万"工程。

交流合作 2022 年，青岛恒星科技学院与国外高校加强交流，开展联合培养项目，拓展学生对外交流形式，借鉴国外先进教育理念，引进国际优质教育资源，为学生营造良好的国际化的成长环境。分别与俄罗斯乌拉尔联邦大学、德累斯顿工业大学、马来西亚精英大学、韩国大邱大学、巴拿马大学等 10 余所高校建立合作关系，共同开展包括师生交流、学术交流、留学、科研合作等形式的国际交流与合作。

（区教体局）

表 12 2022 年李沧区驻区高校基本情况表

教育教学机构名称	负责人	地址	联系电话
青岛开放大学	张锡科	金水路 68 号	58661918
山东外贸职业学院分校	刁建东	巨峰路 201 号	55761138
青岛酒店管理职业技术学院	姜玉鹏	九水东路 599 号	86051688
青岛恒星科技学院	陈昌金	九水东路 588 号	86667103

（区教体局）

科 学 技 术

科技创新

科技企业培育

2022 年，李沧区坚持梯次培育，按照"分类指导、分级培育、重点突破"思路，因企施策，助力高潜力科技型企业驶入成长快车道，推动"小升规""企成高"。截至 2022 年底，全区科技型中小企业认定总数达 445 家；高新技术企业总数达 430 家；青岛云裳羽衣物联科技有限公司入选青岛市"高新技术企业上市培育库"，全区入库企业总数达到 5 家。

图 116　青岛市农业科学研究院"青砧 1 号"苹果砧木
（区科技局供图）

科技人才培养

2022 年，李沧区以平台为载体，扩大各领域人才队伍建设。加强科技人才队伍建设，着力推动李沧区科技创新工作，打造层次分明、结构合理的人才队伍，优化海外人才发展环境，调动科技人才创新创业积极性和创造性，助推全区科技人才跨越式发展。青岛岳达新动新能源科技有限公司、青岛明思为科技有限公司、青岛卓云海智医疗科技有限公司 3 家企业获批"青岛市产业领军人才"称号。精准服务，形成申报、考察、评估服务链。借助青岛市科技局外国人才专家线上培训会契机，邀请相关涉外机构、专家一同参会，深入了解外国专家相关政策；协助获评山东省"一事一议"顶尖人才 1 人、省级人才领军人才 1 人；追踪获评项目开展进度，协助省级人才项目中期检查评估；推荐 2 名人才进入省级创业大赛并公示。

自主创新

2022 年，李沧区立足解决企业转型升级中的关键环节和"卡脖子"问题，组织辖区企业进行多种产学研精准对接活动，为企业与高校院所提供沟通合作的渠道。坚持多元布局，推进不同类别不同层级平台建设，新获批筹建山东省重点实验室 1 家、青岛市重点实验室 5 家，青岛市技术创新中心 6 家，青岛市规模以上工业企业研发中心备案 21 家。坚持以科技项目为主要抓手推动企业创新发展，青岛太平洋水下科技工程有限公司获批山东省科技型中小企业创新能力提升工程（第二批）项目；青岛方天科技股份有限公司、青岛海研电子有限公司等 12 家企业获得青岛市"海洋产业关键技术攻关揭榜制项目""新兴产业培育计划揭榜制项目""园区培育计划"等支持，共获得市级奖励资金2200万元。

科技成果转化

科技投入

2022年，李沧区通过组织产业论坛、项目推介座谈会等方式，重点走访无研发投入或投入强度较低的规模以上企业（特别是工业和服务业），加大对企业创新的服务支持力度。全年符合上报条件的规模以上企业共341家，共上报研发投入资金5.27亿元，上报数比上年（下同）增长12.37%。

科技产出

2022年，全区高新技术企业达到430家，比上年增长8.04%；营收超过1亿元企业16家；工业总产值（当年价格）约56.53亿元；营业收入达109.44亿元，增长25%。其中，主营业务收入约108.17亿元，增长25.36%；高新技术产品约72.23亿元，增长11.17%；进出口总额约5.88亿元；研发费用约6.57亿元，增长20.77%；净利润约1.76亿元；实际上缴税费总额约2.75亿元，增长9.56%。从业人员期末人数10996人，增长7.90%。其中，专业技术人员3300人，研究开发人员3578人。专利申请数1146件，增长17.06%；专利授权数973件。

成果转化

2022年，李沧区全力推动科技成果转移转化。强化"一盘棋"思想，运用"互联网＋"思维全面梳理辖区企业运营情况和技术合同信息，建立技术合同登记长效机制，推动技术转移服务精细化。全年技术合同成交项数为488项，技术合同成交额为27.13亿元。

驻区科研单位选介

青岛市农业科学研究院

概况　青岛市农业科学研究院挂山东省农业科学院青岛市分院牌子，为青岛市农业农村局所属副局级公益一类事业单位。内设机构14个，核定编制140人，在编在岗132人。具备专业技术职称111人。其中，具有正高级任职资格31人、副高级任职资格56人，博士研究生20人，硕士研究生36人。享受政府特殊津贴11人，省、市级拔尖人才7人，国家"百千万"工程人才1人。依托建设有农业部农产品质量安全风险评估实验室（青岛）、中科院遗传发育所-青岛农科院"作物分子育种联合中心"、国家现代农业产业技术体系桃岗位、国家大宗蔬菜产业技术体系青岛综合试验站、国家苹果产业技术体系青岛综合试验站、国家桃产业技术体系青岛综合试验站、国家食用豆产业技术体系青岛综合试验站、山东省果品岗位。

科研成果　2022年，青岛市农业科学研究院承担省、市级科研项目15项，国家级科研项目10项。引进各类种质资源500余份，测配蔬菜、果树、作物等新组合2800余份，复选各类优良组合200余个。育成新品种14个，其中10个新品种取得植物新品种权或通过品种登记。制定青岛市地方标准3项。32项专利获得授权，其中发明专利12项。依托农业农村部农产品质量安全风险评估实验室（青岛），对韭菜、豇豆等10种农作物开展风险评估工作，共检测农药残留81项、重金属及其他元素5项、霉菌毒素4项，出具检测数据62140项次，完成质量安全风险评估报告10份。因从事农业基础性长期性工作获得农业农村部"先进单位"称号。高品质番茄新品种选育、苹果病虫害防治技术、小麦新品种选育、豆类种质创新与节本增效技术以及苹果砧木研究等5项成果获省、市级各类科技奖励，其中"72-69等系列高品质番茄新品种选育研究与示范推广"获全国农牧渔业丰收二等奖。

山东省花生研究所

概况　2022年，山东省花

图117 2022年12月26日，山东省花生研究所参加新疆维吾尔自治区重大科技专项"油料作物抗逆品种筛选及绿色丰产增效技术研究与示范"项目启动会。
（区科技局供图）

生研究所各方面工作稳步推进，继续保持省直文明单位称号。重视青年人才培养使用。新提拔年轻正科级干部2人，首次有"90后"职工进入研究所中层岗位。柔性引进国家级人才1人、海外专家2人，为其办理外国高端人才签证。培养院级领军人才1人，学科带头人2人，青年拔尖人才3人，引进优秀博士3人。1名专家获中国农学会青年科技奖，1名青年专家获山东省青年科技奖，派出1人到英国剑桥大学访学研修。

科研创新 2022年，山东省花生研究所立项科研项目40项，立项经费2021.5万元、到账经费1121.6万元，包括国家自然科学基金4项、省自然基金3项，国家重点研发计划1项，山东省重大关键技术攻关—花生良种工程、山东省重点研发计划—乡村振兴科技创新提振

行动计划、新疆维吾尔自治区重大科技专项等省级重大课题3项。单位主持获得山东省科技进步二等奖、齐鲁农业科技奖一等奖等成果奖励10项。登记新品种20个，授权国际和国家发明专利26项，发表《科学引文索引》论文17篇，累计影响因子110.597。在《自然催化》发表封面文章，单篇影响因子高达40.706。参与起草《关于加强食物供应链减损科技创新的建议》《关于利用数字科技赋能乡村振兴的建议》，得到农业农村部主要领导批示。做好农业农村部花生生物学与遗传育种重点实验室"十四五"规划和年度工作计划，山东省花生技术创新中心通过山东省科技厅组织的绩效考核，获评良好等次。青岛市农业生物技术重点实验室获绩效考核优秀等次，获50万元奖励。新上"科创中

国"花生产业服务团、山东省科技特派员创新创业共同体青岛花生产业服务团和青岛市花生种业重点实验室3个科研创新平台。统筹整合科技资源，与多家共建单位签署合作协议，共同推进创新平台建设。新建国家花生工程技术研究中心广东分中心、国家花生工程技术研究中心青岛胶州（玉王誉农业）科技成果转化基地。

成果转化 2022年，山东省花生研究所首次获得中国技术市场协会金桥奖（第十一届）优秀项目奖，获批全国主导品种2个、主推技术1项，省主推技术1项。全年举办学术报告30余场；选派5名全脱产科技人员赴"三个突破县"挂职，派出25人到村、镇、企业挂职培养，对接产业需求；派出80人次到中国农科院、河南农科院、中国农业大学、华南农业大学等科研院所交流访问，提升技术创新能力。在省内外各地开展技术服务200余人次。组织科技下乡8次53人次。在荣成市、即墨区、郓城县、费县等地开展线下培训活动12次，在山东乡村广播、山东电视台农科直播间、全国农技推广中心直播等举办线上培训班6次，直接培训人员67万余人次。较好地解决了生产中的突发的30余次技术难题。建立花生新品种展示点13个，展示新品种、新技术40余项。举

图118 2022年5月20日，青岛市畜牧工作站在青岛市第三届"崂蜂论坛"上介绍养蜂技术经验。（青岛市畜牧工作站供图）

办现场观摩会6次，发放技术明白纸300余份，观摩人数超过300人。

青岛市畜牧工作站（青岛市畜牧兽医研究所）

概况 青岛市畜牧工作站（青岛市畜牧兽医研究所）成立于1989年9月，是市农业农村局所属正处级公益一类事业单位，单位内设8个科室，有在职职工40人。其中，博士研究生2人，硕士研究生15人，本科18人，大专5人。按照技术职称统计拥有正高级职称8人，高级职称17人，中级职称4人，初级职称2人，其他9人。单位承担畜牧业技术推广和研究工作，承担畜禽和畜禽微生物种质资源保护及开发利用相关工作，为畜禽品种引进、良种繁育提供技术服务，承担饲草资源保护、开发利用、性能测定工作，承担畜禽养殖废弃物无害化处理与资源化利用技术推广和服务工作。承担养蜂技术的研究、转化和推广工作，为特种动物养殖产业发展提供技术服务，为畜禽养殖、规模场设施装备建设提供技术指导，开展畜牧业技术交流与合作。

科研创新 2022年，青岛市畜牧工作站（青岛市畜牧兽医研究所）获授权专利16项，发布地方、企业标准5项，《奶山羊全产业链融合发展模式构建与应用》《猪呼吸道疾病防控技术的创新与应用》等课题获国家、省级科技奖5项。遴选

发布主推新技术36项，其中入选国家畜禽粪污处理十大主推技术1项、山东省畜牧业主推技术2项。创新编撰技术手册、典型汇编、技术视频30余部，主推技术到位率100%，线上和线下"科技讲堂"培训约16期，为养殖场户进行样品采集和检测8000余份，检测指标5万余个，直接解决养殖企业生产中难点问题200余个。

2022年李沧区及驻区市级以上科技平台

概况

2022年，李沧区拥有科研机构3家，国家级工程技术研究中心1家、山东省级工程技术研究中心2家、青岛市级工程技术研究中心1家、部级重点实验室1家、山东省级重点实验室2家、青岛市级重点实验室8家、国家星创天地1家、山东省院士工作站5家、青岛市国际科技合作基地4家、山东省技术创新中心1家、青岛市技术创新中心28家、山东省新型研发机构7家、青岛市级新型研发机构6家、青岛市规上工业企业研发中心38家、科技成果转化中试基地（山东省科技成果转化服务平台）4家。

表 13　2022 年李沧区及驻区市级以上科技平台基本情况表

序号	平台类型	认定级别	平台名称	运营单位
1	科研机构（3 家）	-		山东省花生研究所
		-		青岛市农业科学研究院（山东省农业科学院青岛市分院）
		-		青岛市畜牧工作站（青岛市畜牧兽医研究所）
2	国家级工程技术研究中心（1 家）	国家级	国家花生工程技术研究中心	山东省花生研究所
3	山东省级工程技术研究中心（2 家）	省级	山东省花生工程技术研究中心	山东省花生研究所
		省级	山东省气溶胶测控技术与装备工程技术研究中心	青岛恒远科技发展有限公司
4	青岛市级工程技术研究中心（1 家）	市级	青岛市汽车悬架弹簧工程技术研究中心	青岛帅潮实业有限公司
5	部级重点实验室（1 家）	部级	农业部花生生物学与遗传育种重点实验室	山东省花生研究所
6	山东省级重点实验室（2 家）	省级	山东省花生重点实验室	山东省花生研究所
		省级筹建	山东省中子科学技术重点实验室（筹建）	中子科学国际研究院、山东大学
7	青岛市级重点实验室（8 家）	市级	青岛市农业生物技术重点实验室	山东省花生研究所
		市级	青岛市畜禽营养重点实验室	青岛市畜牧工作站（青岛市畜牧兽医研究所）
		市级筹建	青岛市花生种业重点实验室（筹建）	山东省花生研究所
		市级筹建	青岛市中子检测技术重点实验室（筹建）	中科超睿（青岛）技术有限公司
		市级筹建	青岛市深远海物联网智能感知实验室（筹建）	青岛海研电子有限公司、自然资源部第一海洋研究所
		市级筹建	青岛市新能源汽车设计与智能控制重点实验室（筹建）	吉林大学青岛汽车研究院
		市级筹建	青岛市汽车精密轴承重点实验室（筹建）	青岛泰德汽车轴承股份有限公司
		市级筹建	青岛市氢能源催化剂与膜电极研究中重点实验室（筹建）	创启时代（青岛）科技有限公司、青岛创启信德新能源科技有限公司、青岛创启新能催化科技有限公司
8	国家星创天地（1 家）	国家级	农科田园科技星创天地	青岛市农业科学研究院
9	山东省院士工作站（5 家）	省级	陈璞院士工作站	纳肽得（青岛）生物医药有限公司

（续表）

序号	平台类型	认定级别	平台名称	运营单位
10	青岛市国际科技合作基地（4家）	省级	高伟俊院士工作站	青岛戴姆雷博机器人科技有限公司
		省级	Seeram Ramakrishna院士工作站	青岛聚纳达科技有限公司
		省级	Kabanikhin Sergey院士工作站	青岛海研电子有限公司
		省级	左明健院士工作站	青岛明思为科技有限公司
		市级	青岛市纳米纤维国际科技合作基地	青岛聚纳达科技有限公司
		市级	青岛区块链云计算研究国际科技合作基地	铭数科技（青岛）有限公司
		市级	院士港产业加速器国际科技合作基地	青岛国际院士港产业加速器
		市级	青岛国际院士港国际科技合作基地	青岛国际院士港综合管理委员会办公室
11	山东省技术创新中心（1家）	省级筹建	青岛国际院士港集团有限公司（筹建）	山东省陆海统筹综合技术创新中心
12	青岛市技术创新中心（28家）	市级	青岛市海水淡化超滤与反渗透及浓盐水综合利用技术创新中心	青岛百发海水淡化有限公司
		市级	青岛市驱动电机生产设备技术创新中心	中特科技工业（青岛）有限公司
		市级	青岛市汽车精密轴承技术创新中心	青岛泰德汽车轴承股份有限公司
		市级	青岛市家电冲压模具制造技术创新中心	青岛鲁强模具有限公司
		市级	青岛市纳米纤维复合材料技术创新中心	聚纳达（青岛）科技有限公司
		市级	青岛市聚苯乙烯新材料研发与设计技术创新中心	青岛海湾化工设计研究院有限公司
		市级	青岛市汽车零部件及配件制造技术创新中心	青岛方正机械集团有限公司
		市级	青岛市激光探测技术创新中心	青岛华航环境科技有限责任公司
		市级	青岛市气溶胶测控技术创新中心（转建）	青岛恒远科技发展有限公司
		市级	青岛市花生技术创新中心（转建）	山东省花生研究所
		市级	智慧物联技术创新中心	山东海智星智能科技有限公司
		市级	青岛市小核酸药物与靶向逆送系统技术创新中心	纳肽得（青岛）生物医药有限公司
		市级	青岛市海气系统监测装备技术创新中心	青岛海研电子有限公司
		市级	青岛市精密汽车模具装备制造技术创新中心	青岛海瑞德模具制品有限公司
		市级	青岛电站阀门高端制造技术创新中心	青岛电站阀门有限公司

（续表）

序号	平台类型	认定级别	平台名称	运营单位
		市级	青岛市汽车制动转向系统及机械停车设备制造技术创新中心	青岛昊悦机械有限公司
		市级	青岛市新能源汽车行业其他相关服务技术创新中心	吉林大学青岛汽车研究院
		市级	青岛市制药自动化包装装备技术创新中心	青岛非凡包装机械有限公司
		市级	青岛市水下作业工程技术创新中心	青岛太平洋水下科技工程有限公司
		市级	青岛市工程机械行星传动技术创新中心	青岛核工机械有限公司
		市级	青岛市石化装备智能检修技术创新中心	青岛石化检修安装工程有限责任公司
		市级	青岛市干散货码头智控系统技术创新中心	山东朝辉自动化科技有限责任公司
		市级	青岛市教学仿真实训设备制造技术创新中心	青岛昊川电子科技有限公司
		市级拟公示	青岛市氢燃料电池技术创新中心	海卓动力（青岛）能源科技有限公司
		市级拟公示	青岛市海洋氢能装备制作技术创新中心	青岛博亭科技有限公司
		市级拟公示	青岛市电力交易市场软件开发技术创新中心	青岛方天科技股份有限公司
		市级拟公示	青岛市建筑节能数字化设计技术创新中心	青岛沿海建筑设计有限公司
		市级拟公示	青岛市土壤污染治理与修复技术创新中心	山东省核工业二四八地质大队
13	山东省新型研发机构（7家）	省级	吉林大学青岛汽车研究院	吉林大学、青岛市科技局、李沧区人民政府
		省级	青岛大地新能源科技研发有限公司	青岛大地新能源技术研究院、青岛院士港产业园运营管理有限公司
		省级	铭数科技（青岛）有限公司	铭数科技（青岛）有限公司、青岛院士港产业园运营管理有限公司
		省级	青岛普美圣医药科技有限公司	青岛普美圣医药科技有限公司、青岛院士港产业园运营管理有限公司
		省级	纳肽得（青岛）生物医药有限公司	纳肽得（青岛）生物医药有限公司、青岛院士港产业园运营管理有限公司

（续表）

序号	平台类型	认定级别	平台名称	运营单位
14	青岛市级新型研发机构（6家）	省级	青岛军民融合协同创新研究院	李沧区人民政府、海军工程大学
		省级	中科超睿（青岛）技术有限公司	中科超睿（青岛）技术有限公司
		市级	青岛永展医药科技有限公司	青岛永展医药科技有限公司
		市级	国科中子能（青岛）研究院有限公司	国科中子能（青岛）研究院有限公司
		市级	青岛同清湖氢能源科技有限公司	青岛同清湖氢能源科技有限公司
		市级	青岛国际院士港同清湖科技协同创新研究院	青岛国际院士港同清湖科技协同创新研究院
		市级	青岛德先新能源汽车制造有限公司	青岛德先新能源汽车制造有限公司
15	青岛市规上工业企业研发中心（38家）	市级	瑞海泊（青岛）能源科技有限公司	瑞海泊（青岛）能源科技有限公司
		市级	青岛元大人防工程防护设备有限公司	
		市级	青岛核工机械有限公司	
		市级	青岛衡均锻压机械有限公司	
		市级	青岛路博建业环保科技有限公司	
		市级	青岛非凡包装机械有限公司	
		市级	青岛航天红光车桥制造有限公司	
		市级	青岛西南渠耐火材料有限公司	
		市级	青岛汇天隆工程塑料有限公司	
		市级	青岛佳百特新材料科技有限公司	
		市级	青岛德泰恒铁塔有限公司	
		市级	青岛海瑞德模具制品有限公司	
		市级	青岛艾普智能仪器有限公司	
		市级	青岛海通制动器有限公司	
		市级	青岛海德包装有限公司	
		市级	青岛中科汉维实验室装备科技有限公司	
		市级	青岛茌森工程有限公司	
		市级	青岛方天科技股份有限公司	
		市级	青岛德先新能源汽车制造有限公司	

（续表）

序号	平台类型	认定级别	平台名称	运营单位
		市级	海卓动力（青岛）能源科技有限公司	
		市级	青岛红星化工集团天然色素有限公司	
		市级	青岛特固德商砼有限公司	
		市级	青岛申通机械有限公司	
		市级	青岛博世通工业设备有限公司	
		市级	青岛冠恒机械模具有限公司	
		市级	青岛金仕达电子科技有限公司	
		市级	青岛广大方圆橡塑制品有限公司	
		市级	青岛圣本电子科技有限公司	
		市级	青岛天顺达塑胶有限公司	
		市级	青岛海兴电子有限公司	
		市级	青岛荣一五金索具有限公司	
		市级	青岛金环汽配制造有限公司	
		市级	青岛太平洋化工装备有限公司	
		市级	青岛建一混凝土有限公司	
		市级	青岛海纳德电气有限公司	
		市级	青岛聚创环保集团有限公司	
		市级	青岛双利材料科技有限公司	
		市级	青岛盛宝林环保科技有限公司	
		市级	青岛海达维健康科技有限公司	
16	科技成果转化中试基地（山东省科技成果转化服务平台）（4家）	省级	山东创启时代成果转化中试基地	创启时代（青岛）科技有限公司
		省级	青岛德先新能源汽车中试基地	青岛国际院士港、中国工程院钟志华院士团队
		省级	青岛蛋鸡健康养殖科技成果转化中试基地	青岛山美生态农业有限公司／青岛市畜牧工作站（青岛市畜牧兽医研究所）
		省级	二次水系电池中试基地	瑞海泊（青岛）能源科技有限公司

（区科技局）

文　化

公共文化服务

完善公共文化阵地

（详见第 44 页）

开展文化惠民活动

（详见第 44 页）

组织全民阅读活动

（详见第 44 页）

文艺创作与表演

2022 年，李沧区围绕庆祝党的二十大胜利召开，组织开展文艺创作与表演，原创文艺作品获市级奖项 8 个。山东琴书《海港英雄赞》，由李沧区文化馆与青岛市曲艺家协会根据中国时代楷模张连钢团队的真实事迹联合创作，通过展现青岛港张连钢团队自主研发自动化码头创造奇迹的事迹，讴歌中国港口建设技术人员的爱国情怀以及自力更生艰苦创业的奋斗精神，从而激发观众爱党、爱国的激情和热情，获青岛市"中国梦·新时代·新征程"百姓宣讲二等奖。李沧区文化馆原创歌曲《赶路》，运用河南民歌的音乐元素，回顾伟大的中国共产党走过的光辉历程，讴歌一百年所取得的辉煌成就，抒发不忘党恩，永远跟党走的坚定决心，获青岛市第十届"海燕奖"群众文艺原创作品大赛（音乐类）二等奖。积极组织开展创作美术作品，《收获》《日照深红暖见鱼》《秋荷图》《梅花》等美术作品在"喜迎二十大 美在新时代"——青岛市群众美术创作作品展进行展出。李沧区文化馆创作、编排及参演的舞蹈《俏秧歌》《花开荼蘼春又归》参加"喜迎二十大 舞动新时代"2022 青岛市广场舞展演暨第三届乡村广场舞大赛，分别获二等奖、三等奖。

文化交流与合作

2022 年，李沧区加强文化交流，通过举办文化培训、实践教学、实地考察、帮扶捐赠等，加深与外地在基层文化建设、文化遗产保护利用等工作的沟通与交流。区文化和旅游局派出 2 名业务骨干赴甘肃省陇南市康县开展对口支援和文化帮扶协作工作，充分利用两位骨干的专业特长，通过开展培训、组织活动、调研交流等方式解决实际问题，针对具体工作提出意见建议。安排康县 6 名文旅业务骨干到李沧区跟班学习，根据其工作性质，"一对一"安排指导人员，通过参与重大活动和实际工作，促进交流学习，深度践行文化帮扶和交流提升。开展李沧区"青陇一家亲 爱心传书香"图书捐赠与漂流公益文化活动，向陇南市捐赠图书 1 万册，增进青岛市与陇南市互助帮扶的深厚情谊，促进两地青少年交流和共同成长。邀请中国海洋大学留学生到李沧区文化馆，现场体验剪纸等非遗文化，参观区非物质文化遗产博物馆。

文化遗产

文物保护

文物安全检查 2022 年，李沧区落实文物安全巡查检查制度，督促存在安全隐患的文物保护单位进行整改，确保文物安全。全年对各级文物保护单位和一般不可移动文物开展巡查 96 处次。对照《文物建筑消防安全管理十项规定》和《文物建筑电气防火导则（试行）》等相关文件要求，对全区

图 119　2022 年 8 月 29 日，李村街道北山社区举办"非遗在社区"查拳传习课堂。

（区文化和旅游局供图）

具有火灾风险和汛情风险的 22 处文物建筑开展消防安全检查，查漏补缺、整改隐患，高标准严要求，逐一落实规定要求，确保文物安全无盲区、无死角。

馆藏文物修复　2022 年，李沧区完善藏品修复保护档案 17 件，修复馆藏藏品 22 件套。对大枣园牌坊、同兴纱厂旧址等文物建筑进行维护修缮，完成了大枣园牌坊修缮工程（一期），并组织专家进行竣工初验。

文物展览展示　2022 年，"文化进万家"瑞虎迎春庆冬奥——青岛非遗熏画联展开展。该展览是全国首次举办的以熏画艺术形式展示冬奥主题和虎主题的专题展，在李沧区和平度市两地共展出清朝至民国时期剪纸熏样画 15 幅、当代熏画作品 138 幅、清朝至二十世纪九十年代虎文化民间工艺类藏品 116 件套、清朝至民国时期剪纸窗裙 10 幅、展板 96 块。新华网、《光明日报》、《青岛日报》、齐鲁电视台等 20 余家媒体进行了报道，多家网络媒体予以转载。

互动体验活动　2022 年，李沧区通过开展文物修复体验、拓片制作和熏画制作体验等互动体验活动，提高群众特别是青少年学生对中国传统工艺的了解和认识，增强对中华优秀传统文化的认同感和自豪感。利用好区博物馆"无党派人士工作室"平台，依托非遗或传统工艺，通过互动体验和创意设计，探索传统工艺活态传承新模式。

非物质文化遗产

非遗传承人和非遗项目

2022 年，李沧区组织开展第二批区级非遗代表性传承人、第五批区级非遗代表性项目申报工作及首批区级非遗工坊认定工作，新增区级非遗代表性项目 20 个、区级非遗代表性传承人 11 人、区级非遗工坊 5 家。开展组织申报，新增市级非遗工坊 5 家、市级非遗特色社区 2 个、市级非遗特色示范社区 1 个。

非遗传承基地　2022 年，李沧区文化和旅游局承办"我们的中国梦 文化进万家"国家级非物质文化遗产项目（山东琴书）传承基地揭牌仪式暨山东琴书流派研讨会、"喜迎二十大 讴歌新时代"山东省第四届少儿曲艺展演（青岛赛区）、"喜迎二十大·讴歌新时代"青岛市原创曲艺作品大赛颁奖典礼。国家级非物质文化遗产项目（山东琴书）传承基地和山东省曲艺传承实践基地落户李沧区。设立李沧区青少年非遗手造实践基地，持续开展"小小传承人""多彩假期 快乐研学"等非遗互动体验系列活动，为青少年认知非遗搭建平台，扩大非遗传承空间，引导更多青少年肩负起非遗保护与传承的时代重任。组织开展"非遗在社区""非遗进校园"和非遗公益培训、讲座等系列活动约 70 场次。

非物质文化遗产博物馆　2022 年，李沧区非物质文化遗产博物馆向公众免费开放，全面展示全区非遗保护成果，推出区非物质文化遗产博物馆 VR 线上全景展，市民可以线上参观区非物质文化遗产博物馆。参与 2022 年"文化进万家"视频直播家乡年活动，制发非遗视频 13 条，新浪微博平台播放量居全市首位。

"山东手造"工程 2022年，李沧区依托李沧非遗项目，探索文化活态传承新模式。挖掘崂山派古琴制作、郑庄脂渣、青岛锅贴、崂山冷凝香、老沧口糕点等李沧传统手造的品牌价值，培育非遗手造产业。为非遗项目、手造企业搭建展示展销平台，组织开展"文化进万家"瑞虎闹春庆冬奥——青岛熏画联展、"我们的节日·端午"非遗手造市集、"百年再出发 献礼二十大"2022 年李沧区"妙剪颂清廉 非遗传党情"剪纸展、"山东手造 青岛有李"文创市集等，推动全区非遗手造产业高质量发展。

表 14　2022 年李沧区新增非物质文化遗产项目表

非遗项目	具体信息		级别
第一批市级非遗工坊（李沧区入选 5 家）	青岛锅贴非遗工坊		市级
	老赵家风味臭鱼非遗工坊		市级
	郑庄脂渣非遗工坊		市级
	崂山派古琴非遗工坊		市级
	冷凝香制作非遗工坊		市级
第二批市级非遗特色社区（李沧区入选 2 家）	李沧区世园街道南王家上流社区（传统体育、游艺与杂技）		市级
	李沧区李村街道北山社区（传统体育、游艺与杂技）		市级
市级非遗特色示范社区（李沧区入选 1 家）	李沧区李村街道北山社区（传统体育、游艺与杂技）		市级
第二批区级非物质文化遗产代表性传承人（共 11 人）	崂山派古琴艺术	张蛟	区级
	平江调私塾吟诵	郭瑞明	区级
	龙门拳	王胜岗	区级
	传统吹糖技艺	周明鸣	区级
	郑庄脂渣制作技艺	吕俊忠	区级
	老赵家风味臭鱼制作技艺	赵洪永	区级
	庄子蜡制作技艺	黑新成	区级
	张氏小磨香油制作技艺	张永喜	区级
	东李老曲家苦肠制作技艺	曲训群	区级

（续表）

非遗项目	具体信息		级别
	崂山派古琴制作技艺	王洪军	区级
	崂山冷凝香制作技艺	刘光兴	区级
第五批区级非物质文化遗产代表性项目名录（共20项）	民间文学	仙姑塔的传说	区级
	传统音乐（2项）	崂山派琴歌	区级
		金陵派古琴	区级
	传统体育、游艺与竞技类（2项）	意拳（大成拳）	区级
		传统陈氏太极拳	区级
	传统技艺（10项）	青食钙奶饼干制作技艺	区级
		老沧口老面包制作技艺	区级
		老沧口蜜三刀制作技艺	区级
		乔家驴肉制作技艺	区级
		立体微雕	区级
		大虾酥传统制作技艺	区级
		杠子头火烧传统制作技艺	区级
		诸城派古琴斫制技艺	区级
		庄子豆腐制作技艺	区级
		盘扣制作技艺	区级
	传统美术（2项）	面塑	区级
		鸟虫篆	区级
	传统医药（3项）	崂山点穴疗法	区级
		青岛张氏耳穴	区级
		王氏皮肤病诊疗法	区级
首批区级非遗工坊（共5家）	青岛市郑庄脂渣有限公司	郑庄脂渣制作技艺	区级
	青岛锅贴有限公司	青岛锅贴制作技艺	区级
	青岛美食鲁菜大酒店有限公司	老赵家风味臭鱼制作技艺	区级
	青岛正心智慧树文化传播有限公司	崂山派古琴制作技艺	区级
	青岛三味香道文化传播有限公司	崂山冷凝香制作技艺	区级

（区文化和旅游局）

融 媒 体 发 展

媒体融合

2022 年，中共青岛市李沧区委对外宣传中心（青岛市李沧区融媒体中心）（简称"区融媒体中心"）按照中央和山东省、青岛市推动县级融媒体中心媒体融合发展的有关要求，实现了对全区相关媒体资源的全面整合，按照全省县级融媒体中心建设的标准实现与闪电云平台互联互通，建成以"家在李沧"新闻客户端、"李沧融媒"微信公众平台、"李沧发布"政务微博、李沧电视频道及人民号、闪电号、头条号、抖音号等"两微一端一台 N 号"为主要媒介，集一体化新闻信息采集中心、编辑中心为一体的全媒体内容管理系统，建设视频资源库、稿库、图片库，具备集中指挥、采编调度、高效协调、信息沟通等功能，全面打通策、采、编、审、发、评全流程，实现"一次采集、多种生成、全媒传播"。

新闻宣传

主题宣传

2022 年，区融媒体中心部署"喜迎二十大"主题宣传会。开设"二十大时光"专栏，及时准确播发程序性报道，安全准确开展大会直播转播工作，对全区各行业各领域收听收看反响情况进行报道，共发布稿件 220 余篇，总展现量突破 100 万次。推出重点专题专栏，迅速兴起学习贯彻党的二十大精神宣传热潮。区级平台开设"深入学习宣传贯彻党的二十大精神""新时代新征程新伟业"等专题专栏，全面报道各街道各部门各行业深入学习二十大精神和习近平新时代中国特色社会主义思想的行动。

疫情防控宣传

2022 年，区融媒体中心围绕新冠疫情形势新变化和疫情防控新政策，及时准确做好新闻宣传工作。严把发布流程，及时发布权威消息。根据中央和省、市、区关于疫情防控的有关部署要求，及时准确发布各类防疫政策、核酸检测通告等信息，结合百姓关注的热点焦点，及时推送有关信息到居民群，有效引导群众树立正确认识，科学应对疫情。策划制作各类产品，科普疫情防控知识。通过短视频、长图、图文等新媒体形式，科普疫情防控知识；李沧区电视频道不间断播放公民防疫基本行为准则相关短视频、海报，引导群众增强责任意识、自我防护意识。全年通过"两微一端一台"发布相关信息 1800 余条，阅读量超过 1300 万次，其中 10 万＋阅读量 22 条。

"网连民心"工作

2022 年，区融媒体中心在"家在李沧"客户端开设"问政"栏目，开启百姓"指尖问政"新模式，全区 65 个街道、部门、单位入驻融媒问政平台"在线答政"。制定《"家在李沧"客户端"问政"栏目回应处置工作规程》，密切协同联动，做好"问政"回应整改；举办关于"家在李沧"客户端"问政"栏目回应处置工作培训班，组织各街道、各部门、各单位工作人员参加，切实提高业务人员能力，确保回应处置及时、高效。全年转办各类问题近 100 件，回复率达 100%，收集民情、回应民怨、赢得民心，凝聚认同支持李沧区发展的强大合力。

新闻发布工作

2022 年，区融媒体中心进一步完善新闻发布机制建设，制定印发《李沧区关于进一步规范新闻发布工作的通知》等文件，规范新闻发布活动，严肃新闻发布纪律。进一步梳理全区 70 个街道、单位新闻发言人和新闻发布工作联络员，举办李沧区新闻发言人专题培训班和新闻发布活动 20 场，有效提升发布质量和效果。

对外宣传

2022 年，区融媒体中心锚定"建设新时代社会主义现代化国际大都市"目标，围绕"活力海洋之都、精彩宜人之城"的城市愿景，结合李沧区政策改革、经济发展、对外开放、文教体育和风俗人情等多个层面内容，在"iqingdao"外文平台搭建李沧板块，在推特及脸书外媒社交平台创建"Amazing Licang"官方账号，精选内容新颖有趣、图片视频精美、文字简练突出的选题，在推特"iqingdao"官方海外媒体平台、"Qingdao, China"、脸书"Qingdao City, China"等账号宣传推介李沧区，与对外友好城市（区）共推介 60 条原创稿件，推送次数超 200 次。开展文化、教育、经贸等各领域交流，通过美联社、道琼斯市场观察、美国洛杉矶 KTLA 电视台、Markets Insider 等 100 余家海外媒体平台宣传推介。

（区委宣传部）

卫 生 健 康

概　况

基本情况

截至 2022 年底，李沧区有各级各类卫生机构 573 家、床位 4395 张，常住人口每千人拥有床位 6.8 张。其中，三级医院 4 家、二级医疗机构 13 家、一级医院 13 家、社区卫生机构 61 家，门诊部、诊所等其他医疗机构 482 家，疾病预防控制中心、卫生计生综合监督执法局、妇幼保健计划生育服务中心各 1 家。医疗机构卫生技术人员总数 7280 人。其中，执业（助理）医师 3094 人，注册护士 3471 人。全年诊疗人次数 610.61 万人次，门急诊人次数 320.26 万人次，健康查体人次数 27.93 万人次，住院 6.75 万人次。李沧区卫生健康局及局属单位共有职工 460 人。其中，卫生技术人员 390 人，高、中、初级职称分别为 54 人、142 人、194 人，分别占 13.8%、36.4%、49.8%。下设事业单位 9 家。其中，公益一类 3 家，公益二类 6 家。

重点项目和区办实事

2022 年，青岛市第八人民医院东院区完成装修和设备采购，世园综合服务中心项目完成主体建设。推出卫生健康惠民政策 30 条，其中孕产妇生育服务"双直免"、白内障康复救助手术、计生特殊家庭住院陪护等 10 条为李沧区率先或独有。完成老年人免费体检 6.4 万人，其中 60~64 周岁户籍老年人体检 9023 人。白内障康复救助手术 1682 例，计生特殊家庭住院陪护 1443 人次。完成市办实事"五大中心"类危重症院前院内智慧化服务衔接，在 11 个急救站点实现院前预警和院内救治实时沟通、信息共享。

疫情防控工作

应急处置　2022 年，李沧

区按照"立足于有、关口前移、多重屏障、两手结合"的部署,优化规范流调、消毒消杀、核酸检测、疫苗接种等处置流程。成立突发疫情核心处置指挥中心,提级指挥,扁平管理,科学精准开展流调、排查、检测、管控、救治等各项工作。成立流调溯源指挥中心,组建294人的区级流调队伍,规范处置阳性感染者2401例,累计划分高风险区33个、中风险区12个。开展本土追踪新冠肺炎抗原检测阳性、区外协查工作,排查管控密接、次密接1.7万余人。组建近300人的消毒消杀队伍,完成疫点终末消毒523处,消毒面积12万余平方米。扎实做好上门采样工作,明确职责分工和流程,疫情重点时期日均上门采样1000余人次。

疫苗接种 2022年,李沧区设置26个新冠疫苗固定接种门诊,成立11支流动接种小分队,开展新冠疫苗接种攻坚专项行动,优化服务流程、延长接种时间,为群众提供新冠疫苗安全、便捷的接种服务。全区加强针累计接种47.47万人;60岁及以上人群第一剂次累计接种11.75万人,接种率达94.40%。

核酸检测 2022年,李沧区严格落实重点人群"应检尽检"工作,全区11个街道共设82处"不定期检测"采样点,扎实推进"1520核酸采样服务

圈"模式的常态化核酸检测工作,开放101处"愿检尽检"常态化核酸检测便民采样点。开展区域"不定期检测"101轮,共检测4895万人次。

医政工作

业务能力提升 2022年,李沧区组织开展"卫生法规学习月"活动,做好医疗机构依法执业自查工作,促进全区医务人员依法依规执业;开展医疗乱象专项整治行动,对基层医疗机构依法执业、超范围执业、违规销售药品等医疗行为进行综合整治。开展"优秀医务工作者""优秀护士"评选活动,共评选出优秀医护人员468人。举办"李沧区医疗机构从业人员合理使用培训班",保证机构抗菌药物和麻醉药品、精神药品的依法规范使用,核准开展静脉输注抗菌药物机构176家,抗菌药物供应目录备案合格机构237家。

业务管理规范 2022年,李沧区加强对医疗卫生行业综合监管制度的建设力度,成立区级工作领导小组,健全完善综合监管各项体制机制,制定监管实施方案,为全区卫生行业规范管理工作打下坚实的基础。实行医疗废物第三方转运服务及"互联网+监管"服务,加强院感管理,建立每日自查巡检制度与四级巡查制度,形成全区医疗机构网格化院感管

理模式。

职业健康工作 2022年,李沧区高质量完成职业卫生年度工作,2家企业分别被评为省级健康企业和市级健康企业;2名企业员工被评为省级健康达人,9人被评为市级健康达人;职业病危害申报系统填报企业248家,全年初次申报企业151家,制定《进一步加强职业病防治工作实施意见》。开展李沧区医疗卫生机构和非医疗卫生机构放射卫生工作专项行动,审核机构信息104家。

政务服务水平提升 2022年,李沧区现场勘验医疗机构登记、变更158家。完成"放管服"重点任务,落实证照分离改革方式,完善具体改革举措和监管措施。完成对"互联网+监管"系统监管事项和权责清单事项(省政务服务事项)的关联映射,汇总"互联网+监管"事项清单梳理对照表。完成"互联网+监管"工作,监管事项覆盖率和监管行为及时率均达到100%。牵头完成"双随机、一公开"监管事项全覆盖,标签化管理达标率为100%,提升政务服务标准。

卫生应急能力提升 2022年,李沧区卫生行业内开展应急业务培训12次,线上、线下参加培训2877人次,提升基层医疗机构卫生应急能力;组织开展全员核酸检测演练、本土疫情处置演练等大型卫生应急综合

实战演练 5 次，提高全区应对突发疫情的应急处置能力；开展应急宣传教育活动 3 次，提升应急知识与疫情防控知识普及度；出动医护人员 300 余人次、救护车 1600 余次，做好疫情重点人员转运、重要会议及突发应急事件的应急保障工作。

社会心理服务体系构建 2022 年，李沧区制定重症精神病管理实施方案，明确各街道职责分工和工作目标。召开全区重症精神病会议并将该项工作纳入平安建设考核中。完善心理健康服务网络。建成区级未成年人心理辅导中心和职工心理健康服务中心，配合街道、学校、社区、公安等部门建成心理咨询场所近 200 处，医疗机构开设精神（心理）门诊 27 处。

医疗纠纷化解能力提升 2022 年，李沧区建立全区医疗纠纷行政调解领导工作小组，健全医疗纠纷行政调解工作流程。制订全区医疗机构做好投诉接待处理工作方案，印发《关于全区医疗机构做好投诉接待处理"十应当"公示的通知》，明确工作任务，要求各级各类医疗机构结合实际制定本机构投诉接待制度。建立监督考核机制，将处理医疗投诉工作纳入年终综合目标管理考核、示范创建工作内容。定期开展全系统工作督查，共处理涉及医疗纠纷的投诉 741 起。

对口帮扶工作 2022 年，李沧区派出 2 批共 6 名优秀医务人员到甘肃省陇南市康县、山东省菏泽市单县开展为期 1 个月到 1 年不等的医疗驻点帮扶，带动当地医疗技术水平提高；派出 2 支医疗队伍到康县、单县开展义诊与培训工作，义诊服务当地群众 400 余人次，培训当地医务人员 520 余人次，满足当地百姓疑难杂症就医需求并做好人才培养；做好康县 10 名医务人员的学习培训，依托驻区三级医院做好对口培训。捐赠卫生扶助资金 8 万元，做好医疗物资援助；组织购买扶贫物资，促进消费扶贫实现互利共赢。

人口监测与家庭发展工作

考核指标落实 2022 年，李沧区坚持党政一把手负总责不变，相关部门密切配合、积极履职，保持齐抓共管的良好局面。坚持计划生育目标责任制考核不变，科学设立计划生育目标责任制考核指标，采取平时抽查、年度考核相结合方式强化工作督导。参与相关人员联合审查等工作，共审核人员 16 批次 2571 人次，涉及 11 个单位。

计划生育利导政策落实 2022 年，李沧区全年落实各项计划生育奖励政策及特殊困难家庭救助 5626 万元，涉及 1.41 万人次。持续推进"为计划生育特殊家庭购买住院陪护险"区办实事，全年累计赔付 1443 人次，赔付金额 278.85 万元。利用重大节日对特殊家庭进行走访慰问，开展个性化服务，为特殊家庭送温暖。

婴幼儿照护服务 2022 年，李沧区完成全区托育机构全覆盖摸底核查工作，登记托育服务机构 44 家，可提供托位 2140 个。开展医育结合服务，将儿童保健与婴幼儿托育服务相结合。基层卫生服务机构通过宣传资料、门诊指导等方式进行婴幼儿照护宣传，引导群众及早认识和开展婴幼儿早期家庭照护和教育。组织"进社区"专题活动，结合"暖民行动"进社区，开展婴幼儿照护专题讲座。开展"托育服务进社区"公益活动，搭建"家庭—社区—优质托育机构"沟通交流平台。开展托育技能大练兵，组织首届托育服务行业职业技能竞赛。

疾病预防控制工作

2022 年，李沧区进一步加强惠民服务，新建成人预防接种门诊 8 家和狂犬病暴露处置预防接种门诊 2 家。创造性开展艾滋病防治工作，完成第四轮国家艾滋病防控示范区的创建，辖区各类人群艾滋病知识知晓率高于国家示范区 90% 的目标。继续在 60 家社区卫生服务机构开展癌症早诊早治项目，全年完成评估 504 人，临床检查 77 人次。结合"健康教育六进"活动和各种卫生日宣传，加大全区健康教育，发放宣传折页 5 万余份，宣传用品 8000 余份，受益群众累计 10 万余人。制作的科普视频《预防艾滋 珍爱生命》《健康饮食 快乐生活》分别获评 2022 年青岛市健康科普短视频大赛一、二等奖。

监督执法工作

2022 年，李沧区完成辖区医疗卫生、公共卫生、学校卫生、职业卫生等国家"双随机"监督抽检，"蓝盾行动"专项整治，日常卫生执法和传染病疫情防控等工作任务，监督覆盖率 100%。办理卫生行政处罚案件 128 起，受理群众投诉举报 207 件。强化执法信息公示和普法宣传，不断扩大卫生监督执法效果和社会影响力。将执法、普法与法治政府建设相结合，引导医疗机构及从业人员的依法规范执业，全年累计督导医疗机构 1212 户次。

老龄健康工作

老年健康服务 2022 年，李沧区坚持以老年健康为中心，围绕老年人医疗服务需求，开展老年友善医疗机构创建工作，湘潭路街道社区卫生服务中心和沧口街道社区卫生服务中心被评为市级老年友善医疗机构。实施老年健康素养提升行动，

图 120　2022 年 10 月，李沧区启动老年人听力筛查义诊活动。
（区卫生健康局供图）

依托虎山路街道社区卫生服务中心建立筛查点，重点开展阿尔茨海默病和帕金森病等神经退行性疾病的早期筛查、早期干预及健康指导。开展以"改善老年营养，促进老年健康"为主题的老年健康宣传周，以全国第十个"老年节"为契机，在"敬老月"活动期间启动老年人听力筛查，为约 1000 名辖区老年人送去福音，持续推动改善老年人听力健康状况。

医养结合 2022 年，李沧区完成年度全国医养结合监测工作，持续开展医养结合服务质量提升行动，鼓励医疗机构开展养老服务，全年新增李沧爱悦康医院等 3 家医养结合机构，共有 39 家医养结合机构，登记医养结合机构总床位 5142 张。发展居家社区医养模式，突出家庭医生服务和中

医特色诊疗优势，为辖区老年人提供优质化、精细化、人性化的医疗养护服务。抓好医养结合人才能力提升，组织 103 名基层医养结合业务人员开展继续教育。举办李沧区医养结合人才培训班，破解医养结合人才短缺难题和促进人才专业技能提升。

老年友好型社会 2022 年，李沧区大力营造养老孝老敬老的社会氛围，为 56 名老人提供"银龄幸福"助老服务，开展困难老人走访慰问活动，帮助解决实际困难，推进智慧助老行动，举办"智慧助老"行动公益培训班，帮助更多老年人与信息时代接轨。开展打击整治养老诈骗专项行动，依法打击养老机构违法行为。评选李沧区首批 11 家示范性老年友好型社区。

计生协会工作

2022 年，李沧区开展"计生助福"行动。春节前为全区 462 户计生特殊家庭发放暖心健康包和慰问金、生活用品、科普读物、新春对联等，实现暖心全覆盖。开展"暖民行动"五进，联手区科协，将养生保健、疾病预防等健康知识送进社区、企业、学校等，全年共开展活动 22 场次，受益群众 800 余人。开展主题宣传活动，结合卫生健康系统的纪念日、节庆日等，开展"3·5"学雷锋宣传月、"三八"国际妇女节插花活动、"医师节"最美天使报告会等各类活动。开展"党建直播间"，将"线下宣教"与"线上直播"相结合，邀请系统内优秀党员代表讲抗疫故事，开播总点击量超过 10 万人次。做好全国文明城市创建工作，建立"百姓卫士 医路有我"志愿服务队，志愿服务 615 小时，受益群众 2 万人。3 名医生、4 名护士分别获评"青岛好医生""青岛好护士"，获评青岛市"文明市民"1 人、山东省卫生健康先进集体 1 个，复审省级精神文明单位 2 个、市级文明单位 6 个。

爱国卫生工作

爱国卫生宣传 2022 年，李沧区动员社会各界参与，做深、做细、做实爱国卫生工作。组织开展第 34 个全国爱国卫生月活动。结合疫情防控工作在全区开展以"文明健康 绿色环保"为主题的爱国卫生月集中宣传和环境卫生整治活动，开展大型爱国卫生月集中宣传活动，在辖区 30 余个整治点开展环境卫生集中整治活动。

病媒生物防制 2022 年，李沧区组织开展冬、春季集中灭鼠工作和夏、秋季蚊蝇消杀工作，对全区开放式楼院实施免费蚊蝇消杀和灭鼠毒饵站示范建设工作，组织指导创建青岛市"灭蚊达标小区"24 个、青岛市病媒生物防制示范街道 1 个。

无烟环境创建 2022 年，李沧区紧紧围绕"烟草威胁环境"主题，组织开展第 35 个世界无烟日工作。全面推行公共场所禁烟，充分发挥微信公众号等新媒体平台作用，在公众号制作发布以"第 35 个世界无烟日—烟草威胁环境"和"吸烟的危害"等为主题的宣传材料；集中开展大型控烟宣传，宣传控烟科普知识，引导吸烟者主动戒烟、非吸烟者勇于拒绝二手烟。创建"青岛市无烟家庭"266 个、市级无烟示范机关 57 个。组织各控烟执法部门加大对重点禁烟场所的执法力度，监督检查各类公共场所、医疗机构、商场超市、餐饮店、药店等，出动执法人员 1400 人次，行政处罚 2 家次。

（区卫生健康局）

卫生服务机构选介

李沧区疾病预防控制中心

概况 青岛市李沧区疾病预防控制中心主要承担全区疾病预防控制，突发公共卫生事业应急处置，疫情及健康相关因素信息管理，免疫规划及生物制品使用管理，基本公共卫生指导与病媒生物防制，健康危害因素监测、评价干预，实验室监测检验与评价，健康教育与健康促进等工作。截至 2022 年底，有职工 62 人。其中，卫生技术人员 50 人，占职工总数的 80.65%；其他专业技术人员 9 人，占职工总数的 14.52%。高、中、初级职称人数分别为 11 人、21 人、27 人。

新冠疫情防控 2022 年，李沧区疾病预防控制中心制定《新冠肺炎本土疫情应急处置实用手册》，牢牢把握疫情防控"黄金 72 小时"，有效处置莱西市、市南区、市北区等相关疫情，未造成社区传播和病例外溢。全体职工编入应急处置队伍，协同公安部门组建流调溯源指挥中心，建立"前端混编、后台合署"处置模式，确保流调溯源快速精准。规范处置核酸检测阳性人员 2387 人，梳理 400 余条流调线索，排查密切接触者 6441 人、次密接触者 7000 余人。规范报送网络直报信息系统，无漏报、迟报现象。组建28人的消毒机动队，对终末消毒及预防性消毒场所进行消毒过程评价和环境采样1200余人次。完成疫点终末消毒586处，出动人员1600余人次，终末消毒面积13万余平方米，设置核酸采集点位1.2万个。指导街道、社区消毒消杀工作人员开展预防性消毒1000处，消毒面积35.5万余平方米。加大仪器设备投入和信息化建设，日核酸检测能力由3000管突破到最高记录8000多管。启用移动核酸检测车，完成济宁市、枣庄市等支援任务。全年共完成核酸检测样本66.81万份。对各类会议、考试疫情防控审批复函160余件。现场指导及驻点保障重大活动、会议、考试等疫情防控40余次。对4所学校、2所养老院、2个建筑工地等场所及时进行分析、研判，提出管控建议，未造成病例外溢和疫情扩散。指导完成疫情防控酒店"三区两通道"区域设置50余次，对专班人员消毒、防护和采样技术培训60余次。全程指导首家企业非冷链监管专仓建设，保证企业非冷链货物及时正常运转，多次指导青岛保税仓1460吨涉疫冷链食品消毒处置及处置后消毒效果评价，挽回企业经济损失4000余万元。

免疫屏障构筑 2022年，李沧区疾病预防控制中心做好街道和预防接种门诊衔接工作，

在高校、商圈、社区、养老机构等场所规范设置临时接种点，成立流动接种小分队，提供上门服务。充实接种队伍，强化预防接种门诊规范管理，加强督导和业务指导，确保接种安全。积极宣传动员，印制《新冠疫苗接种明白纸》5万余份、印制《老年人新冠疫苗接种科普问答》2万份，发放各街道办事处，确保宣传全覆盖。截至2022年底，新冠疫苗累计接种194.16万剂次，覆盖72.52万人，完成60岁以上老年人第一剂次接种目标任务。15名流调人员支援市级流调队，5名流调队员支援省级流调队，支援市内其他区市和省内其他市疫情防控25人次。

重点传染病防控 2022年，李沧区疾病预防控制中心传染病报告及时率和信息完整率均达到100%。处置手足口病、其他感染性腹泻病、水痘等聚集性病例61起。发现肺结核患者252人，随访管理174人；报告学校肺结核病患者8例，筛查密切接触者824人，超额完成全区结核病发现目标，超额完成发热病人疟疾血涂片检测年度任务。完成13家医疗机构传染病多点触发预警平台建设。全面加强艾滋病综合防治。强化艾滋病监测，加强对艾滋病病毒感染者和病人的随访管理，开展艾滋病防治知识宣传与干预，完成第四轮国家艾滋病防

控示范区的创建，辖区各类人群艾滋病知识知晓率高于国家示范区90%的目标。

慢性病综合诊疗 2022年，李沧区疾病预防控制中心依托中英慢病合作项目、脑卒中项目、国家城市癌症早诊早治项目、老年健康项目等各项目加强慢性病防控管理。国家城市癌症早诊早治项目继续在60家社区卫生服务机构开展，共完成评估504人、临床检查77人次。李沧区作为老年健康项目试点，完成1000份基线样本的信息收集、1003人的筛查，完成年度筛查指标。

预防接种服务 2022年，李沧区疾病预防控制中心推进成人预防接种门诊智慧化建设，创建成人预防接种门诊8家、狂犬病暴露处置预防接种门诊2家。1~7岁儿童国家免疫规划疫苗全程接种率约96.43%，超过山东省高质量发展综合考核指标95%的要求。

健康危害因素监测 2022年，李沧区疾病预防控制中心食源性疾病监测工作实现二级以上医院信息化建设全覆盖，共报告食源性疾病病例1504例，病例信息采集率100%，信息上报及时率居全市第一位。规范处置食源性疾病暴发事件20起，处置学校、托幼机构诺如病毒聚集疫情3起，网络报告率100%，该项工作在青岛市名列前茅。首次独立承担工作

场所职业病危害因素监测工作。完成健康素养调查和成人烟草流行调查，健康素养水平达到36.05%，比全市平均水平高3.25个百分点，位列全市前三名。

健康教育工作 2022年，李沧区疾病预防控制中心结合"健康教育六进"活动和各种卫生日宣传，加大全区健康教育，发放宣传折页5万余份，受益群众累计10万余人。组织开展健康教育岗位技能大赛，自制《预防艾滋 珍爱生命》《健康饮食 快乐生活》等科普视频。

精神卫生工作 2022年，李沧区疾病预防控制中心完成5家定点医院免费救治救助审核工作，共计2489人次；做好重大活动期间维稳工作，驻点保障100余人次。建成社会心理服务指导中心1个，为社会心理服务工作奠定良好的基础。

李沧区卫生计生综合监督执法局

概况 2022年，李沧区卫生计生综合监督执法局办公场所建筑面积634.27平方米。编制13人，职工总数9人。其中，卫生技术人员7人，占职工人员总数的78%；行政工勤人员2人，占职工人员总数的22%。在职卫生技术人员中，高级2人，占28.6%；中级4人，占57.1%；初级1人，占14.3%。

监督检查 2022年，李沧区卫生计生综合监督执法局开展医疗机构、公共场所等各专业经常性卫生监督工作，监督覆盖率为100%。开展卫生行政处罚128起，罚没款87.65万余元。受理群众投诉举报207件。强化执法信息公示和普法宣传，不断扩大卫生监督执法效果和社会影响力。对辖区500余家医疗机构进行疫情防控巡回监督指导。开展医疗机构年度校验400余家。开展医疗乱象专项治理、视力矫正机构专项检查。完成100余家公共场所承诺制单位复审，开展公共场所控烟执法行动。对辖区56家中小学校进行开学核验，开展中、高考卫生监督保障，对辖区14家托育机构进行监督指导，对1家未备案的托育机构进行处罚。开展用人单位职业卫生监督检查66家，对9家单位建设项目职业危害"三同时"开展专项督导，协助2家企业创建省级、市级"健康企业"。对98家放射诊疗机构进行监督检查，开展行政处罚18起，罚款6.9万元，吊销《医疗机构执业许可证》1家，组织25家新增放射建设项目医疗机构竣工验收专家评审。

专项整治行动 2022年，李沧区卫生计生综合监督执法局开展医疗卫生机构传染病防控监督执法"蓝盾行动"，开展行政处罚28起，罚没款3.6万元。对未按规定填写、保管病历资料的医疗机构予以不良记分，开展行政处罚7起，罚款8万元。对辖区8家医疗美容机构进行监督检查，严厉打击非法开展医疗美容活动的行为，开展行政处罚2起，罚没款15.84万元。对辖区57家中小学校、6家二次供水单位进行饮用水卫生监督检查，抽检小区现制现供水机200台，立案12家。对辖区37家游泳场所进行监督检查。对95家申报企业进行全覆盖监督。对辖区危害严重的8家企业进行检查并督促整改。开展行政处罚6起，罚款5万元。按照国家、省、市卫生健康部门安排，开展抗（抑）菌制剂等专项监督检查，对辖区3家消毒产品生产企业进行监督检查和抽样检测。

专题培训 2022年，李沧区卫生计生综合监督执法局组织全区医疗机构、法律法规专题培训，分批次组织生活美容机构开展"打击非法医疗美容"专题培训，组织辖区企业开展职业卫生知识线上培训，对学校卫生管理人员开展饮用水卫生知识培训，组织卫生监督协管培训与考核2次。2022年5月10日，青岛市生活美容场所卫生监督员现场观摩培训班暨2022年第一次公共场所卫生学组会议在李沧区召开，李沧区卫生计生综合监督执法局进行医疗美容监督执法经验介绍。

李沧区妇幼保健计划生育服务中心

概况 2022年，李沧区妇幼保健计划生育服务中心在职职工45人。其中，专业技术人员36人，占职工总数的80%。正高级职称2人，占专业技术人员总数的5.6%，副高级职称6人，占专业技术人员总数的16.7%，中级职称18人，占专业技术人员总数50%，初级职称10人，占专业技术人员总数的27.8%。设行政职能及业务科室9个。

业务工作 2022年，李沧区妇幼保健计划生育服务中心抓紧抓实抓细新冠疫情防控工作，参与全区核酸采样、卡口执勤、场所消杀、流调溯源、应急门诊、防控酒店保障、异地支援等工作750余人次。实施"母婴安全行动提升计划"，全面推进五项制度落实。开展母婴安全例会4次、危重孕产妇和围产儿死亡评审6次、"四不两直"督导20余人次，管理重点高危孕产妇1300余例，救治危重孕产妇14例。全力做好涉疫孕产妇服务保障工作，组建医疗保健服务工作专班和医疗救治专家组，确立应急助产机构和备用机构各1处，建立16人学科专家团队，启用3个妇幼保健咨询指导微信群，建立孕情摸底台账，累计动态管理涉疫孕产妇290余人，协调

联系住院分娩、妇科手术及门诊服务36人次，全区母婴安全形势总体稳定。持续加强出生缺陷综合防控，新生儿疾病筛查、听力筛查和先天性心脏病筛查率均保持在99%以上。细化预防母婴传播工作流程，全面落实相关免费或补助政策，规范提供综合干预服务。全面规范落实国家基本公共卫生服务孕产妇和0~6岁儿童健康管理相关要求，开展项目培训7次，工作指导80余次。持续推进基本避孕服务工作，覆盖育龄人群约3.2万人，发放避孕药具6.88万人次，安装药具自取机80余台。开展低保适龄妇女"两癌"检查项目，检查任务完成率100%。组织实施健康儿童行动提升计划。制发辖区0~6岁儿童眼保健工作方案，开展知识培训和"爱眼日"宣传；组织开展新生儿复苏专题培训及技能竞赛，提高综合救治能力；开展母乳喂养日（周）宣教活动，加强爱婴医院管理力度。不断规范托幼（托育）机构卫生保健管理，组织开展"三员"培训1500余人次、配合开展督导90余处次、现场卫生评价26处。组织完成托幼（托育）机构工作人员年度体检4100余人、儿童入园体检1.3万人，参与《托育服务进行时》节目录制2次。加强《出生医学证明》精细化管理，组织开展业务督导及质控12次，办理

换发、补发证明100余例、线上办理1050余人次。

品牌打造 2022年，李沧区妇幼保健计划生育服务中心创新实施婚孕育一体化管理。整合婚前保健和孕前保健等业务专设生殖健康科，以资源有效整合、人员优化组合促进工作高效运转，进一步规范了婚孕前保健工作。有效落实新婚女性脊髓性肌肉萎缩症（SMA）免费筛查项目，完成全市首例SMA免费筛查，目标人群知晓率、依从率等均达100%，《健康报》《大众日报》及青岛市卫生健康委员会官方微博等予以报道。获评山东省2022年度新型智慧城市扩面打榜上榜优秀案例奖、青岛市女职工建功立业标兵岗、青岛新型智慧城市优秀建设成果奖。

李沧区永清路社区卫生服务中心

概况 2022年，李沧区永清路社区卫生服务中心业务用房面积6878平方米。有职工34人。其中，卫生技术人员27人，占职工总数79%；其他专业技术人员7人，占职工总数21%；中级以上职称19人，占职工总数56%。内设行政职能科室和业务科室共19个。全年门诊量4.84万人次，比上年增长2.4%。其中，中医门诊9665人次，占总量的19%。免费为李沧区从业人员进行预防性健

图121 2022年，李沧区永清路社区卫生服务中心家庭医生团队签约居民1.1万余人。图为家庭医生向居民宣传签约内容。

（区卫生健康局供图）

康查体7317人次。

社区医院工作 2022年，李沧区永清路社区卫生服务中心以"全面推进分级诊疗制度、基层服务能力提升、优质服务"等为重点，紧抓社区医院建设，拓展紧密型医联体合作项目，青岛市第八人民医院团队入驻病房、远程诊断、绿色通道、提高报销比例等政策措施，广大群众享受到就医便捷、实惠。全年接收住院患者124人次，医保报销减免费用35万元，影像远程诊断4383人次。

基本公共卫生服务 2022年，李沧区永清路社区卫生服务中心新建立居民健康档案556人，合格管理建档人数达到2.6万人。社区人口建档率68%，档案使用率53%。发放健康教育印刷资料24种，共计9000余份，其中中医内容宣传材料6种。设置健康教育宣传栏3个，更新12次。利用各种世界健康主题日或节假日组织专题宣传活动9次。管理65岁以上老年人5764人，规范管理1046人，规范管理率18%；管理高血压患者1883人，规范管理1318人，规范管理率70%；管理糖尿病患者737人，规范管理516人，规范管理率70%。完成60~64岁李沧区户籍老年人体检139人。管理重性精神疾病管理162人。管理服务0~6岁儿童2532人次。新生儿访视320人。开展卫生监督与协管工作，完成实地巡查12次。完成65岁及以上老年人中医体质辨识服务1031人，老年人中医药健康管理服务率18%。完成0~36个月儿童中医调养服务1261人，0~36个月儿童中医药健康管理服务率60%。产前管理服务1580人次，产后管理服务320人，42天健康体检295人次。家庭医生团队签约居民1.1万余人，其中老年人、儿童、计划生育特殊家庭、残疾人等弱势群体签约率43%，提供家庭医生履约服务0.1万余人次。

新冠疫情防控 2022年，李沧区永清路社区卫生服务中心参加各项疫情防控保障，出动转运车辆360车次，转运确诊病例、无症状感染者、密切接触者、次密接468人。紧抓重点人群"应检尽检"工作，建立检测工作台账，确保"不漏一人、不漏一次"。设立一处常态化核酸检测采样点，延长开放时间，方便市民就近进行核酸采样。应检尽检14.9万人次，愿检尽检21万人次。发挥中医药在疫情防控中的作用，免费为医务人员提供中医预防方药8160剂，价值12.24万元。

李沧区李村街道社区卫生服务中心

概况 2022年，李沧区李村街道社区卫生服务中心有在职职工47人。其中，卫生技术人员40人，占职工总数的85%；其他专业技术人员5人，占职工总数的11%；中级以上职称25人，占职工总数的

53%。内设行政职能科室和业务科室共 22 个。打造老年人温馨的"健康驿站"，在青岛市卫健委《老龄·健康》期刊上刊登宣传。获评青岛市基层名医 1 人、青岛市好医生 1 人、青岛市优秀护士 1 人、区级优秀护士 5 人、李沧区最美家庭 2 户、李沧区首席全科医师和首席公卫医师各 1 人，对口支援医务人员 12 人，培训骨干医生 1 人，推荐青岛市基层名中医（药）2 人、山东省基层名中医（药）1 人。

新冠疫情防控 2022 年，李沧区李村街道社区卫生服务中心坚持疫情防控常态化，把好关口。加强院感培训，筑牢疫情防线。每月结合实际开展院感学习，开展应急演练 3 次。参与省、市级疫情防控视频会议各 12 场，设置愿检尽检核酸采样点 1 处，支援莱西市、城阳区核酸采样 25 人，参与防控酒店医疗保障 60 人次，接待入境人员 16 批、2160 人，转运核酸阳性者 30 人次，转运样本、密接人员 300 余次。参与管控区核酸采样 126 人次，参与全员、重点人群及中高风险入青返青人员核酸采样 600 余人次，累计完成管控区采样 454 万人次，98 轮全员采样约 50 万人次。高速卡口采样 1 万余人次，采集涉疫杭州市快递样本 828 份，完成入户及追阳采样 3900 人次。

基本医疗工作 2022 年，

李沧区李村街道社区卫生服务中心建立居民健康档案 2.46 万份，居民规范化电子档案履盖 2.56 人，覆盖率 60.37%。免费为 60 岁以上老年人健康体检 3396 人。0~6 岁儿童管理 3660 人，管理率 98.5%。4~6 岁儿童管理 2617 人，管理率 100%。新生儿访视 246 人，开展 0~36 个月儿童中医调养服务 992 人次，新入园儿童体检 350 人，视力筛查 2817 人。辖区内孕 12 周之前建册 247 人，早孕建册率 90.6%。完成产前健康管理 910 人，产后 42 天管理 248 人，高危妊娠管理 228 人。预防接种新建卡 140 人，接种 4225 人次、10643 针次，完成新冠疫苗接种 8565 人次、9508 针次。从业人员预防性健康体检 1.47 万人，"三免"人员献血查体 24 人。家庭医生团队共签约 2.09 万人，完成 50%。

国医馆建设 2022 年，李沧区李村街道社区卫生服务中心新设置中药材展示柜 4 组，在一楼和二楼分别布置中医适宜技术介绍的宣传栏 2 处，招聘中医理疗专业技术人员 2 人。完成中医眼科特色服务 900 余人次，免费检查眼底 1862 人次。为防控酒店工作人员免费送中药汤剂 386 剂。

监督检查 2022 年，李沧区李村街道社区卫生服务中心开展安全生产大学习、大培训、大考试活动，严格按照法律法

规和卫生监督局要求对本辖区公共场所进行巡查工作，包括学校 2 所、住宿业 15 家、健身 1 家、公共浴室 1 家、美容院 10 家、理发店 33 家、医疗机构 20 家、现制现供饮水机 9 台，巡查覆盖率 100%。

李沧区九水街道社区卫生服务中心

概况 李沧区九水街道社区卫生服务中心业务用房面积 1500 平方米。编制职工 27 人，在职职工 25 人。其中，卫生技术人员 21 人，占职工总数的 84%；管理及其他专业技术人员 4 人，占职工总数的 16.7%；高级职称 1 人、中级职称 9 人，占专业技术人员总数的 40%。内设各类科室 13 个。2022 年获评李沧区卫健系统抗疫先锋先进集体。

业务工作 2022 年，李沧区九水街道社区卫生服务中心落实各项目标要求，完成疫情防控节点任务，稳步推进基本医疗及公共卫生服务等各项工作。全年总服务量为 1808 万人次，其中全科诊室接诊 8.47 万人次、中医科接诊 2.59 万人次（含基本公共卫生服务）、疫苗接种 1.71 万人次、妇保科服务 2363 人次、儿保科服务 3167 人次、社区科服务 3.56 人次。基本药物品种 596 种，中草药 353 种，中成药 89 种。

基本公共卫生服务 2022 年，

李沧区九水街道社区卫生服务中心建立居民活动档案1.91份，建档率为64.37%，档案使用1.19万份；60岁以上老年人健康管理数1192人，规范管理率100%；高血压患者年内管理1476人，规范管理1456人；糖尿病患者年内管理628人，规范管理620人；0~3岁儿童实管1066人，开展服务1852人次；4~6岁实管2478人，新生儿入户访视203人；儿童中医指导821人，1112人次；孕产妇新建册数234人，累计访视204人次；产后随访1600人次，产后42天健康管理187人次，高危随访138人次；预防接种管理人数3265人，接种3286人，接种针剂1.71万针次；重性精神病患者管理133人，规范率100%；开展健康教育讲座15次，受益居民667余人次。与街道办事处联合开展"健康大课堂微信讲座"活动13期，受益居民1万人次。开展社区公共咨询10次、义诊2次，受益居民1350人次。发放各类居民健康教育材料15种共2.54万余份。

精品国医馆 2022年，李沧区九水街道社区卫生服务中心国医馆全年门诊量逐步提升，年增长近10%。国医馆内设有中医专家门诊、康复理疗室、艾灸督灸室、中药贴敷室、浮针特色专科、疼痛治疗特色专科、中药房和煎药室，可开展中医中药、针灸、浮针、葫芦灸、督灸、拔罐、穴位埋线、三伏贴、点刺放血、耳穴压豆、小儿推拿、代煎中药等项目。

李沧区湘潭路街道社区卫生服务中心

概况 李沧区湘潭路街道社区卫生服务中心编制人员29人，主要提供医疗、预防、保健、康复、健康教育和计划生育服务指导"六位一体"的基本医疗卫生服务，覆盖服务人口约2.5万余人。业务用房面积1400平方米，有在职职工26人，在职卫生技术人员中，高级职称6人，占在职人数的23%；中级职称8人，占在职人数的31%。内设科室12个。2022年获评李沧区卫生健康系统新冠疫情防控工作先进集体、全区基层医疗卫生机构家庭医生签约服务岗位技能竞赛活动二等奖。

基本公共卫生服务 2022年，李沧区湘潭路街道社区卫生服务中心主要承担社区基本医疗和基本公共卫生服务工作。全年累计建立居民档案数1.87万人；老年人健康体检2000余人次，高血压病患者健康随访3487人次，糖尿病患者健康随访1820人次；门诊接诊1.5万余人次，开展中医治未病三伏贴、三九贴服务200余人次，家庭医生签约1.23万人。年度内完成国家重大公共卫生项目—2022年度脑卒中高危人群筛查与干预项目任务，共筛查和健康干预2000余人。

医疗特色品牌 2022年，李沧区湘潭路街道社区卫生服务中心发展特色医疗技术，服务群众健康。推广使用中医"简、便、验、廉"医疗保健方法，掌握社区常见病多发病，形成有针对性地制定特色诊治方案，稳妥推进中医颈肩腰腿痛特色门诊服务，结合日常群众诊疗服务需求，增加部分医疗设备，满足日常诊疗需求，发挥中西医结合优势，提高老年病、高慢性病的控制率。

医联体服务建设 2022年，李沧区湘潭路街道社区卫生服务中心安排医生参加基层卫生人才能力提升培训及精神科医师转岗培训3人，提高基本公共卫生各项目管理服务规范，全面落实家庭医生"三约合一"式服务，完成签约率，推进"三高共管、六病同防"以及家医签约等工作，不断完善慢病健康管理适宜技术和服务模式，推进基层慢病医防融合，通过落实"治官、治吏、便民、利民"等活动，进一步完善优化服务流程以及服务细节，落实"零跑腿"服务，不断满足社区居民就医服务需求。

新冠疫情防控 2022年，李沧区湘潭路街道社区卫生服务中心参与全员核酸采样工作50余次、采样20万余人次，核酸样本转运300余次、72万余人次；防控酒店值班100余次；

22 名医护人员先后赴莱西市、枣庄市、市北区等核酸采样支援；应急期间医务人员全天 24 小时对阳性居家及重点地区返青人员入户核酸采样 4500 余人次；转运阳性、密接、次密人员 500 余次，全力推进新冠疫苗集中接种任务，共接种 1.5 万余人次。救治新冠感染患者 180 人，发放"爱心包"889 人，发放清肺排毒汤 500 人份。

李沧区沧口街道社区卫生服务中心

概况 李沧区沧口街道社区卫生服务中心，业务用房面积 2500 平方米，在编在岗职工 46 人。其中，卫生技术人员 40 人，占职工总数的 86.9%。高级职称 4 人，占职工总数的 8.69%；中级职称 20 人，占职工总数的 43.4%。内设行政职能科室和业务科室 16 个。获评"战疫先锋示范岗"、青岛市文明单位标兵、李沧区五星级基层党组织等。

业务工作 2022 年，李沧区沧口街道社区卫生服务中心门诊量 10 万人次，其中全科门诊量达 4.1 万人次，基本药物销售 640.8 万元；门诊统筹签约 1.4 万人，家庭医生签约 1.73 万人，办理慢特病增至 1150 人，家庭病床巡诊巡护 800 余次。

基本公共卫生服务项目 2022 年，李沧区沧口街道社区卫生服务中心累计建档 2.53 万份，新建老年人档案 337 份，新建高血压档案 28 份，新建糖尿病档案 16 份。孕产妇建册 255 人，早孕建册率达 92.3%，产前随访 935 次，产后访视 247 人。0~3 岁儿童建档 1928 余份，体检 1373 人 4000 人次。疫苗建证建卡 300 余人，转入 90 人，0~7 岁儿童建证建卡率达到 100%。接种一类疫苗 8296 剂次，比上年增长 8.6%，二类疫苗接种 3497 剂次，比上年增长 49%。完成 65 岁以上老年人中医体质辨识和指导人数 1555 余人次，0~6 岁儿童中医健康指导 1800 人次。对辖区内所有的公共场所进行拉网式全覆盖式大排查，巡查达 31 次，巡查率达到 200%。完成辖区 8 所中小学 8356 名学生健康查体工作。

医疗特色 2022 年，李沧区沧口街道社区卫生服务中心中医药服务特色突显，中医门诊量达 1.2 万人次。其中，中医门诊 8000 人次；针灸理疗门诊 4000 人次。蜂毒疗法、特色艾灸、针灸推拿等中医药诊疗项目得到居民的广泛认可，穴位埋线获评市级基层特色专科，中医适宜技术网格化全覆盖的区域诊疗特色日趋明显。

医联体建设 2022 年，李沧区沧口街道社区卫生服务中心打造特色专家门诊。全年坐诊专家累计 110 人次，涉及专业学科 6 个，带教 8 人，培训 12 次。专家门诊人次 1500 余人，远程诊疗 60 人次，"基层检查 上级诊断"远程心电诊疗项目 50 余人次。针对辖区老年人慢性关节疼痛较多的特点，设立特色疼痛门诊，聘请医联体骨科专家进行指导，综合全科门诊，中医针灸理疗科系统治疗，接诊患者 120 余人。

新冠疫情防控 2022 年，李沧区沧口街道社区卫生服务中心全力做好疫情防控各项医疗保障任务。执行重点人员转运 316 车 543 人，医务人员被派驻防控酒店、方舱医院等 1400 余天次，应急消杀 30 余次，对外支援 31 人，合计 350 天次。全力以赴做好疫苗接种，采用"四到位（联动机制到位、培训部署到位、深度调研到位、全方位保障到位）工作法"保障新冠疫苗接种工作推进，确保新冠疫苗接种工作安全有序顺利开展，累计接种 7.5 万针次，全程零差错。

（区卫生健康局）

主要医疗机构选介

青岛市第三人民医院

概况 青岛市第三人民医院前身为始建于 1931 年的"信义会医院"，是青岛市卫生健康委直属医院、青岛大学直属附属医院，是一所集医疗、教学、科研、预防保健、康复于一体的三级综合医院。医院占地面积 5.9 万平方米，一期建筑面积

8.1万平方米,编制床位800张。全年门、急诊量60余万人次,出院人数2万余人次,手术量1万余例。有职工1200余人。其中,高级职称145人、硕博士227人,硕士生导师5人,博士生导师1人,拥有包括享受国务院特殊津贴专家,省、市学术协会主委、副主委,青岛市优秀学科带头人、青岛市优秀人才、青岛市优秀青年医学人才等人才队伍。设47个临床医技科室,耳鼻咽喉头颈外科、结石病中心、重症医学科、消化内科为青岛市重点专科。医院为中华医学会心血管病学分会精准心血管病学学组合作基地、中国医师协会内镜保胆培训基地、国家级急性上消化道出血救治快速通道"五星级救治基地"、山东省结石病微创治疗技术联盟成员单位、青岛市"三高"指导中心、青岛市高血压防治临床基地。医院是国家远程医疗与互联网医学中心协作单位、青岛市首家基于"全景医疗数据平台"的互联网医院,通过国家互联互通四级甲等定量评审、山东省电子病历五级文审,获评山东省智慧服务品牌"智慧门诊",全面推进智慧医疗、智慧服务、智慧管理"三位一体"智慧医院建设。

业务工作 2022年,青岛市第三人民医院通过国家呼吸与危重症医学科规范化建设三级医院达标单位评审、国家级心衰中心评审,获批青岛市"三高指导中心",消化内科、重症医学科、结石病中心、耳鼻咽喉头颈外科获评市级临床重点专科,完成中医皮肤病、中医妇科特色门诊建设。通过青岛大学附属医院评审,5人获评青岛大学硕士研究生指导教师。

新冠疫情防控 2022年,青岛市第三人民医院作为青岛市新冠肺炎患者集中收治定点医院、青岛市"一点两区"救治医院,累计外派医护人员3000余人次,完成外派支援任务;累计承接核酸检测任务81.98万管、975.34万人次,检测及时率、准确率均为100%,统筹"全院一张床",建立综合收治病房、综合门诊,全力保障群众生命安全,就诊秩序平稳有序。

信息化建设 2022年,青岛市第三人民医院电子病历系统通过山东省5级文审,互联互通通过四级甲等现场定量测评,各系统间数据得到高效共享利用。全面启动"一休化"系统升级改造,确立整体框架。全面完成"全市一家医院"对接建设及传染病慢病监测,作为检查检验共享试点单位率先完成任务。全面落实智慧服务10项举措,实现检验报告、体检报告、住院费用线上查询,完成云胶片、床旁结算、第三方支付功能。

青岛市第八人民医院

概况 青岛市第八人民医院始建于1951年,是一所集医疗、教学、科研、预防、保健、康复、急救于一体的大型综合三级公立医院,是青岛市北部城区重要的区域性医疗中心。2022年,医院编制床位1100张,职工1627人。其中,卫生技术人员1457人,占职工总数的89.55%;行政工勤人员170人,占职工总数的10.45%。卫生技术人员中,高级职称204人,占卫生技术人员的14%;中级职称702人,占卫生技术人员的48.18%;初级职称551人,占卫生技术人员的37.82%,医生与护士之比1:1.5。设有职能科室28个,临床科室40个和医技科室11个。2022年,获"山东省文明单位"、山东省医务工会先进集体、青岛市院前急救工作先进集体、青岛市继续医学教育先进单位、健康科普最具影响力单位等称号。

业务工作 2022年,青岛市第八人民医院门诊量68.18万人次,比上年(下同)降低7.75%。其中,急诊10.28万人次,降低17.89%;住院病人3.05万人次,增长5.90%;出院病人3.00万人次,增长3.09%;床位使用率56.88%,下降5.22%;床位周转次数30.22次,提高6.04%;完成手术8063台次,下降18.64%；平均住院日6.60天，降低17.60%。

基础建设 2022年，青岛市第八人民医院本部完成配电室增容改造、检验科整体改造装修、综合ICU病房扩建等工程项目。东院区建设工程全面转入安装及装修阶段。全年购置3.0T MR、高端CT、彩色多普勒超声诊断仪、高压氧舱等100万元以上设备6台件。

卫生改革 2022年，青岛市第八人民医院深化绩效考核体系，激发学科潜力。通过上线临床路径信息化系统、开展日间手术、增加专病门诊、开放无节假日手术室等办法提质增效。完成手足外科、老年医学科、康复医学科等7个科室的整体搬迁，优化重组学科和布局。在6个科室试点无陪护病房，启用移动护理车及PDA。上线135个信息系统及各类对接，探索构建"云医院"体系，群众看病就医更加高效便捷。

对口帮扶支援 2022年，青岛市第八人民医院强化医联体建设，下沉专家130余人次，诊疗3000余人次。派出3名专家到甘肃省陇西市第一人民医院开展精准帮扶。外派672人次参与应急备用医院、方舱医院、大规模核酸检测等疫情防控任务，先后完成援疆、援琼、援川、援滕州等省内外支援任务。

医疗特色 2022年，青岛市第八人民医院入选市级临床重点专科5个、入选市级优秀学科带头人1人、入选优秀青年医学人才2人。开展新技术、新项目59项，技术创新赋能医疗质量发展。成立青岛市北部地区专病联盟，带动青岛市北部城区肺小结节、动物致伤、手足外伤等特色专病诊疗能力提升。"崂山点穴疗法""崂山点穴手法治疗儿童青少年特发性脊柱侧弯"入选山东省中医临床优势技术。

科研工作 2022年，青岛市第八人民医院获批卫生健康委课题立项15项，完成课题评价9项，获批专利37项，发表论文50余篇。2022年，申办并完成6项省级继续教育项目、9项市级继续教育项目。外出进修人员25人次，外出参加学术会议40人次。

青岛市中心医院北部院区（青岛市胸科医院）

概况 青岛市中心医院北部院区（青岛市胸科医院）占地面积2万平方米，建筑面积1.4万平方米，其中业务用房面积0.9万平方米。职工总数370人，其中卫生技术人员309人，占职工人员总数的84%。卫生技术人员中，中高级职称占55%。设职能科室18个、临床科室12个、医技科室6个。

业务工作 2022年，青岛

市中心医院北部院区（青岛市胸科医院）作为青岛市结核病、耐多药结核病治疗归口定点单位，组织医务人员参与青岛市新冠疫情核酸采样、核酸检测和新冠备用医院救治工作。全年医院门急诊4.2万人次，出院4010人次。医院结核病综合治疗中心获评市级临床重点专科。作为青岛市结核病质控中心挂靠单位，2022年修订《青岛市结核病质控中心质控标准》，召开青岛市结核病质控中心质控标准讨论会和青岛市结核病质控中心培训会议，完成对所有区市结核病防治机构的质控工作检查。发挥市级结核病定点医院的资源优势，指导区市结核病防治机构业务工作。拓展服务范围，主动对接养老院、福利院、学校等特殊群体开展查体和结核病筛查工作。在结核病的内科治疗、外科治疗、中西医并重治疗、微创诊疗、介入诊疗等方面取得进步。开展QFT等国内先进结核病检验技术，为疾病早诊早治提供技术支持。

危重症患者救治能力建设 2022年，青岛市中心医院北部院区（青岛市胸科医院）加强人员培训，强化危重症救治能力建设，派送人员进修学习，提升救治能力；畅通危重症患者多学科会诊机制和与中心医院危重症患者救治绿色通道机制。全年收治危重症患者220

图122 2022年3月24日，青岛市中心医院北部院区在李村公园举行结核病防治日大型义诊宣传活动。（区卫生健康局供图）

余例，解决了危重结核病患者无医院接收救治的难题。

中医诊疗 2022年，青岛市中心医院北部院区（青岛市胸科医院）发挥中医在结核病诊疗中的优势，8项中医适宜技术在全院病区推广，病房覆盖率达到100%。推广养生气功"八段锦"，满足患者服务需求。

融合发展 2022年，青岛市中心医院北部院区（青岛市胸科医院）实施遏制结核病行动计划和健康教育"六进"活动，稳步推进学校结核病防治工作。与中国海洋大学、青岛科技大学、青岛求实职业技术学院、青岛中学等院校建立结核病防控联系，组织召开《学校结核病防治规范》学习讨论会，开展健康教育培训，做好学校结核病筛查管理。加快与

青岛市中心医院融合发展力度，从组织架构、人才队伍、学科发展、物资保障、技术支撑、资金扶持等方面着手，合理配置两院区内部优质资源，优化院区功能布局，推进同质化管理。在完成病房楼、应急楼改造后，继续推进综合办公楼改造，进一步改进院容院貌，提高群众就医感受。在继续推进打造半岛地区结核病诊疗中心的同时，逐步开展常见病、多发病诊疗服务，打造以胸部疾病综合诊疗为特色，兼具消化、脑血管、内分泌等常见病诊疗的综合院区。

李沧区中心医院

概况 2022年，李沧区中心医院开放床位150张，在编职工总数160人。其中，卫生

技术人员149人，其他专业技术人员8人。高级职称28人，中级职称57人。内设行政职能科室和业务科室38个。2022年获评青岛市东西部扶贫先进单位、青岛市节水先进单位，青岛市维稳安保集体嘉奖，支援陇南市、单县的3名骨干获评扶贫先进个人，29名职工被评为"抗疫一线"工作者，获评青岛卫健系统青岛好医生、好护士各1人。

业务工作 2022年，李沧区中心医院门急诊13.1万人次，比上年（下同）增长1.5%；出院692人次，下降7.9%，入院与出院诊断符合率为100%，手术前后诊断符合率为100%，治愈率4%，好转率95%，全年医疗收入约3000万元。先后收到锦旗11面、感谢信4封，发放护理满意度调查表1000余份，患者对护理服务满意度98.2%，出院病人满意度97.8%，回访率100%。

新冠疫情防控 2022年，李沧区中心医院全程参与区域核酸检测，平均每次出动40余人，最多一次出动80余人；承担山鼎大酒店全天24小时采样任务；出动70余人次参与疫情防控酒店医疗保障工作；选派医务工作者30余人支援莱西市、即墨区等核酸采样；派出检验、护理10余人支援城阳区定点医院；发热门诊实施全天24小时值班；协助转运密接者、次密接者，

最多时一晚上转运10余次，最远至临沂市；4月开始全天24小时值守高速卡口核酸检测；派出专人参与机场医疗保障任务达10个月。核酸采样点愿检尽检采样19.8万余人，应检尽检采样18万余人，山鼎大酒店和四流中路核酸采样点采集入境、重点人群7.7万余人；核酸实验室共完成核酸检测3.57万管，包含境外1.24万管，完成新冠疫苗接种1.55万人次。推进"医＋药"进社区，向群众发放"爱心药物健康包"3.8万个。

卫生改革 2022年，李沧区中心医院进行科学规范改造，设重症监护床位10张，调动全院医护力量，引进无创呼吸机、心肺除颤仪、制氧机，便携式肺功能仪等多种急救设备。促进中医传承与发展，开展中医诊疗、治"未病"服务，致力于打造中医专家队伍，推进"中医特色专科"建设，开展中医、中药、针灸、理疗服务。

疾病预防工作 2022年，李沧区中心医院承担全区900余名特扶家庭人员查体工作；完成小学生健康体检9672人；为育龄妇女开展"两癌"筛查600余人，"四术"免费服务128人，计划生育孕环检测2000人，完成孕产妇管理628人次；完成0~6岁儿童管理及儿童预防接种管理3952人；为学龄前儿童进行免费体检、护齿；完成教师资格、公务员、高考和征兵体检1.8万余人；从业人员体检2.4万余人，免费为60岁以上老年人及残疾人贴敷"三伏贴""三九贴"。开展社区健康知识讲座及义诊，为残疾人及贫困家庭义诊，惠及社区居民600余人次。

（区卫生健康局）

体　　　育

学校体育

概况

2022年，李沧区严格执行新的国家课程标准，开足开齐上好体育课。优化学校课程方案，调整设置比例，完成全区基础教育阶段学校每天开设1节体育课的总体目标。全面推进"阳光体育"工程，将学校特色项目和体质检测项目融入大课间和阳光体育活动中，确

图123　2022年，李沧区全面推进"阳光体育"工程。图为学生进行乒乓球训练。
（区教体局供图）

图124 2022年，李沧区扎实开展基础性体育联赛。图为篮球比赛现场。
（区教体局供图）

保学生在校期间"阳光体育一小时"的活动强度和质量。结合体育家庭作业，带动更多学生参与专项体育技能训练，提高专项运动技能。

基础性体育联赛

2022年，李沧区科学设置、扎实开展基础性体育联赛，以各级各类比赛为抓手，提升竞技水平。举办乒乓球、篮球、排球、足球、啦啦操、游泳6项区级阳光体育联赛，共有3069名中小学生参与区级赛事，1344人在比赛中获得名次奖，90余名体育老师获指导教师奖。在2022年青岛市"体彩杯"中小学生体育联赛中，乒乓球、游泳、排球等项目获得佳绩。其中，山东省青岛第六十一中学的男排团队和青岛沧口学校的女排团队，获初中组双冠军，

山东省青岛第三十三中学的女排团队获初中女子组亚军，青岛唐山路小学的女排团队获小学组冠军；游泳项目共获4个单项冠军、1个单项亚军和8个单项季军；乒乓球项目分获青岛市小学团体季军、初中团体第五名，获青岛市体育道德风尚奖；帆船项目知识竞赛分别获得青岛市初中组季军、小学组第五名，各项比赛成绩优异。深入普及校园足球活动，完善市、区、校三级足球联赛竞训体制。山东省青岛第二十七中学等4所学校在市长杯比赛中成绩优异。青岛市李沧区海诺学校获评国家级足球特色学校。举办2022年李沧区"区长杯"中小学生足球联赛，72支队伍、1226名学生参赛，山东省青岛第六十三中学等18所学校分获各组别冠、亚、季军，全区校

园足球蓬勃发展。

体教融合

2022年，李沧区做好项目布局，注重体教融合。开展"竞技体育项目进校园"活动，学校在深化普及区级项目的同时，结合自身优势，发展学校特色项目。以青岛汾阳路小学为代表的乒乓球项目，以山东省青岛第六十三中学等学校为代表的足球项目，以青岛唐山路小学等学校为代表的排球项目，以山东省青岛第二十七中学等学校为代表的跳绳项目，以青岛遵义路小学为代表的篮球项目，以青岛沧口学校等学校为代表的游泳项目，以青岛沧海路小学等学校为代表的帆船项目，在各级比赛中数次获得优异成绩。中小学生体质健康水平稳步提高，全区44所小学的四、五年级4330名学生体质检测合格率综合测评提升1个百分点，优秀率比2021年提升4个百分点。完成初中全员测试，17所学校15212名学生，合格率比2021年提升5.2个百分点，比2020年提升10.9个百分点，全区学生体质健康水平显著提升。

社会体育

2022年，李沧区加大公共体育健身设施建设力度，进一步完善"8分钟健身圈"。更新室外健身设施111处、笼式场

地 1 处、儿童乐园 4 处。开展全民健身活动，打造辖区品牌赛事，举办 2022 年青岛市全民健身日"健步行"李沧专场活动、李沧区第二届社区运动会、李沧区全民健身登山节暨咔哒越野线上赛等赛事活动。组织参加各级各类全民健身活动，参加山东省健身气功"易筋经"比赛和健身气功网络视频交流比赛、山东省健身气功站点联赛、青岛市第十四届"百县篮球、千乡乒乓球、万人象棋"比赛、青岛市健身气功线上交流比赛等赛事活动。新增社会指导员 52 人，开展社区居民健康指导 25 次。持续做好国民体质监测工作，开展老年人体育健身活动。

体彩工作

2022 年，李沧区体彩工作全面贯彻新发展理念和稳中求进总基调，执行"以人为本，强化管理，稳固基础，提质增效"十六字工作方针，让"负责任的、可信赖的、健康持续发展的国家公益彩票"建设落地生根。全区有销量门店 200 个。其中，专营店 101 个、单体兼营店 18 个、一类社会渠道 6 个、规模性兼营店 81 个。严格落实目标奖惩责任制，将每项目标考核责任到人。实行业务人员月度销量任务考核，及时掌握销量动态，更好完成销量任务。全年销售额约 3.32 亿元。采用线上和线下相结合的方式对站点进行培训，培训内容上把握方向的转变，普及新政带来的玩法变化，突出责任彩票工作，突出公益宣传。组织开展各类培训 42 场次，培训人员 2263 人次。加强安全运营管理，定期开展全体业主安全运营培训，不定期排查销量异常网点。对疑似违规站点第一时间现场排查、如实反馈，保证辖区站点安全合法合规运营。组织学习法制法规教育，做到知法懂法，依法办事，全区全年体彩工作责任事故为零。

（区教体局）

民政·慈善事业

民　政

概况

2022 年，李沧区民政局（简称"区民政局"）以打造"善政惟民"党建品牌为引领，做实民政暖心工程，书写民生答卷。获得全国未成年人保护示范区青岛市唯一提名，获评省级基层治理实验区、未成年人保护试点单位。上流佳苑社区获评全国先进基层群众性自治组织，沧口街道、九水街道、湘东社区获评省级社区社会组织创新发展基地。

社会救助

2022 年，李沧区打造"有忧有念"暖心工程，规范社会救助证明事项承诺制，取消 28 项证明材料，创新"三位一体"社会救助工作手册和"三覆盖、四统一、四公开"公示模式，确保救助工作高效透明。困难老年人"1+1+4"救助模式被纳入青岛市社会救助改革创新实践案例。落实低保特困等 12 项救助提标政策，全年发放救助金 2200 万元，惠及 8.5 万人次。定制"暖心卡"，详细标注救助标准和救助金额，指定服务专员定期入户换卡，畅通沟通渠道，实现"弱有所扶"卡上绑定，"暖心卡"获评全省社

图125　2022年，李沧区建设上流佳苑社区"幸福街"，打造邻里中心3处。

（区民政局供图）

会救助领域政策宣传优秀成果奖。启用"暖心库"，动态监测1369名政策边缘群众生活状况，牵头8个部门梳理28项救助政策形成"暖心指南"，开通受疫情影响困难群众救助直通车，全年救助困难群众700余户次。汇集社会力量拓展救助渠道，链接装修企业启动"暖家工程"，改善5名困境儿童学习环境，对接"喜基金"结对帮扶24户困难家庭，实现多维救助兜底保障。

基层治理

2022年，李沧区扎实开展基层治理实验，指导社区建设上流佳苑社区"幸福街"，打造邻里中心3处，惠及居民9.3万人。链接市、区两级慈善资金15万元，完成沧口党群服务中心"邻里趣动场"建设，拓展邻里中心服务外延，区、街、居三级均获得全省基层治理实验区（点）资格。筑牢"五社联动"平台，实现社工站全覆盖，承办社区供需服务大集，精准将123个社区划分为参与、认同、动员三类分类施策，制定街道、社区协商目录，指导协商150余次，摸排解决问题273个。举办社区骨干、社工考试培训，126人取得社工专业资格，社区工作者队伍专业度提升。"汇益港湾"社会组织创新园相关经验被中央改革办采用，全市党建引领社会组织参与社区治理、基层治理和服务工作座谈会在李沧区召开。

养老服务

2022年，李沧区聚焦保障老年人基本权益，协调农业银行免费跨行发放高龄补贴1112万元，惠及70岁以上户籍老人4.3万人。大力推进医养结合养老机构建设，护理型床位占比提升至80.5%，区社会福利院获评省级社会福利机构管理服务质效提升标杆单位。统筹力量做好居家社区养老服务，优化提升20处养老服务站，以创建省困难重度失能老年人居家照料和集中托养试点为契机，建立老年人基本信息数据库，全方位保障85名特困、低保老人服务。查摆"为老助餐"问题症结，协调街道社区企业协同发力，"为老助餐"工作有较大改观，11个街道均重新选定运营机构，正常运营助老餐点增加23处，日均服务老人数量增加70%。开发"颐养李沧"微信小程序，实现养老服务"掌上办"，消防安全检查"可溯源"。

未成年人保护

2022年，李沧区着力打造"1641"未成年人保护李沧模式，全面促进辖区14.4万未成年人健康快乐成长。出台《李沧区未成年人保护机构建设三年行动方案》等20余个配套文件，构建"一贯到底"未成年人保护组织架构；做实六大保护，建立协同联动工作体系，保障困境儿童2207人次，发放基本生活费219万元；打击涉嫌侵害未成年人犯罪，移诉案件28起、44人，向被严重暴力侵害的未成年人提供心理救助50余人次，妥善处理监护侵害案件4件；建强四大阵地，打造区级未保中心，聚焦全域示范辐射，聚焦西部区域补弱、聚焦中部区域融合、聚焦东部区域提升，打造困境儿童"童梦同行"，新市民子女"同城同爱"等东中西各具特色的服务阵地。打造"一个品牌"，联合团区委等7个部门发起"有梦·有为"困境未成年人关爱行动，通过"一对一，面对面，大于三（见面次数）"专业社工入户摸底，集结23家企业、94名爱心人士，实现"小海燕城市漫游记""架子鼓少年的舞台梦"等"微梦想"31个，惠及169人。湘潭路街道代表青岛市在省级以上大会做未成年人保护交流发言2次。

民政事务

2022年，李沧区规范使用"慈善一日捐"资金，驰援康县抗洪救灾30万元，定向支援三轮车、测温仪等物资价值30万元，助力街道防疫。切实编密织牢残疾人福利保障网，与残联等部门建立信息比对核查机制，全年发放补贴1160万元，惠及4.6万人次，确保精准发放、不漏一人。做到新增人员数据及时更新，实现残疾人"两项补贴"短信提醒全覆盖。大力推动残疾人康复辅助器具租赁试点，建成少山路康复辅助

具租赁体验中心，链接43.4万元资金，为393人提供半年康复辅助器具免费租赁服务。托牢流浪乞讨救助底线，建立区、街道、社区、网格四方融合救助机制，通过夏季送清凉、寒冬送温暖、防疫送物资，年内累计救助人员92人次，助力5人回归家庭。落实惠民殡葬政策，免除基本殡葬费293万元。全年办理婚姻登记6689件，登记合格率100%。

养老机构安全保障

2022年，李沧区修订出台养老机构新冠疫情应急响应、员工老人返院（入院）、物品接收等流程图。区民政局选派25名民政干部驻点督导养老机构疫情防控、疫苗接种等措施落实，协调街道、社区、养老机构形成工作合力，落实"人防"；紧急为养老机构加装门磁和监控，做实"技防"，通过"人防＋技防"，提高养老机构监管实效。严格落实核酸检测"应检尽检"、疫苗接种"应接尽接"要求，全年养老机构共加密核酸检测117轮，累计检测41.4万人次，在院老人接种1543人。抓牢养老机构安全生产，构建安全生产长效机制。聘请专家每季度和重要时间节点对养老机构进行安全隐患排查，组织开展养老机构安全生产检查、专题培训20余次，发现问题立行立改。用好智慧消防平

台，每天关注预警信息，及时提醒养老服务机构进行异常信息处理。全区养老机构均纳入"互联网＋明厨亮灶"监管，守护老年人"舌尖上的安全"。

（区民政局）

慈善事业

慈善募捐

2022年，李沧区有15个慈善分会，即11个街道慈善分会和4个行业慈善分会。湘潭路街道慈善分会大枣园社区慈善工作站"大枣园社区冠名慈善基金"捐款100万元，大枣园社区书记个人冠名慈善基金1万元。2022年8月25日，李沧区慈善总会开展全区"慈善一日捐"活动，区委、政府机关60余个部门和单位参加，活动当日募集善款93万余元。截至2022年12月底，共接收"慈善一日捐"捐款325.71万元（含社区冠名基金等定向捐赠），全年募集资金共339.80万元。

慈善救助

概况 2022年，李沧区慈善总会组织实施助困、助医、助学、助老、助孤、助残等救助项目。全年共救助困难群众6000余人，救助支出317.83万元。

慈善助学 2022年，李沧

图126 2022年8月5日，李沧区召开"慈善一日捐"活动动员大会。
（区慈善总会供图）

区慈善总会助学支出12.76万元。开展"慈善春风助学系统"工程，各街道慈善分会根据助学要求，组织调查摸底，确定帮扶对象，为26名困难应届、往届大学生资助6.9万元。与区妇联联合救助"春蕾女童"项目支出5.86万元，救助79名困难女童。

慈善助困 2022年，李沧区慈善总会助困支出145.41万元。元旦、春节期间，开展"慈善春风暖千家"活动，为全区210余户困难家庭发放慰问金28万余元；为820余户困难家庭发放爱心物资价值15万余元；中秋节慰问走访困难家庭120户，资金2.4万元；大枣园社区冠名基金救助100万元。

慈善助医 2022年，李沧区慈善总会助医支出25.98万元。其中，李沧辖区内居民大病临时救助51人13.88万元；区民政局牵头，慈善总会出资购买疫情防控药品价值12.10万元，为全区40个养老机构发放疫情防控药品，涉及老人2600余人、职工900余人。

慈善助老 2022年，李沧区慈善总会助老支出53.07万元。出资5万元帮扶老年摄影家协会庆祝二十大装裱字画；捐助李沧区颐福养老院10万元，用于养老院供暖、制冷设备的使用；为入住九久夕阳红养老院的3位未满60岁的低保人员补贴12.65万元；拨付10万元专项资金补贴李沧区慈善养老院；救助李沧区社会福利院10万元；为李沧区颐福养老院和李沧区社会福利院捐赠6台洗衣机、2台冰柜，价值5.42万元。

慈善助残、助孤 2022年，李沧区慈善总会助残支出10万元，用于资助李沧区残联改建和修缮残疾人文体活动中心。助孤支出0.61万元，与李沧区老干部局联合开展银龄助梦观影活动和银龄助梦海洋之旅活动。

公益建设 2022年，李沧区慈善总会公益建设支出5万元，建设沧口街道邻里中心"邻里趣动场"慈善合作项目。疫情防控支出11.02万元，为虎山路街道防控小区购买防疫生活物资价值2.3万元；购买电动三轮车8辆，价值2.4万元；为湘潭街道购买电动三轮车2辆，价值0.6万元；为各街道和李沧区养老院发放速冻水饺及其他防疫物资价值5.72万元。扶贫救灾支出35万元，支援康县抗洪救灾30万元；帮扶康县岸门口镇张家河村5万元。

慈善宣传

2022年，李沧区慈善总会开展宣传，不断提高慈善影响力。以慈善帮扶救助实例为主题，宣传慈善精神、慈善理念、慈善项目、慈善活动及受益的困难群体典型事例，让社会各界广泛了解慈善，激发调动群众参与慈善事业的热情。利用区电视台、工作简报、微信公众号等形式连续宣传报道，营造慈善工作氛围，宣传慈善工作理念，不断扩大慈善事业在社会公众中的影响力。

慈善工作规范管理

2022年，李沧区慈善总会不断完善工作程序，加强财务管理工作。坚持规范、公开、透明的财务管理制度，突出抓好救助公示工作，坚持自下而上的救助工作流程，对申请救助的每一个人、每一户家庭进行公示，确保需要救助的对象能及时地得到救助。每年全区募捐单位和个人捐款明细在青岛市广播电视台滚动播出；每年对财务收支情况进行专项审计，接受社会各界监督，确保慈善工作公开透明。

（区慈善总会）

民族与宗教事务

民族事务

概况

2022年，李沧区委统战部牢牢把握"铸牢中华民族共同体意识"新时代党的民族工作主线，以全面深入开展民族团结进步创建为抓手，持续推动民族团结进步事业创新发展。截至2022年底，李沧区有回族、朝鲜族等少数民族27个，少数民族常住人口2000余人，流动人口1000余人。虎山路街道办事处被评为山东省民族团结进步示范单位，李沧区图书馆被评为青岛市铸牢中华民族共同体意识宣教基地。

宣传教育

2022年，李沧区委统战部在全区59所中小学开展"特色思政课堂""特色主题班会""开学第一课"等教学活动，8000余名学生接受铸牢中华民族共同体意识教育。在全区组织"五个认同"主题教育专题宣讲会6次，开展中央民族工作会议精神、民族政策法规和民族知识宣传。为20余户少数民族家庭在子女入学、就业创业、帮扶救助等方面提供政策帮扶，进一步加强对少数民族群众的关心、引导和服务。

基地建设

2022年，李沧区以"花开李沧石榴红"品牌建设为契机，打造李村街道南山社区，虎山路街道百通馨苑社区、馨苑社区，浮山路街道百通花园社区4个城市民族工作"花开李沧石榴红"品牌示范社区。设置"铸牢中华民族共同体"景观小品和"同心亭""民族团结"宣传长廊等模块。建成大枣园社区"红石榴"主题公园、翠湖社区民族团结环湖长廊、百通馨苑社区民族小广场等8个铸牢中华民族共同体意识宣传教育微阵地。在全区60余个社区党群服务中心、便民服务中心等服务窗口设立"花开李沧石榴红"服务标识。

社会服务

2022年，李沧区把少数民族流动人口纳入城市流动人口服务管理体系，梳理少数民族便利服务清单，累计200余人享受基本公共服务和便利。每季度对区内各大商超和农贸市场定期进行清真食品监督检查，对76家清真食品经营场所开展民族政策法规宣传，助其更好进行清真食品生产经营。疫情防控期间组织300余名少数民族群众开展"共护家园"行动，引导各族群众牢固树立休戚与共、荣辱与共、生死与共、命运与共的共同体理念。

图127　2022年9月26日，李沧区开展"永远跟党走 我运动我快乐"少数民族文艺演出。　　（区委统战部供图）

文化惠民

2022年，李沧区委统战部结合朝鲜族、壮族等少数民族特色，组建3支少数民族特色文艺演出队伍，在端午节、中秋节等传统节日期间在全区开展少数民族文艺汇演60余次。利用社区党群服务中心、文化活动中心等阵地，常态化开展民族团结进步宣传教育活动，引导各民族群众交知心朋友、做和睦邻居、结美满家庭。

（区委统战部）

宗教事务

概况

2022年，李沧区有天主教、基督教两个宗教，有天主教堂1个、基督教教堂7个、基督教公共活动点2个。截至2022年底，李沧区所有教堂及公共活动点均被山东省民族宗教委员会评为省级和谐宗教活动场所。校地"153+N"联动机制抵御境外利用宗教对驻区高校进行渗透的做法在全市推广。引导基督教建立"阳光守望"志愿者队伍，推动宗教中国化走深走实。

校地"153+N"联动机制

2022年，李沧区以"坚决抵御境外利用宗教对驻区高校进行渗透，实现宗教和顺和社会稳定"为总体目标，成立由区委统战部（区民宗局）、区委宣传部、公安李沧分局、高校属地街道、各驻区高校组成的五方重点单位常规架构联动主体责任体系，建立会商研判、沟通协调、快速处置三个机制，实时将N个宗教工作联席成员单位纳入处置联动主体。校地"153+N"联动机制使高校抵御境外宗教渗透由"被动反应"向"主动作为"转变，推进关口前移，实现联动治理抵御境外宗教渗透一体化治理目标。

基督教"阳光守望"志愿者队伍

2022年，李沧区引导辖区基督教"三自"爱国小组根据基督教信教群众居住地情况，向本社区或就近社区派出3~5名爱国、爱社会主义的骨干信教人员，组成120余人的社区"阳光守望"志愿者队伍，切实维护李沧区基督教信教群众合法权益，发挥基督教依法打击假借基督教名义非法传教和私设聚会点的作用。

教育培训

2022年，李沧区举办统战干部政策法规培训班和代表人士培训班，每两个月举办一次业务讲座，每半年开展一次政策业务知识考试；对宗教工作"六个纳入"落实情况等重点工作进行督导检查，组织召开现场观摩交流会；在街道统战干部、各宗教团体场所、基督教"三自"爱国领导小组和天主教爱国会中广泛学习《互联网宗教信息服务管理办法》。

街道、社区两级责任清单

2022年，李沧区根据《宗教事务条例》和《山东省宗教事务条例》，结合本区实际情况，压实"二级网络"，落实"两级责任制"，制订街道、社区两级责任清单和负面清单，提高街道、社区处理宗教问题能力，推动落实宗教工作决策部署，加大非法宗教活动打击力度。定期召开民族宗教工作联席会议，解决街道、社区责任落实过程中遇到的问题。

安全生产排查

2022年，李沧区制订《李沧区宗教活动场所安全隐患拉网式大起底大排查、大整治专项行动工作方案》，落实宗教活动场所安全主体责任、压实主要负责人第一责任，联合相关部门就全区宗教活动场所消防安全、建筑安全、饮食卫生安全、重大宗教活动和宗教节日安全、疫情防控安全以及极端恶劣天气防范等方面展开重点检查，严守安全底线，严防事故发生，确保信教群众生命和财产安全。

（区委统战部）

人　民　生　活

就业保障

概况

2022年，李沧区实施就业优先战略，创新推动各项民生保障任务落实，打好"稳就业保就业促就业"组合拳，促进高质量充分就业。全年实现城镇新增就业2.7万人，完成目标任务的110.2%。坚持创业带动就业，政策性扶持创业3567人，完成率105%，创业担保贷款发放规模1.5亿元。全年开展各类补贴性技能培训8012人次。

就业政策供给

2022年，李沧区实施"抗疫稳岗 援企复工"、就业扩容提质、创业质效提升、职业技能提升四大行动，印制《人社政策词典》，搭建人社直播间，采取"线下＋线上""大讲堂＋云课堂"形式，举办各类政策宣讲活动120余场次。聚焦惠企保障，开展企业宣讲等政策宣传活动，帮助企业纾困解难。审核发放用人单位吸纳就业社保补贴、家庭服务业等就业补助资金4451万元，惠及企业5869家次；发放高校毕业生小微企业就业补贴549.4万元，惠及5749人次。实施重点企业用工保障等专项行动，强化线上、线下结合，全年开展各类招聘活动83场，参与企业1870家次，需求人数2.58万人，累计吸引4755人参加。建立"清库存、控新增、促就业"失业就业帮扶机制，发放各类就业创业补贴1.87亿元，城镇新增就业2.7万人，完成率110.2%。

重点群体就业

2022年，李沧区突出抓好高校毕业生、大龄失业人员等重点群体就业，建立"清库存、控新增、促就业"失业就业帮扶机制，实施离校未就业毕业生"五个一"帮扶行动，开展"青雁归巢"重点企业游学、校园双选会等活动，"一对一"推送岗位、政策、培训清单，多渠道促进高校毕业生就业创业。累计发放各类就业创业补贴1.87亿元，帮助8675名失业人员再就业，828名离校未就业毕业生服务率动态保持100%。突出抓好劳动密集型与专精特新企业专员服务，规范人社专员制度，建立"一口受理、并联办理、闭环管理"工作机制，全年走访企业 800 余家，指导建成见习基地 111 家，帮助企业解决办公地址、子女入学等难题 120 余项。推进城镇公益性岗位扩容提质行动，开发城镇公益性岗位 2725 个。在全市率先建立公益岗之家、成立街道公岗党支部，率先配发统一服装、统一标识。公益岗做法被山东省委、省政府转发，《人民日报》《光明日报》《中国劳动保障报》等媒体多次报道。

创业带动就业

2022 年，李沧区落实新一轮一次性创业补贴和一次性创业岗位开发补贴等创业扶持政策，不断优化创业担保贷款工作流程，强化政策保障机制，政策性扶持创业 3567 人，完成率 105%，创业担保贷款发放规模 1.5 亿元。搭建"3+2+N"创业孵化平台联盟，鼓励孵化基地建立"创业苗圃—孵化器—加速器—产业集聚"四位一体创业扶持体系，为创新创业提供广阔平台和坚强保障。创新搭建众创社群"创 YOU 汇"，为创业者精准化提供政策咨询、免税咨询等创业帮扶 100 余次，进一步推动创业服务前置。按不同行业类别、人员类别开展政策宣讲、创业沙龙、初创企业咖啡思享会、场景化沉浸式创业培训等创业服务活动 10 余场，推动创业资源开放共享，形成创业创新热潮，激发创业带动就业内在动力。

职业技能提升

2022 年，李沧区聚力技能提升，开展就业技能培训、企业新录用人员岗前技能培训、企业新型学徒制培训、"金蓝领"培训、城镇公益性岗位安置对象岗前培训等各类补贴性职业技能培训，8012 人次参与，发放补贴资金 371.2 万元，惠及企业近 600 家。举办李沧区化工行业青年员工、焊工两项市级二类职业技能竞赛，吸引 400 余人报名参赛。鼓励区内企业参与技能人才自主评价，推动企业技能人才自主评价提质扩面，全年新增自主评价备案企业 5 家，指导 5 家已备案自主评价企业开展考核认定并完成高级工及以上取证 427 人，技能人才队伍规模不断壮大。

劳动维权保障

2022 年，李沧区聚焦劳动维权保障，推动构建和谐劳动关系，建立李沧区"劳动监察调查＋劳动仲裁调解"一站式联动维权调解新模式，加强办案衔接，提高工作效能。全年受理投诉举报 1227 件，办理各类工程建设领域农民工欠薪案件 311 件。办结人民网、政府信箱、政务热线等平台转办件 1.15 万件，申请法院强制执行 11 件，向社会公布劳动保障重大违法行为 2 件，发放各类规范用工宣传材料 1 万余份，为 2200 余名劳动者追讨工资等劳动待遇共计 1300 余万元，全区 120 个工程建设项目纳入山东省农民工工资支付监管平台，总实名制人数超过 6 万人，累计代发 25 万余人次工资 14.49 亿元。创新"仲裁＋工会＋司法"调解机制，累计对 423 起争议案件进行案前调解，为劳动者追回案款 440 余万元。仲裁院共计受理案件 1460 件，调撤率达 66.2%，按期结案率 100%。

（区人力资源社会保障局）

住房保障

2022 年，李沧区受理住房保障审核 12 批次，共计审核材料 2514 卷，发放准予登记证书 2237 份；审核外来务工人员年度审核 79 户，公租房年度复审家庭 1873 户，完成 4466 卷审核材料归档入库工作。全年对困难家庭办理房租减免办结 32 户，现场查处经济适用房违章出租 10 户，完成新增公租房补贴家庭 565 户，累计发放公租房租赁补贴 256 万户次，共计 1845.05 万元，减轻了受保障家庭的租房支出负担。全年审核新增环卫一线外来人员补贴 48 户，累计发放 1125 户次，共计 48.7 万元，实现符合住房保障条件的家庭应保尽保。

（区城市建设管理局）

教育保障

教育基础设施保障

2022年，李沧区新增公办幼儿园分园4处，分别为青岛市李沧区实验幼儿园沐川园、青岛市李沧区青峰路幼儿园汉川园、青岛市李沧区君峰路幼儿园天水园、青岛市李沧区青山路幼儿园教学点；完成青岛沧海路小学、青岛金水路小学的扩建。完成青岛秀峰路小学、青岛君峰路中学、青岛李沧区实验初级中学北校区、青岛虎山路第二小学6所学校的建设并投入使用。

义务教育招生学位保障

2022年，李沧区为应对户籍、生育等政策优化所带来的招生入学压力，加快推进新建、改扩建学校建设，持续保障学位供给，根据生源分布和学校容纳能力，科学划分学校招生区域，提前发布学位预警，"一校一策"制订安置办法，统筹保障适龄儿童入学。全年小学共安排约0.95万人、初中共安排约0.57万人入学。

学校安全制度保障

2022年，李沧区全面统筹

图128　青岛君峰路中学校园一角　　（区教体局供图）

协调校园安全、心理安全、意识形态安全、食品安全、燃气安全、网络及危险化学品安全等15个领域141项重点工作，将重点工作的自查标准汇编成《学校安全工作手册》，发放给全区中小学、幼儿园。

教育经费保障

2022年，李沧区完善财政性教育经费投入机制，进一步落实教育投入保障政策。中小学生均公用经费拨付标准分别为1500元和1300元。全区学前教育经费占财政性教育经费的10.83%，对在园的残疾幼儿、孤儿、户籍内家庭经济困难幼儿127人次予以免保教费补助，补助资金11.66万元。

（区教体局）

医疗保障

2022年，李沧区开展群众就医体验大提升活动，关注群众看病就医感受。制订《李沧区发生本土聚集性疫情期间群众医药服务应急保障工作预案》，统筹做好疫情期间的医疗救治管理，维持正常的诊疗秩序，保障疫情期间人民群众看病就医购药需求。做好重点区域人员就医保障600余人次，抽调医护人员800余人次做好酒店防控保障工作。管理新冠肺炎出院患者164人，治愈患者出院后累计复诊180余人次。设置发热诊室174间，15家社区卫生服务中心全部设置抢救室。

（区卫生健康局）

街 道 概 况

李 村 街 道

党建工作

党建品牌

2022年，李村街道打造"红色新锋"服务驿站4处，推出"李遇新锋"系列培训课堂3期，组建4支新业态新就业群体志愿服务队伍融入基层社会治理。创新打造李村商圈党建阵地，配套建设红色影厅及党建有声读书墙，举办"商圈智囊团"例会、"党建议事厅"沙龙等活动10余次。举办李村商会与江苏商会党建联建共建签约仪式，开展"法律服务进企业"等共建活动4次。围绕"社区与商圈共繁荣"主题承办"李想汇 书记说"社区书记论坛，提升社会治理水平。

为民办实事

2022年，李村街道组织10名"红色指导员"和21名党建联络员，参与完成违章建筑拆除近1.2万平方米，创建2个垃圾分类示范小区，高标准完成东南新苑小区老旧楼院基础设施改造工程、李村河拦河坝项目，完成老旧楼座加装电梯9部，攻坚解决杨哥庄北小区260户住宅产权证办理难题。

经济发展

提升财政收入

2022年，李村街道坚持统筹好疫情防控和经济社会发展，积极制定切实有效的应对措施，通过加大对重点税源企业税收监控及招商引资，全年完成财政收入6.25亿元，完成年目标任务的106.4%，综合排名全区第一位。同时，做好固定资产投资工作，通过积极摸排对接，辖区纳入统计的固定资产投资在建项目5个，全年完成投资额4.1亿元。

促进企业高质量发展

2022年，李村街道通过不断走访摸排、宣传动员，共完成"四上"企业月度纳统3家，年度纳统企业10家。充分发挥社会各界的作用，组织召开4次经济政策解读会，对社区骨干、人大代表、重点企业、中介机构等进行招商政策宣讲解读，全年新注册企业主体1500余家，外资企业2家，到位外资20万美元。鼓励企业扩大规模，新培育综合性总部 1 家，申报（含复审）高新技术企业 28 家。

民生事业

"放管服" 平台建设

2022 年，李村街道进一步发挥电子政务系统的作用，优化审批流程，提高办事效率，通过联办简化审批环节，以告知承诺缩短审批时间，在 2022 年度基层政务服务 "好差评" 业务办理中，共收到工作评价 1.06 万条，好评率 99.9%。办理个体工商业务 489 件，食品经营许可 226 件，《生育服务手册》246 本，《独生子女证》86 人次，审核完成《青岛市住房保障资格申请》新卷 48 本，发放住房补贴 128.01 万元，取消住房补贴资格 12 户，为群众提供优质、高效、便捷服务。

老旧小区综合治理

2022 年，李村街道通过实地调查、建立台账、街道复核、比价招标等措施，以硬化地面、疏通排水、修补墙体破损、清除枯死倒危树木、捆扎飞线为重点，多方筹集资金对开放式老旧楼院进行整治，规模整治改造了东南山小区 36 个楼座，对长岭、少山、玉二、玉一、东山、滨河等 15 个社区 120 个楼座进行了重点整治，硬化地面 500 余平方米，修补墙体 40

处 300 余平方米，整改排污不畅问题 20 处，清除枯死倒危树木 40 棵，捆扎飞线 20 余千米，老城区面貌得到明显改善。

垃圾分类示范小区

2022 年，李村街道按照青岛市生活垃圾分类工作领导小组办公室的《关于提标打造城市生活垃圾分类五星小区工作的通知》的要求，打造垃圾分类示范小区，培育中崂路社区天府丽都小区、东山社区东山二路广场小区宣传教育示范点各 1 处；创建枣园路社区桃园路 37 号院、滨河路社区新澳国际小区 2 个垃圾分类示范小区，为辖区垃圾分类工作提供了样板。

环境保护

2022 年，李村街道累计清理卫生死角 400 余处，清除乱堆乱放 580 余处，对 590 个开放楼院和 329 个物业小区的广告进行彻底清理，治理乱排乱倒污水事件 25 起，对国家和省、市环保巡查的 29 个环保问题进行定期回头看，防止反弹。打造少山路社区市级环保宣传教育基地，顺利通过上级评选并获评奖牌。整治平整覆盖西大村空框裸露渣土 7000 平方米，防止扬尘污染空气。

养老服务

2022 年，李村街道推进居家社区养老服务站建设工作，

积极协调推进一系列养老服务举措，打造一处中心厨房（长岭路社区）和三处助餐点（大崂路社区、东北庄社区、滨河社区），平均每天供餐 100 余份，基本满足周边老人的需求。为辖区约 7800 名 70 岁以上老人发放高龄补贴 160 余万元；为 14 名百岁老人发放百岁老人长寿补贴近 5 万元；为 2728 名 80 岁以上老人发放体检补贴 40 万余元；为经济困难老年人 300 余人次发放补贴 2 万余元；为辖区 27 位空巢、独居、困难老人发放救助补贴 2 万余元。

文化惠民

2022 年，李村街道围绕不同主题组织开展各项活动，全年累计开展综合文化活动 650 场次、培训 759 课次、其他小型文化活动 221 次，全力满足人民群众精神文化需求。围绕街道 "星耀万家 乐在李村" 文化品牌，组织各社区进一步夯实一中心一品牌工作，开展 "颂歌献给党·喜迎二十大" 李村街道第十九届社区文化节系列书画、舞蹈等活动。

社会稳定

防范化解社会风险

2022 年，李村街道坚持以事前预防为主、事中调解为手段，将矛盾纠纷抓早抓小，全方

图129 2022年7月1日，李村街道第十九届社区文化节开幕式举行。
（李村街道供图）

位化解本辖区内矛盾纠纷，构建矛盾纠纷排查化解衔接机制，发挥社区人民调解委员会基础性作用，主动对接综治网格化服务管理体系，矛盾纠纷排查率达到95%，形成源头化解矛盾纠纷的工作合力。街道级、社区级"一站式"矛盾纠纷调解中心开展矛盾纠纷排查共8次，受理人民调解事件88件，其中调解成功86件，成功率98%。

镇街合法性审查

2022年，李村街道对街道重大行政决策、重大项目，以及所有签订合同、协议及规范性文件进行合法性审查，参加集体讨论研究会议。全年规范性文件合法审查率、备案率和统一发布率达100%，合同、协议审查率达100%。法治镇街工作深入开展，全年审查镇街集体讨论决定事项10项，镇街签署协议、合同87件，镇街制发规范性文件34件。未经合法性审查或者经审查不合法的保证不做出决策，确保决策程序规范化、民主化、合法化。

安全生产检查

2022年，李村街道接受省、市、区督导检查11次，检查大中型生产经营单位257家次，查出隐患226处，责令整改60家，全部按时限完成整改。巡查督导餐饮、住宿等场所1656家次，共检查摸排小微企业及个体工商户1.59万家次，及时处理停工停业企业1万余家，进一步完善台账，共查找隐患1023条，现场整改隐患760条，限期整改隐患263条，均已整改到位。持续开展隐患大排查大整治，共发放安全生产宣传页、明白纸近5000份，设置安全生产有奖举报公示栏8000处。组织开展消防安全专项整治，完成达翁农贸市场消防隐患治理；联合有关部门和企业解决地铁2、3号线李村站连接通道存在的雨水倒灌风险，提升居民安全感。

特色举措

党代表工作室

2022年，李村街道北山社区成立银龄志愿队，充当"红色组织员"。2022年2月，鲍秀兰党代表工作室成立，工作室以鲍秀兰为主要负责人，与枣园路社区、向阳路社区、玉一社区的3名党代表共同建立平台，辐射了周边8个社区。工作室成立后，鲍秀兰牵头建立了4支以老党员为主体的银龄志愿队，分别是"七彩华龄"志愿队、"邻里互助"便民志愿队、"爱心大姨"陪伴志愿队、"平安社区"安全志愿队。4支队伍在册党员志愿者92人。对基层治理、环境卫生、停车难等各类群众反响比较激烈的民生问题进行调研，并将调研情况及时上报给街道社区，促进问题解决。针对社区的孤寡老人，"爱心敲门组"定期"敲门"进行爱心陪伴，帮助解决困难。

老旧小区改造

2022年4月22日，李村

街道南山社区举行第一期"微言大议"议事厅，区政府职能部门、小区业委会、党员代表、群众代表、辖区工会志愿者30余人参加。议事会上，李村街道牵头成立了老旧小区改造工作小组，专门处理改造过程中遇到的各类问题，共同做好居民工作，保障改造工作顺利进行。在拆除违建临建方面，街道召开10余次"微言大议"会议，组织社区党员、居民骨干成立了专门的拆违动员队伍，对小区内私搭乱建进行逐一梳理，发动居民对违建进行自行拆除。李村街道南山社区协同电梯公司对东南新苑楼座进行实地勘查，初步筛选出了20个加装条件最优楼座，推进电梯加装工作。

居民议事会

2022年4月28日，李村街道中崂路社区党委与青岛排水五分公司党支部结合"作风能力提升年"及街道"社区同治理，居民齐参与"活动，通过社区"有事来商量"议事厅平台，组织小区楼栋长、排水五公司"排水服务兵"工作室的施工师傅面对面交流，现场发放"便民服务卡"。社区党委通过议事会平台，积极推动小区开展业主自治，树立"小区是我家"理念，提高小区居民参与自治的意识和热情。2022年8月，世园小区业主委员会成立。

（李村街道）

虎　山　路　街　道

党建工作

落实党建责任

2022年，虎山路街道深入学习贯彻习近平新时代中国特色社会主义思想和党的二十大精神，领导干部带头宣讲党课20余次，主持召开理论中心组学习12次，举办"虎山开讲啦"党建赋能学堂32场。打造高素质社区党组织书记队伍，举办"说说党建引领基层治理那些事儿"社区书记论坛直播活动，收看人数48万余人次。依托街道党校培训党员3400余人次。

擦亮党建品牌

2022年，虎山路街道深化做实"汇心惠益"社会组织党建品牌，引导160余家社会组织参与基层治理。汇益港湾社会组织创新园承接全市组织及民政系统观摩，街道在全市城市社区党委书记论坛、全市党建引领社会组织参与基层治理工作推进会上作交流发言，经验在中央改革办《改革情况交流》《青岛改革》上刊发。打造"红色新锋"新业态党建品牌，聘请快递员、外卖员兼任社区网格员，助力800余名新业态新就业群体融入城市生活、共享发展成果，实现党建引领一呼百应、业态发展百花齐放，经验在全市宣传推广。创新"红聚一网 幸福满格"网格化治理品牌，探索党建引领基层治理"多网合一"新路径。

强化党建引领

2022年，虎山路街道开展"作风能力提升年"活动，在社区一线设立党员先锋岗118个，组织2000余名党员志愿者参与疫情防控，筑牢基层党组织坚强堡垒。党员带头组建招商引资尖刀班、城市更新攻坚队，财政收入全年完成目标任务；北汽交易市场地块改造、华外二

图 130 虎山路街道红色新锋加油站 （虎山路街道供图）

期配套道路项目完成净地；上王埠、石沟安置房项目实现回迁。

经济工作

"产业兴街" 工程

2022 年，虎山路街道以"产业兴街"工程为主线，不断夯实人员、平台、服务要素保障，激发干事创业活力，持续打造优化营商环境的虎山速度、虎山品牌、虎山品质。组成企业服务专员队伍，全覆盖走访调研辖区 150 余家企业，了解企业经营状态，宣传惠企政策，协助解决生产经营中的实际困难 20 余件。组建"梧桐树"经济发展攻坚团队，对于新引进项目，从项目规划设计到施工推进保障，从周边环境整治到综合验收，从注册经营地、纳税地、统计处理地变更到开门营业、市场开拓，为企业提供全过程"保姆式"服务。全年街道财政收入累计完成 2.03 亿元，完成目标数的 111.69%；固定资产投资额 5.34 亿元；重点项目投资累计完成 12.27 亿元；申报规模以上企业 17 家；申报高新技术企业 20 家，技术合同成交额 2720 万元；招商引资落地超过 1 亿元项目 2 个，完成功能型总部 1 个，在谈项目 5 个；东西部协作帮扶工作实现消费采购 107.12 万元、捐款捐物价值 20.3 万元、产业投资 61.22 万元。

平台聚集

2022 年，虎山路街道将街道商会作为密切政企联动、聚力"双招双引"、优化营商环境的重要平台，秉承"同心同向、清亲共赢"理念，强化党建统领，激发解决企业困难、助力经济发展、开展对口扶贫等工作的内生动力，将商会会员企业打造成为区域发展的强劲引擎。依托商会党支部，全年为辖区企业融资 900 余万元、申请扶持资金 200 余万元，开展金融、财税、法律、安全等主题线上线下政策讲座 30 余次，重商、亲商浓厚氛围更加浓厚。充分发挥企业集聚优势，引导会员企业深度参与打造黑龙江中路特色汽车街区，汇聚 20 余家汽车 4S 店、50 余个汽车品牌，实现销售额 30 亿元。虎山路街道商会获评 2021 年—2022 年度全国"四好"商会。

民生事业

社区治理

2022 年，虎山路街道按照便民服务中心规范化、标准化建设要求，继续打造跨层级、跨区域的"一窗受理"工作模式，完善基层政务服务体系，打造"上虎山·都办好"基层政务服务品牌，辖区 23 个社区综合服务用房按照服务功能，持续推进"一窗受理全科服务"工作。完成金水路北、金水路、百通馨苑社区居委会成员补选工作，和新成立鹭洲社区居委会成员选举工作。将《议事协商目录》工作与街道"有事来商量"社区治理工作相结合，创建社区议事协商治理新模式，街道《议事解民忧、协商聚人心》在《社区》杂志发表。百通馨苑社区《"多民族融合"工作法的奥妙》在《中国社区报》发表，百通馨苑社区获评"全国社区志愿服务网络工作示范点""全国学雷锋志愿服务联络工作示范站"、2022年度"山东省绿色社区"。

社会保障

2022年，虎山路街道按照"应保尽保"的原则全面落实民生保障和社会救助工作，区街两级共走访慰问低保及困难家庭278户，为73户困难家庭发放慰问金和临时救助金22.14万元，为89户122人低保家庭发放低保金128.50万元，为6名特困人员发放供养金16.13万元、为7名困境未成年人发放基本生活费10.49万元，为67名困难残疾人发放生活补贴38.35万元；为16名残疾人申请发放居家托养服务补贴10万元，为16名残疾人申请发放个体户养老保险和医疗保险补贴19.4万元，为48名残疾儿童发放康复训练补贴80万元，为残疾人个体户发放一次性创业补贴7000余元、残疾人个体户扶持金4000余元；为275名重度残疾人发放护理补贴、8名经济困难低保老人发放补贴、2名经济困难特困老人发放补贴共59.88万元；为3566名70~89岁老人、132名90~99岁老年人、2名百岁老人发放高龄补贴合计72.76

万元；为1015名80岁以上老人发放体检补助15.23万元。

文化惠民

2022年，虎山路街道利用现有23个社区居委会的69支文化志愿者队伍、12支文化特色队伍、4支群团基层巡演艺术团，带动辖区文化志愿者近千人，以文化惠民为出发点和落脚点，丰富居民的文化生活。以2022"青岛有李"李沧区第二十二届社区文化节、李沧群文大舞台和虎山路街道第十九届社区文化艺术节等活动为载体，全年在各社区文化广场举办文体活动近400场次。各类艺术节目获得区级金奖4项、银奖4项、各类表演奖5项；为社区每月最少送出2场综合性演出，每周最少1场文化活动，活动形式以文艺演出、戏曲专场演出、趣味运动会、够级比赛、书画展览、棋类比赛等为主。参加李沧区第二届社区运动会，辖区每个社区均举办1场运动会，为社区更换健身器材200余件。

社会稳定

品牌建设

2022年，虎山路街道推进"芥园沙龙"禁毒品牌建设，会同青岛市强制隔离戒毒所联合共建社区戒毒社区康复指导站，发挥强戒所专业优势和街道社

区基层优势，开展芥园沙龙活动，为社区戒毒社区康复人员提供心理健康、行为矫正等管理服务活动3次。推进"四维课堂"德治教化品牌建设。通过实现百姓课堂以规立德、实践课堂以评弘德、幸福课堂以家润德、修身课堂以文养德，以四维课堂建设深入推动社会治理的德治教化体系建设。深化"一体多元"网格化服务管理品牌建设。坚持党建引领、多网融合的网格管理一体化和多元主体共同参与的网格服务多元化，探索"一体多元"网格化服务管理模式，提高网格的管理精细化、服务个性化。

心理健康教育

2022年，虎山路街道开展"心花绽放"心理健康教育项目，创新心理服务体系建设，联合社会组织快乐沙为青少年群体开展"心花绽放"心理健康教育项目，会同青岛市强戒所专业心理咨询师联合开展群众性心理健康宣教6次。

治安巡防

2022年，虎山路街道依托科技支撑，提升社会治安技防水平，通过街道雪亮工程、22个平安智慧社区、27个智慧安防小区、71支治安巡防小分队和智慧巡防网络平台，打造点、线、面结合的立体化治安巡防体系。强化社会治安防控体系

建设，落实社会面治安防控，做好重点群体服务管理，维护辖区安全稳定。

安全生产

压实安全生产责任

2022年，虎山路街道树牢安全发展理念。将习近平总书记关于安全生产重要论述纳入党工委理论学习中心组学习重要内容。通过利用"虎山开讲啦"组织开展安全生产公益讲座，采取开展社区分管人员、网格员业务培训会等形式，邀请相关业务局授课，业务科室对街道出台的分工、职责文件解读，提升安全生产工作素养。印发《街道领导班子成员安全生产责任清单》《街道安委会成员单位工作职责》《街道安全生产网格化管理办法》等制度，进一步明确职责和责任，落实一岗双责。每季度召开安全生产工作会议，部署安全生产任务。

落实企业主体责任

2022年，虎山路街道开展宣传"五进"和警示教育活动，组织专家进企业，围绕事故风险对员工进行面对面的授课。街道组织专家对企业主要负责人进行集中授课。利用青岛市开展的"大学习、大培训、大考试"线上学习活动，组织辖区80余家企业参与，提升全员的安全知识水平。围绕开展青岛市互联网＋责任清单工作，通过广泛宣传和检查督促，完成辖区2500余家责任清单制订并上传市平台，促进了企业落实主体责任积极性。

防范安全风险

2022年，虎山路街道开展安全生产大检查。围绕安全生产三年整治行动和除隐患、治顽疾、打非法大检查行动等专项行动，结合关于开展企业分级分类管理工作要求，采取"企业自我诊断、聘请第三方诊断、部门诊断检查"相结合的方式，开展机械、仓储等工贸行业整治。开展安全检查220余家次，整改隐患168处，行政处罚1家。有效促进省执法平台考核事项工作，列全区第一。

开展联合检查

2022年，虎山路街道紧盯高层建筑、大型商业综合体等传统高风险场所，居民小区、"多合一"等人员密集场所，集中解决燃气违规使用、"三合一"等重点问题23项、一般问题9项，实现闭环管理。提升事前预防能力，开展消防宣传活动23次，为4个社区增设4套微型消防站。围绕工贸行业重点领域重大事故隐患"清零"整治行动工作要求，组织开展企业自查和"清零"检查，整改除尘系统控爆设置不规范等设备类问题2处，整改违规动火作业等危险作业类问题3处。

增强安全生产基础

提升执法效能 2022年，虎山路街道通过增配执法人员和补充执法设备等硬件方面保障，落实日常管理制度，工作例会制度，学习培训制度。有力保证年度执法（检查）计划有效实施，实现执法（检查）工作常态化、制度化。组织开展企业"大学习、大培训、大考试"专项行动，督促必学必训内容学习全覆盖。组织辖区企业安管人员参加山东省上机统一考试。合格率达96%。组织辖区企业400余人参加山东省"八抓二十项"线上学习、考试活动。组织辖区工贸企业300余人参加山东省线上定向培训活动。

提升应急能力 2022年，虎山路街道规范制订街道应急突发事件总体预案和处置规程等相关文件，采用联合企业、社区开展专项应急演练3次。督促企业开展应急演练60余次。加强非生产安全类事故预防，利用微信群、公众号，广泛宣传防范一氧化碳中毒、居家安全知识，发放宣传材料2万余份。在汛期和寒潮等极端天气时及时推送提醒信息，督促做好应急准备。加强地质灾害点预防管理，积极协调相关部门，加大隐患点维护，最大程度降低风险。

（虎山路街道）

浮 山 路 街 道

党建工作

基层党建

2022年，浮山路街道完成党代表换届选举工作，选举产生12名代表出席中国共产党青岛市李沧区第七次代表大会。全年围绕省、市、区党代会精神，组织宣讲130余次，受众人数6000余人。推进支部标准化规范化建设，重新划定社区网格支部，新增网格支部25个。严格落实党支部评星定级管理工作，联合创新中心党委被评为青岛市五星基层党组织。2022年6月30日，举办人才驿站揭牌仪式，在浮山路街道党群服务中心打造"人才驿站"服务平台。

理论学习

2022年，浮山路街道制订《浮山路街道关于落实"作风能力提升年"部署要求开展"正风聚力"行动的实施方案》，深入开展"大学习""大调研""大讨论"活动，开展专题主题党日、宣讲活动、业务培训等100余次，结合"民意大摸排"深入走访调研100余次，形成调研报告9篇。依托"精彩浮山"

微信公众号，开设"作风能力提升年"活动宣传专栏，扎实开展"亮绩""赛绩"活动。

从严治党

2022年，浮山路街道组织机关干部100余人次集中观看廉政警示教育片4次，组织70余人次开展"一把手"定制化警示教育宣讲、年轻干部定制化廉洁教育、廉洁家教家风主题宣讲等活动。节假日期间，对街道处级领导、科室负责人、社区党组织书记谈话提醒39人次，严格落实中央八项规定及其实施细则精神，自觉抵制歪风邪气。

信息宣传

2022年，浮山路街道完成新闻媒体发稿268篇，含中央级22篇，省级41篇，市级155篇。"家在李沧"政务号发布86篇，"精彩浮山"微信公众号发文100余篇，《浮山闻汇》社区报出版至83期。在"学习强国"青岛平台发布11篇稿件，"我们的节日"系列活动在"学习强国"线下推广，作为创新成就被青岛市采用。着力宣传先进人物事迹，获评"青岛市文明市民"2人，获评"最美李沧人"3人。

经济发展

2022年，浮山路街道全年实现区级财政收入1.93亿元，规模以上企业纳统完成14.5家。浮山路街道在河南庄社区首创"证缴分离"工作法，为530余户回迁安置居民办理1116套房屋产证登记，破解8年回迁房产权证办理难题。

民生事业

民政工作

2022年，浮山路街道建设完成东李社区、南庄社区、福临社区养老服务站，"为老助餐"大食堂平均每日就餐193人；发放低保金112.89万元，发放困境未成年人、临时救助、困难残疾人、重度残疾人补贴3639人次124.62万元。

窗口服务

2022年，浮山路街道落实《街道级"一窗受理"政务服务事项清单》，按照"1+2+1"模式设置服务窗口，建立"窗口综合受理，帮办分类流转"办理模式，落实68项"一窗受理"

图 131　2022 年 10 月 13 日，李沧区浮山路管区人大代表举行"走进新业态新就业群体"活动。　　　　　（张鹰摄影）

颗粒化事项。实现个体工商登记业务"街道属地化"办理模式，个体工商户注册登记、个体食品经营等高频事项在区级统筹管理下"全域通办"。

文明城市创建

2022 年，浮山路街道拆除历史遗留违章建筑 68 处 6.08 万平方米，清理毁绿种菜 50 余处 700 余平方米，清理居民楼院内乱摆乱放 30 余处，拆除南庄、福临万家等小区私搭乱建 10 余处 300 余平方米，整治小区 6 个。拆除户外广告、门头牌匾等 230 余处 1500 余平方米；小广告查处 9 起、罚款 4200 元，停用手机号码 12 个。处理各类行政处罚案件 139 起，罚款 97.81 万元。

文化活动

2022 年，浮山路街道完成综合性文化活动 113 场次，其中组织培训、讲座、书画、阅读等各类单项活动近 20 场次。新增文化团队 4 支，组织舞蹈、合唱、锣鼓、瑜伽、模特、健身等公益培训课程 30 余次。协助申报体育运动公园、笼式足球场地、仿冰雪项目、大型社区健身工程、健身吧、口袋公园等健身设施 5 项。

社会稳定

安全生产

2022 年，浮山路街道完成 2091 家责任清单上传工作，18 家规模较大生产经营单位开展了安全生产标准化和双体系建设。对辖区生产经营单位开展日常检查巡查 3809 次，全年共检查企业 151 家，下达责令整改指令书 53 份，整改隐患 226 项。组织应对汛期台风、强降雨等恶劣天气 4 次，处理各种险情 26 处，整治重大防汛隐患 1 处。通过创新管理机制，解决资金难题，确保长效监管，实现河南庄护坡地质隐患整治主体工程完工，彻底消除了影响周边居民群众生活的安全隐患。

社区消防

2022 年，浮山路街道为辖区部分老旧小区及高层建筑配备逃生绳 130 个、缓降器 454 个，电器火灾监控设备 13 个，消防水箱水位监测设备 49 个，消火栓和末端试水压力监测设备 42 个，消防中控室值班监测设备 2 个。

维稳安保

2022 年，浮山路街道在辖区内组织两次集中维稳隐患排查，共排查出隐患和问题 190 余起，全部建立台账，及时调处办理。将其中排查出的 43 名重点人员推送公安机关纳入公安维稳信息大平台，做好重点人员的化解稳控、疏导教育工作。

法治宣传

2022 年，浮山路街道以民法典宣传月等活动为契机，组织社区法律顾问积极开展普法讲座 46 次、户外宣传 36 次，发放《民法典常用知识手册》2000 册，增强辖区居民自我维权意识。

（浮山路街道）

振 华 路 街 道

党建工作

管党治党主体责任

2022 年，振华路街道始终把党的政治建设摆在首位，突出街道党工委主体责任和纪工委监督责任，坚持把政治理论学习作为加强班子自身建设的重要任务，全面规范党工委中心组理论学习制度，切实把学习的软任务变成硬指标。严格执行民主集中制，把"末位表态"和"三重一大"集体讨论落到实处。坚决执行保密工作责任制，健全保密管理制度，街道档案室专人专责管理，保密文件严格制订流转台账，完善各项保密防护措施。党工委召开全面从严治党专题会议 1 次，观看廉政警示教育片 3 次、开展廉政谈话提醒 40 余人次，领导干部讲廉政党课 2 次。组织理论中心组学习 13 次，撰写学习体会 50 余篇，妥善处置解决辖区舆情 2 起，强化风险预判和隐患处置。高度重视宗教工作，建立农工党工作站，梳理辖区信教人员情况并建立台账，做好信教人员困难救助，发放各类补助金及慰问物资

5000 余元。

作风建设

2022 年，振华路街道开展"作风能力提升年"活动，引导街道机关上下转作风、优服务、提效能，为推动各项工作任务的落实提供作风保障。第一时间制订街道"正风聚力"工作方案，形成问题清单和整改清单，认真开展"大学习""大调研""大讨论"等活动，组织各类自学活动 50 余次。组织街道各科室开展"争一流夺红旗擂台赛"，通过亮绩赛绩，进一步提升街道干部精气神，营造比学赶超的浓厚氛围。围绕疫情防控、双招双引、经济发展、城市更新和城市建设等工作，街道作风能力提升年活动开展情况先后被《大众日报》《李沧党建》《李沧融媒》《作风能力提升年简报》等宣传报道 10 余次。剖析省委巡视、区委巡察反馈整改问题，组织班子成员针对问题开展研讨、盘点不足、检视问题，已全部整改完毕并长期坚持。

经济发展

2022 年，振华路街道全力助推项目攻坚，加快推进双招双引工作，在谋划工作、推进落实、落地见效上提高班子干事创业本领。班子成员包片辖区 44 家全口径 20 万元以上企业，到企业了解生产经营情况、讲解纳统知识等累计 60 余次。召开银企对接会，辖区 40 余家小微企业直接和工商银行、农商银行及税务部门进行对接，为 20 余家落户李沧区的新企业办理贷款，解决企业融资难问题。完成财政收入 1.3 亿元，完成进度 109%，列街道组第二位。利用、盘活闲置资源、写字楼、土地等，以永平路 4 号原青岛凤凰印染 4.4 万平方米闲置老旧厂房等资源筑巢引凤，引导建设都市工业园区项目，实现闲置资源升级改造、结构转型。其中，洁神项目投入约 5000 万元，预估年产值 1 亿元，已有 6 家意向企业洽谈。经验做法被《李沧改革》《青岛日报》宣传报道。做好辖区拆违治乱攻坚行动及安顺路打通工程拆迁工作，拆除地上附着物 4.77 万平方米，完成青岛青联股份有限公司 5 次抽氨工作，卸氨 35 吨，拆除全部液氨设备，未发生生产安全事故。经验做法被《大众日报》宣传报道。都市工业

园区项目和安顺路打通工程两项工作得到区委主要领导肯定性批示。

安全工作

2022年，振华路街道班子切实履行"一岗双责"，严格落实安全生产工作责任制，重要节点全力抓好社会面平稳、企业安全生产工作安稳，确保大局安全稳定。在信访维稳方面，街道班子先后接访80余次，化解重点信访案件1起，发动网格长、楼长、志愿者等各方力量500余人次，排查整改各类隐患200余起。在安全生产方面，迎接省、市、区安全生产督导（巡查）重点检查5次，检查生产经营单位300余家，发现并整改隐患20余处，燃气安全巡查300余次，入户宣传120余户，不断提升群众安全

意识。进一步压紧压实食品安全责任制，落实属地管理责任，定期到辖区青岛食品股份有限公司等企业开展检查，联合工会开展技能比拼，强化安全生产意识。在疫情防控方面，贯彻疫情防控工作各项指示要求，坚持精细谋划、精准排查，完成近百轮核酸检测，为居民免费发放抗原试剂3000余个，确保辖区和谐稳定。

民生事业

联系群众

2022年，振华路街道开展居民日活动4次，收集群众意见20条，问题已解决18件；组织开展"我当居民体验官 深入一线解难题"工作，梳理8大类30余项问题，成立10支"居民体验队"，沟通群众60余人

次，沟通企业20余家，收集问题意见28条，全部解决；处理各类政务热线300余件，切实解决群众难题，群众满意率98%；招聘三批李沧区城镇公益性岗位上岗人员88人，兜底帮扶就业困难人员。

环境卫生

2022年，振华路街道根据群众诉求及创城工作要求改善环境，完成石门路、松柏路开放式楼院、永平家园楼院整治和地面平整等民生实事20余件，有效改善群众居住环境；清理卫生死角800余处、乱堆乱放700余处，清除小广告6000余处，改善老旧小区"脏乱差"状况；设置垃圾分类回收站点8处，开展垃圾分类宣传活动400余次，发放宣传册1万余份，覆盖辖区居民1.1万人次；将生态文明建设和环境保护作为工作重点，累计巡街、巡河、巡湾2100余人次，处置问题160余件，维护了辖区河湾环境面貌，推进河流沿线人居环境整治。

文化活动

2022年，振华路街道承办"喜迎二十大 科普向未来"全国科普日李沧区主会场活动，开展海洋科普、猜科技灯谜、手工编织、微雕文化、海军旗语等各类活动，活动开展情况被《大众日报》《青岛今日》《李沧融媒》等多家媒体报

图132 2022年7月1日，振华路街道永平路社区举行"红色七月 党旗飘扬"文艺汇演。
（振华路街道供图）

道；设立秧歌队、模特队、太极队等22支各具特色的文化队伍，组建专、兼职文化队伍260余人，文化活动志愿者400余人。开展"理响李沧"基层党组织书记宣讲10场及各类文化活动43场，营造浓厚的文化氛围。获得青岛市科普示范镇街、"十四五"时期第二批山东省社会科学普及示范单位、市级社会心理服务示范品牌等称号。

（振华路街道）

沧　口　街　道

党建工作

管党治党主体责任落实

2022年，沧口街道严格落实管党治党主体责任，制订街道"三重一大"事项决策规程，促进集体决策民主集中制落实。对省委巡视、区委巡察"回头看"反馈的12项问题，全部整改完毕。在理论中心组学习中安排法治学习内容，坚持重大事项依法决策，带头做到依法履职，切实履行推进法治建设第一责任人职责。以街道和社区新时代文明实践所站为主阵地，充分利用微信公众号、微信群等媒介，举办宣讲50余场、受众1500余人。落实保密责任制，对机关保密相关问题进行全面排查。聚焦党的政治、组织、思想建设，组织街道党工委委员、社区党委负责人在党工委扩大会议上述责述廉，深入学习宣传贯彻党的二十大精神，举办宣讲50场、受众1000余人次。严抓党的纪律、作风建设，坚决查处违纪党员，给予8名党员党纪处分，对5名党员干部采取"第一种形态"处理，开展党风廉政建设专题会6次，主动约谈干部118人次，组织14个社区制订年度党员廉政教育计划，笃力压实管党治党责任。

作风能力提升

2022年，沧口街道贯彻落实"作风能力提升年"有关要求，扎实开展"正风聚力"行动，深入开展干部作风建设专题教育和学习培训，开展"作风能力提升"专题主题党日1次，党工委书记讲党课3次，专题学习1次，集体学习研讨3次。以习近平新时代中国特色社会主义思想为指导，带头抓实党的二十大精神的学习贯彻，开展党的二十大精神主题宣讲，推动学习贯彻党的二十大精神走深走实。深入社区和企业一线开展"大调研""大走访"活动50次，开展专题调研160次。开展"牢记嘱托·建功有我"大讨论，结合本职业务开展沧口青年干部"作风能力提升年"演讲比赛、"作风能力"比拼大擂台。相关工作在"岛城先锋"发表经验材料1篇、在区委"作风能力提升年"活动简报刊发经验材料3篇、在"李沧党建"公众号推文3篇、在青岛新闻网发表推文1篇、在李沧融媒公众号推文1篇、在《青岛改革》发表工作经验1篇，被市级以上媒体报道10余次。规范推选区党代表18人、市党代表1人。发挥党员模范作用，在抗疫一线建立党员责任岗40个，动员500余名党员组建志愿者服务队。扩大公益性岗位规模，全年招聘城镇公益性岗位259人，分布在核酸检测、创城等不同的岗位上，增强了社会治理力量。

特色党建活动

2022年，沧口街道利用沧

口街道党工委党校教育资源，接待中央党校和省、市、区等单位参观观摩 34 批次、520 人次。打造党代表工作室，建成街道级、社区级和个人特色党代表工作室 4 个，建成"1+3"制度体系，推动党代表工作室成为一线党代表履行代表职责、联系党员群众的工作平台。推进街道党群服务中心建设规范化、标准化，落实"2+1+N"的窗口设置要求，统一制度，统一服装，设置自助办理区和休闲服务区。沧口街道"好差评"量在全区连续 5 个月排名第一，好评率100%。邀请青岛市委党校教授以"打造高效执行力"为主题进行网络直播授课，辖区 2500 余名党员同步在线观看。"同声颂党恩，喜迎二十大"宣讲报告会暨主题党日活动 1100 余人次观看。录制两个"微视频"党员教育课堂向区、市推荐。所属 2

个党支部被评为五星级党组织，2 个党支部被评为李沧区离退休干部示范党支部。"共享家·邻聚力"自组织品牌创建等 3 篇经验材料在"岛城先锋"公众号刊发，《沧口街道党工委孵化培育社区自组织反哺党群服务阵地》视频在"灯塔 - 党建在线"平台播出。

经济发展

2022 年，沧口街道完成财政收入 1.04 亿元，固定资产投资 1.34 亿元。建立完善街道招商引资工作机制，成立招商引资工作领导小组，夯实税源基础，营造辖区良好营商环境。提高服务企业能力和水平，按照"有事就办、无事不扰"的原则高标准服务企业，以挂牌上市、项目推介、以商招商等方式帮助企业做大做强。加快

推进重点项目建设。全力以赴服务好辖区重点项目，主动协助解决项目落地、建设过程中遇到的问题。2022 年 6 月，辖区企业青岛泰德汽车轴承股份有限公司在北京证券交易所上市，成为全区第二家登陆主板交易的高新技术企业。巩固拓展脱贫攻坚成果，做好对口支援和扶贫协作工作。全年完成消费帮扶任务 100 万元、社会捐助帮扶任务 21.18 万元。

民生事业

民生服务事项

2022 年，沧口街道加强基层政权建设，依托党群服务中心建立街道社会工作站，聚集了 87 支居民自发组织的队伍，由 2300 余名居民志愿者参与，每天服务居民 200 余人次，每周组织开展活动 20 余场次；为永年路社区新增 1 处 600 余平方米的综合服务用房，为兴山路社区综合服务用房进行装修改造，改善了社区办公条件。便民服务中心受理行政审批项目 6021 件，办结率 100%，群众好评率 100%。全面做好社会保障工作，为残疾人、临时困难人群等发放各类救助、补贴 390 余万元。为特扶、养老等人群发放补助 1660 余万元。做好辖区 2903 名退役军人信息标准化采集录入和动态管理工作，

图 133　2022 年，沧口街道为新业态新就业群体人员提供休息和饮水服务。
（沧口街道供图）

为退役军人优抚对象发放优抚金 1000 余万元。完成辖区住房保障业务 1045 项。其中，办理住房保障资格申请 192 户，保障性住房资格复核 823 户，累计发放住房租赁补贴 583 万元。

城市治理

2022 年，沧口街道开展创建全国文明典范城市工作，宣传创建知识及工作成效等，在社区及小区显著位置、工地围挡等地全面更新公益广告 320 块，组织机关党员干部、网格支部、志愿者、公益性岗位人员和社区群众每日参与志愿服务活动 800 余人次，累计整治大型卫生死角 40 处，清理覆盖各类小广告 1630 余处，开展垃圾分类宣传活动 40 余场次，完成社区楼院破损地面修补硬化 5000 余平方米。协同区城市建设管理局对永安路 27 号院老旧破损进行了彻底整治，办结省、市、区督办件 2 万余件，处理城管数字化及政务热线件 6 万余件。重点推进永安路 50 号老旧小区整治改造，群众"急难愁盼"事项得到妥善的解决。落实河长制、湾长制属地巡查，做好生态文明建设和环境保护工作。

文化活动

2022 年，沧口街道举办文化惠民活动 130 场次，举办舞蹈"公益文化培训课" 20 课次。街道 4 支文化志愿者团队承接

2022 年李沧区"群文大舞台欢乐进万家"送演出走基层暨群众文化成果交流展演活动 8 场。

社会稳定

营造安全生活环境

2022 年，沧口街道严格落实安全生产责任制，完善街道安全生产规章制度，制定并完善《沧口街道突发事件总体应急预案》《沧口街道防汛应急预案》《生产安全事故应急预案》《消防安全专项应急预案》，街道安全生产整体工作逐步走向规范。全年执法检查企业 74 家次，日常巡查生产经营单位 360 余家次。发现并整改隐患 82 项；开展"5·12"减灾日防灾减灾知识培训，组织开展防地震疏散应急演练；推送安全应急提醒和应急知识 20 余次，排查隐患 20 余处，处理应急情况 30 余起。落实食品安全责任制，联合食药部门加大排查和处罚力度，未发生食品安全责任事故。

维护社会稳定

2022 年，沧口街道对风险隐患开展全覆盖、拉网式摸底排查，建立工作台账，列出责任清单，及时就地化解，先后评估重大决策事项 30 余项。建设街道"一站式"矛盾纠纷调处化解中心，完善矛盾纠纷多元化解机制，化解重点领域及

邻里、家庭、物业矛盾纠纷 482 件次，提供公共法律服务 270 余人次。严格依法依规开展社区矫正、安置帮教工作，全年共监管矫正、教育帮扶 257 人，社区矫正对象无脱管、漏管，无"两类人员"重新违法犯罪现象。配合区金融局、驻街金融机构组织开展辖区防范非法集资骨干志愿者培训会和打击整治养老诈骗宣传活动 30 余次，共 2000 余人参与，干预并挽回群众财产损失。

加大安全宣传

2022 年，沧口街道举办反诈骗宣传活动 20 余场次，制作反诈骗宣传展板 50 余块，横幅 60 条、发放反诈宣传材料 3000 余份。利用集中宣传、入户宣传等方式发放各类安全生产宣传品 1.6 万余份，利用街道生产经营单位管理群和社区安全防范群，及时推送安全警示教育链接、视频 30 余条，受众 2 万余人次；组织开展了安全生产"大学习、大培训、大考试"专项行动，组织生产经营单位主要负责人参加省市区组织的考试 60 余家次，合格率 100%。

重点项目

2022 年，沧口街道综合运用政策宣传、摸底调研、依法办事、各个击破等方式方法，妥善

解决有关补偿问题，提前完成地铁7号线振华路站涉及的拆迁工作。提前完成重庆路快速路建设在沧口街道辖区涉及的拆迁工作，完成3000平方米违法建设拆除工作，为北方汽车交易市场地块改造项目出让创造条件。配合区城市管理局在升平新城小区、振华苑小区开展楼院环境整体提升工作。辖区共完成拆除违建30处，面积2.07万平方米。

（沧口街道）

兴 华 路 街 道

党建工作

作风能力提升

2022年，兴华路街道把改进作风、提升能力与街道中心工作统筹谋划、协同推进。实施大学习、大宣讲，严格落实"第一议题"制度，组织开展作风建设学习月、党的二十大精神专题学习班、"不忘初心、牢记使命"主题党日、"一支部一党员"宣讲等活动，街道作风能力提升工作经验在区级以上简报、公众号等宣传8次。实施大调研、大排查，围绕干部作风6种不良倾向，通过自己找、同事帮、群众提，查摆问题63条，确定"事要解决"事项3项，均落实到位。开展"亮绩""赛绩"擂台赛2场，以述职考评促争先进位。

基层党建工作

2022年，兴华路街道创新党建赋能网格治理"一二三四"工作法，在53个社区城乡网格选优配强66名网格支部书记，完善辖区网格党支部书记、楼院党小组、党员中心户链条，落实网格党支部书记责任制，打造提升"服务到家门"品牌，推进网格党支部"接事、理事、商事、评事、办事"标准化、规范化建设，街道作为全区党建引领网格治理试点单位，试运营"李即办"社会治理综合服务平台取得较好成效。健全区域化党建体系，成立街道新业态新就业群体党支部，培育打造11个"红色新锋"先锋岗和服务驿站；开展"红色联盟"共驻共建，11支"一心服务队"482名党员志愿者和23家"红色联盟"共建单位192名党员集中服务上门落实疫苗接种、核酸检测、文明创建等任务5次，解决问题952起，开展"红色代办"等服务362次，永平路社区核酸采样点被授予市级"战疫先锋示范岗"。

党风党纪

2022年，兴华路街道落实全面从严治党主体责任，扎实推进省委巡视和区委巡察反馈问题整改，认真贯彻落实巡察反馈意见。制订街道落实全面从严治党监督责任清单，在疫情防控、安全生产、信访维稳等工作中，开展监督检查，加强作风整治。街道党工委约谈提醒10人次，纪检监察工委约谈提醒36人次，督查重点工作26次。

经济发展

招商引资

2022年，兴华路街道把准招商方向、突出招商重点，全年引进企业主体310家。其中，注册资本过1亿元企业2家［中巍（青岛）供应链有限公司、青岛国投茂业民间资本管理有限公司］，注册资本超过1000

万元企业 10 家。其中，青岛国投茂业民间资本管理有限公司的引入实现兴华路街道在金融类项目上"零"的突破。

固定资产投资

2022 年，兴华路街道完成固定资产投资额 1.74 亿元。规模以上工业完成总产值 2778.4 万元；批发业企业完成销售额 8.31 亿元；零售业企业完成销售额 19.59 亿元；餐饮业完成营业额 160.4 万元。

其他经济指标

2022 年，兴华路街道上报纳统企业 10 家。其中，月度纳统 4 家，年度纳统 6 家。完成东西部消费协作 121.98 万元、社会帮扶 28.5 万元。其中，坊子街社区捐款 5 万元，山东中天兴业土地房地产资产评估有限公司捐赠衣物价值 23.5 万元，帮扶 55 户。完成街道与陇南市碾坝镇结对，坊子街社区与康县碾坝镇袁沟村结对；完成产业合作 1 个，青岛清风陇澜商贸有限公司实际投资额 1000 万元，带动 10 户人口就业。

民生事业

2022 年，兴华路街道提升社会救助水平，持续强化民生兜底保障。加强人才队伍建设，完成红十字会理事、常务理事、秘书长换届选举（增补）及街道红十字会换届等工作。高质量

图 134　2022 年，兴华路街道喵星居家社区养老服务中心完成市级星级评定，获评四星级。　　（兴华路街道供图）

完成街道社工站建设，配备必要的办公和服务设施。兴华路街道喵星居家社区养老服务中心完成市级星级评定工作，被评为四星级。落实各项专项救助政策，新办理 7 户低保，办理低保边缘家庭 2 户，特困复核 3 户，新增困难残疾人补贴 7 人。

社会稳定

平安建设

2022 年，兴华路街道做好重点期间信访维稳工作，按照风险等级进行分类管控、一人一册，连续 5 年零进京、零上访、零登记。化解上级交办信访积案 3 件，化解率 100%，全年排查、调解、化解矛盾纠纷 83 起，持续巩固信访工作"示范镇街"成果。建成并实体化运行"一站式"矛盾纠纷多元化调解中心，

搭建起干群沟通的良好平台。

综合治理

2022 年，兴华路街道提升网格化管理规范化、精准化水平，调整划分为 53 个社区网格、21 个专属网格。搭建心理健康服务平台，在街道和社区设立心理咨询室，实施精准化精细化心理健康服务。发挥基层司法所维护社会稳定"第一道防线"的作用，不断完善多元化调解机制，切实做好社区矫正和安置帮教工作，完善公共法律服务站、社区法律服务室，"一社区一法律顾问"实现全覆盖。

安全生产

2022 年，兴华路街道严格落实安全生产责任制和食品安全责任制，深入开展安全生产大检查。开展"开工第一课"、全员安全生产责任清单、"八

抓 20 项创新"举措等多方面的专项检查,提升企业全员安全生产意识;帮助"九小场所"分类建立全员安全生产责任清单,实现辖区内所有生产经营单位全员安全生产责任清单全覆盖。

文化建设

理论宣讲

2022 年,兴华路街道将党的二十大精神,省、市、区党代会精神与党史宣讲、业务宣讲、疫情防控、垃圾分类等有机融合。依托"1+3+N"线上、线下理论宣讲模式,线上通过"奋斗兴华"微信公众号设置"理论宣讲"专栏,推送各类理论文章、政策解读 100 余篇;线下"关键少数"带头讲,组织"永远跟党走""理响李沧"等 3 支特色宣讲团分层次讲,各

科室、各社区分批讲,用群众愿意听、听得懂、能践行的方式,把党的百年奋斗历程、党的二十大精神等宣讲到社区广场、居民楼院,开展各类宣讲 180 余次,受众约 4000 人。

文化宣传

2022 年,兴华路街道依托街道微信公众号、微博、"家在李沧"APP 等政务新媒体,进一步拓宽街道对外宣传渠道。"奋斗兴华"公众号发布信息 522 篇。其中,"正风聚力"专栏推送原创信息 20 篇,推送文化活动信息 100 余篇。微博发布各类信息 160 余篇。在各类媒体发稿 44 篇,其中中央级 2 篇、省级 4 篇、市级 7 篇。全年举办各项文化活动 190 场,其中社区 147 场;以"喜迎二十大,乐动在四季"为主题,承办各项活动 112 场;成立各类志愿服务队伍 32 支,开展"五为""五聚"等志愿服

务 300 余场,受众数万人。

环境治理

城市精细化管理

2022 年,兴华路街道维修整治老旧楼院零星破损部位 50 余处,对营子社区四流中路 295 号楼南侧违建拆除区域进行综合治理。做好铁路沿线 10 个楼座老旧楼院改造前期准备工作、四流中路 221 号停车场建设工作。推进东小庄和小枣园社区经济发展用地开发利用工作。高质量完成 279 宗辖区经营性自建房现场排查及信息归集平台填报工作。

全国文明典范城市创建

2022 年,兴华路街道集中开展空中线缆、小广告、卫生死角、乱堆乱放、农贸市场周边五大集中攻坚行动,开展洁净家园集中行动 50 余次。实现 2022 年 8~10 月文明典范城市创建测评成绩连续提升。

生态环境质量改善

2022 年,兴华路街道做好辖区空气质量提升工作,强化国控子站周边巡查,加强对辖区工地的巡查与监管。完成省级生态环境保护督察信访件"回头看"问题 9 件(主办件 3 件、协办件 6 件)。

(兴华路街道)

图 135　2022 年,兴华路街道举办"永远跟党走文艺巡演"自强之声艺术团专场演出。　　　　　（兴华路街道供图）

兴 城 路 街 道

党建工作

党建责任落实

2022年，兴城路街道组织"赓续红色血脉、续写时代华章""学先进、强党性、转作风"主题党日活动，举办党的二十大精神专题学习班，推动学习贯彻党的二十大精神走深走实。创新"理论武装＋党性锻炼＋业务培训"方式，依托街道党校培训党员2000余人次，挖掘"两厂一村"红色资源，组织现场教学30余场，推动习近平新时代中国特色社会主义思想入脑入心。深化"网格赋能"工程，统筹党建、综治等治理网格，搭建高效能网格化社会治理平台，优化设置34个社区网格党支部、86个楼院党小组和172个党员中心户，选配49名党建指导员，完善"1+4+N"多网融合机制，基层治理群策群力格局进一步完善，社区网格获评山东省优秀网格。推动基层党组织规范化标准化建设，对软弱涣散党组织加强组织引领，选优配强班子成员，开展党支部评星定级，汾阳路社区党委被评为李沧区五星级基层党组织。招聘使用社区公益性岗位人员180人，成立全区首个公益岗党支部，充实了基层治理队伍。

作风能力提升

2022年，兴城路街道落实"作风能力提升年"工作要求，深入开展作风纪律大整顿，研究制定作风改进20条措施，党政班子成员带头表态发言、签订"干部作风改进承诺书"，促进作风能力提升。梳理修订会议、值班等管理制度19项，内部管理流程进一步规范。开展作风纪律大整顿，组织"牢记嘱托建功有我"大讨论，实施机关人员平时考核办法，建立"周汇报＋月总结＋专项打擂"亮绩赛绩模式，科室负责人、社区书记"关键队伍"亮成绩、述问题、谈打算，形成严肃作风纪律、强化责任意识良好氛围。

全面从严治党

2022年，兴城路街道召开党政联席会21次，对从严治党和重点任务集中调度、动真碰硬，确保党的建设与中心工作同部署、同推进。坚持把纪律和规矩挺在前面，抓早抓小主动约谈党政班子成员和各科室负责人59人次。经常性开展警示教育，全年开展疫情防控专项警示教育、年轻干部定制化警示教育、家教家风主题教育等12次。

经济发展

招商引资

2022年，兴城路街道聚焦"3+2+4"产业体系，紧盯市、区重点项目建设进程，不断创新招商引资方式，创优"招进来、服好务、助发展"工作思路，积极搭建招商引资绿色通道，吸引企业投资落户，举办"招商引资""纾困政策解读"等多场次培训，发动街道党员干部、社区工作者、商会企业和代表委员为街道招商建言献策，全年累计引进优质税源企业50余家，引进超过1亿元项目8个，培育功能性总部企业1家。

助企纾困

2022年，兴城路街道建立常态化走访联系企业制度，开展百家企业"大走访"活动，深入企业一线，面对面听取企

图 136　2022 年 7 月 11 日至 13 日，兴城路街道沨阳路社区联合社会组织开展关爱未成年人活动。　（兴城路街道供图）

业发展情况，问需于企、问计于企，联系走访重点税源企业 500 余家次，做好政策宣传和服务保障。对税源支柱和优质潜力企业"一企一策"提供针对性服务，帮助企业寻找经营场地、落实各项政策。开展专题业务政策培训 2 次，邀请区财政、商务等职能部门的业务骨干，从专业角度为企业解读助企政策。

扶贫协作

2022 年，兴城路街道扎实推进扶贫协作，大力推动对康县豆坝镇的资金援助、项目援建、社会帮扶等落地落实。采取综合施策、精准对接的方式，继续完善结对帮扶、产业带动、社会参与的扶贫协作机制，完成了 2022 年各项扶贫任务，累计捐款、捐物价值 20 万元，消费扶贫 100 万元。

社会治理

城市更新

2022 年，兴城路街道紧跟城市更新和城市建设攻坚行动总体进程，坚持"把脉寻症—协调解难—征心求解"工作思路，坚持拆违治乱与低效片区腾退更新相结合，坚持拆违治乱与助企纾困相结合，累计拆除违法建设 12 万余平方米，腾退土地 55.33 万余平方米，有效保障安顺路打通、百发海水淡化二期、胶州湾科创新区首开区招拍挂等重点项目建设。

城市管理

2022 年，兴城路街道发挥"三长一站"城市治理品牌作用，深入开展楼院、路段巡查，累计发现卫生死角、乱堆乱放、占路经营、数字化城管等问题 1.4 万余件，均第一时间得到解决，街道数字化城管系统案件当天处置率达到 100%。多部门联动开展整治，对碱厂宿舍绿化带缺失、兴宁路污水管网堵塞冒溢、浏阳路废弃铁路沿线垃圾清理、四流中路和唐山路道路破损、人行道地砖缺失等 50 余处问题进行处理，提升了辖区居住环境品质。开展全国文明典范城市创建工作，探索"五定"巡查工作法，实现街道创城巡查工作无死角、全覆盖，街道班子成员到社区一线，机关工作人员深入网格，出动 500 余人次开展清洁家园、文明出行等志愿活动，解决卫生死角、乱堆乱放、占路经营等问题 2700 余处，规划非机动车和机动车停车位 400 余个，空中缆线捆扎约 10 千米。采用网格运行"五定"工作法开展违法建设治理，实施"定区域、定人员、定标准、定频次、定责任"开展无缝隙巡查、反馈、处理的闭环模式，拆除违法建设约 12 万平方米，街道获"青岛市无违建镇街"称号。

社区治理

2022 年，兴城路街道建立议事协商工作制度、实施方案、应用标识等，创新党建引领社区治理方法，构建 5 类 62 项协商场景，探索"党组织领导、多方参与、部门联动"的治理协商路径，有效解决老旧小区改造问题 10 余项。不断深化街道"兴享事成"双主动便民服务品牌，经验做法被《社区》杂志刊发。组织居民群众、志愿者骨干常态化参与社区核酸检测秩序维护、场所码张贴、防诈骗宣传、文明城市创建等志愿服务活动，登记注册参加全国志愿服务 4000 余人，服务时长累计超过 7.8 万小时。

便民服务

2022 年，兴城路街道持续推进便民服务体系建设，让政务服务环境更加优化。按照"1+2+N"标准，优化窗口设置，分类划设 7 个功能区域，硬件设施更加完善。修订便民服务中心日常管理工作制度 9 项，落实首席员轮岗值班，配齐 AB 角，工作机制更加健全。全面推行"一门办理""一窗受理"，89 项基层政务服务事项可以实现直接或通过授权办理、帮办代办完成，便民服务更加规范。

社会稳定

综合治理

2022 年，兴城路街道加快融合公安、司法、信访、心理以及平安建设等部门职能，在街道级前沿式社会治理中心的基础上，搭载"一站式"矛盾纠纷多元化解中心，引入心理疏导参

图 137　2022 年 6 月 10 日，兴城路街道在辖区开展打击整治养老诈骗宣传活动，为老年居民普及防诈骗知识。（兴城路街道供图）

与社会治理，依托行政调解、司法调解以及人民调解等手段，化解社区邻里矛盾，推动"大事不出街、小事不出村"，累计调解矛盾纠纷 73 件。深入布局雪亮工程，对 4 个开放式小区监控设备及时维修、升级更新，在重点部位新增监控设备 14 台，通过技防手段提升居民安全感。完善形成"有人员、有制度、有流程、有解决、有督办"闭环网格化服务管理架构，通过"社会治理信息平台"实现"发现问题—上报问题—分拨问题—受理问题—办理问题—督办问题"，健全"路面有人巡、巷道有人防、办理有途径、事情有解决"的"1+4+N 四有"工作体系，提升网格化服务管理水平。

安全生产

2022 年，兴城路街道全覆盖落实辖区规模以上企业、重点企业等较大企业的实时监管，充分发挥山东省安全生产执法监管平台作用，对辖区 9 家规模以上企业、7 个园区企业、4 个加油站及 11 家（10 人以上）较大生产企业进行全覆盖检查，及时查找出安全隐患，下达整改文书，督促整改完成，形成辖区较大企业、重点园区的安全生产监管闭环管理。强化安全生产责任落实，实现仓储场所、工贸行业重点领域隐患"清零"整治。组织企业开展全员安全生产"大学习、大培训、大考试"专项行动，强化安全生产规章制度和基本知识、安全操作规程、安全操作技能及事故应急处理措施等岗位应知应会知识学习，辖区 8 家规模以上企业、20 家规模以下企业参加考试并全部通过，增强防范化解风险的能力。

（兴城路街道）

楼 山 街 道

党建工作

落实政治责任

2022 年，楼山街道紧扣"正风聚力"行动主线，突出制度保障，建立党建工作"月督导、季例会、年考核"机制。街道主要负责人牵头研究党支部"过筛子"等党建任务 16 项。带领班子成员联系支部开展党的二十大精神宣讲等活动 77 次，形成党建引领基层治理等调研报告 11 篇，落实党群服务中心亲民化改造、电梯安装等为民实事 10 余项。培育市、区级党员教育师资库讲师 3 人，党课

《汽车人的创新路》被青岛市平台"我来讲党课"专栏选录，并获评全省优秀党课。

加强党建引领

2022 年，楼山街道横向联通聚合力，依托物流产业联合党委打造新业态"红色生态"，建成 5 所"歇脚"驿站，开展"畅言方向盘上的点滴生活"座谈会等"三亮"活动 15 场。纵向贯通提效力，深化"蜂巢式"党建网格架构，创建 25 个网格党群"微阵地"，组建 486 名"一长三户"队伍，形成握指成拳、快速响应的党建网格工作机制。齐心共抓添动力，集结 280 名"红色近邻""双报到"

单位党员志愿者，将"党徽闪耀"共建行动贯穿抗击新冠疫情、创建文明典范城市等重点工作。

打造党建品牌

2022 年，楼山街道打造"新锋楼山"党建品牌，实施"引新铸链、暖新惠企、强新育才、城市更新"的"四新"工程，组建氢能源汽车产业链党建联盟，以"五共"活动促进产业集群发展，相关经验在《岛城先锋》报道。承办区级人才会 3 场，构建"党员—骨干"双培养机制，建立 436 人"人才库"；调配党员干部组建 4 个攻坚小组在项目攻坚、低效片区开发等急难险重第一线当先锋、做表率，完成 12 万平方米既有建筑拆除，引入超过 50 亿元项目"粤浦科技"，中建土木、京城机电等项目相继落户。

经济工作

招商引税

2022 年，楼山街道完成超过 1 亿元项目 4 个，分别为青岛博浩物资有限公司、青岛粤浦润金科技有限公司、青岛粤

图 138　2022 年 11 月，楼山街道翠湖社区志愿者开展"树下言堂"党的二十大精神宣讲活动。
（楼山街道供图）

浦润海科技有限公司、青岛众康威达医疗科技有限公司。其中，青岛博浩物资有限公司投资额1.16亿，新增市外到位资金4000万元，符合超过1亿元内资项目考核认定标准。筹办招商引税政策宣讲会暨银企对接会2次。邀请辖区重点税源企业、中介代理机构、商会会员、各社区参加，对市、区两级惠企奖励政策进行现场解读；宣讲辖区内招商资源，调动社区参与招商引税工作的积极性；邀请银行与企业现场进行银企对接，帮助企业解决"融资难"问题。全年提报近100家、服务20余家企业进行招商引税备案登记，新增区级税收1500余万元。完成土地招拍挂契税入库，协助瑞金路南侧片区京都机电地块完成土地招拍挂契税缴纳入库。

单位名录库建设

2022年，楼山街道开展基本单位名录库建设，全年完成新增基本单位130家。街道催报、代报16家企业（包括限额以下批零住餐3家样本企业、规模以下工业5家样本企业、规模以下服务业企业4家样本企业、小微企业1家企业、规模以下建筑业3家）单项统计专业季报、年报工作。完成街道18家私营单位和非私营单位劳动工资2022年度非一套表样本单位核实年报。

打击非法集资

2022年，楼山街道加强宣传力度，联合区金融监管局、银行、证券保险、社区等单位，组织打击非法集资宣传活动5次，发布宣传信息50余条，咨询人数200余人，多方位，多角度宣传非法集资的特点和形式，提高辖区居民对非法集资风险的防范意识和辨别能力。发挥社会治理网格化优势，动员街道、社区等基层人员力量，深入排查非法集资和涉稳风险，引导群众自觉远离非法集资。

固定资产投资

2022年，楼山街道完成中铁二十五局年产15万立方米混凝土预制构件生产项目、青岛海通制动器年产20万台套汽车制动总成技术改造项目报主管部门核准退库工作。报送刘家社区居民楼加装电梯、新能源增程动力总成生产线升级改造等6个项目的初审资料，已全部进入国家统计局联网直报项目库。督促在库项目按时联网直报，审核相对应的数据支撑资料，全年完成固定资产投资额5.47亿元。

环境治理

城市更新城市建设

2022年，楼山街道启动青钢片区开发建设。截至2022年底，完成安顺路两侧5.4万平方米既有建筑拆除和青钢片区北侧2.5万平方米厂房拆除，启动并完成西南渠社区地块临近重庆中路1.3万平方米自建房的征收；针对青钢片区城市更新项目，加大违章建筑拆除，保障四流北路"纵六路横四路"开工建设；启动瑞金路两侧205.5公顷土地约100万平方米建筑征收。在市区两级推动下，楼山街道拆迁、平整土地、项目建设同步推进，充分挖掘城市发展中的存量资源、解决老城区产业空心化问题，推动低效片区"破旧立新""腾笼换鸟"。

环境整治提升

2022年，楼山街道对片区内运输车队、钢筋加工厂、修车厂、油罐存储点及厂房等进行清理。共拆除清理集装箱、板房、铁皮房71处1482平方米（含3处棚厦），调离油罐5个，清理各类物料300余立方米。联合综合执法、交警、交通综合执法部门在环湾路重点区域设置全天24小时联合检查岗1处，流动检查岗2处，开展运输撒漏、封盖不严、超量装载等方面的常态化联合执法路查，严查运输撒漏、超量装载的违法行为。开展环湾路白泥地节点绿化提升，固体物转运站门前路绿化带修剪洗尘加设全段挡泥板，车行道机铺沥青。环湾路人行道破损维修，累计维修人行道 558 平方米。

铁路周边整治

2022 年，楼山街道强化跟踪整治。排查发现危及铁路安全的隐患问题，按照职责分工立即整治；所发现的影响环境但暂不危及铁路安全的问题，由三级或四级"双段长"共同进行现场调查，分析制定整治方案，共同确定整治责任人和整治时限，建立跟踪整治机制，并根据需要及时向上级"双段长"请示汇报相关工作情况，确保整治到位。全年组织人员清理轻漂浮物垃圾 0.5 吨，清理彩钢瓦 3000 平方米，清理围挡 400 平方米，整治建筑工地 2 处，整治水井 1 处。建立定期巡查制度，与铁路工务段车间级和工区级铁路段长每月开展一次联合巡查，排查辖区内铁路沿线环境问题和安全隐患，并做好问题记录，建立问题台账。

违章建筑拆除

2022 年，楼山街道联合楼山中队共拆除存量违建 59 处，拆除违建面积 10.59 万余平方米，拆除新增违法建筑 5 处，拆除违建面积 518 平方米。第一轮共摸排 34 处，面积 7.12 万平方米，完成率 100%。第二轮存量违建共摸排 25 处，面积 3.47 万平方米，完成率 100%。环境

品质提升任务（71 个片区）应整治提升项目为 3 个，已完成提升项目 2 个，剩余 1 个项目有序推进。受理 12345 市政务服务热线、12319 市城市管理热线、行风在线等举报 22 件，均妥善处置完毕，完成率 100%。卫星图斑第一批共计 4 处，均拆除完成。对第二批 48 处开展梳理、查处，依法进行处置。

安全生产

落实安全生产责任

2022 年，楼山街道将习近平总书记关于安全生产重要论述纳入党工委理论中心组学习的重要内容，观看学习《生命重于泰山——学习习近平总书记关于安全生产重要论述》电视专题片，召开 3 次专题会议研究安全生产；调整党工委、办事处领导班子成员安全生产责任清单和街道安委会成员，进一步明确责任分工，落实"一岗双责"，全面落实"管行业必须管安全、管业务必须管安全、管生产经营必须管安全"要求，确保各司其职、各尽其责。督促企业严格全员安全生产责任制，健全落实全员安全生产责任清单，完成 1441 家企业责任清单上传工作。结合安全生产三年专项整治行动和"除隐患、打非法、治顽疾"安全生产大排查大整治行动，街道派出执

法检查组 91 个，184 人（次），检查 144 家企业，下达执法文书 144 份。其中，现场检查记录 115 份，责令限期整改指令书 29 份。发现隐患 171 处，159 处隐患已整改完毕，12 家整改中。

重点行业领域专项整治

2022 年，楼山街道深入开展城镇燃气安全大排查大整治，联合区城管执法中队，对辖区 114 家使用燃气的餐饮场所进行全覆盖检查。加强消防安全整治，重点检查养老院、群租房、居民小区和"三合一""多合一"等人员密集场所的建筑内疏散通道、建筑外消防车通道是否通畅，开展电源火源管理、电动车充电整治。对辖区生产经营租住村（居）民自建房进行拉网式检查，共检查 78 家。组织企业学习贯彻"八抓20 项"创新措施，将其纳入年度培训计划，组织 58 家企业主要负责人、安全总监参加专项考试，58 家企业主要负责人参加"大学习、大培训、大考试"，组织 94 家企业 1088 人参加工贸行业定向培训，将培训考试情况纳入企业全员安全生产教育培训档案。开展复工复产第一课教育、全员安全教育和全员警示教育，共 5231 人接受教育，有效地提高了企业员工的安全意识。

（楼山街道）

湘 潭 路 街 道

党建工作

城市社区建设

2022 年，湘潭路街道坚持党建引领，探索党建引领纯城市社区"聚治理"模式。针对城市社区"新市民"组成结构复杂、服务需求多元、品质要求迫切等特点，以湘东社区为试点，坚持党建引领推动治理主体、资源、人才的聚合式发展，构建社区"聚治理"新模式。有关经验做法获市区两级肯定，湘东社区党委以全市第二的成绩获评青岛市五星基层党组织（城市社区类别）。

图 139 2022 年 6 月 2 日，青岛市"我们的节日·端午"主题活动在湘潭路街道湘东社区举行。
（湘潭路街道供图）

老干部融合共建

2022 年，湘潭路街道打造街道离退休干部报到示范点。依托南岭社区构建融合共建工作阵地体系、运营机制、长效机制，搭建离退休干部党建与城市基层党建共建共享、融合发展的载体平台，健全以组织凝聚、作用发挥为核心的区街居三级老干部融合共建工作体系，构建基层发挥离退休干部优势合力的新格局。

文化品牌建设

2022 年，湘潭路街道打造"文润湘潭"文化品牌。结合迎接党的二十大召开，开展"红梅向党"文化巡演等系列文化活动 10 场，组织开展"我们的节日"系列活动 24 场，承办"青岛市'我们的节日·端午'主题活动"。结合文明典范城市创建等重大活动，开展"红梅向党·牌坊辑书"等文化惠民活动 60 余场。新增南岭村史馆文化长廊、青钢宿舍社区活动中心等文化阵地，依托"童城驿站——戴秀丽工作室""大手拉小手——刘进永工作室"等，挖掘特色文化队伍 60 余支，大枣园社区被评为山东省"终身学习品牌项目"。

党员教育管理

2022 年，湘潭路街道做好 2021 年上半年新发展党员转正大会召开及预备党员审批工作，2022 年新发展党员 4 人。全覆盖组织开展党员量化积分和党组织评星定级，推动建立榜样标杆。结合庆祝建党 101 周年，颁发"光荣在党"50 年纪念章，开展困难党员走访慰问。常态化管理"灯塔—党建在线"系统，完成街道 1747 名党员、62 个基层党组织半年度党统工作，指导各基层党组织做好党员信息系统、组织关系转接系统、发展党员纪实公示系统信息的调整工作。完成社区两委及街道人员出入境

"一人一证"管理，全年按规定完成党费收缴。

经济发展

2022年，湘潭路街道推进天宸万象、湘潭路市场等4个项目立项、建设及纳统工作。其中，大枣园自留用地商场项目累计完成固定资产投资约1.7亿元。限额以下贸易业样本单位8家。开展"助企解难题、护航促发展"百日攻坚活动，对企业经营进行"万家企业和市场主体问题调查问卷"。制定联系企业走访制度，完成走访企业260余家次，挽留拟外迁企业3家。入驻企业50余家，推动全链条招商，中大建设股份有限公司等5家企业入驻李沧区，松亚服装有限公司等2家企业迁入。开展"大学习、大培训、大考试"专项行动，组织辖区内263家企业安全管理等相关人员进行培训，学习安全生产法律、法规，有关安全生产基本知识等知识学习。所有企业安全员均取得安全管理人员上岗证，实现了持证上岗，组织50余家企业负责人进行考核，对相关企业档案材料进行检查。

民生事业

未成年人保护

2022年，湘潭路街道构建"五育五员"新模式，全面守护未成年人健康成长，共同营造宜身宜心、宜长宜学的良好氛围。在区未成年人救助保护中心指导下，高标准打造未成年人保护工作站，在未成年人保护工作方面取得了良好的效果，多次迎接省、市、区相关领导和部门的观摩，作为典型代表在全省未成年人保护工作会议做经验交流。

退役军人服务保障

2022年，湘潭路街道加强退役军人服务保障体系建设。指导各社区退役军人服务站在组织建设、档案管理、矛盾化解等方面进行提升，推进"五有"全覆盖。街道对上吃透政策、争取支持，对下深挖潜力、树立典型。涌现出全市"最美兵支书"、全市"圆航志愿者"。依托辖区红色资源，打造大枣园双拥主题教育阵地。

社区建设

2022年，湘潭路街道完善社区综合服务用房。完成中南世纪城三期、四期和鑫水家园小区约3300平方米综合服务用房装修收尾，为下一步成立社区提供了硬件保障。加强社区工作者队伍建设。组织社区专职工作者参加各项培训3次；组织56人参加2022年社会工作者资格考试，其中通过考试12人；推送湘东社区经验做法

参加全省城乡基层治理实验区申报。落实各项社会救助政策，做到应保尽保、应退尽退。清退低保户7户，新增低保户5户，现有低保户88户。发放低保金151万余元、临时救助13万余元，全过程严把关，全留痕。

社会治理

综合整治

2022年，湘潭路街道充分调动治安巡防人员、志愿者、楼道长、党员、群众，"五支队伍"信息收集和反馈的作用，加强对辖区反宣品的清查、清除与信息上报工作，街道各社区共计清查处置各类反宣标语、手册、图章等200余份。扎实推进老旧居民楼院整治。对重庆中路1017号统建社区老旧居民楼院实施综合性改造。稳步推进"撤桶并点"工作，完善扩大垃圾分类示范片区范围。对社区、物业人员进行燃气安全检查业务培训，对辖区开展新一轮燃气安全检查。

网格化管理

2022年，湘潭路街道充分发挥基层党支部核心领导和综治组织的"第一道防线"作用，坚持支部建在网格上的原则，从社区实际出发，科学布局，管区划分44个社区网格，14个专属网格，网格图基本成

型；明确了网格员职责、目标任务；综治平台强化队伍建设，九小场所、人口、房屋信息采集、管理和事件平台录入；九小场所400余家，事件平台录入，人口信息采集9万余人次，录入有效信息5.4万余人；综治队伍完善进一步完善，志愿者、专职人员约200人。

宣传工作

2022年，湘潭路街道在省、市级纸媒发稿5篇，区级融媒体发稿70余篇，街道公众号、微博、"家在李沧"APP等平台原创发稿180余篇，全面宣传街道各项日常工作。处理网络舆情40起，无舆情事故发生。法治宣传落实"一社区一站（公共法律服务站）一宣传栏"要求，结合民法典宣传月等形势，组织社区法律顾问积极开展普法讲座6次、户外宣传9次。编写《民法典常用知识手册》，发放1000余册。

安全生产

2022年，湘潭路街道组织、督导企业围绕教育培训、制度完善、苗头隐患、日常监管等抓好落实，学用结合安全生产法律法规、双重预防体系建设有关知识、操作技能等，切实落实好"八抓二十项"规定要求，督促企业落实安全生产主体责任，提升企业全员安全生产知识水平和能力逐步提高。扎实开展"安全生产月"主题活动。结合"正风聚力"实践活动，深耕"红梅香潭"工作品牌，开展"遵守安全生产法当好第一责任人"主题宣传安全生产月活动，街道、社区、企业"三级联动"同频共振，进企业、到社区、入商场，召开安全培训会，设置咨询点，发放安全宣传手册，科普用电、用气、应急等方面安全知识，营造"人人关注安全、人人参与安全、人人重视安全"氛围。

（湘潭路街道）

九 水 街 道

党建工作

全面从严治党

2022年，九水街道以"作风能力提升年"活动为抓手，严格落实全面从严治党主体责任和"一岗双责"职责，严格落实民主集中制、"三会一课"等组织生活制度，以"思想碰碰荟"党员学习常态化平台为载体每月开展主题党日。落实习近平总书记关于作风建设重要指示精神，落实中央八项规定及其实施细则精神，召开26次专题会议严肃强调街道社区工作、廉洁纪律；组织街道社区党员干部观看警示教育片、参加廉政文化展等活动21次。严格落实"作风能力提升年"活动各项要求，对照街道整体13个问题，从"严真细实快"5个方面制定10条改进措施。成立督导小组对辖区基层党组织开展督导22次，督导整改问题20余条，以督导推动巡察整改工作落地落实，督促基层党组织落实安全生产责任制、食品安全责任制、生态文明建设和环境保护等工作，实现辖区工作突破提升。建立街道问题清单周进展报告制度，督促问题清单、整改清单按时完成，推荐基层典型4人。及时总结工作经验，在《李沧区委"作风能力提升年"活动简报》刊登信息8篇。

加强理论学习

2022 年，九水街道组织工作人员集中研究学习省、市、区党代会精神 16 次。通过建立"七个一"学习机制创新"五学"活动，结合招商引资、疫情防控等重点工作，邀请智库、区直单位专业人士等举办 10 期学习沙龙和专项工作培训会，定期开展知识竞赛、政治理论知识测试，提高干部专业能力和解决一线矛盾能力。围绕学习宣传贯彻党的二十大精神等主题面向街道社区开展宣讲活动 330 余场次。承办"强国复兴有我"李沧区红色宣讲团"云"宣讲活动，在线观看人数 2.72 万余人次。

强化组织建设

2022 年，九水街道坚持把制度建设贯穿始终，制订 6 个

方案、7 项制度落实"作风能力提升年"活动各项要求。制定九水街道推动党史学习教育常态化长效化工作措施，巩固拓展党史学习教育成果。制定街道在职在编人员、非在职在编人员平时考核办法，从严管理干部。抓实机关干部队伍建设，制定《九水街道定人定岗定责清单》，把主要业务定岗定责形成岗位说明书、明白纸，形成工作闭环；抓实社区骨干队伍建设，建立社区"两委"后备人才信息库，进一步规范社区党务工作；招聘 168 名城镇公益性岗位人员从事公共管理、民生服务等工作。

创新社区治理

2022 年，九水街道放大党建引领"一轴三化"治理模式优势，打造社区治理、红色物业、联建共建"九水样板"。举办首期"李想汇·书记说"社区书

记论坛，40 余名代表现场参加，同步线上直播，累计 41 万人次在线观看。持续推进"五社联动"机制建设，以《深化"四聚"社区治理机制，优化社区服务体系》为实验主题，获批全省基层治理乡镇（街道）实验点。推出"聚·融 345"社区治理品牌，实施"一社区一品牌"工程，组织社区结合自身实际打造 12 个各具特色的社区治理品牌，形成品牌矩阵，起到良好的示范效果，其中延川路社区"理想延川"品牌经过近 3 年的打造，成为一年活动 300 场、居民零访、接待全国各地各级观摩人员 1.2 万余人的标杆社区。九水街道、延川路社区联合中国海洋大学启动探索蔚蓝社区教育学院建设，聚合"双一流"高校优质教育资源和专家智库，构建社区赋能支持体系。

经济发展

优化营商环境

2022 年，九水街道创新建立"1+3+3"招商引资组织保障体系，即建立 1 个《九水街道企业服务专员分工台账》，将辖区企业分组，从分管领导、科室、工作人员 3 个层面层层压实责任、分配任务，每人定点联系 3 家企业，48 名企业联络员点对点对接企业 117 家，

图 140　2022 年，九水街道打造社区治理、红色物业、联建共建"九水样板"。　　　（丁之摄影）

共走访企业 410 余次，促进项目合作、优化营商环境。动员人大代表、政协委员、职能部门出谋划策，助力招商引资工作。与 50 余家企业进行协商洽谈，完成新注册企业 420 家，其中注册资本 1000 万元企业 20 家。协助企业申报高新技术企业认定 29 家。完成爱悦康老年公寓等 5 个固定资产投资项目 0.6153 亿元，月度纳统 2 家单位，年度纳统 8 家单位，完成区级税收 1.93 亿元。

推进重点项目

2022 年，九水街道深入实施主体功能区战略，贯彻城市更新和城市建设三年攻坚行动，着力抓好九水东路城市更新项目，按照时间节点逐步推进项目规划、项目洽谈工作，加快推进毛公地地块、龙水路地块、习水路地块、地铁二号线东延地块、八医配套地块的拆迁工作，为全区重点项目建设推进做好保障。根据《青岛市违法建设治理百日攻坚行动方案》要求，对辖区内违建情况进行全面排查，做到应摸尽摸，建立"违建治理清单"，对违建治理工作实施清单化管理，按照百日攻坚节点要求，倒排工期计划，实施挂图作战；坚持"三优先一重点"原则，对存在安全隐患、群众反映强烈的违法建设优先拆除，清理建水路、汉川路周边违章建筑

图 141　2022 年 1 月 5 日，九水街道侯家庄社区为社区儿童举办"番茄乐学社"第六季结营礼活动。　　（九水街道供图）

9 万余平方米，提升辖区整体环境。

民生事业

提升政务服务能效

2022 年，九水街道深化"放管服"改革，深入贯彻落实"零跑腿""一次办好"服务工作。健全"首问负责制、一次性告知制"等管理体制，全年街道便民服务大厅共办结 1300 余件事项。充分发挥 12 个社区便民服务中心及 2 个工作站的网点作用，加强对相关政务服务人员业务培训，组织开展 8 次便民服务大厅工作人员纪律培训，做好对群众的指导、代办、帮办工作。

落实服务群众保障

2022 年，九水街道保障困难群体生活救助，及时为 3 名

无人抚养儿童、168 名重度残疾人发放救助补贴，确保 33 户 45 人享受最低生活保障待遇、62 人享受保障性住房、27 人领取自闭儿童康复补贴。专题研究老年人体育工作开展，调整充实街道和社区两级老年人体育协会组织，全面实施"三级网格化"管理，制定九水街道创建"山东省太极拳之乡"的通知并制订实施方案，980 余名老年人参加太极拳活动，九水街道老年人体育协会获"青岛市老年体协先进集体"表彰。推出未成年人保护工作样本点，深入开展创建全国未成年人保护示范区工作，实施"从'心'出发护航行动"，聘请专业心理咨询师对街道未成年人进行心理疏导；开展"邂逅小美好，奇趣嘉年华"——"我是小掌柜"跳蚤市场、"爱心手牵手，创造美好生活"等未成年人活动 120 余场，惠及 5000 余人次；开展

"党小萌"红领巾宣讲团、延读社、延心社、小政学堂、多彩社区课、袋鼠妈妈护卫团"六大关爱项目",护航儿童成长。做好辖区内退役军人信息采集登记工作,摸清底数,掌握情况,辖区退役士兵发放荣军卡、光荣牌,为50余名优抚对象发放体检卡。优化服务群众阵地格局,以街道为层级,在延川路社区打造"人才驿站"服务平台;以李沧区兴益惠民社会工作服务中心为载体打造九水街道社工站,制定管理制度和运营规范,开展儿童心理辅导、困境儿童走访救助、青少年服务、为老服务、便民服务等活动。

开展文体宣传

2022年,九水街道以线上形式组织"不忘初心 喜迎二十大"文艺展演,做好事前预告、事后宣传,扩大影响力;7个社区相继举办大型庆祝演出,为迎接党的二十大胜利召开营造良好氛围。培育舞蹈、模特、合唱、剪纸、书画等各类文化队伍80余支,倡导"一社区一品牌,一队伍一特色",在2支专业文艺演出队伍的基础上,打造侯家庄社区"星培课堂"、九水东路社区"悦读书房"、延川路社区"党小萌"等各具特色的"课外学堂"。组织社区通过线上、线下相结合方式,举办丰富多彩的文体活动近500场次,参与2.2万余人次,被中国网、大众网、文明青岛和《半岛都市报》等报道80余次。全年开展文艺巡演进社区活动19场次,通过"我搭台、你唱戏"的方式,不断满足居民"我有节目我来演,出门就有演出看"的文化需求,现场发放"文明扇""文明笔",宣传社会主义核心价值观。

社会治理

隐患排查

2022年,九水街道加大宣传力度,开展"安全生产月"活动,深入辖区企业开展安全生产政策宣讲,进一步统一思想,并利用春节、国庆等重要节日,深入开展群众性的安全文化创建活动。强化责任落实,加强监督整改,街道工作人员到各企业单位开展现场检查200余次,包括仓库、用电设备、用水设备、消防设备等,对检查出的问题提出具体的整改意见,明确整改措施和时间,尽快消除安全隐患。

综合治理

2022年,九水街道壮大社区群防群治力量,组建整顿社区治安巡逻队11支共66人,巡逻车辆9辆;以社区老党员、老干部、公益性岗位人员、治安热心人士、专职社工、保洁人员等为主,组建300人的常住居民志愿队伍,巡逻队坚持夜间轮值,增强社区整体防控功能,不断提升社区居民的安全感。推动社会治理体制建设,完成12个社区和16个物业公司的网格化管理架构系统网格划分,成立网格员队伍,启用"九水街道视频监控综合治理平台"。强化社区矫正对象监管,预防社区矫正人员再犯罪,做好刑释解教人员安置帮教工作,组织开展人民调解活动。营造平安建设浓厚氛围,利用李沧在线、微笑九水、九水街道官方微博和社区网站、电子屏等现代传媒,宣传政策法律,发布治安动态200余条;发挥新闻媒体、公安教育等作用,在侯家庄、九水广场、青岛酒店管理学院等地开展"建设平安九水,共创和谐社区"平安建设宣传活动10次,现场发放各类宣传材料6000余份,解答群众问题110条。

矛盾纠纷调处

2022年,九水街道推进矛盾纠纷排查调处,坚持科学民主决策,及时办理好初信初访,切实维护居民群众利益。大力推进信访积案攻坚化解工作,成立积案化解工作专班,街道主要领导抓信访积案统筹调度,同时配合各包案区领导、部门主要负责人,逐一制定信访化解方案。

(九水街道)

世 园 街 道

党建工作

打造"四联工作体系"

2022年，世园街道打造街道联席、社区联建、网格联动、党员联户的"四联体系"。与23家驻街单位结成"红色联盟"，制定区域化党建联席会议制度，打造"线上＋线下"联席模式，召开区域化党建联席会，联合开展党员志愿服务大集、法律咨询等共建活动30余场次，为居民解决各类难题16件。社区统筹共建单位、物业等多方力量，建立"三张清单"，开展志愿服务、社区义诊等30余个服务项目。建立健全五级网格工作架构，构建"专兼结合、六方联动"队伍体系，开展助老爱老、疫情防控等志愿服务240余场次。建立基层党员"四定"工作法，常态化开展党员联户大走访，建立"事要解决"闭环管理机制，走访居民2万余人，推动问题整改31个。

坚持党建提质聚力

2022年，世园街道党工委确立"牢记殷切嘱托、建设幸福世园"工作总目标，突出党员干部队伍建设，探索完善"1+5+N"发展模式，成立党建引领、经济发展、重点项目等"五大工作专班"，由班子成员任队长，带领社区党组织全力打好"五大攻坚行动"。采取聚合式考评办法，实施"周推进、月考评、季通报、年终比"工作机制，每月向社区颁发流动红旗，建立机关社区干部管理"正负面清单"机制，推动街道各项工作目标达到"进三争一"。在文明城市创建、森林防火等一线建立党员先锋岗21个，实现戴家社区267户住宅区平房拆迁清零，相关经验做法获青岛市委主要领导肯定性批示，形成可推广、可借鉴的经验，拆迁模式获得全市观摩推广；接待现场调研观摩10余次；在青岛市第三方创城模拟测评中连续3个月列全市前十名；实现辖区山林"零火情"。

打造社区治理共同体

2022年，世园街道组织机关干部、社区"两委"成员及基层党员开展"三级联动"大走访，确定"世园微实事"民生服务项目清单98项，已全部完成。强化上流佳苑社区标杆作用，上流佳苑社区党委参加市、区擂台赛，获评"青岛市五星级基层党组织"；指导上流佳苑社区党委高标准打造便民幸福街，深化"三放两化"治理模式，做

图142　2022年9月28日，世园街道上流佳苑社区居民在"幸福街"议事。
（区委宣传部供图）

法被中央和省级宣传报道14篇。做好上流佳苑社区经验总结推广工作，指导毕家上流社区建立"五邻"工作法，经验在"岛城先锋"公众号刊发。

经济发展

2022年，世园街道完成区级财政收入3.54亿元，完成固定资产投资4.83亿元，完成重点项目投资5.49亿元。有法人企业3700余家，个体工商户3800余家。其中，规模以上企业68家。辖区产业结构以商贸业和服务业为主，兼有部分工业。主要纳税企业包括华润医药集团有限公司、上流建设集团股份有限公司、中诚祥建设集团有限公司等。房地产开发企业主要有绿城房地产有限公司、卓越置业有限公司等。

民生事业

落实社会保障服务

2022年，世园街道共有城市最低生活保障家庭47户76人，年度共发放低保金78.56万元；办理临时救助13户，救助金额7.91万元；申请医疗救助1户，发放金额374万元；新增事实无人抚养儿童1人，共有孤儿1人，事实无人抚养儿童7人，发放生活补贴6.42万元；辖区内70岁以上老年人1.15万人、80岁以上老人575人、90岁以上老人117人、百岁老人2人、享受银铃服务老人6人。发放90~99岁高龄补贴6.04万元、百岁老人补贴2400元；辖区内共有现、退役军人940余人，其中退役士兵830余人。办理荣军卡820余人。

完善卫生健康管理

2022年，世园街道户籍育龄妇女3864人，全年办理服务手册300余本；办理特别扶助家庭36户55人；办理独生子女证12个，独生子女父母退休奖励扶助17人，共发放奖励资金1.42万元。办理独生子女父母退休一次性养老补助131人，发放补助资金约325万元；申请办理分娩补助183人次，累计发放补助资金9.15万元。

推动文化优街提升

2022年，世园街道举办第三届社区文化节，组织"快乐健步·幸福世园"百人健步行，举办"云上清明"诗文朗诵、"我为群众办实事"志愿大集文艺演出、"声入人心"经典诵读、"致敬最可爱的人"歌手大赛、"舞动世园美·共建文明城"舞蹈比赛和"嗨战世园"第四届够级比赛等综合文化活动；全年举办"我们的节日"系列活动28场，惠民文化巡演进社区活动10场，公益电影进社区活动4场；引入"群文大舞台"活动7场，"小小志愿者"文艺演出2场，累计开展群众性文化活动80余场次，惠及居民8000余人。

社会稳定

生产安全

2022年，世园街道深入开展安全生产大检查，采取联合执法、聘请专家等方式深入企业开展现场检查10余次。依托山东省安全生产执法监管平台对100家企业开展安全生产执法，全年出动检查人员500余人次，检查生产经营单位1000余家。广泛开展安全生产及防灾减灾知识宣传10场次，进一步提升企业职工及辖区居民的安全意识和自我防护能力。做好重点场所常态化疫情防控工作，出动200余人次检查九小场所1000余次。

社会安全

2022年，世园街道开展五大创建活动，围绕"发案少、秩序好、服务优、社会安定、群众满意"创建目标，多维度打造世园街道"五星"平安社区；上流佳苑社区以点带面，落实总书记"三放两化"指示精神，在社区配备消防通道占用报警、刷脸进出社区智慧门禁、高空抛物定位追踪等防范系统，通过科技加持进一步夯实市域社会治理的质量和效率；严格落实重大行政社会稳定风险评估工作报备制度。全年上报涉及信访维稳、山林防火、疫情防控等60项重点风险评估事项，切实做到"应评尽评""不评估不决策，不降风险不实施"；持续开展"扫黑除恶"常态化工作，配合重点行业领域做好"扫黑除恶"专项行动宣传发动和问题线索排查工作，上报5条问题线索。

防汛防火

2022年，世园街道强化防汛巡查，开展重点防御。全年出动600余人次，排查重点点位60余处，排除险情10余处，配合治理塘坝隐患1处，指导11个社区完成预案修订，组织开展应急演练3次；强化防火重点道路和卡口管理，安排64名护林员深入重点部位开展拉网式巡查，机关工作人员400余人参与值班值守。加强宣传教育，推广文明祭祀，开展"鲜花换火种"、网上追思、花灯祭祀等活动，有效防范了祭祀用火现象。

重点项目

2022年，世园街道完成李村河、世园大道、宾川路、世园广场南路、世界园艺博览园西侧涉及7个社区40余公顷批而未供土地的确权、征地、补偿；完成戴家、长涧两个社区

417户的旧村改造拆除，戴家安置区开工建设；完成北王家上流社区回迁；完成世界园艺博览园西侧3宗、戴社区家2宗约14公顷住宅地出让和青岛康杰药业有限公司1公顷工业地出让；协助区建管局、市自然资源和规划局李沧分局对金水路以北、世界园艺博览园周边控制性规划出台；协调南王社区与戴家社区进行土地置换，协助区建管局对戴家片区、长涧片区农转用手续组卷上报等。

城市管理

提升辖区环境

2022年，世园街道对辖区内开放式小区、烂尾楼、未开发的闲置集体土地开展"治乱""治脏"工作。清理开放式楼院"小广告"3000余处，清理金水花园、戴家社区自建楼等楼院乱堆杂物40余车，清理菜地9处。开展城乡结合部、城中村、背街小巷、河道周边等区域卫生整治，清理垃圾380余车；在戴家老村、金水花园、李家上流小区等楼院组织"人人动手·洁净家园"和"城管进社区"活动10次。推动"三长一站（即城市管理领域的楼院长、街巷长、区片长和城市治理服务站）"工作落实，解决各类问题210余个。开展卫生死角清零行动，共清理卫生死

角22处，清理各类垃圾约34吨；全年共拆除存量违法建设39处7.17万平方米，新生违法建设6处380平方米。

推行垃圾分类

2022年，世园街道组织社区、物业对党员、志愿者、物业工作人员120余人开展垃圾分类培训18次。开展垃圾分类设施自查自改，整改问题50余个。在31个小区开展垃圾分类"1+1"精准宣传行动，发放宣传资料及小礼品2000余份。万科宽岸、海尔博悦兰庭等小区建成的11个智能垃圾房均投入使用，完成"撤桶并点"60处。

夯实环保责任

2022年，世园街道通过定期提醒、每周通报、及时督促，重点抓好各社区级河长巡河工作落实，及时发现解决河道"四乱"问题，取缔戴家社区非法取水点4处；促进PM10指标提升，采取精细化管控措施，下达书面整改通知7份，完成料堆覆盖9处，完成8处裸土覆盖约1.3万平方米，完成6处裸土硬化约3500平方米；对31处场地每日进行洒水，对4处规模较大的作业场地加装雾化喷淋降尘设备，覆盖作业面积7000平方米。组织相关部门开展建筑工地联合执法5次，共检查工地20处。

（世园街道）

人 物

2022年李沧区荣立二等功以上奖励退役军人

表15　2022年李沧区荣立二等功以上奖励退役军人名录

序号	姓名	性别	民族	出生年月	政治面貌	立功等次	立功时间	时任职务
1	刘再标	男	汉族	1964-11	中共党员	二等功	1999-03	营长
2	王社林	男	汉族	1961-12	中共党员	二等功	2002-09	领航员
						二等功	2018-02	指挥长
3	黄建龙	男	汉族	1972-12	中共党员	二等功	2008-12	声呐技师
						二等功	2020-03	声呐技师
4	唐开山	男	汉族	1972-08	中共党员	二等功	2020-06	特设技师

（区退役军人局）

2022年李沧区"山东省五一劳动奖章"获得者

表16　2022年李沧区"山东省五一劳动奖章"获得者名录

姓名	单位及职务
梁义平	中诚祥建设集团有限公司管道工组班长

2022 年李沧区"山东省新时代岗位建功劳动竞赛标兵个人"称号获得者

表 17　2022 年李沧区"山东省新时代岗位建功劳动竞赛标兵个人"称号获得者名录

姓名	单位及职务
李明伟	中诚祥建设集团有限公司镶贴工组长
叶伽林	青岛李沧环境卫生有限公司驾驶员

2022 年李沧区"青岛市五一劳动奖章"获得者

表 18　2022 年李沧区"青岛市五一劳动奖章"获得者名录

姓名	单位及职务
梁义平	中诚祥建设集团有限公司管道工组班长
王旭梅	青岛市李沧区卫生健康局局长
毕海燕	青岛上流建设集团股份有限公司财务总监
杨　涛	（原）乐星汽车电子（青岛）有限公司人事行政经理

2022 年李沧区"青岛市工人先锋号"称号获得者

表 19　2022 年李沧区"青岛市工人先锋号"称号获得者名录

单位名称
国家税务总局青岛市李沧区税务局第二税务所
青岛东建建设有限公司鑫江研发中心项目部

2022 年李沧区"青岛工匠"称号获得者

表 20　2022 年李沧区"青岛工匠"称号获得者名录

姓名	单位及职务
石忠宝	青岛石化检修安装工程有限责任公司焊工、技师
周　轲	青岛市李沧市政工程建设养护有限公司施工员

（区总工会）

2022 年李沧区"山东好人"

表 21　2022 年李沧区"山东好人"名录

姓名	单位及职务
谢云常	青岛谢记食品有限公司业务经理
曲志昇	李沧区虎山路街道上王埠社区居民
蓝　滨	李沧区文物保护中心文物修复室负责人
任岗山	李沧区沧口街道升平苑社区"任岗山便民志愿服务岗"负责人

2022 年李沧区"感动青岛"道德模范称号获得者（含提名奖）

表 22　2022 年李沧区"感动青岛"道德模范称号获得者（含提名奖）名录

姓名	单位及职务
王春华	青岛市李沧区健群小儿推拿店推拿师
石忠珠	青岛市李沧区兴城路街道汾阳路社区居民

2022 年李沧区"山东省学雷锋志愿服务'四个 100'先进典型"

表 23　2022 年李沧区"山东省学雷锋志愿服务'四个 100'先进典型"名录

获奖典型	称号
李沧区沧口街道升平苑社区"任岗山便民志愿服务岗"负责人任岗山	最美志愿者
青岛市李沧区九水街道延川路社区	最美志愿服务社区
青岛市李沧区李村街道南山社区	最美志愿服务社区

2022 年李沧区"青岛市文明市民"

表 24　2022 年李沧区"青岛市文明市民"名录

姓名	单位及职务
吴金国	青岛市公安局李沧分局九水路派出所一级警长
谢云常	青岛谢记食品有限公司业务经理
曲志昇	李沧区虎山路街道上王埠社区居民
霍成军	李沧区浮山路街道九水路社区居民
郭笑君	李沧区劳动仲裁院二级主任科员
崔永凯	李沧区疾病预防控制中心检验科副科长
马 英	李沧区浮山路街道东李社区居民
蓝 滨	李沧区文物保护中心文物修复室负责人
王迪俊	青岛城运控股公交集团李沧巴士公司驾驶员
戴秀丽	李沧区湘潭路街道统建社区居民

2022 年李沧区 "青岛市学雷锋志愿服务先进典型"

表 25　2022 年李沧区 "青岛市学雷锋志愿服务先进典型" 名录

获奖典型	称号
李沧区沧口街道升平苑社区 "任岗山便民志愿服务岗" 负责人任岗山	最美志愿者
李沧区李村街道北山社区 "鲍秀兰爱心工作室" 志愿服务项目	最佳志愿服务项目
李沧区世园街道 "爱在百果山" 志愿服务项目	最佳志愿服务项目
青岛市李沧区李村街道南山社区	最美志愿服务社区
青岛市李沧区九水街道延川路社区	最美志愿服务社区
青岛市李沧区虎山路街道金秋社区	最美志愿服务社区

2022 年李沧区 "青岛市新时代好少年"

表 26　2022 年李沧区 "青岛市新时代好少年" 名录

姓名	学校
王泰懿	青岛沧口学校
王梓旭	青岛市李沧区实验小学

（区委宣传部）

2022 年李沧区 "青岛市三八红旗手" 称号获得者

表 27　2022 年李沧区 "青岛市三八红旗手" 称号获得者名录

姓名	单位及职务
刘嘉曦	李沧区虎山路街道办事处宣教文化中心副主任
李晓彤	李沧区纪委四级主任科员
周　伟	李沧区妇联三级调研员，区新冠病毒感染防控工作领导小组（指挥部）综合协调组副组长
王　璐	李沧区教育和体育局体卫艺科教师
周珊珊	李沧区公共就业和人才服务中心人才开发科科长
李婧婧	李沧区民政局办公室主任
马卫华	李沧区行政审批服务局社会事务科科长
兰蓓蓓	青岛龙大鲜生供应链有限公司总经理

2022 年李沧区"青岛市三八红旗集体"

表 28　2022 年李沧区"青岛市三八红旗集体"名录

单位名称
李沧区楼山街道办事处
李沧区疾病预防控制中心
李沧区湘潭路街道湘东社区居委会
荷田水铺（山东）餐饮管理有限公司
青岛市第三人民医院

2022 年李沧区"全国最美家庭"

表 29　2022 年李沧区"全国最美家庭"名录

入选家庭
吴乃蝉、徐秋家庭

2022 年李沧区"青岛市十大最美家庭"

表 30　2022 年李沧区"青岛市十大最美家庭"名录

入选家庭
刘克清、韩秀杰家庭

2022 年李沧区"青岛市最美家庭"

表 31　2022 年李沧区"青岛市最美家庭"名录

入选家庭			
吕良、朱彩鑫家庭	胡丹青、刘洋家庭	李刚波、李彩芳家庭	迟杰、徐之懿家庭

（区妇联）

统 计 资 料

2022 年李沧区国民经济和社会发展统计公报

2022 年，全区上下坚持以习近平新时代中国特色社会主义思想为指导，认真贯彻落实习近平总书记对山东工作重要指示要求和党中央决策部署，深刻领悟"两个确立"的决定性意义，增强"四个意识"、坚定"四个自信"、做到"两个维护"，坚持稳中求进工作总基调，完整准确全面贯彻新发展理念，主动服务和融入新发展格局，经济总体呈现承压而上、稳中向好、进中提质的良好发展态势，社会各项事业取得长足发展，人民生活水平不断提高。

一、综合

根据区市生产总值统一核算结果，2022 年我区生产总值为 612.61 亿元，同比增长 2.5%。其中，第二产业增加值为 177.52 亿元，同比增长 1.4%，拉动 GDP 增长 0.4 个百分点，对 GDP 增长的贡献率为 15.1%；第三产业增加值为 435.09 亿元，同比增长 2.9%，拉动 GDP 增长 2.1 个百分点，对 GDP 增长的贡献率为 84.9%。全区二、三产业结构占比为 29∶71。

全年新发展各类市场主体 2.8 万户，同比增

表 32　2022 年全区分行业增加值及增速

行业	总量 / 亿元	增长 /%
全区生产总值	612.61	2.5
农林牧渔业	-	-
工业	132.59	1.4
建筑业	45.45	1.2
批发和零售业	91.62	3.3
交通运输、仓储和邮政业	15.50	1.6
住宿和餐饮业	15.01	2.4
金融业	43.33	5.3
房地产业	95.09	1.2
其他服务业	174.03	3.3

长 46.5%。其中，新发展企业 9487 户，同比增长 8.7%；新发展个体工商户 18526 户，同比增长 76.9%。全区登记在册市场主体 16.05 万户，相较于 2021 年底市场主体总数增长 10.1%。其中，企业 6.56 万户；个体工商户 9.49 万户。

二、财政和金融

扣除增值税留抵退税因素后，全年完成一般公共预算收入 64.98 亿元，同比增长 0.2%；完成一般公共预算支出 42.34 亿元。一般公共预算支出中，卫生文教事业经费 18.3 亿元，其中教育经费 13.42 亿元，同比增长 5.25%。

全年完成区级税收收入 50.02 亿元。其中，二产税收占区级税收收入的 27.24%，三产税收占区级税收收入的 72.76%。

全区共有各类金融机构 120 家，其中公募基金管理公司 1 家，私募基金管理公司 8 家，证券公司另类投资子公司 1 家，银行机构 23 家，证券机构 8 家，保险机构 56 家，期货公司 2 家，第三方支付机构 1 家，地方金融组织 20 家。累计共有新三板挂牌企业 5 家，蓝海股权交易中心挂牌企业 217 家。

三、工业和建筑业

规模以上工业累计完成总产值 403.87 亿元，同比增长 13%。全区 27 个行业大类中，13 个行业保持增长，增长行业完成产值 343.22 亿元，同比增长 23.7%。其中，增长较快的行业有：石油、煤炭及其他燃料加工业同比增长 31.9%，文教、工美、体育和娱乐用品制造业同比增长 30.6%，食品制造业同比增长 11.4%。

全年有总承包和专业承包资质的建筑业法人单位实现建筑业总产值 118.9 亿元，同比增长 8.5%。签订合同额 319.4 亿元，同比增长 2%。

四、服务业

全区服务业实现增加值 435.09 亿元，增长 2.9%，占 GDP 比重为 71%，对经济增长贡献率

图 143　李村商圈一角　　　　　　（丁之摄影）

为 84.9%。

全区规模以上服务业实现营业收入 93.82 亿元，同比下降 10.5%。10 个行业门类中有 3 个行业同比实现增长，水利、环境和公共设施管理业，居民服务、修理和其他服务业，卫生和社会工作营业收入分别增长 6.9%、11.6%、5%。

五、固定资产投资

全区固定资产投资同比下降 8.6%，其中在建第二产业投资项目 33 个，完成投资额占全区投资总额的 14.7%，同比增长 27.4%；在建第三产业投资项目 192 个，完成投资占全区投资总额的 85.3%，同比下降 10.3%。第三产业投资中，房地产开发项目 46 个，累计完成投资 97.6 亿元，同比增长 8.2%。

房地产开发项目房屋施工面积 392.1 万平方米，同比增长 4.7%；其中住宅 263.6 万平方米，增长 10.1%。房屋竣工面积 62.1 万平方米，同比增长 28%。

六、国内贸易

全区实现社会消费品零售总额 441.1 亿元，同比下降 1.7%。

全区 473 家限额以上批发零售和住宿餐饮企业销售额（营业额）1213.99 亿元，同比增长

图 144　宜居李沧　　　　　　　　　　（苗红田摄影）

22.4%。其中，限额以上批发业销售额 1062.77 亿元，同比增长 26.1%；限额以上零售业销售额 144.46 亿元，同比增长 1.4%；限额以上住宿业营业额 2.65 亿元，同比增长 8.3%；限额以上餐饮业营业额 4.11 亿元，同比增长 12.2%。

七、对外经济

全年实现货物贸易进出口总额 267.5 亿元，其中出口 85.6 亿元，进口 181.9 亿元。货物贸易出口中，加工贸易出口 1.1 亿元，一般贸易出口 81 亿元。

图 145　青峰路幼儿园汉川园　　　　（区教体局供图）

全年新批准外资项目 25 个，全年实现到账外资（商务部 FDI 数据）22873 万美元。

引进注册落地过亿元内资项目 149 个，签约引进过 50 亿元项目 2 个、过 30 亿元项目 3 个。实际利用内资 110.6 亿元。

八、城市建设和环境保护

全区年末道路总长度（当年养护）364.33 千米，铺装人行道板（当年养护）29.96 万平方米，养护路面（当年养护）12.51 万平方米。公园个数 37 个，面积 853.59 公顷，绿地总面积 4335.76 公顷，绿化覆盖面积 4448.47 公顷，绿化覆盖率 45.2%。公共绿地面积 853.59 公顷，人均占有公共绿地 11.5 平方米，当年植树 0.5 万株。

全区大气可吸入颗粒物（PM 10）年平均值 54 微克/立方米，细颗粒物（PM 2.5）年平均值 31 微克/立方米，二氧化硫年日平均值 8 微克/立方米，二氧化氮年日平均值 32 微克/立方米，区域环境噪声平均值（昼间）53.8 dB(A)，交通干线噪声平均值（昼间）72.9 dB(A)。

九、科学技术、文化和卫生

全年累计科技企业孵化器 25 个，在孵企业 1158 家。年末全区累计职称评定人员 23166 人。其中，高级职称 1557 人，中级职称 6870 人，初级职称 14739 人。

全区共有街道综合文化站 11 处，建筑面积 21200 平方米，组织文化活动 1200 次，举办培训班 100 次。区图书馆藏书

66.55万册，图书室101个。

全区共有卫生机构（含诊所）573处。其中，医院30处，社区卫生服务中心（站)61处，门诊部、诊所、卫生所、医务室482处。妇幼保健和计划生育服务中心1处，疾病预防控制中心1处，卫生监督所（中心)1处。全区拥有医疗床位4395个，各类卫生技术人员7280人，全年诊疗611万人次。

十、教育和体育

全区共有教育部门办初中学校9所，九年一贯制学校2所，275个教学班，在校学生12607人、同比增长4.99%；教育部门办小学40所，1117个教学班，在校学生45837人、同比增长5.72%。托幼园所115所，1039个班，在园人数32460人、同比减少2.67%。

全区共有省、市级体育传统项目教练员53人，运动员656人；业余运动队教练员102人，业余运动员1620人；组织参加国家、省、市级比赛24次。群众体育活动丰富，全区共有老年体育协会、各类辅导站、老年人球队47个。

十一、人口和人民生活

年末全区常住人口76.14万人，城镇居民人均可支配收入66507元，增长4%。人均消费支出40878元，下降2.5%。

注：

1. 本公报中数据均为初步统计数，部分数据因四舍五入影响，存在总计与分项合计不等情况。

2. 全区生产总值、各产业增加值按现价计算，增长速度按可比价格计算。

3. 规模以上工业企业指年主营业务收入2000万元及以上的工业法人企业。

4. 规模以上服务业企业指：辖区内年营业收入2000万元及以上服务业法人单位，包括：交通运输、仓储和邮政业，信息传输、软件和信息技术服务业，水利、环境和公共设施管理业三个门类和卫生行业大类；辖区内年营业收入1000万元及以上服务业法人单位，包括：租赁和商务服务业，科学研究和技术服务业，教育三个门类，以及物业管理、房地产中介服务、房地产租赁经营和其他房地产业四个行业小类；辖区内年营业收入500万元及以上服务业法人单位，包括：居民服务、修理和其他服务业，文化、体育和娱乐业两个门类，以及社会工作行业大类。

5. 固定资产投资（不含农户）包括城镇和农村各种登记注册类型的企业、事业、行政单位以及城镇个体户计划总投资500万元及以上的建设项目投资，有开发经营活动的全部房地产开发经营业法人单位开发项目投资。

6. 限额以上批发业企业指年主营业务收入2000万元及以上的批发业企业，限额以上零售业企业指年主营业务收入500万元及以上的零售业企业，限额以上住宿和餐饮业企业指年主营业务收入200万元及以上的住宿和餐饮业企业。

7. 资料来源：本公报中市场主体相关数据来自区行政审批服务局；对外经济、利用外资和利用内资相关数据来自区商务局；财政相关数据来自区财政局；金融相关数据来自区地方金融监督管理局；科技相关数据来自区科技局；教育、体育相关数据来自区教育局；文化相关数据来自区文旅局；卫生相关数据来自区卫生健康局；城市建设相关数据来自区城市建设管理局；环境污染质量相关数据来自市生态环境局李沧分局；常住人口相关数据为市统计局反馈数；其他相关数据来自区统计局。

（区统计局）

附　　录

机　构　设　置

中共青岛市李沧区委员会

表 33　工作部门基本情况表

名　称	地　址	电　话
区委办公室 [区档案局、区委机要保密局（区密码管理局）、区保密委员会办公室（区国家保密局）]	青岛市李沧区黑龙江中路 615 号	（0532）51983156
区委组织部（区公务员局、区委非公有制经济组织和社会组织工作委员会）	青岛市李沧区黑龙江中路 615 号	（0532）51983705
区委宣传部（区政府新闻办公室、区精神文明建设委员会办公室、区互联网信息办公室）	青岛市李沧区黑龙江中路 615 号	（0532）87618800
区委统战部（区民族宗教事务局、区政府台港澳事务办公室、区政府侨务办公室）	青岛市李沧区黑龙江中路 615 号	（0532）51983610
区委政法委	青岛市李沧区黑龙江中路 615 号	（0532）51983730
区委机构编制委员会办公室	青岛市李沧区黑龙江中路 615 号	（0532）87636092
区委军民融合发展委员会办公室	青岛市李沧区黑龙江中路 615 号	（0532）67707679
区委区直机关工作委员会	青岛市李沧区黑龙江中路 615 号	（0532）51983831
区委巡察工作领导小组办公室	青岛市李沧区黑龙江中路 615 号	（0532）51983690
区委老干部局	青岛市李沧区夏庄路 128 号	（0532）87685451

青岛市李沧区人民代表大会常务委员会

表 34　工作部门基本情况表

名　称	地　址	电　话
办公室	青岛市李沧区黑龙江中路 615 号	（0532）51983268
人事代表工作委员会	青岛市李沧区黑龙江中路 615 号	（0532）51983272
监察与司法工作委员会	青岛市李沧区黑龙江中路 615 号	（0532）51983275
财政经济工作委员会	青岛市李沧区黑龙江中路 615 号	（0532）51983279
预算工作委员会	青岛市李沧区黑龙江中路 615 号	（0532）51983281
城市建设和环境资源保护工作委员会	青岛市李沧区黑龙江中路 615 号	（0532）51983283
教科文卫工作委员会	青岛市李沧区黑龙江中路 615 号	（0532）51983285
社会建设工作委员会	青岛市李沧区黑龙江中路 615 号	（0532）51983287

青岛市李沧区人民政府

表 35　工作部门基本情况表

名　称	地　址	电　话
区政府办公室	青岛市李沧区黑龙江中路 615 号	（0532）87610858
区发展改革局（区新旧动能转换综合实验区建设办公室）	青岛市李沧区黑龙江中路 615 号	（0532）87895541
区教体局（区委教育工作领导小组办公室）	青岛市李沧区黑龙江中路 615 号	（0532）87629224
区科学技术局	青岛市李沧区黑龙江中路 615 号	（0532）87610792
区工业和信息化局	青岛市李沧区黑龙江中路 615 号	（0532）87616099
区民政局	青岛市李沧区黑龙江中路 615 号	（0532）87615477
区司法局（区社区矫正管理局）	青岛市李沧区黑龙江中路 615 号	（0532）87624516
区财政局	青岛市李沧区黑龙江中路 615 号	（0532）87612645
区人力资源社会保障局	青岛市李沧区黑龙江中路 615 号	（0532）87613767
区城市建设管理局	青岛市李沧区书院路 62 号	（0532）66870578
区商务局	青岛市李沧区黑龙江中路 615 号	（0532）87613057
区文化和旅游局（区新闻出版局、区文物局）	青岛市李沧区黑龙江中路 615 号	（0532）87610793
区卫生健康局（区中医药管理局）	青岛市李沧区黑龙江中路 615 号	（0532）87627622
区退役军人事务局	青岛市李沧区果园路 9 号	（0532）67707977
区应急管理局	青岛市李沧区黑龙江中路 615 号	（0532）87623520
区审计局	青岛市李沧区黑龙江中路 615 号	（0532）87610791
区行政审批服务局（区政务服务管理办公室）	青岛市李沧区黑龙江中路 617 号	（0532）66088308

（续表）

名　称	地　址	电　话
区市场监督管理局	青岛市李沧区夏庄路 127 号	（0532）87660872
区综合行政执法局（青岛火车北站周边区域管理办公室）	青岛市李沧区九水东路 3 号	（0532）84651186
区统计局	青岛市李沧区黑龙江中路 615 号	（0532）87610790
区地方金融监督管理局（区金融工作办公室）	青岛市李沧区黑龙江中路 615 号	（0532）87636618
区大数据发展管理局	青岛市李沧区黑龙江中路 615 号	（0532）87630311
区信访局	青岛市李沧区黑龙江中路 615 号	（0532）87610732

中国人民政治协商会议青岛市李沧区委员会

表 36　工作部门基本情况表

名　称	地　址	电　话
办公室	青岛市李沧区黑龙江中路 615 号	（0532）87610003
社会和法制工作办公室	青岛市李沧区黑龙江中路 615 号	（0532）87630278
经济与人口资源环境工作办公室	青岛市李沧区黑龙江中路 615 号	（0532）87630270
教科文卫体工作办公室	青岛市李沧区黑龙江中路 615 号	（0532）87637198
提案与委员活动工作办公室	青岛市李沧区黑龙江中路 615 号	（0532）87637786
港澳台侨外事和民族宗教工作办公室	青岛市李沧区黑龙江中路 615 号	（0532）87630271
文化文史和学习工作办公室	青岛市李沧区黑龙江中路 615 号	（0532）87630026

中共青岛市李沧区纪律检查委员会李沧区监察委员会

表 37　中共青岛市李沧区纪律检查委员会李沧区监察委员会基本情况表

名　称	地　址	电　话
区纪律检查委员会区监察委员会机关	青岛市李沧区黑龙江中路 615 号	（0532）87610828

李沧区人民法院、李沧区人民检察院

表 38　李沧区人民法院、李沧区人民检察院基本情况表

名　称	地　址	电　话
区人民法院	青岛市李沧区金水路 1303 号	（0532）66878988
区人民检察院	青岛市李沧区金水路 1305 号	（0532）83012108

群　众　团　体

表 39　群众团体基本情况表

名　称	地　址	电　话
区总工会	青岛市李沧区黑龙江中路 615 号	（0532）87610781
共青团李沧区委员会	青岛市李沧区黑龙江中路 615 号	（0532）87610779
区妇女联合会	青岛市李沧区黑龙江中路 615 号	（0532）51983318
区科学技术协会	青岛市李沧区黑龙江中路 615 号	（0532）51983209
区工商业联合会	青岛市李沧区黑龙江中路 615 号	（0532）51983508
区残疾人联合会	青岛市李沧区永年路 20 号	（0532）87630816
区红十字会	青岛市李沧区黑龙江中路 615 号	（0532）87637530
区法学会	青岛市李沧区黑龙江中路 615 号	（0532）51983729
区文学艺术界联合会	青岛市李沧区黑龙江中路 615 号	（0532）87616636

李沧区直属事业单位

表 40　李沧区直属事业单位基本情况表

名　称	地　址	电　话
青岛国际院士港人才创新发展中心	青岛市李沧区金水路 185 号	（0532）68987600
区委党校	青岛市李沧区金水路 1501 号	（0532）87066895
区委党史研究中心（区地方史志研究中心）	青岛市李沧区黑龙江中路 615 号	（0532）51983718
区档案馆	青岛市李沧区金液泉路 8 号	（0532）51983956
区社会治理中心（区网格化管理服务中心、区社会治安综合治理中心）	青岛市李沧区黑龙江中路 615 号	（0532）87636061
区新旧动能转换促进中心	青岛市李沧区黑龙江中路 615 号	（0532）67707212
区招商投资促进中心	青岛市李沧区黑龙江中路 615 号	（0532）87611265
区机关事务服务中心	青岛市李沧区黑龙江中路 615 号	（0532）51983809
区国有企业服务中心	青岛市李沧区黑龙江中路 615 号	（0532）87630219

街　道　办　事　处

表 41　街道办事处基本情况表

名　称	地　址	电　话
李村街道办事处	青岛市李沧区果园路 11 号	（0532）66088503
虎山路街道办事处	青岛市李沧区金水路 1317 号	（0532）87067636
浮山路街道办事处	青岛市李沧区万年泉路 237 号 -160	（0532）87895220
振华路街道办事处	青岛市李沧区隆昌路 8 号	（0532）66081770
沧口街道办事处	青岛市李沧区升平东路 16 号	（0532）84632671
兴华路街道办事处	青岛市李沧区兴华路 30 号	（0532）84633482
兴城路街道办事处	青岛市李沧区兴城路 9 号	（0532）84686179

（续表）

名　称	地　址	电　话
楼山街道办事处	青岛市李沧区楼山路 13 号	（0532）84816711
湘潭路街道办事处	青岛市李沧区十梅庵路 19 号	（0532）84831057
世园街道办事处	青岛市李沧区长水路 27 号	（0532）68076276
九水街道办事处	青岛市李沧区衡水路 77 号	（0532）87603728

（区委编办）

李沧区属国有企业

表 42　李沧区属国有企业基本情况表

名　称	地　址	电　话
青岛海创开发建设投资有限公司	青岛市李沧区沧安路 1 号	（0532）84695109
青岛金水集团有限公司	青岛市李沧区北崂路 1022 号（中艺 1688 产业园）F1 栋	（0532）5562520
青岛融海国有资本投资运营有限公司	青岛市李沧区九水东路 266 号	（0532）87687700
青岛华澜发展集团有限公司	青岛市李沧区九水东路 568 号 8 号楼华澜集团	（0532）87695810
青岛华奕城市建设集团有限公司	青岛市李沧区永平路 51 号	（0532）84655508
青岛世园（集团）有限公司	青岛市李沧区天水路	（0532）58703720

（区国有企业领导和监督管理委员会办公室）

2022 年李沧区政府部门规范性文件

表 43　2022 年李沧区政府部门规范性文件目录

序号	文件名称	发文单位	文号	发文日期	有效期
1	《李沧区"四上"企业培育发展奖励办法》	区发展改革局	李沧发改〔2022〕26 号	2022-03-19	2023-12-31
2	《李沧区加快先进制造业高质量发展若干政策措施》	区工业和信息化局	李沧工信〔2022〕1 号	2022-03-22	2024-12-31
3	《李沧区促进企业上市挂牌扶持政策实施细则》	区地方金融监管局	李沧金监管发〔2022〕3 号	2022-03-29	2022-12-31
4	《李沧区街道纳统专项工作经费和企业统计人员工作补助暂行办法》	区统计局	青李沧统字〔2022〕7 号	2022-04-11	2024-12-31
5	《李沧区促进平台经济认定及扶持办法》	区商务局	青李沧商字〔2022〕3 号	2022-10-15	2025-12-31

（区司法局）

2022 年李沧区重大行政决策事项

表 44　2022 年李沧区重大行政决策事项目录

序号	重大行政决策事项名称	文　号	责任单位
1	《李沧区"十四五"卫生健康发展规划》	青李沧政发〔2022〕10 号	区卫生健康局
2	《李沧区"十四五"残疾人事业发展规划》	青李沧政发〔2022〕32 号	区残联
3	《李沧区"十四五"妇女发展规划》	青李沧政发〔2022〕33 号	区妇联
4	《李沧区"十四五"儿童发展规划》	青李沧政发〔2022〕34 号	区妇联
5	《李沧区"十四五"商贸业发展专项规划》	青李沧政发〔2022〕35 号	区商务局

（区政府办公室）

2022 年李沧区获市级及市级以上主要荣誉和称号

表 45　2022 年李沧区获市级及市级以上主要荣誉和称号

荣誉和称号
2022 年 8 月，山东省民政厅授予李沧区省级基层治理实验区
2022 年 10 月，山东省民政厅授予李沧区省级未成年人保护试点区
2022 年 12 月，山东省教育厅授予李沧区第二批残疾儿童少年随班就读示范区

（区政府办公室）

2022 年国内媒体关于李沧区的重要报道索引

表 46　2022 年国内媒体关于李沧区的重要报道索引

序号	时间	媒体	版面/栏目	标题
1	1 月 13 日	《人民日报》	第 19 版	山东开展专项工作——化解信访积案 解决急难愁盼
2	2 月 15 日	《光明日报》	头版	李村大集的"明白账"
3	2 月 16 日	《光明日报》	第 4 版	非遗熏画 助力冬奥
4	3 月 1 日	《经济日报》	第 12 版	青岛开展城市更新攻坚行动——加快推动产城融合发展
5	5 月 12 日	《人民日报》	第 14 版	优化审批流程，创新工作方式，青岛——加快老旧小区改造开工落地
6	5 月 31 日	《人民日报》	第 11 版	城市更新和城市建设三年攻坚行动启动 青岛更美丽 群众享红利
7	6 月 4 日	中央广播电视总台	朝闻天下	[朝闻天下] 小微企业是大规模留抵退税政策受益主体
8	6 月 4 日	中央广播电视总台	新闻联播	组合式税费支持政策 助企纾困成效显现
9	6 月 9 日	《人民日报》	头版头条	开创新时代社会主义现代化强省建设新局面（沿着总书记的足迹·山东篇）
10	6 月 30 日	《人民日报》	第 2 版	把城乡社区基础筑牢
11	10 月 26 日	中央广播电视总台	新闻和报纸摘要	各地干部群众认真学习贯彻党的二十大精神 以昂扬姿态迈上新征程
12	11 月 20 日	中央广播电视总台	朝闻天下	山东青岛 改善人居环境 打造宜居社区
13	12 月 22 日	《人民日报》	第 19 版	有事好商量 解纷真顺畅
14	12 月 23 日	中央广播电视总台	焦点访谈	坚守一线勇担当
15	12 月 30 日	中央广播电视总台	新闻联播	各地新年氛围渐浓 假日市场供应丰富
16	12 月 30 日	中央广播电视总台	正点财经	山东青岛：迎新年 大集"烟火气"回归
17	1 月 9 日	《大众日报》	第 2 版	转角遇见"美"，口袋公园装满"微幸福"
18	1 月 30 日	《大众日报》	第 3 版	农村大集"进化论"
19	2 月 4 日	《大众日报》	第 2 版	冰雪寒假迎冬奥
20	2 月 9 日	《大众日报》	第 9 版	李沧区：改进作风 加快打造新旧动能转换示范区

（续表）

序号	时间	媒体	版面／栏目	标题
21	3月19日	《大众日报》	第2版	贴心暖心安心
22	3月26日	《大众日报》	第2版	服务前置提速，创新项目顺利推进
23	3月27日	《大众日报》	头版头条	提质升级，山东消费实现"开门稳"
24	3月30日	《大众日报》	头版	李沧区十梅庵青岛梅园
25	4月7日	《大众日报》	头版	创新发展的山东活力
26	5月3日	《大众日报》	第2版	山东打好政策"组合拳"，用"真金白银"助企纾困精准施策，推动服务业恢复增长扩能增效
27	5月9日	《大众日报》	头版	幸福民生的山东答卷
28	5月17日	山东广播电视台	山东新闻联播	关注李沧城市更新低效片区建设
29	5月17日	《大众日报》	头版头条	做好创新社会治理这篇大文章
30	5月22日	《大众日报》	头版	筑牢城市"里子"撑起发展"面子"
31	5月24日	《大众日报》	第2版	绘制"人才电子地图"，开展线上招聘……各地加大青年人才集聚力度 精准对接，吸引青年扎根山东
32	5月28日	《大众日报》	专版	李沧：加快打造青岛新旧动能转换示范区
33	5月30日	《大众日报》	头版头条	省第十二次党代会代表讨论报告时表示 在新时代新征程上赢得更大荣光
34	6月22日	《大众日报》	头版	"咱社区，就是幸福的大家园"
35	7月26日	《大众日报》	第3版	让文明之花绽放在每个孩子心田
36	8月12日	《大众日报》	头版	山东健康码实现跨省核酸检测结果互认
37	8月14日	《大众日报》	头版	培育消费新业态、创新"新零售＋"模式，我省多措并举提振消费 新兴消费"圈粉"，传统消费提质
38	8月21日	《大众日报》	第4版	这十年，总书记情深似海厚望如山这十年，山东勇担使命砥砺奋进
39	9月11日	《大众日报》	第2版	"团圆经济"升温市场活力焕发
40	9月12日	山东广播电视台	山东新闻联播	打造对外开放新高地 塑造全面开放新格局
41	9月12日	山东广播电视台	山东新闻联播	山东认定入库第七批2384家科技型中小企业
42	9月20日	《大众日报》	第3版	顾客打卡后，首店须"长跑"
43	10月12日	《大众日报》	第4版	幸福街连通美好生活

（续表）

序号	时间	媒体	版面／栏目	标题
44	10月14日	《大众日报》	头版倒头题	新征程答好初心答卷 ——山东深入贯彻落实习近平总书记重要指示要求综述
45	10月15日	《大众日报》	专版	青岛市李沧区：新旧动能转换强势突破
46	10月19日	《大众日报》	第6版	二十大时光 足迹与回响｜青岛上流佳苑社区"幸福大食堂"里幸福多
47	10月20日	《大众日报》	第3版	党的二十大特别报道·二十大时光｜绘就人民幸福"最暖底色"
48	11月15日	《大众日报》	头版	开市一年，12家鲁企登陆北交所
49	11月18日	《大众日报》	头版	完整准确全面贯彻落实党中央决策部署 科学精准做好疫情防控各项工作
50	11月22日	《大众日报》	头版	青岛市李沧区上流佳苑社区——身边大小为事"会"上议一议
51	11月26日	山东广播电视台	新闻联播	青岛李沧：改善人居环境 打造绿色宜居新社区
52	12月4日	《大众日报》	第3版	携手绘就美好生活新图景——山东扎实推进党的二十大精神进城乡社区
53	12月7日	山东广播电视台	新闻联播	青岛市上流佳苑社区：打造共建共治共享美好家园
54	12月15日	《大众日报》	第2版	全国道德模范故事汇小分队基层巡演走进青岛
55	12月20日	《大众日报》	头版导读	"一点两用"筑牢家门口防疫墙
56	12月30日	山东广播电视台	新闻联播	腊八粥暖万家 年货俏迎新年
57	1月1日	青岛市广播电视台	青岛新闻	习近平主席新年贺词在岛城引起热烈反响：踔厉奋发 笃行不怠 一起向未来
58	1月1日	青岛市广播电视台	1377早新闻	习近平主席新年贺词在我市引起热烈反响
59	1月3日	《青岛日报》	头版	全省服务业综合改革试点评估 李沧区西海岸新区获"优"
60	1月4日	《青岛日报》	头版	开年忙施工，项目建设"不停歇"
61	1月4日	《青岛日报》	第3版	这一年，家门口的变化 脏乱三角地成"打卡地"
62	1月10日	青岛市广播电视台	青岛新闻	《办实事 开新局》青岛：用心用情用力 办好民生实事
63	1月12日	《青岛日报》	第4版	开发盘活低效用地 优化提升存量空间
64	1月14日	《青岛日报》	今日李沧	这一年，我们的"获得感"
65	1月15日	青岛电视台	青岛新闻	创建文明典范城 让青岛更美好／下足绣花功夫 绣出品质青岛

（续表）

序号	时间	媒体	版面／栏目	标题
66	1月16日	《青岛日报》	头版	青岛创新"一式四化"人才服务新模式
67	1月17日	青岛市广播电视台	青岛新闻	《新春走基层》你的平安 我来守护
68	2月5日	青岛市广播电视台	青岛新闻	北京冬奥会盛大开幕 岛城市民共享冬奥激情
69	2月12日	《青岛日报》	头版	聚焦民生改善和共同富裕，共享发展成果
70	2月16日	《青岛日报》	头版倒头题	让"低效片区"成为功能品质提升主战场
71	2月22日	《青岛日报》	头版	统筹谋划精准定位 加快产城融合发展
72	3月16日	《青岛日报》	头版	堡垒筑在战"疫"最前沿，党旗飘在防控第一线
73	3月18日	《青岛日报》	今日李沧	李沧：坚决打赢疫情防控遭遇战阻击战歼灭战
74	3月19日	《青岛日报》	头版	尽锐出战坚决筑牢抗疫防线
75	3月22日	《青岛日报》	头版	青岛社区织密防控网共筑防护墙
76	3月27日	《青岛日报》	头版	社区工作者织牢"第一道防线"
77	4月4日	《青岛日报》	头版	"他们的工匠精神 让我感动" 江苏客户"跨省"点赞青岛民企
78	4月14日	《青岛日报》	头版	用实干把美好蓝图变为现实 ——各区市党员干部群众认真学习市党代会精神
79	5月17日	《青岛日报》	头版	推动市党代会精神深入基层落地落实 全市共开展宣讲活动2200余场次，线上线下受众25万余人次
80	6月8日	《青岛日报》	头版	上流佳苑：居民生活更舒心更安心
81	6月10日	《青岛日报》	头版导读	奔向"共同富裕"，上流佳苑劲更足
82	6月13日	青岛市广播电视台	青岛新闻	《沿着总书记的足迹》为居民提供精准化、精细化服务
83	6月19日	《青岛日报》	头版	城市更新建设，打开高质量发展新空间
84	6月21日	《青岛日报》	第2版	泰德股份北交所上市 青岛境内外上市公司总数达到74家
85	6月26日	《青岛日报》	头版	青岛海研：迈出"数读"海洋的关键一步
86	7月5日	《青岛日报》	第3版	闲置多年体育场"焕新" 李沧区工人文化宫将于10月整体开放
87	7月14日	《青岛日报》	头版	318个城镇老旧小区改造全面开工建设，地铁三期规划线路全部开工，60个山头公园已完成建设29个——青岛加速城市更新，全力推进民心工程

（续表）

序号	时间	媒体	版面 / 栏目	标题
88	7月21日	青岛市广播电视台	青岛新闻	新时代文明实践集体婚礼
89	7月26日	《青岛日报》	头版导读	青岛又一南北"大动脉"加速生成
90	8月3日	《青岛日报》	第3版	李沧区居民宫雪纯：家门口的"畅达幸福"
91	8月5日	《青岛日报》	精彩李沧专版	李沧：全力全面提升城区品质
92	8月5日	《青岛日报》	第4版	李沧区委副书记、区长魏瑞雪做客民生在线，回应网友关心的热点问题 围绕"产城融合"开发三大低效片区
93	8月8日	《青岛日报》	头版	"头雁"比武，亮出抓党建促发展"看家本领"
94	8月8日	《青岛日报》	第2版	力争8月底前全市小广告实现存量清零
95	8月9日	青岛市广播电视台	青岛新闻	争创文明典范城 让青岛更美好｜各区市对照目标抓落实 推动城市品质全面提升
96	8月10日	《青岛日报》	头版	坚持"创建惠民"，让群众有更多获得感
97	8月10日	《青岛日报》	头版	李沧实施"李遇人才"计划打造产才协同发展新生态
98	8月14日	《青岛日报》	头版	海卓科技："氢"装上阵，带着技术"闯"市场
99	8月15日	《青岛日报》	第2版	李沧区在城市更新建设一线锤炼作风能力，推动攻坚行动取得实效 啃下城市更新建设"硬骨头"
100	8月17日	青岛市广播电视台	青岛新闻	李沧区举办区属国有企业项目投资推介会
101	8月19日	《青岛日报》	精彩李沧专版	以居民的"幸福清单"为文明典范城市创建的"责任清单" 李沧：全力全面提升城区品质
102	8月24日	《青岛日报》	头版	文明单位当先锋，协力同创典范城 青岛各级文明单位发挥示范带头作用，"联创共建"全方位提升文明建设水平
103	8月26日	《青岛日报》	都市+	楼山片区："喧嚣"正在打破"沉寂"
104	8月28日	《青岛日报》	头版	推动全环境立德树人走向深入
105	8月29日	《青岛日报》	头版	青岛持续深入推进文明典范城创建
106	9月2日	《青岛日报》	精彩李沧专版	李沧：聚力打造"家门口"的优质教育
107	9月10日	《青岛日报》	头版	光盘在行动，不负好"食"光
108	9月11日	《青岛日报》	头版	青岛精准精细开展专项创建活动
109	9月11日	《青岛日报》	头版	我们的节日·中秋 幸福团圆庆中秋 家和国兴倡文明

（续表）

序号	时间	媒体	版面/栏目	标题
110	9月16日	《青岛日报》	精彩李沧专版	"青岛有李"，上演一出"文旅大戏"
111	9月16日	《青岛日报》	第11版	公益文化景观扮靓李沧街头
112	9月29日	《青岛日报》	第2版	上流佳苑幸福街正式投用
113	9月30日	《青岛日报》	精彩李沧专版	李沧：坚持民生为本 共享幸福美好生活
114	10月5日	《青岛日报》	头版头条	以作风能力的提升，为区域高质量发展注入澎湃动能 李沧：提振"精气神"跑出"加速度"
115	10月11日	《青岛日报》	第2版	"民生清单"变身市民"幸福账单"
116	10月17日	《青岛日报》	第8版	李沧区上流佳苑社区：永远跟党走，大家的干劲更足了
117	10月21日	《青岛日报》	精彩李沧专版	李沧：从细微处惠民生暖人心
118	10月28日	《青岛日报》	第8版	青岛市道德模范宣讲报告会李沧专场活动举行
119	11月3日	《青岛日报》	第2版	努力营造共赢发展新格局
120	11月4日	《青岛日报》	精彩李沧专版	从"文明实践"到"实践文明"
121	11月11日	《青岛日报》	第3版	齐心筑牢"防疫墙"
122	11月12日	《青岛日报》	第3版	致敬"平凡英雄"
123	11月16日	《青岛日报》	第3版	李沧：锤炼作风能力，赋能高质量发展
124	11月18日	《青岛日报》	头版	完整准确全面贯彻落实党中央决策部署 科学精准做好疫情防控各项工作
125	11月18日	《青岛日报》	精彩李沧专版	李沧：开启人才服务"数智时代"
126	11月23日	《青岛日报》	头版	茶馆里的"故事会"
127	11月23日	青岛市广播电视台	青岛新闻	新时代 新征程 新伟业｜李沧区上流佳苑社区：以"绣花功夫"推进社区治理 建设幸福大家园
128	12月9日	《青岛日报》	精彩李沧专版	李沧：做好"加减乘"深化"放管服"
129	12月10日	青岛市广播电视台	青岛新闻	新时代新征程新伟业｜李沧区:让"软环境"成为高质量发展"硬支撑"
130	12月18日	《青岛日报》	头版	用心用情用力为民为企服务
131	12月23日	青岛市广播电视台	青岛新闻	文明有你我 共建典范城｜李沧区：外增"颜值"内练"气质"打造文明幸福城区
132	12月29日	青岛市广播电视台	青岛新闻	青岛城市更新建设年度特别策划｜聚力打造公园城市 推门见绿 出门入园

（区委宣传部）

索　　引

说　　明

1. 本索引依照国家标准《地方志索引编制规则》编制。

2. 本索引采取主题分析索引方法，正文（包括条目、图片、表格等）中凡具有独立检索意义的完整资料，都可以通过本索引进行检索。索引按主题词首字汉语拼音字母顺序排列。

3. 索引词后的数字表示内容所在页码，数字后的英文字母表示栏别。索引词后有多个页码的，则表示相关信息在这些页码中均出现。图表及通栏文字提取的索引词只注明页码。

4. 数字和字母开头的索引项排在前面。

2022年，青岛世界园艺博览园获评省级文明旅游示范单位。（丁之摄影）